现代企业合规指引

敖立 李文宇 张夕夜 / 主编

中国政法大学出版社

2023·北京

声 明　　1. 版权所有，侵权必究。
　　　　　2. 如有缺页、倒装问题，由出版社负责退换。

图书在版编目（CIP）数据

现代企业合规指引/敖立，李文宇，张夕夜主编. —北京：中国政法大学出版社，2023.4
ISBN 978-7-5764-0808-9

Ⅰ.①现… Ⅱ.①敖… ②李… ③张… Ⅲ.①企业法－研究－中国 Ⅳ.①D922.291.914

中国国家版本馆CIP数据核字(2023)第056006号

书　名	现代企业合规指引
	XIANDAI QIYE HEGUI ZHIYIN
出版者	中国政法大学出版社
地　址	北京市海淀区西土城路25号
邮　箱	fadapress@163.com
网　址	http://www.cuplpress.com（网络实名：中国政法大学出版社）
电　话	010-58908466(第七编辑部) 010-58908334(邮购部)
承　印	固安华明印业有限公司
开　本	720mm×960mm　1/16
印　张	38
字　数	640千字
版　次	2023年4月第1版
印　次	2023年4月第1次印刷
定　价	160.00元

主编简介

敖 立 中国信息通信研究院总工程师，正高级工程师，毕业于北京邮电大学图像传输与处理专业、挪威管理学院工商管理硕士。担任中国通信标准化协会传送网与接入网技术工作委员会副主席兼接入网及家庭网络工作组组长、SDN/NFV/AI 联盟秘书长、宽带发展联盟副秘书长等职务。指导中国信息通信研究院深度参与《合规管理体系 要求及使用指南》（ISO 37301）及相关国家标准的修订和应用落地，支撑编制《移动互联网应用程序个人信息保护管理暂行规定（征求意见稿）》等多部政策文件，组织召开 App 个人信息保护监管座谈会、多个专题监管工作会，主持最高人民法院 2022 年司法研究重大课题"个人信息保护司法路径研究"，组织编著《App 个人信息保护治理实践》。

李文宇 中国信息通信研究院知识产权与创新发展中心主任，教授级高工，工学博士，中国贸促会全国企业合规委员会专家。主要研究方向为知识产权法律研究、通信核心技术和标准研究、企业合规治理研究。在企业合规领域，深度参与《合规管理体系 要求及使用指南》（ISO 37301）及相关国家标准的修订和应用落地，与上海市浦东新区人民检察院联合编写并发布《企业知识产权合规标准指引（试行）》，牵头制定《信息通信及互联网行业企业合规管理体系 指南》《信息通信及互联网行业企业合规师职业技术技能要求》，组织阿里巴巴、腾讯等 33 家互联网企业签署《互联网平台经营者反垄断自律公约》，助力互联网企业树立诚实守信的企业形象，防范重大经营风险，推动互联网行业诚信、公平、创新、持续合规经营。

张夕夜 中国信息通信研究院知识产权与创新发展中心研究员，主要从事企业合规治理及个人信息保护、数据合规等研究工作。近年来主持平台数据使用管理办法、信息共享研究等部级课题，参与最高人民法院 2022 年司法研究重大课题"个人信息保护司法路径研究"，支撑完成多部部门规章、规范性文件的制修订工作，起草全国移动电话卡"一证通查"《隐私声明》，发表学术论文多篇。

参编人员简介

(按章节顺序排序)

◇ **中国信息通信研究院**

李文宇　中国信息通信研究院知识产权与创新发展中心主任
张夕夜　中国信息通信研究院知识产权与创新发展中心研究员
钱　悦　中国信息通信研究院知识产权与创新发展中心研究员
张俊霞　中国信息通信研究院知识产权与创新发展中心产业发展部主任
沈　滢　中国信息通信研究院知识产权与创新发展中心高级工程师

◇ **高等院校**

杜春鹏　中国政法大学副教授，中国政法大学合规治理理论研究中心副主任
谭　袁　中国社会科学院大学法学院副教授，中国社会科学院大学竞争法研究中心执行主任
刘双舟　中央财经大学文化与传媒学院院长，法学教授，中国广告协会法律与道德咨询委员会常务副主任
张凌寒　中国政法大学数据法治研究院教授，博士生导师
吴沈括　北京师范大学互联网发展研究院院长助理
薛　军　北京大学法学院教授，北京大学电子商务法研究中心主任
张　欣　对外经济贸易大学副教授，对外经济贸易大学数字经济与法律创新研究中心执行主任
郭旨龙　中国政法大学刑事司法学院网络法学研究所讲师
Eben Moglen　美国哥伦比亚大学法律及法律史教授，自由软件基金会（Free Software Foundation）首席法律顾问

◇ 互联网企业

李　想　某互联网公司合规业务高级法务专家
赵　洋　某互联网公司合规业务高级法务专家
刘文园　OPPO 数据隐私合规总监
史金城　OPPO 互联网法务合规总监
魏妍妍　OPPO 高级法务经理
任媛媛　OPPO 法务经理
杜剑波　百度集团法律顾问
魏靖茜　百度集团法律顾问
李家悦　百度集团法律顾问
何煜伟　百度集团法律顾问
冯雨柔　百度集团法律顾问
张舒怡　百度集团法律顾问
郭强敏　百度集团法律顾问
马俊雅　百度集团法律顾问
苏　晔　百度集团法律顾问
徐　迪　头部互联网企业研究院研究员
孙振华　字节跳动公司技术信任与合规法务
张伟玲　某互联网公司合规法务

◇ 律师事务所

庄燕君　方达律师事务所合伙人
赵礼杰　北京瀛和律师事务所知识产权中心主任
潘　良　北京中银（深圳）律师事务所合伙人
王新锐　世辉律师事务所合伙人、合规业务负责人
毕　芸　世辉律师事务所合伙人
尹云霞　方达律师事务所合伙人
蔡开明　北京大成律师事务所合伙人
Mishi Choudhary　软件自由法律中心（Software Freedom Law Center）法务总监，印度 SFLC 主席、执行理事
王东芳　美国 Ladas & Parry LLP 知识产权律所中国首席代表

前 言

企业合规最早出现于美国，在其发展过程中逐渐对欧美各国法律制度产生重要影响，并得到部分国际组织的强力推动。历经半个多世纪的发展，企业合规正在成为西方国家治理企业的一种重要方式。我国政府对企业合规的重视始于金融企业，后扩大至所有中央企业。2005年以后，我国金融监管机构开始在国有金融企业中推行企业合规，并于2006年印发了《商业银行合规风险管理指引》。2018年，在前期合规管理试点的基础上，国务院国有资产监督管理委员会（以下简称国资委）印发《中央企业合规管理指引（试行）》，全面推动合规管理体系建设，由此拉开企业合规在我国发展的序幕。随后，最高人民检察院于2020年3月至2021年4月在全国6个基层检察院进行了企业合规改革第一期试点工作，并于2021年4月启动了为期一年的第二期试点工作。前后两期试点工作将试点范围从6个县级检察院，扩大到10个省共计27个市级检察院和165个县级检察院；与此同时，案件适用范围也进一步扩大，适用从宽的方式进一步增多。2021年3月，我国首次将企业合规写入五年发展规划和远景目标纲要，《中华人民共和国国民经济和社会发展第十四个五年规划和2035年远景目标纲要》从国家发展战略层面提出"引导企业加强合规管理""推动民营企业守法合规经营"。

时至今日，企业合规管理在金融企业、中央企业及刑事合规领域蓬勃发展，其带来的企业治理实效和法律制度变革也引起政府和社会各界的广泛关注和高度重视。

企业合规的发展离不开合规人才的参与，无论是以规则等制度型开放为标准的高水平开放，还是以合规为主要内容的企业软实力建设，都需要企业合规专业人才的参与并为之作出贡献。过去两年，企业合规人才建设卓有成效。一是，人力资源和社会保障部、国家市场监督管理总局、国家统计局联合发布企业合规师新职业，企业合规师作为水平评价类新职业正式进入了《中华人民共和国职业分类大典》。二是，最高人民检察院牵头印发《关于建立涉案企业合规第三方监督评估机制的指导意见（试行）》后，企业合规师作为独立的专业人才，被列入对涉案企业进行合规监督评估的第三方组织专家库。三是，中国国际贸易促进委员会商法中心在人力资源和社会保障部的指导下，联合多个行业协会商会，研究制定《企业合规师通用职业技术技能要求》。四是，司法部办公厅《关于加强公司律师参与企业合规管理工作的通知》将公司律师参与企业合规工作纳入年度考核，强化企业合规治理的专业力量。

上述背景下，中国信息通信研究院立足数字经济发展，在培育数据要素市场、推进数字产业化和产业数字化、建设现代化经济体系进程中，聚焦信息通信及互联网行业合规生态建设，秉持为企业合规管理注入不竭动力的目标，组织编写本行业企业合规师培训指导用书，适用于行业企业合规人才的培训与评价。

企业合规管理不是大而全的综合合规，而是针对特定合规风险的专项合规，企业合规师应具备搭建、运行、改进反腐败合规、知识产权合规、反垄断合规、反不正当竞争合规、广告合规、数据合规、个人信息保护合规、电商合规、算法合规、开源合规、刑事合规等专项合规管理体系的职业技能。其中，反腐败、知识产权、反垄断、反不正当竞争、广告是传统合规专项，也是各行各业面临的共性合规问题，并在信息通信及互联网行业显现出新的发展趋势，如企业间数据权益纠纷关涉反不正当竞争合规；而数据保护与利用、个人信息保护、电商、算法、开源则是随着数字经济的发展产生于本行业的合规专项，且对其他行业产生的影响日益扩大；刑事合规是企业合规管理失灵后的最后一道防线，赋予涉案企业制订落实合规整改计划的权利，从而争取宽大刑事处理。

　　我们希望，在数字经济大潮下，越来越多的企业了解什么是企业合规管理，专项合规的意义是什么；我们希望，越来越多的企业认同企业合规管理的效力和价值，从"要我合规"转变为"我要合规"；我们希望，越来越多的企业聘用掌握合规管理职业技能的专业人才，有效管控合规风险，提升企业竞争软实力。

　　中国企业合规管理任重道远，中国信息通信研究院知识产权与创新发展中心愿与社会各界一道，树立合规理念，建设合规文化，凝聚合规共识，培养合规人才，合力推动中国企业在争创世界一流企业的征途上，行稳、致远。

敖　立
中国信息通信研究院总工程师
2022 年 6 月 1 日于中国信息通信研究院

目录

第1章 数据经济企业合规管理概论　　001
1.1 企业合规管理概要　　001
1.2 企业合规管理的相关要求和标准　　006
1.3 数字化企业的专项合规　　016
1.4 企业合规的人才培养　　021

第2章 反腐败合规　　033
2.1 反腐败合规依据　　033
2.2 反腐败合规专项计划与良好实践　　088

第3章 知识产权合规　　114
3.1 知识产权合规依据和要点　　114
3.2 知识产权合规良好实践　　158

第4章 反垄断合规　　184
4.1 反垄断合规依据和要点　　184
4.2 反垄断合规良好实践　　236

第5章 反不正当竞争合规　　250
5.1 反不正当竞争合规依据和要点　　250
5.2 反不正当竞争合规良好实践　　270

第6章 广告合规 286
6.1 广告合规依据和要点 286
6.2 广告合规良好实践 305

第7章 数据合规 324
7.1 数据合规依据和要点 324
7.2 数据合规良好实践 378

第8章 个人信息保护合规 384
8.1 个人信息保护合规和要点 384
8.2 个人信息保护合规良好实践 413

第9章 电商合规 424
9.1 电商合规依据和要点 424
9.2 电商合规良好实践 456

第10章 算法合规 474
10.1 算法合规依据和要点 474
10.2 算法合规良好实践 504

第11章 开源合规 505
11.1 开源合规依据和要点 505
11.2 开源合规良好实践 542

第12章 刑事合规 559
12.1 企业刑事合规基本理论 559
12.2 企业刑事合规中的有效性合规管理标准 569
12.3 企业刑事合规实践案例 584

第1章

数据经济企业合规管理概论

1.1 企业合规管理概要

1.1.1 合规的起源

合规（compliance）是一个外来词，在相关国际标准（ISO 37301）中被定义为履行组织的全部合规义务。

那什么是合规义务呢？合规义务就是合规要求和合规承诺。其中，合规要求是指组织有义务遵守的要求；而合规承诺是指组织选择遵守的要求。到这我们才算把标准里嵌套拗口的合规概念贯穿起来，简单来说就是履行组织有义务遵守和选择遵守的各项要求。其中有义务遵守的要求，即合规要求，包括法律法规、强制性标准、行政许可、执照或其他形式的监管机构发布的命令、条例或指南、法院判决或行政决定、形成的条约、惯例和协议等，主要是组织运行必须遵循的底线要求；而合规承诺，也就是组织自愿选择遵守的要求，例如组织与社区团体或非政府组织（NGO）签订的协议、与公共权力机构和客户签订的协议、组织内部的各项要求（如组织的价值观承诺、内部制度、流程等）和组织自愿采用的标准、标志等，这些不具备强制力，但是组织从自身发展和安全角度出发，自愿选择的遵从要求。合规要求和合规承诺，共同构成合规义务，其具体内容取决于组织所承担的社会责任、从事的生产生活活动以及提供的产品、服务等。

怎么来理解企业合规管理呢？简单来说，就是企业是通过履行合规义务，积极倡导和实施规范运营。它既是一种企业管理能力，也是一种企业治理方式，是企业为了实现最佳经营业绩，对企业所有权与经营权所作的结构性制度安排。在合规管理的具体实施中，需要将企业合规的各个相关要素进行组合，确保企业的各项合规义务（通常包括法律法规、商业行为守则和企业伦理规范、内部规章制度等），能够得到贯彻和落实。

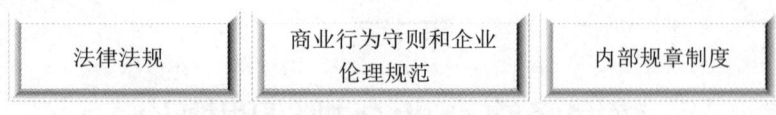

图 1-1　组织合规中的"规"

1.1.2　合规的来源和发展

合规这个概念，最早起源于 19 世纪末期 20 世纪初期。当时美国食品药品监督管理局（FDA）在检查中发现，大量食品医药企业在生产过程中存在众多违法违规行为和不合格产品，严重危害大众生命健康。违规就必须处罚。FDA 先后通过采取行政处罚、刑事惩罚、委派官员进驻企业等一系列措施，加强监管，促使企业有序参与市场竞争，使其行为合乎法律规范。在这种情况下，美国企业不得不开始探索建立合规制度，以应对国家的强监管。所以，合规也被认为是企业在监管部门的重压严罚下被迫进行自我治理的途径。

20 世纪六十七年代，美国掀起反垄断、反腐败大潮。在这个大潮中企业合规管理又显示出了巨大的作用。垄断和腐败一直是危害甚大而又很难以治理的问题。美国管理者们再次使用企业合规这个工具，去规制企业的垄断行为，防止企业的商业腐败。由于企业合规不仅能够帮助企业有效防止垄断和腐败等违法犯罪行为，而且要求企业的供应链上下游也必须开展合规管理，否则不能与其交易。这就使企业合规管理在美国得到了越来越多的支持。

20 世纪 80 年代，美国在金融证券、食品安全、国际贸易和环境保护等领域掀起了打击违法犯罪的风暴，进一步推动了企业合规管理的全面发展。1991 年，美国司法部在《联邦量刑指南》中专门设置第八章即"针对机构实体的联邦量刑指南"，其中明确企业合规管理及其有效性核查是检察机关裁量刑罚的重要依据。从此以后，企业合规不仅成为刑事司法中一个重要的量刑依据，而且成为企业出罪和争取从宽处罚的一个抗辩理由，即刑事合规。这种刑事司法上的激励措施对企业合规管理的推广和应用产生了极大的促进作用。美国的法律要求在美国上市的所有企业都要受美国的司法管辖，而且与美国企业做交易的企业也可能受到美国司法的管辖，即美国的"长臂管辖"原则。因此，随着企业合规管理进入美国司法程序，与美国经济联系紧密的国家的企业就不得不采取合规管理，否则就会受到制裁。因此，从那时起，与美国贸易往来密切的英国、法国、德国、加拿大、澳大利亚等国家都开始推行企业合规管理。

近年来，全球企业合规管理的发展呈现出一些新特征。一是各国法律法规日趋严格，合规领域不断增加。美国等国家和世界银行、经济合作与发展组织（OECD）等国际组织，在反海外腐败、反垄断、反不正当竞争、反洗钱、劳工、环保等多个领域均制定了相关的法律制度。比较有代表性的包括，1977年美国制定的《反海外腐败法》，OECD于1997年制定的《关于打击国际商业交易中行贿外国公职人员行为的公约》，联合国2005年生效的《反腐败公约》，英国2010年制定的《反贿赂法案》，法国2016年制定的《萨宾第二法案》和2011年中国公布的《刑法修正案（八）》[1]等。二是政府执法力度明显加大，美国、欧盟等国家和国际组织不断加大对企业违规行为的调查和处罚力度，金额巨大。较为有名的案件如西门子行贿案、英国石油墨西哥湾漏油事件、大众尾气门案、葛兰素史克行贿案、高通反垄断案、摩根大通雇用门案、中兴通讯出口管制案等。其中仅违规进行海外行贿受到处罚，罚金数额接近或超过10亿美元的案件就包括西门子行贿案（2008年8亿美元）、巴西石油行贿案（2018年11亿美元）、俄罗斯Mobile Telesystems行贿案（2019年8.5亿美元）、瑞典爱立信行贿案（2019年10亿美元）等，数额巨大。

1.1.3 我国在合规治理方面开展的主要工作

我国高度重视企业现代管理制度建设和企业经营行为合规制度建设。早在2017年5月23日，中央全面深化改革领导小组第三十五次会议上，就讨论了中国企业面临合规挑战的新问题并指出："加强企业海外经营行为合规制度建设，逐步形成权责明确、放管结合、规范有序、风险控制有力的监管体制机制，更好服务对外开放大局"。在2018年8月27日推进"一带一路"建设工作5周年座谈会上，习近平总书记指出，要规范企业投资经营行为，合法合规经营，注意保护环境，履行社会责任，成为共建"一带一路"的形象大使。2019年2月25日中央全面依法治国委员会第二次会议强调，要加快推进我国法域外适用的法律体系建设，加强涉外法治专业人才培养，积极发展涉外法律服务，强化企业合规意识，保障和服务高水平对外开放。

也是从2018年起，国资委和国家发展和改革委员会（以下简称发改委）从央企国际化发展和自身现代企业制度建设角度出发，开始开展中央企业的合规

---

[1] 为表述方便，本书正文表述中涉及的我国法律法规直接使用简称，省去"中华人民共和国"字样，例如《中华人民共和国刑法修正案（八）》简称为《刑法修正案（八）》。

管理能力建设工作。2018年11月，国资委印发了《中央企业合规管理指引（试行）》，成为推动中央企业合规管理及至中国企业合规管理里程碑式事件。《中央企业合规管理指引（试行）》提出企业应提升依法合规经营管理水平，着力打造法治央企。同年12月，发改委联合7部门共同发布《企业境外经营合规管理指引》，引导企业加强境外经营合规管理，倡导企业建立健全合规体系，提高企业国际竞争力。2021年，国资委在合规管理试点的基础上，陆续编发4批中央企业合规管理指南，指导中央企业在2021年5月全部成立合规委员会，同时部署开展2022年"合规管理强化年"工作，推动企业合规管理工作向纵深发展。

2017年，国家标准化委员会发布编号为GB/T 35770—2017的《合规管理体系 指南》，为我国企业合规的进一步发展奠定了良好的理论基础和行为指南；2021年，随着国际标准的更新，GB/T 35770—2017的修订更新工作也相应启动，修订后的《合规管理体系 要求及使用指南》已于2022年10月12日发布，编号为GB/T 35770—2022。更新后的标准为企业主体提高自身合规管理能力提供了系统化的方法，为司法、监管机构采信企业合规实践提供了相应的参考依据，同时，它也为便利全球贸易、交流、合作提供了良性的通用准则。

2020年，最高人民检察院启动企业合规改革试点工作，6家试点单位分别为上海市浦东新区人民检察院、上海市金山区人民检察院、江苏省张家港人民检察院、深圳市宝安区人民检察院、深圳市南山区人民检察院、山东省临沂郯城县人民检察院。2021年起，最高人民检察院相继发布《关于建立涉案企业合规第三方监督评估机制的指导意见（试行）》《企业合规典型案例（第一批）》《企业合规典型案例（第二批）》《涉案企业合规典型案例（第三批）》等指导文件，帮助企业严守合规的法律底线与刑事红线。与此同时，随着《网络安全法》《数据安全法》和《个人信息保护法》的陆续实施，聚焦于专项领域的各类合规管理规范也纷纷出台。从体系建设入手，到完善制度建设，规范流程管理，强化监督激励，注重持续更新，各项中央和地方以及行业的合规政策，为企业合规明确了框架构建的要求和模板，更突出体现了合规管理是企业高质量发展的核心竞争力。

由此可见，建设有中国特色的合规管理体系，是建设有中国特色的营商环境和法治体系的重要组成部分。扎根中国文化、立足中国国情、解决中国问题的合规管理体系，是确保中国企业在合规建设和效果上达到预期结果，促进持续合规的必然要求，是我国合规管理发展路径应该遵循的核心价值观。自2018年我国开启"合规元年"至今，国资委、发改委、商务部、最高人民检察院等国家部委、机关的各类合规政策相继出台，明确彰显了国家对"中国式"合规管理体系建设的领导力和全国性自上而下的领导承诺，进一步标志着我国各领域合规管理规范和等级的全面提升。

1.1.4 合规的主要作用和案例

在很多国家和地区，当发生不合规的情况时，组织和组织的管理者以组织已经建立并实施了有效的合规管理体系，作为减轻甚至豁免行政、刑事以及国际组织处罚责任的抗辩。一些案例证明这些抗辩是可以被行政机关、司法机关或国际组织所接受的。

（1）企业合规刑事激励案例——合规管理阻隔控制重大刑事责任风险。

【典型案例】雀巢公司员工侵犯个人隐私案

2011年至2013年9月，郑某等6名雀巢公司员工为推销配方奶奶粉，通过支付好处费等手段，从兰州市多家医院医务人员处获取孕产妇姓名、手机号等信息共12万余条。在案件审理过程中，雀巢公司通过举证有效合规管理体系的建立和运行，证明其已尽最大努力明令禁止员工在本案中的违规行为。审理法院也充分认可了雀巢公司制定和实施的含有个人信息保护合规内容的《员工行为规范》《雀巢合规宪章》以及基于这些规定和要求，雀巢公司要求所有营养专员接受培训并签署承诺函的内部合规管理行为。

最后，终审裁定认为郑某等人的涉案行为属于个人行为，使得雀巢公司与员工的违法行为进行了有效的切割，避免公司陷入"单位犯罪"的不利境地。

（2）企业合规行政激励案例——合规管理证据提交使得企业免遭重罚。

【典型案例】12家日企涉嫌零部件价格垄断案

2014年3月发改委在反垄断突击检查中证实，日立、电装、爱三、三菱电机、三叶、矢崎、古河、住友等日本汽车零部件生产企业以及不二越、精工、捷太格特、NTN等轴承生产企业为减少竞争，以最有利的价格得到汽车制造商的零部件订单，并签署保价协议予以实施的行为涉嫌价格垄断。

12家日本企业为了排除和限制市场竞争，不正当地实施了影响我国汽车零部件及整车、轴承价格的行为，损害了下游制造商和消费者的合法权益，违反了我国《反垄断法》的规定，总计被罚款12亿元。但其中不二越、日立中国两家企业，凭借有效合规管理，主动报告达成垄断协议有关情况并提供了有效的合规证据，最终被免除行政处罚。

1.2 企业合规管理的相关要求和标准

1.2.1 合规管理体系标准的发展

合规管理体系的国际标准起源于澳大利亚国家标准《合规计划》(AS 3806)。AS 3806 制定于 1996 年，于 2006 年修订，是一项在澳大利亚国内开展企业合规管理体系建设的指南标准，并获得澳大利亚主要监管方的支持。该标准被用于大量法庭案例的抗辩，以豁免或减轻惩罚。由于供应链上下游合规遵从的原因，与澳大利亚有密切经贸合作的外国企业，比如新西兰、马来西亚等国家的公司，逐渐开始非正式地采用该标准，2009 年，新西兰正式基于该标准制定了自己的国家标准。

随着该标准被全球接纳程度越来越高，制定国际性的企业合规管理标准逐渐成为共识和需求。

2012 年 10 月，国际标准化组织（ISO）成立 ISO/PC271 合规管理项目委员会，正式启动合规管理体系的国际标准制定工作。PC271 有 13 个成员，包括澳大利亚、英国、中国、美国、法国、德国等。

2013 年 4 月，在澳大利亚悉尼，起草组正式开始讨论和起草标准的工作草案。

2013 年 10 月，在法国巴黎，起草组将工作草案转为委员会草案，迈出了实质性的一步。

2014 年 7 月，在奥地利维也纳会议上，PC271 将标准草案转化为最终的国际标准草案。

2014 年，标准正式被纳入 ISO/TC309 工作委员会管理，同年 12 月，国际标准 "ISO 19600：2014 Compliance Management Systems Guidelines" 正式发布。

2016 年 5 月，我国合规管理体系的国家标准制定正式启动，基本编制原则为等同采用 ISO 19600。同年 12 月，第一次标准启动会召开，后经过多次标准讨论和公开征求意见，于 2017 年完成报批稿，并于同年 12 月 29 日正式发布我国的合规管理体系国家标准《合规管理体系 指南》(GB/T 35770—2017)。

随着经济全球化的发展和企业治理体系的不断演变，全球合规治理领域的内涵和组成也在快速地变化。为了提升各类组织的合规管理规范化水平，促进全球经济交流与合作，需要对原有的 ISO 19600 进行修订，补充相关内容，把原来的指南类标准修订为适用于认证的要求类管理体系标准。于是，ISO 于 2018 年 11 月启动了修订工作，并于 2020 年 11 月完成修订工作，发布 ISO

37301：2021《合规管理体系　要求及使用指南》。我国也于 2021 年启动相应的国标编制工作，已于 2022 年 10 月 12 日发布。

ISO 19600 和 ISO 37301 两个标准有很多相似之处，主要体现在：

（1）两者都是用于指导组织建立、运行、维护和改进其合规管理体系的规范化框架。

（2）两者合规治理思路相同，都是通过构建组织、文化和赋权，将合规治理融入企业的日常经营、决策，并保证其独立性，以满足外部监管对企业合规治理的要求。

（3）两者的管理体系一脉相承，都是 PDCA 理念，将策划—执行—检查—改进闭环流程融入整个合规管理体系；都是通过组织机构和业务过程中的风险识别开展有针对性的管理措施，降低风险发生概率，从而满足合规管理要求。

但两者也有不同之处，主要体现在：

一是两者的使用目的不同。ISO 19600 为 ISO 组织制定的 B 类标准，是指导组织建立、实施、评价和改进合规管理体系的指南。而 ISO 37301 是 ISO 组织制定的 A 类标准，是为组织提供建立合规管理体系的要求和使用指南。"指南"和"要求"两个词，充分体现了两个标准的不同。"指南"带有指向指导的含义，是指导企业工作的方向，相对宏观概括；而"要求"，则带有可度量、需满足的含义，可用于衡量企业合规管理体系是否符合标准。二是相较于 ISO 19600，ISO 37301 更具可操作性和实施性，为各类组织开展合规治理和合规文化建设提供了更具体的工具和思路；同时也更便于认证，便于第三方机构开展全球广泛认可的合规管理体系认证工作。

在合规管理相关国际标准和国家标准修订的背景下，中国互联网协会结合近年来信息通信和互联网行业监管日益加强、企业合规要求和复杂程度日益提高的形势，会集行业 30 多家主要企业的专家，深入研究互联网行业合规管理诉求，紧密跟踪国际和国内标准的进展情况，编制了《信息通信及互联网行业企业合规管理体系　指南》（以下简称行业合规管理标准）。作为指导行业开展合规工作的标准、指南、指引，行业合规管理标准规定了信息通信及互联网企业建立、实施、评估、维护及改进企业合规管理体系的总体要求，适用于开展合规管理相关工作的信息通信及互联网企业。行业合规管理标准的主要特点和内容如下：一是全面吸收国际标准和国家标准对合规管理体系的相关要求，在标准整体架构上，与 ISO 37301：2020 和 GB 35770 尽可能保持一致，重点对与信息通信和互联网行业相关的重点专项合规进行规定；二是体现产业合规要求的行业特色和时代特色,坚持走中国道路,在合规领域兼顾行业发展和安全,注重互联网平台治理、业务合规、数据安全与个人信息安全等要求;三是聚焦互联网和数字经济领域的重点要求,以合规打造互联网行业"新"生态,加强企业合规自律管理,培育和传播积极的合规文化,树立诚实守信的企业形象,有效防范重大经营风险,注重产业创新发展的可持续性。

1.2.2 合规管理体系标准的主要内容

1.2.2.1 合规管理体系的基本框架

ISO 37301 规定,对一个企业或者一个组织来说,合规管理体系主要围绕组织背景、领导、策划、支持、运行、绩效评价和持续改进等方面,建立一套有效的并能够及时响应的合规管理措施,并对其实施运行、效能评价、维护改进提供指导和建议。其中,组织背景、领导、策划、支持、运行、绩效评价和持续改进,被称为合规管理体系的要素。

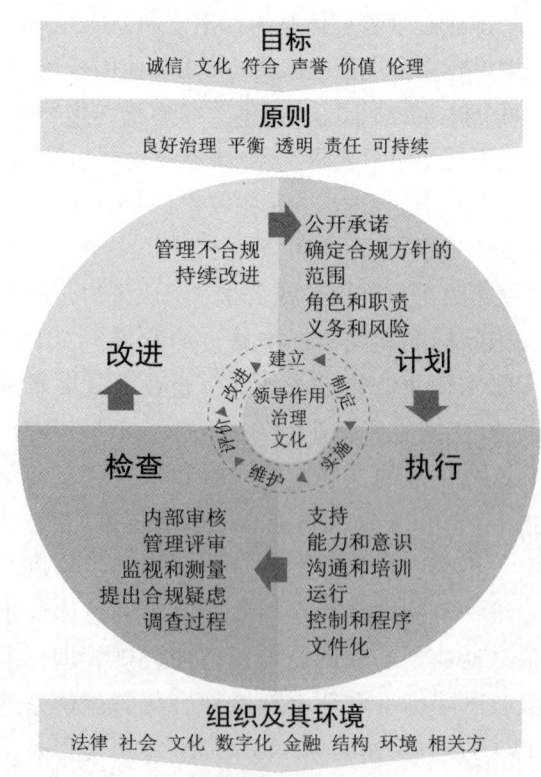

图 1-2　ISO 37301 合规管理体系的要素

图 1-2 梳理了合规管理体系要求的主要要素，可以概括为"1+4+4"，其主要含义为：

（1）合规管理体系一大核心支柱——领导作用。领导层对合规管理体系建设的重视是合规管理得以有效运转的最重要因素。只有领导层重视并切实落实，企业才有可能积极传导和执行，合规文化才能得以建立。因此，有效的合规管理体系，一定是组织顶层机构和最高管理者发挥了带头作用，并成功在企业内部树立了鼓励倡导合规行为的价值观，使合规理念深入人心。

（2）合规管理体系的四大基础——组织目标、原则及内外部环境和资源支持。明确的组织目标是合规管理体系建设的出发点和主要依据，为什么而建，希望达到什么目的，是合规管理体系需要最先弄清楚的问题。而良好治理、机制透明、责权匹配及可持续性是合规管理体系规范化建设的通用原则。此外，全面识别和充分理解组织所处的内外部环境（包括法律、社会制度、文化背景、数字化水平、金融规则、组织架构及相关方的要求等），以及企业为合规管理提供的必要支持，都是确保合规管理体系有效和全面的基础。强大的合规管理体系可帮助组织持续遵从各相关方的要求，从而帮助组织保护和提升声誉和信誉，增强第三方对组织的信任，获得更多的商机，实现可持续性发展。

（3）合规管理体系的四大行动——计划（也称策划）、执行、检查和改进，也就是平时所说的 PDCA 循准则。一个健康的合规管理体系，应在强有力的领导力和合规文化支撑下，依托企业的合规目标、治理原则及内外部实际情况，建立包括计划、执行、检查和改进全周期在内的合规管理流程，并在组织内部有效运行，再通过定期和不定期地维护和评估，不断纠正错误，持续改进体系的不足。

1.2.2.2 要素一：组织和环境

组织和环境是企业合规管理体系的客观要求，是不太容易进行改变的部分，但又直接影响到合规管理的目标设定和治理效果。

对于企业的合规管理人员来说，理解其所在的组织及其所处的环境，是构建良好的合规管理体系的第一步。理解组织及其环境，一方面要全面掌握和分析企业所处的法律及监管环境，特别是企业所属行业的主要法律和监管要求，比如对于通信和互联网行业，数据安全、网络安全和个人信息保护的相关法律和主管部门的要求就非常重要。此外，还有企业所在地的社会、文化和环境背景。我国东部发达地区和西部欠发达地区，在文化和环境上就有着巨大的差别。一些约定俗成的习惯、风俗也是制定企业合规制度必须考虑的问题。经济发展形势是合规管理体系的动态变量,在不同的经济形势下,需对合规管理制度的执行进行微调甚至修订,以适应形势的变化。技术的发展也非常重要,人工智能(AI)技术对企业在科技伦理的合规治理原则上提出了新的要求。另一方面要深入了解企业的商业模式和内部结构,以及企业的主要产品和盈利模式。对企业治理的组织结构,主要管理原则和方向,研发、生产和销售流程,供应链,资金链的情况和资源流动做充分摸底。

第二步,企业合规管理团队和人员需要明确合规管理体系所涉及的相关方,并理解各相关方的要求。

第三步,合规管理团队和人员根据上述两点,确定合规管理体系的范围,涉及的部门、地理区划,适用的人员和团队。

1.2.2.3 要素二:领导作用

领导作用在企业合规管理体系中,无疑是核心的重中之重。可以说,领导作用决定了合规管理体系能否成功建立并有效运行。大体来说,在企业合规管理体系中,领导作用主要体现在三个方面:做承诺,定方针,建团队。

(1) 领导承诺。

公司最高领导层,是合规管理体系建设和运行成败的关键。公司的治理机构和最高管理者,也就是董事长或总裁、总经理,应对全公司的合规管理体系建设负有管理责任,并明确承诺支持合规管理体系的建设和运行。概括说来,企业的最高领导应从八个方面完成对合规管理工作的承诺和主导:

- 领导并组织制定本企业的合规方针和合规目标,并保证该方针和目标与企业的战略方向保持一致;
- 主导合规管理体系融入组织日常的业务流程;
- 保障合规管理体系所需要的资源供给;
- 保障合规管理体系能够实现其预期成果;
- 在全企业内强调企业建设合规管理体系以及每个员工、部门合规管理的重要作用;
- 指导和支持员工提出有效建议,提升合规管理体系的有效性;
- 合理分工,支持企业管理者在各个层次和层面上,承担相应的合规工作;
- 根据运行效果,支持合规团队持续对合规管理体系进行改进。

要做到以上八个方面的工作,是需要有前提条件的,那就是公司的治理机构和最高管理者要在合规管理体系建设中坚持企业的核心价值观,并围绕核心价值观制定和实施合规方针和合规程序，以实现合规目标。同时，企业应有畅通的渠道，确保自己能够及时了解企业出现的不合规事项，并有完善的机制和措施进行不合规事项的处理。需注意的是，在处理不合规事项和不合规行为时，必须坚持对合规的承诺，不可为了企业的其他利益，如市场销售、人情世故，而随意违反合规承诺。

企业的合规文化建设，是企业治理机构和最高管理者在实施企业合规管理体系的重要工作。这项工作不是简单地挂几个标语，设立几个 LOGO 的展板，需要企业从上到下在各个层面制定和推行合规文化。具体来说就是要形成上下一致、各有侧重的积极的、透明的、持久的、统一的、共同的行为准则、行为承诺和价值观。合规文化一旦形成，就要成为企业每个人的行为准则，一旦出现不合规的行为，企业从上到下都不能容忍，从而成为每一个员工行为的"红线"。

企业的合规治理，决定了企业合规体系的刚性，或者说是有效性。如果出现不合规事项或不合规行为，企业不予以制止并作相应的处理，久而久之，这套体系就成了摆设，没有实际作用了。合规治理的执行者是合规团队。因此，就要赋予合规团队相应的权力和资源，确保合规团队能够开展治理工作。大体来说，合规团队和企业的最高管理者之间需建立直接联系渠道，确保能够在企业决策的早期阶段就提出合规建议，并对不合规事项及时反馈；另外，要赋予合规团队应有的独立性和适当权限，让合规人员能够接触所需的人员、文件和数据，并可以和内外部法律专家保持交流，以方便其独立有效地开展相关工作。

（2）合规方针。

企业的合规方针是企业实现合规生产和经营管理的总原则和行动承诺。简单来说，就是企业合规工作的方向和要解决的问题。合规方针源于企业的合规义务，应与企业的核心价值观、目标、战略保持一致，以通俗易懂的语言表达，使企业所有员工都能够容易地理解。

作为企业合规管理体系建设要实现的总目标，合规方针应与企业合规治理原则一致。此外，合规方针还要列明不履行合规义务、程序的后果，并鼓励员工对不合规行为进行主动反映，同时明确会采取措施防止任何形式的报复。最后一点非常重要，只有企业的合规管理体系有足够的保护"反映问题"的人员不受报复的措施，基层人员才能够放心大胆地反映不合规行为，帮助企业及时发现问题，及早进行整改处理，以免造成更大的损失。

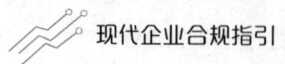

(3) 合规团队的建设和分工。

在领导承诺和合规方针的基础之上，企业治理机构和最高管理者要确保建立有效的合规团队，来具体实施合规方针所制定的各项任务。

在建立合规团队前，首先要明确在企业治理机构和最高管理者的任务。具体来说，企业治理机构的任务主要是：

- 根据合规目标的实现，考核最高管理者；
- 针对合规管理体系运行情况对最高管理者实施监督。

最高管理者的任务主要包括：

- 分配合规团队资源；
- 确保合规成效，建立问题应对解决机制；
- 向合规团队里的不同人员分配审计和报告的职责；
- 建立并保持问责机制；
- 确保公司战略目标和合规业务相一致；
- 确保合规绩效纳入人力绩效考核；
- 其他全局性的决策。

在明确企业治理机构和最高管理者的任务后，即可进行合规团队的建设。具体来说，合规团队的职责主要包括：

- 能够准确、快捷地识别合规义务；
- 确保合规义务和合规方针相一致；
- 开展合规风险评估并给出影响程度；
- 建立合规报告和信息系统；
- 监督合规义务的各项职责在企业内得以分配；
- 建立合规义务和业务程序相融合的管理制度体系；
- 确保相关员工得以全面定期培训；
- 帮助员工了解合规方针、程序和过程，接受全企业层面的咨询；
- 建立接受举报和确保举报得以处置的系统；
- 建立合规绩效指标体系；
- 监督和评估合规运行的绩效；
- 分析合规管理体系绩效以识别需要采取的纠正措施；
- 向最高管理层提供合规相关事务的建议。

在明确合规团队职责后，还要确定企业管理层在合规管理中的角色和作用。

这一点也非常重要。因为企业合规绝不仅是最高管理者和合规团队的工作，而是需要企业全体员工、各层管理者共同参与、共同努力的一项工作。合规团队的工作，充其量只是定规章、抓落实、严监督、促沟通、帮提升。而真正实施各项合规要求的，是广大员工和各管理层。因此，有必要对管理层的任务进行明确。具体来说，主要包括：

- 负责其职责范围内的合规实施；
- 与合规团队紧密合作并鼓励员工支持合规团队工作；
- 确保员工遵守合规义务、方针、程序、流程；
- 在运营中主动识别和交流合规风险；
- 将合规义务融入所属领域的业务实践和程序中；
- 参加并支持合规培训活动；
- 建立员工合规意识，组织员工参加培训并满足能力要求；
- 鼓励员工提出其所关注的合规问题，支持他们并防止任何形式的报复；
- 积极参与合规相关事件和问题的管理和解决；
- 纠正问题和落实整改。

1.2.2.4 要素三：支持

支持要素主要是指公司上下，包括最高管理者和各管理层，要提供并部署必要的资源、能力和培训等支持，来确保各项合规行为得以实施，以满足合规管理体系的目标实现。

（1）资源支持。

资源方面的支持主要包括财务和人力方面的资源支持。此外，外部专家和专业技术能力、组织基础设施（如办公信息化平台、信息数据库等）、合规管理和法律发展的最新动态信息、适应专业发展和技术发展的最及时的参考资料等，都是非常必要的资源支持。

（2）能力支持。

能力方面的支持主要包括：确保员工具备实现合规管理要求的工作能力；通过适当的教育、培训、资源调配，保证员工可以胜任企业安排的各项工作；具备对支持的各项措施进行评价的能力。

（3）培训支持。

企业通过培训，确保所有员工有能力按照与企业的合规文化和合规承诺一致的方式来履行岗位职责。通过设计合理并有效执行的培训，企业可以为员工提供有效的方式，来了解之前未识别的合规风险。员工的合规教育和培训，属于企业年度培训的必要部分；需要针对员工角色和职责量身定制，不能千篇一律；在组织培训前，要对员工知识和能力的缺口进行评估，并以此作为开展培训的基础；针对员工的培训，应持续、实用并易于理解，要与员工的日常工作相关，并且以相关行业、组织或企业的实际情况作为案例，使员工感同身受。

1.2.2.5 要素四：合规工作的制定和实施（策划）

合规工作的制定和实施，又称为合规策划，主要包括确认企业合规义务、评估合规风险、制定合规风险应对措施、制订合规管理目标方案并进行实施四部分工作。

确认企业合规义务，主要是确认企业必须遵守的合规要求和自行选择遵守的合规承诺。如上所述，合规要求主要包括企业应遵守的法律法规、行政许可、监管机构发布的命令条例、法院判决或行政决定等；合规承诺主要包括企业与社区团体或非政府组织签订的协议，与客户签订的协议，企业自己制定的要求，自愿遵守的工作原则、规程和承诺以及自身加入的相关组织要求和自愿遵循的标准等。

评估合规风险主要包括识别分析合规风险和合规风险再评估两部分。合规风险的识别非常重要，企业需要把合规义务和企业的生产经营活动、产品、服务和运行相互关联，寻找其中不符合合规义务要求的风险点，此后通过对不合规原因、问题来源和后果严重程度进行分析，评价不合规对企业可能带来的负面后果和影响程度，比较该影响和企业能够接受的水平之间的差异。合规风险再评估是当企业在生产经营活动、产品或服务发生改变，组织结构或战略发生改变，企业外部发生重大变化（如金融经济环境、市场条件、债务和客户关系发生改变），企业的合规义务发生改变以及企业出现不合规行为并进行整改之后，要对企业的合规风险再次进行评估。

在对合规风险进行评估后，要制定风险应对措施。这要在组织面临的内外部问题、相关方的要求和期望、企业合规治理遵循的原则、履行的合规义务、合规风险评估结果等的基础上，进行合规管理体系策划，重点提出应对合规风险的措施，并设计将应对措施纳入合规管理体系的方案以及措施有效性的评价方法。

在应对措施的基础上，进行合规管理目标及方案的制订工作。首先，确立企业各层级各相关部门的合规管理目标。这个目标要与企业总体的合规大目标一致，可实施、可度量并能得到有效的监督和控制，要符合该部门或该层级的职责和范围。其次，要制订实现合规目标的实施方案，比如具体要在哪个范围内做哪些事，需要企业提供哪些资源，由谁来负责，什么时间完成，效果的评价方法和尺度是什么等，就是通常所说的4W1H原则（Who、When、Where、What、How）。

1.2.2.6 要素五：合规管理体系运行（执行）

合规管理体系运行主要包括运行的策划和控制、控制和管理程序的建立、不合规事件上报、问题调查等工作。在合规管理体系运行中，最核心的问题是对不合规事件和行为能够及时进行控制，因此必须确定生产经营和产品服务中的控制准则，即哪些行为和事件必须制止，哪些行为可以放行。这些准则也必须进行定期或不定期的评估和验证，有效的，继续保留，无效的，必须进行修改和舍弃。在运行过程中，要从一开始就建立和实施鼓励报告机制，鼓励所有员工都有渠道能够积极报告不合规行为和事件，并保护这些员工的权利不因报告而受到侵害。在发现不合规事件或收到不合规报告后，合规团队要建立从立项、调查、取证、分析、评估到最终关闭项目的调查全过程。

值得注意的是关于第三方合规的有关要求，也就是外包合规的问题。企业将部分生产经营或产品服务外包，通常不会减轻组织的法律职责或承担的合规义务。在外包合规中，要确保外包过程受到企业内部的合规控制和监测，通过执行有效的尽职调查，确保不会降低合规标准和承诺。

1.2.2.7 要素六：合规管理体系的绩效评价（检查）

合规管理体系的绩效评价，通常分为监测分析和评价、合规绩效反馈、内部审核和管理评审四部分。

监测分析和评价是绩效评价的基础性工作，必须提前确认合规管理体系中需要被监控和测量的内容和原因，以及用什么方法进行监控、测量、分析、评价，以得到有效的结果；此外，什么时间适合进行监控和测量、什么时间适合报告监控和测量的结果也需要纳入考虑范围。

评价合规管理体系的绩效，重点要看与体系相关各方的反馈，不仅要参考管理层和合规团队的意见，还需要企业员工、客户、供应商、监管部门等作出反馈，他们都在企业运行的全链条环节上。通过他们的反馈，来确认企业、上下游供应链的合规文化是否已经牢固建立，合规方针是否已经深入贯彻，不合规事件是否已经杜绝发生，等等。

内部审核是绩效评价的重要内容，需要制定企业合规管理的内部审核程序，包括审核频率、方法、步骤、职责、审核计划和报告要求。内部审核程序既要充分考虑相关过程的合规重要性，也要考虑前期审核是否有过不合规行为。每次内部审核需规定审核准则和每次审核的范围，要确保审核结果报告给相关管理层，并保留实施审核程序和审核结果的证据。

管理评审，是指企业治理机构和最高管理者按计划定期评审组织的合规管理体系，以确保其适用性、充分性和有效性。管理评审的实际深度和频率一般比较固定，但是会随着组织的性质和方针发展变化。管理评审考虑的主要因素包括，过去管理评审的状态、合规方针的充分性、合规目标实现的程度、资源供应的充分性、与合规管理体系相关的内外部问题的变化以及合规绩效信息。合规绩效信息，一般包括对不合格项进行纠正和解决问题的时间表、监控和测量的结果、与相关方的沟通信息以及内外部审核的结果等信息。

1.2.2.8 要素七：合规管理体系的改进（改进）

对于发现的不合格、不合规情况，企业合规管理体系要作出反应，采取行动进行控制和纠正，并对后果进行可控管理。在此基础上，要评价是否需要采取行动消除导致不合格、不合规事件的根本原因，以避免再次发生或在其他地方发生不合格、不合规的情况。对采取的纠正措施，也要对其有效性进行评审，并不断改进。

企业要持续改进合规管理体系的适用性、充分性和有效性。对于合规管理体系中不适当、无效的措施，要及时修改完善。

1.3 数字化企业的专项合规

1.3.1 企业专项合规的必要性

专项合规管理，是指企业结合自身所处领域、业务经营发展状况，在充分评估自身合规现状的基础之上，针对高风险、高价值领域设置专项合规管理计划的管理方式。

防范、控制、化解风险是推动经济走出危机、实现复苏的关键。随着我国合规管理进程的推进，加强个性化合规，提升合规底层思维，明确风险偏好，建立以风险为导向，以风险识别为基础，风险治理前移的专项合规管理，是企业结合自身实际，形成自我特色、最大化经营利益、高效统筹经营的有效途径，也是企业开展合规管理体系建设的最终目标。

近年来，我国数字经济迅猛发展，在数字经济新经营环境下，结合监管程度、涉案类型以及经营需求，互联网企业在经营管理中的高风险领域，不仅包括传统合规领域，诸如反腐败、知识产权、反垄断、反不正当竞争，同时，与业务发展密切相关的互联网专项领域，例如数据安全、个人信息保护、电商合规、广告管理、开源合规等专项领域，同样是数字经济环境下企业及企业合规师应当持续关注的专业领域。本书第2—11章将分别对以上专业领域的合规依据作出解析，对良好实践进行分享，本章仅作简要概述。

1.3.2 数字化企业的专项合规领域

1.3.2.1 知识产权合规

知识产权合规，是指企业对管理、经营、服务过程中所涉及的知识产权进行合规管理，包括专利、商标、版权、域名、商业秘密等各类知识产权。

近年来，企业知识产权犯罪案件激增，区别于传统的知识产权犯罪，网络侵权、信息侵权、团伙链条化等新犯罪特征层出不穷，给企业知识产权合规工作带来新的挑战。知识产权侵权问题逐年提升，从民事和行政法律风险，已经逐步上升至刑事违法。因此，加强企业知识产权合规管理体系建设，提升企业知识产权合规管理水平，已成为企业提升核心竞争力的重中之重。

知识产权合规应与企业经营业务紧密结合，坚持战略导向、全员参与的基本原则。坚持战略导向是指统一部署经营发展、科技创新和知识产权战略，使三者互相支撑、互相促进；全员参与，是指知识产权涉及企业各业务领域和各业务环节，应充分发挥全体员工的创造性和积极性。实践中，常见的知识产权合规风险频发的领域，包括但不限于人事合同、入职离职、外部合作、供应链管理等，对此，企业在开展知识产权合规管理时应格外注意。

一般而言，知识产权合规管理体系是包括组织体系、制度体系、运行体系、风险识别处置体系、监督评估体系等在内的综合管理体系，每个体系内通过具体的合规措施，规范使用、防止滥用，提升企业知识产权保护与合规意识，建立健全系统的激励机制和资源管理机制，从而实现企业知识产权管理不仅合规，更因合规产出价值。

1.3.2.2 反垄断合规

反垄断合规，是指经营者及其员工的经营管理行为符合《反垄断法》等法律、法规、规章及其他规范性文件的要求，建立反垄断合规管理制度，提高对垄断行为的认识，防范反垄断合规风险，保障经营者持续健康发展的活动。

近年来，我国高度重视行业有序发展，在强化反垄断和防止资本无序扩张的反垄断执法常态化背景下，反垄断合规管理已经成为企业经营成功和可持续发展的重要基础。

依据我国反垄断法律法规及规范性文件的要求，企业开展反垄断合规宜遵循诚实守信、公平竞争、开拓创新、促进经济发展的原则。具体而言，诚实守信，是指诚信经营，维护消费者利益和社会公共利益；公平竞争，是指主动承担起维护市场秩序的职责，保护市场公平竞争；开拓创新，是指投入有效资源，创新合规管理的方式，完善合规管理制度；最后，促进平台经济健康有序发展，构筑经济社会发展新优势和新动能。

对互联网平台而言，反垄断合规主要涉及企业反垄断合规制度构建，防止垄断协议、滥用市场支配地位、限制排除竞争等行为，建立健全境外反垄断风险评估管理、动态反垄断风险预防与识别体系机制以及构建培育反垄断合规文化等环节措施，一方面，依法开展公平竞争，共同营造公平有序的市场竞争环境，维护互联网行业市场秩序、维护消费者利益和社会公共利益；另一方面，切实提升企业反垄断合规能力，确保企业反垄断合规相关控制措施得以持续有效执行。

1.3.2.3 数据合规

在数字经济迅猛发展的形势下，数据已跃升为与土地、劳动、知识并驾齐驱的关键生产要素，数据安全已成为事关国家安全与经济社会发展的重大问题。企业强化数据安全合规管理，落实保障数据安全的主体责任，做好数据保护工作，促进数据开发利用，保护个人、组织的合法权益，维护国家主权、安全和发展利益，既是我国《数据安全法》的目标，更是对企业在新营商环境下稳健发展提出的责任和要求。

数据合规管理，要求数据处理者建立数据安全合规管理体系，保障数据的收集、存储、使用、加工、传输、提供、公开等数据处理活动的安全，有效应对数据安全事件，防范数据安全风险，维护数据的完整性、保密性和可用性。

随着《数据安全法》的深入实施，其所提供的企业数据合规管理框架为各方主体提供了高效、规范的指导，指引企业在大数据战略的框架下，全面加强数据开发与利用，推进数据安全标准体系建设，促进数据安全监测评估、认证，建立健全数据交易管理制度。

具体而言，数据合规的主要方面，一是合法合理地开展数据处理活动，维护国家、社会及个人的合法权益；二是建立健全全流程数据安全管理制度，履行各类数据安全保护义务；三是加强风险监测，增强数据安全事件的预防能力和处理能力；四是重要数据的处理者应按照规定对其数据处理活动定期开展风险评估，并向有关主管部门报送风险评估报告。

综上所述，数据是信息化发展的基础元素，加快建设数字中国，离不开数据的合规治理与管理。对数字经济的经营者、消费者和监管者来说，数据是新时代的新型财富和资源，数据的合规管理需要以新的理念、新的态度和新的手段加以应对，使企业能够在数字经济带来的利益和风险中稳健发展，这也正是企业数据合规的终极目标和重要意义。

1.3.2.4 个人信息保护合规

2021年11月1日，《个人信息保护法》正式实施，明确规范个人信息处理活动，促进个人信息合理利用，保护个人信息权益。与此同时，该法第58条明确规定，提供重要互联网平台服务、用户数量巨大、业务类型复杂的个人信息处理者，应当按照国家规定建立健全个人信息保护合规制度体系等多项合规义务，对互联网企业个人信息保护合规提出了更高要求。

个人信息保护合规涉及的主要合规方面，包括个人信息收集、储存、使用、委托处理、共享、转让、公开披露、跨境传输、对个人信息主体权利请求的响应、个人信息安全事件处理等环节，其主要目标在于强化个人信息保护全生命周期保护机制、建立内部个人信息保护体系、培育个人信息的基础数据安全能力，使企业在经营活动中合法、合理地使用个人信息，创造合规的商业价值。本书第8章将从个人信息保护法律依据、司法现状、合规要点和良好实践四个方面分别展开，详细阐述企业如何开展个人信息保护合规，以及如何确保个人信息保护合规的有效性，为企业合规实践提供参考。

1.3.2.5 反不正当竞争合规

反不正当竞争风险，是指企业及其员工因实施反不正当竞争领域的不合规行为，引发法律责任、受到相关处罚、造成经济或声誉损失及其他负面影响的可能性。

企业反不正当竞争合规管理，应确保企业从事生产经营活动遵循自愿、平等、公平、诚信的原则，遵守法律法规，遵循商业道德，公平参与市场竞争，不实施或者不帮助他人实施不正当竞争行为、扰乱市场正常的竞争秩序、损害其他经营者和消费者的合法权益。对互联网企业而言，应特别注意反不正当竞争合规风险，诸如仿冒混淆行为风险、虚假或引人误解商业宣传行为风险、商业诋毁行为风险，干扰、恶意不兼容风险等。本书第5章将从《反不正当竞争法》等相关法律法规的具体分析入手，结合近年来实践中的真实案例，对企业如何开展及优化反不正当竞争合规管理展开详细论述。

1.3.2.6 反腐败合规

防止腐败，清正廉洁是现代社会治理的重要方面，更是企业管理中最传统、发展时间最悠久的合规领域。在数字化经济飞速发展的营商环境下，对以数字化、信息化为主要特征的互联网企业而言，腐败风险是指企业或其员工为其特殊利益而滥用职权行为产生的后果，具体表现包括利用职务便利侵吞、窃取、骗取或者以其他手段非法占有财物，索取他人财物，或者非法收受他人财物，为他人谋取利益；为谋取不正当利益，给予他人以财物；国有企业从事公务人员的财产、支出明显超过合法收入，差额巨大，不能说明来源；等等。

我国《刑法》《反不正当竞争法》《公司法》《监察法》等法律都对腐败防治和惩治作出了明确规定，是企业开展反腐败合规建设的主要依据。对互联网企业而言，反腐败合规所需要关注的主要方面包括费用管控、第三方管理、资产管理、人事管理等环节。

作为传统合规领域之一，反腐败合规管理经过长期的发展和完善，已经成为企业经营合规中不可缺少的重要组成部分。无论是在国内发展市场生存，还是全球国际市场扎根，唯有零容忍、全覆盖、无禁区，坚持"标本兼治、综合治理、惩防并举、注重预防"，树立和维护企业清廉的核心价值观，倡导风清气正的廉洁文化，才能真正护航企业行稳致远。

此外，本书还将聚焦近年来互联网行业风险频发的广告合规、网络安全合规、电商合规、算法合规、开源合规等合规风险领域，同样从理论与实践的双向视角，剖析企业合规管理前沿理论，洞察互联网领域合规风险。

专项合规，是企业合规管理的核心，是与企业经营业务、商业利益结合最为紧密的合规管理模块，因此，也是众多企业最为关注的合规管理内容。本书在撰写过程中，编写组对我国互联网行业特点、企业管理现状进行了实地调研，总结了互联网企业境内外经营中的监管要求、政策法规和相关标准。通过深入研究国内外企业合规的有益经验，有针对性地梳理总结出符合我国政策、法律法规及互联网行业发展要求的企业合规管理模式，科学地规划了互联网企业构建企业合规管理的整体实施方案，分享总结了互联网领域优秀的合规管理经验，旨在营造良好的互联网合规生态，助力互联网领域企业在合规经营中取得发展。

1.4 企业合规的人才培养

1.4.1 中美企业合规人才培养模式述评

企业合规工作涉及企业生产经营管理各领域、各环节，企业合规人员需要全面、深度参与企业合规管理各项工作，聚焦合规风险易发多发领域和重点难点环节，促进企业全面遵守法律法规规章、行政规范性文件、国际条约、监管规则、政策要求、行业准则、商业惯例、道德规范等规定，从而保障企业合规管理制度机制更加健全、依法规范经营管理水平不断提升、各类合规风险得到有效预防和化解，在法治轨道上增强企业发展效益和核心竞争力。企业合规管理工作具有很强的法律性、政策性、专业性、复杂性，无论是做好企业治理合规管理、刑事合规管理、行政合规管理、海外合规管理，还是做好反垄断合规管理、知识产权合规管理、数据合规管理，均需要合规工作人员具备较高的能力素质。《关于建立涉案企业合规第三方监督评估机制的指导意见（试行）》《关于加强公司律师参与企业合规管理工作的通知》均强调了合规专业力量在企业合规中的重要作用。这启示我们，在推行企业合规管理的过程中，要建设专职合规工作队伍，及时配备、培养专业合规人才来处理日常的合规管理事务。

1.4.1.1 我国合规人才培养的现状与不足

当前，我国企业合规人才的培养主要有以下三种模式。一是高等教育培养。在企业合规的发展趋势下，我国部分高校开展了非学历合规专业课程教育。华东师范大学法学院于2017年设立企业合规研究中心，为学生和合规从业人员提供合规课程和培训，面向学生推出"企业合规理论与实务"课程，面向从业人员推出"企业合规师培训班""合规管理研修班"，从规则、风险及业务等视角，讲授企业合规管理体系及主要的合规风险；讲解合规文化，剖析合规流程，梳理合规管理脉络；结合合规案例进行分析，揭示有效合规的要点与科学性。中国政法大学刑事司法学院于2020年开设研究生课程"企业合规调查与治理"，邀请行业监管部门的有关业务专家、世界五百强和先锋独角兽企业的合规负责人及业务骨干、合规研究的专家学者，讲解企业合规的主流理论和实践，将合规业务场景移植到课堂，以课堂互动和观摩走访知名企业合规部门为主要的课程形式，突出实践培养，强化理论和实务的贯通，学生可以获得更多主体式和亲历式的学习体验。[1]此外,深圳大学、北京大学法学院、对外经贸大学、中央财经大学、上海财经大学等也相继开设了企业合规实务相关课程与培训。二是培训机构培养。中国企业评价协会于2021年制定了企业合规师职业技能评价团体标准,编制了企业合规财务规范、审计规范、合规实务管理等教材,以线上方式开展了企业合规师的培训和考试。培训时长根据企业合规师职业技能等级确定,整体在30小时至50小时之间。线上培训完成后,学员可报名参加企业合规师线上考试。考核通过后,即可获得中国企业评价协会颁发的相关证书。与中国企业评价协会的做法类似,中国轻工业联合会轻工职业技能评价中心和中国轻工企业投资发展协会、中国企业文化促进会合规管理委员会等社会团体,均开展了相关的企业合规师培训与考核。三是企业内部培养。在合规人才供给匮乏的情况下,企业对合规人才的需求主要通过转岗或兼职实现。律师、法务、合规、监察、审计等具有一定职业技能且与合规具有天然联系的职业群体,基于自身的职业发展或企业需求,成为临时的、过渡的和非标准化的合规从业人员。

上述培养模式为企业合规管理输送了部分专业合规从业人员,一定程度上缓解了合规人才匮乏的局面,但长远来看存在弊端,体现在以下几个方面。一是在我国目前的高等教育体系中,没有合规学及与之类似的专业,而法学专业和管理学专业不能满足企业合规专业人员的培养需要。合规人才市场需求旺盛,但高等教育又不能提供足够的职业合规人才,合规职业化和专业化的重要路径存在障碍。培养服务企业合规管理的实务型人才和从事企业合规研究的学术型人才,高等教育是必由之路。而高校当前开展的培养模式,内容以介绍合规管理理论、发展、要素、刑事合规等为主,授课人虽为在合规管理领域有一定研究和从业经验的专业人员,但培训时长有限,内容体系较弱,培养效果有待市场检验。二是市场上的培训缺乏企业合规师统一标准。当前,中国国际贸易促进委员会商事法律服务中心在人力资源和社会保障部等相关部门的指导下,正在组织编制企业合规师技术技能标准。由于企业合规师具有较强的行业性和领域性,企业合规师标准采取了"1+X模式"制定,即由中国国际贸易促进委员会商事法律服务中心制定通用企业合规师的职业标准,互联网、电力、医疗等行业根据行业和领域合规管理需求,制定行业企业合规师标准。通用企业合规

---

[1] 中国政法大学研究生跨学科全新课程——"企业合规调查与治理"简介[EB/OL].蓟门合规,2020[2022-07-19]. https://mp.weixin.qq.com/s/jzUr_wFV6jzIBwjlTDdMUA.

师与各行业企业合规师标准共同构成我国企业合规师职业标准体系。而目前市场上开展的企业合规师培训，存在标准和教材不统一、培训时长及收费标准因人而异，高级企业合规师报名通过比例畸高、授课人水平良莠不齐等问题。三是通过转岗、兼职从事企业合规管理工作的人员，可以解企业合规人才匮乏的一时燃眉之急，迅速支撑起企业合规管理的工作。但从事合规的人员需要系统、全面地学习合规理论，掌握合规知识与技能，这种转化的方式不能保证企业合规从业人员的能力和素质；此外，这些专业人员在工作思路和方法上易受到原专业思维和工作习惯的影响，把企业合规管理当作法务、审计、监察的一部分，从而不能有效建立起企业合规管理体系。

1.4.1.2 美国合规人才培养模式简述

与合规起源于西方相一致，西方国家也较早开展了合规人才的培养，美国、英国、德国、瑞士、澳大利亚等国家均开展了合规相关的学位教育及培训项目。下面以美国福特姆大学为例，简述西方高校培养企业合规人才的概况。

福特姆大学法学院企业合规专业方向的 LLM 是美国首个企业合规专业学位。LLM 企业合规专业方向面向法学专业的学生，提供面对面和在线两种培养方式。在线课程包括异步和同步课程。异步课程包括视频、讲座和学生在一周内自行思考的问题。学生还将参加每周与教授的实时同步会议，讨论该周的材料。参加培训的人员可以为有效应对新的和复杂的监管要求做好准备。学习内容包括探索企业内部法律顾问、企业合规部门的作用，以及风险评估、《反海外腐败法》、全球行为准则、危机管理、延迟起诉和不起诉协议、企业社会责任等合规要素。学生将学习银行和金融监管等行业基本的监管框架，并接受任何合规专业人士都必不可少的技能培训。

下面以 2022 年课程为例说明。

（1）LLM in Corporate Compliance (In-Person)。[1]

对于面对面的培养方式，每个学生必须在开课后 24 个月内完成至少 24 学分的课程，最多可获得 30 学分。全日制学生每学期修读 10—15 学分（推荐 11—13 学分）；非全日制学生每学期修读 2—9 学分。其中，夏季学期最多可修读 4 学分。

特定必修课：包括公司法以及为面对面培养方式专门设置的 12 学分的课程，12 学分课程必须包含以下两个核心课程：

---

[1] See https://www.fordham.edu/info/22162/areas_of_study/12267/corporate_compliance_in-person.

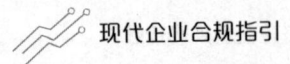

- 企业合规简介（3学分）
- 合规风险评估（2学分或3学分）

福特姆大学法学院强烈建议学生参加国际金融犯罪或反洗钱课程。

12学分中剩余的学分可以从该项目的分配课中自由选择，即课程表上标明CC（企业合规）的课程。

其他必修课：

所有法学硕士学生必须完成以下课程：

- 定量方法（第一学期必修）

所有未持有美国法学院法学博士学位的学生还需要修读以下课程：

- 美国法律制度和程序简介（第一学期必修）
- 法律写作和研究（第一学期必修）
- 美国法律职业介绍

从以下课程大纲中至少选择6学分。[1]

- 基本律师技能＊＊＊＊
- 2学分的体验式课程＊＊＊＊

学生必须在法学硕士课程的第一学期学习"美国法律制度和程序简介"以及"法律写作和研究"。

在之前的学习中完成类似课程的学生，或者拥有重要的商业、税务或其他经验以使他们对该主题有足够了解的学生可以通过提交LLM/MSL的豁免请求来寻求豁免。

被纽约律师协会录取的学生，可以通过在线提交LLM/MSL课程免修申请来寻求"美国法律制度和程序简介"和/或法学硕士学生的"法律写作和研究"的免修。但是，福特姆大学法学院不鼓励他们这样做，因为这些课程提供了对美国律师极为有用的知识和技能，并且对其他美国法学院课程都有用。

任何剩余的学分都可以从对LLM学生开放的各种课程中选择，如发布的课程表所示。对于LLM不开放的课程，学生可以通过提交相关表格获得课程学习资格，有200多门不同主题的选修课供学生选择。[2]

---

[1] 行政法；民事诉讼程序；商业金融；商业金融/担保交易；商法；商业交易；法律冲突；宪法；宪法中的侵权行为；合同法；公司法；刑法；刑事诉讼；裁决；刑事诉讼；调查；刑事诉讼：起诉、辩护和审判；遗产规划；证据；家事法；第一修正案；美国合同法简介；国际律师诉讼管理；纽约惯例；合伙和有限责任公司法；美国法律观察；所有权；补救措施；担保交易；侵权行为；信托和遗嘱。

[2] 参见周万里. 合规学高等教育及其课程设计[M]. 北京：法律出版社，2021：82.

(2) LLM in Corporate Compliance (Online)。[1]

对于在线的培养方式，每个学生必须在 2 个至 7 个学期内完成至少 24 学分的课程。在 24 学分的课程中，必修课程是 15 学分。

必修课：
- 美国法律制度和程序简介（3 学分）
- 法律写作与研究（2 学分）
- 企业合规概论（4 学分）
- 公司法（3 学分）
- 合规风险评估（3 学分）

必修课程之外是选修课程，学生可以在以下选修课中，选修 9 学分的选修课。

选修课：
- 反贿赂和腐败合规计划——设计和实施（1 学分）
- 反洗钱（3 学分）
- 反垄断合规（1 学分）
- 区块链、加密货币和法律（1 学分）
- 竞选财务合规性（1 学分）——2022 年夏季
- 合规创新与技术（1 学分）
- 企业可持续发展——遵守不断发展的全球框架和法规（2 学分）
- 创建有效的道德与合规和道德培训与沟通计划（1 学分）
- 危机管理（3 学分）
- 纽约市合规座谈会（1 学分，亲自参加）
- 经济制裁合规（1 学分）
- 就业法（2 学分）
- 环境法（3 学分）——2022 年秋季
- 医疗保健合规性（3 学分）
- 人权合规（2 学分）
- 内部调查（1 学分）
- 国际金融犯罪（2 学分）

---

[1] See https://www.fordham.edu/info/22162/areas_of_study/12269/corporate_compliance_online.

- 投资管理条例（3 学分）
- 有目的的领导——合规事业成功的关键技能和素质（1 学分）
- 隐私与网络安全（3 学分）

被纽约律师协会录取的学生，可以通过在线提交 LLM/MSL 课程免修申请来寻求"美国法律制度和程序简介"和/或法学硕士学生的"法律写作和研究"的免修。但是，福特姆大学法学院不鼓励他们这样做，因为这些课程提供了对美国律师极为有用的知识和技能，并且对其他美国法学院课程都有用。

将公司法作为其法律学习一部分的学生，可以通过提交在线免修申请表来寻求免修。

在线学习的方式可授予法学硕士学位，但不授予律师资格。如果学生有意向获得律师资格，需要完成面对面的学习。

（3） MSL in Corporate Compliance。[1]

不同于 LLM，MSL 为非法学学位的学生而设计。MSL 的学生培养了对任何合规专业人士都至关重要的技能，例如设立合规办公室，建立和实施合规培训和沟通计划，设计适当的激励框架并实施强有力的调查和宣传计划，建立审计、监控和报告系统。从法律角度探讨了关键主题，包括以下内容：

- 风险评估
- 反洗钱法
- 反腐败法，包括《反海外腐败法》
- 联邦证券法
- 危机管理
- 建立合规文化
- 了解法律法规
- 强调环境、社会和政府（ESG）的企业转变的影响

每个学生必须完成至少 30 学分的课程。全日制学生每学期可修 12—18 学分，建议 14—17 学分；非全日制学生每学期可修读 2—11 学分。

必修课：

- 美国法律和法律机构（3 学分）*
- 企业合规简介（3 学分）*
- 合规风险评估（2 学分或 3 学分）

---

[1] See https://www.fordham.edu/info/23823/corporate_ compliance.

- 非法学博士的法律法规（3 学分）＊＊
- 国际金融犯罪（2 学分）或反洗钱（2 学分）
- 通过合规计划进行企业自我监管——主题研讨（2 学分）＋
- 通过合规计划进行企业自我监管——结课研讨（1 学分）＋

标＊的课程必须在第一学期注册，标＊＊的课程一般只在春季学期开设，标＋的课程应在最后一个学期注册。

选修课：

学生可以从隐私、网络安全、就业法、危机管理、洗钱和区块链等课程中进行选择，具体课程可以通过发布的课程表查看。

1.4.2 企业合规师新职业的产生与发展

1.4.2.1 企业合规师成为中华人民共和国新职业

为了培养专业的企业合规人才，帮助企业建立合规管理体系，推动经济高质量发展，2021 年 3 月 9 日，人力资源和社会保障部办公厅、国家市场监督管理总局办公厅、国家统计局办公室发布《关于发布集成电路工程技术人员等职业信息的通知》，将企业合规师纳入《中华人民共和国职业分类大典》。从此，企业合规师成为与律师、会计师、审计师等并驾齐驱的新职业。在《关于发布集成电路工程技术人员等职业信息的通知》中，企业合规师的职业编码为 2（专业技术人员）-06（经济和金融专业人员）-06（资产和资源评估专业人员）-06，是"从事企业合规建设、管理和监督工作，使企业及企业内部成员行为符合法律法规、监管要求、行业规定和道德规范的人员"，主要工作任务有七项，分别是：制定企业合规管理战略规划和管理计划；识别、评估合规风险与管理企业的合规义务；制定并实施企业内部合规管理制度和流程；开展企业合规咨询、合规调查，处理合规举报；监控企业合规管理体系运行有效性，开展评价、审计、优化等工作；处理与外部监管方、合作方相关的合规事务，向服务对象提供相关政策解读服务；开展企业合规培训、合规考核、合规宣传及合规文化建设。

为满足新时代我国人力资源管理的需要，2021 年 4 月，人力资源和社会保障部会同国家市场监督管理总局、国家统计局启动了《中华人民共和国职业分类大典》修订工作。据悉，第一部《中华人民共和国职业分类大典》颁布于 1999 年，并分别于 2010 年、2015 年进行了修订。2021 年的修订以 2015 年版为基础，将近年来已发布的新职业纳入其中，保持大类体系不变，增加或取消了部分中类、小类及职业（工种），优化调整了部分归类，修改完善了部分职业信息描述。2022年7月12日，人力资源和社会保障部发布了"关于对《中华人民共和国职业分类大典（2022年版）》（公示稿）进行公示的公告"。公示稿中，职业划分为8个大类、79个中类、449个小类、1636个细类（职业）、2967个工种。就企业合规师而言，其职业编码调整为2（专业技术人员）-06（经济和金融专业人员）-07（商务专业人士）-14。

职业分类是开展职业教育培训和人才评价的重要基础性工作。企业合规师进入《中华人民共和国职业分类大典》，反映了数字经济发展的需要，增强了从业人员的社会认同度。下一步，人力资源和社会保障部将会同有关部门组织制定或修订相关职业标准，并积极稳妥地推行社会化评价，由经人力资源和社会保障部门备案的用人单位和社会培训评价组织开展评价活动。对评价认定合格的人员，由评价机构按照有关规定颁发证书。

1.4.2.2 企业合规师成为涉案企业第三方监督评估组织专业人员

我国当前正在进行企业合规改革试点。根据最高人民检察院《关于开展企业合规改革试点工作方案》，开展企业合规改革试点工作，是指检察机关对于办理的涉企刑事案件，在依法作出能不捕的不捕、能不诉的不诉、能不判实刑的提出适用缓刑的量刑建议等的同时，针对企业涉嫌的具体犯罪，结合办案实际，督促涉案企业作出合规承诺并积极整改落实，促进企业合规守法经营，减少和预防企业犯罪的改革举措。结合第一期企业合规改革试点的经验，日前开展的第二期改革将企业合规的监督考察程序作为一项重点工作。监督考察程序是指检察机关在办理涉企犯罪案件时，对符合企业合规改革试点适用条件的，由第三方组织协助检察机关，对涉案企业的合规承诺进行调查、评估、监督和考察。考察结果作为检察机关依法处理案件的重要参考。据此，在今后企业合规改革试点工作中，由第三方组织参与的企业合规体系的建立和落实，成为企业争取不捕、不诉、不判实刑的关键。

对于第三方组织的构成，根据最高人民检察院、国资委、财政部、中华全国工商业联合会会同司法部、生态环境部、国家税务总局、国家市场监督管理总局、中国国际贸易促进委员会2022年1月发布的《涉案企业合规第三方监督评估机制专业人员选任管理办法（试行）》，第三方机制专业人员，是指由涉案企业合规第三方监督评估机制管理委员会选任确定，作为第三方监督评估组织组成人员参与涉案企业合规第三方监督评估工作的相关领域专业人员，主要包括律师、注册会计师、税务师（注册税务师）、企业合规师、相关领域专家学者以及有关行业协会、商会、机构、社会团体的专业人员。此外，《浦东新区涉案企业合规第三方监督评估若干规定》第6条规定，第三方机制专业人员名录库的成员，从律师、注册会计师、税务师（注册税务师）、企业合规师、专家学者以及行业协会、商会、机构等社会组织的专业人员中公开择优遴选。

由此，企业合规师成为第三方监督评估组织的法定组成人员，直接参与涉案企业的合规整改，成为我国企业合规改革中不可或缺的专业力量。

1.4.2.3 职业技术技能标准促进企业合规师职业化、标准化、专业化

为规范从业人员工作能力水平和技术技能要求，更好服务于企业高质量发展和更高水平的对外开放，中国国际贸易促进委员会牵头会同中国企业联合会、中国互联网协会、中国电力企业联合会、中国化学制药工业协会等十余家行业协会及多个领域具有代表性的企业等，共同研究制定了《企业合规师通用职业技术技能要求》职业标准，并于2022年10月1日正式实施。该职业标准严格参照《国家职业技术技能标准编制技术规程》，明确了各等级企业合规师的工作内容、知识水平、专业能力等共性要求，并为各行业协会制定本行业企业合规师技术技能要求留出空间，为培训、考核、评价企业合规管理从业者的职业技术技能水平提供了重要参考依据。

中国互联网协会作为推进信息通信及互联网行业企业合规的重要力量，在企业合规师通用标准制定过程中全程参与，并在其基础上，结合强监管、变化快、专项多等行业特点，联合数十家单位，牵头制定了《信息通信及互联网行业企业合规师职业技术技能要求》。在具体编制过程中，起草组先后征求多方意见，通过从以下九个方面分别对三级企业合规师提出工作要求：一是制订合规管理规划和计划；二是识别合规义务、评估合规风险、策划合规目标；三是建立与执行合规管理制度；四是搭建与运行合规管理组织架构；五是建立与执行合规管理实施机制；六是评估与改进合规管理体系的有效性；七是处理与外部监管机构、商业合作伙伴的合规事务；八是组织合规培训；九是建设合规文化。同时，起草组充分认识到企业合规师是与企业合规治理实践密切相关的新职业，在编制本标准时，在培训要求、考核要求等方面均注重实践能力的比重，并邀请多家企业全程深度参与标准的编制过程，对争议问题充分调研企业用人现状，听取企业意见，力求标准的内容与企业需求相符合、与实践相一致。

1.4.3 社会组织开展企业合规师培养的依据和方针

1.4.3.1 政策背景

2017年,人力资源和社会保障部公布了《国家职业资格目录》,明确对职业资格实行目录清单式管理,目录之外一律不得许可和认定职业资格,目录之内除准入类职业资格外一律不得与就业创业挂钩。根据《国家职业资格目录(2021年版)》,国家职业资格共72项,其中,专业技术人员职业资格共59项,技能人员职业资格共13项。59项专业技术人员职业资格中,准入类33项,水平评价类26项;13项技能人员职业资格中,大部分均为准入类,只有少数为水平评价类且因涉及安全,水平评价类拟全部调整为准入类。根据人力资源和社会保障部公告,准入类职业资格关系公共利益或涉及国家安全、公共安全、人身健康、生命财产安全,均有法律法规或国务院决定作为依据,是依法从事特定岗位的必要条件;水平评价类职业资格具有较强的专业性和社会通用性,技术技能要求较高,行业管理和人才队伍建设确实需要,是用人单位选人用人的重要参考。

企业合规师不是资格类职业,在《中华人民共和国职业分类大典》中,企业合规师属于国家职业第二大类,即专业技术人员大类。行业协会、学会等社会组织在相关部门指导下,依据职业标准开展培训。社会组织开展企业合规师培训时,不得变相开展职业资格许可和认定,不得借能力水平评价活动设置就业创业门槛,在制订、宣传、讲解培养方案的过程中,要强调培训和考核仅作为从业水平提升的手段,评价结果是企业用人的参考和个人职业发展的助推器,而非新职业资格、职业技能等级。同时,规范使用有关字样和标识,避免出现混淆概念、虚假或夸大宣传、误导社会大众的情况。

1.4.3.2 基本原则

(1) 企业合规与个人发展双向良性互动。

合规是企业高质量发展的必然要求,也是必由之路,以尊重规则、诚实守信、公平竞争、担当责任为核心价值理念的企业合规管理,成为企业行稳致远的重要保障。而注重以合规为主要内容的企业软实力建设,需要企业合规师专业人才的参与并为之作出贡献。开展信息通信及互联网行业企业合规师培养,目标之一就是从人才保障方面为企业合规发展注入不竭动力。对企业而言,企业通过聘用持有企业合规师证书的劳动者,识别和防控风险,防止并控制因违法违规行为而受到监管处罚、刑事处罚及国际组织制裁的风险。对个人而言，促进就业、落实待遇和强化激励，技能就业、技能成才，使劳动者凭技能得到使用和晋升、凭业绩贡献确定收入分配。

（2）分级培养。

企业合规管理工作是一项系统而复杂的工程，为此，需要设置不同技术技能等级的企业合规师。在开展合规管理工作10年以上的企业里，合规岗位的设置已经形成了比较清晰的序列，包括初级、中级和高级三级等级。[1]初级企业合规师对应合规专员，主要工作是支撑、协助、参与企业合规管理体系的建立、实施、维护和持续改进；中级企业合规师对应合规经理，主导企业合规管理体系；高级企业合规师对应首席合规官，领导企业合规管理体系。三级企业合规师的定位不同，对其知识和技能的要求也不同。在开展企业合规师培养的过程中，课程设计及考核方案要特别注重区分不同等级的企业合规师，避免对初级企业合规师设置过高的要求，从而造成初入企业合规的从业人员大量空缺。

（3）通用与专项相结合。

通用合规是指企业合规必须具有的基本合规管理制度，体现各专项合规管理体系的共性和普遍要求，在整个合规管理体系中居于全局性、基础性的地位，是专项合规的支撑、保障和补充。通用合规一般包括合规规划计划、合规组织架构、合规风险防控、合规文化建设、合规支持保障等内容。特定行业的专项合规是针对具体的领域或者保护对象，制定具体的合规管理制度，设置相应的管理机构和管理流程，识别特定的合规风险。[2]数字经济下，数据合规、个人信息保护合规、算法合规、电商合规、互联网广告合规、开源合规等是较为重要和常见的合规专项。对企业合规师的培训而言，既要关注通用合规，也要开展专项合规义务及风险识别、合规管理要点等知识和技能的培训。

（4）创新评价方式。

水平评价类技能人员职业资格全部退出目录后，不再由政府或其授权的单位认定发证，行业协会、学会等社会组织根据市场需要，按照职业标准自行开展能力水平评价活动。《关于改革完善技能人才评价制度的意见》强调，要综合运用理论知识考试、技能操作考核、业绩评审、竞赛选拔、企校合作等多种鉴定考评方式，克服唯学历、唯职称、唯论文倾向。企业合规师是与实践紧密

---

[1] 周万里. 合规学高等教育及其课程设计 [M]. 北京：法律出版社，2021：41.
[2] 季美君. 论通用合规 [J]. 民主与法制，2022（19）：47-49.

相关的职业，其培养和考核不仅需要覆盖理论知识，还应灵活合理设置合规主题交流、合规案例大赛、名企对话、标杆企业参访等培训课程，并辅之以现场面试、专项合规设计等考核方式，提高评价的针对性和有效性。

(5) 合理设置免修免考要件。

一方面，合规从业经验和教育经历可作为企业合规师培养的重要基础，这在美国等具有一定合规人才培养经验的国家已有先例；另一方面，要合理设置越级报名的要件，避免出现高级企业合规师比重畸高，而中低级企业合规师占比畸轻的不合理情况。根据相关调研和访谈，宜将直接报名中级企业合规师的条件设置为：具备硕士学位或第二学士学位，从事企业合规工作满 2 年；或具备博士学位，取得初级专业技术等级；或具备博士学位，从事企业合规相关工作满 1 年。宜将直接报名高级企业合规师的条件设置为：具备大学本科学历，从事信息通信及互联网行业合规工作满 10 年，并担任首席合规官的合规工作者，可直接参加高级专业技术等级的培训及考核。

第 2 章

反腐败合规

2.1 反腐败合规依据

2.1.1 法律法规一览表及重点法条解析

2.1.1.1 法律法规一览表

腐败是人类社会的毒瘤，是世界各国共同面对的敌人。反腐败斗争事关党和国家的生死存亡以及人民群众的根本利益，历来为我国政府高度重视。企业反腐是我国反腐败斗争不可或缺的组成部分，也是企业合规发展较早的领域。商业贿赂、利益冲突、侵犯商业秘密、挪用资金等企业腐败问题伴随着活跃的经济交往蔓延至不同地区和行业，甚至成为部分商业活动的"潜规则"。在反腐败立法方面，我国逐渐发展形成了较为完备的法律法规体系，在反腐败组织结构上形成以监察机关为首的集中反腐执法力量，尤其在党的十八大以来反腐败高压态势下，执法权能得到扩张、执法力量不断强化。面对严密的法律体系以及强有力的执法力量，企业应当不断梳理和领会反腐败法律法规，完善并落实反腐败合规计划，努力防范与化解潜在的腐败风险。本章具体梳理反腐败合规相关法律法规如表 2-1 所示。

表 2-1 反腐败合规相关法律法规及文件一览表

法律体系		文件名称	最新发布年份	发布主体
国内法	法律	《刑法》	2020 年	全国人民代表大会
		《监察法》	2018 年	全国人民代表大会

续表

法律体系		文件名称	最新发布年份	发布主体
国内法	法律	《反不正当竞争法》	2019 年	全国人民代表大会常务委员会（以下简称全国人大常委会）
		《公司法》	2018 年	全国人大常委会
		《会计法》	2017 年	全国人大常委会
		《药品管理法》	2019 年	全国人大常委会
		《反洗钱法》	2006 年	全国人大常委会
		《商业银行法》	2015 年	全国人大常委会
		《政府采购法》	2014 年	全国人大常委会
		《建筑法》	2019 年	全国人大常委会
		《招标投标法》	2017 年	全国人大常委会
		《资产评估法》	2016 年	全国人大常委会
		《商标法》	2019 年	全国人大常委会
		《税收征收管理法》	2015 年	全国人大常委会
		《安全生产法》	2021 年	全国人大常委会
		《对外贸易法》	2016 年	全国人大常委会
	法规	《监察法实施条例》	2021 年	国家监察委员会
		《社会信用体系建设规划纲要（2014—2020 年）》	2014 年	国务院
	司法解释和其他司法文件	《最高人民法院、最高人民检察院关于办理贪污贿赂刑事案件适用法律若干问题的解释》	2016 年	最高人民法院、最高人民检察院
		《最高人民法院、最高人民检察院关于办理行贿刑事案件具体应用法律若干问题的解释》	2012 年	最高人民法院、最高人民检察院
		《关于办理商业贿赂刑事案件适用法律若干问题的意见》	2008 年	最高人民法院、最高人民检察院
		《关于办理受贿刑事案件适用法律若干问题的意见》	2007 年	最高人民法院、最高人民检察院

续表

法律体系		文件名称	最新发布年份	发布主体
国内法	司法解释和其他司法文件	《全国法院审理经济犯罪案件工作座谈会纪要》	2003年	最高人民法院
	规章	《中国注册会计师审计准则第1141号——财务报表审计中与舞弊相关的责任》	2019年	财政部
		《企业境外经营合规管理指引》	2018年	发改委、外交部、商务部、中国人民银行、国资委、国家外汇管理局、中华全国工商业联合会
		《中央企业合规管理指引（试行）》	2018年	国资委
		《合规管理体系 指南》（GB/T 35770—2017）	2017年	国家质量监督检验检疫总局、国家标准化管理委员会
		《关于对违法失信上市公司相关责任主体实施联合惩戒的合作备忘录》	2015年	发改委、中国证券监督管理委员会、中国人民银行等部门
		《企业内部控制配套指引》	2010年	中国保险监督管理委员会（已撤销）、财政部、中国证券监督管理委员会、审计署、中国银行业监督管理委员会（已撤销）
		《企业内部控制基本规范》	2008年	中国保险监督管理委员会（已撤销）、财政部、中国证券监督管理委员会、审计署、中国银行业监督管理委员会（已撤销）

续表

法律体系		文件名称	最新发布年份	发布主体
国内法	规章	《关于禁止商业贿赂行为的暂行规定》	1996 年	国家工商行政管理总局（已撤销）
	党内法规	《中国共产党章程》	2022 年	中国共产党全国代表大会
		《中国共产党问责条例》	2019 年	中国共产党中央委员会
		《中国共产党纪律处分条例》	2018 年	中国共产党中央委员会
		《中国共产党巡视工作条例》	2017 年	中国共产党中央委员会
		《关于新形势下党内政治生活的若干准则》	2016 年	中国共产党中央委员会
		《中国共产党党内监督条例》	2016 年	中国共产党中央委员会
	其他规定	《关于在治理商业贿赂专项工作中正确把握政策界限的意见》	2007 年	中央治理商业贿赂领导小组
	行业规范	《第 2204 号内部审计具体准则——对舞弊行为进行检查和报告》	2013 年	中国内部审计协会
国外法	主权国家法律	美国《反海外腐败法》（Foreign Corrupt Practices Act）	1977 年	美国国会
		美国《萨班斯—奥克斯利法案》（The Sarbanes-Oxley Act of 2002）	2002 年	美国国会
		英国《反贿赂法案》（Bribery Act 2010）	2010 年	英国议会
		法国《萨宾第二法案》（Sapin Ⅱ Law）	2016 年	法国国会
	国际组织公约、指引	《联合国反腐败公约》（United Nations Convention against Corruption）	2003 年	联合国大会
		《联合国全球契约》（United Nations Global Compact）	2000 年	联合国

续表

法律体系		文件名称	最新发布年份	发布主体
国外法	国际组织公约、指引	《关于打击国际商业交易中行贿外国公职人员行为的公约》（Convention on Combating Bribery of Foreign Public Officials in International Business Transaction）	1997年	经济合作与发展组织
		《关于内控、道德与合规的良好做法指引》（Good Practice Guidance on Internal Controls, Ethics, and Compliance）	2010年	经济合作与发展组织
		《诚信合规指南》（Integrity Compliance Guidance）	2010年	世界银行
		《ISO 19600：合规管理体系标准》（Compliance management systems-Guidelines）	2014年	国际标准化组织
		《ISO 37001：反贿赂管理体系》（Anti-bribery Management System）	2016年	国际标准化组织

2.1.1.2 各法律法规核心规定及解读

（1）《刑法》。

我国刑法中与腐败相关的罪名共计19个，分布于第三章破坏社会主义市场经济秩序罪第三节妨害对公司、企业的管理秩序罪，第七节侵犯知识产权罪；第五章侵犯财产罪以及第八章贪污贿赂罪等章节之中，具体如表2-2所示。

表2-2 我国《刑法》与腐败相关的罪名体系

腐败类型	条目	罪名
行贿	第164条第1款	对非国家工作人员行贿罪
	第164条第2款	对外国公职人员、国际公共组织官员行贿罪
	第389条	行贿罪
	第390条之一	对有影响力的人行贿罪

续表

腐败类型	条目	罪名
受贿	第391条	对单位行贿罪
	第393条	单位行贿罪
	第163条	非国家工作人员受贿罪
	第385条、第388条	受贿罪
	第388条之一	利用影响力受贿罪
	第387条	单位受贿罪
介绍贿赂	第392条	介绍贿赂罪
背信	第165条	非法经营同类营业罪
	第166条	为亲友非法牟利罪
	第169条之一	背信损害上市公司利益罪
职务侵占	第271条	职务侵占罪
挪用资金	第272条	挪用资金罪
侵犯秘密	第219条	侵犯商业秘密罪
财务报表	第161条	违规披露、不披露重要信息罪
	第162条之一	隐匿、故意销毁会计凭证、会计账簿、财务会计报告罪
洗钱	第191条	洗钱罪
	第312条	掩饰、隐瞒犯罪所得、犯罪所得收益罪

①商业贿赂类犯罪。

商业贿赂并非我国刑法分则中所规定的罪名，而是一类典型腐败行为的统称，是主要着眼于贿赂发生的领域而形成的概念。1996年，国家工商行政管理总局颁布《关于禁止商业贿赂行为的暂行规定》，首次在法律上明确了商业贿赂的含义。2007年5月，中央治理商业贿赂领导小组会同最高人民法院、最高人民检察院、公安部、国家工商行政管理总局联合发布《关于在治理商业贿赂专项工作中正确把握政策界限的意见》，该意见规定，"商业贿赂是在商业活动中违反公平竞争原则，采用给予、收受财物或者其他利益等手段，以提供或者获取交易机会或者其他经济利益的行为"。该意见对商业贿赂的范围、主体、行为、目的等方面作了明确的界定。在主体上，既包括各类公司、企业及其从业人员、个体工商户、其他经营者以及社会团体、行业自律组织、社会中介组织及其从业人员，也包括国家机关、事业单位、人民团体及其工作人员等。对主体的界定，不再局限于"经营者"，因为"商业贿赂往往与国家机关及其工作人员滥用职权、以权谋私有很大关系"，体现了立法者对商业贿赂发生原因的准确把握。在行为上，强调了"采用给予、收受财物或者其他利益等手段"实施商业贿赂，包括行贿和受贿两个相对的行为，并将"其他利益"纳入贿赂物的范围内。在目的上，明确了"提供或者获取交易机会或者其他经济利益"，体现商业贿赂是一种不正当竞争行为的特征。在范围上，提出了"商业贿赂涉及经济社会生活的许多方面"，而不仅仅发生在商品交易当中。《关于在治理商业贿赂专项工作中正确把握政策界限的意见》的出台，为统一执法标准提供了明确的指引。与此同时，《关于办理商业贿赂刑事案件适用法律若干问题的意见》明确商业贿赂犯罪包括八大罪名：非国家工作人员受贿罪、对非国家工作人员行贿罪、受贿罪、单位受贿罪、行贿罪、对单位行贿罪、介绍贿赂罪以及单位行贿罪，此后通过的《刑法修正案（七）》《刑法修正案（八）》《刑法修正案（九）》在此基础上分别新增了利用影响力受贿罪，向外国公职人员、国际公共组织官员行贿罪以及对有影响力的人行贿罪，由此形成了由 11 个罪名共同构成的商业贿赂罪名体系。从行为类型来看，大致可以分为三类，分别是行贿类罪名（见表 2-3）、受贿类罪名（见表 2-4）、介绍贿赂类罪名（见表 2-5）。

表 2-3 行贿类罪名

行贿主体	受贿主体	涉嫌罪名
个人	个人	行贿罪
		对有影响力的人行贿罪
		对非国家工作人员行贿罪
		向外国公职人员、国际公共组织官员行贿罪
	单位	对单位行贿罪

续表

行贿主体	受贿主体	涉嫌罪名
单位	个人	单位行贿罪
	单位	对有影响力的人行贿罪
		单位行贿罪

表 2-4　受贿类罪名

受贿主体	涉嫌罪名
个人	受贿罪
	利用影响力受贿罪
	非国家工作人员受贿罪
单位	单位受贿罪

表 2-5　介绍贿赂类罪名

犯罪行为	涉嫌罪名
介绍个人向国家工作人员行贿	介绍贿赂罪
介绍单位向国家工作人员行贿	

行贿相关罪名如下。

第一百六十四条【对非国家工作人员行贿罪】　为谋取不正当利益，给予公司、企业或者其他单位的工作人员以财物，数额较大的，处三年以下有期徒刑或者拘役，并处罚金；数额巨大的，处三年以上十年以下有期徒刑，并处罚金。

【对外国公职人员、国际公共组织官员行贿罪】　为谋取不正当商业利益，给予外国公职人员或者国际公共组织官员以财物的，依照前款的规定处罚。

单位犯前两款罪的，对单位判处罚金，并对其直接负责的主管人员和其他直接责任人员，依照第一款的规定处罚。

行贿人在被追诉前主动交待行贿行为的，可以减轻处罚或者免除处罚。

第三百八十九条【行贿罪】　为谋取不正当利益，给予国家工作人员以财物的，是行贿罪。

在经济往来中，违反国家规定，给予国家工作人员以财物，数额较大的，或者违反国家规定，给予国家工作人员以各种名义的回扣、手续费的，以行贿论处。

第三百九十条之一【对有影响力的人行贿罪】 为谋取不正当利益，向国家工作人员的近亲属或者其他与该国家工作人员关系密切的人，或者向离职的国家工作人员或者其近亲属以及其他与其关系密切的人行贿的，处三年以下有期徒刑或者拘役，并处罚金；情节严重的，或者使国家利益遭受重大损失的，处三年以上七年以下有期徒刑，并处罚金；情节特别严重的，或者使国家利益遭受特别重大损失的，处七年以上十年以下有期徒刑，并处罚金。

单位犯前款罪的，对单位判处罚金，并对其直接负责的主管人员和其他直接责任人员，处三年以下有期徒刑或者拘役，并处罚金。

第三百九十一条【对单位行贿罪】 为谋取不正当利益，给予国家机关、国有公司、企业、事业单位、人民团体以财物的，或者在经济往来中，违反国家规定，给予各种名义的回扣、手续费的，处三年以下有期徒刑或者拘役，并处罚金。

单位犯前款罪的，对单位判处罚金，并对其直接负责的主管人员和其他直接责任人员，依照前款的规定处罚。

第三百九十三条【单位行贿罪】 单位为谋取不正当利益而行贿，或者违反国家规定，给予国家工作人员以回扣、手续费，情节严重的，对单位判处罚金，并对其直接负责的主管人员和其他直接责任人员，处五年以下有期徒刑或者拘役，并处罚金。因行贿取得的违法所得归个人所有的，依照本法第三百八十九条、第三百九十条的规定定罪处罚。

【法条解析】 上述行贿犯罪的罪名，在犯罪行为上基本相同，即为谋取不正当利益而给予他人财物，针对国家工作人员的行贿还包括"各种名义的回扣、手续费"。差别主要在于行贿主体、受贿主体在排列组合上的差异。值得注意的是，向外国公职人员、国际公共组织官员行贿罪，我国作为《联合国反腐败公约》的缔约方，积极响应公约提出的将行贿外国官员这一国际犯罪通过国内法确定为犯罪行为的要求，通过《刑法修正案（八）》将该罪名纳入我国刑法之中。对于互联网企业而言，在拓展国际业务的过程中应当充分警惕商业往来中的行贿行为。"国家工作人员"的范围，可以参考《监察法》第15条、《监察法实施条例》第三章第一节监察对象的内容。

从行为的目的来看，上述行贿行为均要求"谋取不正当利益"，这也是行贿相关罪名解释的核心问题。2012 年《关于办理行贿刑事案件具体应用法律若干问题的解释》是最高司法机关对此问题所作的最全面、最权威的规定。[1]该解释第 12 条第 1 款规定："行贿犯罪中的'谋取不正当利益'，是指行贿人谋取的利益违反法律、法规、规章、政策规定，或者要求国家工作人员违反法律、法规、规章、政策、行业规范的规定，为自己提供帮助或者方便条件。"该条第 2 款规定："违背公平、公正原则，在经济、组织人事管理等活动中，谋取竞争优势的，应当认定为'谋取不正当利益'。"一方面，该解释将办理商业贿赂刑事案件中的"不正当利益"标准推广到了全部行贿犯罪；另一方面，该解释把"谋取竞争优势"的适用范围从"招标投标、政府采购等商业活动"扩展为"经济、组织人事管理等活动"，上述解释在学界获得了广泛认同。

受贿重点罪名如下。

第一百六十三条【非国家工作人员受贿罪】 公司、企业或者其他单位的工作人员，利用职务上的便利，索取他人财物或者非法收受他人财物，为他人谋取利益，数额较大的，处三年以下有期徒刑或者拘役，并处罚金；数额巨大或者有其他严重情节的，处三年以上十年以下有期徒刑，并处罚金；数额特别巨大或者有其他特别严重情节的，处十年以上有期徒刑或者无期徒刑，并处罚金。

公司、企业或者其他单位的工作人员在经济往来中，利用职务上的便利，违反国家规定，收受各种名义的回扣、手续费，归个人所有的，依照前款的规定处罚。

国有公司、企业或者其他国有单位中从事公务的人员和国有公司、企业或者其他国有单位委派到非国有公司、企业以及其他单位从事公务的人员有前两款行为的，依照本法第三百八十五条、第三百八十六条的规定定罪处罚。

【法条解析】 该条文是针对非国家工作人员的受贿行为所作的规定，其中就包括商业交往中的受贿行为。该罪的主体为公司、企业或者其他单位的工作人员。国家机关、国有公司、企业、事业单位中并不从事公务的非国家工作人员，可以成为非国家工作人员受贿罪的行为主体。本罪的行为需要满足四个要件：其一，必须利用职务上的便利，即他人有求于行为人的职务行为时，行为人以实施职务行为或者允诺实施或不实施职务行为作为条件，实施受贿行为。

---

[1] 车浩. 行贿罪之"谋取不正当利益"的法理内涵 [J]. 法学研究，2017 (2)：132-148.

其二，必须索取或者非法收受他人财物，并且数额较大。根据 2016 年 4 月 18 日最高人民法院、最高人民检察院《关于办理贪污贿赂刑事案件适用法律若干问题的解释》的规定，索取、收受的财物价值在 6 万元以上的为数额较大。这里的财物不仅包括金钱和实物，而且包括可以用金钱计算数额的财产性利益，如提供房屋装修、含有金额的会员卡、代币卡（券）、旅游费用等。其三，收受他人财物，必须为他人谋取利益，其最低限度是允诺为他人谋取利益，不要求行为人实际上为他人谋取了利益。明知他人有请托事项而收受他人财物的，便应认定为允诺为他人谋取利益。其四，公司、企业或者其他单位的工作人员在经济往来中，利用职务上的便利，违反国家规定，收受各种名义的回扣、手续费，归个人所有的，成立本罪。

介绍贿赂重点罪名如下。

第三百九十二条【介绍贿赂罪】 向国家工作人员介绍贿赂，情节严重的，处三年以下有期徒刑或者拘役，并处罚金。

介绍贿赂人在被追诉前主动交待介绍贿赂行为的，可以减轻处罚或者免除处罚。

【法条解析】 该罪的构成要件体现为，在行贿人与国家工作人员之间进行引见、沟通、撮合，促使行贿与受贿得以实现。本罪将受贿一方的身份限定为国家工作人员，但并未对介绍贿赂人的身份作出限制。至于行为人出于何种动机，是否因介绍贿赂而从行贿方或者受贿方得到某种利益，则不影响本罪的成立。因此企业不仅应当防范行贿、受贿等行为，还应当谨慎审查商业往来中存在作为中间人实施的介绍贿赂行为。

②背信类犯罪。

下列三个罪名均为典型的背信罪名。背信罪，是指为他人处理事务的人，为谋求自己或者第三者的利益，或以损害委托人的利益为目的，而违背其任务，致使委托人的财产受到损失的行为。我国刑法中并没有规定单独的背信罪，仅通过部分法条明确了特殊的背信罪，将部分背信行为犯罪化。

第一百六十五条【非法经营同类营业罪】 国有公司、企业的董事、经理利用职务便利，自己经营或者为他人经营与其所任职公司、企业同类的营业，获取非法利益，数额巨大的，处三年以下有期徒刑或者拘役，并处或者单处罚金；数额特别巨大的，处三年以上七年以下有期徒刑，并处罚金。

【法条解析】 本罪为身份犯，主体应为国有公司、企业的董事、经理。客观行为体现为利用职务上的便利，自己经营与其任职公司、企业同类的营业，或者为他人经营与其所任职公司、企业同类的营业，获取非法利益，数额巨大的行为。同类营业，是指经营项目属于同一类别的营业。若上述人员非法经营同类业务，并且虚设交易环节，非法占有公共财物，同时构成贪污罪的，视行为数量与情节从一重罪处罚或者实行数罪并罚。

第一百六十六条【为亲友非法牟利罪】 国有公司、企业、事业单位的工作人员，利用职务便利，有下列情形之一，使国家利益遭受重大损失的，处三年以下有期徒刑或者拘役，并处或者单处罚金；致使国家利益遭受特别重大损失的，处三年以上七年以下有期徒刑，并处罚金：

（一）将本单位的盈利业务交由自己的亲友进行经营的；

（二）以明显高于市场的价格向自己的亲友经营管理的单位采购商品或者以明显低于市场的价格向自己的亲友经营管理的单位销售商品的；

（三）向自己的亲友经营管理的单位采购不合格商品的。

【法条解析】本罪的主体为国有公司、企业、事业单位的工作人员。国有公司、企业委派到国有控股、参股公司从事公务的人员，属于国有公司、企业人员。客观方面为利用职务上的便利非法为亲友牟利，致使国家利益遭受重大损失。具体行为包括三类，一是将本单位的盈利业务交由自己的亲友进行经营；二是以明显高于市场的价格向自己的亲友经营管理的单位采购商品，或者以明显低于市场的价格向自己的亲友经营管理的单位销售商品；三是向自己的亲友经营管理的单位采购不合格商品。实施本行为的同时触犯贪污罪的，为想象竞合，从一重罪处罚。

第一百六十九条之一【背信损害上市公司利益罪】 上市公司的董事、监事、高级管理人员违背对公司的忠实义务，利用职务便利，操纵上市公司从事下列行为之一，致使上市公司利益遭受重大损失的，处三年以下有期徒刑或者拘役，并处或者单处罚金；致使上市公司利益遭受特别重大损失的，处三年以上七年以下有期徒刑，并处罚金：

（一）无偿向其他单位或者个人提供资金、商品、服务或者其他资产的；

（二）以明显不公平的条件，提供或者接受资金、商品、服务或者其他资产的；

（三）向明显不具有清偿能力的单位或者个人提供资金、商品、服务或者其他资产的；

（四）为明显不具有清偿能力的单位或者个人提供担保，或者无正当理由为其他单位或者个人提供担保的；

（五）无正当理由放弃债权、承担债务的；

（六）采用其他方式损害上市公司利益的。

上市公司的控股股东或者实际控制人，指使上市公司董事、监事、高级管理人员实施前款行为的，依照前款的规定处罚。

犯前款罪的上市公司的控股股东或者实际控制人是单位的，对单位判处罚金，并对其直接负责的主管人员和其他直接责任人员，依照第一款的规定处罚。

【法条解析】背信损害上市公司利益罪，是指上市公司的董事、监事、高级管理人员，违背对公司的忠实义务，利用职务便利，操纵上市公司从事损害上市公司利益的活动，致使上市公司利益遭受重大损失的行为，以及上市公司的控股股东或者实际控制人，指使上市公司董事、监事、高级管理人员从事损害上市公司利益的活动，致使上市公司利益遭受重大损失的行为。本罪分为两种类型：第一种类型是，上市公司的董事、监事和高级管理人员，违背对公司的忠实义务，利用职务便利，操纵上市公司从事损害上市公司利益的活动，致使上市公司利益遭受重大损失。第二种类型是，上市公司的控股股东或者实际控制人，指使上市公司董事、监事、高级管理人员实施上述损害上市公司利益的活动，致使上市公司利益遭受重大损失。而"重大损失"包括致使上市公司直接经济损失数额在150万元以上的；致使公司发行的股票、公司债券或者国务院依法认定的其他证券被终止上市交易或者多次被暂停上市交易等严重后果。

③职务侵占类犯罪。

第二百七十一条【职务侵占罪】 公司、企业或者其他单位的工作人员，利用职务上的便利，将本单位财物非法占为己有，数额较大的，处三年以下有期徒刑或者拘役，并处罚金；数额巨大的，处三年以上十年以下有期徒刑，并处罚金；数额特别巨大的，处十年以上有期徒刑或者无期徒刑，并处罚金。

【法条解析】本罪的行为主体为公司、企业或者其他单位的人员。[1]构成要件行为内容为，利用职务上的便利，将数额较大的单位财物非法占为己有的行为。刑法理论的通说与司法实践均认为，职务侵占罪包括利用职务上的便利

---

[1] 国有公司、企业或者其他国有单位中从事公务的人员和国有公司、企业或者其他国有单位委派到非国有公司、企业以及其他单位从事公务的人员，利用职务上的便利侵占公共财物的，应认定为贪污罪。

窃取、骗取、侵占本单位财物的行为以及其他将本单位财物占为己有的行为。

④挪用资金类犯罪。

第二百七十二条【挪用资金罪】 公司、企业或者其他单位的工作人员，利用职务上的便利，挪用本单位资金归个人使用或者借贷给他人，数额较大、超过三个月未还的，或者虽未超过三个月，但数额较大、进行营利活动的，或者进行非法活动的，处三年以下有期徒刑或者拘役；挪用本单位资金数额巨大的，处三年以上七年以下有期徒刑；数额特别巨大的，处七年以上有期徒刑。

【法条解析】 本罪的主体为公司、企业或者其他单位的工作人员。构成要件行为体现为利用职务上的便利，挪用本单位归个人使用或者借贷给他人。构成要件行为内容为，利用职务上的便利，挪用本单位资金归个人使用或者借贷给他人。其中的"归个人使用"包括以下三种情形：其一，将本单位资金供本人亲友或者其他自然人使用的；其二，以个人名义将本单位资金供其他单位使用的；其三，个人决定以单位名义将本单位资金供其他单位使用，谋取个人利益的。利用职务上的便利，是指利用自己主管、管理、经手单位资金的便利条件。挪用，是指不经合法批准，擅自动用所主管、管理、经手的单位资金。挪用包括挪用单位资金归个人使用与借贷给他人两种情况，其中的"他人"包括自然人与法人。公司、企业或者其他单位的非国家工作人员，利用职务上的便利，挪用本单位资金归本人或者其他自然人使用，或者挪用人以个人名义将所挪用的资金借给其他自然人和单位，构成犯罪的，应当以挪用资金罪定罪处罚。

⑤侵犯秘密类犯罪。

第二百一十九条【侵犯商业秘密罪】 有下列侵犯商业秘密行为之一，情节严重的，处三年以下有期徒刑，并处或者单处罚金；情节特别严重的，处三年以上十年以下有期徒刑，并处罚金：

（一）以盗窃、贿赂、欺诈、胁迫、电子侵入或者其他不正当手段获取权利人的商业秘密的；

（二）披露、使用或者允许他人使用以前项手段获取的权利人的商业秘密的；

（三）违反保密义务或者违反权利人有关保守商业秘密的要求，披露、使用或者允许他人使用其所掌握的商业秘密的。

明知前款所列行为，获取、披露、使用或者允许他人使用该商业秘密的，以侵犯商业秘密论。

本条所称权利人，是指商业秘密的所有人和经商业秘密所有人许可的商业秘密使用人。

【法条解析】侵犯商业秘密罪是指以盗窃、贿赂、欺诈、胁迫、电子侵入或者其他不正当手段获取权利人的商业秘密，披露、使用或者允许他人使用以上述手段获取的权利人的商业秘密，违反保密义务或者违反权利人有关保守商业秘密的要求，披露、使用或者允许他人使用其所掌握的商业秘密，以及明知上述行为而获取、披露、使用或者允许他人使用该商业秘密，情节严重的行为。根据《反不正当竞争法》第9条的规定，商业秘密是指不为公众所知悉、具有商业价值并经权利人采取相应保密措施的技术信息、经营信息等商业信息。同时依据《刑法》的规定，实施侵犯商业秘密的行为情节严重的，才成立侵犯商业秘密罪。其中情节严重包括给商业秘密的权利人造成重大损失、多次实施本罪行为、窃取他人商业秘密载体导致他人丧失商业秘密等情形。

⑥财务报表类犯罪。

第一百六十一条【违规披露、不披露重要信息罪】 依法负有信息披露义务的公司、企业向股东和社会公众提供虚假的或者隐瞒重要事实的财务会计报告，或者对依法应当披露的其他重要信息不按照规定披露，严重损害股东或者其他人利益，或者有其他严重情节的，对其直接负责的主管人员和其他直接责任人员，处五年以下有期徒刑或者拘役，并处或者单处罚金；情节特别严重的，处五年以上十年以下有期徒刑，并处罚金。

前款规定的公司、企业的控股股东、实际控制人实施或者组织、指使实施前款行为的，或者隐瞒相关事项导致前款规定的情形发生的，依照前款的规定处罚。

犯前款罪的控股股东、实际控制人是单位的，对单位判处罚金，并对其直接负责的主管人员和其他直接责任人员，依照第一款的规定处罚。

【法条解析】本罪是指依法负有信息披露义务的公司、企业，向股东和社会公众提供虚假的或者隐瞒重要事实的财务会计报告，或者对依法应当披露的其他重要信息不按照规定披露，严重损害股东或者其他人利益，或者有其他严重情节的行为。

第一百六十二条之一【隐匿、故意销毁会计凭证、会计账簿、财务会计报告罪】 隐匿或者故意销毁依法应当保存的会计凭证、会计账簿、财务会计报告，情节严重的，处五年以下有期徒刑或者拘役，并处或者单处二万元以上二

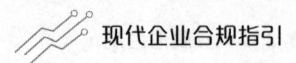

十万元以下罚金。

单位犯前款罪的，对单位判处罚金，并对其直接负责的主管人员和其他直接责任人员，依照前款的规定处罚。

【法条解析】本罪是指故意隐匿、销毁依法应当保存的会计凭证、会计账簿、财务会计报告，情节严重的行为。隐匿是指妨害他人依法发现会计凭证、会计账簿、财务会计报告的一切行为；销毁是指妨害会计凭证、会计账簿、财务会计报告的本来效用的一切行为。其中情节严重主要包括以下几类：其一，涉及金额在50万元以上的；其二，依法应当向司法机关、行政机关有关主管部门等提供而隐匿、故意销毁或者拒不交出会计凭证、会计账簿、财务会计报告的；其三，其他情节严重的情形。

⑦洗钱类犯罪。

第一百九十一条【洗钱罪】 为掩饰、隐瞒毒品犯罪、黑社会性质的组织犯罪、恐怖活动犯罪、走私犯罪、贪污贿赂犯罪、破坏金融管理秩序犯罪、金融诈骗犯罪的所得及其产生的收益的来源和性质，有下列行为之一的，没收实施以上犯罪的所得及其产生的收益，处五年以下有期徒刑或者拘役，并处或者单处罚金；情节严重的，处五年以上十年以下有期徒刑，并处罚金：

（一）提供资金帐户的；

（二）将财产转换为现金、金融票据、有价证券的；

（三）通过转帐或者其他支付结算方式转移资金的；

（四）跨境转移资产的；

（五）以其他方法掩饰、隐瞒犯罪所得及其收益的来源和性质的。

单位犯前款罪的，对单位判处罚金，并对其直接负责的主管人员和其他直接责任人员，依照前款的规定处罚。

第三百一十二条【掩饰、隐瞒犯罪所得、犯罪所得收益罪】 明知是犯罪所得及其产生的收益而予以窝藏、转移、收购、代为销售或者以其他方法掩饰、隐瞒的，处三年以下有期徒刑、拘役或者管制，并处或者单处罚金；情节严重的，处三年以上七年以下有期徒刑，并处罚金。

单位犯前款罪的，对单位判处罚金，并对其直接负责的主管人员和其他直接责任人员，依照前款的规定处罚。

【法条解析】我国刑法中的洗钱犯罪体系由三大罪名构成，包括第191条洗钱罪，第312条掩饰、隐瞒犯罪所得、犯罪所得收益罪以及第349条窝藏、转移、隐瞒毒品、毒赃罪。企业为掩饰、隐瞒其腐败行为的犯罪所得即有可能构成洗钱罪或掩饰、隐瞒犯罪所得、犯罪所得收益罪。

在行为上，洗钱罪与掩饰、隐瞒犯罪所得、犯罪所得收益罪存在一定共性，均体现为掩饰、隐瞒犯罪所得及其收益的来源和性质。其中洗钱罪将上游犯罪的范围限于以下七类，毒品犯罪、黑社会性质的组织犯罪、恐怖活动犯罪、走私犯罪、贪污贿赂犯罪、破坏金融管理秩序犯罪、金融诈骗犯罪，但以上七类并非具体的罪名，而是七类犯罪的统称，实践中对于上述犯罪的具体范围存在一定争议。而掩饰、隐瞒犯罪所得、犯罪所得收益罪则无上游犯罪的限制，因此对于不属于洗钱罪下七大类犯罪行为的犯罪所得及其收益实施掩饰、隐瞒行为的，则有可能触犯掩饰、隐瞒犯罪所得、犯罪所得收益罪。

在《刑法修正案（十一）》之前，我国刑法对于洗钱罪的表述中要求洗钱系"明知"属于上游犯罪的所得及其产生的收益，意即将自洗钱行为排除于洗钱罪之外。反洗钱金融行动特别工作组（FATF）在对我国进行反洗钱评估时屡次提出将自洗钱入罪的建议。2020年，在最新发布的《刑法修正案（十一）》中删除了"明知"这一要件，突破传统"事后不可罚"理论，将自洗钱行为纳入洗钱罪的范畴，将洗钱罪的犯罪主体扩大到上游犯罪的实行犯，即行为人实施特定犯罪后掩饰、隐瞒其犯罪所得及产生的收益的来源和性质的行为不再属于"事后不可罚"行为，该行为应当与其实施的上游犯罪进行数罪并罚。

（2）《监察法》及其实施条例。

2018年3月20日，第十三届全国人民代表大会审议通过《监察法》，标志着历时1年零3个月的国家监察体制改革试点工作落下帷幕。《监察法》共9章，包括总则、监察机关及其职责、监察范围和管辖、监察权限、监察程序、反腐败国际合作、对监察机关和监察人员的监察、法律责任、附则，共69条。《监察法》的出台在顶层制度设计上推进了国家反腐败法治建设，对于加强对反腐败工作的统一领导有着重要意义。

《监察法》第十一条　监察委员会依照本法和有关法律规定履行监督、调查、处置职责：

（一）对公职人员开展廉政教育，对其依法履职、秉公用权、廉洁从政从业以及道德操守情况进行监督检查；

（二）对涉嫌贪污贿赂、滥用职权、玩忽职守、权力寻租、利益输送、徇私舞弊以及浪费国家资财等职务违法和职务犯罪进行调查；

（三）对违法的公职人员依法作出政务处分决定；对履行职责不力、失职失责的领导人员进行问责；对涉嫌职务犯罪的，将调查结果移送人民检察院依法审查、提起公诉；向监察对象所在单位提出监察建议。

【法条解析】 规定本条的主要目的是聚焦反腐败职能，将监察委员会负责履行的监督、调查、处置的责任、任务以法律的形式予以明确，将党中央深化国家监察体制改革方案中关于监察委员会职责的改革部署转化为国家意志，使监察委员会履职尽责于法有据。

《监察法》第十五条　监察机关对下列公职人员和有关人员进行监察：

（一）中国共产党机关、人民代表大会及其常务委员会机关、人民政府、监察委员会、人民法院、人民检察院、中国人民政治协商会议各级委员会机关、民主党派机关和工商业联合会机关的公务员，以及参照《中华人民共和国公务员法》管理的人员；

（二）法律、法规授权或者受国家机关依法委托管理公共事务的组织中从事公务的人员；

（三）国有企业管理人员；

（四）公办的教育、科研、文化、医疗卫生、体育等单位中从事管理的人员；

（五）基层群众性自治组织中从事管理的人员；

（六）其他依法履行公职的人员。

《监察法实施条例》第 40 条对"国有企业管理人员"作了较为详细的界定。

《监察法实施条例》第四十条　监察法第十五条第三项所称国有企业管理人员，是指国家出资企业中的下列人员：

（一）在国有独资、全资公司、企业中履行组织、领导、管理、监督等职责的人员；

（二）经党组织或者国家机关，国有独资、全资公司、企业，事业单位提名、推荐、任命、批准等，在国有控股、参股公司及其分支机构中履行组织、领导、管理、监督等职责的人员；

（三）经国家出资企业中负有管理、监督国有资产职责的组织批准或者研究决定，代表其在国有控股、参股公司及其分支机构中从事组织、领导、管理、监督等工作的人员。

【法条解析】 本条是关于监察对象范围的规定。规定本条的主要目的是用法律的形式把国家监察对所有行使公权力的公职人员全覆盖地固定下来。

值得注意的是，本条第 3 项规定，国有企业管理人员也属于监察对象。根据有关规定和实践需要，作为监察对象的国有企业管理人员，主要是国有独资企业、国有控股企业（含国有独资金融企业和国有控股金融企业）、国有参股公司及其分支机构中从事组织、领导、管理、监督等领导工作的人员，包括设董事会的企业中由国有股权代表出任的董事长、副董事长、董事，总经理、副总经理，党委书记、副书记、纪委书记，工会主席等；未设董事会的企业的总经理（总裁）、副总经理（副总裁），党委书记、副书记、纪委书记，工会主席等。此外，对国有资产负有经营管理责任的国有企业中层和基层管理人员，包括部门经理、部门副经理、总监、副总监、车间负责人等；在管理、监督国有财产等重要岗位上工作的人员，包括会计、出纳人员等；国有企业所属事业单位领导人员，国有资本参股企业和金融机构中对国有资产负有经营管理责任的人员，也应当理解为国有企业管理人员的范畴，涉嫌职务违法和职务犯罪的，监察机关可以依法调查。

《监察法》第二十二条 被调查人涉嫌贪污贿赂、失职渎职等严重职务违法或者职务犯罪，监察机关已经掌握其部分违法犯罪事实及证据，仍有重要问题需要进一步调查，并有下列情形之一的，经监察机关依法审批，可以将其留置在特定场所：

（一）涉及案情重大、复杂的；

（二）可能逃跑、自杀的；

（三）可能串供或者伪造、隐匿、毁灭证据的；

（四）可能有其他妨碍调查行为的。

对涉嫌行贿犯罪或者共同职务犯罪的涉案人员，监察机关可以依照前款规定采取留置措施。

留置场所的设置、管理和监督依照国家有关规定执行。

【法条解析】 本条是关于监察机关采取留置措施的对象、适用情形等的规定。规定本条的主要目的是将留置这一重要的调查措施确立为监察机关在调查过程中可以运用的法定权限，解决长期困扰反腐败的法治难题。

习近平总书记在党的十九大报告中指出，制定国家监察法，依法赋予监察委员会职责权限和调查手段，用留置取代"两规"措施。用留置取代"两规"

措施，实现"两规"的法治化，是法治建设的重大进步，是以法治思维和法治方式反对腐败的重要体现，是反腐败工作思路办法的创新发展。监察机关在职务违法犯罪案件调查过程中，既要严格依法收集证据，也要用党章党规党纪、理想信念宗旨做被调查人的思想政治工作，靠组织的关怀感化被调查人，让他们真心认错悔过。

依据本条的规定，实施腐败行为的国有企业官员就有可能被采取留置措施。

(3)《反不正当竞争法》。

《反不正当竞争法》于1993年公布，并经2017年修订、2019年修正。该法包括总则、不正当竞争行为、对涉嫌不正当竞争行为的调查、法律责任、附则5章33条。其中第7条规定了商业贿赂，第9条规定了商业秘密，将两类企业中的腐败行为规定为反不正当竞争行为，并分别在第19条、第20条中明确了上述两类行为应当承担的法律责任。

①商业贿赂。

第七条 经营者不得采用财物或者其他手段贿赂下列单位或者个人，以谋取交易机会或者竞争优势：

(一) 交易相对方的工作人员；

(二) 受交易相对方委托办理相关事务的单位或者个人；

(三) 利用职权或者影响力影响交易的单位或者个人。

经营者在交易活动中，可以以明示方式向交易相对方支付折扣，或者向中间人支付佣金。经营者向交易相对方支付折扣、向中间人支付佣金的，应当如实入账。接受折扣、佣金的经营者也应当如实入账。

经营者的工作人员进行贿赂的，应当认定为经营者的行为；但是，经营者有证据证明该工作人员的行为与为经营者谋取交易机会或者竞争优势无关的除外。

【法条解析】 首先，本条列举了行贿对象的范围，其范围并不限于交易相对方相关主体，而包括受交易相对方委托办理相关事务的单位或者个人（如交易对方的代理商）以及利用职权或者影响力影响交易的单位或者个人（如交易对方的行政主管部门的执法官员），同时该范围还将交易相对方单位排除出行贿对象之外。其次，将原规定中的"回扣"删除，但保留了折扣的规定，其要求所有的折扣、佣金均应当如实入账，意即，未如实入账的回扣、折扣、佣金均有可能归入商业贿赂行为。最后，该条第3款规定了经营者与工作人员在贿赂问题上的责任切割。当经营者的工作人员实施贿赂行为时，原则上应认定为经营者行为，但是经营者可以通过证明该工作人员的行为与为经营者谋取交易机会或竞争优势无关的方式来区分经营者行为与工作人员个人行为。该条实际上为企业通过实施合规计划而免于承担反不正当竞争法所规定的工作人员所实施商业贿赂行为的相关责任提供了有利的切入点。企业可以通过完备、有效的合规计划证明工作人员的行为系违背企业利益、企业意志的个人行为。

第十九条 经营者违反本法第七条规定贿赂他人的，由监督检查部门没收违法所得，处十万元以上三百万元以下的罚款。情节严重的，吊销营业执照。

【法条解析】 本条规定了经营者实施商业贿赂行为应承担的法律责任。实施贿赂行为的经营者除将被没收违法所得之外，还将面临10万元以上300万元以下的罚款。情节严重的还将吊销营业执照。但同时《反不正当竞争法》第25条规定，有主动消除或者减轻违法行为危害后果等法定情形的，依法从轻或者减轻行政处罚；违法行为轻微并及时纠正，没有造成危害后果的，不予行政处罚。因此，企业在面临贿赂相关行政处罚时应当积极配合调查，及时纠正，并采取建立与完善反腐败合规计划等措施从而获得减免行政处罚的机会。

②侵犯商业秘密。

第九条 经营者不得实施下列侵犯商业秘密的行为：

（一）以盗窃、贿赂、欺诈、胁迫、电子侵入或者其他不正当手段获取权利人的商业秘密；

（二）披露、使用或者允许他人使用以前项手段获取的权利人的商业秘密；

（三）违反保密义务或者违反权利人有关保守商业秘密的要求，披露、使用或者允许他人使用其所掌握的商业秘密；

（四）教唆、引诱、帮助他人违反保密义务或者违反权利人有关保守商业秘密的要求，获取、披露、使用或者允许他人使用权利人的商业秘密。

经营者以外的其他自然人、法人和非法人组织实施前款所列违法行为的，视为侵犯商业秘密。

第三人明知或者应知商业秘密权利人的员工、前员工或者其他单位、个人实施本条第一款所列违法行为，仍获取、披露、使用或者允许他人使用该商业秘密的，视为侵犯商业秘密。

本法所称的商业秘密，是指不为公众所知悉、具有商业价值并经权利人采取相应保密措施的技术信息、经营信息等商业信息。

【法条解析】所谓商业秘密，根据本条第 4 款的规定，是指不为公众所知悉、具有商业价值并经权利人采取相应保密措施的技术信息、经营信息等商业信息。它不仅包括与技术有关的结构、原料、组分、配方、材料、样品、样式、植物新品种繁殖材料、工艺、方法或其步骤、算法、数据、计算机程序及其有关文档等技术信息，而且包括与经营活动有关的创意、管理、销售、财务、计划、样本、招投标材料、客户信息、数据等经营信息。但上述商业信息在同时满足下列三个条件时，才属于商业秘密：一是这些信息必须是不为公众所知悉的，即不是已经公开的或普遍为公众所知晓的信息、资料、方法，相关信息在被诉侵权行为发生时不为所属领域的相关人员普遍知悉和容易获得的，应被认定为不为公众所知悉。二是这些信息必须具有实用性，能够为权利人带来实际的或潜在的经济利益和竞争优势。三是权利人必须为这些信息采取了适当的保密措施。人民法院应当根据商业秘密及其载体的性质、商业秘密的商业价值、保密措施的可识别程度、保密措施与商业秘密的对应程度以及权利人的保密意愿等因素，认定权利人是否采取了相应保密措施，具体而言可以包括签订保密协议或在合同中约定保密义务；通过章程、培训、规章制度、书面告知等方式，对能够接触、获取商业秘密的员工、前员工、供应商、客户、来访者等提出保密要求的等。

本条还规定了四类侵犯商业秘密的行为。

一是以盗窃、贿赂、欺诈、胁迫、电子侵入或者其他不正当手段获取权利人的商业秘密。其中"电子侵入"系 2019 年修正《反不正当竞争法》时新加入的不法行为类型，是在网络环境日趋复杂的背景下，对侵犯商业秘密手段多元化、隐蔽化、技术化特点的积极回应。二是披露、使用或允许他人使用以前项手段获取的权利人的商业秘密。"以前项手段"是指盗窃、贿赂、欺诈、胁迫、电子侵入或者其他不正当手段。以这些手段获取的权利人的商业秘密，都是以不正当手段获取的。因此，获取者再向第三人披露、自己使用或允许第三人使用这些以不正当手段获取的商业秘密，自然也是不正当的，是本法所禁止的。三是违反保密义务或者违反权利人有关保守商业秘密的要求，披露、使用或者允许他人使用其所掌握的商业秘密。例如，在与权利人签订有保密协议或权利人对其商业秘密有保密要求的情况下，掌握或了解权利人商业秘密的人，应当遵守有关保密协议或权利人的保密要求，严格为其保密。否则，这些人如果违反上述协议或要求，擅自向他人披露、自己使用或允许他人使用其所掌握或了解的商业秘密,就不仅仅是一种违约行为,而且还是一种侵犯商业秘密的不正当竞争行为。四是教唆、引诱、帮助他人违反保密义务或者违反权利人有关保守商业秘密的要求,获取、披露、使用或者允许他人使用权利人的商业秘密。本条是在第三类侵犯商业秘密行为的基础之上禁止通过教唆、引诱、帮助他人违反保密约定或保密要求,实施侵犯他人商业秘密的行为。

第二十一条　经营者以及其他自然人、法人和非法人组织违反本法第九条规定侵犯商业秘密的,由监督检查部门责令停止违法行为,没收违法所得,处十万元以上一百万元以下的罚款;情节严重的,处五十万元以上五百万元以下的罚款。

【法条解析】本条对于侵犯商业秘密行为,规定了三种处罚方式,责令停止违法行为、没收违法所得、罚款。对于一般的侵犯商业秘密的行为处以10万元以上100万元以下的罚款,对于情节严重的,可以处以50万元以上500万元以下的罚款。与商业贿赂的责任相比,本条中并未规定吊销营业执照的行政处罚。

(4)《公司法》。

《公司法》于1993年12月29日第八届全国人大常委会第五次会议通过,2018年公布了最新修正版。《公司法》是关于规范公司组织与行为最基本的法律,由13章组成,其中通过对"董监高"义务以及会计条款的规定,明确禁止董事、监事、高级管理人员实施挪用资金、行贿、受贿、背信等违背忠实义务与勤勉义务的行为,同时要求公司建立完善的财务、会计制度。由此为要求公司高层履行防范腐败风险的义务提供了法律依据。

①"董监高"义务及其法律责任。

第一百四十七条　董事、监事、高级管理人员应当遵守法律、行政法规和公司章程,对公司负有忠实义务和勤勉义务。

董事、监事、高级管理人员不得利用职权收受贿赂或者其他非法收入,不得侵占公司的财产。

第一百四十八条　董事、高级管理人员不得有下列行为:

(一)挪用公司资金;

(二)将公司资金以其个人名义或者以其他个人名义开立账户存储;

(三)违反公司章程的规定,未经股东会、股东大会或者董事会同意,将公司资金借贷给他人或者以公司财产为他人提供担保;

（四）违反公司章程的规定或者未经股东会、股东大会同意，与本公司订立合同或者进行交易；

（五）未经股东会或者股东大会同意，利用职务便利为自己或者他人谋取属于公司的商业机会，自营或者为他人经营与所任职公司同类的业务；

（六）接受他人与公司交易的佣金归为己有；

（七）擅自披露公司秘密；

（八）违反对公司忠实义务的其他行为。

董事、高级管理人员违反前款规定所得的收入应当归公司所有。

【法条解析】 上述两个条文共同规定了董事、监事、高级管理人员的忠实义务与勤勉义务，其中第147条对于董事、监事、高级管理人员的忠实、勤勉义务作出了原则性规定，而第148条则对忠实义务予以细化。

公司董事是基于股东的信任由股东会或者股东大会选举产生的。董事组成董事会。董事会是公司的经营决策机关，享有经营管理公司的权力。因此可以说，董事被授予了广泛的参与管理公司事务和公司财产的权力。而监事与高级管理人员同样也在公司中处于重要地位，被授予监督或管理公司事务等职权，亦应当为公司的最大利益行使权力。忠实义务意味着董事、监事、高级管理人员应当忠实履行职责，当自身利益与公司利益发生冲突时，应当维护公司利益，不得牺牲公司利益为自己或者第三人牟利。而勤勉义务要求董事、监事、高级管理人员在履行职责时，应当为公司的最佳利益，尽一个普通谨慎之人的合理注意义务。上述条文明确禁止公司的董事、监事与高级管理人员实施腐败行为，损害公司利益。

②财务、会计条款。

第一百七十条 公司应当向聘用的会计师事务所提供真实、完整的会计凭证、会计账簿、财务会计报告及其他会计资料，不得拒绝、隐匿、谎报。

第一百七十一条 公司除法定的会计账簿外，不得另立会计账簿。

对公司资产，不得以任何个人名义开立账户存储。

【法条解析】《公司法》通过上述两条从公司财务、会计角度明确了公司的反腐败义务。要求公司在向会计师事务所提供会计资料时不得拒绝、隐匿、谎报，同时也不得在法定的会计账簿之外，另立会计账簿，从而切实预防腐败风险。

（5）《政府采购法》。

2002年，为规范政府采购行为，我国公布了《政府采购法》，并于2014年进行了修正。政府采购是腐败高发的领域，因而《政府采购法》的出台对于促进廉政建设，防范政府采购中的腐败行为发挥了重要作用。《政府采购法》详细规定了政府采购的流程，以及后续的质疑与投诉、监督检查以及法律责任，同时还明确规定了采购当事人在政府采购中实施腐败行为应承担的法律责任。

第七十二条　采购人、采购代理机构及其工作人员有下列情形之一，构成犯罪的，依法追究刑事责任；尚不构成犯罪的，处以罚款，有违法所得的，并处没收违法所得，属于国家机关工作人员的，依法给予行政处分：

（一）与供应商或者采购代理机构恶意串通的；

（二）在采购过程中接受贿赂或者获取其他不正当利益的；

（三）在有关部门依法实施的监督检查中提供虚假情况的；

（四）开标前泄露标底的。

第七十七条　供应商有下列情形之一的，处以采购金额千分之五以上千分之十以下的罚款，列入不良行为记录名单，在一至三年内禁止参加政府采购活动，有违法所得的，并处没收违法所得，情节严重的，由工商行政管理机关吊销营业执照；构成犯罪的，依法追究刑事责任：

（一）提供虚假材料谋取中标、成交的；

（二）采取不正当手段诋毁、排挤其他供应商的；

（三）与采购人、其他供应商或者采购代理机构恶意串通的；

（四）向采购人、采购代理机构行贿或者提供其他不正当利益的；

（五）在招标采购过程中与采购人进行协商谈判的；

（六）拒绝有关部门监督检查或者提供虚假情况的。

供应商有前款第（一）至（五）项情形之一的，中标、成交无效。

【法条解析】根据《政府采购法》第14条的规定，政府采购当事人包括采购人、供应商和采购代理机构等。第72条与第77条分别针对不同的政府采购当事人规定了相应的法律责任，对于供应商而言，实施行贿或提供不正当利益的，除罚款、没收违法所得之外，还将面临在一定时间内禁止参加政府采购、吊销营业执照等资格方面的行政处罚。

（6）相关司法解释。

在反腐败的高压态势之下，贪污、贿赂等犯罪是我国打击犯罪的重点。为了细化贪污、贿赂等犯罪定罪量刑的标准，依法惩治贪污贿赂等犯罪活动，最高人民法院、最高人民检察院陆续出台一系列司法解释，指导贪污贿赂刑事案件的法律适用。

①《最高人民法院、最高人民检察院关于办理商业贿赂刑事案件适用法律若干问题的意见》(以下简称《商业贿赂意见》)。

《商业贿赂意见》于 2008 年 11 月 20 日印发，回应了商业贿赂相关案件审理中的七大突出问题。为公安司法机关准确适用法律、依法惩治商业贿赂犯罪活动提供了统一的执法标准，对于维护市场公平竞争秩序、推进党风廉政建设和社会风气好转，促进社会公平正义具有重要意义。

第一条 商业贿赂犯罪涉及刑法规定的以下八种罪名：(1) 非国家工作人员受贿罪（刑法第一百六十三条）；(2) 对非国家工作人员行贿罪（刑法第一百六十四条）；(3) 受贿罪（刑法第三百八十五条）；(4) 单位受贿罪（刑法第三百八十七条）；(5) 行贿罪（刑法第三百八十九条）；(6) 对单位行贿罪（刑法第三百九十一条）；(7) 介绍贿赂罪（刑法第三百九十二条）；(8) 单位行贿罪（刑法第三百九十三条）。

【法条解析】本条明确了商业贿赂犯罪涵盖的八大罪名，经过后续刑法修正案的补充，在《商业贿赂意见》的基础上又新增三个罪名，即利用影响力受贿罪、向外国公职人员和国际公共组织官员行贿罪以及对有影响力的人行贿罪，进一步严密了商业贿赂的罪名体系。

第七条 商业贿赂中的财物，既包括金钱和实物，也包括可以用金钱计算数额的财产性利益，如提供房屋装修、含有金额的会员卡、代币卡（券）、旅游费用等。具体数额以实际支付的资费为准。

【法条解析】根据我国刑法规定，贿赂的范围限于财物。随着经济社会的不断发展变化，贿赂犯罪的手段也呈现出不断翻新的趋势，有些人为了规避法律，采用货币、物品之外的方式行贿受贿，如提供房屋装修、含有金额的会员卡、代币卡（券）、旅游服务等。将贿赂范围局限于财物，已经不能适应当前打击各类贿赂犯罪的现实需要，因而有必要扩大其范围。为适应新形势下惩治贿赂犯罪的客观需要，综合考虑我国国情和司法操作的实效性，《商业贿赂意见》将贿赂的范围由财物扩大至财产性利益。同时规定，财产性利益的数额认定，以实际支付的资费为准。

第九条 在行贿犯罪中，"谋取不正当利益"，是指行贿人谋取违反法律、法规、规章或者政策规定的利益，或者要求对方违反法律、法规、规章、政策、行业规范的规定提供帮助或者方便条件。

在招标投标、政府采购等商业活动中，违背公平原则，给予相关人员财物以谋取竞争优势的，属于"谋取不正当利益"。

【法条解析】"不正当利益"的判断标准是实践中贿赂行为认定的一大争议问题。《商业贿赂意见》从两个方面对"不正当利益"作出规定，一方面体现为行贿人谋取的利益不正当，即该利益违反法律、法规、规章或者政策规定，此处的规章、政策实际上还包括党的政策，地方政府规章等；另一方面体现为收受贿赂一方为请托人谋取利益的手段不正当，但利益本身可能是正当的，而所谓手段的不正当除法律、法规、政策、规章之外还包括行业规范。可见，《商业贿赂意见》对于"谋取不正当利益"作出了较为宽泛的界定。

第十条 办理商业贿赂犯罪案件，要注意区分贿赂与馈赠的界限。主要应当结合以下因素全面分析、综合判断：（1）发生财物往来的背景，如双方是否存在亲友关系及历史上交往的情形和程度；（2）往来财物的价值；（3）财物往来的缘由、时机和方式，提供财物方对于接受方有无职务上的请托；（4）接受方是否利用职务上的便利为提供方谋取利益。

【法条解析】我国社会注重人情，崇尚礼尚往来，法律并不禁止亲友之间的正当馈赠行为。一些犯罪分子在实施贿赂犯罪的时候，有的借馈赠之名而行贿赂之实，并以馈赠正当为其行为辩解。为正确区分贿赂与亲友正当馈赠的界限，《商业贿赂意见》要求对于商业贿赂应当结合财物往来的背景；财物的价值；财物往来的缘由、时机和方式；有无职务上的请托以及接受方是否利用职务上的便利等因素综合考量，从而实现对贿赂与馈赠的区分。

第十一条 非国家工作人员与国家工作人员通谋，共同收受他人财物，构成共同犯罪的，根据双方利用职务便利的具体情形分别定罪追究刑事责任：

（1）利用国家工作人员的职务便利为他人谋取利益的，以受贿罪追究刑事责任。

（2）利用非国家工作人员的职务便利为他人谋取利益的，以非国家工作人员受贿罪追究刑事责任。

（3）分别利用各自的职务便利为他人谋取利益的，按照主犯的犯罪性质追究刑事责任，不能分清主从犯的，可以受贿罪追究刑事责任。

【法条解析】2003年《全国法院审理经济犯罪案件工作座谈会纪要》曾对非国家工作人员与国家工作人员共同受贿行为的具体认定予以明确，其中提到非国家工作人员与国家工作人员勾结，伙同受贿的，应当以受贿罪的共犯追究刑事责任。2008年《商业贿赂意见》则在此基础上作出进一步的分类规定：在非国家工作人员与国家工作人员通谋的案件中，关键需判断"为他人谋取利益"所利用的职务性质，利用国家工作人员职务的，以受贿罪追究刑事责任，利用非国家工作人员职务的，以非国家工作人员受贿罪追究刑事责任，而分别利用各自职务的，则依据主犯的犯罪性质，追究刑事责任。若无法分清主从犯则可以受贿罪追究刑事责任。

②《最高人民法院、最高人民检察院关于办理行贿刑事案件具体应用法律若干问题的解释》（以下简称《行贿解释》）。

《行贿解释》于2012年12月26日公布，并自2013年1月1日起施行。该司法解释的出台体现了司法机关对行贿案件逐渐重视，从行贿这一源头抓起以遏制腐败的态势。

第十二条 行贿犯罪中的"谋取不正当利益"，是指行贿人谋取的利益违反法律、法规、规章、政策规定，或者要求国家工作人员违反法律、法规、规章、政策、行业规范的规定，为自己提供帮助或者方便条件。

违背公平、公正原则，在经济、组织人事管理等活动中，谋取竞争优势的，应当认定为"谋取不正当利益"。

③《最高人民法院、最高人民检察院关于办理贪污贿赂刑事案件适用法律若干问题的解释》（以下简称《贪污贿赂解释》）。

《贪污贿赂解释》于2016年4月18日施行。《贪污贿赂解释》明确了定罪量刑的数额标准与情节标准、死刑适用原则、贿赂犯罪"财物"的范围与"谋取不正当利益"等要素的认定、行贿罪从宽处罚适用条件、故意的认定等问题。

第十二条 贿赂犯罪中的"财物"，包括货币、物品和财产性利益。财产性利益包括可以折算为货币的物质利益如房屋装修、债务免除等，以及需要支付货币的其他利益如会员服务、旅游等。后者的犯罪数额，以实际支付或者应当支付的数额计算。

【法条解析】《贪污贿赂解释》主要借鉴了《商业贿赂意见》第7条的规定，并且在该意见的基础上将财产性利益作了进一步的归类细分，明确财产性利益包括可以折算为货币的物质利益和需要支付货币才能获得的其他利益两种。前者如房屋装修、债务免除等，其本质上是一种物质利益。后者如会员服务、旅游，就其性质而言不属于物质利益，但由于取得这种利益需要支付相应的货币对价，故应当在法律上视同为财产性利益。实践中提供或者接受后者利益主要有两种情形：一是行贿人支付货币购买后转送给受贿人消费；二是行贿人将在社会上作为商品销售的自有利益免费提供给受贿人消费。两种情形实质相同，均应纳入贿赂犯罪处理，但因表现形式不同有可能导致第二种情形在数额认定上的意见分歧，故《贪污贿赂解释》同时明确，"后者的犯罪数额，以实际支付或者应当支付的数额计算"。

（7）其他法规、规章。

《国家工商行政管理局关于禁止商业贿赂行为的暂行规定》。[1]

《国家工商行政管理局关于禁止商业贿赂行为的暂行规定》首次明确了商业贿赂的概念，对《反不正当竞争法》中所规定的通过贿赂手段实施的不正当竞争行为作出详细规定。由于该规定颁行的时间较早，因而对于部分概念的阐述具有时代局限性，但其对于商业贿赂的关注，以及对于商业贿赂认定中部分核心概念的解读在当时的时代背景下也具备一定的先进性。

第二条 经营者不得违反《反不正当竞争法》第八条规定，采用商业贿赂手段销售或者购买商品。

本规定所称商业贿赂，是指经营者为销售或者购买商品而采用财物或者其他手段贿赂对方单位或者个人的行为。

前款所称财物，是指现金和实物，包括经营者为销售或者购买商品，假借促销费、宣传费、赞助费、科研费、劳务费、咨询费、佣金等名义，或者以报销各种费用等方式，给付对方单位或者个人的财物。

第二款所称其他手段，是指提供国内外各种名义的旅游、考察等给付财物以外的其他利益的手段。

【法条解析】 通过第2条第2款对商业贿赂行为的表述可见，《关于禁止商业贿赂行为的暂行规定》中所谓的"商业贿赂"更侧重于行贿行为，而未将收受贿赂、介绍贿赂等行为纳入规定的范围。第3款、第4款则对商业贿赂的财物范围作出了规定，既包括现金和实物以及以各类名义或方式给付对方单位或个人的财物，还包括以旅游、考察等名义给付财物以外的利益。

第五条 在账外暗中给予对方单位或者个人回扣的，以行贿论处；对方单位或者个人在账外暗中收受回扣的，以受贿论处。

本规定所称回扣，是指经营者销售商品时在账外暗中以现金、实行或者其

---

[1] 未废止，但其中部分内容与现行《反不正当竞争法》不一致，例如关于经营者之间的附赠，《反不正当竞争法》即没有规定为贿赂。

他方式退给对方单位或者个人的一定比例的商品价款。

本规定所称账外暗中，是指未在依法设立的反映其生产经营活动或者行政事业经费收支的财务账上按照财务会计制度规定明确如实记载，包括不记入财务账、转入其他财务账或者做假账等。

第七条 ……本规定所称佣金，是指经营者在市场交易中给予为其提供服务的具有合法经营资格中间人的劳务报酬。

【法条解析】本条对于商业贿赂中存在较大争议的"回扣""佣金"等问题予以规定。所谓回扣，是指在商品交易中，卖方在收取的货款中扣除一部分送给买方或者其他经办人的钱财。[1]依据《关于禁止商业贿赂行为的暂行规定》回扣存在非法与合法两类，区别的标准在于是否"账外暗中收受""账外暗中给予""违反国家规定"以及"归个人所有"，凡不违反国家规定，并且在账上加以反映的回扣，即属于合法回扣，应当受到法律保护。实践中，具有回扣性质的商业贿赂往往以"中介费""佣金"等名义给付。依据《关于禁止商业贿赂行为的暂行规定》以及《反不正当竞争法》的规定，法律并不禁止在市场交易中给予为其提供服务的具有合法经营资格的中间人以劳务报酬，但应当以明示的方式如实入账。

第八条 经营者在商品交易中不得向对方单位或者其个人附赠现金或者物品。但按照商业惯例赠送小额广告礼品的除外。

违反前款规定的，视为商业贿赂行为。

【法条解析】附赠是指经营者在商品交易中附带向交易对方无偿提供一定数量的现金及实物的行为。附赠与折扣等商业手段比较起来往往有自己的特点，比如附赠一般都采取公开的方式赠与所有的购买者；附赠的对象可以是现金或物品；附赠与主要商品的价值相比，其价值是微不足道的。[2]从形式上看，附赠行为具有区别于商业贿赂行为的特殊性。但从本质上而言，附赠与商业贿赂均体现为经营者以利诱的方式进行产品的销售，对竞争构成妨害，从而成为不正当竞争行为。

（8）党内法规。

①《中国共产党纪律处分条例》。

2003年12月，中共中央印发的《中国共产党纪律处分条例》对维护党的

---

[1] 赵秉志.论商业贿赂的认定及处理[J].国家检察官学院学报，2006（3）：9.
[2] 陈晓梅.商业贿赂行为法律研究[J].河北法学，2001（3）：97.

章程和其他党内法规,严肃党的纪律等发挥了重要作用。党的十八大以来,随着形势的发展,党中央于2015年对该条例进行了修订,将全面从严治党的实践成果制度化、常态化,划出了党组织和党员不可触碰的底线,2018年,党中央再次对该条例进行修订。中国共产党各级组织和中共党员,还应当接受党内法规的规范和约束。

第八十八条　收受可能影响公正执行公务的礼品、礼金、消费卡和有价证券、股权、其他金融产品等财物,情节较轻的,给予警告或者严重警告处分;情节较重的,给予撤销党内职务或者留党察看处分;情节严重的,给予开除党籍处分。

收受其他明显超出正常礼尚往来的财物的,依照前款规定处理。

第九十二条　接受、提供可能影响公正执行公务的宴请或者旅游、健身、娱乐等活动安排,情节较重的,给予警告或者严重警告处分;情节严重的,给予撤销党内职务或者留党察看处分。

【法条解析】为落实中央八项规定、反对"四风",该条例列举了实践中较为常见的收受、提供贿赂的形式。明确禁止收受可能影响公正执行公务的礼品、礼金、消费卡和有价证券、股权、其他金融产品等财物;明确禁止接受、提供可能影响公正执行公务的宴请或者旅游、健身、娱乐等活动安排。

②中央治理商业贿赂领导小组《关于在治理商业贿赂专项工作中正确把握政策界限的意见》。

2006年1月,胡锦涛同志在中央纪委第六次全会上发表重要讲话,把治理商业贿赂作为当年党风廉政建设和反腐败工作的六项重点工作之一,强调要坚决纠正不正当交易行为,依法查处商业贿赂案件。为明确商业贿赂行为与商业交往中正当行为之间的界限,中央治理商业贿赂领导小组于2007年5月28日发布《关于在治理商业贿赂专项工作中正确把握政策界限的意见》,提出了界定商业贿赂行为的原则及其与其他常见商业行为的界限。

以下为该意见的主要内容:
……
二、明确界定商业贿赂的本质特征和行为界限
……
(三)商业贿赂是在商业活动中违反公平竞争原则,采用给予、收受财物或者其他利益等手段,以提供或者获取交易机会或者其他经济利益的行为。

(四)根据事实、情节以及处罚依据的不同,商业贿赂分为不正当交易行

为、一般违法行为和犯罪行为。不正当交易行为是商业贿赂中情节轻微、数额较小，违反商业道德和市场规则，依照党政机关、行业主管（监管）部门以及行业自律组织的有关规定，应当予以处理的行为；一般违法行为是商业贿赂中情节较轻、数额不大，违反反不正当竞争法和其他法律法规，尚未构成犯罪，应当给予行政处罚的行为；犯罪行为是商业贿赂中数额较大，或者具有其他严重情节，依照刑法应当受到刑罚处罚的行为。

（五）商业贿赂涉及经济社会生活的许多方面，往往与国家机关及其工作人员滥用职权、以权谋私有很大关系。商业贿赂的主体既包括各类公司、企业及其从业人员，个体工商户以及其他经营者和社会团体、行业自律组织、社会中介组织及其从业人员；也包括国家机关、事业单位、人民团体及其工作人员等。

（六）要注意把握以下几种行为的界限：

1. 折扣与商业贿赂的界限。商业活动中，可以以明示并如实入账的方式给予对方折扣，给予、接受折扣必须如实入账。账外暗中给予、收受回扣的，属于商业贿赂。

2. 佣金与商业贿赂的界限。商业活动中，可以以明示并如实入账的方式，给予为其提供服务、具有合法经营资格的中间人劳务报酬。在账外暗中给予、收受中介费的，属于商业贿赂。

3. 附赠与商业贿赂的界限。商业活动中，可以依据商业惯例送小额广告礼品。违反规定以附赠形式向对方单位及其有关人员给予现金或者物品的，属于商业贿赂。

4. 捐赠与商业贿赂的界限。捐赠应当符合公益事业捐赠法以及其他有关规定，明示并如实入账，不直接或者间接与商品交易挂钩，不损害其他经营者合法权益，并且用于公益事业。以捐赠为名，通过给予财物获取交易、服务机会、优惠条件或者其他经济利益的，属于商业贿赂。

（七）商业活动中，提供、接受违反公平竞争原则的商业赞助或者旅游、考察以及其他活动；提供、收受各种会员卡、消费卡（券）、购物卡（券）和其他有价证券；提供、使用房屋、汽车等物品；提供、收受干股或者红利；通过赌博，以及假借促销费、宣传费、广告费、培训费、顾问费、咨询费、技术服务费、科研费、临床费等名义给予、收受财物或者其他利益，以提供、获取交易、服务机会、优惠条件或者其他经济利益的，属于商业贿赂。

（八）法律法规规章对是否属于商业贿赂有规定的，依照该法律法规规章的规定执行。对商业活动中其他具有商业贿赂特征的行为，应当按照治理商业贿赂的要求，根据是否违反公平竞争原则，给予、收受财物或者其他利益，以提供、获取交易、服务机会、优惠条件或者其他经济利益，以及涉案数额大小、情节轻重、社会危害程度等进行定性处理。

【规定解析】该意见详细规定了商业贿赂的本质及其与部分行为的界限，对于准确识别商业贿赂行为具有重要意义，关于商业贿赂行为的界定，该意见主要作出如下规定。

其一，明确了商业贿赂的定义，其核心在于该行为在商业活动中违反了公平竞争原则。同时对于商业贿赂的界定涵盖了给予和收受财物等行为，而上述行为的目的应为"提供或者获取交易机会或者其他经济利益"。

其二，根据事实、情节以及处罚依据，将商业贿赂行为分为不正当交易行为、一般违法行为和犯罪行为。

其三，规定了商业贿赂的主体范围。考虑到商业贿赂往往与国家机关及其工作人员滥用职权、以权谋私存在一定关联，因此商业贿赂的主体不仅包括公司、企业及其从业人员等私营主体，还包括国家机关、事业单位等公共部门。

其四，明确了商业贿赂行为与"折扣""佣金""附赠""捐赠"四类行为的界限。该意见肯定了依法依规实施上述四类行为的合法性，但也提出违反规定以四类行为的名义提供财产性利益的，属于商业贿赂。对于企业而言，应当针对日常经营中的"折扣""佣金""附赠""捐赠"等行为制定明确的流程，从而防范相关行为落入商业贿赂的范畴。

其五，对于实践中常见的贿赂形式进行了总结。一方面为执法部门的商业贿赂调查提供了切入点；另一方面也为企业提供了风险事项警示。

（9）国际公约与指引。

①《联合国反腐败公约》。

2003年10月31日，联合国大会第58届会议通过了《联合国反腐败公约》（UNCAC），UNCAC是联合国历史上第一部指导国际反腐败斗争的法律文件，也是迄今为止拥有缔约方最多的国际公约，是21世纪国际社会合作的新的里程碑，其所构建的反腐败国际法律机制对21世纪的国际社会具有重要意义。为了高效而有力地预防和打击腐败，UNCAC确立了五项预防和打击腐败犯罪的国际法律机制：预防机制、刑事定罪与执法机制、国际合作机制、资产追回机制、履约监督机制。其中，UNCAC 对于预防理念的倡导，要求企业积极承担社会责任，参与腐败治理，构建反腐败合规体系发挥着重要的规范作用。我国于 2006 年 2 月成为 UNCAC 的缔约方。

第五条【预防性反腐败政策和做法】 各缔约国均应当根据本国法律制度的基本原则，制订和执行或者坚持有效而协调的反腐败政策，这些政策应当促进社会参与，并体现法治、妥善管理公共事务和公共财产、廉正、透明度和问责制的原则。

【公约解读】 注重预防是 UNCAC 的基本理念，其要求各缔约方建立预防性反腐败政策，促进社会参与，企业作为社会中较为活跃的组成部分，应当积极参与反腐败预防。

第十二条【私营部门】

1. 各缔约国均应当根据本国法律的基本原则采取措施，防止涉及私营部门的腐败，加强私营部门的会计和审计标准，并酌情对不遵守措施的行为规定有效、适度而且具有警戒性的民事、行政或者刑事处罚。

2. 为达到这些目的而采取的措施可以包括下列内容：

（a）促进执法机构与有关私营实体之间的合作；

（b）促进制订各种旨在维护有关私营实体操守的标准和程序，其中既包括正确、诚实和妥善从事商业活动和所有相关职业活动并防止利益冲突的行为守则，也包括在企业之间以及企业与国家的合同关系中促进良好商业惯例而采用的行为守则；

（c）增进私营实体透明度，包括酌情采取措施鉴定参与公司的设立和管理的法人和自然人的身份；

（d）防止滥用对私营实体的管理程序，包括公共机关对商业活动给予补贴和颁发许可证的程序；

（e）在合理的期限内，对原公职人员的职业活动或者对公职人员辞职或者退休后在私营部门的任职进行适当的限制，以防止利益冲突，只要这种活动或者任职同这些公职人员任期内曾经担任或者监管的职能直接有关；

（f）确保私营企业根据其结构和规模实行有助于预防和发现腐败的充分内部审计控制，并确保这种私营企业的账目和必要的财务报表符合适当的审计和核证程序。

3. 为了预防腐败，各缔约国均应当根据本国关于账簿和记录保存、财务报表披露以及会计和审计标准的法律法规采取必要措施，禁止为实施根据本公约确立的任何犯罪而从事下列行为：

（a）设立账外账户；

（b）进行账外交易或者账实不符的交易；

（c）虚列支出；

（d）登录负债账目时谎报用途；

（e）使用虚假单据；

（f）故意在法律规定的期限前销毁账簿。

【公约解读】UNCAC 第 12 条对私营部门预防性腐败政策的建立作出了规定，就企业反腐败合规的角度而言，UNCAC 主要提出了以下要求：第一，加强私营部门的会计和审计标准，防止涉及私营部门的腐败，要求缔约方通过严格的会计账簿制度禁止私营部门在会计领域的舞弊行为；第二，推动私营部门与执法机构合作反腐；第三，制定私营部门行为准则，防范商业交易中的利益冲突等腐败行为；第四，私营部门应当建立针对预防与发现腐败的内部控制制度，通过有效的审计防范腐败。

②OECD《关于打击国际商业交易中行贿外国公职人员行为的公约》。

20 世纪 90 年代，美国《反海外腐败法》在实施过程中层层受阻，因而其积极致力于通过国际组织的活动推广其关于打击跨国商业交易中行贿外国公职人员行为的做法，于是《关于打击国际商业交易中行贿外国公职人员行为的公约》应运而生，1999 年正式生效。该公约也是国际范围内第一个专门针对行贿外国公职人员的公约。但截至 2022 年 4 月，我国尚未加入该公约。

第一条【行贿外国公职人员罪】

1. 每一缔约方应采取必要措施以确定根据其法律下列行为属犯罪行为：任何人，无论直接还是通过中间方，故意向一外国公职人员，为该官员或为一第三方提供、承诺或给予金钱或其他利益，以使该官员在履行公务方面作为或不作为，从而在从事国际商业过程中获得或保留商业或其他不当利益。

2. 每一缔约方应采取任何必要措施以确定共同参与，包括鼓动、协助和教唆，或授意行贿外国公职人员的行为属犯罪行为。企图和共谋行贿外国公职人员应与企图和共谋行贿本国公职人员同属犯罪行为。

3. 以上第 1 款和第 2 款所列罪行以下称为"行贿外国公职人员罪"。

【公约解读】该公约要求缔约方应当通过法律将直接或间接行贿外国公职

人员的行为确定为犯罪行为。从行为上来看，可以是直接向外国公职人员提供，也可以是通过中间方提供；可以向该官员也可以向第三方提供、承诺或给予金钱或其他利益，目的在于通过该官员在履行公务中的作为或不作为实现在国际商业过程中获得或保留商业或其他不当利益。但是该公约也作出了例外规定：其一，如果通过行贿而获得的利益，系所属国成文法律法规允许或批准的，则不属于犯罪行为；其二，为获得或保留业务及其他不当利益支付小笔"疏通费"亦不属于犯罪行为。

③OECD《关于内控、道德与合规的良好做法指引》。

本指引主要基于OECD《关于打击国际商业交易中行贿外国公职人员行为的公约》，故其主要围绕预防与发现行贿外国公职人员展开，并分别为公司以及商业组织和专业协会预防与发现行贿外国公职人员合规制度的建立提供参考。

【内容解读】对于公司，OECD主要从以下方面提出合规指引：

企业高管对于实施预防与发现贿赂内控、道德与合规计划与措施的支持与承诺；关于防止海外贿赂公司政策；公司各层级个人的合规职责；关于海外贿赂的道德和合规计划或措施的监督；针对所有员工以及公司实体、商业伙伴制定旨在预防与发现海外贿赂的道德和合规计划或措施；形成财务与审计制度，确保账簿、记录和账目公平与准确；定期培训与交流；采取恰当措施积极鼓励和支持遵守道德与合规计划的行为；对违规行为的纪律措施；内部举报制度；对道德与合规计划的定期审查。

④世界银行《诚信合规指南》。

就世界银行公开披露的制裁中国企业的解禁条件来看，建立并实施有效的诚信合规体系是企业解禁必不可少的条件，因此世界银行于2010年颁布的《诚信合规指南》，为企业建立有效的诚信合规体系提供指导。

【内容解读】该指南要求，在行为守则或类似文件、信息沟通中明文规定和明确禁止不当行为（如欺诈、腐败、串通和强迫行为），并要求从以下八个方面制定政策和程序以预防、发现、调查和补救不当行为：雇员尽职调查；限制与前政府官员的关系安排；馈赠、接待、娱乐、旅行和开支；政治捐款；慈善捐款和赞助；好处费；记录保存；欺诈、串通和强迫行为。

2010年，世界银行集团、亚洲发展银行、非洲发展银行集团、欧洲复兴开发银行、美洲开发银行集团签订《共同实施制裁决议的协议》，根据该协议，被世界银行制裁的企业将遭受上述机构的交叉制裁。建立（或完善）和执行世界银行认为满意的诚信合规计划，未来将成为世界银行解除取消资格制裁（或有条件解除取消资格制裁）的主条件。

2.1.2 反腐败的执法及司法现状与趋势

2.1.2.1 反腐败的执法现状与趋势

近年来，我国不断强化企业反腐败的执法力度，针对不同类型的腐败行为开展有组织、有计划、有重点的专项治理并取得显著成效。商业贿赂作为典型的企业腐败行为类型，本部分将主要围绕商业贿赂执法展开。

（1）反腐败执法政策导向。

党的十八大以来，以习近平同志为核心的党中央坚定不移地推进全面从严治党，坚持反腐败无禁区、全覆盖、零容忍，扎实构建"不敢腐、不能腐、不想腐"的有效机制，使我国反腐败斗争取得重大成效。但鉴于我国腐败的高压态势，习近平总书记在党的十九大报告中指出，"当前，反腐败斗争形势依然严峻复杂，巩固压倒性态势、夺取压倒性胜利的决心必须坚如磐石。坚持无禁区、全覆盖、零容忍，坚持重遏制、强高压、长震慑，坚持受贿行贿一起查，坚决防止党内形成利益集团"。其中明确提出了"坚持受贿行贿一起查"的要求。此后十九届中央纪委二次、三次、四次以及五次全会上的工作要求中也屡次提到，要将"坚持受贿行贿一起查"作为巩固发展反腐败斗争压倒性态势的一项重要举措。

中共中央纪律检查委员会、国家监察委员会与中共中央组织部、中共中央统战部、中共中央政法委、最高人民法院、最高人民检察院于2021年9月联合印发《关于进一步推进受贿行贿一起查的意见》，该意见指出，要清醒认识行贿人不择手段"围猎"党员干部是当前腐败增量仍有发生的重要原因，深刻把握行贿问题的政治危害。自该意见发布以来，各地纪检监察机关严格依法履行查处行贿的重要职责，对查办案件中涉及的行贿人，依法加大查处力度，多措并举提高打击行贿的精准性。第一，纪检监察充分发挥留置职能，争取办案先机。在开尔公司行贿一案中，开尔公司通过"围猎"公职人员攫取不当利益，该案共涉及105名国家公职人员，行贿金额高达1300余万元，在对该案取得突破性进展后，经省纪委监委同意，专案组迅速对开尔公司6名业务人员采取留置措施,实现"查受贿带行贿,查行贿带受贿"。[1]第二,认真履行追赃挽损职责,尽力追缴非法获利。在深圳市某建筑工程有限公司邱某、冯某行贿一案中,对行贿人违法所得 3120 万元成功追回,相关负责人表示:我们在工作中将对行贿人的法律责任追究提到了同等重要的程度,行贿人受到刑事责任追究,不正当财产性利益要被全部追缴。[2]第三,明确行贿案件查处重点,实现精准有效打击。该意见明确了坚决查处多次行贿、巨额行贿以及向多人行贿等 5 个重点,列举组织人事、执纪执法司法、生态环保、财政金融、安全生产、食品药品、帮扶救灾、养老社保、教育医疗等行贿高风险领域。第四,探索建立联合惩戒、信息共享机制,建立行贿"黑名单"。西双版纳某咖啡发展有限公司实际控制人冯某通过向国企监管人员行贿 240 万元,套取 7800 余万元国有资金。2021 年 7 月,冯某因犯行贿罪被判处有期徒刑 5 年。重庆市九龙坡区纪委监委将其信息纳入行贿人"黑名单",并向市场监管、税务人社、公共资源交易等相关部门进行通报,综合采取了限制行贿人及背后企业参与政府招投标、享受区内优惠政策,加强经营活动监管等联合惩戒措施。江苏省纪检监察机关探索与司法和行政执法等部门建立跨区域行贿人信息共享查询机制,纪检监察机关可通过行贿人信息库对行贿高发的行业领域、重点环节进行深入分析,对涉案人员的行贿可能性、行贿方式方法、金额评估提供方向参考,提升监督精准性。

在"坚持受贿行贿一起查"的指引下,2022 年 4 月 20 日,国家监察委员会与最高人民检察院首次联合发布 5 起行贿犯罪的典型案例,其中涉及了招标投标、医疗药品等党中央查处行贿的重点领域,如河南高某某行贿案,高某某在医疗药品领域 56 次行贿医院院长、医生等医务人员,严重影响民生安全,行贿情节恶劣。四川刘某富行贿、非法采矿案,检察机关在办理公安机关移送"非法采矿案"时发现行贿线索并主动督促公安机关移送监察机关,行贿人长期"围猎"腐蚀雅安市市政领域国家工作人员,牟取工程领域不正当利益,行贿数额巨大,严重破坏当地政治生态。[3]典型案例的发布体现了在落实"坚持受贿行贿一起查"过程中,监察机关与检察机关充分履职,相互配合,推动实

---

[1] 让"围猎者"付出代价——从开尔公司行贿案看受贿行贿一起查的政策把握[J].中国纪检监察,2021(21):32-34.

[2] 陈义波,颜惊蕾.深圳:探索建立受贿行贿一起查工作机制[J].中国纪检监察,2018(16):38-39.

[3] 国家监察委员会、最高人民检察院首次联合发布 5 起行贿犯罪典型案例[EB/OL].最高人民检察院,2022[2022-04-22].https://www.spp.gov.cn/xwfbh/wsfbt/202204/t20220420_554587.shtml#1.

现对腐败问题标本兼治的初步成效。

"坚持受贿行贿一起查"的政策导向，体现了党中央对于夺取反腐败斗争压倒性胜利的决心，构建"不敢腐、不能腐、不想腐"的机制，以斩断"围猎"与甘于被"围猎"利益链、破除权钱交易关系网为切入点，从而在全社会范围内培育清正廉洁的价值理念。在此背景下，企业应当高度警惕腐败行为，防范日常经营与业务往来中的腐败隐患，尤其应当在涉及公权力的情形下坚决抵制权钱交易与权力寻租，充分调动企业反腐败的能动性，建立企业反腐败合规计划，切实防范在对贿赂行为零容忍的高压反腐态势之下的刑事风险。

（2）反腐败执法体系构建。

2018年，经过国家监察体制改革，我国对各机关的反腐败职能进行有机整合，建立了国家监察委员会，形成以党纪反腐为先导、监察反腐为主责、司法反腐为保障的基本格局。[1]对于公职人员的腐败执法职能主要由监察机关履行，而针对公职人员之外的腐败行为，构成犯罪的由公安机关与检察机关履行调查与起诉的职能，尚未构成犯罪的，则主要由市场监督管理部门履行行政执法职能。

①监察机关。

在党的十八大召开之前，为了加强打击腐败犯罪，党和国家不断增设反腐败专责机关，例如反贪局、反渎局、检察机关内部下设职务犯罪预防部门以及国家专门设置的预防腐败局等。大量专责机关的设立，在不断扩大反腐败工作队伍的同时，也导致反腐败执法体系冗杂，权责不明，各部门相互掣肘，体制机制并不顺畅，无法最高效地发挥反腐败职责。党的十八大以来，我国通过国家纪检监察体制改革，实现反腐败权限的聚拢，整合了反腐败的执法力量，"把行政监察部门、预防腐败机构和检察机关反腐败相关职责进行整合，解决了过去监察范围过窄、反腐败力量分散、纪法衔接不畅等问题"。[2]实现党内监督与国家监察的统一，集中反腐资源，形成合力。纪委监委合署办公，实现领导体制和工作机制的统一融合，坚持纪严于法、执纪执法贯通。2018年3月，第十三届全国人民代表大会第一次会议审议通过《宪法修正案》和《监察法》，

---

[1] 吴建雄，王友武. 监察与司法衔接的价值基础、核心要素与规则构建 [J]. 国家行政学院学报，2018（4）：27-34，147-148.
[2] 依据《监察法实施条例》第23条职务违法的内涵如下。监察机关负责调查的职务违法是指公职人员实施的与其职务相关联，虽不构成犯罪但依法应当承担法律责任的下列违法行为：（1）利用职权实施的违法行为；（2）利用职务上的影响实施的违法行为；（3）履行职责不力、失职失责的违法行为；（4）其他违反与公职人员职务相关的特定义务的违法行为。

从宪法层面确立了监察委员会的国家机构地位。

依据《监察法》的规定，各级监察委员会依法对所有行使公权力的公职人员进行监察。因此，监察委员会的管辖主要通过"属人"和"属权"两个标准进行限定，"属人"是指实施违法犯罪行为的主体是公职人员，"属权"标准是指违法犯罪行为是公职人员在行使公权力期间实施的，就上述两个要素的判断可知，《监察法》下的"公职人员"与《刑法》语境下的"国家工作人员"并不等同——如基层村组织的工作人员在从事集体事务管理时虽然不具有国家工作人员的身份，但是其从事的工作仍然是在履行公职，属于监察对象中的"基层群众性自治组织中从事管理的人员"，是公职人员。[1]《监察法实施条例》进一步细化了监察委员会的管辖范围，使得诸如重大责任事故犯罪等本应由公安机关管辖的案件如果发生在公职人员行使公权力期间，则也交由监察委员会管辖，这在一定程度上扩大了监察委员会的管辖范围，就企业可能涉及的腐败犯罪而言，监察机关的管辖范围如表 2-6 所示。

表 2-6 监察机关管辖范围

管辖类型	罪名
均由监察机关管辖	行贿罪
	对有影响力的人行贿罪
	对单位行贿罪
	单位行贿罪
	受贿罪
	利用影响力受贿罪
	单位受贿罪
	介绍贿赂罪
由公职人员[2]实施时，由监察机关管辖	非法经营同类营业罪
	为亲友非法牟利罪

---

[1] 转引自董坤.论监察机关与公安司法机关的管辖衔接——以深化监察体制改革为背景[J].法商研究，2021（6）：6.

[2] 依据《刑法》的规定，非法经营同类营业罪与为亲友非法牟利罪均系身份犯，非法经营同类营业罪的犯罪主体为国有公司、企业的董事、经理，而为亲友非法牟利罪的犯罪主体为国有公司、企业、事业单位的工作人员，并不一定属于《监察法》中所要求的"国有企业管理人员"。即上述二罪中的身份不等于公职人员。

续表

管辖类型	罪名
公职人员在行使公权力期间涉嫌实施的,则由监察机关管辖	对非国家工作人员行贿罪
	非国家工作人员受贿罪
	向外国公职人员、国际公共组织官员行贿罪
	职务侵占罪
	挪用资金罪
	背信损害上市公司利益罪

对于上述案件,监察委员会都享有管辖权,但实践中难免存在涉及数罪而其中部分涉嫌职务犯罪,其余则属于普通犯罪的情形。针对此类情形,《监察法》第34条第2款明确规定,"被调查人既涉嫌严重职务违法或者职务犯罪,又涉嫌其他违法犯罪的,一般应当由监察机关为主调查,其他机关予以协助"。该条款从立法层面确定了"监察优先""监察为主",其他机关配合的办案模式,充分发挥监察机关在案件调查中的统筹协调作用。

监察委员会的职责主要包括以下方面:调查贪污贿赂、滥用职权、利益输送、徇私舞弊等职务违法和职务犯罪,包括廉政与道德操守情况的监督检查;职务违法与职务犯罪的调查;以及针对违法、失职、涉嫌违法犯罪公职人员履行处置职责。在其监察过程中,可以采取包括谈话、询问、讯问、查询、冻结、调查、查封、扣押、勘验检查、鉴定、搜查、留置等12项措施。虽然依照《监察法》规定监察委员会的监察对象为公职人员,但《监察法实施条例》中提到,监察机关调查公职人员涉嫌职务犯罪案件,可以依法对涉嫌行贿犯罪、介绍贿赂犯罪或者共同职务犯罪的涉案人员中的非公职人员一并管辖。这在"坚持受贿行贿一起查"的背景下对于提高腐败执法工作效能、整合反腐败职能颇有裨益。例如在昆钢腐败窝案中,云南省纪委监委既通报其党委书记等人接受审查调查等情况,也通报12名涉嫌行贿人员被监察机关采取留置措施接受调查的情况。[1]

②公安机关。

公安机关履行对大部分刑事案件的侦查职能,但就企业腐败犯罪问题,由于监察委员会承担了主要的调查职能,因而公安机关在腐败案件中的管辖范围有所缩减,

---

[1] 中央纪委国家监委:受贿行贿一起查,综合施策强力压缩围猎空间[EB/OL].中央纪委国家监委,2022[2022-04-19].https://www.ccdi.gov.cn/yaowenn/202201/t20220117_164960.html.

但仍保留了对部分腐败犯罪的侦查权力，公安机关的管辖范围如表 2-7 所示。

表 2-7 公安机关的管辖范围

管辖类型	罪名
均由公安机关管辖	侵犯商业秘密罪
	违规披露、不披露重要信息罪
	隐匿、故意销毁会计凭证、会计账簿、财务会计报告罪
由非公职人员实施时，由公安机关管辖	非法经营同类营业罪
	为亲友非法牟利罪
非公职人员或非行使公权力期间涉嫌实施的，由公安机关管辖	对非国家工作人员行贿罪
	非国家工作人员受贿罪
	向外国公职人员、国际公共组织官员行贿罪
	职务侵占罪
	挪用资金罪
	背信损害上市公司利益罪

综上，在非法经营同类营业罪、为亲友非法牟利罪、对非国家工作人员行贿罪、非国家工作人员受贿罪、向外国公职人员、国际公共组织官员行贿罪、职务侵占罪、挪用资金罪、背信损害上市公司利益罪等 8 个罪名中可能存在监察委员会与公安机关的管辖重叠。

③检察机关。

在监察委员会成立之前，由检察机关主导腐败案件的侦查工作，但在纪检监察体制改革之后，检察机关对腐败案件的调查职能均合并至监察委员会，故在现行法律体系之下，检察机关不再对腐败案件实施立案管辖。检察机关在企业腐败等方面的职能主要为就相关刑事案件审查起诉，即经监察委员会调查、公安机关侦查，认为犯罪事实清楚，证据确实充分，需要追究刑事责任的，依法移送人民检察院审查起诉。

④市场监督管理部门。

《反不正当竞争法》第 4 条规定，县级以上人民政府履行工商行政管理职责的部门对不正当竞争行为进行查处，因此《反不正当竞争法》之下的商业贿赂行为主要由工商行政管理部门，即市场监督管理部门负责。2018 年 3 月，国务院机构改革方案出台后，原有的国家工商行政管理总局、国家质量监督检验检疫总局、国家食品药品监督管理总局，改组为新的、统一的国家市场监督管理总局。国家市场监督管理总局接棒国家工商行政管理总局，成为新的反商业贿赂行政监管主体，执法力量得到有效整合。

在对涉嫌商业贿赂行为的调查中，国家市场监督管理总局可以采取以下措施：进入涉嫌涉案企业经营场所进行检查；询问被调查的经营者、利害关系人及其他有关单位、个人，要求其说明有关情况或者提供与被调查行为有关的其他资料；查询、复制与涉嫌商业贿赂行为有关的协议、账簿、单据、文件、记录、业务函电和其他资料；查封、扣押与涉嫌商业贿赂行为有关的财物；查询涉嫌商业贿赂行为的经营者的银行账户等。对于拒绝、阻碍调查的个人，还可视情节轻重，请公安机关给予其警告、罚款甚至行政拘留等处罚。在行政处罚方面，《反不正当竞争法》规定了三种类型的行政处罚，包括没收违法所得、罚款以及吊销企业营业执照。《反不正当竞争法》在2017年修订时大幅度提高了商业贿赂行为的罚款上限，由原来的20万元提升至300万元。处罚力度的加强，一定程度上能够发挥对于部分知法懂法仍铤而走险的企业的威慑作用。

在执法职责有机整合、执法权限扩张的背景下，国家市场监督管理总局集中力量打击商业贿赂行为。2018年5月，国家市场监督管理总局重磅发布《关于开展反不正当竞争执法重点行动的公告》，明确了2018年5月至2018年10月查处商业贿赂行为的重点领域，包括药品（医疗器械）购销、教育、公用企事业单位等涉及面广、与民生密切相关的行业和领域，力求实现对商业贿赂的精准打击。2019年2月，国家市场监督管理总局发布《关于贯彻落实〈关于深化市场监管综合行政执法改革的指导意见〉的通知》，为建立统一、权威的市场监管综合执法队伍，形成协同、高效的市场监督综合执法工作机制明确具体实施方案，进一步提升市场监督市场监管综合执法的效能，从而实现对商业贿赂行为的严打、严抓。部分地区也启动反不正当竞争执法专项行动，例如，河北省于2022年3月印发《2022年"促竞争、护民生、保稳定"反不正当竞争执法专项行动方案》，在严厉打击商业贿赂方面，河北省市场监督管理局充分发挥《关于进一步推进行贿受贿一起查的意见》精神，紧盯医药购销、医疗服务、防疫物资、招标投标、工程建设、设备采购、旅游、教育、金融、大宗采购等行业领域重点交易环节，严格查处商业往来中以各类名义进行的利益输送。[1]2021

---

〔1〕促竞争 护民生 保稳定 河北开展反不正当竞争执法专项行动［EB/OL］.国家市场监督管理总局，2022［2022-04-20］. https://www.samr.gov.cn/jjj/sjdt/gzdt/202203/t20220315_340482.html.

年，浙江省市场监督管理局开展了为期 7 个月的反不正当竞争专项执法行动，重点打击七大领域 18 种违法行为，集中整治医药购销企业不正当营销，包括医药购销中的"回扣"行为，以及借助科研合作、学术推广等名义在设备采购、工程建设、科研经费等重点领域实施商业贿赂行为。[1]江苏省市场监督管理局亦于 2021 年通过"两反两保"[2]聚焦重点领域，加大执法力度，查办了一批包括商业贿赂在内的不正当竞争违法案件并公布反不正当竞争十大典型案例。[3]

由此，依托于市场监督管理局的职能整合与强化，针对商业贿赂这一类反不正当竞争行为，我国逐步形成由市场监督管理部门主导，重点防控、精准打击、严厉惩处的执法格局。

（3）反腐败执法的整体趋势。

随着我国商业贿赂相关立法体系的完善，以及商业贿赂执法力量的整合，近年来商业贿赂相关执法较为活跃，我们将以近 5 年（2017—2021 年）的商业贿赂行政处罚案例[4]为样本，总结商业贿赂执法整体案例，并聚焦于 2021 年度的相关案例，总结商业贿赂最新执法特点。

①反商业贿赂执法总体样态。

党的十八大以来，"高压反腐"已成为新常态，但近五年针对商业贿赂的行政处罚逐渐放缓，行政处罚数量逐步下降，改变了自党的十八大以来商业贿赂执法案件稳步上升的趋势。如图 2-1 所示，商业贿赂执法案件在 2018 年出现了显著下降，其中部分原因源于监察体制改革对于腐败职能的集中整合。随着监察委员会的设立，涉及公职人员的贿赂违法案件均转由监察机关管辖，而大量商业贿赂案件中均涉及私营部门与公权力部门之间的权钱交易，因此在这一制度改革之下，市场监督管理部门在商业贿赂案件中的管辖范围被压缩，一定程度上导致了商业贿赂行政处罚案件数量的下降趋势。

---

[1] 浙江开展反不正当竞争专项执法行动［EB/OL］.国家市场监督管理总局，2021［2022-04-20］. https://www.samr.gov.cn/xw/df/202105/t20210525_329820.html.

[2] "两反两保"具体是指反垄断和反不正当竞争，保护知识产权和保护消费者合法权益。

[3] 江苏公布反不正当竞争十大典型案例［EB/OL］.国家市场监督管理总局，2021［2022-04-20］. https://www.samr.gov.cn/jjj/sjdt/gzdt/202107/t20210712_332537.html.

[4] 数据来源于威科先行法律数据库中的行政处罚决定书，检索方式为全文检索"商业贿赂"，其中基于未完全收录、部分处罚决定书未公开等原因，数据可能与实际执法实践存在出入，但上述偏差并不影响对商业贿赂行政执法的宏观分析。

第 2 章 反腐败合规

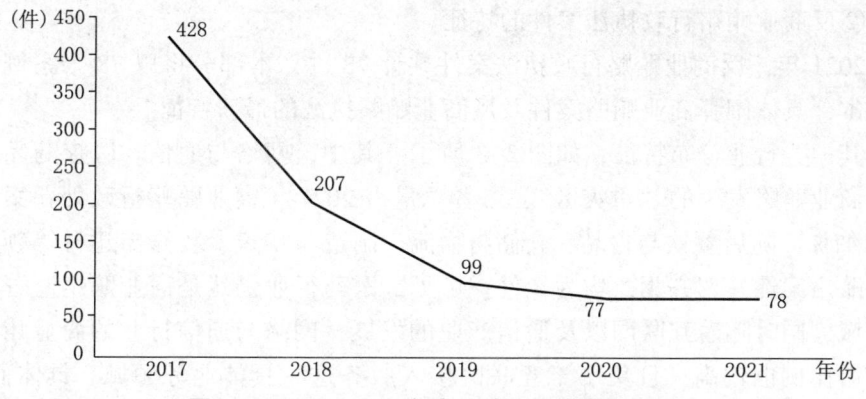

图 2-1 2017—2021 年商业贿赂执法案例数量

就商业贿赂案件的分布来看，如图 2-2 所示，此类案件的执法在地域上呈现明显的集中分布特征。东南沿海针对商业贿赂的执法活动尤其活跃，排名前五的浙江、上海、江苏、广东、福建均位于东南沿海地区。排名前二的浙江与上海，其执法数量远超过其他地区，2017—2021 年，两个省级行政区执法数量之和占全国执法总量的 68.7%。在部分年份如 2017 年，上海与浙江的商业贿赂执法数量合计达 322 件，占该年度全国执法数量近八成。上述数据分布特征主要由两方面的原因共同促成，其一主要源于东南沿海城市相对活跃的经济活动所导致的潜在腐败风险，其二则是基于东南沿海城市执法机关对于打击商业贿赂的重视。

图 2-2 2017—2021 年商业贿赂案件的分布　　（单位：件）

②反商业贿赂行政执法案件的特征。

2021年，反商业贿赂行政执法案件共计78件，本部分将以78个案例为分析样本，具体阐释商业贿赂案件及反商业贿赂执法的最新特征。

其一，行业分布特征，如图2-3所示。其中，网络与通信、医疗药品与器械为商业贿赂发生的"重灾区"，二者总量占2021年商业贿赂行政处罚案件总量的41%，随后餐饮与食品、仓储与物流、制造与零售、装修与建材等领域的商业贿赂案件并驾齐驱，均为8件。可见，医药行业仍然是商业贿赂监管的重点领域，同时随着互联网以及通信产业的发展，网络与通信行业的商业贿赂案件所占比例也较高，且集中于互联网接入服务这一具体业务领域。具体而言，部分互联网接入服务供应商，通过提供贿赂的形式，在一定地域范围内的宽带安装与接入服务中获得不正当竞争优势。整体来看，逾半数的商业贿赂案件都发生在与民生息息相关的领域，因而此类案件不仅破坏市场竞争秩序，还将直接或间接损害社会公众的切身利益。

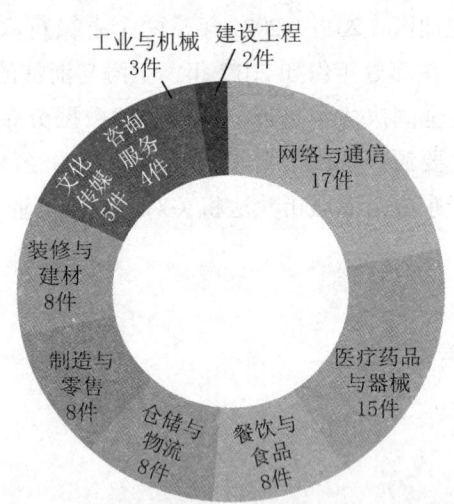

图2-3 行业分布特征

其二，传统行贿手段依然盛行，如图2-4所示。案件样本所体现的行贿手段主要有五大类：好处费、回扣/返点、礼品[1]、餐饮/娱乐、提供设备捆绑

---

[1] 本书对于好处费、回扣/返点、礼品的划分标准如下："好处费"包括以不同名义（如服务费、佣金等）直接给付现金的行为；"回扣/返点"包括各类以业务量为基准按照一定比例、金额实施给付的行为；"礼品"则是指给付各类物品（如奢侈品、购物卡等）的行为。

销售耗材。[1]好处费（27件）与回扣/返点（39件）两类传统的贿赂形式依然是当下商业贿赂中的主流方式，二者占据案例样本总量的88%。而提供设备捆绑销售耗材则是近年来医药领域内特有的行贿手段，具体而言，行贿一方与受贿一方约定由行贿方免费提供医疗器械，而受贿一方必须向行贿方购买相关耗材，由此使得提供设备一方获得在耗材销售方面的竞争优势。

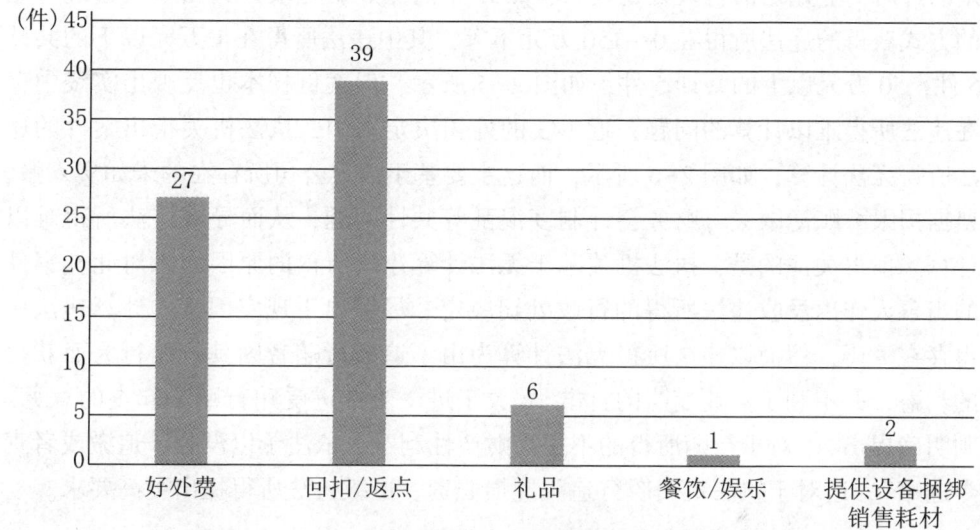

图 2-4　行业行贿手段

其三，行贿数额高低均受处罚。从行贿数额来看，最高为144万余元，最低为1600元，平均值为178 014.2元，中位数为37 444.5元。同时，实践中还存在行贿款已退回或尚未支付仍受到行政处罚的情形，如，在淮港公司商业贿赂行政处罚中，为了承接工程业务，淮港公司向江宁集团给付价值约22万元的礼品，2020年8月，江宁集团董事长施某某已将礼品全数退还，但南京市江宁区市场监督管理局仍对其作出97万元的行政处罚。[2]又如，在重庆某公司的行政处罚中，由于案发时尚未到双方约定的支付时间，故回扣款项尚未支付，针对上述事实，重庆市渝北区市场监督管理局在行政处罚决定书中指出商业贿赂

---

〔1〕　由于部分行政处罚决定书未详细说明贿赂手段、部分行政处罚决定书中涉及多类贿赂手段，故此处数据之和与案例总数并不等同。
〔2〕　宁江市监处字〔2021〕15193号。

的贿赂款项是否实际支付只是代表该行为是否终了，不影响商业贿赂行为的成立。[1]因此，在执法实践中，无论行贿数额的高低、无论是否实际完成支付或退回，均不影响行贿行为的认定。

其四，行政处罚的特征。

第一，违法所得认定存在障碍。没收违法所得是《反不正当竞争法》中规定的针对商业贿赂的行政处罚之一，2021年商业贿赂行政处罚当事人通过行贿的方式获得的违法所得在0—150万元不等，其中违法所得在1万元以下的共计6件，50万元以上的共计5件，如图2-5所示。但案例样本也反映出实践中存在违法所得难以计算的问题，近1/3的处罚决定书中，执法机关指出案件的违法所得无法计算，如图2-6所示，而这主要基于涉案公司所存在的未如实入账、票据损毁、账簿缺失、财务会计制度混乱等共性问题，从而导致违法所得难以计算。值得关注的是，执法机关基于无法计算违法所得的原因均未对此类案件的当事人作出没收违法所得的行政处罚决定。尽管出于现实因素，计算违法所得存在障碍，然而以违法所得无法计算为由不追缴行贿者因其行贿行为而获得的利益，并不利于商业贿赂的打击。《关于进一步推进受贿行贿一起查的意见》则明确提出，"对于行贿所得的不正当财产性利益，依法予以没收、追缴或者责令退赔"，这对于执法机关履行追赃挽损职责、追缴违法所得提出更高要求。

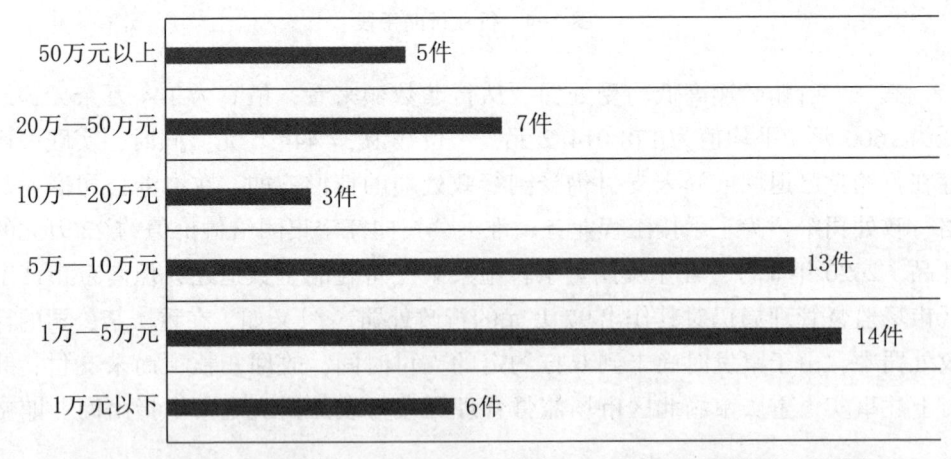

图2-5　2021年商业贿赂行政处罚当事人通过行贿的方式获得的违法所得额

---

[1] 渝北市监处字〔2021〕30号。

第 2 章 反腐败合规

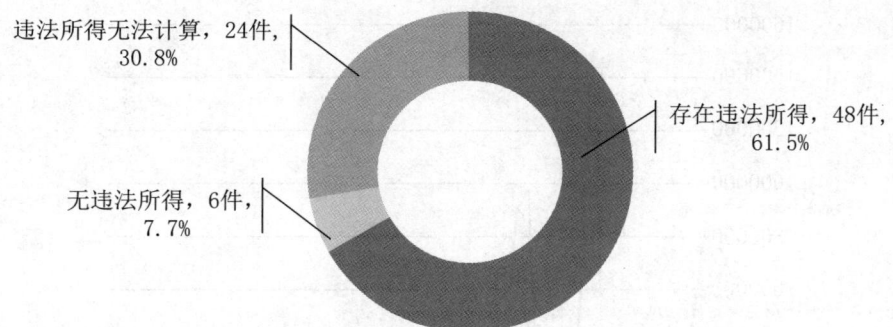

图 2-6 近 1/3 的处罚决定书无法计算违法所得

第二，行政罚款力度较大，数额标准不一。针对商业贿赂的行政罚款，《反不正当竞争法》作出了 10 万—300 万元的范围限制，大幅提升了 1993 年《反不正当竞争法》所设定的 1 万—20 万元行政处罚的限制。在案例样本中，70.5%的案件行政罚款的数额在 20 万元以下，仅有 1 件案件在 100 万元以上，如图 2-7 所示。同时，通过将行政罚款数额与行贿数额、违法所得数额进行交叉比较，在数额上均未呈现正相关的关系，如图 2-8 所示，这意味着在行政执法实践中并非依据行贿数额或违法所得数额的高低来确定罚款数额，违法所得以及行贿数额也并非罚款数额的决定性因素。除此之外，虽然《反不正当竞争法》规定的商业贿赂罚款之下限为 10 万元，但案例样本中也存在罚款数额小于 10 万元的情形，在相关处罚决定书中，市场监管部门均考虑到案件的具体情形，尤其是当事人在调查中的配合程度，最终决定给予当事人减轻处罚。

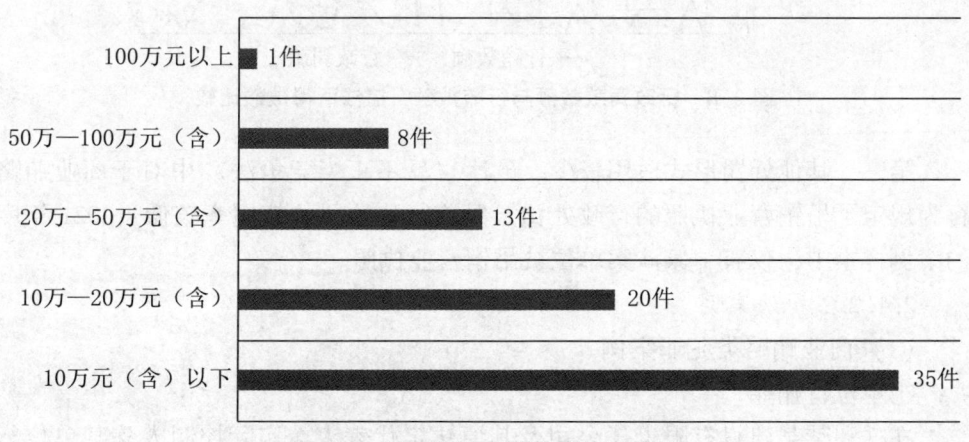

图 2-7 不同行政罚款数额的案件数

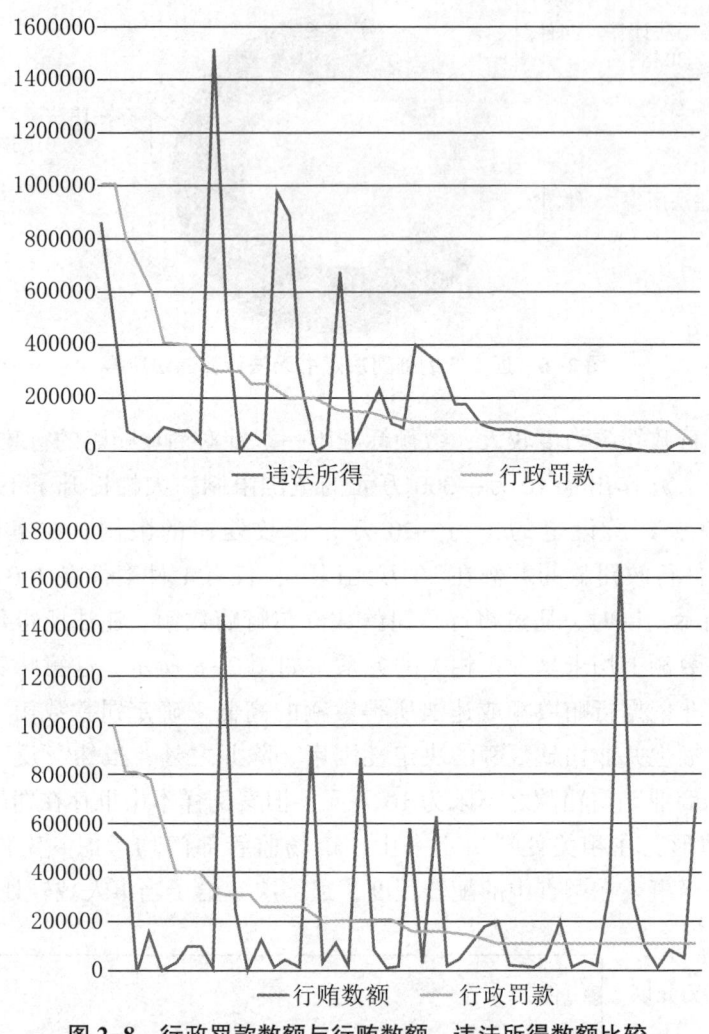

图 2-8 行政罚款数额与行贿数额、违法所得数额比较

第三，其他处罚形式适用较少。虽然《反不正当竞争法》中对于商业贿赂行为规定了吊销营业执照的行政处罚，但该行政处罚的使用率较低，2021年度的案例样本中，仅有1家涉案单位被吊销营业执照。

2.1.2.2 司法案例

（1）商业贿赂类犯罪案例。

①单位行贿罪。

在株洲某某建材有限责任公司及其原法定代表人、实际控制人陈某单位行贿案中，[1]2013年至2018年，为谋取不正当利益，陈某向先后担任株洲县委书记、攸县县委书记的谭某某提出请托，谭某某利用职务便利，通过向相关人员打招呼，为株洲某某建材有限责任公司在参与株洲县河道砂石开采项目中缓交股本金、延长采砂期以及承揽攸县有关市场建设项目、绿化提质项目、夜景照明工程、改扩翻建项目等事项上提供帮助。2016年至2018年，为感谢谭某某的帮助，陈某以送现金、送越野车等方式，先后送给谭某某折合人民币共计2238万余元，其中谭某某索要折合共计1218万余元。2020年12月，株洲某某建材有限责任公司因犯单位行贿罪，被判处罚金600万元，依法没收非法所得；陈某因犯单位行贿罪，被判处有期徒刑2年8个月，并处罚金300万元。

②对非国家工作人员行贿罪。

在仁某公司对非国家工作人员行贿案中，2015年1月至2017年9月，被告人勾某某在负责被告单位上海仁某公司销售业务期间，为提高仁某公司代理的骨科耗材在某医院骨科手术组的销售量，给予某医院骨科主任医师张某、尹某（均另案处理）以现金回扣，分别达53万余元。2017年10月至2020年12月，被告人勾某某在负责被告单位贺某公司销售业务期间，为提高贺某公司代理的骨科耗材在某医院骨科手术组的销售量，给予某医院骨科主任医师张某、尹某以现金回扣，分别达18万余元及68万余元。法院认为，被告单位仁某公司及贺某公司为谋取不正当利益，给予医院工作人员以财物，分别达106万余元及86万余元。被告人勾某某作为二被告单位直接负责的主管人员，也应当以对非国家工作人员行贿罪追究刑事责任。最终判决被告单位仁某公司犯对非国家工作人员行贿罪，判处罚金12万元；被告单位贺某公司犯对非国家工作人员行贿罪，判处罚金10万元；被告人勾某某犯对非国家工作人员行贿罪，判处有期徒刑2年，并处罚金5万元。

（2）背信类犯罪案例。

①非法经营同类营业罪。

在廖某某私分国有资产、非法经营同类营业、串通投标、隐匿、故意销毁会计凭证、会计账簿、财务会计报告案中，[2]被告人廖某某为国有企业和庆源公司负责人。2013年12月16日，和庆源公司班子成员会讨论工业园项目部事宜时，廖某某推荐了李某，并拍板由其担任工业园项目部业务经理。为共同谋

---

[1] 参见湖南省湘潭市岳塘区人民法院（2019）湘0304刑初105号刑事判决书。
[2] 参见广西壮族自治区象州县人民法院（2021）桂1322刑初91号刑事判决书。

利，经廖某某与李某及金帆公司陆城项目部另外两个股东郭某、黄某协商，以金帆公司陆城项目部办公楼作价280万元，廖某某出资70万元入股该项目部，占1/4的股份，按股份比例分配利润。2014年3月18日，廖某某将70万元入股资金打到李某的农行账户上，并参与了此后金帆公司陆城项目部的经营。后因廖某某和李某产生矛盾，2017年上半年，廖某某提出退股，通过股东协商，李某同意一共给廖某某200万元分红，扣除廖某某之前借支的100万元后，给廖某某100万元分红。2017年4月28日，李某将廖某某入股的70万元股金退给廖某某，截至案发时仍有100万元分红未支付给廖某某。法院认为，被告人廖某某与他人合伙经营与其公司同类的营业，获取非法利益，数额巨大，构成非法经营同类营业罪，判处有期徒刑1年2个月，并处罚金5万元，与其他罪数罪并罚，决定执行有期徒刑3年6个月，并处罚金20万元。

②背信损害上市公司利益罪。

在鲜某背信损害上市公司利益案中，[1]2013年7月至2015年2月，被告人鲜某利用担任上市公司多伦公司及其子公司汉通公司的法定代表人及实际控制人的职务便利，为粉饰公司业绩，采用伪造汉通公司开发的荆门楚天城项目分包商林某某签名、制作虚假的资金支付申请与审批表等方式，以支付工程款和往来款名义，将汉通公司资金划转至该公司实际控制的林某某个人账户、荆门楚天城项目部账户，再通过上述账户划转至鲜某实际控制的多个公司、个人账户内，转出资金循环累计达1.2亿余元。其中，2360万元被鲜某用于理财、买卖股票等，至案发尚未归还，且部分资金已被结转至开发成本账户。法院认为，鲜某作为上市公司多伦公司的董事长、实际控制人，违背对公司的忠实义务，利用职务便利，将上市公司资金用于个人营利活动，致使上市公司遭受重大损失，其行为已构成背信损害上市公司利益罪，判处有期徒刑1年8个月，并处罚金180万元。与其他罪数罪并罚，决定执行有期徒刑4年3个月，并处罚金1180万元。

(3) 职务侵占类犯罪案例。

在郝某某职务侵占案中，[2]被告人郝某某利用其作为远大公司实际经营人的职务便利，安排公司工作人员采取收入不入账的方式先后于2010年7月30日、7月31日、2010年8月4日、2010年12月18日至24日，多次将公司售

---

[1] 参见上海市高级人民法院（2019）沪刑终110号刑事判决书。
[2] 参见海城市人民法院（2021）辽0381刑初681号刑事判决书。

房款转给他人用于偿还个人欠款，依据银行交易凭证认定郝某某职务侵占的数额为1067万元。法院认为，被告人郝某某利用其作为远大公司实际经营人的职务便利，将远大公司的售房款非法占为己有，数额巨大，之后用于偿还其另外出资经营的其他企业的债务和其他个人债务，主观上无归还之意，客观上无归还之举，其行为构成职务侵占罪，判处有期徒刑7年，并处罚金40万元。

（4）挪用资金类犯罪案例。

在王某某挪用资金案中，[1]被告人王某某在岳阳某建筑有限公司工作期间，利用保管公司税金账户U盾的职务之便，分93次挪用公司企业专用税金账户税金2 287 000元至其个人银行账户，用于网络赌博及日常开销，其间陆续归还521 655.07元，至案发前仍有1 765 344.93元未归还。法院认为，被告人王某某的行为构成挪用资金罪，判处有期徒刑3年6个月，向岳阳某建筑有限公司退赔1 051 498.93元。

（5）侵犯秘密类犯罪案例。

在拓普公司等侵犯商业秘密案中，[2]2008年2月至2017年4月，被告人苏某某先后与A公司签订劳动合同，工作内容均为销售A公司的产品。2016年7月25日，苏某某成立拓普公司，为该公司的实际控制人。2000年至2012年，张某在A公司从事实验、生产工作，在工作中知悉了A公司一种稠化剂配方。该配方系A公司自主研发，为防止配方泄露，A公司制定了《保密管理规定》，与员工签订保密协议，并在实验、生产过程中对原料采用代码制管理。2016年3月，苏某某联系张某合作生产稠化剂产品，并支付张某15万元，张某将A公司的稠化剂配方告知苏某某。2017年起，拓普公司使用上述配方生产并销售稠化剂产品，获利290余万元。

法院认为，A公司的稠化剂相关技术信息具有非公知性，且拓普公司的稠化剂配方与A公司的相关配方具有同一性，被告单位拓普公司及其实际控制人被告人苏某某以不正当手段获取A公司的商业秘密并使用，造成特别严重后果，构成侵犯商业秘密罪，判处被告单位罚金30万元，判处被告人有期徒刑3年6个月，并处罚金5万元，继续追缴被告单位违法所得290余万元。

---

[1] 参见岳阳市岳阳楼区人民法院（2022）湘0602刑初4号刑事判决书。
[2] 参见北京市顺义区人民法院（2020）京0113刑初271号刑事判决书。

(6) 财务报表类犯罪案例。

①违规披露、不披露重要信息罪。

在郭某某、宋某某、杜某某等违规披露、不披露重要信息案中，[1] 2013年至2015年，九好集团为了吸引风投资金投资入股、完成政府招商引资税收目标以及实现上市等目的，通过与其他公司签订虚假业务合同、虚开增值税专用发票、普通发票、利用资金循环虚构银行交易流水、改变业务性质等多种方式虚增服务费收入共计264 897 668.7元，虚增2015年贸易收入574 786.32元。后九好集团在与鞍重股份重大资产重组过程中，向鞍重股份提供了含有上述虚假信息的财务报表，鞍重股份于2016年4月23日公开披露了含有虚假内容的《浙江九好办公服务集团有限公司审计报告（2013—2015年）》。同日，鞍重股份公告了《鞍山重型矿山机器股份有限公司重大资产重组置换及发行股份购买资产并募集配套资金暨关联交易报告书》，其中披露了重组对象九好集团含有虚假内容的最近三年主要财务数据，包括资产负债表主要数据（截至2015年12月31日，公司资产总计92 325.94万元）、利润表主要数据、现金流量表主要数据，且未披露上述3.3亿元定期存单质押的事项。2013年至2015年，九好集团虚增服务费收入264 897 668.7元，虚增货币资金31 337万元，上述虚增资产均无法收回。截至2015年12月31日，九好集团的实际净资产为98 529 498.71元。故九好集团虚增资产达到当期披露的资产总额的30%以上，未按照规定披露的担保等重大事项所涉及的累计数额占九好集团实际净资产的50%以上。另查明，九好集团提供虚假的财务数据和信息的行为，已造成投资人直接经济损失数额累计2 122 706.32元。

法院认为，九好集团作为依法负有信息披露义务的公司，向社会公众提供虚假的以及隐瞒重要事实的财务会计报告，对依法应当披露的其他重要信息不按照规定披露，严重损害他人利益，情节严重，被告人郭某某作为公司直接负责的主管人员，被告人宋某某、杜某某、王某作为其他直接责任人员，其行为均构成违规披露、不披露重要信息罪。判处被告人郭某某有期徒刑2年3个月，罚金10万元；判处宋某某有期徒刑2年，缓刑3年，并处罚金5万元；判处杜某某有期徒刑2年，缓刑3年，并处罚金5万元；判处王某有期徒刑1年，缓刑2年，并处罚金2万元。

---

[1] 参见杭州市拱墅区人民法院（2020）浙0105刑初255号刑事判决书。

②隐匿、故意销毁会计凭证、会计账簿、财务会计报告罪。

在孙某某隐匿会计凭证、会计账簿、财务会计报告案中,[1]孙某某系A公司法定代表人、执行董事兼总经理。2019年初,A公司财务人员蔡某应被告人孙某某的要求整理会计凭证、会计账簿、财务会计报告等财务档案,并将2001年至2017年的财务档案由公司员工方某驾车送至被告人孙某某位于慈溪市龙山镇的家中,将2018年至2019年的财务档案保管于公司财务档案室。2019年7月22日,被告人孙某某在蔡某提交的清单上签字,确认接收A公司2001年至2019年6月的财务档案及财务档案室钥匙等物品。之后,被告人孙某某未向A公司移交上述会计凭证、会计账簿、财务会计报告等财务档案。

2020年1月13日,国家税务总局慈溪市税务局龙山税务所向A公司制发责令限期改正通知书,要求其于同年2月13日前按规定保存、提供账簿、记账凭证、报表等涉税资料。2月17日,因A公司未按规定提供上述涉税资料,经责令限期改正,拒不改正,龙山税务所对其作出处罚2000元的行政决定。至今,被告人孙某某仍未向A公司移交会计凭证、会计账簿、财务会计报告等财务档案。

法院认为,被告人孙某某隐匿会计凭证、会计账簿、财务会计报告,情节严重,其行为已构成隐匿会计凭证、会计账簿、财务会计报告罪,判处有期徒刑6个月,并处罚金4万元。

(7)洗钱类犯罪案例。

2015年9月至11月,被告人丁某某伙同朱某利用分别担任易如付公司总经理及副总经理,主管公司收购非金融机构第三方支付牌照项目的职务便利,在公司收购深圳众讯公司及其子公司广西捷联公司的过程中,以不向中间人支付中介费就无法完成收购交易为由,向易如付公司董事长白某虚报"交易中介费"2000万元,后二人各分得1000万元。在易如付公司收购深圳众讯公司及广西捷联公司的过程中,被告人丁某某伙同朱某利用上述职务便利,向深圳众讯公司原股东马某等人索要"交易中介费"1000万元,其中丁某某分得600万元,朱某分得400万元。

2016年11月,被告人丁某某伙同朱某,在明知白某用非法集资所得资金7000万元购买深圳众讯公司股权的情况下,指使鹿某提供资金账户,并通过将白某提供的200万元现金存入鹿某账户再转回白某控制账户的方式虚构交易,

---

[1] 参见慈溪市人民法院(2021)浙0282刑初1252号刑事判决书。

使白某持有的上述公司股权转移到鹿某名下，帮助白某隐匿上述资产。

法院认为，被告人丁某某身为公司工作人员，在负责收购深圳众讯公司过程中，利用职务上的便利，虚构中介费支出并非法占为己有，数额巨大，另在收购过程中向目标公司相关人员以中介费的名义索取好处，数额巨大，已构成职务侵占罪、非国家工作人员受贿罪；同时，其明知收购深圳众讯公司的款项来源于非法集资犯罪，仍通过虚构交易的方式协助白某将资产转移，已构成洗钱罪，且情节严重，依法应数罪并罚，决定执行有期徒刑13年，并处没收财产50万元，罚金350万元。

2.2 反腐败合规专项计划与良好实践

2.2.1 反腐败合规专项计划概述

2.2.1.1 合规体系建设与反腐败合规专项计划

合规体系建设主要是指企业针对可能出现的违法违规情况，建立一套旨在防范、识别和应对合规风险的自我监管机制。[1]作为国内外企业治理的新模式、新思路，合规体系建设正被广泛应用于各类企业的运营。但是，企业合规的灵魂并不仅仅在于"大而全"的合规管理体系，亦在于针对企业的"合规风险点"确立合规专项计划。[2]因此，从企业运营的特点、面临的风险及相应监管的角度出发，反腐败合规、数据合规、反洗钱合规、人力资源合规、海关关务合规、财税合规、网络安全合规等合规专项计划应运而生。

本质上，合规管理体系与反腐败合规专项计划都是企业的管理工具，但在规模、侧重的功能、成本方面有所差别。前者更多的是从"大合规""全面合规"的组织视角，全方位系统性地应对公司可能面临的合规风险；而反腐败合规专项计划，更加聚焦反腐败义务和防范腐败风险本身，其主要作用在于帮助企业识别业务腐败风险的红线和底线，预防腐败风险带来的不利后果。由于关注领域、颗粒度的不同，建设合规管理体系和制订反腐败合规专项计划的时间、经济成本也有很大差距。对企业而言，既可以选择将反腐败合规作为企业整体合规体系建设的有机组成部分，也可以根据企业的实际需求制订反腐败合规专项计划。

---

[1] 陈瑞华. 企业合规基本理论（第二版）[M]. 北京：法律出版社，2021：8.

[2] 陈瑞华，李玉华. 企业合规与社会治理[M]. 北京：法律出版社，2021：297.

2.2.1.2 反腐败合规专项计划的功能与意义

随着数字经济的纵深发展和新冠疫情防控期间"无接触"要求的提升，互联网信息行业企业的经营规模越来越大，服务范围也越来越广，现已涵盖了包括电子商务、电子政务、医疗卫生、交通出行、社交娱乐在内的众多领域。[1] 同时，相关企业受到的国家监管也日趋严格。从互联网金融整治到"清朗"行动，从《数据安全法》《网络安全法》的出台到打击电信诈骗犯罪，互联网行业都是国家关注、管制、整顿的重点领域。特别是党的十八大以来，中央将反腐败工作作为全党、全国的重点工作，力度之大前所未有，互联网企业也在反腐败的大趋势下不断曝出各种腐败案件。

执法是促进合规的有力助推。美国《反海外腐败法》（*Foreign Corrupt Practice Act*，FCPA）的执法是催生美国企业合规浪潮的重要因素，FCPA对腐败行为的大力打击给企业敲响了警钟，并通过企业合规形成了"辐射型的执法效应"，如图2-9所示[2][3]。

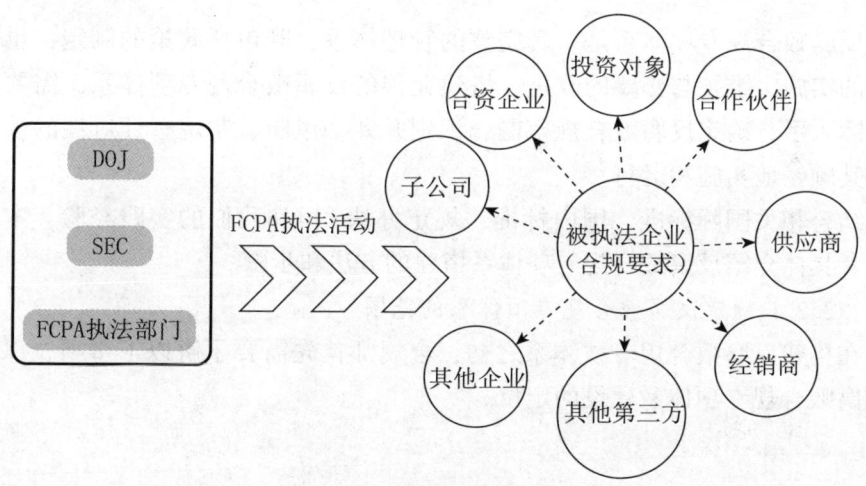

图2-9　辐射型的执法效应

---

〔1〕王文华，魏祎远. 互联网平台企业反腐败、反洗钱合规机制构建初探——以G20为视角 [J]. 中国应用法学，2022（1）：167-181.

〔2〕FCPA在某些典型个案中被异化应用——以反腐败为名行打击竞争对手之实，已经沦为霸权的工具，对此读者需加以严格甄别和正确认识。

〔3〕尹云霞，庄燕君，李晓霞. 企业能动性与反腐败"辐射型执法效应"——美国FCPA合作机制的启示 [J]. 交大法学，2016（2）：28-41.

同样，在持续的高压反腐败态势下，制订反腐败合规专项计划成为我国许多企业防范腐败风险的重要途径。在我国，反腐败合规专项计划对企业的主要现实功能和意义在于：

其一，建立有效的反腐败合规专项计划，能够明确企业追求的合规价值，促进培育企业的反腐倡廉文化，形成内在有力的约束，进而提升企业的核心竞争力。

其二，建立有效的反腐败合规专项计划，能够帮助企业识别腐败风险，强化风险管控，避免高风险行为带来的财产损失及引发的刑事追诉。

其三，建立有效的反腐败合规专项计划，能够在企业与其他第三方之间、企业与员工之间建立风险隔离，防止企业因他方/他人的不当行为而受到不必要的牵涉、调查或追诉。

其四，建立有效的反腐败合规专项计划，能够在发生刑事法律风险时，积极争取检察机关对企业适用合规不起诉制度。

2.2.2 反腐败合规专项计划——体系搭建的方法论

反腐败合规专项体系是一套完整的管理体系，既包括政策的制定，也包括政策的实施、维护与必要的改进。搭建完善的反腐败合规专项体系，需要从企业实际入手，确定反腐败合规范围、识别并评估风险、制定有针对性的政策并保证其顺畅地实施和运行。

结合相关国际标准、国内标准、规定办法[1]和我们的实践经验，本部分为读者具体介绍反腐败合规专项体系搭建的方法和步骤。

2.2.2.1 确定反腐败合规专项体系的范围

在构建反腐败合规专项体系之初，合规师首先需要了解以下事项，以明确对反腐败合规专项体系建设的定位。

---

[1] 具体可参考：(1) ISO 37000: guidance for the governance of organizations; (2) ISO 37001: anti-bribery management system; (3) ISO 37002: whistleblowing management systems-guidelines; (4) ISO 37007: corporate governance-guidelines for efficiency measurement; (5) ISO 37301: compliance management systems-requirements with guidance for use; (6) ISO 19600: compliance management systems-guidelines; (7)《中央企业合规管理办法（公开征求意见稿）》；(8)《中央企业合规管理指引（试行）》；(9)《关于加强中央企业国际化经营中法律风险作的指导意见》；(10)《关于加强中央企业廉洁风险防控工作的指导意见》；(11)《企业境外经营合规管理指引》；(12)《关于加强中央企业内部控制体系建设与监督工作的实施意见》；(13)《企业内部控制基本规范》；(14)《企业内部控制评价指引》；(15)《企业内部控制应用指引》；(16)《企业内部控制审计指引》；(17)《小企业内部控制规范（试行）》。

（1）充分了解合规对象的需求。

合规师要理解，反腐败合规专项体系既可以作为企业合规体系的有机组成部分，也可以成立专项的合规建设。受制于领导层意见、企业规模、投入成本等因素，不同的企业对于反腐败合规专项体系的建设也有不同的需求。作为合规师，应当将企业的具体需求作为合规建设的目标。

因此，在进行合规体系建设之初，要先对企业反腐败合规的需求进行充分的了解，包括是进行企业整体的全面合规，还是仅对某些部门进行合规管理；是进行业务线条的反腐败合规建设，还是进行综合治理，等等。

（2）把握合规对象的基本情况。

如上所述，充分了解合规对象的基本情况有助于合规师制定更符合企业实际的合规制度，提升合规制度运行的有效性，防止合规纸面化。主要包括以下几个层次：

A. 企业的规模、组织结构和现有的决策机制与决策程序；

B. 企业目前及近期规划的运营部门、分支机构；

C. 企业主要从事的业务领域及具体商业模式；

D. 企业面向的商业伙伴，如供应商、消费者的基本情况；

E. 企业与公职机关、公职人员交往的场景、程度等；

F. 企业在反腐败方面需要遵守的法律法规、合同义务等；

G. 其他可能涉及反腐败合规专项体系建设的情形。

（3）确定合规专项体系的范围。

基于前两步对企业需求、情况的了解，合规师应确定反腐败管理体系的范围，以帮助企业划定反腐败合规专项体系的边界和适用情形。

2.2.2.2 识别、评估反腐败合规风险

识别、评估反腐败合规风险是合规师在进行反腐败合规专项体系建设时的前期重点工作之一。有效的反腐败合规风险识别能够帮助企业合规师有针对性地设计、建立合规体系，使其具备更高的实用性，实现反腐败合规风险的最小化。

（1）识别风险。

识别风险是一项系统性工作。它要求合规师在充分了解企业情况的基础上，对应法律、制度、实践三者，定位到企业可能存在的反腐败风险。在这里需要注意的是，由于涉及部门或个人利益，在对企业进行风险识别、评估的过程中，很可能会出现政策与实际情况不符、相关人员的说法不一致的情形。

在进行风险评估时,合规师可以采用以下几种方法按序轮流或交互进行,如表 2-8 所示。

表 2-8　企业合规师进行风险评估的方法

序号	方法	具体描述
1	文件审阅	合规师对企业的纸质、电子文件进行审阅,包括企业的组织结构、人员任命、现有政策、业务合同、财务管理等。文件审阅是最常用、最基础的方法,可以帮助合规师快速、有效地获取大量相对真实的信息
2	人员访谈	合规师在根据企业合规需要、文件审阅发现的基础上,针对已发现的问题,对关键人员进行访谈,包括但不限于具体领导层、业务人员、商业合作伙伴等。 人员访谈的目的在于帮助合规师更加细致地了解相关员工对反腐败风险的理解,准确定位现存的腐败风险,以及相关人员对企业建立反腐败合规专项体系的期待
3	组织讨论	根据上述方法得出的重要发现,合规师可以通过组织相关人员进行讨论,更加广泛地听取反馈意见,以夯实现有事实基础、及时纠偏,发现潜在的风险和问题,也为未来建设反腐败合规专项体系提供有益助力。具体讨论的问题包括相关人员认为的现存风险、现有制度的缺陷、未来合规决策标准的制定、对不合规行为进行处理的方式等
4	现场走访	对于涉及业务领域的反腐败合规专项体系建设,建议合规师对业务开展情况进行现场实地走访,通过观察,了解相关人员在开展业务过程中的实际操作,以及人员对现有政策的遵循情况
5	穿行测试	穿行测试是检测企业运行模式风险的重要方法,穿行测试可以俯瞰整个业务交易运行环节,从而更加直观地发现可能存在的反腐败风险。 具体可以分为以下几个步骤:(1) 根据企业业务量情况,随机抽取某几笔业务样本;(2) 由相应部门提供所有所抽取业务样本的运行记录,包括但不限于合同、合同审批流程、付款、收货、发票开具等;(3) 按照业务线条的具体流程环节,对照抽取出的业务样本,进行梳理、对应、比较;(4) 同时,记录实际业务操作与制度规定不符合之处,并定位容易出现腐败风险的薄弱环节

续表

序号	方法	具体描述
6	复核计算	对于涉及计算筛查的部分，如财务账目等，需要合规师进行复核计算。复核计算可以在一定程度上对公司提供的数据进行准确度复核，如合同条款与付款信息是否一致等

(2) 评估风险。

风险评估是反腐败合规专项体系建设中非常重要的环节，其目的在于为企业建立反腐败合规专项体系打下牢固的基础。风险评估将确定反腐败合规专项体系所关注的重点防控领域，涉及未来反腐败合规专项体系建设过程中对该领域的腐败风险进行制度控制、人力调配、资源优先等事项。此外，合规师还应根据企业的具体经营情况考虑风险评估的方法、评估风险如何进行加权和优先排序，以及企业能够容忍的风险水平等。

①评估原则。

合规师在综合考虑企业基本信息，使用上述方法识别出重点风险后，即应开展对企业相应领域的反腐败风险评估。

第一，在充分考虑企业基本情况的基础上，合规师要对已经识别到的、企业可能涉及的反腐败风险进行合理预判，即预判相关风险是否会发生以及发生的概率。

需要注意的是，这里的预判要求在合理的限度内进行。合规制度的建设是一种概率性的、预防性的风险防范，但不代表其能够完全消除任何反腐败的风险。事实上，也没有任何一个反腐败合规专项体系能够预防和发现所有的反腐败风险。因此，合规师在进行风险评估时，一定要将现实的、合理的因素考量在内。例如，在由监管部门人员直接进行的强监管领域，业务人员对监管部门的工作人员实施腐败行为的风险就相对较高；但如果监管受人为因素影响非常小，如由计算机系统自动识别、监控并上传，发生腐败行为的可能性较前者就低得多。合规师不能因为无法排除业务员向计算机系统的运营者实施贿赂行为的可能性，而将二者等同视之。

第二，对已识别的腐败风险进行优先排序。如上所述，合规师需要对已经识别到的风险进行优先排序，影响排序的具体因素除了企业的直接需求，还包括潜在法律后果的严重性、对企业业务的影响程度、风险的规模等。

第三，评估企业现有控制腐败的合规政策与方式（如有）。对于已经具备一定反腐败制度的企业，合规师还需要对企业现有的反腐败制度进行审阅和评估。针对现已发现的反腐败合规风险，合规师需要从适当性和有效性两个方面重新审阅企业的反腐败机制，确认其是否能够在降低腐败风险方面发挥相应作用，以决定是否需要对其进行重建或补充。

②评估标准。

具体而言，在充分考虑法律政策要求和企业需要的前提下，风险评估的标准和结果应当以直观的风险表进行展示（如，某项行为风险为"低""中"还是"高"）。

以下简要介绍我们在反腐败合规专项体系建设过程中通常使用的标准，以供参考：

第一，选择腐败风险量化等级。根据企业的需要，可以选择三级标准（如低、中、高）、五级（低，较低，中，较高，高）或七级标准。量化过程可以通过对某些情形、因子赋值的方法进行更详尽地计算，相关因子通常可以包括腐败风险的性质、发生腐败的可能性以及发生腐败后果的严重程度。

第二，企业规模、结构、复杂程度对腐败风险评估的影响。例如，对于某经营地点唯一确定、集中管理权掌握在个别人或少数人手中的小型企业，相较于多中心运营、结构分散的大型企业，其腐败风险控制相对更加容易。

第三，分支机构（如有）或部门对腐败风险评估的影响。合规师在进行风险评估过程中，应着重对不同分支机构、不同部门带来的腐败风险进行梳理。如部分分支机构或部门属于"中"或"高"风险，那么在未来的合规体系建设中，需要对上述部门施以更高级别的管控措施。

第四，商业伙伴类型对腐败风险评估的影响。合规师不但要从微观上观察企业现有的商业伙伴的类型，还要从宏观上了解企业未来可能发展的商业伙伴，并据此评估可能存在或形成的腐败风险。合规师可以将商业伙伴的类型、特点等进行分类并评估风险，如表2-9所示。

表2-9 企业合规师将商业伙伴进行分类并评估风险

类型	类型特点	风险评估
下游客户	1. 客单价低、客户数量大	相对较低
	2. 客单价极高	较高

续表

类型	类型特点	风险评估
上游供应商		
中介		
……		

对下游客户而言，如果企业的客户呈现出客单价低、客户量大的特点，那么企业对下游客户的腐败风险将非常小，一定程度上可以确定企业不需要对类似的客户制定反腐败的相关政策；相反，如果企业的下游客户采购商品的价值很高，那么企业在与该类客户交易的过程中，相对更容易发生回扣、贿赂等现象，暴露的腐败风险相对较高，对于与该类客户的接触，企业就需要制定、实施更多的反腐败措施。

对供应商而言，不同类型的供应商可能会带来不同程度的腐败风险。比如，对于为企业提供广泛供应范围的供应商，或者可以直接接触企业客户的供应商，以及能够与相关公职人员进行直接接触的供应商，其可能暴露的腐败风险相对更高。而不具备上述条件的供应商，则很可能落入低腐败风险的区域，例如提供少量、低价值产品（如少量办公用品）的供应商，在线即时支付的机票、酒店的供应商等，则不必对其实施严格的反腐败措施。

对中介而言，由于中介代表企业与客户或公职机构及人员进行接触，撮合交易，企业向其支付佣金更加容易滋生腐败风险，倾向于将中介划定为中高腐败风险的规制范围。实践中，还可能因中介自身的腐败行为引发执法机关对委托方企业的关注，由此引发合规风险。

第五，企业与公职机关、公职人员的交往情况对腐败风险评估的影响。此部分评估实际上包含了对企业主要从事的业务领域及商业模式的评估，如与国内或他国政府公职人员的交往需要及频次、涉及企业开展或拟开展的领域受到监管的强度（如证照取得难度等）。对于后者，如果企业开展的业务领域受到较强监管，则企业与负责发放及批准许可证照的公职人员之间就更可能产生腐败的风险。

第六，其他因素对腐败风险评估的影响。除上述因素外，企业现有的行为是否符合反腐败方面的法律法规、合同约定，以及企业是否能够影响或者控制该风险，都应纳入风险评估的考量。例如，如果企业经常招待公职人员进行娱乐活动，显然属于高风险行为；企业的某代理商处于企业可影响的范围内，但代理商中某员工的朋友向公职人员输送利益就不在企业合规体系辐射的范围。

同时，上述影响腐败风险评估的因素并不完全独立，也有可能存在交互关联，需要在评估时予以具体分析。例如，同一品类的供应商由于对应的分支机构或部门不同，会形成差异化的腐败风险。

2.2.2.3 制定反腐败合规制度

通过对企业具体反腐败合规风险的评估，在企业现有反腐败制度（如有）的基础上，合规师应当完善或重新制定符合企业实际的反腐败合规制度，包括具体的决策程序、反腐败政策、人员结构配置、培训制度等。

（1）反腐败合规管理部门的结构与职权。

①反腐败合规管理部门的组成。

反腐败合规管理部门可以是单独的专项合规部门，也可以是企业大合规部门组成的一部分，应视企业的具体需求及情况而定。一般来说，对于大中型企业，需要设立专门的合规委员会，下设反腐败合规管理专员或小组，也可由风控部门联合企业最高决策层共同承担反腐败合规制度的运行；而对于小微型企业，合规运营人员可以仅由法务或参与最高决策的人员兼任，反腐败合规管理亦由上述人员承担。

以中央企业为例，《中央企业合规管理指引（试行）》规定，中央企业设立合规委员会，与企业法治建设领导小组或风险控制委员会等合署，中央企业相关负责人或总法律顾问担任合规管理负责人。2022年8月，国资委公布的《中央企业合规管理办法》沿用了上述指引关于合规委员会的规定，另增加规定"中央企业应当结合实际设立首席合规官，不新增领导岗位和职数，由总法律顾问兼任，对企业主要负责人负责"。

但无论反腐败合规管理部门规模大小，企业都必须保证该部门能够获得充分的资源和向最高决策层直接传达信息的途径。鉴于反腐败风险的紧迫性与严重性，特别是在发生反腐败事件时，反腐败合规管理部门必须能够及时、清晰地向最高管理层汇报，帮助管理层迅速应对危机。因此，通常建议反腐败合规管理部门的组成人员应当具有反腐败合规方面的经验和相当的处置能力，企业还应保障其在企业涉及反腐败事务处理时的话语权、决定权和独立性。

在实践中，根据企业的实际需要，企业管理层也可以对外部律师进行部分授权，将部分或者全部反腐败合规管理委托给外部律师进行。

②反腐败合规管理部门的职权。

根据我国实践经验,合规管理部门一般被认为是"第二道防线"。[1]反腐败合规管理部门/人员作为合规管理的重要参与者,具有以下职权。

第一,参与起草、制订反腐败合规专项体系管理计划、基本制度和具体政策的规定等。

第二,参与企业重大事项合法合规性审查,从反腐败风险角度提出意见和建议。

第三,向企业员工提供关于反腐败合规专项体系及与腐败有关问题或事项的建议与指导。

第四,开展反腐败合规评查,并适时向主管部门(如有)、企业决策层汇报反腐败督促违规行为整改和持续改进。

第五,保证反腐败合规专项体系的运行能够符合制度规定。

第六,受理职责范围内的违规举报,组织或参与对涉反腐败事件的调查,并提出处理建议。

第七,组织或协助业务部门、人事部门开展反腐败合规培训。

第八,公司章程等规定的其他职责。

(2)反腐败政策的制定。

①反腐败政策的制定原则。

制定反腐败政策时,合规师在充分考虑企业的基本情况及所面对的腐败风险等级的基础上,为达到反腐败合规的目的,应当遵循以下原则。

第一,制定的政策应当具备目的性,能够确保反腐败政策达到反腐败合规的目的。

第二,制定的政策应当具备合理性,能够使政策在企业治理中被实际实施。

第三,制定的政策应当具备有效性,能够起到预防或降低腐败风险的作用。

第四,制定的政策应当具备持续性,能够保证政策在一定时间内的稳定实施,并根据实际情况进行适时调整。

合规师在上述原则的指导下,需要考虑如何将企业反腐败需求进行具体化、融入公司的管理工作与日常经营。此外,合规师还要提前规划各项具体应对反

---

[1] 如《中央企业合规管理办法(公开征求意见稿)》明确:业务部门是本领域合规管理责任主体,负责日常相关工作,履行"第一道防线"职责;合规管理牵头部门组织开展日常工作,履行"第二道防线"职责;纪检监察机构和审计、巡视等部门在职权范围内履行"第三道防线"职责。

腐败风险的措施，比如管理层反腐败承诺的起草、第三方管控措施的设计、与员工签订劳动合同中条款的设置等。同时，针对这些具体的管控与预防方案还需要有评价与反馈的渠道，以保证反腐败合规专项体系的实效性。

②反腐败政策的基本内容。

反腐败政策一般由反腐败合规管理部门草拟制定，由企业决策层批准执行。需要注意的是，反腐败政策并不是一份反腐败声明，而是与反腐败相关的所有制度性内容的文字体现。从企业实际需求出发，反腐败政策的内容不尽相同，但基本内容至少应当包括以下方面。

第一，反腐败政策应当明确企业禁止各种形式的舞弊、贿赂等腐败行为。

第二，反腐败政策应当明确要求企业所有员工（包括高层）遵守适用于企业的反腐败法律法规等。对于此处的"法律法规"等，应视企业性质、规模等进行明确。如对于中央企业而言，企业及其员工的经营管理行为要符合法律法规、党内法规、监管规定、行业准则和国际条约、规则、标准，以及企业章程、规章制度等要求。

第三，反腐败政策应当与企业的商业目的相适应。

第四，反腐败政策应当为设立、审查、实现反腐败的目标提供基本框架。

第五，反腐败政策应当满足企业建立反腐败合规专项体系的需求。

第六，反腐败政策应当鼓励企业员工进行正当举报，确保其不会因此受到报复。

第七，反腐败政策应当体现企业对反腐败合规专项体系进行持续改进的要求。上述内容是基于反腐败合规专项体系运行的连续性、系统性而作出的，如前所述，完善的反腐败合规专项体系应当与时俱进地进行自我更新和维护，反腐败政策需要将这种需要以制度文字的方式制定下来，以实现反腐败合规专项体系的有效性。

第八，反腐败政策应当明确反腐败合规部门、人员的权限和独立性。

第九，反腐败政策应当包括不遵守政策的后果。反腐败政策的制定必须明确企业内部或企业的商业伙伴不遵守反腐败政策，可能涉及的不利后果。除了法律法规规定的结果，还可能涉及劳动合同、采购合同、服务合同的效力及违约责任的承担。

第十，反腐败政策应当体现企业对员工反腐败意识的重视。反腐败政策一般应体现企业对员工的反腐败要求，除了前述提及的禁止性条款，还会设立员工反腐败培训制度。培训可以以各种形式开展，实践中包括宣讲、考察、定期组织活动等方式。

③反腐败政策的发布。

反腐败政策的发布应当具备以下几个基本要求。

第一，反腐败政策应当以文件（可以包括纸质、电子等）的形式提供，而不是简单的口头约定或限制。

第二，反腐败政策应当在企业内部向相关员工进行传达。

第三，反腐败政策在外部发挥作用时，根据企业需要，部分内容可以向商业伙伴（特别是超过低风险的商业伙伴）进行要求或传达，如将反腐败条款体现在商业合同中的方式等。

（3）反腐败合规专项体系的运行。

反腐败合规专项体系的运行是指反腐败合规制度在制定完成后，于内部、外部动态使用、实施的过程。反腐败合规专项体系的建立必然是企业运营成本的一部分，过于庞大的反腐败合规专项体系势必给企业带来效率的减损；但出于安全考虑，太过简陋的合规体系又无法为企业提供持续稳定的风险防护。因此，无论反腐败合规制度设计得多么完美，其在运行过程中也不免会出现滞塞，需要在实践中不断地修正和改进。

①具体制度的实施方案。

反腐败合规制度的具体实施有多种方式和途径，此处囿于篇幅不能展开，仅以常用的几项制度设计进行具体讲解。

其一，财务控制制度。

财务控制制度是反腐败合规专项体系中最重要的环节之一。腐败产生的根源在于经济性利益，当财务控制制度充分发挥作用时，企业陷入腐败风险的可能性将大幅降低。在完善的反腐败合规专项体系建设中，合规师应当帮助企业设计财务管理控制制度，妥善管理财务交易并且准确、完整、及时地予以记录。

根据企业的不同类型和交易的规模，我们认为可以从以下方面实施财务控制制度。

第一，应保证职权分离，同一个个体不能同时发起和批准付款；

第二，对支付款项的审批应实施适当的分级权限，一般而言，金额更高的交易需要更高的管理层批准；

第三，应体现对领款人的核实，包括但不限于该笔款项是否已得到批准、该人员是否系款项使用人等；

第四，财务制度的付款批准，至少应由二人签名审核；

第五，付款批准应附上适当的证明文件，如票据、合同等；

第六，应体现企业对现金的限制使用；

第七，企业内部对重大财务交易（如达到某数额以上的交易）进行定期审查；

第八，企业应实施定期的财务审计，并定期更换参与执行审计的人员或组织。

其二，认识管控制度。

人事管控主要体现在企业对人事方面的管理，如员工雇用、职级晋升、考核等管理控制。实践中我们为公司定制的人事管控制度，如员工雇用制度要包含以下方面内容。

第一，应当要求员工必须遵守企业反腐败政策和反腐败合规专项体系的要求，作出反腐败承诺，并且明确企业将保留对违反要求的员工进行一定处置的权力；

第二，在员工上岗后的合理时间内，企业要向其发放或提供渠道获取企业反腐败的政策及与该政策相关的培训；

第三，对于违反企业反腐败政策和反腐败合规管理的员工，企业有权启动调查、核查，进行评估，并对员工施以适当的纪律处分；

第四，对于员工出于公义或善意举报的涉及腐败的风险，企业将予以一定范围内的保密，并保证员工不会因此受到不恰当的待遇（如降级、限制晋升、纪律处分、调岗或解聘等）。

除以上外，对于中高风险岗位员工的聘用、转岗、考察等，合规师还可以设立更有针对性的人事管控制度，如：

第一，对中高风险岗位人员的聘用、转岗或晋升之前，对其进行尽职调查；

第二，定期审查上述员工的绩效奖金、绩效目标和其他奖励因素，以确保企业可以采取合理的规划和措施，防止员工涉及腐败事件，降低腐败风险等。

其三，培训制度。

培训制度的目的是为企业在全员范围内打造反腐败合规文化，并对员工进行定期的风险提示，以帮助员工在工作过程中有效识别腐败风险，减少腐败事件的发生。

一般而言，合规师应当根据企业面临的主要风险类型、风险等级、不同岗位的特点等制定反腐败合规培训。培训制度可以包括以下方面内容。

第一，讲解企业的反腐败政策、程序及反腐败管理体系，明确企业员工应遵守的规定、汇报制度与流程等；

第二，提示因腐败事件、腐败行为产生的风险后果，及对员工和企业造成的具体损害及潜在影响；

第三，从业务领域等方面，列明与员工工作相关的腐败情形，指导员工识别此类情形；

第四，指导员工识别并正确回应具体的涉及腐败风险的行为；

第五，鼓励员工支持企业反腐败合规工作，如适度的举报奖励等；

第六，其他员工可能适用的培训及资源信息。

合规师还应根据员工的岗位、面临的腐败风险等级、企业的实际需要及最新跟进的信息，定期为员工提供反腐败培训。

值得注意的是，合规师在制订反腐败合规培训计划时，还可以将中高风险的商业伙伴纳入培训程序，具体的内容与形式应因时制宜。

出于目前我国合规不起诉制度的推动，合规师在组织合规培训过程中，还应妥善保留培训程序、培训内容和培训对象的文件信息。

②对反腐败合规专项体系有效性的审查。

反腐败合规专项体系能否在企业的运营中得以有效运转，也需要一套有效性审查的评价标准；达到标准或者超出企业预期的，证明该部分反腐败合规卓有成效，反之则需要进一步寻找原因，进行改进。我们在为企业进行反腐败专项合规的过程中，通常建议企业定期进行反腐败合规专项体系的有效性审查。

对反腐败合规专项体系有效性的审查可以用三个"审"字进行概括，即审视、审计、审评。审视是由反腐败合规部门/人员进行的观察分析，审计是企业内部或聘用外部人员对企业进行更加细致的查验，审评则是企业不同层级对现有的反腐败合规专项体系的效力进行评价。三者可以独立进行，也可以存在交叉和重叠。如日常审视和定期审计可以同时进行，而企业管理层在得到反馈后对现有的反腐败体系进行评价，提出意见。

一是审视。审视源于国际标准体系中的monitor，是指企业对反腐败合规专项体系运行的观察与对照，在这一过程中，合规师应当帮助企业确定审视的内容和方法，汇报的线条等。有些学者也将monitor译为"监控""监视""监测"等，都带有监督或控制的意味。

事实上，审视的过程应当是客观中立的，其观察的对象是反腐败合规专项体系在没有外界压力下的运转情况，一旦带有主观的"督促"之意，就会使观察者不能得到真实的、客观的结论。

一般而言，对反腐败合规专项体系的审视包括以下方面内容。

第一，培训的有效性，如对员工的测试反馈等；

第二，控制系统的有效性，如通过穿行测试检测输出结果；

第三，反腐败责任分配的有效性；

第四，对腐败风险预测的有效性；

第五，未按计划启动内部审计、外部审计的情况。

反腐败合规部门/人员通过对反腐败合规专项体系上述方面的审视，可以得出现行反腐败合规专项体系的运行情况和初步差距分析意见，并及时汇总，汇报给企业高层，以推动体系的改进。

二是审计。审计是对反腐败合规专项体系有效性进行评价的重要方式。根据企业的需要，审计可以由内部进行，也可以聘用外部单位进行，但必须保证审计人员具有客观性和公正性。如果企业决定在内部进行定期审计，那么内部审计人员也要定期更换；特别需要注意的是，审计人员不得对自己的部门或者涉及自己的工作进行审计。审计范围可以包括企业反腐败合规专项体系中的任何环节或者全部环节，但应当在合理的限度内进行。对于审计的结果，审计人员应当向反腐败合规部门/人员、企业高层等进行及时直接的反馈，相应文字材料也应留档备查。

三是审评。审评可以分为二个至三个层次。根据企业的需要，对不同的风险或事项的严重程度，从高到低，可以由企业管理层、合规主管部门（如有）、反腐败合规部门/人员进行审评，审评应当留有相应的文字材料。

企业管理层在反腐败合规专项体系有效性的审评上，需要考虑以下内容，以提出审评和改进的建议：

第一，此前审评所提出的改进要求的落实情况；

第二，在制定反腐败合规专项体系后，企业因素的变化情况，如业务范围变动、供应商变动、客户定位变动等；

第三，在制定反腐败合规专项体系后，法律法规等规制条款的变动情况；

第四，企业反腐败合规专项体系的运行信息，如不合规行为的发生情况、审计结果、调查结论等。

企业管理层在审评过程中，应当明确现有反腐败合规专项体系存在的问题和改进的要求、建议。

对于合规主管部门（如有）而言，则应基于企业管理层和反腐败合规部门/人员的反馈，进行定期审评。

对于反腐败合规部门/人员而言，审评则应当作为其日常工作的一部分予以持续进行。反腐败合规部门/人员通过对照反腐败合规专项体系实际运行情况与制度设计之间的差距，不断地积累反馈信息，并在企业的授权范围内进行监管，确保反腐败措施的有效实施。反腐败合规部门/人员还应当就企业反腐败合规专项体系的实施情况及调查结果等，向主管部门、企业管理层进行定期或不定期的汇报。汇报频率由企业内部决定，但综合企业实践，许多企业认为汇报频率应至少半年一次，也有企业要求反腐败合规汇报应按季度进行。

③对反腐败合规专项体系的改进。

完善的反腐败合规专项体系应当具备体系内自我改进的制度设计，特别是对于经过审视、审计、审评得出的改进意见，应当充分体现在反腐败合规专项体系的运行中。

当企业面对的情形不符合反腐败合规专项体系的要求时，企业应当第一时间采取措施，对不符合反腐败要求的行为进行控制和纠正，并预判、防范可能产生的后果及影响。同时，因上述情形突破了现有反腐败合规专项体系，企业应当：

第一，在查清事实的基础上，及时排查是否存在类似不合规行为及其可能性；

第二，确定不合规行为发生的原因；

第三，根据确定的原因、造成的风险等，提出解决问题的措施，并讨论、评估相关措施的实用性和有效性；

第四，如果发生上述不合规行为是系统性的、大范围的，则可能涉及修改现有的反腐败合规专项体系，修改的原则和办法与前述合规体系的建立相同。

需要强调的是，没有任何一个反腐败措施或反腐败合规专项体系能够避免全部的腐败事件或免除全部的腐败风险。当腐败事件发生时，企业需要正确面对。特别是在考虑改进现有反腐败合规专项体系的过程中，合规师要尽量确保改进措施符合企业的实际需要，例如，企业可用于改进反腐败合规专项体系的资源（人力、财力等）、职责和权力的再分配、改进措施的速度预期与实效等。

2.2.3 反腐败合规专项计划——良好实践详述

在本部分，我们将以更加具体、鲜活的实务案例加深读者对反腐败合规专项体系搭建的印象，也为未来合规师进行相应的专项合规提供有益借鉴。本部分案例涉及我们参与制定的反腐败合规专项体系，公司名称、关键信息等业已隐去，为符合本书主题及篇幅，仅进行节选且有部分删改。

2.2.3.1 反腐败政策和程序

(1)【案例】A 公司的反腐败政策。

反腐败政策（全球）

一、文件目的

重申 A 公司及其子公司业务经营所在的各个地区和国家的反贿赂和反腐败法律的要求，并促进对该等法律的持续遵守。

二、范围

1. 本政策适用于 A 公司。

2. 实施本政策必须遵守企业总部或企业业务经营所在的国家/司法管辖区的法律和法规。A 公司及其子公司的所有雇员和管理人员必须承诺遵守本政策所列之规定，并负责宣传和适用此处包含的指南。

3. 代表 A 公司及其子公司的所有提供商务必用本政策指导其行为并避免任何冲突和违反。

4. 本政策所列的禁止性行为应在全球范围内适用。

三、规则

1. 聘请可能使 A 公司或其子公司遭受腐败风险的任何供应商时应进行反腐败尽职调查。

2. 对所有潜在的合资伙伴和所有可能的公司收购进行评估，以妥善识别潜在的腐败风险。

3. 以清晰、透明的方式保存反映 A 公司商业交易和资产处置的账册、记录和账目，并建立内部会计控制系统用以合理保证交易的履行获得了适当的授权及其准确性。

4. 将涉及贿赂或腐败的任何可疑情形、其他不道德的或违法的行为通过 A 公司的举报渠道进行举报。举报可以是匿名的。雇员也可以将该等举报提交给其上级、首席合规官，或在一定的情形下提交给当地合规专员或监察专员。

(2)【案例】B公司的反腐败政策。

反贿赂与反腐败政策

……

1.3 术语定义

1.3.1 贿赂,是指向任何政府官员或其他相关人员给予或提供任何有价物品,其目的在于对该等人员施加影响,以期在为B公司取得或保留某项业务时获取不正当的优势。贿赂通常分为"贿赂政府官员"和"商业贿赂"(即贿赂业务合作伙伴的员工)。这两种形式的贿赂都为反腐败法律和本政策所禁止。

1.3.2 任何有价物品,是指对接收方而言具有价值的任何物品。包括:

a. 现金或现金等价物;

b. 礼物;

c. 款待,如娱乐、餐饮和观光旅游等。

(3)【案例】C公司的反腐败政策。

合规管理政策

……

三、合规管理体系的组成

1. 合规管理组织体系。明确董事会、监事会、经理层、合规委员会、合规管理负责人、合规管理牵头部门、合规管理专业部门、各业务部门的合规管理职责。

2. 合规管理内容。以公司和员工经营管理行为为对象,开展有组织、有计划的管理活动,突出重点领域、重点环节和重点人员,切实防范合规风险。

3. 合规管理运行机制。包括合规管理制度、合规风险识别评估和应对、合规审查、合规检查、违规问责、合规管理评估等。

4. 合规管理保障。包括合规管理队伍建设、合规考核评价、合规管理信息化建设、合规培训、合规文化、合规报告等。

2.2.3.2 管理层反腐败承诺

(1)【案例】A公司的高管反腐败承诺。

反腐败承诺书

本人承诺:

一、在职期间严格遵守有关禁止商业贿赂行为的法律法规,坚决拒绝任何

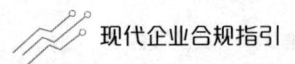

不正当商业行为的馈赠。

二、在职期间不以公司或个人名义接受任何供应商、合作方、承包商等的任何经济性利益，如，直接或间接索取或收受金钱、物品、有价证券及任何形式的馈赠礼金，包括但不限于现金、支票、信用卡等。

三、在职期间不在任何供应商、合作方、承包商等部门兼职。

……

本人将恪守以上承诺，如有违反，本人愿意接受公司任何处罚并负责赔偿因此给公司造成的损失，同时承担由此引起的一切法律责任。

(2)【案例】B 公司的高管反腐败承诺。

管理人员反腐败承诺书

为营造健康正气的企业经营管理环境，打击不正之风，维护公司及员工的合法权益，本人作为 B 公司的管理人员，作出如下承诺：

1. 不利用职务之便，侵吞、窃取、骗取、占用公司资金或以其他不正当手段谋取个人私利。

2. 不为谋取个人升职、绩效资金或其他私利，而向上级、供应/服务商、客户等输送利益。

3. 不利用职务或管理之便，向任何供应/服务商、客户、下属等索取财物，不收取包括中介费在内的回扣及其他贿赂等。

4. 不接收金钱方式（包括现金，赠与银行卡，赠与有价证券，如购物卡、提货单、娱乐场所会员卡、打折卡、代币券证券）的不正当利益。

5. 不接受实物方式（包括赠送或借予家电、设备、健身器材、汽车、住房等实物）的不正当利益。

6. 不接受消费方式（包括娱乐消费、旅游、国内或国外考察等）的不正当利益。

……

上述相关利益应当坚决拒收，如拒收不成，应建立接收之财物清单，并向上级或合规部门报告，并将所收财物上交公司处理。

如有违反，本人将配合公司调查，并服从公司按有关规定处理。

2.2.3.3 反腐败培训

(1)【案例】A公司对员工的反腐败培训要求。

员工培训手册

……

所有涉及反腐败合规、与政府官员接触、销售、营销、出口、采购及其他面向客户之职能部门的员工，以及应合规主管之要求的任何其他员工，均须在受聘时及受聘后至少每年一次完成并签署员工签收确认书（格式见附件A），确认员工和管理人员充分了解，并已承诺遵守项目。该等确认书应被纳入该等员工的人事档案中。

公司将通过合规主管和区域/本地合规专员，提供或将安排他人提供与项目和反贿赂法律相关的定期培训。必要时，将向承担重大合规职责的员工提供专门培训。

(2)【案例】B公司对合规人员的反腐败培训条款。

反腐败培训条款

……

第六条　教育与培训

合规人员应当……

……

3. 负责对第三方（包括供应商及客户开发第三方等）开展定期的合规培训，该等培训可以由合规部门内部或聘用外部律师进行；

4. 制订本公司内部的合规培训计划，为公司不同职位员工提供定制化合规培训。

2.2.3.4 风险评估与尽职调查

(1)【案例】A公司对商业合作伙伴的尽职调查要求。

反腐败合规手册

……应当密切关注商业合作伙伴的资信状况，做好尽职调查工作，包括但不限于：

1. 确保商业合作伙伴所提供的企业资料完整真实，包括企业的注册登记情况、股权结构、人力资源、行业声誉、经营业绩、以往信用等情况，必要时可以要求商业合作伙伴提供必要的财务资料；

2. 保留要求商业合作伙伴配合检查和审计的权利；

3. 密切注意有关商业合作伙伴的媒体报道，如有其不良报道，应通过加强沟通进一步了解情况。

应当向商业合作伙伴传递、宣贯公司的合规理念、合规要求和合规文化，要求商业合作伙伴尊重和理解公司对商业合作伙伴的合规管理要求，并要求商业合作伙伴遵守本合规手册。

(2)【案例】B 公司对商业合作伙伴的尽职调查要求。

B 公司第三方管控政策

......

3.1 合规尽职调查

3.1.1 所有第三方在首次聘用或合作之前都应接受合规尽职调查。

3.1.2 对于所有未经合规尽职调查或需要重新启动尽职调查程序的第三方，销售部门应在与第三方签署合同前，或在发生实际合作之前，提前至少 15 个工作日，向内控合规部提交合规尽职调查申请。

3.1.3 在申请合规尽职调查之前，销售部门应当：

确定该等第三方的性质；

取得该等第三方的营业执照、工商登记及银行信息；

记录该等第三方提供的产品/服务，聘用的商业目的；

确定支付条款，包括酬金的计算方法及预估的酬金总额范围；

要求该第三方填写本政策附件一：《第三方尽职调查问卷》；以及

对当时已发现的任何潜在问题予以说明。

(3)【案例】C 公司的风险评估标准及要求。

反腐败及贿赂合规政策

风险等级评价……

1. 低风险合同：不会代表 C 公司与政府官员或政府部门进行接触的供应商和顾问，可进行媒体检索筛查，或进行区域/本地合规专员建议的其他评估。

2. 中等风险合同：不时代表 C 公司与政府官员或政府部门进行接触的供应商和顾问，应当需要完成简短尽职调查问卷（见附件1），或进行区域/本地合规专员建议的其他评估。

3. 高风险合同：高风险供应商和顾问包括作为以下身份代表 C 公司与政府官员和/或政府部门进行接触的任何人士或实体：（1）销售代理、客户代表或经纪人；（2）政治咨询顾问；（3）代表 C 公司帮助获得政府许可等批准的中介机构。高风险供应商和顾问应当接受问卷调查（见附件 2），并证明所提供之信息的真实性。此外，必要时，评估还可能包括区域/本地合规专员对潜在供应商或顾问的面谈。

2.2.3.5 商业合同控制

（1）【案例】A 公司代理商反腐败承诺书。

反商业贿赂承诺书

我公司作为 A 公司之代理服务机构，为建立良好的商业流通秩序，现向 A 公司作出如下承诺与保证：

1. 本代理服务机构及关联方禁止为获得或保留业务或争取不正当优势，直接或间接向政府官员、事业单位人员或客户或前述人员的近亲属或朋友，提供、支付或承诺支付任何金钱或有价值之物。

2. 本代理服务机构及关联方禁止向 A 公司的员工或其他代理人或前述人员的近亲属或朋友，提供、支付或承诺支付任何金钱或有价值之物。

3. 严格要求本代理服务机构和职工遵守反不正当竞争、反商业贿赂的相关法律法规。

4. 及时对所有参与产品分销的职工、下级经销商、代理人、顾问和其他承包商进行反不正当竞争、反商业贿赂的培训，且该等培训至少每 12 个月开展一次。

5. 每一年度对所有参与产品分销的职工、下级经销商、代理人、顾问和其他承包商的反不正当竞争及反商业贿赂规范的实施遵守情况进行核查确认。

6. 禁止直接或间接通过本代理服务机构的关联方销售与 A 公司存在竞争性的产品及服务。

（2）【案例】B 公司销售合同反腐败条款。

销售合同

……

六、反腐败条款

1. 本协议中甲乙双方均已明确了解并愿意严格遵守中华人民共和国关于反商业贿赂的任何法律规定。

2. 本协议中的任何一方均不得向对方、对方经办人或其他相关人员索要、收受、提供、给予合同约定外的任何经济性利益，包括但不限于明扣、暗扣、现金、购物卡、其他实物、有价证券、旅游等。但如该等利益属于正常商业礼仪，则须在合同中明示。

2.2.3.6 人事管理制度

（1）【案例】A公司人事聘用合规管控。

人事聘用及管理政策

根据公司合规政策的要求，为加强公司对人事聘用的合规管理，公司现发布《人事聘用及管理政策》（以下简称本政策），对人事聘用及对员工的合规考核等内容进行规定，供全体员工阅读遵守。全体员工除遵守公司相关合规政策及《员工手册》中关于聘用的规定外，还应遵守本政策中的各项要求。

公司致力于为全体员工提供平等雇用机会，对任何岗位的招聘均应公开透明、严格遵守公司的标准聘用流程；禁止为获取不正当利益而为政府官员或其亲属提供就业机会。

（2）【案例】B公司劳动合同反腐败条款。

劳动合同

甲方：B公司

乙方：×××

……

7. 反商业贿赂

7.1 定义

……以下行为不在本合同所定义的"商业贿赂"涵摄的范围内：

……

7.1.8 基于商业礼仪、赠送或接受市场价为××元以下的小礼品、地方特产；

7.1.9 基于商业接待礼仪，提供或接受工作餐、住宿、交通等与合同履行相关的工作便利；但该等事项应事先按照公司管理规定，得到主管部门或人士的审批。

7.2 甲方权利义务

……

7.2.4 甲方以任何形式发现乙方提供或收受商业贿赂之线索，可依据本合同对乙方开展必要的调查核实（见附件×），乙方应予配合。

7.2.5 甲方不能容忍乙方任何违反本条款的行为，并可因此采取包括但不限于警告、扣除一定比例的薪金、立即解除聘用关系等处分措施，且甲方保留向包括公安机关在内的政府部门进行控告的权利。

7.2.6 乙方违反本条款给甲方造成损失的，甲方可以采取法律措施以求弥补损失。

（3）【案例】C 公司的人事绩效考评制度。

人事政策管理

……

四、员工绩效考评

4.1 公司实行绩效管理，并将绩效评估的结果作为员工奖励、薪酬调整、岗位调整、培训等各方面的依据。

……

4.5 在制订绩效计划、进行绩效沟通和辅导以及进行绩效评估的过程中，合规表现是其中一个必要项目。

4.6 在考评期间员工出现以下任一情况，则应直接评估为"不合格"：

a. 考核期间参与/涉及与公司相关的腐败贿赂等重大合规事件、诉讼案件或负面传闻，或因该等事件对公司造成重大负面影响；

b. 公司进行内部调查、内部审计要求员工进行配合时，员工无正当理由隐瞒、损毁相关信息/文件或提供虚假信息/文件；

c. 无正当理由缺席公司组织的合规培训。

2.2.3.7 举报与调查制度

（1）【案例】A 公司针对腐败行为的举报制度。

关于不当行为的调查程序及处理标准

……

三、不当行为的举报与调查

1. 举报

在本标准范围内，就以任何渠道获知的任何不当行为，A 公司的员工均有权利和责任进行举报。公司将严格对举报内容及举报人身份进行保密。

A公司员工可通过会议、电话、电邮或信函等方式向下列人士或部门（下称接报人）进行举报：

（1）员工的主管；

（2）监察部总监或监察部任何成员。

A公司员工可选择以实名或匿名方式进行举报。

我们鼓励A公司员工在举报时，提供所有可能的支持性文件或证据。

2. 呈报

接报人接到举报后应立即（任何情况下均须在3个工作日内）将该举报呈报监察部总监。

如有必要，监察部总监应将该等举报人报告的内容呈报本公司高管层相关成员。

（2）【案例】B公司的内部调查制度。

B公司内部调查程序与规范

1. 发起调查

对于已有举报情况的，合规部门应先行对举报情况进行初步分类核实，将不同举报情形归入以下列表，并明确即将采取的措施。

类型	描述	拟采取措施
A	B公司已知晓该等举报情形，且已经或正准备进行调查	
B	B公司未收到类似举报，该举报内容具体，有证据支持	
C	B公司未收到类似举报，举报内容不明确但部分关联事实有证据支持	
D	……	

对于举报情况较为详尽的事件，合规部门应在权限内评估是否聘用外部律师进行调查，评估标准为：

（1）不当行为是否会导致本公司面临重大法律风险；

（2）不当行为是否会导致本公司重大声誉或经济损失；

（3）不当行为是否涉及本公司管理层或任何合规、风控部门成员；

（4）不当行为是否为系统性、规模性行为，内部调查能否起到实际作用；

（5）针对不当行为的调查是否会涉及 B 公司不具备的技术工具，如笔记本硬盘镜像及法务会计审查等。

经合规部门评估，可由公司内部进行调查的，应组建调查团队进行核实。经合规部门评估，需要由外部律师进行调查的，应立即上报（3个工作日内）集团法务总监办公室。集团法务总监办公室应最终决定外部律师的聘用及任何相关事宜，包括但不限于外部律师的选聘、聘用条款的批准等。

2. 调查程序

（1）调查计划。

经合规部门组建后，调查团队的负责人应尽快拟订并提交调查计划。

（2）开展调查。

调查团队应以适当的方式开展调查，可采取下列调查措施：

- 对举报人进行访谈；
- 对其他相关人士进行访谈，收集证据；
- 收集和分析书面文件和电子数据。

本公司的所有员工有义务为调查提供必要的合作，该等义务已体现在员工手册中。调查人员必须确保调查的保密性，不得向被调查对象或任何其他第三方披露调查内容。

调查人员应就调查进展情况定期向合规部门进行报告。

（3）出具初步调查报告。

调查人员应根据调查计划完成调查，出具初步调查报告，载明调查结果，并向合规部门提交。

合规部门应尽快审阅该调查报告，并根据初步调查报告决定是否开展进一步调查。

（4）出具最终调查报告。

（感谢方达律师事务所实习律师吴艺嘉和中国政法大学侦查学专业硕士研究生庄新宇对本部分提供的帮助。）

第 3 章

知识产权合规

本章主要基于现代企业的特点，对我国企业在当前商业经营中可能涉及的主要知识产权合规事项相关的法律法规进行梳理和解读，主要包括法律法规一览表及重点法条解析、执法与司法现状及特点、合规管理要点三个方面的内容。

3.1 知识产权合规依据和要点

3.1.1 法律法规一览表及重点法条解析

3.1.1.1 法律法规一览表

企业知识产权合规通常涉及专利、商标、版权、域名、商业秘密等几乎全部的知识产权类型，需要关注企业经营涉及的全部国家和地区的知识产权相关法律、法规、规章、司法解释等不同效力层级的法律规范。虽然相较于英美等西方国家，中国的知识产权制度建立起步较晚，但是，伴随着改革开放的步伐，中国在知识产权保护方面取得了长足的进展。中国根据国情和国际发展趋势，制定和完善各项知识产权法律、法规，至今已形成了具有中国特色的社会主义保护知识产权法律体系。中国知识产权的保护范围和保护水平逐步同国际惯例接轨，已经对知识产权实行高水平的法律保护。本节将主要对信息通信及互联网行业企业在商业经营中涉及中国主要知识产权法律法规以及相关法律法规的核心规定进行简要梳理与介绍。

中国目前已经针对专利、商标、版权、域名、商业秘密等全部知识产权类型，从法律、行政法规、部门规章、司法解释等不同维度和不同效力层级建立起比较完善的知识产权法律体系。这些知识产权相关法律规范主要包括《民法典》《专利法》《商标法》《著作权法》《反不正当竞争法》《集成电路布图设计保护条例》《最高人民法院关于审理侵害知识产权民事案件适用惩罚性赔偿的解释》《最高人民法院关于审理侵犯商业秘密民事案件适用法律若干问题的规定》《关于修改侵犯商业秘密刑事案件立案追诉标准的决定》等。

对于现代企业,尤其是广大信息通信及互联网行业企业而言,由于所处行业具有创新驱动、迭代迅速、竞争激烈等行业特点,因此,在开展知识产权合规工作过程中往往需要重点关注专利、商标、版权、域名和商业秘密等知识产权类型以及相应的法律法规。对与中国信息通信及互联网行业知识产权合规相关的重点法律规范梳理,如表 3-1 所示。

表 3-1 知识产权合规法律法规司法解释一览表

序号	名称	效力级别	发布主体	实施时间
1	《民法典》	法律	全国人民代表大会	2021 年 1 月 1 日
2	《商标法》	法律	全国人大常委会	1983 年 3 月 1 日(2019 年 4 月 23 日修正,2019 年 11 月 1 日施行)
3	《专利法》	法律	全国人大常委会	1985 年 4 月 1 日(2020 年 10 月 17 日修正,2021 年 6 月 1 日施行)
4	《专利行政执法办法》	部门规章	国家知识产权局	2001 年 12 月 17 日(2015 年 5 月 29 日修正,2015 年 7 月 1 日施行)
5	《著作权法》	法律	全国人大常委会	1991 年 6 月 1 日(2020 年 11 月 11 日修正,2021 年 6 月 1 日施行)
6	《计算机软件保护条例》	行政法规	国务院	1991 年 10 月 1 日(2013 年 1 月 30 日修订,2013 年 3 月 1 日施行)
7	《反不正当竞争法》	法律	全国人大常委会	1993 年 12 月 1 日(2019 年 4 月 23 日修正并施行)

续表

序号	名称	效力级别	发布主体	实施时间
8	《最高人民法院关于审理涉及计算机网络域名民事纠纷案件适用法律若干问题的解释》	司法解释	最高人民法院	2001年7月24日（2020年12月29日修正，2021年1月1日施行）
9	《刑法》	法律	全国人民代表大会	1980年1月1日（2020年12月26日修正，2021年3月1日施行）

3.1.1.2 相关法律法规核心规定及解读

（1）《民法典》。

《民法典》共7编、1260条，各编依次为总则、物权、合同、人格权、婚姻家庭、继承、侵权责任和附则。《民法典》中涉及知识产权的相关规定共52条，本部分对其中涉及知识产权客体、委托开发的专利权属、合作开发的专利权属、委托或合作开发的技术秘密权属、知识产权侵权惩罚性赔偿等企业知识产权合规需重点关注的条款解读如下。

第一百二十三条【知识产权客体】 民事主体依法享有知识产权。

知识产权是权利人依法就下列客体享有的专有的权利：

（一）作品；

（二）发明、实用新型、外观设计；

（三）商标；

（四）地理标志；

（五）商业秘密；

（六）集成电路布图设计；

（七）植物新品种；

（八）法律规定的其他客体。

【法条解析】本条第1款规定了民事主体有权依法享有知识产权。根据《民法典》第1条和第2条，民事主体包括自然人、法人和非法人组织。本条第2款规定了知识产权的客体，包括作品、发明、实用新型、外观设计、商标、地理标志、商业秘密、集成电路布图设计、植物新品种，以及法律规定的其他客体。

第八百五十九条【委托开发的专利权属】 委托开发完成的发明创造,除法律另有规定或者当事人另有约定外,申请专利的权利属于研究开发人。研究开发人取得专利权的,委托人可以依法实施该专利。

研究开发人转让专利申请权的,委托人享有以同等条件优先受让的权利。

【法条解析】 本条是关于履行委托开发合同完成的发明创造对应的专利申请权的权属及委托人的相关权利的规定。委托开发合同的当事人可以在合同中约定委托开发完成的发明创造的专利申请权的归属。如果法律没有规定且当事人也没有约定的,则对于委托开发完成的发明创造,申请专利的权利属于研究开发人,但研究开发人取得专利权的,委托人可以依法实施该专利。如果研究开发人转让专利申请权,委托人享有以同等条件优先受让的权利。

第八百六十条【合作开发的专利权属】 合作开发完成的发明创造,申请专利的权利属于合作开发的当事人共有。当事人一方转让其共有的专利申请权的,其他各方享有以同等条件优先受让的权利。但是,当事人另有约定的除外。

合作开发的当事人一方声明放弃其共有的专利申请权的,除当事人另有约定外,可以由另一方单独申请或者由其他各方共同申请。申请人取得专利权的,放弃专利申请权的一方可以免费实施该专利。

合作开发的当事人一方不同意申请专利的,另一方或者其他各方不得申请专利。

【法条解析】 本条是关于履行合作开发合同完成的发明创造对应的专利申请权的权属以及当事人的相关权利的规定。合作开发合同的当事人可以在合同中约定合作开发完成的发明创造的专利申请权的归属。如果当事人没有约定,则对于合作开发完成的发明创造,申请专利的权利属于合作开发的当事人共有。当事人一方转让其共有的专利申请权的,其他各方有权以同等条件优先受让。如果合作开发的当事人一方声明放弃其共有的专利申请权的,另一方有权单独申请或者其他各方有权共同申请。申请人取得专利权的,放弃专利申请权的一方有权免费实施该专利。但是,合作开发的当事人一方不同意申请专利的,另一方或者其他各方不得申请专利。

第八百六十一条【委托或合作开发的技术秘密权属】 委托开发或者合作开发完成的技术秘密成果的使用权、转让权以及收益的分配办法,由当事人约定;没有约定或者约定不明确,依据本法第五百一十条的规定仍不能确定的,在没有相同技术方案被授予专利权前,当事人均有使用和转让的权利。但是,委托开发的研究开发人不得在向委托人交付研究开发成果之前，将研究开发成果转让给第三人。

【法条解析】本条是关于履行技术开发合同（包括委托开发合同和合作开发合同）完成的技术秘密成果的权属的规定。技术秘密为商业秘密的一种，系不为公众知悉、具有商业价值并经权利人采取保密措施的技术信息。对于委托开发或者合作开发完成的技术秘密成果的使用权、转让权以及利益的分配办法，本条采用"约定优先"的规则。如果当事人没有约定或者约定不明确，并且当事人不能达成补充协议，按照合同相关条款或者交易习惯也不能确定的，则在没有相同技术方案被授予专利前，当事人均有使用和转让的权利；但是，委托开发的研究开发人不得在向委托人交付研究开发成果之前，将研究开发成果转让给第三人。

第一千一百八十五条【知识产权侵权惩罚性赔偿】故意侵害他人知识产权，情节严重的，被侵权人有权请求相应的惩罚性赔偿。

【法条解析】本条是关于知识产权侵权惩罚性赔偿的规定。惩罚性赔偿是指侵权人所要承担的损害赔偿数额超过其侵权行为给被侵权人造成的实际损害数额，在填平被侵权人所受的损害的基础上提高赔偿数额，以彰显对侵权人的侵权行为进行处罚的制度。对于知识产权侵权的惩罚性赔偿的适用，需要满足两个条件，一是侵权人故意侵害他人的知识产权，二是侵权情节严重。

（2）《商标法》。

《商标法》共8章，分别为总则，商标注册的申请，商标注册的审查和核准，注册商标的续展、变更、转让和使用许可，注册商标的无效宣告，商标使用的管理，注册商标专用权的保护和附则。本部分对其中关于不得作为商标注册的缺乏显著性的标志、驰名商标保护、注册商标的核定使用范围、商标申请的驳回、保护在先权利和禁止恶意抢注、注册商标的撤销、商标侵权行为、商标侵权行为的处理、商标侵权的赔偿数额等企业知识产权合规需重点关注的条款解读如下。

第十一条【不得作为商标注册的缺乏显著性的标志】下列标志不得作为商标注册：

（一）仅有本商品的通用名称、图形、型号的；

（二）仅直接表示商品的质量、主要原料、功能、用途、重量、数量及其他特点的；

(三)其他缺乏显著特征的。

前款所列标志经过使用取得显著特征,并便于识别的,可以作为商标注册。

【法条解析】 本条是关于注册商标的显著性,即不得作为商标注册的缺乏显著性标志的规定。本法第9条规定,申请注册的商标,应当有显著特征,便于识别。因为商标的基本功能,就是使人们通过商标区别不同生产经营者的商品和服务。商标如果不具有显著特征,就无法实现其区分商品和服务的功能,也就失去了作为商标的意义。为此,本条对缺乏显著特征的标志不得作为商标注册作了规定。根据本条第1款的规定,不得作为商标注册的标志,包括以下三个方面:

第一,仅有本商品的通用名称、图形、型号的标志。所谓通用名称、图形、型号,是指国家标准、行业标准规定的或者约定俗成的名称、图形、型号,其中名称包括全称、简称、缩写、俗称。

第二,仅直接表示商品的质量、主要原料、功能、用途、重量、数量及其他特点的标志。例如,"纯净"仅直接表示食用油的质量,"WIFI"仅直接表示笔记本电脑的技术特点,用它们分别作为上述商品的商标注册,该商标就缺乏显著性。

第三,其他缺乏显著特征的标志。所谓其他缺乏显著特征的标志,是指除上述两个方面的标志以外,依照社会通常观念,其本身或者作为商标使用在指定商品上不具备表示商品来源作用的标志。

如果第1款所列标志经过使用取得显著特征,并便于识别的,可以作为商标注册。在实践中,确有一些原来没有显著性的商标经过使用后产生了显著性,如"两面针"牙膏等。

第十三条【驰名商标保护】 为相关公众所熟知的商标,持有人认为其权利受到侵害时,可以依照本法规定请求驰名商标保护。

就相同或者类似商品申请注册的商标是复制、摹仿或者翻译他人未在中国注册的驰名商标,容易导致混淆的,不予注册并禁止使用。

就不相同或者不相类似商品申请注册的商标是复制、摹仿或者翻译他人已经在中国注册的驰名商标,误导公众,致使该驰名商标注册人的利益可能受到损害的,不予注册并禁止使用。

【法条解析】 本条是关于驰名商标保护的规定。根据本条的规定,驰名商标的保护包括三方面内容。

第一,请求驰名商标保护的前提。本条明确了驰名商标的内涵和"个案认定、被动保护"的原则，规定了请求驰名商标保护的前提。请求驰名商标保护的前提包括三个：一是该商标为相关公众所熟知；二是该商标的持有人认为其权利受到侵害；三是驰名商标保护的请求应当由商标持有人提出。

第二，对未在中国注册的驰名商标的保护。本条第 2 款规定，就相同或者类似商品申请注册的商标是复制、摹仿或者翻译他人未在中国注册的驰名商标，容易导致混淆的，不予注册并禁止使用。

第三，对已经在中国注册的驰名商标的保护。本条第 3 款规定，就不相同或者不相类似商品申请注册的商标是复制、摹仿或者翻译他人已经在中国注册的驰名商标，误导公众，致使该驰名商标注册人的利益可能受到损害的，不予注册并禁止使用。对已经在我国注册的驰名商标，不仅禁止他人在相同或者类似的商品或服务上注册和使用，而且禁止他人在不相同或者不相类似的商品或服务上注册和使用，这一规定体现了我国侧重保护注册商标的原则。

第二十三条【注册商标的核定使用范围】 注册商标需要在核定使用范围之外的商品上取得商标专用权的，应当另行提出注册申请。

【法条解析】 本条是关于注册商标需要在核定使用范围之外的商品上取得商标专用权应当另行提出注册申请的规定。根据本法第 56 条的规定，注册商标的专用权，以核准注册的商标和核定使用的商品为限，因此，注册商标只能用于核定的使用范围之内，超出核定的使用范围的，应当另行提出注册申请。

【案例演绎】 某酿酒企业在"饮料"上另行注册商标案

国内某酿酒企业前期专注于白酒和啤酒的生产与销售，在第三十二类的"啤酒"和第三十三类的"白酒"上注册了某一商标。后来由于业务拓展，该企业希望用与该注册商标相同的品牌推出一款饮料产品。因此，为获得注册商标保护，该企业针对该商标在尼斯分类表的第三十二类"饮料"商品上另行提出了商标注册申请。

第三十条【商标申请的驳回】 申请注册的商标，凡不符合本法有关规定或者同他人在同一种商品或者类似商品上已经注册的或者初步审定的商标相同或者近似的，由商标局驳回申请，不予公告。

【法条解析】 本条是关于驳回商标注册申请的规定。本条规定对属于以下两种情形的商标注册申请，由商标局驳回，不予公告。一是不符合《商标法》有关规定的商标注册申请。这一规定为概括性规定，包含商标法规定的除因同他人在同一种商品或者类似商品上已经注册的或者初步审定的商标相同或近似被驳回之外的其他各种不应核准商标注册的情况。例如，根据《商标法》第9条第1款的规定，申请注册的商标，应当具有显著特征，便于识别，并不得与他人在先取得的合法权利相冲突。再如，《商标法》第11条规定，"国歌、军歌"不得作为商标使用。二是同他人在同一种或者类似商品上已经注册的或者初步审定的商标相同或者近似的商标。同一种商品，是指名称相同的商品，或者名称虽然不相同，但所指的商品是相同的商品。类似商品，是指两种或者两种以上的商品由于用途、功能、原料、销售场所以及整机与零部件关系等容易被消费者混淆出处的商品。

第三十二条【保护在先权利和禁止恶意抢注】 申请商标注册不得损害他人现有的在先权利，也不得以不正当手段抢先注册他人已经使用并有一定影响的商标。

【法条解析】 本条是关于保护在先权利和禁止恶意抢注的规定。本条主要包括两部分内容：一是申请商标注册不得损害他人现有的在先权利。他人现有的在先权利，是指在商标注册申请人提出商标注册申请之前，他人已经取得的权利，如外观设计专利权、著作权、企业名称权等。二是不得以不正当手段抢注他人已经使用并有一定影响的商标。

【案例演绎】 国家知识产权局驳回"冰墩墩"商标注册申请案[1]

2022年2月14日，国家知识产权局发布通告，对第41128524号"冰墩墩"、第62453532号"谷爱凌"等429件商标注册申请予以驳回；对已注册的第41126916号"雪墩墩"、第38770198号"谷爱凌"等43件商标依职权主动宣告无效。显然，未经谷爱凌同意，将其姓名申请商标注册，会损害其姓名权。而未经"冰墩墩"的版权人同意，将其形象申请商标注册，会损害其著作权。而将"冰墩墩"名称进行商标申请，则属于以不正当手段抢注他人已经使用并有一定影响的商标。

第四十九条【注册商标的撤销】 商标注册人在使用注册商标的过程中，自行改变注册商标、注册人名义、地址或者其他注册事项的，由地方工商行政管理部门责令限期改正；期满不改正的，由商标局撤销其注册商标。

注册商标成为其核定使用的商品的通用名称或者没有正当理由连续三年不使用的，任何单位或者个人可以向商标局申请撤销该注册商标。商标局应当自

---

[1] 关于依法打击恶意抢注"冰墩墩""谷爱凌"等商标注册的通告 [EB/OL]. 国家知识产权局，2022 [2022-04-26]. https://www.cnipa.gov.cn/art/2022/2/14/art_2073_173306.html.

收到申请之日起九个月内做出决定。有特殊情况需要延长的，经国务院工商行政管理部门批准，可以延长三个月。

【法条解析】本条是关于注册商标使用过程中存在违法等情形予以撤销的规定。根据本条的规定，撤销注册商标的条件，是商标注册人在使用注册商标的过程中存在违法情形，具体包括：第一，自行改变注册商标；第二，自行改变注册人名义；第三，自行改变注册人地址；第四，自行改变其他注册事项；第五，注册商标成为其核定使用的商品的通用名称；第六，注册商标没有正当理由连续3年不使用。

根据本条的规定，注册商标的撤销程序，因构成要件的不同而有所区别。因自行改变注册事项而导致撤销的程序，先由地方工商行政管理部门责令限期改正。当事人及时改正的，不撤销其注册商标。期满当事人不改正的，由商标局撤销其注册商标。因注册商标成为商品通用名称或者连续3年不使用而导致的撤销程序则为：任何单位或者个人均可以向商标局提出撤销申请，请求撤销该注册商标。

第五十七条【商标侵权行为】 有下列行为之一的，均属侵犯注册商标专用权：

（一）未经商标注册人的许可，在同一种商品上使用与其注册商标相同的商标的；

（二）未经商标注册人的许可，在同一种商品上使用与其注册商标近似的商标，或者在类似商品上使用与其注册商标相同或者近似的商标，容易导致混淆的；

（三）销售侵犯注册商标专用权的商品的；

（四）伪造、擅自制造他人注册商标标识或者销售伪造、擅自制造的注册商标标识的；

（五）未经商标注册人同意，更换其注册商标并将该更换商标的商品又投入市场的；

（六）故意为侵犯他人商标专用权行为提供便利条件，帮助他人实施侵犯商标专用权行为的；

（七）给他人的注册商标专用权造成其他损害的。

【法条解析】本条是关于侵犯注册商标专用权行为的规定。本条规定的七类行为，都属于侵犯注册商标专用权的行为。

第六十条【商标侵权行为的处理】 有本法第五十七条所列侵犯注册商标专用权行为之一，引起纠纷的，由当事人协商解决；不愿协商或者协商不成的，商标注册人或者利害关系人可以向人民法院起诉，也可以请求工商行政管理部门处理。

工商行政管理部门处理时，认定侵权行为成立的，责令立即停止侵权行为，没收、销毁侵权商品和主要用于制造侵权商品、伪造注册商标标识的工具，违法经营额五万元以上的，可以处违法经营额五倍以下的罚款，没有违法经营额或者违法经营额不足五万元的，可以处二十五万元以下的罚款。对五年内实施两次以上商标侵权行为或者有其他严重情节的，应当从重处罚。销售不知道是侵犯注册商标专用权的商品，能证明该商品是自己合法取得并说明提供者的，由工商行政管理部门责令停止销售。

对侵犯商标专用权的赔偿数额的争议，当事人可以请求进行处理的工商行政管理部门调解，也可以依照《中华人民共和国民事诉讼法》向人民法院起诉。经工商行政管理部门调解，当事人未达成协议或者调解书生效后不履行的，当事人可以依照《中华人民共和国民事诉讼法》向人民法院起诉。

【法条解析】 本条是关于对侵犯注册商标专用权行为的处理规定。

本条第 1 款对因侵犯注册商标专用权行为引起纠纷的处理方式作了规定。有本法第 57 条所列侵犯注册商标专用权行为之一，引起纠纷的，由当事人协商解决；不愿协商或者协商不成的，商标注册人或者利害关系人可以向人民法院起诉，也可以请求工商行政管理部门处理。

工商行政管理部门在处理侵犯注册商标专用权行为时，如果认定侵犯注册商标专用权行为成立的，则应当根据本条第 2 款的规定进行如下处理：第一，责令停止侵权行为；第二，没收、销毁相关商品与工具；第三，处以罚款。对于罚款的数额，按照以下标准确定：一是没有违法经营额或者违法经营额不足 5 万元的，处 25 万元以下的罚款；二是违法经营额 5 万元以上的，可以处违法经营额 5 倍以下的罚款。同时，对 5 年内实施两次以上商标侵权行为或者有其他严重情节的，应当从重处罚。此外，根据本条第 2 款的规定，对于销售不知道是侵犯注册商标专用权的商品，且能证明该商品是自己合法取得并说明提供者的，由工商行政管理部门责令停止销售，即不没收、销毁侵权商品，不给予罚款的处罚。

根据本条第 3 款的规定，对于因侵犯商标专用权的赔偿数额而发生的争议，当事人可以在下列两种方式中选择一种进行处理：一是请求进行处理的工商行政管理部门进行调解；二是直接依照《民事诉讼法》的规定向人民法院起诉。当事人请求工商行政管理部门对赔偿数额进行调解的，经过工商行政管理部门调解以后，如果当事人之间未达成调解协议的，或者虽然达成调解协议但另一方当事人在调解书生效后不履行的，则可以依照《民事诉讼法》的规定向人民法院起诉。

第六十三条【商标侵权的赔偿数额】 侵犯商标专用权的赔偿数额，按照权利人因被侵权所受到的实际损失确定；实际损失难以确定的，可以按照侵权人因侵权所获得的利益确定；权利人的损失或者侵权人获得的利益难以确定的，参照该商标许可使用费的倍数合理确定。对恶意侵犯商标专用权，情节严重的，可以在按照上述方法确定数额的一倍以上五倍以下确定赔偿数额。赔偿数额应当包括权利人为制止侵权行为所支付的合理开支。

人民法院为确定赔偿数额，在权利人已经尽力举证，而与侵权行为相关的账簿、资料主要由侵权人掌握的情况下，可以责令侵权人提供与侵权行为相关的账簿、资料；侵权人不提供或者提供虚假的账簿、资料的，人民法院可以参考权利人的主张和提供的证据判定赔偿数额。

权利人因被侵权所受到的实际损失、侵权人因侵权所获得的利益、注册商标许可使用费难以确定的，由人民法院根据侵权行为的情节判决给予五百万元以下的赔偿。

人民法院审理商标纠纷案件，应权利人请求，对属于假冒注册商标的商品，除特殊情况外，责令销毁；对主要用于制造假冒注册商标的商品的材料、工具，责令销毁，且不予补偿；或者在特殊情况下，责令禁止前述材料、工具进入商业渠道，且不予补偿。

假冒注册商标的商品不得在仅去除假冒注册商标后进入商业渠道。

【法条解析】 本条是关于商标侵权赔偿数额的确定方法的规定。根据本条的规定，侵犯注册商标专用权的赔偿数额，按照以下顺序和方式确定：第一，按照权利人因被侵权所受到的实际损失确定。第二，按侵权人因侵权所获得的利益确定。第三，按"商标许可使用费的倍数"确定赔偿数额。此外，对恶意侵犯商标专用权，情节严重的，可以按照上述方法确定数额的1倍以上5倍以下确定赔偿数额。在按上述方式确定赔偿数额后，还应当加上注册商标权利人为制止侵权行为所支付的合理开支。第四，由法院参考权利人的主张和提供的证据判定赔偿数额。人民法院为确定赔偿数额,在权利人已经尽力举证,而与侵权行为相关的账簿、资料主要由侵权人掌握的情况下,可以责令侵权人提供与侵权行为相关的账簿、资料;侵权人不提供或者提供虚假的账簿、资料的,人民法院可以参考权利人的主张及提供的证据判定赔偿数额。第五,由人民法院依照本法规定判决赔偿数额。即当出现权利人因被侵权所受到的实际损失、侵权人因侵权所获得的利益、注册商标许可使用费都难以确定的情形时,由人民法院根据侵权行为的情节,判决给予 500 万元以下的赔偿。

人民法院在审理商标纠纷案件,应权利人请求,对属于假冒注册商标的商品,除特殊情况外,责令销毁;对主要用于制造假冒注册商标的商品的材料、工具,责令销毁,且不予补偿;或者在特殊情况下,责令禁止前述材料、工具进入商业渠道,且不予补偿。

此外,假冒注册商标的商品不得在仅去除假冒注册商标后进入商业渠道。

【案例演绎】"百度"商标权及不正当竞争纠纷案[1]

在"百度"侵害商标权及不正当竞争纠纷案中,北京某餐饮管理有限公司及其分公司在其企业字号中使用"百度"文字,在经营活动中突出使用"百度"相关标识,法院认定上述行为侵害了百度公司的商标权并构成不正当竞争,据此支持了百度公司的 3 倍惩罚性赔偿请求。

(3)《专利法》。

《专利法》共 7 章,分别为总则,授予专利权的条件,专利的申请,专利申请的审查和批准,专利权的期限、终止和无效,专利实施的特别许可,专利权的保护和附则。本部分对其中的关于专利的种类与定义、职务发明与非职务发明、合作与委托发明的权属、专利权的实施、专利奖励与报酬、发明和实用新型授权的实质条件、专利申请文件要求、专利无效宣告程序、专利的保护范围、专利侵权纠纷的处理、专利侵权赔偿数额的确定等企业知识产权合规需重点关注的条款解读如下。

第二条【专利的种类与定义】 本法所称的发明创造是指发明、实用新型和外观设计。

发明,是指对产品、方法或者其改进所提出的新的技术方案。

实用新型,是指对产品的形状、构造或者其结合所提出的适于实用的新的技术方案。

---

[1] 北京知识产权法院(2019)京 73 民初 1335 号民事判决书。

外观设计，是指对产品的整体或者局部的形状、图案或者其结合以及色彩与形状、图案的结合所作出的富有美感并适于工业应用的新设计。

【法条解析】 本条规定了我国专利法所保护的三类专利，即发明、实用新型与外观设计，并对三类专利分别进行了定义。发明，是指对产品、方法或者其改进所提出的新的技术方案。实用新型，是指对产品的形状、构造或者其结合所提出的适于实用的新的技术方案。外观设计，是指对产品的整体或者局部的形状、图案或者其结合以及色彩与形状、图案的结合所作出的富有美感并适于工业应用的新设计。

第六条【职务发明与非职务发明】 执行本单位的任务或者主要是利用本单位的物质技术条件所完成的发明创造为职务发明创造。职务发明创造申请专利的权利属于该单位，申请被批准后，该单位为专利权人。该单位可以依法处置其职务发明创造申请专利的权利和专利权，促进相关发明创造的实施和运用。

非职务发明创造，申请专利的权利属于发明人或者设计人；申请被批准后，该发明人或者设计人为专利权人。

利用本单位的物质技术条件所完成的发明创造，单位与发明人或者设计人订有合同，对申请专利的权利和专利权的归属作出约定的，从其约定。

【法条解析】 本条是关于对职务发明与非职务发明的规定。

职务发明创造包括两种情况：执行本单位的任务所完成的发明创造，以及主要是利用本单位的物质条件所完成的发明创造。职务发明创造申请专利的权利属于单位，申请被批准后，单位为专利权人。单位可以依法处置职务发明创造申请专利的权利和专利权，促进相关发明创造的实施和运用。

非职务发明创造是指发明人、设计人作出的与执行本单位的任务无关，也没有主要利用单位的物质条件的发明创造。对于非职务发明创造，发明人、设计人享有专利申请权，申请被批准后，该发明人或者设计人为专利权人。

对于利用本单位的物质技术条件所完成的发明创造，如果单位与发明人或者设计人通过签订合同对申请专利的权利和专利权的归属作出了约定，则按合同约定处理。这是当事人意思自治原则在民事法律关系中的体现。如果双方没有订立合同，则根据《专利法》的规定来确定；如果发明创造主要是利用本单位的物质条件所完成，则应认定该发明创造为职务发明创造，否则应认定该发明创造属于非职务发明创造。

根据《专利法实施细则》的规定，本条所称执行本单位的任务所完成的职务发明创造，是指：①在本职工作中作出的发明创造；②履行本单位交付的本职工作之外的任务所作出的发明创造；以及③退休、调离原单位后或者劳动、人事关系终止后1年内作出的，与其在原单位承担的本职工作或者原单位分配的任务有关的发明创造。本条所称本单位的物质技术条件，是指本单位的资金、设备、零部件、原材料或者不对外公开的技术资料等。

【案例演绎】A公司与B公司专利权权属纠纷诉讼案

在某专利权权属纠纷案中，A公司主张专利权人为B公司的诉争专利属于其前员工莫某华离职1年内的职务发明创造，请求法院判决诉争专利的专利权归A公司所有。人民法院从莫某华在A公司的本职工作的内容以及本职工作与诉争专利的关联性等方面认定，诉争专利为莫某华离职1年内的职务发明创造，最终判决诉争专利由A公司所有。

第八条【合作与委托发明的权属】 两个以上单位或者个人合作完成的发明创造、一个单位或者个人接受其他单位或者个人委托所完成的发明创造，除另有协议的以外，申请专利的权利属于完成或者共同完成的单位或者个人；申请被批准后，申请的单位或者个人为专利权人。

【法条解析】本条是关于合作和委托完成的发明创造的专利申请以及相应的专利权权属的规定。

对于合作完成的发明创造，如果合作各方就成果的权利归属达成协议，则按协议的约定办理，否则按法律规定办理，即申请专利的权利属于共同完成的单位或者个人；申请被批准后，申请的单位为专利权人。也就是说，合作各方没有就成果的权利归属达成协议，专利申请权和相应的专利权都为合作各方共同共有。

除前款规定的情形外，行使共有的专利申请权或者专利权应当取得全体共有人的同意。

对于委托完成的发明创造，如果委托方与受托方就成果的权利归属达成协议，则按协议的约定办理，否则按法律规定办理，即申请专利的权利属于完成的单位或者个人（即受托方）；申请被批准后，申请的单位或者个人为专利权人。

【案例演绎】X公司委托开发未对专利权权属作约定致商业陷入被动案

X公司委托某研究所针对某重要技术进行开发，但在委托开发合同中未对该研究所接受委托完成的发明创造的专利申请权的归属进行约定，针对相关事项也未达成其他协议。后该研究所针对委托完成的发明创造申请专利，专利授权后许可给 X 公司的竞争对手 Y 公司使用，致使 X 公司的相关商业经营陷入被动。

第十一条【专利权的实施】 发明和实用新型专利权被授予后，除本法另有规定的以外，任何单位或者个人未经专利权人许可，都不得实施其专利，即不得为生产经营目的制造、使用、许诺销售、销售、进口其专利产品，或者使用其专利方法以及使用、许诺销售、销售、进口依照该专利方法直接获得的产品。

外观设计专利权被授予后，任何单位或者个人未经专利权人许可，都不得实施其专利，即不得为生产经营目的制造、许诺销售、销售、进口其外观设计专利产品。

【法条解析】 本条是关于专利权人对其所享有的专利权的实施的规定。专利权是一种排他性的权利，专利权人对其专利产品或者专利方法的实施享有专有权。《专利法》所称的专利的"实施"，具体包括：

对于发明或实用新型专利，除专利法另有规定外，未经专利权人同意，任何单位或个人都不得实施其专利，即不得为生产经营目的制造、使用、许诺销售、销售、进口其专利产品，或者使用其专利方法以及使用、许诺销售、销售、进口依照该专利方法直接获得的产品。

对于外观设计专利，任何单位或者个人未经专利权人许可，都不得实施其专利，即不得为生产经营目的制造、许诺销售、销售、进口其外观设计专利产品。

【案例演绎】 翱捷公司因基带芯片涉嫌专利侵权案[1]

翱捷公司因生产、销售的 ASR3601 基带芯片涉嫌专利侵权，被原告展讯公司起诉至天津市第三中级人民法院。天津市第三中级人民法院一审判决，认定翱捷公司生产、销售的 ASR3601 基带芯片侵犯了展讯公司的发明专利权，判令翱捷公司立即停止侵权行为，并支付展讯公司经济损失 2431 万元以及合理开支 10 万元。

第十五条【专利奖励与报酬】 被授予专利权的单位应当对职务发明创造的发明人或者设计人给予奖励；发明创造专利实施后，根据其推广应用的范围

---

[1] 基带芯片产业迎来专利"大考"[EB/OL]. 中国知识产权资讯网, 2021 [2022-04-26]. http://www.iprchn.com/Index_NewsContent.aspx? newsId=13047.

和取得的经济效益，对发明人或者设计人给予合理的报酬。

国家鼓励被授予专利权的单位实行产权激励，采取股权、期权、分红等方式，使发明人或者设计人合理分享创新收益。

【法条解析】本条是关于职务发明专利的发明人和设计人有获得奖励和报酬权的规定。奖励是指在职务发明获得专利权后，由被授予专利权的单位对发明人或者设计人给予的物质奖励，以表彰和肯定他们对发明创造所作出的贡献，无论该专利是否实施，单位都应给予奖励。报酬是指发明创造专利实施后，根据其推广应用的范围和取得的经济效益，对发明人或者设计人给予的合理的物质利益。此外，国家鼓励被授予专利权的单位实行产权激励，采取股权、期权、分红等方式，使发明人或者设计人合理分享创新收益。

根据《专利法实施细则》的规定，被授予专利权的单位可以与发明人、设计人约定或者在其依法制定的规章制度中规定《专利法》本条规定的奖励、报酬的方式和数额。如果被授予专利权的单位未与发明人、设计人约定，也未在其依法制定的规章制度中规定奖励的方式和数额的，应当自专利权公告之日起3个月内发给发明人或者设计人奖金。一项发明专利的奖金最低不少于3000元；一项实用新型专利或者外观设计专利的奖金最低不少于1000元。如果被授予专利权的单位未与发明人、设计人约定，也未在其依法制定的规章制度中规定本条规定的报酬方式和数额的，在专利权有效期内，实施发明创造专利后，每年应当从实施该项发明或者实用新型专利的营业利润中提取不低于2%或者从实施该项外观设计专利的营业利润中提取不低于0.2%作为报酬，给予发明人或者设计人，或者参照上述比例，给予发明人或者设计人一次性报酬；被授予专利权的单位许可其他单位或者个人实施其专利的，应当从收取的使用费中提取不低于10%作为报酬给予发明人或者设计人。

【案例演绎】李某、周某与恒听公司职务发明创造发明人奖励纠纷案[1]

李某、周某向法院起诉请求恒听公司支付其专利奖励。法院认定涉案专利系李某、周某在恒听公司工作期间完成并申请的专利，属于职务发明。由于恒听公司未与李某、周某约定，也未在其规章制度中规定职务发明人奖励和报酬的数额和计算方式，法院根据专利法及其实施细则的相关规定，按照涉案专利的性质、数量、两人在涉案专利研发中付出的劳动情况，酌定恒听公司应支付李某和周某作为共同发明人的专利奖励55 000元，应支付周某作为单独发明人

---

[1] 江苏省高级人民法院（2017）苏民终271号民事判决书。

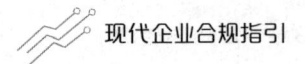

的专利奖励45 000元。

第二十二条【发明和实用新型授权的实质条件】 授予专利权的发明和实用新型,应当具备新颖性、创造性和实用性。

新颖性,是指该发明或者实用新型不属于现有技术;也没有任何单位或者个人就同样的发明或者实用新型在申请日以前向国务院专利行政部门提出过申请,并记载在申请日以后公布的专利申请文件或者公告的专利文件中。

创造性,是指与现有技术相比,该发明具有突出的实质性特点和显著的进步,该实用新型具有实质性特点和进步。

实用性,是指该发明或者实用新型能够制造或者使用,并且能够产生积极效果。

本法所称现有技术,是指申请日以前在国内外为公众所知的技术。

【法条解析】 本条是关于发明和实用新型授予专利权的实质条件的规定。

新颖性,是指该发明或者实用新型不属于现有技术,也不属于抵触申请。其中,现有技术是指申请日以前在国内外为公众所知的技术;抵触申请是指任何单位或者个人就同样的发明或者实用新型在申请日以前向中国国家知识产权局提出过申请,并记载在申请日以后公布的专利申请文件或者公告的专利文件中。

创造性,是指与现有技术相比,该发明具有突出的实质性特点和显著的进步,该实用新型具有实质性特点和进步。

实用性,是指该发明或者实用新型能够制造或者使用,并且能够产生积极效果。

第二十六条【专利申请文件要求】 申请发明或者实用新型专利的,应当提交请求书、说明书及其摘要和权利要求书等文件。

请求书应当写明发明或者实用新型的名称,发明人的姓名,申请人姓名或者名称、地址,以及其他事项。

说明书应当对发明或者实用新型作出清楚、完整的说明,以所属技术领域的技术人员能够实现为准;必要的时候,应当有附图。摘要应当简要说明发明或者实用新型的技术要点。

权利要求书应当以说明书为依据,清楚、简要地限定要求专利保护的范围。

依赖遗传资源完成的发明创造,申请人应当在专利申请文件中说明该遗传资源的直接来源和原始来源;申请人无法说明原始来源的,应当陈述理由。

【法条解析】 本条是关于发明或实用新型专利申请的申请文件的规定。本条第 1 款是关于申请发明或者实用新型专利应当提交的文件类型的规定。本条第 2 款是关于请求书的内容的规定。本条第 3 款是关于说明书应当清楚以及公开充分的规定，即说明书应当对发明或者实用新型作出清楚、完整的说明，以所属技术领域的技术人员能够实现为准；必要的时候，应当有附图。本条第 4 款是关于权利要求书的实质要求，即权利要求书应当以说明书为依据，清楚、简要地限定要求专利保护的范围。本条第 5 款是关于在专利申请文件中说明该遗传资源的直接来源和原始来源的规定。

【案例演绎】 发明专利无效行政诉讼案[1]

最高人民法院针对成都阿朗科技有限责任公司与国家知识产权局、北京卓良模板有限公司专利号为 ZL201310018684.3、名称为"一种闸门门槽施工方法及装置"发明专利无效行政诉讼案作出行政判决书，认定：如果本领域技术人员根据说明书的内容无法实现权利要求保护的技术方案，或者只能实现技术方案中的部分内容，则意味着说明书公开不充分。涉案专利的权利要求 1—13 要求保护的技术方案不清楚，在说明书中也没有给出清楚、完整的说明，因此不符合《专利法》第 26 条第 3 款、第 4 款的规定，应当被无效。

第四十五条【专利无效宣告程序】 自国务院专利行政部门公告授予专利权之日起，任何单位或者个人认为该专利权的授予不符合本法有关规定的，可以请求国务院专利行政部门宣告该专利权无效。

【法条解析】 本条是关于专利无效宣告程序的规定。根据本条的规定，任何单位或个人认为某专利的授权不符合《专利法》有关规定的，均可向国务院专利行政部门请求宣告该专利权无效。

第六十四条【专利的保护范围】 发明或者实用新型专利权的保护范围以其权利要求的内容为准，说明书及附图可以用于解释权利要求的内容。

外观设计专利权的保护范围以表示在图片或者照片中的该产品的外观设计为准，简要说明可以用于解释图片或者照片所表示的该产品的外观设计。

【法条解析】 本条是关于专利权的保护范围的规定。根据本条第 1 款的规定，发明或者实用新型专利权的保护范围以其权利要求的内容为准，说明书及附图可以用于解释权利要求的内容。根据本条第 2 款的规定，外观设计专利权的保护范围以表示在图片或者照片中的该产品的外观设计为准，简要说明可以用

---

[1] 最高人民法院（2021）最高法知行终 144 号行政判决书。

用于解释图片或者照片所表示的该产品的外观设计。

第六十五条【专利侵权纠纷的处理】 未经专利权人许可,实施其专利,即侵犯其专利权,引起纠纷的,由当事人协商解决;不愿协商或者协商不成的,专利权人或者利害关系人可以向人民法院起诉,也可以请求管理专利工作的部门处理。管理专利工作的部门处理时,认定侵权行为成立的,可以责令侵权人立即停止侵权行为,当事人不服的,可以自收到处理通知之日起十五日内依照《中华人民共和国行政诉讼法》向人民法院起诉;侵权人期满不起诉又不停止侵权行为的,管理专利工作的部门可以申请人民法院强制执行。进行处理的管理专利工作的部门应当事人的请求,可以就侵犯专利权的赔偿数额进行调解;调解不成的,当事人可以依照《中华人民共和国民事诉讼法》向人民法院起诉。

【法条解析】 本条是关于未经专利权人许可实施其专利引起的专利侵权纠纷的处理规定。未经专利权人许可实施其专利引起纠纷的,当事人可自主选择协商解决、提起诉讼、请求管理专利工作的部门处理三种维权方式。管理专利工作的部门处理专利侵权纠纷时,认定侵权行为成立的,可以责令侵权人立即停止侵权行为,当事人不服的,可以自收到处理通知之日起15日内依照《行政诉讼法》向人民法院起诉;侵权人期满不起诉又不停止侵权行为的,管理专利工作的部门可以申请人民法院强制执行。对专利侵权纠纷进行处理的管理专利工作的部门应当事人的请求,可以就侵犯专利权的赔偿数额进行调解;调解不成的,当事人可以依照《民事诉讼法》向人民法院起诉。

第七十一条【专利侵权赔偿数额的确定】 侵犯专利权的赔偿数额按照权利人因被侵权所受到的实际损失或者侵权人因侵权所获得的利益确定;权利人的损失或者侵权人获得的利益难以确定的,参照该专利许可使用费的倍数合理确定。对故意侵犯专利权,情节严重的,可以在按照上述方法确定数额的一倍以上五倍以下确定赔偿数额。

权利人的损失、侵权人获得的利益和专利许可使用费均难以确定的,人民法院可以根据专利权的类型、侵权行为的性质和情节等因素,确定给予三万元以上五百万元以下的赔偿。

赔偿数额还应当包括权利人为制止侵权行为所支付的合理开支。

人民法院为确定赔偿数额,在权利人已经尽力举证,而与侵权行为相关的账簿、资料主要由侵权人掌握的情况下,可以责令侵权人提供与侵权行为相关的账簿、资料；侵权人不提供或者提供虚假的账簿、资料的，人民法院可以参考权利人的主张和提供的证据判定赔偿数额。

【法条解析】本条是关于专利侵权赔偿数额确定方式的规定。对于侵犯专利权的赔偿数额，应当按照权利人因被侵权所受到的实际损失或者侵权人因侵权所获得的利益确定；权利人的损失或者侵权人获得的利益难以确定的，可以参照该专利许可使用费的倍数合理确定。对故意侵犯专利权，情节严重的，可以在按照上述方法确定数额的 1 倍以上 5 倍以下确定赔偿数额。在权利人的损失、侵权人获得的利益和专利许可使用费均难以确定的情况下，人民法院可以适用法定赔偿，即根据专利权的类型、侵权行为的性质和情节等因素，确定给予 3 万元以上 500 万元以下的赔偿。

对于赔偿数额，还应当包括权利人为制止侵权行为所支付的合理开支。

人民法院为确定赔偿数额，在权利人已经尽力举证，而与侵权行为相关的账簿、资料主要由侵权人掌握的情况下，可以责令侵权人提供与侵权行为相关的账簿、资料；侵权人不提供或者提供虚假的账簿、资料的，人民法院可以参考权利人的主张和提供的证据判定赔偿数额。

（4）2015 年修正的《专利行政执法办法》。

2015 年修正的《专利行政执法办法》共 7 章，分别为总则、专利侵权纠纷的处理、专利纠纷的调解、假冒专利行为的查处、调查取证、法律责任和附则。本节对其中的关于专利行政执法管辖的案件类型、专利侵权纠纷行政执法案件受理条件等企业知识产权合规需重点关注的条款解读如下。

第二条【专利行政执法管辖的案件类型】 管理专利工作的部门开展专利行政执法，即处理专利侵权纠纷、调解专利纠纷以及查处假冒专利行为，适用本办法。

【法条解析】本条规定了专利行政执法管辖的案件类型。根据本条的规定，管理专利工作的部门开展专利行政执法，主要管辖处理专利侵权纠纷、调解专利纠纷以及查处假冒专利行为三类案件。

第十条【专利侵权纠纷行政执法案件受理条件】 请求管理专利工作的部门处理专利侵权纠纷的，应当符合下列条件：

（一）请求人是专利权人或者利害关系人；

（二）有明确的被请求人；

（三）有明确的请求事项和具体事实、理由；

（四）属于受案管理专利工作的部门的受案和管辖范围；

（五）当事人没有就该专利侵权纠纷向人民法院起诉。

第一项所称利害关系人包括专利实施许可合同的被许可人、专利权人的合法继承人。专利实施许可合同的被许可人中，独占实施许可合同的被许可人可以单独提出请求；排他实施许可合同的被许可人在专利权人不请求的情况下，可以单独提出请求；除合同另有约定外，普通实施许可合同的被许可人不能单独提出请求。

【法条解析】本条是关于专利侵权纠纷行政执法案件受理条件的规定。根据本条的规定，请求管理专利工作的部门处理专利侵权纠纷的，应当同时符合下列五个条件：①请求人是专利权人或者利害关系人；②有明确的被请求人；③有明确的请求事项和具体事实、理由；④属于受案管理专利工作的部门的受案和管辖范围；⑤当事人没有就该专利侵权纠纷向人民法院起诉。其中，本条的利害关系人包括专利实施许可合同的被许可人、专利权人的合法继承人。对于专利实施许可合同的被许可人，独占实施许可合同的被许可人可以单独提出请求，排他实施许可合同的被许可人在专利权人不请求的情况下，可以单独提出请求；除合同另有约定外，普通实施许可合同的被许可人不能单独提出请求。

（5）《著作权法》。

《著作权法》共6章，分别为总则、著作权、著作权许可使用和转让合同、与著作权有关的权利、著作权和与著作权有关的权利的保护和附则。本部分对其中的关于著作权种类、著作权侵权行为及民事责任、著作权侵权的赔偿数额等企业知识产权合规需重点关注的条款解读如下。

第十条【著作权的种类】 著作权包括下列人身权和财产权：

（一）发表权，即决定作品是否公之于众的权利；

（二）署名权，即表明作者身份，在作品上署名的权利；

（三）修改权，即修改或者授权他人修改作品的权利；

（四）保护作品完整权，即保护作品不受歪曲、篡改的权利；

（五）复制权，即以印刷、复印、拓印、录音、录像、翻录、翻拍、数字化等方式将作品制作一份或者多份的权利；

（六）发行权，即以出售或者赠与方式向公众提供作品的原件或者复制件的权利；

（七）出租权，即有偿许可他人临时使用视听作品、计算机软件的原件或

者复制件的权利,计算机软件不是出租的主要标的的除外;

(八)展览权,即公开陈列美术作品、摄影作品的原件或者复制件的权利;

(九)表演权,即公开表演作品,以及用各种手段公开播送作品的表演的权利;

(十)放映权,即通过放映机、幻灯机等技术设备公开再现美术、摄影、视听作品等的权利;

(十一)广播权,即以有线或者无线方式公开传播或者转播作品,以及通过扩音器或者其他传送符号、声音、图像的类似工具向公众传播广播的作品的权利,但不包括本款第十二项规定的权利;

(十二)信息网络传播权,即以有线或者无线方式向公众提供,使公众可以在其选定的时间和地点获得作品的权利;

(十三)摄制权,即以摄制视听作品的方法将作品固定在载体上的权利;

(十四)改编权,即改变作品,创作出具有独创性的新作品的权利;

(十五)翻译权,即将作品从一种语言文字转换成另一种语言文字的权利;

(十六)汇编权,即将作品或者作品的片段通过选择或者编排,汇集成新作品的权利;

(十七)应当由著作权人享有的其他权利。

著作权人可以许可他人行使前款第五项至第十七项规定的权利,并依照约定或者本法有关规定获得报酬。

著作权人可以全部或者部分转让本条第一款第五项至第十七项规定的权利,并依照约定或者本法有关规定获得报酬。

【法条解析】 本条是关于著作权的种类的规定。本条规定,著作权人享有法律规定的人身权和财产权。其中,人身权又称精神权利,是作者基于作品依法享有的以人身利益为内容的权利,包括:发表权、署名权、修改权和保护作品完整权;而财产权是著作权人对作品享有的以法律规定方式使用作品,以及许可他人以法律规定方式使用作品,并由此获得报酬的权利,包括:复制、表演、广播、出租、展览、发行、放映、摄制、信息网络传播或者改编、翻译、注释、编辑等方式使用作品的权利,以及许可他人以上述方式使用作品,并由此获得报酬的权利。著作权人可以全部或者部分转让本条第1款第5项至第17项规定的财产权,并依照约定或者本法有关规定获得报酬,但不得转让人身权。

第五十二条【著作权侵权行为及民事责任】 有下列侵权行为的,应当根据情况，承担停止侵害、消除影响、赔礼道歉、赔偿损失等民事责任：

（一）未经著作权人许可，发表其作品的；

（二）未经合作作者许可，将与他人合作创作的作品当作自己单独创作的作品发表的；

（三）没有参加创作，为谋取个人名利，在他人作品上署名的；

（四）歪曲、篡改他人作品的；

（五）剽窃他人作品的；

（六）未经著作权人许可，以展览、摄制视听作品的方法使用作品，或者以改编、翻译、注释等方式使用作品的，本法另有规定的除外；

（七）使用他人作品，应当支付报酬而未支付的；

（八）未经视听作品、计算机软件、录音录像制品的著作权人、表演者或者录音录像制作者许可，出租其作品或者录音录像制品的原件或者复制件的，本法另有规定的除外；

（九）未经出版者许可，使用其出版的图书、期刊的版式设计的；

（十）未经表演者许可，从现场直播或者公开传送其现场表演，或者录制其表演的；

（十一）其他侵犯著作权以及与著作权有关的权利的行为。

【法条解析】本条是关于著作权的侵权行为及相应的民事责任的规定。本条规定了10种典型的著作权侵权行为，即本条第1项至第10项规定的行为，以及一个兜底性侵权行为条款，即本条第11项规定的其他侵犯著作权以及与著作权有关的权利的行为。发生前述著作权侵权行为的，侵权人应当根据情况承担停止侵害、消除影响、赔礼道歉、赔偿损失等民事责任。

第五十四条【著作权侵权的赔偿数额】 侵犯著作权或者与著作权有关的权利的，侵权人应当按照权利人因此受到的实际损失或者侵权人的违法所得给予赔偿；权利人的实际损失或者侵权人的违法所得难以计算的，可以参照该权利使用费给予赔偿。对故意侵犯著作权或者与著作权有关的权利，情节严重的，可以在按照上述方法确定数额的一倍以上五倍以下给予赔偿。

权利人的实际损失、侵权人的违法所得、权利使用费难以计算的，由人民法院根据侵权行为的情节，判决给予五百元以上五百万元以下的赔偿。

赔偿数额还应当包括权利人为制止侵权行为所支付的合理开支。

人民法院为确定赔偿数额，在权利人已经尽了必要举证责任，而与侵权行为相关的账簿、资料等主要由侵权人掌握的，可以责令侵权人提供与侵权行为相关的账簿、资料等；侵权人不提供，或者提供虚假的账簿、资料等的，人民法院可以参考权利人的主张和提供的证据确定赔偿数额。

人民法院审理著作权纠纷案件，应权利人请求，对侵权复制品，除特殊情况外，责令销毁；对主要用于制造侵权复制品的材料、工具、设备等，责令销毁，且不予补偿；或者在特殊情况下，责令禁止前述材料、工具、设备等进入商业渠道，且不予补偿。

【法条解析】 本条是关于著作权侵权的赔偿数额的规定。

根据本条的规定，侵犯著作权或者与著作权有关的权利的赔偿数额，按照以下顺序和方式确定：第一，按照权利人因被侵权所受到的实际损失确定。第二，按侵权人因侵权所获得的利益确定。第三，参照"权利使用费"确定赔偿数额。此外，故意侵犯著作权或者与著作权有关的权利，情节严重的，可以在按照上述方法确定数额的 1 倍以上 5 倍以下给予赔偿。第四，由法院依照本法规定判决赔偿数额，即当出现权利人因被侵权所受到的实际损失、侵权人因侵权所获得的利益、权利使用费都难以计算的情形时，由人民法院根据侵权行为的情节，判决给予 500 元以上 500 万元以下的赔偿。在按上述方式确定赔偿数额后，还应当包括权利人为制止侵权行为所支付的合理开支。第五，由人民法院参考权利人的主张和提供的证据判定赔偿数额。人民法院为确定赔偿数额，在权利人已经尽力举证，而与侵权行为相关的账簿、资料主要由侵权人掌握的情况下，可以责令侵权人提供与侵权行为相关的账簿、资料；侵权人不提供或者提供虚假的账簿、资料的，人民法院可以参考权利人的主张和提供的证据判定赔偿数额。

此外，人民法院审理著作权纠纷案件，应权利人请求，对侵权复制品，除特殊情况外，责令销毁；对主要用于制造侵权复制品的材料、工具、设备等，责令销毁，且不予补偿；或者在特殊情况下，责令禁止前述材料、工具、设备等进入商业渠道，且不予补偿。

(6)《计算机软件保护条例》。

《计算机软件保护条例》共 5 章，分别为总则、软件著作权、软件著作权的许可使用和转让、法律责任和附则。本部分对其中的关于用语含义、委托开发软件著作权归属、软件著作权侵权行为及民事责任、软件著作权侵权的赔偿数额等企业知识产权合规需重点关注的条款解读如下。

第三条【用语含义】 本条例下列用语的含义：

（一）计算机程序，是指为了得到某种结果而可以由计算机等具有信息处理能力的装置执行的代码化指令序列，或者可以被自动转换成代码化指令序列的符号化指令序列或者符号化语句序列。同一计算机程序的源程序和目标程序为同一作品。

（二）文档，是指用来描述程序的内容、组成、设计、功能规格、开发情况、测试结果及使用方法的文字资料和图表等，如程序设计说明书、流程图、用户手册等。

（三）软件开发者，是指实际组织开发、直接进行开发，并对开发完成的软件承担责任的法人或者其他组织；或者依靠自己具有的条件独立完成软件开发，并对软件承担责任的自然人。

（四）软件著作权人，是指依照本条例的规定，对软件享有著作权的自然人、法人或者其他组织。

【法条解析】 本条是与软件著作权相关的用语含义的规定。本条对计算机程序、文档、软件开发者、软件著作权人进行了定义。

第十一条【委托开发软件著作权归属】 接受他人委托开发的软件，其著作权的归属由委托人与受托人签订书面合同约定；无书面合同或者合同未作明确约定的，其著作权由受托人享有。

【法条解析】 本条是关于委托开发软件的著作权归属的规定。对于软件委托开发合同的著作权归属，按照约定优先原则处理，如果委托人与受托人对著作权的归属有书面约定，按约定处理；如果没有约定，则著作权由受托人享有。

第二十三条【软件著作权侵权行为及民事责任】 除《中华人民共和国著作权法》或者本条例另有规定外，有下列侵权行为的，应当根据情况，承担停止侵害、消除影响、赔礼道歉、赔偿损失等民事责任：

（一）未经软件著作权人许可，发表或者登记其软件的；

（二）将他人软件作为自己的软件发表或者登记的；

（三）未经合作者许可，将与他人合作开发的软件作为自己单独完成的软件发表或者登记的；

（四）在他人软件上署名或者更改他人软件上的署名的；

（五）未经软件著作权人许可，修改、翻译其软件的；

（六）其他侵犯软件著作权的行为。

【法条解析】本条是关于软件著作权的侵权行为及相应民事责任的规定。本条规定了五种典型的著作权侵权行为，即本条第 1 项至第 5 项规定的五种行为，以及一个兜底性侵权行为条款，即本条第 6 项规定的其他侵犯软件著作权的行为。对于前述侵权行为，侵权人应当根据情况承担停止侵害、消除影响、赔礼道歉、赔偿损失等民事责任。

第二十五条【软件著作权侵权的赔偿数额】 侵犯软件著作权的赔偿数额，依照《中华人民共和国著作权法》第四十九条的规定确定。

【法条解析】本条是关于侵犯软件著作权赔偿数额的规定。根据本条的规定，侵犯软件著作权的赔偿数额，依照《著作权法》第 49 条的规定。此处的《著作权法》第 49 条系指《计算机软件保护条例》制定时的《著作权法》即 2010 年《著作权法》第 49 条，目前应适用现行有效的《著作权法》即 2020 年《著作权法》第 54 条的规定。

(7)《反不正当竞争法》。

《反不正当竞争法》共 5 章，分别为总则、不正当竞争行为、对涉嫌不正当竞争行为的调查、法律责任和附则。本部分对其中关于商业秘密的定义与商业秘密侵权行为、商业秘密侵权民事责任、商业秘密侵权行政责任、商业秘密侵权民事案件举证责任分配规则等企业知识产权合规需重点关注的商业秘密相关条款解读如下。

第九条【商业秘密的定义与商业秘密侵权行为】 经营者不得实施下列侵犯商业秘密的行为：

（一）以盗窃、贿赂、欺诈、胁迫、电子侵入或者其他不正当手段获取权利人的商业秘密；

（二）披露、使用或者允许他人使用以前项手段获取的权利人的商业秘密；

（三）违反保密义务或者违反权利人有关保守商业秘密的要求，披露、使用或者允许他人使用其所掌握的商业秘密；

（四）教唆、引诱、帮助他人违反保密义务或者违反权利人有关保守商业秘密的要求，获取、披露、使用或者允许他人使用权利人的商业秘密。

经营者以外的其他自然人、法人和非法人组织实施前款所列违法行为的，视为侵犯商业秘密。

第三人明知或者应知商业秘密权利人的员工、前员工或者其他单位、个人实施本条第一款所列违法行为，仍获取、披露、使用或者允许他人使用该商业秘密的，视为侵犯商业秘密。

本法所称的商业秘密，是指不为公众所知悉、具有商业价值并经权利人采取相应保密措施的技术信息、经营信息等商业信息。

【法条解析】本条是关于商业秘密的定义以及商业秘密侵权行为的规定。根据本条第4款的规定，商业秘密主要包括技术秘密和经营秘密两种，其构成要件包括三个：一是不为公众所知悉，二是具有商业价值，三是经权利人采取相应保密措施。

经营者实施下列四种行为，均构成侵犯商业秘密行为。一是以盗窃、贿赂、欺诈、胁迫、电子侵入或者其他不正当手段获取权利人的商业秘密；二是披露、使用或者允许他人使用以前项手段获取的权利人的商业秘密；三是违反保密义务或者违反权利人有关保守商业秘密的要求，披露、使用或者允许他人使用其所掌握的商业秘密；四是教唆、引诱、帮助他人违反保密义务或者违反权利人有关保守商业秘密的要求，获取、披露、使用或者允许他人使用权利人的商业秘密。

如果经营者以外的其他自然人、法人和非法人组织实施前述违法行为，则视为侵犯商业秘密。此外，如果第三人明知或者应知商业秘密权利人的员工、前员工或者其他单位、个人实施本条第1款所列违法行为，仍获取、披露、使用或者允许他人使用该商业秘密的，视为第三人侵犯商业秘密。

第十七条【商业秘密侵权民事责任】 经营者违反本法规定，给他人造成损害的，应当依法承担民事责任。

经营者的合法权益受到不正当竞争行为损害的，可以向人民法院提起诉讼。

因不正当竞争行为受到损害的经营者的赔偿数额，按照其因被侵权所受到的实际损失确定；实际损失难以计算的，按照侵权人因侵权所获得的利益确定。经营者恶意实施侵犯商业秘密行为，情节严重的，可以在按照上述方法确定数额的1倍以上5倍以下确定赔偿数额。赔偿数额还应当包括经营者为制止侵权行为所支付的合理开支。

经营者违反本法第六条、第九条规定，权利人因被侵权所受到的实际损失、侵权人因侵权所获得的利益难以确定的，由人民法院根据侵权行为的情节判决给予权利人五百万元以下的赔偿。

【法条解析】本条是关于商业秘密侵权民事责任的规定。

根据本条的规定，经营者侵害商业秘密，给他人造成损害的，应当依法承担民事责任；被侵权方有权向人民法院提起诉讼。对于因商业秘密侵权受到损害的经营者的赔偿数额，按照其因被侵权所受到的实际损失确定；实际损失难以计算的，按照侵权人因侵权所获得的利益确定。经营者恶意实施侵犯商业秘密行为，情节严重的，可以在按照上述方法确定数额的 1 倍以上 5 倍以下确定赔偿数额。赔偿数额还应当包括经营者为制止侵权行为所支付的合理开支。

商业秘密权利人因被侵权所受到的实际损失、侵权人因侵权所获得的利益难以确定的，由人民法院根据侵权行为的情节判决给予权利人 500 万元以下的赔偿。

【案例演绎】 翱捷科技起诉移芯通信商业秘密侵权案[1]

2020 年 8 月，国内知名的芯片厂商翱捷科技向移芯通信发起商业秘密侵权诉讼，获上海某法院受理。据悉，翱捷科技与移芯通信均为物联网产业链主要芯片供应商，此次商业秘密侵权诉讼主要与 Cat.1 芯片有关。

第二十一条【商业秘密侵权行政责任】 经营者以及其他自然人、法人和非法人组织违反本法第九条规定侵犯商业秘密的，由监督检查部门责令停止违法行为，没收违法所得，处十万元以上一百万元以下的罚款；情节严重的，处五十万元以上五百万元以下的罚款。

【法条解析】 本条是关于商业秘密侵权行政责任的规定。经营者以及其他自然人、法人和非法人组织违反本法规定侵犯商业秘密的，由监督检查部门（即市场监督管理部门）责令停止违法行为，没收违法所得，处 10 万元以上 100 万元以下的罚款；情节严重的，处 50 万元以上 500 万元以下的罚款。

第三十二条【商业秘密侵权民事案件举证责任分配规则】 在侵犯商业秘密的民事审判程序中，商业秘密权利人提供初步证据，证明其已经对所主张的商业秘密采取保密措施，且合理表明商业秘密被侵犯，涉嫌侵权人应当证明权利人所主张的商业秘密不属于本法规定的商业秘密。

商业秘密权利人提供初步证据合理表明商业秘密被侵犯，且提供以下证据之一的，涉嫌侵权人应当证明其不存在侵犯商业秘密的行为：

（一）有证据表明涉嫌侵权人有渠道或者机会获取商业秘密，且其使用的信息与该商业秘密实质上相同；

---

[1] ASR 起诉移芯商业秘密侵权 已获法院受理 [EB/OL]. 财联社, 2020 [2022-04-10]. https://www.cls.cn/detail/557393.

（二）有证据表明商业秘密已经被涉嫌侵权人披露、使用或者有被披露、使用的风险；

（三）有其他证据表明商业秘密被涉嫌侵权人侵犯。

【法条解析】 本条是关于商业秘密侵权民事案件举证责任分配规则的规定。根据本条的规定，商业秘密权利人在提供初步证据完成初步举证后，举证责任转移至涉嫌侵权人，涉嫌侵权人应当证明权利人所主张的商业秘密不属于商业秘密或者不存在侵犯商业秘密的行为。具体而言，根据本条第 1 款的规定，在侵犯商业秘密的民事审判程序中，如果商业秘密权利人提供初步证据，证明其已经对所主张的商业秘密采取保密措施，且合理表明商业秘密被侵犯，则涉嫌侵权人应当证明权利人所主张的商业秘密不属于本法规定的商业秘密。根据本条第 2 款，如果商业秘密权利人提供初步证据证明商业秘密被侵犯，且提供以下证据之一，即有证据表明涉嫌侵权人有渠道或者机会获取商业秘密，且其使用的信息与该商业秘密实质上相同，或者，有证据表明商业秘密已经被涉嫌侵权人披露、使用或者有被披露、使用的风险，或者，有其他证据表明商业秘密被涉嫌侵权人侵犯，则涉嫌侵权人应当证明其不存在侵犯商业秘密的行为。

（8）2020 年修正的《最高人民法院关于审理涉及计算机网络域名民事纠纷案件适用法律若干问题的解释》。

2020 年修正的《最高人民法院关于审理涉及计算机网络域名民事纠纷案件适用法律若干问题的解释》共 7 条，系最高人民法院为了正确审理涉及计算机网络域名注册、使用等行为的民事纠纷案件（以下简称域名纠纷案件），根据《民法典》《反不正当竞争法》和《民事诉讼法》等法律的规定，所制定和颁布的司法解释。本部分对该司法解释中关于域名注册、使用的侵权或不正当竞争构成要件等企业知识产权合规需重点关注的域名相关条款解读如下。

第四条【域名注册、使用的侵权或不正当竞争构成要件】 人民法院审理域名纠纷案件，对符合以下各项条件的，应当认定被告注册、使用域名等行为构成侵权或者不正当竞争：

（一）原告请求保护的民事权益合法有效；

（二）被告域名或其主要部分构成对原告驰名商标的复制、模仿、翻译或音译；或者与原告的注册商标、域名等相同或近似，足以造成相关公众的误认；

（三）被告对该域名或其主要部分不享有权益，也无注册、使用该域名的正当理由；

（四）被告对该域名的注册、使用具有恶意。

【法条解析】 本条是关于域名注册、使用的侵权或不正当竞争构成要件的规定。根据本条的规定，对同时符合以下四项条件的域名注册、使用行为，应当认定构成侵权或者不正当竞争。这四项条件具体包括：①原告请求保护的民事权益合法有效；②被告域名或其主要部分构成对原告驰名商标的复制、模仿、翻译或音译；或者与原告的注册商标、域名等相同或近似，足以造成相关公众的误认；③被告对该域名或其主要部分不享有权益，也无注册、使用该域名的正当理由；④被告对该域名的注册、使用具有恶意。

第七条【域名侵权或不正当竞争的法律责任】 人民法院认定域名注册、使用等行为构成侵权或者不正当竞争的，可以判令被告停止侵权、注销域名，或者依原告的请求判令由原告注册使用该域名；给权利人造成实际损害的，可以判令被告赔偿损失。

侵权人故意侵权且情节严重，原告有权向人民法院请求惩罚性赔偿。

【法条解析】 本条是关于域名侵权或不正当竞争的法律责任的规定。人民法院认定域名注册、使用等行为构成侵权或者不正当竞争的，可以判令被告停止侵权、注销域名，或者依原告的请求判令由原告注册使用该域名；给权利人造成实际损害的，可以判令被告赔偿损失。

(9)《刑法》。

《刑法》第三章"破坏社会主义市场经济秩序罪"第七节系关于侵犯知识产权罪的规定，涉及第213条至第220条共8个法条和8个知识产权犯罪罪名。对该8个法条解读如下。

第二百一十三条【假冒注册商标罪】 未经注册商标所有人许可，在同一种商品、服务上使用与其注册商标相同的商标，情节严重的，处三年以下有期徒刑，并处或者单处罚金；情节特别严重的，处三年以上十年以下有期徒刑，并处罚金。

【法条解析】 本条是关于假冒注册商标罪的规定。根据本条第1款的规定，未经注册商标所有人许可，在同一种商品、服务上使用与其注册商标相同的商标，情节严重的，构成假冒注册商标罪，处3年以下有期徒刑，并处或者单处罚金；情节特别严重的，处3年以上10年以下有期徒刑，并处罚金。

第二百一十四条【销售假冒注册商标的商品罪】 销售明知是假冒注册商标的商品，违法所得数额较大或者有其他严重情节的，处三年以下有期徒刑，并处或者单处罚金；违法所得数额巨大或者有其他特别严重情节的，处三年以上十年以下有期徒刑，并处罚金。

【法条解析】 本条是关于销售假冒注册商标的商品罪的规定。根据本条第1款的规定，销售明知是假冒注册商标的商品，违法所得数额较大或者有其他严重情节的，构成本罪，处3年以下有期徒刑，并处或者单处罚金；违法所得数额巨大或者有其他特别严重情节的，处3年以上10年以下有期徒刑，并处罚金。

第二百一十五条【非法制造、销售非法制造的注册商标标识罪】 伪造、擅自制造他人注册商标标识或者销售伪造、擅自制造的注册商标标识，情节严重的，处三年以下有期徒刑，并处或者单处罚金；情节特别严重的，处三年以上十年以下有期徒刑，并处罚金。

【法条解析】 本条是关于非法制造、销售非法制造的注册商标标识罪的规定。根据本条的规定，伪造、擅自制造他人注册商标标识或者销售伪造、擅自制造的注册商标标识，情节严重的，构成本罪，处3年以下有期徒刑，并处或者单处罚金；情节特别严重的，处3年以上10年以下有期徒刑，并处罚金。

第二百一十六条【假冒专利罪】 假冒他人专利，情节严重的，处三年以下有期徒刑或者拘役，并处或者单处罚金。

【法条解析】 本条是关于假冒专利罪的规定。根据本条的规定，假冒他人专利，情节严重的，构成本罪，处3年以下有期徒刑或者拘役，并处或者单处罚金。

第二百一十七条【侵犯著作权罪】 以营利为目的，有下列侵犯著作权或者与著作权有关的权利的情形之一，违法所得数额较大或者有其他严重情节的，处三年以下有期徒刑，并处或者单处罚金；违法所得数额巨大或者有其他特别严重情节的，处三年以上十年以下有期徒刑，并处罚金：

（一）未经著作权人许可，复制发行、通过信息网络向公众传播其文字作品、音乐、美术、视听作品、计算机软件及法律、行政法规规定的其他作品的；

（二）出版他人享有专有出版权的图书的；

（三）未经录音录像制作者许可，复制发行、通过信息网络向公众传播其制作的录音录像的；

（四）未经表演者许可，复制发行录有其表演的录音录像制品，或者通过信息网络向公众传播其表演的；

（五）制作、出售假冒他人署名的美术作品的；

（六）未经著作权人或者与著作权有关的权利人许可，故意避开或者破坏权利人为其作品、录音录像制品等采取的保护著作权或者与著作权有关的权利的技术措施的。

【法条解析】本条是关于侵犯著作权罪的规定。根据本条的规定，以营利为目的，有《刑法》第 217 条所列的侵犯著作权或者与著作权有关的权利的情形之一，违法所得数额较大或者有其他严重情节的，构成本罪，处 3 年以下有期徒刑，并处或者单处罚金；违法所得数额巨大或者有其他特别严重情节的，处 3 年以上 10 年以下有期徒刑，并处罚金。

第二百一十八条【销售侵权复制品罪】 以营利为目的，销售明知是本法第二百一十七条规定的侵权复制品，违法所得数额巨大或者有其他严重情节的，处五年以下有期徒刑，并处或者单处罚金。

【法条解析】本条是关于销售侵权复制品罪的规定。根据本条的规定，以营利为目的，销售明知是本法第 217 条规定的侵权复制品，违法所得数额巨大或者有其他严重情节的，构成本罪，处 5 年以下有期徒刑，并处或者单处罚金。

第二百一十九条【侵犯商业秘密罪】 有下列侵犯商业秘密行为之一，情节严重的，处三年以下有期徒刑，并处或者单处罚金；情节特别严重的，处三年以上十年以下有期徒刑，并处罚金：

（一）以盗窃、贿赂、欺诈、胁迫、电子侵入或者其他不正当手段获取权利人的商业秘密的；

（二）披露、使用或者允许他人使用以前项手段获取的权利人的商业秘密的；

（三）违反保密义务或者违反权利人有关保守商业秘密的要求，披露、使用或者允许他人使用其所掌握的商业秘密的。

明知前款所列行为，获取、披露、使用或者允许他人使用该商业秘密的，以侵犯商业秘密论。

本条所称权利人，是指商业秘密的所有人和经商业秘密所有人许可的商业秘密使用人。

【法条解析】本条是关于侵犯商业秘密罪的规定。根据本条第 1 款的规定，有所列侵犯商业秘密行为之一，情节严重的，构成本罪，处 3 年以下有期徒刑，并处或者单处罚金；情节特别严重的，处 3 年以上 10 年以下有期徒刑，并处罚金。

【案例演绎】 拓普公司等侵犯商业秘密受到刑事制裁[1]

被告拓普公司实际控制人苏某某向希涛公司负有保密义务的员工购买希涛公司的商业秘密并在拓普公司使用，经人民法院审理认定，拓普公司及苏某某属于以不正当手段获取希涛公司的商业秘密后予以使用，造成特别严重后果，构成侵犯商业秘密罪，判决：被告单位拓普公司犯侵犯商业秘密罪，判处罚金30万元；被告人苏某某犯侵犯商业秘密罪，判处有期徒刑3年6个月，并处罚金5万元；继续追缴被告单位拓普公司的违法所得290万元，追缴后发还被害单位希涛公司。

第二百一十九条之一【为境外窃取、刺探、收买、非法提供商业秘密罪】 为境外的机构、组织、人员窃取、刺探、收买、非法提供商业秘密的，处五年以下有期徒刑，并处或者单处罚金；情节严重的，处五年以上有期徒刑，并处罚金。

【法条解析】 本条是关于为境外窃取、刺探、收买、非法提供商业秘密罪的规定。根据本条的规定，为境外的机构、组织、人员窃取、刺探、收买、非法提供商业秘密的，构成本罪，处5年以下有期徒刑，并处或者单处罚金；情节严重的，处5年以上有期徒刑，并处罚金。

第二百二十条【单位犯侵犯知识产权罪的处罚规定】 单位犯本节第二百一十三条至第二百一十九条之一规定之罪的，对单位判处罚金，并对其直接负责的主管人员和其他直接责任人员，依照本节各该条的规定处罚。

【法条解析】 本条是关于单位犯侵犯知识产权罪的处罚规定。根据本条的规定，单位犯本节第213条至第219条之一规定的八个知识产权犯罪的，对单位判处罚金，并对其直接负责的主管人员和其他直接责任人员，依照本节相应条款的规定处罚。

3.1.2 知识产权合规的执法与司法现状及特点

中国企业的知识产权合规工作，应基于中国知识产权领域的执法和司法现状及特点。为帮助企业更好地开展知识产权合规工作，本部分对当代中国知识产权领域的执法和司法现状及特点简要介绍如下。

---

[1] 北京市第三中级人民法院（2020）京03刑终560号刑事判决书。

3.1.2.1 执法

我国的知识产权执法，主要由国家知识产权局、国家版权局以及地方市场监督管理局、地方版权局（文化局）等部门负责。各相关部门的执法现状以及特点与规律如下。

（1）执法现状。

①商标行政执法。

我国的商标行政执法主要由地方市场监督管理部门以及具有商标行政执法权的地方知识产权局负责，主要执法内容包括商标使用管理、商标侵权行为查处等。并且，地方市场监督管理部门也负责查处垄断、不正当竞争行为，对企业名称、驰名商标和著名商品特有的名称、包装、装潢、商业秘密、商标等实施监督管理和综合保护等。

此外，海关负责与进出口货物有关的商标权的保护，保护程序分为备案、扣留、调查、处理四个阶段。权利人要求海关对其与进出境货物有关的知识产权实施保护的，应当将其知识产权向海关总署备案。备案的权利人发现侵权货物即将进出境时，可向口岸海关提出采取保护措施的申请，海关根据申请对侵权嫌疑货物予以扣留。当事人有权属和侵权争议，提请知识产权主管部门处理或向人民法院起诉，或由海关进行调查。经海关、知识产权主管部门或人民法院确定为侵权货物的，由海关予以没收，并依法予以销毁或清除侵权标识。对于明知或应知其进出口货物侵犯他人知识产权的收发货人，海关还可处以进出口货物等值以下的罚款。

②专利行政执法。

我国的专利行政执法主要由国家知识产权局和地方知识产权局负责，主要执法内容包括处理专利侵权纠纷、调解专利纠纷以及查处假冒专利行为。重大专利行政案件的行政执法由国家知识产权局负责。

国家知识产权局负责受理、审查专利申请，并依法授予专利权；对专利复审请求的审查、初审驳回的复审、实审驳回的复审、专利权无效宣告请求的审查。

海关负责与进出口货物有关的专利权的保护，保护程序分为备案、扣留、调查、处理四个阶段。备案的权利人发现侵权货物即将进出境时，可向口岸海关提出采取保护措施的申请，海关根据申请对侵权嫌疑货物予以扣留。

③著作权行政执法。

著作权的行政执法部门包括国家版权局、地方版权局以及地方文化市场综合行政执法部门,其主要执法内容为在法定职权范围内就《著作权法》《计算机软件保护条例》等列举的著作权侵权行为进行行政执法。

著作权的登记和管理工作由国家版权局主管,其下属的中国版权保护中心负责办理普通作品著作权登记和软件著作权登记。各地方的版权局负责办理本辖区内的著作权(软件著作权除外)登记工作。国家版权局负责查处或组织查处有重大影响的著作权侵权案件和涉外侵权案件。

此外,国家知识产权局负责集成电路布图设计的登记、撤销等事项的办理,以及处理和调解侵犯集成电路布图设计专有权的纠纷。

④商业秘密行政执法。

商业秘密的行政执法部门主要为地方市场监督管理部门,其执法内容主要为对经营者以及其他自然人、法人和非法人组织违反《反不正当竞争法》第9条规定的侵犯商业秘密的行为进行处理。处理手段包括责令停止违法行为,没收违法所得,处10万元以上100万元以下的罚款;情节严重的,处50万元以上500万元以下的罚款。

⑤域名行政执法。

工业和信息化部下属的中国互联网络信息中心,是域名注册管理机构和域名根服务器运行机构,域名争议必须由该中心认可的争议解决机构受理解决。

(2)执法特点。

我国的知识产权行政执法,主要具有以下特点与规律。

一是知识产权行政执法权分属多个不同部门,管理机构相对比较分散。例如,专利和商标行政执法由国家和地方知识产权局负责,版权行政执法由国家和地方版权局负责,商业秘密行政执法由地方市场监督管理部门负责,海关负责与进出口货物相关的知识产权问题的执法。这就要求企业在进行知识产权合规时,需要关注不同部门的行政执法情况。

二是知识产权行政执法力度不断增强,从严保护是我国近几年知识产权行政执法的趋势。例如,2020年4月20日,国家知识产权局发布2020—2021年贯彻落实《关于强化知识产权保护的意见》推进计划,提出将强化知识产权行政执法,制定出台商标侵权等判断标准,从重打击侵犯知识产权行为。

三是知识产权行政执法水平不断提高,知识产权行政裁决已逐步成为被信赖的知识产权侵权纠纷解决模式。国家知识产权局高度重视行政裁决工作,从推进全面依法治国战略的高度,推进知识产权行政裁决改革工作。2019—2021年,全国共立案处理专利侵权纠纷案件依次为 3.86 万件、4.24 万件、4.98 万件，同比增长依次为 13.7%、9.9%、17.4%；办结专利侵权纠纷案件依次为 3.66 万件、4.07 万件、4.95 万件，同比增长依次为 5.8%、11.2%、21.5%。[1] 国家知识产权局已经于 2020 年和 2022 年各发布一批知识产权行政执法指导案例，旨在加强知识产权行政保护业务指导工作，统一执法标准，提高办案水平。

四是知识产权行政执法与司法等衔接与协同不断强化。例如，2022 年 4 月 25 日，最高人民检察院、国家知识产权局联合发布《关于强化知识产权协同保护的意见》，希望促进知识产权行政执法标准和司法裁判标准统一，完善行政执法和司法衔接机制，构建知识产权大保护工作格局。[2] 此外，在构建知识产权大保护工作格局方面，国家知识产权局还做了很多其他工作，包括与最高人民法院合作，推动审查确权标准、侵权判断标准、行政执法标准和司法裁判标准的有机统一，建立线上诉调对接机制、技术事实查明机制、数据资源共享机制；与司法部联合推介专利侵权纠纷行政裁决经验做法；与公安部联合印发加强知识产权保护的意见；与中宣部和国家市场监督管理总局共同开展知识产权保护检查考核；与国家市场监督管理总局管理共同开展冬奥会知识产权保护专项行动等。[3]

3.1.2.2 司法

我国知识产权司法，主要由法院、检察院等部门负责，各相关部门的知识产权司法现状以及特点如下。

（1）关于案件管辖。

由于知识产权案件专业性较强，我国目前知识产权案件的审理主要由最高人民法院、各省高级人民法院、知识产权法院、中级人民法院和经最高人民法院批准的基层人民法院负责审理。对于互联网版权侵权案件，部分地区则设立了专门的互联网法院，如北京互联网法院。

①关于民事、行政案件管辖。

根据最高人民法院审判委员会于 2021 年 12 月 27 日第 1858 次会议通过的《最高人民法院关于第一审知识产权民事、行政案件管辖的若干规定》，自 2022

---

[1] 国家知识产权局公布行政裁决三年成绩单 行政裁决已逐步成为被信赖的知产侵权纠纷解决渠道 [EB/OL]. 北青网，2022 [2022-04-27]. https://t.ynet.cn/baijia/32533510.html.

[2] 最高人民检察院 国家知识产权局关于强化知识产权协同保护的意见 [EB/OL]. 最高人民检察院，2022 [2022-04-27]. https://www.spp.gov.cn/spp/xwfbh/wsfbt/202204/t20220425_555135.shtml#1.

[3] 国务院新闻办就 2021 年中国知识产权发展状况举行发布会 [EB/OL]. 中央人民政府，2022 [2022-04-27]. http://www.gov.cn/xinwen/2022-04-24/content_5686971.htm.

年 5 月 1 日起我国知识产权民事、行政案件的一审管辖情况主要如下：

第一，发明专利、实用新型专利、植物新品种、集成电路布图设计、技术秘密、计算机软件的权属、侵权纠纷以及垄断纠纷第一审民事、行政案件由知识产权法院，省、自治区、直辖市人民政府所在地的中级人民法院和最高人民法院确定的中级人民法院管辖。

第二，外观设计专利的权属、侵权纠纷以及涉驰名商标认定第一审民事、行政案件由知识产权法院和中级人民法院管辖；经最高人民法院批准，也可以由基层人民法院管辖，但外观设计专利行政案件除外。

第三，除上述两项之外的第一审知识产权案件诉讼标的额在最高人民法院确定的数额以上的，以及涉及国务院部门、县级以上地方人民政府或者海关行政行为的，由中级人民法院管辖。

第四，除上述三项之外的第一审知识产权民事、行政案件，由最高人民法院确定的基层人民法院管辖。

②关于刑事案件管辖。

对于知识产权的刑事案件一般是经权利人举报或由其他行政机关移交公安机关，公安机关立案侦查后移送检察机关提起公诉，最后由人民法院作出刑事判决。

最高人民法院正在积极推进知识产权民事、行政和刑事"三合一"改革，目前已经有很多地方的知识产权刑事案件由知识产权庭负责审理，未来知识产权刑事案件很可能完全由前述负责审理知识产权民事、行政案件的有管辖权的人民法院审理。

（2）关于司法现状。

2022 年 4 月 21 日，最高人民法院举行 2022 年知识产权宣传周新闻发布会，通报全国法院 2021 年知识产权司法保护的总体情况，并发布《中国法院知识产权司法保护状况（2021 年）》白皮书。[1]对发布会通报以及《中国法院知识产权司法保护状况（2021 年）》白皮书中介绍的中国知识产权司法保护现状总结概括如下。

第一，受理、审结案件数量再创新高。

2021 年，人民法院受理、审结了大量知识产权民事、行政和刑事案件，受

---

[1] 最高人民法院启动第 14 次"知识产权宣传周"活动 为知识产权强国建设提供有力司法服务和保障［EB/OL］. 最高人民法院，2022［2022-04-27］. https://www.court.gov.cn/fabu-xiangqing-355931.html.

理、审结知识产权案件数量再创历史新高，双双突破60万件。2021年新收一审、二审、申请再审等各类知识产权案件642 968件，审结601 544件（含旧存），比2020年分别上升22.33%和14.71%。

第二，司法裁判标准进一步统一。

面对知识产权审判的新问题、新挑战，最高人民法院及时出台司法解释，明晰裁判尺度，统一裁判标准。最高人民法院先后发布《最高人民法院关于审理侵害知识产权民事案件适用惩罚性赔偿的解释》《最高人民法院关于审理申请注册的药品相关的专利权纠纷民事案件适用法律若干问题的规定》等司法解释。

第三，与其他机构的协作机制日益完善。

最高人民法院积极参与打击侵权假冒行动和知识产权保护重要文件制定等工作，与国家知识产权局、国家反垄断局建立沟通联络机制，推动行政执法和司法审判的有效衔接。与国家知识产权局联合建立的"总对总"在线诉调对接工作机制充分发挥作用，各地人民法院委派诉前调解涉知识产权纠纷案件超过2万件。

第四，司法保护力度进一步加强。

人民法院加强对原始创新成果保护，加大对重点领域、新兴产业等知识产权司法保护力度，促进技术创新和产业升级。加大对商标侵权行为的打击力度，妥善处理历史形成的商标共存纠纷。依法审理大量著作权案件，加大对文化创作者权益保护，依法维护作品传播者合法权益，激发文化创新活力。此外，最高人民法院还加大了对知识产权刑事案件的指导工作力度，民事、行政和刑事"三合一"改革稳步推进。

第五，积极适用证据妨碍排除及惩罚性赔偿。

针对"举证难、赔偿低、成本高、周期长"等问题，人民法院通过依法积极适用证据妨碍排除、证据保全等，减轻权利人的举证负担。通过适用惩罚性赔偿等，不断提高赔偿数额，2021年，895件案件中的侵权人被判处了惩罚性赔偿。

（3）我国知识产权司法主要存在如下特点与规律。

一是知识产权案件审理水平高，审判标准基本统一。我国高度重视知识产权案件审判质量的保证和审判标准的统一，通过健全知识产权案件诉讼管辖制度，发挥专门管辖和集中管辖的优势，确保司法资源配置与各级人民法院审级职能定位相匹配，以实现对市场主体的知识产权的同等保护。例如，对于知识产权民事案件的一审，我国主要由中级人民法院或专门的知识产权法院负责审理；对于知识产权授权及确权行政诉讼，则由北京知识产权法院审理；对于专利等专业技术性较强的知识产权上诉案件，则统一由最高人民法院知识产权法庭审理。

二是知识产权司法保护力度不断加大，法院侵权判赔数额不断提高。例如，在"香兰素"商业秘密案中，最高人民法院知识产权法庭作出1.59亿元赔偿额的判决，这是我国历史上生效判决确定赔偿数额最高的侵害商业秘密案件，彰显了严格依法保护知识产权、严厉打击侵权行为的鲜明司法态度。

三是加大知识产权侵权惩罚性赔偿判赔力度。最高人民法院和地方人民法院在知识产权民事案件中，均存在对恶意侵权的侵权人判处惩罚性赔偿的趋势。在《最高人民法院关于审理侵害知识产权民事案件适用惩罚性赔偿的解释》发布后，北京市高级人民法院等多地法院出台了知识产权民事案件适用惩罚性赔偿审理指南并发布适用惩罚性赔偿的典型案例，进一步规范知识产权侵权民事案件中惩罚性赔偿的适用标准，依法加大知识产权司法保护力度。

四是积极适用证据妨碍排除规则，减轻权利人的举证负担。针对知识产权案件"举证难、赔偿低、成本高、周期长"等问题，人民法院在大量的知识产权民事诉讼案件中，依法积极适用证据妨碍排除规则，在被告无正当理由拒不提交法院要求提交的证据的情况下，认定原告的初步证据成立从而直接支持原告的主张，减轻了原告的举证负担。

3.1.3 合规管理要点

企业科学开展知识产权合规工作的关键，在于掌握知识产权合规的实操思路以及与企业经营直接相关的每项知识产权的具体合规要点。本节将从实务角度简要介绍企业知识产权合规的实操思路，以及开展商标、专利、版权、商业秘密等知识产权合规工作的实操要点。

3.1.3.1 企业知识产权合规的实操思路

对于企业而言，了解和把握了企业知识产权管理的五项基本要素，即目标、对象、理念、原则和抓手，就相当于掌握了企业知识产权合规实操的基本思路。该五项基本要素的具体内容包括以下方面。

(1) 目标：提升企业的商业竞争力。

开展企业知识产权合规，首要任务是明确知识产权合规的目标。由于知识产权合规是服务于企业的商业经营，因此，应当始终将提升企业的商业竞争力作为企业知识产权合规的目标。

(2) 对象：权利和风险。

企业知识产权合规管理的对象包括两个，分别是权利和风险。

权利，是指各种知识产权以及基于知识产权衍生出的其他相关权利。

风险，是指在企业经营中可能发生的与知识产权本身以及知识产权管理工作相关的各种风险。

(3) 理念：赋能、共赢、前瞻。

企业知识产权合规的理念，是指企业在推进知识产权合规时应当秉持的基本观念，包括赋能、共赢、前瞻。

赋能，就是企业知识产权合规应当为人力、研发、采购、市场、财务、投融资等部门的相关工作赋能，利用知识产权成就业务，从而最终助力企业的商业经营。

共赢，就是企业知识产权合规管理活动中应当与合作伙伴在商业上互利互惠，避免零和博弈。

前瞻，就是企业知识产权合规工作应当坚持向前看，做好对未来的预判，并相应提前做好应对预案。以商标合规为例，企业应结合商业战略预测商业拓展趋势，在未来可能开展业务的商品项目上提前进行商标布局。

(4) 原则：全业务、全流程、全嵌入、聚焦关键。

企业知识产权合规管理，应当坚持全业务、全流程、全嵌入、聚焦关键四项基本原则。

全业务，是指知识产权合规应当覆盖与企业经营相关的知识产权的全部类别，包括商标、专利、著作权、商业秘密等，以及相应的全部业务类型，包括创造、保护、运营、风控、诉讼等。

全流程，是指知识产权合规应当对每项知识产权业务相关的全部流程进行管理。

全嵌入，是指知识产权合规应当嵌入与知识产权相关的企业的全部经营活动中，包括但不限于采购、研发、制造、市场、人力资源、投融资等。

聚焦关键，是指知识产权合规应当把优势资源用在对企业商业经营最重要

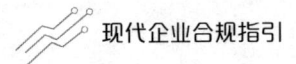

的关键事项上。

（5）管理抓手：团队、文化、制度、资源和工具。

企业知识产权合规管理，应重点善于利用文化、制度、团队、资源和工具五大抓手。

知识产权团队是企业知识产权合规的直接推动者，企业应当配置专业过硬的内外部知识产权团队，以科学推进知识产权合规工作。

知识产权文化是知识产权合规工作的灵魂，企业应当在全员范围内打造一个以创新为导向、尊重和重视知识产权的企业文化。

知识产权制度是科学进行企业知识产权合规管理的保障，企业应当重视知识产权制度的制定与修订，使之符合本企业知识产权合规的现实需求。

企业在推进知识产权合规的过程中应当重视内外部资源的协同。其中，内部资源包括人力、采购、市场、财务、研发、投融资等企业各业务部门，外部资源包括律师事务所、政府部门、行业协会等相关单位。

知识产权管理系统、知识产权检索数据库、知识产权诉讼案例数据库等知识产权管理工具，是企业知识产权合规工作顺利开展的有力保障。企业知识产权合规应当重视知识产权管理工具的应用，以提升知识产权合规的效率和质量。

概括而言，企业科学开展知识产权合规的关键，就在于把握知识产权合规管理的五项基本要素，即，1个目标：提升企业的商业竞争力；2个对象：权利和风险；3个理念：赋能、共赢、前瞻；4个原则：全业务、全流程、全嵌入、聚焦关键；5个抓手：团队、文化、制度、资源、工具。

3.1.3.2 企业商标合规实操要点

商标合规是企业知识产权合规最重要的内容之一，也是每家企业几乎都无法回避的问题，企业开展商标合规工作应当格外关注如下实操要点。

（1）科学进行商标的全球布局。

企业商标的全球布局，应当与企业的业务发展相匹配，确保企业在相应国家和地区开展业务前完成相应的商标注册。其中，企业进行商标布局的实操要点主要包括：

①确保在使用商标前完成商标注册。

企业在商业拓展中计划启用或使用新的商标时，应当首先完成相应的商标注册，再进行启用。如由于时间原因，实在无法在新产品推出前完成商标注册，也应当至少完成相应的商标申请。

②确保商标覆盖企业全部相关业务。

对于企业而言,应当确保主商标覆盖企业的全部业务,普通商标覆盖对应产品的全部业务。例如,以软件公司的商标注册为例,通常均需注册第 9 类、第 42 类,还需根据具体业务所覆盖的行业注册相关类别,如社交网站还需注册第 45 类。

③确保商标申请符合法定注册条件。

企业在进行商标申请前,应当对商标申请是否符合法定注册条件进行判断,并努力确保拟申请注册的商标符合法定注册条件,包括不缺乏显著性,不与在先商标相同或近似等。

④确保商标申请具有前瞻性并与时俱进。

企业应确保商标申请具有前瞻性并与时俱进。前瞻性,要求企业需关注上下游产业和规划中的产品,及时提前进行相应的商标布局。与时俱进,则要求企业有新业务规划或《类似商品和服务区分表》有更新时,应及时提交商标申请。

(2)识别并防控商标侵权风险。

商标侵权风险防控,是企业商标合规的重中之重,应当格外予以重视,应当做好商业经营中的商标侵权风险排查,尽全力避免商标侵权风险。

(3)识别并防控商标被撤销风险。

企业的商标合规,应当重视企业商标特别是主商标被撤销或无效的风险。为防控相应的风险,应当做好商业经营中的商标使用管理,做好使用证据的固定,以避免商标因满 3 年未使用而被撤销。

此外,也应当监控其他方发起的商标无效宣告法律行动,并及时协调专业的商标律师积极应对。

(4)监控并防控商标被抢注风险。

企业应当对于与自身商标相同或相近的商标标志的商标注册情况进行监控,如果某些被初步审定的商标可能对自身商业经营造成不利影响,应当及时提起商标异议。

(5)识别商标被侵权风险并合理维权。

企业应当注意监控自身商标被侵权的情况,如发现商标被侵权的情况,应当及时采取维权措施。

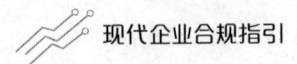

3.1.3.3 企业专利合规实操要点

专利合规是企业知识产权合规的重要内容，企业开展专利合规工作，应当格外关注如下实操要点。

（1）科学进行专利的全球布局。

企业在开展专利全球布局时，应当格外注意防控专利布局相关的主要潜在风险，包括但不限于：专利挖掘不充分致重要创新点未获保护；专利申请不及时导致专利申请相关技术方案因被其他方公开而无法获得专利权；专利申请文件撰写质量差导致专利无法用于诉讼维权；专利保护类型选择错误导致专利申请无法获得授权；专利申请地域选择错误导致专利无法发挥商业价值等。

（2）识别并防控专利权属风险。

企业的专利权属风险防控，应重点防范两个方面的风险，一是来自公司员工（包括在职员工、离职员工）的相关发明创造是否为职务发明的争议；二是技术合作中未合理约定专利申请权以及相应的专利权的归属的风险。

相应地，为防控相关风险，企业应当采取的合规措施应至少包括：与员工签署职务发明归属协议或在企业规章制度中对职务发明作出规定；在对外技术合作中，视具体情况对专利申请权、专利权、许可权等作出对企业自身有利的约定。

（3）识别并预防专利侵权风险。

企业的专利侵权风险，通常主要来自两个方面，一是自身产品或服务存在专利侵权风险，二是采购的产品或服务存在专利侵权风险。为防控企业自身产品或服务的专利侵权风险，应当在产品开发过程中主动开展产品或服务的专利侵权风险分析（FTO），并针对风险排查结果及时采取相应的风险防控措施，包括但不限于不侵权抗辩、专利无效、寻求许可、规避设计等。对于来自供应商的专利侵权风险，则应当通过选择专利实力强的供应商、要求其提供知识产权担保，以及设置科学的专利争议解决条款等方式，尽量将知识产权风险防控住。

（4）识别专利被侵权风险并合理维权。

企业应当注意监控自身专利被他方特别是竞争对手侵犯的情况，如发现专利被侵权，应当根据企业的商业考量，视情况采取专利维权措施。

3.1.3.4 企业版权合规实操要点

版权合规也是企业知识产权合规的重要内容之一，企业开展版权合规工作应当格外关注如下实操要点。

（1）做好企业办公软件正版化合规。

企业应当做好办公软件合规，对确系企业业务正常开展所需要使用的软件，应当进行正版软件的采购、安装和部署。对于未购买正版授权的商用办公软件，要通过管理制度和技术手段，严格禁止员工在办公电脑中安装破解版、绿色版等不合规的版本。

（2）防控字体、字库及图片、视频版权风险。

对于企业经营中确需使用的其他方具有著作权的图片、视频以及字体、字库等作品，应当合法取得权利人的授权后再使用。企业应当严格禁止员工使用未获得相应的著作权授权的字体字库、图片、视频及其他版权内容。

（3）科学进行开源软件合规管理。

现代企业尤其是信息通信及互联网企业，在产品开发中需要大量使用开源软件，并且基于公益、影响力、生态建设等考量，经常会对自身的某些软件对外开源。因此，开源软件合规对企业就变得非常重要。推动企业开源软件合规，一方面，企业应当通过制度确保产品中使用的开源软件均为适合商用的软件，并严格遵守开源协议的要求；另一方面，企业在对外进行开源时，要建立科学规范的制度和流程，并严格执行。

3.1.3.5 企业商业秘密合规实操要点

商业秘密合规是企业知识产权合规最重要的内容之一，企业开展商业秘密合规工作应当格外关注以下实操要点。

（1）防控企业商业秘密泄露风险。

企业应当从建立保密制度、进行保密教育、采取保密措施、限制涉密范围、签订保密协议等方式入手，严格防控自身的商业秘密以及企业负有保密义务的其他方的商业秘密被泄露。其中，对于对外业务合作，在向合作伙伴披露商业秘密前，应当与合作伙伴完成保密协议的签署。对于涉密员工，为防范商业秘密被员工故意或不当泄露，企业应当在员工接触商业秘密前与员工签署保密协议（为便于实操，可在员工入职时签署），并加强对员工的竞业管理（至迟在员工离职手续办理前签署竞业限制协议）。

（2）防控企业商业秘密侵权风险。

商业秘密侵权，可能给企业带来严重的负面影响甚至毁灭性打击。因此，企业在生产经营中，应通过制度、合同、培训等方式，严格禁止员工窃取和使用合作伙伴的商业秘密，并严格禁止员工使用任何原雇主的商业秘密，以尽量规避和防控商业秘密侵权风险。

（3）确保合作中商业秘密获取到位。

为防控在各类技术合作中未能有效获取本应获取的商业秘密的风险，企业应当通过建立制度、合同约定、专人跟进、定期跟进等方式，确保企业能够有效获取到按企业商业需求需要获取的商业秘密。

3.2 知识产权合规良好实践

以"十四五"《国家知识产权保护和运用规划》为指导，企业围绕体现企业社会价值和知识产权保护的特点，积极搭建、完善知识产权合规工作。由于知识产权合规是长期的、覆盖企业全员的重要工作，因此首要任务是确立工作愿景和目标，以指导具体工作的开展。例如，企业知识产权合规的愿景和目标可以为尊重和保护知识产权，以高质量知识产权的形式鼓励、保护科技创新，提高企业竞争力，促进知识产权的运用，将科技创新成果反哺社会。围绕这一愿景和目标，知识产权合规可从以下各方面落实和完善。

3.2.1 商标篇

过去，各个企业的商标管理工作主要围绕业务的"新产品叫什么名称""新产品名称的使用是否有风险""新产品名称能不能获得商标注册"等问题展开。一个企业通常有几个商标就够用，很少设置商标法务做专职管理，经常是由行政、人力、财务或者总经理助理兼职管理，这些相关人员对于商标管理工作的重点是承接业务方需求、委托代理机构做申请、保持对商标状态的持续跟踪和管理、商标证照管理，由于这一阶段商标注册申请的周期较长，因此他们对于商标期限类工作的关注频率大概6个月甚至1年/次。

大环境的变化日新月异，一些新兴行业企业的创新活力高、产品业态丰富、新业务孵化速度快、新产品的传播速度快、产品迭代较快且备受公众瞩目，因此，越来越多的企业开始有计划地建立自己的业务生态体系，布局产业上下游，相对应的产品品牌矩阵也逐渐成形，仅有几个商标已经不再能够满足业务的需要。从企业的外部环境来看，国家通过不断完善商标法律制度，加大遏制和处罚力度，及时曝光典型案例，积极营造更加良好的市场环境，促进我国品牌建设，不断推动品牌事业的高质量发展；从企业的内部情况看，商标持有量越来越大、涉商标案件越来越复杂，因此各个企业开始建立相对完善的商标制度和流程，管理商标风险。

随着数字化时代的来临，越来越多的企业的商标管理，走向了商标战略策略管理和体系化效率管理。部分企业设置了具有一定规模的专业商标管理团队，以更快更强地支持和管理业务需求。在这样的土壤下，就需要商标法务具备较高的专业能力、沟通能力、效率意识和业务价值意识，这样才能确保业务工作的顺畅运转。

专业能力方面，不仅要有精深的专业法律知识和经验储备，还要紧跟时代持续学习、迭代和精进。基于深厚的知识积累、对业务的一腔热忱和高度的责任感使命感，紧贴业务节奏，前瞻部署，积极应对新问题。

沟通能力方面，新时代下，内外部信息产出量大，新词热词多，对内对外沟通频率高，沟通的人群范围大，人员的意识和价值观多样，一项工作达成共识的难度较以前有所提高，况且多项工作还在齐头并进。唯有具备良好的沟通能力才能确保工作的顺畅推进。

提效能力方面，数字经济时代下，各方的工作节奏变快。商标法务既要能高效地解答业务问题，还要高效地办理各类具体案件，此外还要有思路去帮助提升业务效率，因此需要不断探索新的效率提升方式。

产出业务价值方面，需要不设边界，即不仅要把自己负责的商标工作做好，还要为业务的管理出谋划策，商标法务以商标问题为切入点，使命应该是做"业务问题的解决者"，而不仅仅是"商标法务""商标律师"或是"商标工作者"。

下面以 A 公司为例，来阐述企业如何建立有效的商标合规工作体系。

A 公司通过建立有效的商标管理体系并持续进化来保持对业务支持和商标管理工作的专业、平稳和高效。为了全面且更好地保护业务及产品的新名称和品牌标识，A 公司在全球部署了几万余件商标注册申请为业务发展保驾护航，并提起万余件商标异议无效撤销非诉案件以应对他人擦边抢注行为；为了加大品牌保护力度，还在多个国家及地区争取获得驰名商标的认定。

（1）规章制度。

A 公司建立了商标管理规章制度矩阵，这些规章制度保障了 A 公司各类业务新产品从立项取名到上线全周期的商标风险和无形资产的固定均有规则可依。

《业务新品牌命名策略和规范》是在业务确定新名称阶段，启发业务、指导业务产生和确定新名称的命名思路、提升取名效率并避免无效取名。该规则既可以保障 A 公司的同一条业务线下各个产品的命名风格一致，还可以帮助业务理解判断新名称更适合采用显著性名称还是描述性名称。

《业务新品牌注册保护原则和策略》规定了不同业务线的个性化商标保护原则和策略。A 公司根据不同业务线所处的行业情况和自身特点，基于《尼斯分类》确定该业务线的核心类别、扩充类别和防御类别，并个性化匹配了类别覆盖多寡。

《商标查询和商标申请流程指南》用于指导业务"如何发起新商标名称的查询和风险评估需求""如何来平衡业务必要性和风险进而确定新商标名称"以及"如何发起新商标的注册需求"，并且载明了当业务发起相关需求之后商标法务的响应举措和必要工作周期，以便业务能对流程和周期心中有数，尽可能提前安排查询和注册申请。

《品牌视觉识别手册》和《商标使用管理原则和规范》配套规则是用于指导业务的商标使用行为，业务在自身或者对外合作过程中该如何合法合规地使用商标标识，以确保企业品牌资产不会因为被不规范使用而发生贬损。

各种垂类业务的个性化指引，则是根据 A 公司内部不同业务线的特殊情况和要求，为其量身定制的、专门治理同一类型问题的规则。例如，A 公司制定了《集团投资项目商标分级管理规则》，这是基于该公司投资业务主要类型以及相应的后续业务管理方式制定的商标分级管理规则。这个规则的作用在于使得该公司对于投资业务项目分级管理的标准化，紧贴业务、有效地进行资源调配，把钢用在刀刃上。

A 公司的商标法务团队联合风控相关的管理部门，设定固定周期、必要时也会随时依照相关法律法规及审查规则的变动调整和"业务动态需求"对各类规章制度持续做优化校准和更新发布，来确保各项规章制度能持续符合法律法规、监管规定及业务需求。

（2）组织机构。

商标管理体系的有效运转离不开组织的保障。A 公司设置了专门的知识产权商标法务团队负责支持集团全球业务的商标需求，围绕着商标的查询、注册、授权、使用及非诉维权全链路展开专业工作和管理，团队聚集了商标专业领域的资深专家（以下简称商标法务），多数具备大型律师事务所律师及企业商标法务职业经历，具有专业案件处理和业务商业管理双重视角。为了确保工作管理使用与业务保持同频甚至一定幅度的引领，A 公司商标法务还与公司的业务团队、效率管理团队保持定期双向信息互通，诊断业务品牌的健康程度、提供建议和促进共识落地。

商标法务的主要工作内容包括：对接业务具体商标需求，评估产品/项目等名称的商标申请注册前景，定制和匹配商标注册保护策略，前瞻性安排商标申请并处理各类非诉及确权案件；监测和打击他人的商标抢注行为，维护品牌形象；支持业务使用商标的授权需求，管理业务使用商标的行为；建立和优化管理策略、规则和流程；通过培训提升合作方商标意识、提升合作效率；管理各类商标基础数据、供应商合作、账单证照管理；等等。此外，A 公司也在努力为业务管理出谋划策，从商标问题切入，形成对业务日常行为的观察，为管理层补充精进优化业务管理的视角。

（3）风险识别与应对。

行业内各个业务新产品的产生、发展和衰退的链路主要包括"产品立项""产品上线""产品探索成长和论证""产品成熟稳定持续增长或者产品下线"四大节点，商标工作对业务的支持贯穿始终。不同阶段，A 公司对合规审查、风险识别和管理的侧重各不相同。

在产品立项阶段，A 公司侧重于围绕新产品的商标定名对业务进行引导，通过引导业务做命名、在业务指定区域进行新商标查询和风险评估、给出风险定级意见和控制方案，并与业务达成共识，确保风险可控。

在产品上线阶段，业务发展前景尚无法明确，商标工作既需要考虑管理风险也需要考虑成本。A 公司的工作侧重于综合业务需要和必要性前瞻保护为该产品定制注册策略，并且在产品对外宣推、上线之前将各国申请提交完毕，防范被他人抢注的风险。各国商标从申请到获得注册需要一定的时间周期，A 公司的商标法务与各国供应商紧密联系，全程管理商标各类审查意见答复、异议等非诉案件的期限，控制因为案件处理超期引发权利丧失的风险。

产品探索成长和论证阶段，随着产品知名度的逐渐提升，A 公司一方面需要评估和安排国别和类别范围的扩充注册，另一方面也重视自己品牌的美誉度维护和品牌价值的提升培育，通过商标监测和异议打击他人擦边球的抢注行为，同时探索驰名商标的认定，使自有品牌得到更强保护。

产品成熟稳定持续增长或者产品下线阶段，A 公司识别业务的趋势，结合业务趋势扩充或者缩减商标投入，对于持续增长的产品，A 公司还密切与诉讼维权团队合作,在商业场景中加强对假货的打击和肃清,同时与公共关系团队合作,宣推打击成果以震慑潜在的侵权人。

(4) 培训及认证。

为了提升员工的商标意识,除日常具体项目对接时的知识讲授外,A公司还持续进行各类专题培训。在"4·26"世界知识产权日,将各类商标专业知识和案例融入业务熟悉场景中形成课件,并通过直播培训、圆桌座谈的方式面向全员宣讲,覆盖面广、业务体感强;为了便于业务迅速找到对接人员,A公司还设置线上服务台,以高效的机器人解答和个性化的法务解答响应业务、解答疑惑;为了便于业务更高效地掌握商标申请状态,A公司搭建了线上商标查询平台,供业务实时登录查询了解商标状态等。

此外,A公司还在探索提升业务学习效率的方法,例如,将业务常见问题做成《商标秒懂系列》,用业务熟悉的语言风格和视角、简洁美观的呈现方式,向业务推送可持续传播和复用的学习素材。

(5) 合规文化及激励。

A公司持续在企业宣推商标合规价值观、打造合规文化氛围,并在对外场合分享商标合规体系化管理的心得和经验,希望能够对其他企业有所启发。公司全员非常重视自有品牌保护、尊重他人知识产权。例如,A公司鼓励业务采用有创意的、合法合规的商标名称,为此专门成立了"商标储备池",鼓励业务为新产品起名字,名字一经注册即入储备池,可供多条业务线选择。一经被采用,A公司还会予以奖励。借助这类形式,A公司一方面夯实了合规文化、鼓励创新,另一方面高效地解决了多个业务线新产品取名难的问题。

(6) 合规管理有效性评估及持续改进。

A公司以周为周期,密切关注法律法规的修订和行业典型案例,核查自身工作并寻找启发。以双月为周期,围绕规章制度、风险识别及应对、组织效能和培训赋能等方面进行总结、复盘、反思和精进探索,一点一滴自进化。以半年为周期,邀请具有跨国超大型客户服务经验的资深商标代理团队共创,他们基于企业半年工作现状介绍和日常合作中的观察,为企业诊断、提供可借鉴的做法,助力企业不断精进和提升自身的管理。

(7) 合规报告与合规记录/档案。

对于商标风险专项问题的解决(如囤积热点问题的自查和风险管理),A公司的做法是形成《××专项报告》,该报告分析政策环境、行业通用做法和企业现状，形成诊断意见并制订后续方案，记录方案落地情况。

对于业务商标情况和风险的整体性管理，A公司则是分别以双月和年度为周期形成相应时间节点的《商标注册状态和风险报告》，从当前业务线及具体产品情况大图、全球商标申请布局策略、重点产品的全球商标申请及注册情况、商标注册和使用风险提示、品牌监测和异议保护五个维度与相关业务方进行信息同步和讨论决策；而对于业务日常商标注册管理，A公司通过搭建商标新申请线上系统进行业务需求提报和审批意见留痕管理，以作系统性记录；此外，A公司还将商标申请到授权全链路各关键节点的审查信息录入商标法务管理系统，供查询和追溯。

（8）第三方合规管理。

互联网时代工作节奏快，供应商只有认同企业的工作理念、与企业在认知上保持一致、高效响应工作要求、工作交付保质保量，才能确保企业全盘工作节奏有序。为此，A公司在供应商选任、培训和考核方面均有相应的管理。

A公司制定了《供应商选任标准和引入汰换规则》和《供应商管理规范》，具体内容包括"供应商引入及汰换流程规范""供应商反馈和各类专业工作质量的管理规范""供应商工作考核机制"等，还基于工作内容的复杂程度，将供应商分为三级，分级别派发不同的工作并根据各项工作的复杂程度付费，激励供应商多动脑、自驱提升对企业业务的理解能力和更深度的专业支持能力。为了保持供应商服务水平的稳定性，企业通过"日常质检解决小问题，双月度汇总质检意见识别深度问题"的方式打分考核各个供应商的服务情况，基于分数情况来动态调整对供应商的案件分配，可以避免因为大量案件集中于一到两个供应商而引发处理不及时、质量下降的问题。

A公司与多数国内及海外供应商建立了季度沟通机制，与部分供应商建立了周沟通机制，一方面加强对于彼此动态的了解，另一方面对于合作过程中发生各类问题的治理进展进行复盘回顾，强化企业对于案件质量、流程质量和信息保密等的管理要求，确保充分对齐要求和问题，提升问题解决效率。

3.2.2 专利篇

以"十四五"《国家知识产权保护和运用规划》为指导，企业围绕体现TMT行业企业社会价值和专利保护的特点，搭建、完善专利合规工作。由于专利合规是长期的、覆盖企业全员的重要工作，因此首要任务是确立工作愿景和目标，以指导具体工作的开展。下面以 A 公司为例，阐述企业如何搭建、完善专利合规工作。A 公司的专利合规的愿景和目标为尊重和保护专利，以高质量专利的形式鼓励、保护科技创新，提高企业竞争力，促进专利的运用，使科技创新成果反哺社会。围绕这一愿景和目标，A 公司的专利合规从以下各方面进行落实和完善。

（1）规章制度。

企业专利合规专项的首要任务是工作内容的规章制度化，搭建企业内部的工作框架。企业可以依据其行业特点、企业发展阶段，按照三个层级迭代和完善相关规章制度。A 公司根据其所处的行业特点和发展阶段，采取如下规章制度。

第一层级：企业专利政策。A 公司的专利政策是 A 公司专利合规工作愿景和目标的具象化，明确专利工作在 A 公司的定位、边界，以及在鼓励、保护科技创新方向上采取稳定的措施，比如，企业层面的专利管理制度。

第二层级：企业各项专利工作的手册、指引和规范。第二层级的规章制度是 A 公司专利合规工作的具体操作指南、标准流程，目的在于搭建企业内部透明、可落地的专利合规工作指引，提高工作效率。以下以 A 公司的企业产品研发为时间轴，列举典型的第二层级的规章制度。

①专利权属指引。此指引面向 A 公司的全员，内容为 A 公司在专利权属问题上的基本原则。比如，A 公司的产研工作中可能涉及共同研发、委托研发等多种与第三方的合作，对于各种合作形式下项目产出的专利权属的基本原则。

②专利申请指引。此指引面向 A 公司的产研人员，提供简要、清晰的专利申请工作介绍，比如，专利申请的流程、时间线、技术交底书模板、如何使用专利申请系统，以及专利申请过程中的常见问题。通过一站式的指引，降低专利申请门槛，提高专利申请的积极性。

③专利运用指引。此指引面向 A 公司的产研人员，就企业在专利运用中的不同场景，比如许可、转让、质押等提供操作指引。

④专利资产管理指引。此指引面向 A 公司的专利工作人员，覆盖专利资产全流程的管理工作，其工作目标为积累企业的高质量专利。相关指引可以包括，专利流程规范，专利撰写审核标准，专利代理所评价体系，专利资产分级分类管理指引以及专利国际布局策略和管理等。

第三层级：依托于 A 公司法务部门以外的其他部门的规章制度的专利合规

指引。企业各项工作都可能存在交集,因此,将专利合规工作的内容沉淀在其他部门的规章制度中也是专利合规工作的有利依托。比如,专利合规节点可以体现在 A 公司对外发表的审核指引制度中,并实际嵌入该流程;专利申请工作指引也可以作为新入职员工培训指引的一部分。

(2) 组织机构。

良好运转的组织机构是企业专利合规工作顺利进行的保障之一。A 公司设置了专门的专利工作团队统筹专利合规工作,其他企业可以参照 A 公司的情况依据专利工作的内容做进一步小组划分。

①专利工程师组:负责根据 A 公司的产品特点和行业的专利特色,制定产品的专利策略;依据专利策略,执行专利挖掘、申请、授权的全流程专利获权工作,以及专利资产的分级分类管理、风险防控和争议解决等相关工作。

②专利流程管理组:负责专利流程、服务商管理、专利维持等专利资产的全流程支持工作。

③专利综合管理组:负责 A 公司专利策略的制定、专利争议解决等工作。

(3) 风险识别与应对。

尊重专利是企业专利合规的愿景之一,专利风险的防范、识别和处置应当贯穿于企业日常工作中。

针对专利侵权风险,A 公司采取了如下措施。

第一,鼓励科技创新、尊重他人专利的合规文化的宣贯和培训,是专利风险防范体系的重要部分。

第二,成熟产品的新项目立项阶段,A 公司的专利工程师即与产研团队紧密协作,一方面将创新的科研成果申请专利保护,另一方面就产品或功能的创新点或核心功能点排查潜在的专利风险,并在项目研发过程中及时调整产品方案,降低专利风险。

第三,对于 A 公司尚未进入的新领域,企业专利合规工作先行,通过行业专利地图的方式识别专利丛林和洼地,引导 A 公司在该新领域的技术发展方向,降低专利风险。

第四,A 公司在新产品或功能上线前,针对产品功能做全面的专利风险排查。需要提示,全面专利排查需要较长的时间和人力投入,A 公司依据产品预期的上线时间预留充分时间,并对排查涉及资源提前做好安排。

第五,A 公司具有成熟的专利风险应对机制。发生专利风险时,A 公司能够及时启动虚拟小组和响应机制。A公司专利风险应对的虚拟小组包括产品研发、法务和商务等人员，虚拟小组能够客观梳理事实情况、根据权利人的主张和产品实现情况、争议专利的权利稳定性，客观评估风险等级，提出风险处理方案并交由管理层决策。

针对非正常专利申请的风险，A公司采取了如下措施。

第一，企业内部宣贯，通过培训形式宣贯避免非正常专利申请的目标。打击非正常专利申请是近年来国家在提高专利质量上的重要工作。对于企业的非专利工作从业者来说，非正常专利申请风险的概念比较陌生。因此，A公司通过培训使员工意识到什么是非正常专利申请、非正常专利申请对于企业和社会的不良影响，如何避免非正常专利申请，并落实到日常的产研工作中。

第二，A公司在专利申请流程中设置合理流程和机制，避免非正常专利申请。

①专利工程师承担避免非正常专利申请的工作，熟悉了解其负责的专利提案，出现内容类似的专利提案，应当作出该专利提案必要性的判断，拦截非正常专利申请；

②由于非正常专利申请的判断难度较大，A公司的专利团队设置有非正常专利申请虚拟小组，集体评审和决策某些专利工程师无法判断的疑似非正常专利申请的案件；

③专利工程师之间应当设置定期交流制度，就某个领域的技术提案做简要分享，避免不同专利工程师在支持不同的业务团队时就类似的专利方案申请提出不同的解决方案的问题；

④A公司尝试在企业专利系统设置查重功能，拦截存在非正常申请可能性的专利申请；

⑤A公司在自查中发现涉嫌非正常专利申请的问题时，及时向有关部门汇报情况，提出和执行整改措施；

⑥A公司与其专利服务商共同制定和执行避免非正常专利申请的措施，制定和执行对疑似案件的拦截和处理流程，以及如果出现被认定为非正常专利申请的处理和应对措施；

⑦A公司不断加强避免非正常专利申请工作的学习，学习行业的先进经验和制度，不断完善避免非正常专利申请的工作。

(4) 合规审查、合规管理有效性评估及持续改进。

A 公司设置合规审查机制，周期性地对专利合规工作愿景、政策和指引进行审查和修订。专利合规的工作愿景和政策是原则性的文件，应当保持其稳定性，以年为审查和调整周期；针对具体的工作指引，A 公司以半年为审查和调整周期，确保指引文件符合法律法规、监管规定和 A 公司的专利合规工作愿景。修订过程中，A 公司保留完整的修订记录，保持其专利合规工作的延续性和完整性。审查和调整建议由专项虚拟小组负责，虚拟小组包括该规章制度的直接负责部门、与该规章制度执行相关的部门和企业专门负责审查和修订规章制度的部门。

除了周期性的合规审查，内外部评估也是企业专利合规不断改进的有利条件。A 公司的内部评估从两方面着手，第一，长期收集内部用户对专利合规工作的意见和建议；第二，由 A 公司的第三方部门依据《企业知识产权管理规范》（GB/T 29490—2013）和《企业知识产权合规标准指引（试行）》对专利合规工作的完整性、系统性和效率进行评估和反馈。有条件的企业也可以开展外部评估工作，例如，可以聘请第三方评估机构进行独立评估。通过内外部的评估，客观地找到专利合规工作的优点和存在的问题、改进点，并制定和落实改进措施。

(5) 合规文化建设、培训和激励。

专利合规工作是长期、系统性工作，需要企业全员参与。因此，专利合规文化的建设、宣贯和培训是企业专利合规的重要一环。以 A 公司的相关工作为例，论述如下：

①专利合规文化的建设和宣贯。"4·26"世界知识产权日的全员推送、向发明人推送专利授权信息、建设专利文化墙、与 A 公司企业内部相关部门开展专利共创活动、向对专利合规文化有贡献的员工发放纪念品等，都是企业可以尝试的文化建设和宣贯方式，以增强企业鼓励科技创新的氛围，形成尊重和保护专利的企业文化。

②专利合规培训。A 公司进行专利合规培训的目的是向全员宣贯和传达专利合规工作的重要性和相关性。针对不同的培训对象，培训工作可以分为单次培训和周期性培训两种类型。

面向新入职员工的单次培训，A 公司安排的主要内容为宣贯企业的专利工作政策，强调专利合规工作的重要性，同时提供专利工作基本信息便于新入职

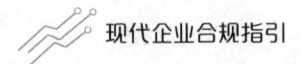

员工能够快速定位与专利相关的资源。

面向全员的周期性培训，A 公司将专利合规的各项工作和要求在企业内部进行宣贯，通常包括管理层培训和全员培训两种。①管理层的培训重点是达成专利合规工作重要性的共识，强调管理层在专利合规工作中的职责，总结和复盘前一周期专利合规工作的进展和问题。管理层培训根据 A 公司的实际需求选取不同的周期，如以季度、半年或者一年为周期。②全员专利合规培训可以灵活设置。首先，针对产品、研发、商务等不同的业务团队定制培训内容，结合各团队的工作场景进行专利合规培训。形式上，A 公司采用现场培训、在线培训或者录屏课程等方式；周期上，为一年两次。其次，A 公司针对具体项目需求的专利合规培训，例如，A 公司封闭研发一款新产品，在项目启动前，结合项目情况开展专利合规培训，确保项目过程中各项专利合规工作落实到位，尊重他人知识产权，降低专利风险，在产品上线前先就创新的发明创造申请专利保护。另外，A 公司开展法务团队的专利合规培训，分享专利合规领域的新动态。同时，A 公司周期性开展面向企业专利工作人员的培训，不断提高专利合规工作的专业度和执行力。

A 公司设置专利奖励制度，设立符合 A 公司特点和制度要求的专利奖金，进一步鼓励 A 公司的科技创新。A 公司还为发明人定制专利纪念品，提高员工参与专利合规工作的积极性。

（6）合规报告与合规记录/档案。

日常工作中，各项专利合规工作都应形成专门的合规记录。A 公司定期就专利合规工作的执行情况、重大项目、面临的问题和挑战以及改进措施形成书面报告，作为前一阶段合规工作的总结和沉淀，同时作为专利合规工作迭代优化的基础。

（7）第三方合规管理。

企业的专利合规工作离不开与上下游合作伙伴和专利服务供应商的共创。对于上游合作伙伴，A 公司要求其保证提供的产品和服务不存在已知的侵害第三方专利权的问题，一旦出现专利纠纷，上游合作伙伴应当有妥善、成熟的处理应对机制。对于下游合作伙伴，A 公司要求其按照尊重第三方知识产权的方式使用企业提供的产品或服务。对于专利服务供应商，A 公司清晰传达其在专利质量、专利流程、专利撰写等方面的合规要求和评价体系，形成及时反馈、定期评估的良性循环。

3.2.3 版权篇

3.2.3.1 软件与字体正版化合规

我国政府高度重视软件和字体的知识产权保护，更是将软件正版化作为专项工作来推进，加强相关软件与字体正版化合规是践行国家方针政策的必然趋势。同时，随着我国法律环境的日趋成熟，软件与字体的知识产权保护得到社会各界的普遍重视和认同。对于企业而言，如果软件与字体的合规工作不到位，不仅可能导致企业面临民事纠纷带来的高额经济赔偿或可能受到行政处罚，更有可能影响企业网络系统的安全性和在行业内的公信力。

本节将以 A 公司为例，分享 A 公司在软件与字体正版化合规专项中的实践经验。

A 公司作为一家互联网技术企业，高度重视软件与字体的知识产权保护和正版化合规工作，其合规项目旨在强化企业全员的软件与字体正版化意识，最大程度地降低潜在的法律风险，以激发更多的内在创新动力，同时也将尊重知识产权作为构筑企业良好商誉的重要基石。为此，A 公司专门设立了"软件与字体正版化合规专项"。在法务部及其他各部门的努力下，企业全员的正版化意识大幅提高。同时，A 公司对外也树立起了积极维护知识产权的良好企业形象，增强了企业公信力。

（1）规章制度。

为保证软件与字体正版化合规的顺利实施，A 公司制定了严格的规章制度。通过员工手册、软件与字体使用规范、IT 资产管理制度等具体形式予以落实，主要内容列举如下：

第一，明确企业政策。针对软件与字体的知识产权保护，A 公司对任何侵权行为都秉持零容忍的态度，这也是其一直贯彻的最佳实践原则。

第二，强化软件与字体使用规范。在未经授权的情况下，任何员工不得在企业办公设备中下载安装自行购买的、来源不明的或无法确定是否为正版的软件或字体。

第三，宣传违规的法律后果。安装、使用盗版软件或未经授权字体的员工将面临：①被强制立即卸载盗版软件/未经授权的字体；②对未来安装软件的行为采取限制措施；③书面警告，情节严重的，依法解除劳动合同；④对于因其侵权行为给企业造成损失的，依法承担赔偿责任。

第四，提供正版软件/字体的采购流程指引。明确软件与字体的采购流程，指引员工在有使用需求时，按照企业的规定提交软件或字体的采购申请，走正规的审批流程，由IT和采购部门协助进行软件安全性评估、采购下单以及安装维护。

（2）组织机构。

在建立了规章制度作为员工使用软件与字体的指南后，A公司组建了合规团队来保证规章制度的严格执行，主要由法务部门牵头，协调IT、采购等其他职能部门提供支持，各部门指派专门对接该合规项目的负责人，保持沟通快捷、顺畅。

第一，法务部门：负责合规审查和争议解决，包括软件与字体使用规范的制定、培训与宣贯、法律风险评估、合规问题咨询等；

第二，IT部门：负责内部核查、软件安全性评估等；

第三，采购部门：负责对接软件与字体的采购需求、供应商资质审查、软件与字体许可合同的管理、字体库维护和更新等。

（3）合规审查及风险的识别与应对。

为保证软件与字体正版化合规的全方位、立体化，A公司的合规审查机制从一个产品初期立项到上线后的运营维护，涵盖产品的整个生命周期，调动企业整体运营，从一线研发部门到后续业务部门，建立完善的审核制度规范及风险识别应对流程。

第一，风险识别。

为保证在产品全生命周期中使用的软件和字体合规，在产品上线前，A公司在法务合规审核流程中增加了"软件与字体合规审核节点"。另外，企业也可以将软件与字体的合规要点及相关正版化要求列入业务部门的自查清单，只有满足清单中的要求，产品才可通过审批上线。如此，可以从法务和业务两个维度和视角确保产品在上线之前的软件与字体方面的合规。

在产品运营过程中，A公司定期监控产品，避免可能发生的纠纷，提出防范方案。例如，随着软件的更新升级，法务部门会主导定期进行人工和工具回扫；字体部分，法务部门可以审查产品宣发物料（如官方网站、公众号推文、广告等）上的字体使用是否获得授权。

除具体的产品和业务线外，A公司的合规专项还囊括了企业日常运营中的软件与字体的使用，如普通员工使用的办公软件、工区室内外标识指引用的字体等。

针对合规风险的识别，A公司的法务部门与IT、采购等相关部门协同制定了合规审查流程并严格实施。

第二，风险应对。

在合规专项中，A公司的法务部门协同IT、采购等相关部门制定风险应对流程和机制，及时审查在运营过程中软件与字体使用及授权的情况，避免出现超许可期限、范围的不合规使用，甚至产生侵权行为的法律风险。

如果在合规审查中发现有来源不明的软件和/或无法确认版权声明的免费字体，A公司要求员工及时卸载并替换为企业经过授权的正版软件/字体，并收集业务的使用需求，跨部门合作，快速寻找合规的替代方案。

如果收到来自软件、字体权利人的协商函，A公司会首先调查、分析权利人指出的使用场景和有关证据，立即进行内部核查。基于调查和内部核查结果，法务部门再评估法律风险，从合规角度给出建议，可以在综合相关部门意见后制订应对方案，进而与软件、字体权利人澄清事实、消除误会、友好协商解决潜在纠纷，化解矛盾。

（4）培训及合规文化。

培训和宣贯是A公司合规专项的重要组成部分，可以提高全员的正版化意识，从源头遏制不合规的行为，有助于提高合规的效率和效果。具体而言，A公司主要通过以下方式进行培训和宣贯：

- 全员信：定期通过邮件等方式，向企业全员宣贯软件与字体正版化相关的企业政策和采购流程等重要信息；
- 培训：定期组织重点部门（如企业及各个业务线设计部门、市场部门、广告部门等）的专项培训；
- 软件与字体使用指南：法务部门基于调研结果和合规项目积累的经验，起草软件与字体使用指南，并基于法律和司法实践的变动而不时地进行更新；
- 宣传出口及活动：将软件与字体正版化的相关企业政策、指引等纳入全员宣讲、新员工培训等活动中。

经过前述正版化的培训和宣贯，A公司各部门、各产品业务线形成了较强的正版化合规意识，在企业内部也营造了良好的合规文化氛围。不仅是参与合规专项的各部门会严格遵守合规审核的流程，普通业务部门员工也充分了解了软件与字体正版化相关的基本概念，在日常工作中能够自觉考虑软件与字体合规要求，主动向法务部门咨询具体项目中软件与字体使用的合规性。

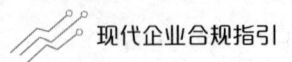

(5) 合规管理有效性评估及持续改进。

软件与字体正版化合规过程中可能会遇到复杂的技术问题、多变的商业场景、专业的知识产权法律知识和不断发展的司法实践，A 公司法务在合规过程中积极积累经验，密切关注业务需求和法律动态，定期评估合规管理的有效性、持续改进合规项目。

在字体合规工作中，随着企业业务的拓展，A 公司使用字体的场景越来越复杂，会不断出现新情况、新问题，例如，商业使用和非商业使用的界限、商业使用行为的目标人群的界定等。针对业务发展过程中遇到的新情况、新问题，企业法务部门及时就相关问题进行了法律调研，评估原有的合规机制能否精准涵盖相关法律风险，是否有必要改进合规流程和方案。

(6) 合规报告与合规记录/档案。

为保证合规项目能够在总结经验教训中不断得以改善，A 公司法务部门定期总结项目报告，概述所取得的阶段性成果、面临的挑战以及项目未来的规划。

同时，A 公司详尽地管理合规记录，包括合规审查流程、方案安排、培训、宣贯活动、咨询记录、争议解决应对记录等，便于追溯合规轨迹、积累经验、进而完善合规项目。

(7) 第三方合规管理。

除企业内部的合规审查外，A 公司的软件与字体的正版化合规项目还涉及企业对第三方合作方的合规管理。在产品开发和运营过程中，企业不免需要与素材供应商、设计企业、软件研发企业等第三方企业合作，作为最终成果的实际使用方，A 公司对于交付成果的知识产权清洁性高度重视。

在前期商谈沟通过程中，A 公司业务部门会与第三方具体对接人员仔细确认软件和字体合规问题，宣贯企业的合规政策和要求，避免后续纠纷。在签订委托、合作协议过程中，法务部门特别关注保证条款、知识产权法律责任条款等，例如，在委托第三方进行创作时，明确约定对方对其开发的产品、设计的作品负有全部的知识产权保证责任及侵权赔偿责任。对于第三方最终交付的成果，A 公司会按照自主研发产品的合规要求进行版权清洁性审查，确保符合合规标准后再审批上线。

3.2.3.2 图片素材及设计模板合规

移动互联网时代人们的生活节奏越来越快，时间利用越来越高效，汲取信息和知识的渠道已经从纸质书本向移动网络转移。在纷繁复杂的信息堆积中，利用图文并茂的形式吸引用户眼球和提供重点讯息更是成为互联网环境下内容营销和市场营销的重要手段。在此背景下，图片素材及设计模板（含摄影作品、美术作品）成为新媒体内容产业和广告创意产业最基础的内容和创意的生产要素之一。

借助于网络技术的普及和发展，在网络上随意下载、复制、粘贴网络上的图片素材和设计模板的现象司空见惯，但此种行为背后带来的是版权侵权风险和对企业商誉的损害。伴随着社会及公众版权意识的不断觉醒、行政执法和司法裁判的大力支持等，权利人越来越重视自己的权利维护，也能更快速地得到法律保护，因此图片素材及设计模板的合规使用在企业知识产权合规管理体系中也占有重要的一席之地。

现以 A 公司为例，分享其在图片素材及设计模板合规工作中的实践经验。

A 公司从图片素材及设计模板的创作、采购、登记和使用管理四个方面建立了完善的规章制度；同时匹配专业的素材资源采购部门和法务部门共同支持规章制度的落地执行；在日常业务中做好风险识别与应对机制；培养企业合规文化；做好企业合规管理有效性评估及持续改进；做好合规报告与记录以及第三方供应商合规管理，从而形成一套在图片素材及设计模板版权合规管理方面行之有效的实践经验，保证企业的使用和运营安全。

（1）规章制度。

A 公司在广告及营销物料设计制作和投放、官方账号运营、媒体和广告信息流业务等场景下都会大量频繁使用图片素材和设计模板，因此在企业内部制定完善的素材使用规章制度，指引企业员工合法合规使用素材作品十分关键且必要。一套完善的规章制度不仅有助于提高业务工作效率，同时也能极大地减少企业的素材类、模板类作品的著作权纠纷发生的概率和频次。A 公司通过供应商管理和素材审核机制、素材及模板使用规范、素材采购和投放审批流程、版权登记及版权资产管理等具体制度贯彻落实素材及模板作品采购、创作、使用以及著作权登记和管理的规章制度。

①企业政策。

A 公司严格秉持图片素材和设计模板先授权后使用的基本规则和企业政策，不允许员工擅自规避授权流程私自使用，对每一个项目中使用的每一幅图片素材和设计模板均严格要求必须先获得授权并在授权范围内使用，对任何未经授权使用的违规行为一律采取下架、警告、惩罚等措施。

②素材采购规则和流程。

自建正版的创意及媒体素材库，制定素材采购的全流程规范要求，素材的上游供应商需经过主体资质和版权授权链合法性的核查和评估，与供应商的合作一律完成授权许可协议的审批和签署流程。在未获得素材作品的版权授权许可之前，业务不得将未采购素材用作公司业务的任何用途，坚决杜绝对未采购未获授权的素材进行使用的违规行为。

③素材使用和作品创作规则。

在完成授权许可协议的签署和审批后，业务人员需要严格按照授权许可协议的内容使用图片素材及设计模板，包括授权地域范围、授权使用期限、授权使用目的和场景。如实际业务使用范围超出授权内容，则需要签署补充协议、再次完成审批以获取额外授权。

为了满足不同业务场景下对媒体和广告内容的定制化需求，A公司建立了严格的法人作品和职务作品创作规则。一方面，由内部员工利用企业提供的素材库、专业工具、摄影器材及设备，在特定场景下设计、制作和拍摄符合企业需求的作品。A公司严格要求员工必须独立创作，不得与其他第三方合作创作。另一方面，针对一些需要在特定环境下才能完成拍摄和创作的作品，A公司会委托具有较强专业能力和技术能力的第三方来执行拍摄和创作。此种情况下，A公司会通过签署委托制作、拍摄等服务协议与受托方达成一致，并约定较强的违约责任来保证定制内容作品的权利完整性和合法性。

④版权资产管理及作品版权登记规则。

A公司建立了一套版权资产管理规则。版权资产管理规则包括对入库的图片素材及设计模板做跟踪处理，所有的使用行为均需在作品入库表中予以记录；同时还包括图片素材及设计模板的供应商管理，A公司根据图片素材和设计模板类型，区分整理不同供应商的服务内容和服务能力，在不同的业务场景下选用不同的供应商。

A公司建立了一套完善的著作权登记规则，指定法务部门对著作权依法归属于A公司以及依约归属于A公司的作品进行著作权登记。登记规则覆盖全流程，包括复核确认作品著作权权利人、完成企业内部作品打标、整理登记所需全部材料、提交版权登记管理部门完成登记申请、梳理已登记作品并完成归档确认以及申请调用登记证书的审批规则。

（2）组织机构。

上述规章制度为 A 公司合规合法使用图片素材及设计模板奠定了指导基础，在此规章制度的指引下，A 公司匹配了完善的组织架构，保证规章制度的执行能够完整、有效、闭环。A 公司的组织机构围绕资源管理和使用为核心，在法务部和资源部的紧密配合下，提供业务需求支持和合规评估支持，具体职责内容如下：

①资源部对接市场运营部门和商业化部门的需求，统一负责 A 公司图片素材及设计模板的引进与管理工作，包括核查供应商资质，整理入库作品信息登记表，以及对外洽谈入库部分作品的商务合作。

②法务部负责合规评估及风险应对，包括审核授权协议，完成合规培训，以及处理侵权纠纷。

（3）风险识别与应对。

①合规风险。

A 公司使用图片素材和设计模板的业务场景非常广泛，涉及短视频平台、自媒体平台的文字内容搭配、移动应用程序、官方网站的宣传推广、线下户外广告、车载广告、易拉宝的广告投放等。由于前述使用场景和使用方式的多元化，受众的不特定以及传播的速度性，要求企业在使用图片素材和设计模板时必须做好充分的风险识别和风险应对。如果企业未获得他人授权使用他人享有著作权的权利作品，将会面临民事侵权赔偿及违约责任风险、行政投诉和举报的处罚风险以及刑事责任风险。

②风险识别。

为保证图片素材和设计模板的使用符合法律要求，不侵犯第三方权利，使用图片素材和设计模板需要事先做好风险预判，在正式投放使用前，A 公司均会进行自制内容和物料的合规检查，保证图片素材和设计模板已获得版权授权、相关第三方权利的授权、所需的著作权人身权与财产权。主要从以下三个方面着手：

其一，识别图片素材和设计模板权属的真实性与合法性。在选定具体需要使用的图片素材和设计模板之后，A 公司会要求权利人提供版权证明文件，包括提供图片素材的 RAW 格式原图、设计模板的分层文件和基本元素，要求权利人提供作品著作权登记证书或著作权转让协议等能够证明著作权权属的证据材料。

其二，识别图片素材和设计模板中含有的其他第三方权利的获取情况。如图片素材中涉及含有可辨识的人物肖像、著名的建筑物、经典动漫形象、商标等第三方权利，或设计模板中含有文字作品、字体作品时，A公司法务部会先判断是否需要获取第三方权利人的授权，如果需要单独授权，那么A公司会单独获取授权或要求供应商提供第三方权利清除服务。

其三，识别图片素材和设计模板中具体的授权使用类型。作品的著作权权利包括署名权、保护作品完整权等人身权以及复制权、信息网络传播权、改编权等财产权，在不同的使用场景下需要获得不同的权利授权。如果A公司需要修改图片素材的色调，重新裁剪拼接，添加品牌标识等，那么就需要对应获取修改权、保护作品完整权等授权；如果需要将图片素材用于网络广告以及线下户外广告牌的同步投放，那么就需要获取信息网络传播权和复制权的授权。

③风险应对。

A公司在图片素材及设计模板使用前、使用中、使用后的全业务流程中完成版权风险跟踪和处理。

使用前：根据图片素材及设计模板著作权归属的不同，A公司在使用前会采取不同的应对方案，具体包括，当图片素材及设计模板的著作权权利人是A公司时，A公司会保留图片素材及设计模板的全部底层文件，及时完成著作权登记，核查使用场景的合规性，保证使用此类作品不违背国家法律法规和监管政策的要求；如图片素材及设计模板中还含有第三方权利如人物肖像权，则A公司会主动获取肖像权授权许可，保证作品里面的元素和内容不侵犯第三方权利。当图片素材及设计模板的著作权权利人是第三方时，即A公司是通过支付授权许可使用费获取的授权，A公司会签署授权许可协议、要求权利人作出全部权利的承诺与保证，并事先约定侵权的责任划分，保证即便出现侵权问题，A公司也能履行基本的注意义务，并由第三方承担相应的不利后果。

使用中：首先，法务部会跟进图片素材及设计模板的实际上线情况与授权确认情况，如发现实际使用场景超过授权范围的情形，则会立即采取下线作品、下架产品等手段防止不利后果的继续扩大，并会尽快获取对应授权，在重新获得全部授权之后再重新上线使用。其次，如果在使用过程中被第三方主张侵犯著作权，则A公司会整理权属材料证明权利的清洁性，积极应诉处理，并要求授权方配合验证权属的完整性与合法性。如确实属于侵权使用，则会先行承担相应责任，保护权利人的合法权益，然后再依据授权许可协议向授权方追责。

使用后：法务会根据使用中出现的超范围使用、权属瑕疵使用等事故进行复盘，总结事故发生的背景、原因、给企业带来的不利后果，并将复盘结果同步相关业务线和资源合作团队，相应采取降低供应商资质评分或拉黑、完善审批流程等整改措施。

（4）培训及合规文化。

A 公司十分重视企业图片素材及设计模板合规使用的体系建设，并通过内部传达、外部培训两种途径创造企业合规文化。

A 公司法务部作为合规文化建设的重要角色，不仅在日常素材的合规评估意见中针对具体的方案提出合规意见，指导对应的单一业务员工搭建合规意识，同时也会定期举办合规培训，分享合规案例以及侵权案例，讲解相关法律法规和典型案例，培养企业整体的合规意识。

A 公司法务部还会不定期邀请知名学者专家、著作权领域的优秀律师以及素材图库的资深法务，与 A 公司的业务部门和法务部门一起学习最新的行业规则、前沿案例等，不断丰富、更新合规意识。

（5）合规管理有效性评估及持续改进。

合规规章制度的有效性评估，既要保证规章制度符合法律规定、监管要求，不侵犯第三方合法权利，同时也要关注和跟踪合规管理对业务发展的实际作用。由于业务发展和市场需求不断推陈出新，应用场景不断丰富变化，法律条文和司法裁判标准也会适应新业态新技术的发展不断调整和变化，因此对合规管理有效性的复盘和评估是一个动态跟进、不断完善的过程，需要不断根据社会经济环境的变化以及国家法律法规及政策的变化而适时调整，保持企业的合规水平与企业发展需求、法律政策要求平齐，避免滞后合规触碰法律红线或超前合规影响业务发展。

（6）合规报告与合规记录。

①A 公司重视合规评估复盘。在法务部建立双月报制度，在每两个工作月结束后复盘双月的重点合规评估事项，总结合规的亮点与不足，重点反思反面案例，梳理问题成因及改进措施，避免同类事件再度发生。

②A 公司重视自有版权素材的登记管理工作。建立自有版权素材的在线登记表格，做好自有版权素材的管理工作。

③A 公司重视素材的信息登记管理工作。为方便业务使用合规清洁的素材，提示业务按照授权的地域范围、授权期限、授权用途使用素材，A 公司会实时

更新素材的基本信息；同时为了应对第三方对素材使用的质疑和挑战，也会在信息登记管理表中一并留存对应的全部权属材料，保证所有的使用行为有据可查。

（7）第三方合规管理。

A 公司业务范围非常之广，同时还会有实效性、安全性的双重要求，因此建立一套完整的合作供应商管理制度尤为重要。合作供应商不仅需要能够满足 A 公司的内容需求，也需要保证服务人员的响应速度和服务质量。A 公司根据已有合作案例和供应商资质情况，将供应商区分为三种等级。第一种是专业能力强、服务质量优、响应速度快、执行效率高的优质供应商，在成本允许的情况下，会倾向于选用此类供应商；第二种是专业能力、资质情况和执行效率中等的供应商，此类供应商由于成本相对较低，因此对任务紧迫性不强也不复杂且预算有限的项目，则会倾向于选用此类供应商；第三种是在特定领域内提供服务且有相应资质的供应商，当需要特定类型如海外视角、体育竞赛的图片素材或指定主题类型的设计模板时，此类供应商将会是不二之选。最后，如果某些供应商曾经出现过权利瑕疵、权属不真实等问题，则 A 公司会直接将此类供应商列入"黑名单"，不再合作。

3.2.4 商业秘密篇

商业秘密属于企业的重要资产。简单来说，凡是无法从合法的公开渠道获得的、具有一定价值的、采取了合理的保密措施的信息，均为一个企业的商业秘密。商业秘密保护的信息类型可以分为技术信息和经营信息。以下以 A 公司为例，介绍公司在商业秘密保护方面的合规经验，对于互联网 A 公司，算法、数据、计算机程序及其有关文档等信息均属于技术类商业秘密，创意、方案、管理、销售、财务、计划、样本、招投标材料、客户信息、数据等信息均属于经营类商业秘密。不同于专利、商标等知识产权类型，商业秘密无法通过向政府相关部门进行申请来获取具有公示力的权利证明，因此商业秘密的合规更多的还是高度依赖于 A 公司内部制度的建设和执行，科学有效的商业秘密合规制度是成功保守 A 公司商业秘密的命脉。

为了实现以下两大目标：第一，保护 A 公司商业秘密不被泄露，以及，如果 A 公司商业秘密被非法泄露了，A 公司基于法律依据和证据提起法律行动。第二，防止侵犯第三方的商业秘密。A 公司采取了以下商业秘密合规措施：①设立科学完善的商业秘密合规规章制度；②构建科学联动的商业秘密合规管理组织构架；③在 A 公司日常经营中监控识别商业秘密风险，并及时采取应对措施；④通过宣传和培训加强员工的保密意识、提高保密能力，将保密合规纳入 A 公司企业文化中；⑤建立相适应的纪律处分程序和奖励机制；⑥周期性对商业秘密合规工作进行有效性评估，建立合规报告，并根据 A 公司发展和发现的新问题及时调整合规管理制度。通过贯彻实施这些制度，A 公司有力地保护了自己的商业秘密，目前未发现商业秘密被泄露的情况，也没有被任何主体提出商业秘密侵权诉讼或主张。

（1）规章制度。

商业秘密合规是以科学完善的规章制度为前提。各种规章制度既要兼顾经营活动的效率，又要兼顾商业秘密保护的效力。通过落实到书面的规章制度，A 公司商业秘密合规管理有据可循。具体而言，A 公司的商业秘密合规规章制度包括以下内容。

①人员管理相关保密制度。

从人员层面看，A 公司商业秘密合规规章制度主要包括以下内容：一是通过员工劳动合同、保密协议、员工手册等明确员工的保密义务；二是人事部门和法务部门需要尤其关注重点人员，包括 A 公司高管人员，其他知悉 A 公司重要经营信息、技术信息等重要商业秘密的员工在入职时应该签署知识产权承诺函，向 A 公司如实披露是否知悉前雇主或第三方的商业秘密并负有保密义务，是否负有竞业禁止义务，并承诺在工作中不使用、不侵犯他人的商业秘密及其他知识产权；三是取消离职员工的所有访问权限，收回所有 A 公司的 IT 设备，要求离职员工登记、返还、清除、销毁其接触或者获取的商业秘密及其载体，继续承担保密义务；四是对于重点人员，关注离职后 1 年动向，是否有可能存在泄密问题，如有可疑侵犯 A 公司商业秘密的行为，应当及时采取相关措施；五是严格控制外部人员进入 A 公司的权限，相关内部人员需要对外部来访人员的行为负责。

通过上述制度，A 公司降低了来自人员层面的商业秘密合规风险的发生。

②保密信息分级分类制度。

为了更好地对 A 公司保密信息进行管理，既保证公司业务活动的高效进行，又能最小化保密信息泄露对公司的利益损害，A 公司对公司的保密信息进行分级分类，并采取不同程度的保密措施。

具体而言，A公司按照信息的保密程度、允许扩散的范围等将公司的保密信息分为四个密级：机密、秘密、内部、公开。

第一，机密：A公司最重要和敏感的商业秘密信息，只限于特定极少数相关人员获取，访问权限受到严格限制。非授权的公开、泄露将直接对A公司及其客户或员工造成严重不利影响。机密信息包括但不限于：A公司重大发展战略、财务数据、重要项目信息、客户信息等。对于用户个人信息，能够单独识别自然人身份或者反映特定自然人活动情况的用户个人信息，A公司也将之归为机密信息。

第二，秘密：对A公司有重要价值的商业秘密信息，只限于与该信息相关的部分人员获取。非授权的公开、泄露将直接对A公司、员工或客户造成不利影响。A公司的秘密信息包括但不限于：业务规划、市场计划、未发布的人事安排、员工薪酬、未公开的持股计划、A公司承担保密义务的第三方保密信息等。

第三，内部：可在A公司内部进行发放和传播的信息，但不适合对外扩散。A公司的内部信息包括但不限于：作业规范、管理制度、已发布的人事任免等。

第四，公开：可以对外提供的信息。A公司公开的信息包括但不限于：A公司介绍、已对外发布的投资项目、市场宣传PPT等。

A公司规定了各部门负责人根据各自的业务情况对保密信息的分级进行统筹安排，详尽列出密级以及授权权限人员。

③保密信息的保密措施制度。

合理的保密措施是信息能够被认定为商业秘密的前提。为防止商业秘密泄露，A公司制定了科学配套的保密制度。

A公司建立保密信息的权限管控制度，建立员工账号开户、设置权限、变更权限和销户的闭环流程，权限须根据最小授权原则进行分配。每个员工仅有权限接触与自己工作相关的信息，且仅用于工作目的。员工必须对自己的账号和口令保密，禁止员工之间共享账号。

对于A公司而言，开发环境的安全保密尤为重要，因此A公司高度重视通过物理隔离和网络隔离来对信息进行保密。在物理隔离层面：将核心研发区域和公共接待区域进行物理隔离，甚至与其他普通办公区域进行物理隔离，对核心研发区域的出入进行严格的身份限制。对于办公区域，禁止员工进行非授权的拍照、摄像。在网络隔离层面：对于特殊部门的关键研发人员的外网接入进行严格限制。对能够接触、获取商业秘密的计算机设备、电子设备、网络设备、存储设备、软件等，采取禁止或者限制使用、访问、存储、复制等措施。对于这些硬件设备的故障问题，由 A 公司 IT 部门负责统一维修事宜。此外，对于核心的代码等重要商业秘密，通过密钥等保密工具，加强保密效果。

（2）组织机构。

良好的组织机构是 A 公司商业秘密合规制度的有力后盾。A 公司商业秘密合规的组织机构主要由 A 公司法务部门、IT 部门（信息安全部）和人事部门主要负责，各业务部门针对具体情况，落实保密规章制度。

A 公司法务部门主要负责：①组织制定 A 公司的商业秘密合规的具体制度和流程；②组织商业秘密的相关培训；③监督 A 公司各部门商业秘密合规相关的日常工作，提出整改意见；④组织对 A 公司各部门商业秘密合规工作定期进行内部审核，识别风险事项并组织整改；⑤调查和处理涉及商业秘密的侵权事件；⑥提供有关商业秘密的法律咨询。

A 公司 IT 部门（信息安全部）主要负责商业秘密合规工作的技术支持，具体实施商业秘密制度规章、流程等制度，包括权限设置、设备设置、网络设置等。

A 公司人事部门主要负责商业秘密合规工作中与人员管理相关的工作：①在让员工入职、离职时签署与商业秘密相关的文件、手册；②对核心人员的人事变动及时知会法务部。

A 公司其他各部门负责根据部门具体情况对该部门掌握的商业秘密进行界定和分级，配合支持法务部门、IT 部门及人事部门的商业秘密合规工作。

（3）风险识别与应对。

除了制定科学完善的商业秘密合规制度，A 公司还在日常经营活动中监控、主动识别潜在的风险，并及时采取合理的应对措施。

考虑到对于 A 公司而言，商业秘密合规风险主要来源于以下几个方面，A 公司重点监控这些环节中的商业秘密问题并采取应对措施以降低风险。

对 A 公司商业秘密的泄密行为：

第一，离职员工泄露商业秘密。A 公司按照上述商业秘密合规制度，对离职员工进行核查、交接、返还、清除、销毁等一系列必要的脱密工作。此外，对于核心人员，A 公司还在离职后一定时间段（根据具体离职员工情况确定，例如 1 年内）持续地合法监控和关注该员工的离职去向、研究动向等。在业务活动的关键节点，例如产品的立项、发布等环节，导致商业秘密被不当公开：

在这些重要节点上，法务部门介入对于商业秘密合规的审查。

第二，与第三方的合作中，商业秘密被不当泄露。在进行任何实质性谈判、合作前，A公司均会与对方签署保密协议，约定对方的保密义务。在具体合作时，A公司对提供给对方的信息进行保密标识，要求对方仅在合理且必要的范围内提供保密信息。

第三，研发部门的泄密行为。A公司通过严格的物理隔离和网络隔离，以期减少泄密风险。此外，A公司还格外重视对研发部门人员的保密宣传和教育工作。

对第三方商业秘密的侵权行为：

第一，员工对前雇主的商业秘密侵权。鉴于员工对前雇主商业秘密泄密，现任单位可能需要承担民事责任。因此A公司要求员工签署知识产权承诺函，承诺不会侵犯包括前雇主在内的任何第三方的知识产权。对于核心人员，尤其是核心研发人员的入职，A公司还会进行背景调查，例如入职前获得的专利、主要的研究方向等，审查其与前雇主的保密、竞业义务，提示员工在入职后避免使用相关的知识产权，并做书面记录留档。利用他人的商业秘密，从业务角度看，对于有些部门可能有很强的吸引力和诱惑力。对于这些部门，A公司一方面加强员工的风险意识培养；另一方面从实际出发，结合具体业务，主动给员工提出一些指引，进行风险管控。此外，在研发过程中，A公司格外注意和审查是否存在非法窃取其他方代码的行为。根据业务情况，A公司会要求员工在提交代码时进行原创性声明。此外，A公司还通过技术手段，对于异常代码行为进行预警。

第二，泄露合作方的保密信息。在与第三方合作中，A公司高度重视对第三方的保密义务，仅在合同约定范围使用第三方的商业秘密。在经营管理中，A公司会持续性监控可能的泄密行为，保全相关证据，以打击具体的泄密行为。A公司通过内部的监控软件、内部线索举报等收集线索。A公司要求员工在发现有侵犯或可能侵犯A公司商业秘密的行为时，及时向部门负责人员及法务部门汇报。对于严重的商业秘密侵权行为，A公司的具体业务部门会与法务部积极沟通讨论，确保维权措施的有效性及统一性。对于涉嫌泄露商业秘密的员工，A公司会要求其立即暂停工作，并关闭其各项IT账号以及文件访问权限。A公司的法务部门制订了对涉嫌泄密员工的调查方案，包括对泄密员工的访谈、电脑和邮箱排查等。

(4) 培训和建设合规文化。

A公司深知,商业秘密合规的落实,依赖于每个员工的保密意识和保密能力。因此,A公司将保密作为A公司文化的一部分。通过保密宣传和培训,提高了员工的保密意识,增强了员工的保密能力,对员工产生了一定阻吓效应,减少了员工泄密行为的发生。相较于事后的追责,事前的防微杜渐更能保护A公司利益,也是侧面保护员工利益。

在具体操作层面,A公司通过以下方式来提高员工的保密能力:①定期向员工推送保密培训课程视频,要求员工完成足够时长的学习,并完成测试。培训覆盖对于A公司保密制度的详细讲解、常见可能构成商业秘密侵权的场景、侵犯商业秘密的可能后果以及具体的案例介绍。对于核心员工,A公司会提高对其定期培训和测试的频率。②法务部门或委托外部律师事务所对特定重点业务部门做更有针对性的培训,设置互动交流环节,结合业务部门的业务特点提供更多操作指引和提示。③通过举行关于保密知识的有奖竞答、比赛等活动,增强员工对保密知识的学习动力等。④在公司内部设置醒目的保密提醒标识并做好宣传工作。

(5) 激励及惩戒。

A公司对保密合规工作设置了激励和惩戒机制,以进一步加强员工的保密意识。A公司鼓励员工对于潜在的泄密风险、保密措施漏洞等及时上报,鼓励员工积极对保密制度提供建议、反馈,并根据情况给予奖励。

此外,对于员工违反A公司商业秘密合规制度的,A公司根据具体情节给予其一定惩罚。对于员工因泄密问题涉嫌刑事犯罪,A公司会将案件交由国家司法机关处理。

(6) 合规报告、合规管理有效性评估及持续改进。

A公司法务部门会定期整理A公司保密合规制度的落实情况,及时梳理各部门保密合规工作的开展情况,撰写合规报告,总结出现的问题和改进建议。此外,对于A公司保密合规的各项制度文件,A公司根据自身的发展情况、合规工作的实操情况、法律的变化,及时进行更新。更新的制度或手册由全体员工再次签署确认。

第4章

反垄断合规

4.1 反垄断合规依据和要点

2021年8月30日,中央全面深化改革委员会第二十一次会议审议通过了《关于强化反垄断深入推进公平竞争政策实施的意见》。习近平总书记主持会议时强调,强化反垄断、深入推进公平竞争政策实施,是完善社会主义市场经济体制的内在要求。

在强化反垄断和防止资本无序扩张的反垄断执法常态化背景下,反垄断合规管理已经成为企业经营成功和可持续发展的基础之一。全面梳理和审视国内外反垄断法律制度以及典型案例、突出问题,及时识别、分析和评价企业反垄断合规风险,努力提升企业反垄断合规能力,确保企业反垄断合规相关措施得以持续有效执行,显得尤为重要。

4.1.1 法律法规一览表及重点法条解析

4.1.1.1 法律法规一览表

《反垄断法》自2008年实施以来,相关配套制度不断健全完善,部分反垄断合规法律法规和政策文件梳理如表4-1所示。

表4-1 部分反垄断合规法律法规及规范性文件一览表

序号	名称	效力级别	发布主体	实施年份
1	《反垄断法》(2022年修正)	法律	全国人大常委会	2022年
2	《国务院关于经营者集中申报标准的规定》(2018年修订)	行政法规	国务院	2018年

续表

序号	名称	效力级别	发布主体	实施年份
3	《最高人民法院关于审理因垄断行为引发的民事纠纷案件应用法律若干问题的规定》（2020年修正）	司法解释	最高人民法院	2021年
4	《最高人民法院发布十起人民法院反垄断和反不正当竞争典型案例》	司法解释性质文件	最高人民法院	2021年
5	《2008—2018年中国法院反垄断民事诉讼10大案件案情简介》	司法解释性质文件	最高人民法院	2018年
6	《经营者反垄断合规指南》	指南、部门规范性文件	国务院反垄断委员会	2020年
7	《国务院反垄断委员会关于平台经济领域的反垄断指南》	指南、部门规范性文件	国务院反垄断委员会	2021年
8	《国务院反垄断委员会横向垄断协议案件宽大制度适用指南》	指南、部门规范性文件	国务院反垄断委员会	2019年
9	《国务院反垄断委员会垄断案件经营者承诺指南》	指南、部门规范性文件	国务院反垄断委员会	2019年
10	《国务院反垄断委员会关于知识产权领域的反垄断指南》	指南、部门规范性文件	国务院反垄断委员会	2019年
11	《关于相关市场界定的指南》	指南、部门规范性文件	国务院反垄断委员会	2009年
12	《市场监督管理行政处罚程序规定》（2022年修正）	部门规章	国家市场监督管理总局	2022年
13	《市场监督管理行政处罚听证办法》（2021年修正）	部门规章	国家市场监督管理总局	2021年
14	《禁止垄断协议暂行规定》（2022年修改）	部门规章	国家市场监督管理总局	2022年

续表

序号	名称	效力级别	发布主体	实施年份
15	《禁止滥用市场支配地位行为暂行规定》（2022年修改）	部门规章	国家市场监督管理总局	2022年
16	《经营者集中审查暂行规定》（2022年修改）	部门规章	国家市场监督管理总局	2022年
17	《国家市场监督管理总局关于禁止滥用知识产权排除、限制竞争行为的规定》（2020年修订）	部门规章	国家市场监督管理总局	2020年
18	《企业境外反垄断合规指引》	部门规范性文件	国家市场监督管理总局	2021年
19	《国家市场监督管理总局反垄断局关于经营者集中申报的指导意见》	部门规范性文件	国家市场监督管理总局	2018年

4.1.1.2 我国及域外反垄断立法概述

（1）我国《反垄断法》及其修正。

我国《反垄断法》自2008年8月1日起施行，其立法目的是预防和制止垄断行为，保护市场公平竞争，提高经济运行效率，维护消费者利益和社会公共利益，促进社会主义市场经济健康发展。

随着数字经济的飞速发展，2008年《反垄断法》已不能完全适应时代的发展需要。因此，十三届全国人大常委会第三十一次会议于2021年10月19日审议了《反垄断法（修正草案）》，并于2021年10月23日向社会公开征求意见。[1]这是我国为强化反垄断和防止资本无序扩张，针对2008年《反垄断法》实施中存在的突出问题，进一步完善反垄断相关制度所进行的重大修法工作。

2022年6月24日，十三届全国人大常委会第三十五次会议审议通过了《关于修改〈中华人民共和国反垄断法〉的决定》，自2022年8月1日起施行。此次修法是该法2008年以来的首次大修，2022年《反垄断法》由57条增加至70条。其中，立法目的增加了"鼓励创新"，丰富了目标体系与内容，明确了公平竞争审查制度的法律地位，完善了对数字经济领域垄断行为的规制，大幅修改了"法律责任"。2022年《反垄断法》将对相关执法、司法以及配套制度

---

[1] 坚持规范与发展并重：反垄断法修正草案首次提请全国人大常委会会议审议［EB/OL］. 全国人民代表大会, 2022［2022-06-30］. http://www.npc.gov.cn/npc/c30834/202110/512cd30239f2492e9ef079500ea9f1a0.shtml.

的修订产生深远影响。因此,应对该法的重点修订内容进行理解和把握。

①回应和完善平台经济领域反垄断。

针对数字经济领域的垄断行为,如"二选一""大数据杀熟"都涉及数据、算法和技术,2022年《反垄断法》积极回应数字时代、数字经济的新挑战,在总则第9条,以及第三章第22条第2款均有规定,尤其是在总则层面作出规定,对于其他具体制度及其适用均有指导价值,影响深远。相对于《反垄断法(修正草案)》而言,上述条款采取更宽泛的描述性措辞,也预示着经营者面临更严格的反垄断监管,平台企业应予以重点关注。

②明确建立"安全港"制度。

2022年《反垄断法》第18条第2款、第3款有关纵向垄断协议的规定,实质上延续了执法机关"原则禁止+例外豁免"的执法原则,从法律层面设立了"安全港"制度,也不限于知识产权领域或汽车等特定行业,将有助于减少执法分歧,提高法律适用的一致性和可预测性。但从以往经验看,要证明没有排除、限制竞争效果的难度不小。至于"安全感"的具体市场份额标准或条件,有待配套指引或细则进行细化和明确。

③经营者集中处罚力度加大,违法成本大幅提高。

根据2022年《反垄断法》第58条,对经营者违法实施集中处上一年度销售额10%以下的罚款;不具有排除、限制竞争效果的,处500万元以下的罚款。相较于2008年《反垄断法》顶格处罚50万元的规定,新法处罚上限大大提高,违法成本和法律威慑力大幅提升。同时,针对不具有排除、限制竞争效果的经营者集中行为,只设定500万元的罚款上限,未设定罚款的下限,使执法活动更具灵活性。

④完善法律责任制度。

2022年《反垄断法》全面提高对违法行为的处罚力度,还增加了对经营者法定代表人、主要负责人和直接责任人员等个人的处罚规定。对于情节特别严重的,可以在罚款数额的2倍以上5倍以下确定具体罚款数额。给他人造成损失的,依法承担民事责任。损害社会公共利益的,可以依法提起民事公益诉讼。对于构成犯罪的,依法追究刑事责任。

简而言之,2022年《反垄断法》为强化反垄断,防止资本无序扩张,促进反垄断强监管常态化,提供了更加明确的法律依据和制度保障。经营者应全面梳理、规范现有商业合同与行为,将防范反垄断法律风险作为企业"必修课",

做好反垄断合规风险防范工作，依法合规经营。

（2）反垄断法相关司法解释及规定。

在2008年《反垄断法》实施前夕，最高人民法院于2008年7月28日发出《最高人民法院关于认真学习和贯彻〈中华人民共和国反垄断法〉的通知》，明确了垄断民事纠纷案件的受理条件和审理分工。2012年发布的《最高人民法院关于审理因垄断行为引发的民事纠纷案件应用法律若干问题的规定》明确了反垄断民事诉讼的基本规则，如垄断民事纠纷的管辖权问题、原被告的举证责任分配、诉讼时效期间等，该司法解释的出台对人民法院正确适用2008年《反垄断法》，依法公正高效审理垄断民事纠纷案件起到重要指导作用。此外，最高人民法院正在起草《最高人民法院关于审理因垄断行为引发的民事纠纷案件应用法律若干问题的规定（二）》，将进一步细化平台经济领域反垄断案件的裁判标准。

（3）反垄断部门规章及规范性文件。

近年来，我国对垄断行为划分界定的规定相继出台，原料药和平台经济等领域反垄断指南接连发布，公平竞争审查制度实施细则不断修订完善。这意味着我国反垄断部门规章及规范性文件逐渐完善，无论是对垄断行为的划分界定，还是细分领域的反垄断或公平竞争审查等方面，均取得了较大的成就，已经形成了反垄断有法可依、有章可循的立法执法新格局。

①在垄断行为划分界定方面。

2019年，国家市场监督管理总局公布《禁止滥用市场支配地位行为暂行规定》《禁止垄断协议暂行规定》，对滥用市场支配地位和涉及垄断协议等垄断行为的管辖机构作出明确，对上述垄断行为的构成要素等方面作出详细规定和说明。2020年，国家市场监督管理总局出台《经营者集中审查暂行规定》，对违法实施经营者集中案件的管辖机构作出明确，对该垄断行为的构成要素等方面作出详细规定和说明。上述规定也于2022年根据形势变化作出修改。

②在平台经济方面。

2021年，国务院反垄断委员会印发了《国务院反垄断委员会关于平台经济领域的反垄断指南》，该指南的主要内容包括以下方面：在垄断协议方面，该指南进一步明确了平台经济领域垄断协议的表现形式，即包括"利用数据、算法、平台规则等实现协调一致行为"等，体现了平台经济领域的特点。在滥用市场支配地位方面，该指南结合互联网平台经济的特点，对支配地位的认定、具体的滥用行为和正当理由作出更进一步的规定。在经营者集中方面，该指南明确了涉及 VIE 架构的经营者集中属于经营者集中反垄断审查范围；针对"掐尖并购"，明确了监管态度，针对涉及初创企业或者新兴平台、免费或者低价模式、相关市场集中度较高、参与竞争者数量较少等类型的平台经济领域经营者集中高度关注。

总体而言，该指南的制定是对《反垄断法》在互联网平台经济领域的适用和细化，表明了国家加强互联网平台经济领域反垄断执法的决心。但平台经济与传统行业相比，两者的发展状况、经营特点和运行规律并不相同，尤其是平台经济还具有双边平台企业网络效应、锁定效应等特点。因此，如何认定相关市场以及是否具有市场支配地位，还有待后续的实施细则予以细化，以便提供更加明确的指引，促进平台经济规范有序创新健康发展。

（4）欧美国家及国际组织的反垄断法概述及对我国的影响。

①美国反垄断法。[1]

美国作为联邦制国家，联邦和各州层面都有立法权，且法院判例占很大的比重。从 20 世纪至今，美国反垄断法迅速发展并日益完善，形成了较为完善和成熟的反垄断法体系。从立法层次看，美国反垄断法由联邦立法和州立法两个层次构成；从立法的内在结构来看，美国反垄断法主要由基本法（及修正案）、例外法和相关的判例构成。

1890 年，美国国会通过了第一部反托拉斯法《谢尔曼法》，被称为美国的"自由宪章"，成为此后美国反垄断法律的基础。1914 年，美国国会颁布了《克莱顿法》和《联邦贸易委员会法》。《克莱顿法》的制定是为了弥补《谢尔曼法》的不足，该法规定了四种非法行为：一是价格歧视，即对不同的商品买主直接或间接地实施价格歧视构成违法；二是独家交易和搭售（捆绑）垄断，即禁止卖主在交易中限制与第三方交易和禁止卖主在交易中搭配其他商品；三是公司购并，即禁止公司以实质上减少竞争或旨在形成垄断为目的而直接或间接地取得他公司的全部或部分股份或其他资产；四是连锁董事，即禁止公司之间的职务兼任等。《联邦贸易委员会法》主要是对禁止"不公平的竞争方法"和"不公平或欺骗性的行为或做法"等作出详尽规定。以上三部法律是美国至今仍有效遵守并执行的核心反垄断法。进入 21 世纪以来，美国司法部与联邦贸易

---

[1] The Antitrust Laws [EB/OL]. Federal Trade Commission. 2022 [2022-04-26]. https://www.ftc.gov/advice-guidance/competition-guidance/guide-antitrust-laws/antitrust-laws.

委员会还修订了《横向合并指南》《纵向合并指南》等指南，进一步淡化了结构主义色彩，大大降低了相关市场界定的重要性，详细规定了反竞争效果证据、目标消费者与价格歧视、市场界定方法等内容的概念与区分标准。

美国两大反垄断执法机构是司法部反垄断局（Department of Justice Antitrust Division，DOJ）和联邦贸易委员会（Federal Trade Committee，FTC）。DOJ 主要负责执行《谢尔曼法》和《克莱顿法》，是典型的行政机构。DOJ 具有提出包括刑事诉讼和民事诉讼在内的司法诉讼权力。FTC 主要负责执行《联邦贸易委员会法》和《克莱顿法》。两家机构都有权执行《克莱顿法》，在企业合并审查的职能上有一定重合。实践中，双方根据各自专业化和经验进行分工，FTC 负责的领域包括但不限于制药业、石油和天然气行业、计算机硬件和许多零售食品行业；DOJ 主要负责的领域包括通信业、电子业、金融业和钢铁业等重点行业。DOJ 与 FTC 的最大区别在于，FTC 没有 DOJ 拥有的启动刑事诉讼程序的权力，另外，FTC 还肩负着保护消费者权益的责任。

②欧盟反垄断法。[1]

欧盟竞争立法主要包括四部分：反垄断、卡特尔、并购控制、国家补贴。欧盟竞争政策近年来发展迅速，已形成较为完善的体系，而且与中国同属成文法系，值得借鉴。欧盟机构在竞争政策领域起主导作用，成员国竞争政策只能在欧盟竞争政策框架内，在不影响欧盟竞争政策效应的前提下，补充规范成员国内部的少数竞争行为。

欧盟反垄断法有以下三个渊源：一是《欧洲联盟条约》（2009 年 12 月之前为《欧共体条约》）；二是欧盟部长理事会和欧盟委员会制定的法规、指令和决定；三是欧洲法院的判决和先行裁决。2009 年 12 月之前，《欧共体条约》第 81 条、第 82 条是欧盟反垄断法的支柱性法律渊源。例如，第 82 条规定了禁止滥用市场主导地位的行为，其列举的滥用行为有：直接或间接强加购买或者强行定价或者其他不公平交易条件；限制生产、销售或者技术开发而损害消费者；对其他交易当事人同样的交易适用不同的交易条件，从而将其置于不利的竞争地位；在订立合同时，要求其他当事人按照其性质或者交易习惯接受与合同无关的附属义务。此外，2009 年 12 月生效的《里斯本条约》则可视为欧盟竞争政策的渊源。例如，第 101 条规定了禁止两个或两个以上的公司通过协议限制

---

[1] Competition Policy [EB/OL]. European Commission. 2022 [2022-04-26]. https://ec.europa.eu/competition-policy/index_en.

竞争，只有在特殊的情况下才适用例外条款；第102条规定了禁止企业滥用其支配性地位。实际上，《里斯本条约》中的竞争政策是对《欧共体条约》反垄断精神的延续和发展。

此外，欧盟部长理事会和欧盟委员会制定的法规、指令和决定也构成了欧盟反垄断立法的重要组成部分。比如欧盟1990年9月21日通过《第4064/89号关于企业并购控制的理事会条例》（并购条例），用以规制在欧共体范围内造成影响的企业并购，成为欧共体竞争法的核心内容。2004年欧盟通过的《理事会关于控制经营者集中的第139/2004号条例》，取代了1990年通过的第4064/89号条例。涉及企业并购审查的程序规范和实体标准等，对企业的横向兼并、纵向兼并及混合兼并等都作出了较为详细的规定。而欧洲法院和欧盟委员会的判决和先行裁决也对欧盟地区的反垄断立法及执行工作具有重要影响。例如，在阿斯利康公司诉欧共体委员会案、微软诉欧盟委员会案、谷歌诉欧盟委员会案等案例中，欧盟法院在裁决中实际上已经确立了相关的反垄断基础原则。

在反垄断执法方面，欧盟委员会对跨国的垄断案件有优先的管辖权。依据相关条约、指令等法规的规定，欧盟委员会对于垄断行为的大致执法程序是：当接到投诉或者欧盟委员会发现某企业的行为有垄断迹象时，欧盟委员会展开反垄断调查；经调查，该企业确有垄断行为时，欧盟委员会向该企业发出声明；企业收到声明后必须在两个月内书面答复欧盟委员会，也可申请举行听证会进行阐述；书面答复后或者听证后，欧盟委员会仍认为该企业违反反垄断法规定时，则以书面裁决的方式对该企业罚款或者要求该企业停止垄断行为，或者在企业作出承诺后，欧盟委员会停止对该企业的反垄断调查，一旦企业未履行承诺，则重新启动调查予以裁决；企业不服欧盟委员会的裁决时，可向欧洲初审法院提起诉讼；对欧洲初审法院的判决不服的，还可以上诉到欧洲法院。欧盟委员会反垄断执法机构的职权主要包括调查权、制止权、处罚权等。调查人员在当地法院允许的情况下，可以对公司负责人的车辆和住所搜查、对企业雇员进行审问、查阅企业资料等。

此外，为加强数字经济监管、保证数字企业公平竞争，2020年欧盟公布的《数字服务法》和《数字市场法》草案，被视为20多年来欧盟在数字领域首次重大立法，是欧盟在数字经济反垄断领域的自我革新，意在打破互联网企业垄断，推动欧洲数字经济健康可持续发展。目前，欧洲议会于2022年7月5日投票批准了《数字服务法》和《数字市场法》草案，一旦正式生效施行，新规则将直接适用于整个欧盟,影响深远。

③欧美反垄断法对我国的影响。

其一,根据市场经济发展的需要,不断完善反垄断规制规则。

欧美等发达国家针对市场经济发展中的问题,及时加强立法和修法,形成了比较完备的反垄断法律体系。我国《反垄断法》于2008年8月1日才正式施行。在此之前,针对垄断行为一直都是参照《反不正当竞争法》《价格法》等法律进行规制。虽然我国《反垄断法》颁布实施较晚,但对于典型垄断行为如垄断协议、滥用市场支配地位、经营者集中等相关规定还是较为全面的。我国也在根据市场经济发展的需要,不断修改和完善《反垄断法》及其配套规则制度。

其二,建立权威的监管机构,通过严格执法维护市场秩序。

欧美等发达国家反垄断执法机构集行政权、准司法权和准立法权于一身。而我国《反垄断法》正式实施至2018年国务院机构改革前,由商务部、国家工商行政管理总局、发改委共同执法。2018年3月,国务院机构改革,组建国家市场监督管理总局统一负责反垄断执法工作。2021年11月18日,国家反垄断局正式挂牌,由原来的国家市场监督管理总局直属局升格为独立挂牌单设的副部级国家局。国家反垄断局的成立,提升了反垄断执法机构的地位,凸显出国家对反垄断执法工作的高度重视和加强反垄断执法的决心。

其三,根据实际情况授权执法,加强国际合作。

随着反垄断执法案件数量的激增,在有限的执法资源、人员编制等条件制约之下,未来国家市场监督管理总局、国家反垄断局还可能会根据实际情况调整现有的执法架构,授权省级执法机关参与或执行审查工作。此外,我国反垄断执法部门也积极加强国际竞争执法合作,参与全球竞争治理,如共同举办"中欧竞争政策周研讨会"以及"金砖国家反垄断政策协调委员会会议"等国际交流活动,围绕公平竞争审查、经营者集中、平台经济反垄断立法和执法以及我国《反垄断法》修订情况等议题进行充分交流和深入研讨,加强信息共享和交流借鉴,共同提高反垄断立法和执法水平,构建国际经济合作和竞争新优势。

4.1.1.3 部分反垄断法律法规核心规定及解读

(1) 2022年《反垄断法》。

第十六条 本法所称垄断协议,是指排除、限制竞争的协议、决定或者其他协同行为。

第十七条 禁止具有竞争关系的经营者达成下列垄断协议：
（一）固定或者变更商品价格；
（二）限制商品的生产数量或者销售数量；
（三）分割销售市场或者原材料采购市场；
（四）限制购买新技术、新设备或者限制开发新技术、新产品；
（五）联合抵制交易；
（六）国务院反垄断执法机构认定的其他垄断协议。

【法条解析】第17条禁止具有竞争关系的经营者达成固定商品价格、限制产量、分割市场、联合抵制交易等横向垄断协议。垄断协议包括横向垄断协议与纵向垄断协议。垄断协议是指具有排除、限制竞争效果的协议、决定或者其他协同行为。因此垄断协议包括三种主要类型，即协议、决定和协同行为。所谓协议，是指两个或两个以上的经营者通过书面或者口头的形式就涉及竞争的相关事项达成合意。所谓决定，往往是指由行业协会就本行业内的排除、限制竞争事项以行业自律规定等形式作出规定，从而要求本行业内的经营者统一执行，或者是企业集团以内部通知、规定等形式要求下游经销商等从事特定的排除、限制竞争行为。所谓协同行为，往往是在寡头垄断市场中，经营者之间虽然没有进行明示的合意交流，但是彼此之间能够预测对方所可能采取的经营策略，从而相应地进行跟随或者调整，以至于最终产生了与进行明示合意交流相同的效果，这也被称为"默示共谋"。

在生产、经营中处于同一水平层次的竞争者之间达成的是横向垄断协议。一般认为，横向垄断协议具有非常大的排除、限制竞争效果，直接消除了竞争者之间的竞争，消费者将无法从经营者之间的竞争中享受好处。因此横向垄断协议在绝大多数司法辖区都是反垄断法所重点规制的对象。

固定价格、限制产量和划分市场三种类型的横向垄断协议的排除、限制竞争效果尤为严重，往往适用"本身违法原则"，即只要有证据证明竞争者从事了这些横向垄断协议行为，就可以直接认定其违反了反垄断法，而无须对其可能存在的合理性展开分析。除这三种对市场竞争构成严重损害的垄断协议外，我国2022年《反垄断法》第17条还禁止具有竞争关系的经营者之间达成"限制购买新技术、新设备或者限制开发新技术、新产品"以及"联合抵制交易"的垄断协议。

每一种横向垄断协议在实践中又有不同的表现形式,国家市场监督管理总局制定的《禁止垄断协议暂行规定》作出了更加具体的细化规定。例如,对于"固定或者变更商品价格"垄断协议,就包括以下具体形式:固定或者变更价格水平、价格变动幅度、利润水平或者折扣、手续费等其他费用;约定采用据以计算价格的标准公式;限制参与协议的经营者的自主定价权;通过其他方式固定或者变更价格。对于其他类型的横向垄断协议,《禁止垄断协议暂行规定》同样作了类似的细化规定。[1]

2022年《反垄断法》第56条规定了垄断协议的法律责任,反垄断执法机构可以处经营者上一年度销售额1%至10%以下的罚款,上一年度没有销售额的,处500万元以下的罚款。如果经营者达成垄断协议尚未实施,则可以处300万元以下罚款。这也适用于纵向垄断协议。行业协会组织经营者达成垄断协议的,由反垄断执法机构责令改正,反垄断执法机构可以对其处以300万元以下罚款;情节严重的,可以依法撤销登记。

【案例演绎】 贵州省黔东南15家驾驶培训单位垄断协议案

2016年12月21日,贵州省发展和改革委员会以"黔东南驾校行业采取共同联营模式,统一承包车辆管理费用收费标准的行为"涉嫌违反2008年《反垄断法》第13条的规定为由,对黔东南州驾驶培训行业启动调查工作。后于2017年8月25日对金凯驾校作出行政处罚决定。金凯驾校不服,遂诉至法院。[2]贵州省高级人民法院二审审理认为,2008年《反垄断法》第13条第1款对横向垄断协议的表现方式作出了列举规定,反垄断执法机构在执法活动中对是否构成横向垄断协议必须结合2008年《反垄断法》的立法目的和当前我国保护市场公平竞争所面临的形势,围绕上述条文进行综合考量和判断。在反垄断执法过程中,对经营者之间的协议行为,是否构成2008年《反垄断法》所禁止的垄断协议,应当以该协议是否排除、限制竞争为标准。除了"其他垄断协议"需要由反垄断执法机构认定,第13条第1款列举的固定或变更商品价格等五种情形的协议,明显具有损害公平竞争的效果,在反垄断执法过程中,在查清存在相关行为的情况下,反垄断执法机构可以直接认定协议为垄断协议。当然,这种认定也可以由经营者通过提交证据进行抗辩予以推翻。本案中,包括金凯驾校在内的黔东南当地15家驾驶培训学校签订协议书,约定驾考培训联营模式、最

---

[1]《禁止垄断协议暂行规定》第7条至第11条。
[2] 贵州省高级人民法院(2019)黔行终538号行政判决书。

低成本价格标准、违反最低成本价格标准的处罚方式及金额等关涉商品或服务价格构成的要素,并明确只能在核定的最低成本价格基础上上浮驾考培训费用。该约定内容虽未直接明确固定对外收取的统一价格,但系以约定固定最低价格的方式来统一价格,从后果上显然排除、限制了当地驾考培训行业的市场竞争,剥夺了消费者的自主选择权,实质上仍然为固定商品价格的一种较为隐蔽的表现形式。

【案例演绎】云南省大姚县 4 家驾驶培训单位垄断协议案

2021 年 3 月,云南省市场监督管理局查明,云南省大姚县 4 家机动车驾驶培训公司于 2020 年 7 月 30 日签订了《大姚县机动车驾驶培训行业自律公约》,规定了机动车驾驶培训的最低费用标准,并且各自缴纳了 10 万元的履约保证金。云南省市场监督管理局认为 4 家公司的行为构成固定价格横向垄断协议行为,责令 4 家公司停止违法行为,并分别处以各公司 2020 年销售额 3% 的罚款,共计 45 万余元。[1] 在本案中,4 家机动车驾驶培训公司之间具有直接竞争关系,消费者原本能够从它们之间的价格竞争中享受到好处,综合考虑价格等各方面的因素进行选择。然而,4 家公司达成固定价格垄断协议,将直接消除彼此之间的价格竞争,这不仅损害了消费者的利益,阻碍了相关行业的健康发展,而且对于那些成本控制较好原本能够提供更低价格的公司而言也是不利的,使其无法发挥自己的比较优势。

第十八条 禁止经营者与交易相对人达成下列垄断协议:

(一) 固定向第三人转售商品的价格;

(二) 限定向第三人转售商品的最低价格;

(三) 国务院反垄断执法机构认定的其他垄断协议。

对前款第一项和第二项规定的协议,经营者能够证明其不具有排除、限制竞争效果的,不予禁止。

经营者能够证明其在相关市场的市场份额低于国务院反垄断执法机构规定的标准,并符合国务院反垄断执法机构规定的其他条件的,不予禁止。

【法条解析】本条禁止经营者达成纵向垄断协议。所谓纵向垄断协议,是指在生产或者销售过程中处于不同阶段的经营者之间(如生产商与批发商之间、批发商与零售商之间等)达成的协议。由于纵向协议的经营者之间多数不具有

---

[1] 市场监管总局发布云南省大姚县 4 家驾驶培训单位垄断协议案行政处罚决定书[EB/OL]. 2022 [2022-04-06]. https://www.samr.gov.cn/fldj/tzgg/xzcf/202203/t20220318_340584.html.

竞争关系，因此本条对纵向垄断协议界定为经营者与交易相对人之间达成的协议。[1]

达成纵向垄断协议的双方力量并不均衡，其中一方相对于另一方具有优势地位。纵向垄断协议的达成往往是强势一方强迫弱势一方所接受的，因此与滥用市场支配地位存在一定的竞合。纵向垄断协议往往并不是双方"合意"达成的，而通常是在一方并不情愿的情况下签订的，但是，尽管如此，纵向垄断协议中的"合意"仍然是存在并成立的，因为经营者仍然具有是否签订纵向垄断协议的选择权，只是这种选择权受到了限制，但最终仍然是其选择的结果。[2]

由于达成纵向垄断协议的双方处于不同的经营阶段，因此双方之间并没有直接竞争关系，纵向垄断协议并没有也不可能排除、限制达成协议双方经营者之间的竞争关系。正是在这种意义上，一般认为纵向垄断协议不像横向垄断协议那样具有严重的排除、限制竞争效果。但是，这并不意味着纵向垄断协议就不会损害竞争。由于实践中纵向垄断协议往往是上游的生产商与下游的经销商之间达成的，因此纵向垄断协议主要会损害下游市场的竞争，也即通常所说的排除、限制了"品牌内"的竞争，经销商之间无法展开有效的竞争。但是，正是由于纵向垄断协议排除、限制了"品牌内"的竞争，避免了品牌内的"内耗"，从而能够增强"品牌间"的竞争。这也被认为是纵向垄断协议所具有的一种价值。当然，这种价值得以实现的前提是必须存在其他品牌并且具有相当的竞争力。否则，消费者将无法有效转向其他品牌，纵向垄断协议对消费者利益以及市场整体竞争受到的损害也将更大。此外，纵向垄断协议还可能具有防止"搭便车"的价值。

纵向垄断协议可能涉及价格，也可能涉及非价格，例如独家销售协议。但在实践中，纵向垄断协议可能同时包含价格限制和非价格限制，而且非价格限制也会在价格上得以反映。例如，生产商与各经销商签订了独家销售协议，各经销商在各自的独家销售区域内就是该商品的唯一经销商，其自然就拥有了很大的定价权。一般认为，纵向价格垄断协议对竞争的损害会更大，因此受到了更加严厉的禁止。我国2022年《反垄断法》第18条，主要禁止的是涉及价格的纵向垄断协议，具体包括"固定向第三人转售商品的价格"以及"限定向第

---

[1] 全国人大常委会法制工作委员会经济法室. 中华人民共和国反垄断法 条文说明、立法理由及相关规定 [M]. 北京：北京大学出版社，2007：79.

[2] 孟雁北. 反垄断法（第二版）[M]. 北京：北京大学出版社，2017：118.

三人转售商品的最低价格"两种情形。在域外司法辖区，这也被称为"转售价格维持"（Resale Price Maintenance，RPM）。

"固定向第三人转售商品的价格"以及"限定向第三人转售商品的最低价格"所包含的具体情形在商业实践中很多，不局限于狭义上的固定或限定在特定的数值这一情形。《禁止垄断协议暂行规定》对此作出了具体的细化规定。"固定向第三人转售商品的价格"具体包括：固定向第三人转售商品的价格水平、价格变动幅度、利润水平或者折扣、手续费等其他费用。"限定向第三人转售商品的最低价格"具体包括：限定向第三人转售商品的最低价格，或者通过限定价格变动幅度、利润水平或者折扣、手续费等其他费用限定向第三人转售商品的最低价格。[1]对于经营者而言，其对价格变动幅度、利润水平、折扣、手续费等所进行的固定或限定，都可能构成纵向垄断协议从而引发合规风险，因此需要尤为慎重。

【案例演绎】 强生公司纵向垄断协议纠纷案[2]

原告锐邦公司作为两被告强生（上海）医疗器材有限公司、强生（中国）医疗器材有限公司（以下合称强生公司）医用缝线、吻合器等医疗器械产品的经销商，与强生公司已有15年的经销合作关系。2008年1月，强生公司与锐邦公司签订《经销合同》及附件，约定锐邦公司不得以低于强生公司规定的价格销售产品。2008年3月，锐邦公司在北京大学人民医院举行的强生医用缝线销售招标中以最低报价中标。2008年7月，强生公司以锐邦公司私自降价为由取消了锐邦公司在阜外医院、整形医院的经销权。2008年8月15日后，强生公司不再接受锐邦公司医用缝线产品订单，2008年9月则完全停止了缝线产品、吻合器产品的供货。2009年，强生公司不再与锐邦公司续签经销合同。原告遂诉至法院，主张两被告在经销合同中约定的限制最低转售价格条款，构成《反垄断法》所禁止的纵向垄断协议，请求判令两被告赔偿因执行该垄断协议对原告低价竞标行为进行"处罚"而给原告造成的经济损失1439.93万元。

上海市第一中级人民法院一审认为，原告尚不能证明两被告行为构成垄断行为，判决驳回原告的诉讼请求。[3]原告不服，提起上诉。上海市高级人民法

---

[1]《禁止垄断协议暂行规定》第12条。

[2] 强生公司纵向垄断协议纠纷案［EB/OL］. 中国法院网，2014［2022-04-19］. https://www.chinacourt.org/article/detail/2014/04/id/1281647.shtml.

[3] 上海市第一中级人民法院（2010）沪一中民五（知）初字第169号民事判决书。

院二审认为，本案相关市场是中国大陆地区的医用缝线产品市场，该市场竞争不充分，强生公司在此市场具有很强的市场势力，本案所涉限制最低转售价格协议在本案相关市场产生了排除、限制竞争的效果，同时并不存在明显、足够的促进竞争效果，应认定构成垄断协议。强生公司对锐邦公司所采取的取消部分医院经销资格、停止缝线产品供货行为属于《反垄断法》所禁止的垄断行为，强生公司应赔偿上述垄断行为给锐邦公司造成的2008年缝线产品正常利润损失。据此判决强生公司赔偿锐邦公司经济损失53万元。[1]

在该案中，二审法院对涉案协议的竞争效果进行分析时，适用了合理原则的分析方法。二审法院首先考察了相关市场竞争是否充分，认为如果相关市场竞争充分，则即便被告从事了涉嫌纵向垄断协议行为，也不会损害消费者的选择权。然而，如果相关市场竞争不充分，则被告从事涉嫌纵向垄断协议行为不仅会限制品牌内的竞争，而且还会固定或维持品牌间的价格，损害消费者利益，降低经济效率。由于被告在相关市场具有很强的市场地位，因此消费者除了选择被告的商品，其实并没有其他更多的选择，也正因为如此，被告限制最低转售价格的行为才会严重损害消费者的利益。此外，法院还考察了涉案协议是否具有促进竞争效果，并最终认定促进竞争的效果不明显，而限制竞争的效果明显，基于以上理由，二审法院认定涉案协议构成纵向垄断协议行为。

【案例演绎】 海南省高级人民法院（2017）琼行终1180号案[2]

裕泰公司于2014年及2015年与其经销商签订格式文本《饲料产品销售合同》。该合同约定经销商应为裕泰公司保密让利标准，销售价服从裕泰公司指导价，否则裕泰公司有权减少让利。海南省物价局认为该行为构成了与交易相对人达成"固定向第三人转售商品的价格"垄断协议行为，鉴于经销商实际并未执行指导价销售，海南省物价局最终对裕泰公司作出责令其停止违法行为并处20万元罚款的行政处罚。裕泰公司不服，向法院提起行政诉讼，要求审查被诉处罚决定的合法性。

海南省高级人民法院二审审理认为，裕泰公司与经销商签订的销售合同规定经销商的销售价服从裕泰公司的指导价，并设置了相应的处罚条款，该协议已经符合2008年《反垄断法》第14条禁止性的纵向垄断协议的行为要件。由于经销商事实上没有执行该固定价格的协议，裕泰公司也没有对此执行相应处

---

[1] 上海市高级人民法院（2012）沪高民三（知）终字第63号民事判决书。
[2] 海南省高级人民法院（2017）琼行终1180号行政判决书。

罚或对价格进行监控，法院认可海南省物价局认定该协议属于尚未实施所达成的垄断协议的理由。至于纵向垄断协议的法律适用问题。争议的焦点在于2008年《反垄断法》第14条规制的纵向垄断协议是否必须以"排除、限制竞争"为构成要件。对此，海南省高级人民法院从四个层面进行论述：一是对2008年《反垄断法》第1条立法目的的理解，强调2008年《反垄断法》保护的对象是竞争机制而非竞争者，其作用既包括对垄断行为的"制止"，也包括"预防"；二是在2008年《反垄断法》第14条的理解上，法院认为该条已经表明了法律严格的禁止性态度，且该条列举的具体行为已经属于2008年《反垄断法》禁止的垄断协议行为，结合法律赋予反垄断执法机构的自由裁量权，不能得出反垄断执法机构在认定纵向垄断协议时必须以排除、限制竞争为构成要件的结论；三是从2008年《反垄断法》第15条例外条款考虑，裕泰公司也并未举证证明其符合适用例外的情况；四是法院阐述了其认为反垄断行政程序与民事诉讼的区别，民事责任的承担需以具有或产生排除、限制竞争效果为前提。综上，法院认定裕泰公司构成纵向垄断协议，支持了海南省物价局的行政处罚决定。

第二十条 经营者能够证明所达成的协议属于下列情形之一的，不适用本法第十七条、第十八条第一款、第十九条的规定：

（一）为改进技术、研究开发新产品的；

（二）为提高产品质量、降低成本、增进效率，统一产品规格、标准或者实行专业化分工的；

（三）为提高中小经营者经营效率，增强中小经营者竞争力的；

（四）为实现节约能源、保护环境、救灾救助等社会公共利益的；

（五）因经济不景气，为缓解销售量严重下降或者生产明显过剩的；

（六）为保障对外贸易和对外经济合作中的正当利益的；

（七）法律和国务院规定的其他情形。

属于前款第一项至第五项情形，不适用本法第十七条、第十八条第一款、第十九条规定的，经营者还应当证明所达成的协议不会严重限制相关市场的竞争，并且能够使消费者分享由此产生的利益。

【法条解析】 我国2022年《反垄断法》第20条是关于垄断协议豁免制度的规定。由于该条规定并不涉及经营者"积极"的合规风险问题，相反，该条规定对经营者而言是一种"保护"，如果经营者能够证明其所达成的协议属于2022年《反垄断法》第20条所规定情形之一的，则可能得到豁免。因此，对于 2022 年《反垄断法》第 20 条，经营者并不存在因积极违反而导致的合规风险问题，鉴于此，本书不对其展开详细的分析。不过，由于该条规定仍然对经营者的反垄断合规具有一定的影响，尤其是当经营者自行判断认为符合豁免情形但实际却并不符合从而导致相应的反垄断法律责任，因此本书仍有必要对该条规定作基本的分析。

我国 2022 年《反垄断法》第 20 条规定了七种可以得到豁免的情形。在这些情形下，经营者达成协议的目的本身并不是排除、限制竞争，而是追求其他正当利益，如改进技术、研发新产品、提高产品质量等。达成协议是实现这些目标的一种手段，不得不以牺牲一定的竞争作为代价，在利益权衡之后允许经营者达成这种协议，也将有利于社会利益。但是，对竞争的牺牲是有限度的，如果实现这些目标将严重限制竞争，那么这种目标的追求将失去其正当性。因此，对于经营者而言，尽管其达成协议的初衷可能是为了追求某些正当的利益，但如果这会严重损害竞争，则仍然可能构成垄断并引发反垄断合规风险。此外，垄断协议的豁免也不得以牺牲消费者的利益为代价，能够获得豁免的垄断协议必须也能够有利于消费者利益。不过，如果经营者达成协议是为了"保障对外贸易和对外经济合作中的正当利益"，则无须证明所达成的协议不会严重限制相关市场的竞争以及消费者能够分享由此而产生的利益。

第二十二条 禁止具有市场支配地位的经营者从事下列滥用市场支配地位的行为：

（一）以不公平的高价销售商品或者以不公平的低价购买商品；

（二）没有正当理由，以低于成本的价格销售商品；

（三）没有正当理由，拒绝与交易相对人进行交易；

（四）没有正当理由，限定交易相对人只能与其进行交易或者只能与其指定的经营者进行交易；

（五）没有正当理由搭售商品，或者在交易时附加其他不合理的交易条件；

（六）没有正当理由，对条件相同的交易相对人在交易价格等交易条件上实行差别待遇；

（七）国务院反垄断执法机构认定的其他滥用市场支配地位的行为。

具有市场支配地位的经营者不得利用数据和算法、技术以及平台规则等从事前款规定的滥用市场支配地位的行为。

本法所称市场支配地位，是指经营者在相关市场内具有能够控制商品价格、数量或者其他交易条件，或者能够阻碍、影响其他经营者进入相关市场能力的市场地位。

第二十三条 认定经营者具有市场支配地位，应当依据下列因素：
（一）该经营者在相关市场的市场份额，以及相关市场的竞争状况；
（二）该经营者控制销售市场或者原材料采购市场的能力；
（三）该经营者的财力和技术条件；
（四）其他经营者对该经营者在交易上的依赖程度；
（五）其他经营者进入相关市场的难易程度；
（六）与认定该经营者市场支配地位有关的其他因素。

第二十四条 有下列情形之一的，可以推定经营者具有市场支配地位：
（一）一个经营者在相关市场的市场份额达到二分之一的；
（二）两个经营者在相关市场的市场份额合计达到三分之二的；
（三）三个经营者在相关市场的市场份额合计达到四分之三的。

有前款第二项、第三项规定的情形，其中有的经营者市场份额不足十分之一的，不应当推定该经营者具有市场支配地位。

被推定具有市场支配地位的经营者，有证据证明不具有市场支配地位的，不应当认定其具有市场支配地位。

【法条解析】权力容易被滥用，无论对于公权力还是私权力而言都是如此。在市场中，经营者在其经营领域或多或少都拥有一定的私权力，但其所拥有的私权力大小与其市场地位直接相关。拥有一般权力的经营者不太敢于滥用这种权力，因为会受到其他经营者的制约和市场的约束，一旦其从事滥用行为，则消费者会转向其他经营者。然而，拥有绝对权力的经营者，则往往会进行权力滥用，这种绝对权力，在反垄断法中就表现为市场支配地位。

根据我国2022年《反垄断法》第22条的界定，市场支配地位是指"经营者在相关市场内具有能够控制商品价格、数量或者其他交易条件，或者能够阻碍、影响其他经营者进入相关市场能力的市场地位"。市场支配地位的认定包括直接认定法和间接认定法。所谓直接认定法，是指从经营者的行为后果进行考察，如果其所从事的行为确实对市场构成了损害，例如导致价格上涨或者产量减少，则可以直接认定经营者拥有市场支配地位。因为不拥有市场支配地位的经营者所从事的行为因受到市场约束不可能对市场产生如此大之影响。而所谓间接认定法，主要是通过经营者拥有达到一定标准的市场份额来认定经营者拥有市场支配地位。我国2022年《反垄断法》第22条第3款对市场支配地位所作的定义，实际上是市场支配地位的直接认定法。而2022年《反垄断法》第23条的规定，则是市场支配地位的间接认定法。由于直接认定法没有统一的、客观的认定标准，因此适用非常困难。在具体认定中，大多数司法辖区都采取间接认定法。

根据我国2022年《反垄断法》第23条的规定，认定经营者具有市场支配地位，依据的因素包括：该经营者在相关市场的市场份额，以及相关市场的竞争状况；该经营者控制销售市场或者原材料采购市场的能力；该经营者的财力和技术条件；其他经营者对该经营者在交易上的依赖程度；其他经营者进入相关市场的难易程度；与认定该经营者市场支配地位有关的其他因素。《禁止滥用市场支配地位行为暂行规定》对认定市场支配地位的因素进行了细化，例如对于认定经营者具有市场支配地位的重要考量因素之"市场份额"，即"可以考虑一定时期内经营者的特定商品销售金额、销售数量或者其他指标在相关市场所占的比重"。此外，《禁止滥用市场支配地位行为暂行规定》对其他因素也分别进行了细化。[1]对于互联网等新经济业态经营者市场支配地位的认定，可以考虑相关行业竞争特点、经营模式、用户数量、网络效应、锁定效应、技术特性、市场创新、掌握和处理相关数据的能力及经营者在关联市场的市场力量等因素。[2]

除可以依据前述因素对经营者是否具有市场支配地位进行认定外，2022年《反垄断法》第24条还规定了市场支配地位推定制度，当一个经营者在相关市场的市场份额达到1/2，两个经营者在相关市场的市场份额合计达到2/3，三个经营者在相关市场的市场份额合计达到3/4，就可以推定经营者具有市场支配地位。市场支配地位推定制度的理论依据在于，无论何种行业，市场份额仍然是判断经营者是否具有市场支配地位的重要因素，该制度有助于节约执法成本。不过，市场支配地位推定制度最重要的功能在于解决市场寡头垄断问题，因为如果若干企业占据了一个市场主要的市场份额，其很容易通过实施共同行为控制该市场，但反垄断执法机构却很难掌握其达成垄断协议的证据。因此，将多个企业的市场份额合并计算来推定其中的每个企业都具有市场支配地位，这样可

---

[1]《禁止滥用市场支配地位行为暂行规定》第6条至第10条。
[2]《禁止滥用市场支配地位行为暂行规定》第11条。

以有效规制从事相同行为的寡头垄断企业。[1] 不过，市场支配地位推定制度毕竟只是一种"推定"，被推定的市场支配地位是否客观上真正构成市场支配地位仍然存在可被证伪性，而且该推定制度对于被推定具有市场支配地位的经营者的利益影响很大，因此应当允许被推定具有市场支配地位的经营者进行抗辩，如果其有正当理由证明其不具有市场支配地位，则反垄断执法机构不应当推定其具有市场支配地位。市场支配地位推定制度是基于"较高的市场份额"这一因素，因此，如果经营者拥有的市场份额很小，则其不应当被推定为拥有市场支配地位，我国2022年《反垄断法》第24条规定的标准是1/10，即如果经营者的市场份额不足1/10，其不应当被推定为具有市场支配地位。

虽然经营者是否具有市场支配地位，主要是由反垄断执法机构在事后的执法中予以具体认定的，但是对于经营者自身而言，同样能够进行自我评估。事实上，作为身处行业竞争中的经营者，其对于自身是否具有市场支配地位，实际上具有更加准确和深刻的认识，甚至要比市场之外的反垄断执法机构认识得更为准确。当然，这并不是说经营者自己的判断与认定就能够代替反垄断执法机构的认定，经营者是否具有市场支配地位，最终仍然是由反垄断执法机构来确定。不过，对于经营者而言，其可以通过自我评估来确定自己是否涉嫌构成《反垄断法》上的市场支配地位，并以此来预先判断自己是否负有不得从事《反垄断法》所规定的禁止滥用市场支配地位的行为的法定义务。这也是《反垄断法》明确规定禁止具有市场支配地位的经营者滥用这种地位从事排除、限制竞争行为所要达到的目的之一，那就是给经营者提供一种稳定的预期：滥用市场支配地位将要承担严厉的反垄断法律责任。对于具有或可能具有市场支配地位的经营者而言，要尤为注意避免从事与《反垄断法》所规定的滥用市场支配地位行为相同或相似的行为。具体而言，经营者要避免从事以下涉嫌滥用市场支配地位的行为。

第一，不公平高价或不公平低价行为。根据具有市场支配地位的经营者在市场中所处的层次不同，其从事的不公平价格行为也不同。如果经营者位于上游，则其会针对下游交易相对方实施不公平高价行为；如果经营者位于下游，则其会针对上游的交易相对方实施不公平低价行为。对于该种滥用行为，关键在于对"不公平"的认定。一般来说，认定经营者所收取的价格是否"不公

---

[1] 全国人大常委会法制工作委员会经济法室.中华人民共和国反垄断法 条文说明、立法理由及相关规定 [M]. 北京：北京大学出版社，2007：112-113.

平"，可以从形式上和实质上进行考察。所谓形式上的考察，即进行横向的对比，包括与其他条件相同或相似的经营者所收取的价格之间是否存在明显的差别，也包括与该经营者在其他条件相同或相似的区域的价格之间是否存在明显的差别。所谓实质上的考察，就是考察成本因素，即经营者的价格调整是否与成本的变动幅度相符。

第二，掠夺性定价。所谓掠夺性定价，是指经营者为了排挤竞争对手，以低于成本的价格进行销售，待将竞争对手排挤出市场后，再将价格提高到原来的水平甚至更高的水平，从而收回之前的损失。从短期来看，掠夺性定价行为对消费者是有利的，因为消费者能够享受到低于成本的价格。但是，从长期来看，消费者将受到损害，因为一旦竞争消失，消费者将无法享受到竞争所带来的好处。价格竞争是经营者之间竞争的重要内容，通常而言，反垄断执法机构并不会对经营者所收取的价格本身进行干预，否则就是一种政府定价，取代了市场定价。但是，作为盈利性主体，经营者制定的价格正常情况下要高于其成本，只有如此才能"有利可图"。但是，在某些情况下，具有市场支配地位的经营者会低于成本价进行销售，其目的在于排除竞争对手。对此，反垄断执法机构将积极展开反垄断规制，避免经营者通过掠夺性定价完全排除竞争。不过，经营者也可能有正当理由以低于成本价进行销售，例如降价处理鲜活商品等，为清偿债务等而降价销售商品，或者在合理期间为了推广新商品而进行促销，等等，在这些情形下，经营者都不是基于排除、限制竞争之目的而低于成本价进行销售，而是有客观理由，因此可以被允许。此外，在互联网等新经济业态中，往往采取的是免费模式，此时不能直接认定为是一种掠夺性定价行为，而应当综合考虑经营者提供的免费商品以及相关收费商品等情况。

第三，拒绝交易。正常而言，是否与交易相对人展开交易是经营者的自由，不能强迫经营者与交易相对人展开交易，否则将是政府代替市场主体作出经营决策。但是，对于具有市场支配地位的经营者而言，其所从事的拒绝交易行为将使得交易相对人因无法获得竞争所需的投入品或者销售渠道等而不得不退出市场，此时经营者的拒绝交易行为将严重损害交易相对人的利益以及交易相对人所在市场的竞争秩序，因此必须予以限制和禁止。一般来说，经营者展开竞争的目的在于获得交易机会，因此其并没有拒绝交易的利益动机，但是，具有市场支配地位的经营者往往会进行纵向业务一体化扩张，从而与上游或下游的交易相对人存在直接竞争关系，在这种情况下，其就具有了拒绝交易的主观动机。当交易相对人作为消费者时，具有市场支配地位的经营者的拒绝交易行为将严重损害消费者的利益。不过，也需要注意到，强制要求具有市场支配地位的经营者进行交易，可能会损害其进行投资和创新的积极性，因此在认定违法拒绝交易行为时，应当尤为谨慎。[1] 当经营者具有正当理由时，即便其拥有市场支配地位，也可以拒绝与交易相对人展开交易。这种正当理由包括存在不可抗力等客观原因从而使其无法进行交易，或者交易相对人存在不良信用记录等而影响交易安全，或者进行交易将会使得经营者的利益发生不当减损等。

第四，限定交易。具有市场支配地位的经营者限定交易相对人只能与其进行交易或者只能与其指定的经营者进行交易。这也即所谓的"二选一"行为。经营者的这种限定交易行为损害了交易相对人的交易选择权，同时也损害了经营者竞争对手的利益，因为经营者的这种限定交易行为使得交易相对人不得不放弃与该经营者的竞争对手展开交易，从而排除了经营者所在层次市场的竞争。在实践中，经营者往往是通过相关的协议形式强迫交易相对方接受交易，但从形式上来看符合纵向垄断协议的外观。因此，滥用市场支配地位限定交易与纵向垄断协议存在一定的竞合。在某些情形下，经营者有正当理由进行限定交易，例如，为满足产品安全要求所必需、为保护知识产权所必需或者为保护针对交易进行的特定投资所必需等。

第五，搭售或附加不合理交易条件。这是指具有市场支配地位的经营者违背交易习惯、无视商品的功能，强迫交易相对人在购买结卖品时同时必须购买搭售品，或者强制要求交易相对人接受不合理的限制条件。就搭售行为而言，其具有双重影响。一方面，由于交易相对人对经营者的结卖品具有依赖性，因此不得不向经营者进行购买，而经营者正是利用了交易相对人对自己的这种依赖性而强迫交易相对人必须同时购买搭售品，交易相对人要么进行了不必要的购买，要么支付了过高的价格，无论哪一种情形，都损害了交易相对人的利益。另一方面，搭售行为还会对搭售品市场的竞争造成损害，如果经营者有意通过搭售行为进入搭售品市场，则其就能够借助该搭售行为将自己在结卖品市场的市场支配地位传导到搭售品市场，对于提供价格更优、质量更好的商品的在位竞争者或者准备进入搭售品市场的潜在竞争者而言，其就无法与从事搭售行为的经营者展开有效竞争。具有市场支配地位的经营者所从事的附加不合理交易条件的行为，如果主要是对合同期限、支付方式等进行不合理限制，则主要是

---

[1] 王晓晔. 反垄断法 [M]. 北京：法律出版社，2011：213.

损害了交易相对人的利益，对竞争秩序的影响较小；但如果是对商品的销售地域等进行限制，则可能会涉及划分市场，对竞争秩序会造成损害。对于经营者而言，如果具有正当理由，其所从事的搭售行为和附加相关限制性条件的行为也并不必然违反《反垄断法》。这些正当理由通常包括满足产品安全要求的需要、实现特定技术的需要等。

第六，差别待遇行为。差别待遇行为也称为歧视性行为，是指具有市场支配地位的经营者没有正当理由对条件相同的交易相对人在交易价格等交易条件方面实行差别待遇。根据交易相对人的不同，经营者实施差别待遇行为的动机和影响也不同。如果交易相对人为消费者，则经营者从事差别待遇行为是为了获得所有的消费者剩余，从而谋取超额利润，在互联网经济条件下，平台企业往往能够利用所掌握的大数据实施价格歧视行为，即所谓的"大数据杀熟"。如果交易相对人为下游市场的其他竞争者，则经营者实施价格歧视行为，除可能为了获得最大剩余外，最重要的原因可能是经营者为支持自己在下游的业务而对下游的其他竞争者进行劣待，即所谓的"自我优待"行为。在这种情形下，下游市场的竞争秩序将会因为经营者的这种差别待遇行为而受到严重损害。当然，经营者如果具有正当理由，也可以实施差别待遇行为，例如，根据交易相对人的实际需求，在符合正当的交易习惯和行业惯例的情况下，实行不同的交易条件，或者针对新用户的首次交易在合理期限内开展优惠活动。因此，平台企业向新用户收取的价格，即便要低于向老用户收取的价格，也并不必然就构成"大数据杀熟"。

我国2022年《反垄断法》第57条规定了滥用市场支配地位行为的法律责任。经营者违反《反垄断法》规定，从事滥用市场支配地位行为的，由反垄断执法机构责令停止违法行为，没收违法所得，并处上一年度销售额1%以上10%以下的罚款。由于许多经营者的年度销售额往往都是很高的数额，因此以此作为罚款的基础，处以1%至10%的罚款，往往也会是巨额罚款，从而能够对经营者形成强有力的制裁，产生强大的威慑效果。《反垄断法》赋予反垄断执法机构一定的自由裁量权，根据经营者滥用市场支配地位行为的损害竞争效果、持续时间等在个案中确定具体的罚款比例。对于具有市场支配地位的经营者而言，其在意图从事滥用市场支配地位行为时也应当对可能遭受到的严厉处罚有清醒的认识，从而主动避免从事滥用市场支配地位行为。

第4章 反垄断合规

【案例演绎】 美团滥用市场支配地位案[1]

2021年4月,国家市场监督管理总局对美团涉嫌实施滥用市场支配地位行为展开调查。经调查,国家市场监督管理总局认定美团在中国境内网络餐饮外卖平台服务市场具有市场支配地位。自2018年,美团为了阻碍其他竞争性平台的发展,进一步提升、维持、巩固其自身市场地位,系统、全面地实施"二选一"行为,阻碍平台内经营者与其他竞争性平台合作,限定平台内经营者只能与当事人进行交易,并以多种措施保障行为实施,构成滥用市场支配地位行为。

美团通过制定实施以差别费率为核心的独家合作政策、对非独家合作经营者拖延上线等方式,促使平台内经营者签订《战略合作伙伴优惠政策申请书》等独家合作协议,明确规定平台内经营者需要"将全部网络营销资源和精力投入美团平台"等内容,限制平台内经营者与其他竞争性平台合作,以巩固自身市场地位,削弱其他竞争性平台的竞争力。美团通过建立考评机制、开展攻坚"战役"、加强培训指导、强化代理商管理等方式系统推进"二选一"行为实施。为了有效保障"二选一"的实施,美团开发大数据系统,对平台内经营者上线竞争性平台进行自动监测和处罚;综合采取多种惩罚性措施迫使平台内经营者停止与其他竞争性平台合作;为约束平台内经营者严格履行独家合作协议,美团向独家合作经营者收取保证金,2018—2020年,与美团签订独家合作协议并缴纳保证金的平台内经营者累计163万家,保证金金额累计12.89亿元。

国家市场监督管理总局认定,美团的行为排除、限制了网络餐饮外卖平台服务市场的竞争,限制了相关市场经营者之间的公平竞争。美团综合运用多种手段限制大量平台内经营者在其他竞争性平台经营,形成较强的锁定效应,使其他竞争性平台无法获得充分的商家供给,由于网络餐饮外卖平台具有跨边网络效应,这会进一步减少其他竞争性平台上的消费者数量,使平台内经营者和消费者数量减少形成循环反馈,削弱其他竞争性平台的竞争能力。美团实施限定交易行为,将平台内经营者锁定在自身平台,使得潜在进入者难以充分获取进入市场开展竞争的必要资源,不当提高了市场进入壁垒,削弱了潜在进入者的竞争约束,降低了相关市场充分有效竞争水平。美团的行为也损害了平台内经营者的正当利益,不合理地限制了平台内经营者的经营自由,损害了公平竞争的市场环境和平台内经营者的正当利益。美团的行为还损害了消费者利益,减少了消费者的选择范围,使消费者无法有效获得更优质的价格和服务,降低

---

[1] 国市监处罚(2021)74号行政处罚决定书。

了消费者长期的福利水平。此外，国家市场监督管理总局还认定，美团的行为也对平台经济创新发展造成了严重损害，阻碍了要素的自由流动，妨碍了资源的优化配置，削弱了平台企业的创新动力，影响了平台经济的创新发展。

在综合考虑美团行为的竞争影响以及对相关主体利益和平台经济创新发展的损害之后，国家市场监督管理总局对美团作出了行政处罚决定，责令美团停止违法行为，不得限制平台内经营者与其他竞争性平台合作，全额退还违法收取的独家合作保证金12亿余元，并提交改正违法行为情况的报告。行政罚款方面，国家市场监督管理总局对美团处以其2020年度中国境内销售额3%的罚款，共计约34.42亿元。

该案是在我国强化平台经济领域反垄断这一大背景下所展开的一次重要反垄断执法，对于平台反垄断执法具有重要的示范意义，对于平台企业也能够形成强有力的威慑。国家市场监督管理总局将相关商品市场界定为网络餐饮外卖平台服务市场，重点分析了网络餐饮外卖平台服务与线下餐饮服务之间的区别，这表明，对于平台经济领域的相关商品市场界定，反垄断执法机构并不认为"线下"能够对"线上"形成有效的竞争约束。今后，反垄断执法机构可能主要从"线上"来界定相关商品市场。相较于之前理论上普遍认为经营者市场支配地位难以认定，尤其是平台经济领域的经营者的市场支配地位认定，国家市场监督管理总局在该案中认定美团具有市场支配地位则没有遇到通常所认为的那种"不可逾越"的障碍。该局依据2008年《反垄断法》第18条所规定的因素逐一分析了美团是否具有市场支配地位。该局考察了美团在网络餐饮外卖平台服务收入以及平台餐饮外卖订单量中所占的份额，2018—2020年，美团在中国境内主要网络餐饮外卖平台合计服务收入中份额分别为67.3%、69.5%、70.7%，美团在中国境内主要网络餐饮外卖平台合计订单量中份额分别为62.4%、64.3%、68.5%。该局据此根据2008年《反垄断法》第19条的规定，以美团市场份额超过50%而推定其具有市场支配地位。这表明，即便经营者的市场份额只有60%多，反垄断执法机构也很有可能依据50%的最低标准而推定其具有市场支配地位，而非必须达到80%、90%甚至更高的标准。这表明，即便是在平台经济条件下，市场份额仍然是反垄断执法机构认定经营者具有市场支配地位的重要考量因素。当然，除市场份额因素外，国家市场监督管理总局还综合考虑了市场集中度、美团的市场控制能力、美团的财力和技术条件等相关因素。总之，国家市场监督管理总局对美团具有市场支配地位的认定是一个综合考虑的结果。

对于美团所从事的滥用市场支配地位行为，国家市场监督管理总局借用了社会各界所普遍使用的"二选一"这一并非严格的法律术语，这也表明类似于"二选一"等表述已经被反垄断执法机构所采纳从而进入官方话语体系。国家市场监督管理总局对美团所从事的"二选一"行为进行了深刻剖析，美团既采用打压手段迫使餐饮经营者不得不签订独家合作协议，也采用利诱的方式促使餐饮经营者主动签订独家合作协议；既在事前与餐饮经营者签订独家合作协议，也在事中通过大数据系统进行监测，还在事后采取多种惩罚性措施以确保独家合作协议得以切实遵守。对于美团所实施的"二选一"行为的影响，国家市场监督管理总局不仅分析了其竞争影响，还分析了其对于消费者利益以及平台经济创新发展的损害。当然，美团之所以被展开反垄断执法，主要还是因为其行为具有排除、限制竞争的效果，损害了公平竞争秩序，但消费者利益以及创新的法益，同样是反垄断执法机构重要的考量因素。

国家市场监督管理总局对美团处以34.42亿元的罚款，这也是继高通案、阿里巴巴案之后所处以的又一巨额罚款，产生了较大的社会影响，对意图从事垄断行为的平台企业也形成了强有力的威慑效果。当然，处罚本身并不是目的，通过反垄断执法促使美团纠正垄断行为，维护网络餐饮外卖平台服务行业的公平竞争秩序才是最终目的。除罚款以外，国家市场监督管理总局还制作了《行政指导书》，为美团全面整改、依法合规经营进行指导，体现了处罚与教育相结合的原则，也体现了反垄断执法机构的监管措施创新。

【案例演绎】2010年"3Q大战"

2011年奇虎公司向广东省高级人民法院提起诉讼[1]，指控腾讯公司滥用其在即时通信软件及服务相关市场的市场支配地位。一审法院认为，奇虎公司关于综合性即时通信服务构成一个独立的相关商品市场以及本案相关地域市场应为中国大陆市场的主张不能成立。本案相关商品市场远远超出综合性即时通信服务市场，相关地域市场应为全球市场。由于奇虎公司对本案相关商品市场界定错误，其所提供的证据不足以证明腾讯公司在相关商品市场上具有垄断地位。奇虎公司的诉讼请求缺乏事实和法律依据，不能成立。一审判决驳回奇虎公司的全部诉讼请求。奇虎公司不服，提起上诉。

---

[1] 广东省高级人民法院（2011）粤高法民三初字第2号民事判决书。

最高人民法院二审即（2013）民三终字第4号案[1]，综合奇虎公司的上诉请求、理由和腾讯公司的答辩意见，并结合本案相关证据和事实，总结二审争议焦点集中在五个方面：第一，如何界定本案中的相关市场；第二，被上诉人是否具有市场支配地位；第三，被上诉人是否构成2008年《反垄断法》所禁止的滥用市场支配地位行为；第四，一审法院审理程序是否违法；第五，本案相关民事责任的承担。

关于如何界定本案中的相关市场。最高人民法院二审认为，在滥用市场支配地位案件的审理中，界定相关市场是评估经营者的市场力量及被诉垄断行为对竞争影响的工具，其本身并非目的。即使不明确界定相关市场，也可以通过排除或者妨碍竞争的直接证据对被诉经营者的市场地位及被诉垄断行为可能的市场影响进行评估。因此，并非在每一个滥用市场支配地位的案件中均必须明确而清楚地界定相关市场。相关市场界定的目的是明确被诉垄断行为发生之时经营者所面对的竞争约束，合理评估被诉经营者的市场力量。由于竞争尤其是互联网领域的竞争呈现出动态竞争的特征，在界定相关市场时，需要考虑在可预见的未来具有现实可能性的市场反应和变化，如需要考虑假定垄断者的行为持续适当的一段时间后（例如一年）的市场反应和变化，以正确判断其是否受到来自其他方面经营者的竞争制约。

关于被上诉人是否具有市场支配地位。最高人民法院二审认为，对于经营者在相关市场中的市场份额在认定其市场支配力方面的地位和作用，必须根据案件具体情况确定。一般而言，市场份额越高，持续的时间越长，就越可能预示着市场支配地位的存在。尽管如此，市场份额只是判断市场支配地位的一项比较粗糙且可能具有误导性的指标。在市场进入比较容易，或者高市场份额源于经营者更高的市场效率或者提供了更优异的产品，或者市场外产品对经营者形成较强的竞争约束等情况下，高市场份额并不能直接推断出市场支配地位的存在。特别是，互联网环境下的竞争存在高度动态的特征，相关市场的边界远不如传统领域那样清晰，在此情况下，更不能高估市场份额的指示作用，而应更多地关注市场进入、经营者的市场行为、对竞争的影响等有助于判断市场支配地位的具体事实和证据。

关于被上诉人是否构成2008年《反垄断法》所禁止的滥用市场支配地位行

---

[1] 最高人民法院（2013）民三终字第4号民事判决书。

为。最高人民法院二审认为，原则上，如果被诉经营者不具有市场支配地位，则无须对其是否滥用市场支配地位进行分析，可以直接认定其不构成2008年《反垄断法》所禁止的滥用市场支配地位行为。不过，在相关市场边界较为模糊、被诉经营者是否具有市场支配地位不甚明确时，可以进一步分析被诉垄断行为对竞争的影响效果，以检验关于其是否具有市场支配地位的结论正确与否。此外，即使被诉经营者具有市场支配地位，判断其是否构成滥用市场支配地位，也需要综合评估该行为对消费者和竞争造成的消极效果和可能具有的积极效果，进而对该行为的合法性作出判断。

关于被上诉人实施的"产品不兼容"行为（用户"二选一"）是否构成2008年《反垄断法》所禁止的限制交易行为。最高人民法院二审认为，被上诉人实施的"产品不兼容"行为对消费者利益并无重大影响。被上诉人为排除、限制即时通信服务市场的竞争而采取"产品不兼容"行为的动机并不明显。被上诉人实施的"产品不兼容"行为对安全软件市场的影响是极其微弱的，并未显著排除或者限制安全软件市场的竞争。因此，虽然被上诉人实施的"产品不兼容"行为对用户造成了不便，但是并未导致排除或者限制竞争的明显效果。而最高人民法院重申2008年《反垄断法》所关注的重心并非个别经营者的利益，而是健康的市场竞争机制是否受到扭曲或者破坏。

关于被上诉人是否构成2008年《反垄断法》所禁止的搭售行为。最高人民法院二审认为，搭售应当符合如下条件：搭售产品和被搭售产品是各自独立的产品；搭售者在搭售产品市场上具有支配地位；搭售者对购买者实施了某种强制，使其不得不接受被搭售产品；搭售不具有正当性，不符合交易惯例、消费习惯等或者无视商品的功能；搭售对竞争具有消极效果。搭售行为本身既可能产生积极效果，也可能造成消极效果。搭售的积极效果是在特定情况下可以提高产品质量、降低成本、促进销售、确保安全，从而提高效率，其消极效果是搭售可能使得在搭售产品市场上具有支配地位的经营者将其竞争优势延伸到被搭售产品市场上。

第二十五条 经营者集中是指下列情形：

（一）经营者合并；

（二）经营者通过取得股权或者资产的方式取得对其他经营者的控制权；

（三）经营者通过合同等方式取得对其他经营者的控制权或者能够对其他经营者施加决定性影响。

第二十六条 经营者集中达到国务院规定的申报标准的，经营者应当事先向国务院反垄断执法机构申报，未申报的不得实施集中。

经营者集中未达到国务院规定的申报标准，但有证据证明该经营者集中具有或者可能具有排除、限制竞争效果的，国务院反垄断执法机构可以要求经营者申报。

经营者未依照前两款规定进行申报的，国务院反垄断执法机构应当依法进行调查。

【法条解析】 经营者集中会改变市场竞争结构，减少竞争者数量，增强集中后的主体的市场力量。经营者集中的竞争影响，主要体现为其可能会产生单边效应和协同效应。所谓单边效应，是指集中后的主体可能会具有市场支配地位，从而使得其具有从事滥用市场支配地位行为的资本。所谓协同效应，是指集中后可能会形成寡头垄断市场结构，由于竞争者数量减少，更少数量的竞争者之间更容易协同彼此之间的竞争行为，从而达成明示或默示共谋。总之，经营者集中的竞争影响并不直接体现为集中本身，而是集中之后所可能导致的滥用市场支配地位或者垄断协议行为。

反垄断法上的经营者集中与公司法中的企业合并并不完全相同，我国《反垄断法》上的经营者集中包括三种情形，既包括公司法中的企业合并，同时也包括其他取得控制权但并未合并的情形，包括经营者通过取得股权或者资产的方式取得对其他经营者的控制权，以及经营者通过合同等方式取得对其他经营者的控制权或者能够对其他经营者施加决定性影响的情形。在后两种情形中，参与集中的经营者虽然在形式上仍然各自独立，但实质上其中一方的经营者已经丧失了独立性，其控制权已经被其他经营者所获得，这使得它们能够在经营方面进行高度一致的协调，这与经营者合并并没有本质的区别，正因如此，《反垄断法》才将后两种情形也纳入经营者集中监管范围。因此，对于经营者而言，要注意《反垄断法》意义上的经营者集中是一种广义上的集中，而非仅仅包括合并这一情形，对于取得其他经营者控制权或者能够对其他经营者施加决定性影响的情形，也落入了《反垄断法》的规制范围。

由于经营者集中一旦完成，如果事后发现其具有排除、限制竞争影响，此时再分拆企业具有较大的难度，而且也会造成社会资源的浪费。因此，大多数司法辖区都对经营者集中采取事前审查的方式，由经营者主动向反垄断执法机构进行集中申报，由反垄断执法机构对其竞争影响展开审查，只有当经营者集中不具有排除、限制竞争效果时，才可能获得通过。由于经营者集中在商业实践中非常普遍，而且也具有正当的商业需求，要求所有的经营者集中都进行反垄断申报既不现实，也没有必要。因为经营者集中反垄断审查通常是着眼于全国范围或全行业，只有达到一定标准的经营者集中才可能产生较大的竞争关注从而需要对其展开反垄断审查。

我国2022年《反垄断法》第26条规定，经营者集中达到国务院规定的申报标准的，经营者应当事先向国务院反垄断执法机构申报，未申报的不得实施集中。因此，对于经营者而言，这是一个重点的合规事项，如果达到了经营者集中申报标准而不依法向国务院反垄断执法机构进行申报，将承担相应的反垄断法律责任。我国《反垄断法》本身并没有规定经营者集中的申报标准，而是授权由国务院进行具体规定。在我国《反垄断法》于2008年8月1日正式实施后，2008年8月3日，国务院公布了《国务院关于经营者集中申报标准的规定》，其中对经营者集中申报标准作出了明确规定。

根据2018年修订的《国务院关于经营者集中申报标准的规定》，经营者集中达到以下标准之一的，经营者应当事先向国务院反垄断执法机构进行申报，未申报的不得实施集中：①参与集中的所有经营者上一会计年度在全球范围内的营业额合计超过100亿元，并且其中至少两个经营者上一会计年度在中国境内的营业额均超过4亿元；②参与集中的所有经营者上一会计年度在中国境内的营业额合计超过20亿元，并且其中至少两个经营者上一会计年度在中国境内的营业额均超过4亿元。如果经营者集中达到上述标准，则必须向国务院反垄断执法机构进行申报。对于具体的申报义务人，国家市场监督管理总局制定的《经营者集中审查暂行规定》第11条作出了具体规定。通过合并方式实施的经营者集中，合并各方均为申报义务人；其他情形的经营者集中，取得控制权或者能够施加决定性影响的经营者为申报义务人，其他经营者予以配合。同一项经营者集中有多个申报义务人的，可以委托一个申报义务人申报。被委托的申报义务人未申报的，其他申报义务人不能免除申报义务。申报义务人未申报的，其他参与集中的经营者可以提出申报。申报义务人可以自行申报，也可以依法委托他人代理申报。

如果经营者集中达到申报标准，而经营者未进行申报，则应当承担相应的反垄断法律责任。我国2022年《反垄断法》第58条规定，经营者违反《反垄断法》规定实施集中，且具有或者可能具有排除、限制竞争效果的，由国务院反垄断执法机构责令停止实施集中、限期处分股份或者资产、限期转让营业以及采取其他必要措施恢复到集中前的状态，处上一年度销售额10%以下的罚款；不具有排除、限制竞争效果的，处500万元以下的罚款。至于具体采取何种处罚措施，则主要是根据违法未申报的经营者集中的竞争影响来进行确定。如果违法实施的经营者集中经国务院反垄断执法机构事后审查认定不具有排除、限制竞争效果，则国务院反垄断执法机构自然无须责令经营者恢复到集中前的状态，但为了对经营者违法实施集中的行为予以谴责，往往会对其处以一定数额的罚款。如果违法实施的经营者集中具有排除、限制竞争效果，则国务院反垄断执法机构就不仅需要对其处以相应的罚款，还需要责令经营者限期处分股份或者资产、限期转让营业以及采取其他必要措施恢复到集中前的状态。

【案例演绎】 腾讯收购中国音乐集团股权违法实施经营者集中案[1]

2021年1月25日，国家市场监督管理总局对腾讯控股有限公司（以下简称腾讯）收购中国音乐集团股权涉嫌违法实施经营者集中进行立案调查。经查，2016年7月12日，腾讯获得中国音乐集团61.64%的股权，取得对中国音乐集团的单独控制权。该股权交易属于2008年《反垄断法》第20条规定的经营者集中。腾讯2015年全球营业额为1028.63亿元，中国境内营业额为962.51亿元。基于商业秘密的考虑，国家市场监督管理总局并没有披露中国音乐集团2015年全球及中国境内营业额，但是双方的营业额达到了《国务院关于经营者集中申报标准的规定》第3条所规定的申报标准，属于应当申报的情形。然而，双方并没有事先向国务院反垄断执法机构进行申报，而是于2017年12月6日完成股权变更登记手续，这构成违法实施的经营者集中。

经过深入研究，国家市场监督管理总局认为本项集中对中国境内网络音乐播放平台市场具有或者可能具有排除、限制竞争效果。第一，集中后的实体在相关市场具有较高市场份额。集中前双方均列市场前两位，合计市场份额超过80%。合并后HHI指数达到了6950，为高度集中市场，HHI增量达到了3350。该合并将导致市场集中度进一步提高。第二，集中将减少相关市场的主要竞争对手。交易前集中双方居市场前两位，竞争实力相当，彼此竞争较为紧密，集中将进一步削弱市场竞争。第三，集中可能进一步提高相关市场进入壁垒。腾讯通过本项集中在中国境内网络音乐播放平台市场具有较高市场份额，可能使

---

[1] 国市监处（2021）67号行政处罚决定书。

其有能力促使上游版权方对其进行独家版权授权，或者向其提供优于竞争对手的条件，也可能使腾讯有能力通过支付高额预付金等方式提高市场进入壁垒，对相关市场具有或者可能具有排除、限制竞争的效果。

国家市场监督管理总局根据调查情况以及评估结论，最终对腾讯作出了如下处理决定。第一，责令腾讯及其关联公司采取相关措施以恢复相关市场的竞争状态。具体而言，腾讯及其关联公司不得与上游版权方达成或变相达成独家版权协议或其他排他性协议，已经达成的，须在处罚决定发布之日起30日内解除。没有正当理由，腾讯及其关联公司不得要求或变相要求上游版权方给予当事人优于其他竞争对手的条件，或与之相关的任何协议或协议条款，已经达成的，须在处罚决定发布之日起30日内解除。依据版权实际使用情况、用户付费情况、歌曲单价、应用场景、签约期限等因素向上游版权方报价，腾讯及其关联公司不得通过高额预付金等方式变相提高竞争对手成本，排除、限制竞争。第二，对腾讯处以50万元罚款。第三，责令腾讯依法申报经营者集中。第四，责令腾讯依法合规经营，建立健全公平参与市场竞争的长效机制。

该案具有重要的典型意义。一方面，该案进一步表明了国务院反垄断执法机构对于经营者违法未申报而进行的经营者集中的否定态度，在本案之前，国务院反垄断执法机构已经查处了100多起违法实施的经营者集中案件。另一方面，也是最为重要的，在该案中，国务院反垄断执法机构首次要求违法实施集中的经营者采取措施恢复相关市场的竞争状态。此前的违法实施经营者集中案件中，国务院反垄断执法机构仅对经营者处以相应罚款。当然，正如前文所分析的，造成这种差别的根本原因在于违法实施的经营者集中是否会产生排除、限制竞争效果。在本案中，国务院反垄断执法机构经过审查和评估，认定该集中将产生排除、限制竞争效果，因此要求经营者采取措施恢复市场竞争状态。不过需要注意的是，国务院反垄断执法机构主要是要求经营者采取行为性救济措施，而未直接要求其采取剥离资产等结构性的救济措施。

【案例演绎】 国家市场监督管理总局依法禁止虎牙公司与斗鱼公司合并案[1]

本案相关市场为中国境内网络游戏运营服务市场和游戏直播市场。腾讯在上游网络游戏运营服务市场份额超过40%，排名第一；虎牙和斗鱼在下游游戏

---

[1] 市场监管总局依法禁止虎牙公司与斗鱼国际控股有限公司合并[EB/OL]. 国家市场监督管理总局, 2021 [2022-04-26]. https://www.samr.gov.cn/xw/zj/202107/t20210710_332525.html.

直播市场份额分别超过 40%和 30%，排名第一、第二，合计超过 70%。目前，腾讯已具有对虎牙的单独控制权和对斗鱼的共同控制权。如虎牙与斗鱼合并，将使腾讯单独控制合并后实体，进一步强化腾讯在游戏直播市场的支配地位，同时使腾讯有能力和动机在上下游市场实施闭环管理和双向纵向封锁，具有或者可能具有排除、限制竞争效果，腾讯提出的附加限制性条件承诺方案不能有效解决前述竞争关注。最终，国家市场监督管理总局 2021 年 7 月 10 日宣布依法禁止虎牙公司与斗鱼公司合并。

（2）《最高人民法院关于审理因垄断行为引发的民事纠纷案件应用法律若干问题的规定》。

第七条 被诉垄断行为属于反垄断法第十三条第一款第一项至第五项规定的垄断协议的，被告应对该协议不具有排除、限制竞争的效果承担举证责任。

【法条解析】本条规定的是对横向垄断协议具有排除、限制竞争效果举证责任的分配。即原告应当证明被告构成垄断协议，而后应由被告就该协议不具有排除、限制竞争效果承担举证责任。比如相关市场竞争是否充分、被告是否具有很强的市场地位、被告是否具有限制竞争的行为动机、该协议是否对市场竞争造成不利影响等。实际上，该规定突破了民事诉讼"谁主张，谁举证"的原则，将本应由原告承担的举证责任转移给被告，这是典型的在法律、法规或司法解释具有明确规定的情形下，民事诉讼中适用举证责任倒置规则。之所以对于横向垄断协议是否具有排除、限制竞争效果适用举证责任倒置，主要是考虑到被告作为达成或实施横向垄断协议的一方，相较于原告而言，其对于自身所处的市场地位、行为动机、相关市场竞争等因素有更充分的认知。而由被告对横向垄断协议不具有排除、限制竞争的效果承担举证责任，也是给被告充分的辩解机会，尽可能还原事实真相，还能有效地减轻原告举证的困难。因此，该条规定的举证责任倒置对于法院审理涉及横向垄断协议的案件而言，意义重大。

【案例演绎】杭州市中级人民法院（2019）浙 01 民初 2522 号案[1]

2018 年 9 月 15 日，原告毛某某与被告李某某、被告陈某签署《三方合作协议》一份，约定由被告配合并确保原告淘宝店的胶枪销量排序第一。合同签订后，原告以其实际控制的上海亮朵家饰用品有限公司的名义，向两被告指定的收款人转款合计支付 110 万元。原告认为根据 2008 年《反垄断法》第 13 条

---

[1] 浙江省杭州市中级人民法院（2019）浙 01 民初 2522 号民事判决书。

的规定,主张上述三方签订的《三方合作协议》属于垄断协议,违反了我国《反垄断法》的禁止性规定,依法无效。

杭州市中级人民法院经审理认为,根据《最高人民法院关于审理因垄断行为引发的民事纠纷案件应用法律若干问题的规定》第7条的规定:"被诉垄断行为属于反垄断法第十三条第一款第一项至第五项规定的垄断协议的,被告应对该协议不具有排除、限制竞争的效果承担举证责任。"从2008年《反垄断法》规制横向垄断协议的立法目的和条文本义来看,销量限制型横向垄断协议之所以应予规制,原因在于其将导致对供求关系的人为控制,进而产生操控价格等一系列有损市场经济秩序的结果。本案中各方对销售数量的约定虽以动态值的形态呈现,但显然,只要原告毛某某对其销量进行控制,被告李某某和陈某亦必然地需要对其销量进行控制,进而产生对市场上可流通产品总销量的控制,故该项约定符合2008年《反垄断法》前述规定的本意,即涉案《三方合作协议》属于2008年《反垄断法》第13条第1款第2项所规制的情形。因此,在两被告未对该协议约定内容不具有排除、限制竞争的效果进行举证的前提下,法院亦认定该约定构成《反垄断法》所规制的横向垄断协议。

第八条 被诉垄断行为属于反垄断法第十七条第一款规定的滥用市场支配地位的,原告应当对被告在相关市场内具有支配地位和其滥用市场支配地位承担举证责任。

被告以其行为具有正当性为由进行抗辩的,应当承担举证责任。

【法条解析】 本条规定的是当被诉垄断行为属于滥用市场支配地位时,根据民事诉讼"谁主张,谁举证"原则,由原告对被告在相关市场内具有支配地位和其滥用市场支配地位承担举证责任。同时,还规定了当被告主张其行为具有正当性时,也应当承担举证责任。可见,对于滥用市场支配地位的垄断行为,并未采取同横向垄断协议举证责任一样的举证责任倒置,而是依然由原告对被告是否滥用市场支配地位进行举证。

【案例演绎】 北京知识产权法院(2017)京73民初1788号案[1]

原告盘锦东兴油井措施服务有限公司与被告中国石油天然气股份有限公司、BECKBURY国际有限公司合作,原告在辽河油田冷家堡区块建设了两台锅炉,为被告二提供注汽服务,双方自2001年至2013年逐年签订了多份协议。协议终止后,被告二不再与原告续签。原告认为,二被告在辽河油田冷家堡区块油

---

[1] 北京知识产权法院(2017)京73民初1788号。

田开采所需的注汽服务市场具有市场支配地位，二被告通过实施差别待遇和拒绝交易，排除、限制了原告在正常竞争秩序中可以合法获取的利益，违反了2008年《反垄断法》第17条第1款第3项、第6项的规定，故诉至法院，要求二被告立即停止涉诉滥用市场支配地位行为，并赔偿原告经济损失。

北京知识产权法院经审理认为，被诉行为涉及买方滥用市场支配地位，根据《最高人民法院关于审理因垄断行为引发的民事纠纷案件应用法律若干问题的规定》第8条的规定，被诉垄断行为属于2008年《反垄断法》第17条第1款规定的滥用市场支配地位的行为，原告应当对被告在相关市场内具有支配地位和其滥用市场支配地位承担举证责任。本案中，原告主张相关地域市场为辽河油田冷家堡区块，因被告系该区块注汽服务市场的唯一需求者，故可推定被告具有市场支配地位。但本案的相关地域市场应为全国稠油油田产区，故原告的上述推断不能成立。同时，原告认为即使是在被告所主张的全国稠油油田产区所需热注汽服务市场，被告依然具有市场支配地位。但对此原告并未提交证据予以证明，在案证据不足以证明二被告在本案所涉及的服务市场内具有市场支配地位。被告二不再与原告续约符合合同自由原则，且涉案油田产量和销量持续下降，被告二拒绝与原告交易具有正当理由。原告与某案外公司在规模和能力、信用状况、交易安全等方面存在明显差别，被告二与该案外公司进行交易不构成差别待遇。被诉拒绝交易和差别待遇行为影响的是交易关系的一方，而非需要由2008年《反垄断法》所调整的竞争关系和竞争秩序。因此法院对原告的主张不予支持，判决驳回了原告的全部诉讼请求。

4.1.2 反垄断合规的执法及司法现状、规律与趋势

《反垄断法》的实施主要包括反垄断执法和反垄断司法两种方式，前者是指由反垄断执法机关主动或者依据举报而对涉嫌垄断的行为展开反垄断调查和查处，后者是指由法院依据原告的起诉而对涉嫌垄断的案件进行审理。

4.1.2.1 执法的现状、规律与趋势

（1）反垄断执法机构。

就反垄断行政执法而言，执法的主体是特定的，不过，随着政府行政机构的改革，具体负责反垄断执法的机构也会随之发生变化。行政执法具有主动性，从而体现出一种单方意志性。"行政主体的执法行为，只要是在行政组织法或法律、法规的授权范围内，即可自行决定和直接实施，而无须与行政相对方协商

和征得相对方的同意。"[1]这与司法的被动性具有根本区别。事实上,我国《反垄断法》的基本制度也主要是围绕行政执法而展开的,例如对于垄断协议行为和滥用市场支配地位行为认定中所规定的兜底性条款,都是明确规定由"国务院反垄断执法机构认定",这深刻地展示出我国《反垄断法》的实施非常倚重于行政执法。[2]

就反垄断的中央执法机构而言,《反垄断法》并没有明确规定负责反垄断执法的具体为哪一机构,[3]但一旦经过国务院规定,在实践中就会具体特定化。例如,2008年7月至8月,在2008年《反垄断法》正式实施前,国务院批准了国家工商行政管理总局、发改委和商务部的"三定"方案,分别规定该三机构各自承担相应的反垄断职责,[4]从而确定了我国当时反垄断行政执法"三足鼎立"的局面。2018年3月,党的十九届三中全会通过的《深化党和国家机构改革方案》对我国反垄断执法体制进行了重大改革,组建国家市场监督管理总局,将原来的三个反垄断执法机构的反垄断执法职责进行整合,统一由国家市场监督管理总局承担。2021年11月18日,国家反垄断局正式挂牌成立,这是我国反垄断执法机构又一次重要改革。

除中央层面的反垄断执法以外,我国反垄断执法还存在地方层面的反垄断执法这一重要形式。在成立国家市场监督管理总局以前,在"三家执法"的模式下,发改委和国家工商行政管理总局当时分别作出了普遍性授权和个案授权的不同授权模式。国家市场监督管理总局成立后,于2018年12月28日发布了《市场监管总局关于反垄断执法授权的通知》,授权省级市场监管部门普遍的反垄断执法权,但并未下放至县市级。

(2)反垄断执法的现状。

自2008年《反垄断法》实施以来,无论是反垄断执法机构改革前的"三家执法"还是改革后的单一机构执法,都一直注重民生领域的反垄断执法。2020年底以来,随着平台经济领域内的垄断问题日益严重,党和国家提出要强

---

[1] 李龙.法理学[M].湖北:武汉大学出版社,2011:219.
[2] 王先林.我国反垄断法实施的基本机制及其效果——兼论以垄断行业作为我国反垄断法实施的突破口[J].法学评论,2012(5):96-103.
[3] 我国2008年《反垄断法》第10条第1款规定:"国务院规定的承担反垄断执法职责的机构(以下统称国务院反垄断执法机构)依照本法规定,负责反垄断执法工作。"现为2022年《反垄断法》第13条第1款规定:"国务院反垄断执法机构负责反垄断统一执法工作。"
[4] 反垄断三驾马车正式成形[N/OL].新浪财经,2008[2022-05-27].http://finance.sina.com.cn/g/20080824/00515230605.shtml.

化平台经济领域反垄断、防止资本无序扩张。在这一大的政策背景下，反垄断执法机构也持续加大了平台经济领域反垄断执法的力度。查处了阿里巴巴、美团滥用市场支配地位等具有重要影响力的垄断案件，对于经营者违法实施集中也展开了集中的反垄断执法。2022年4月26日，在国务院新闻办公室召开的《中国知识产权保护与营商环境新进展报告（2021）》新闻发布会上，国家市场监督管理总局副局长透露，2021年，反垄断执法机构针对平台经济、医药、建材、保健市场、公用事业等重点领域加强了竞争监管执法，围绕制约经济发展堵点和民生关切的痛点，查处了各类垄断案件176件，审结了经营者集中案件727件。

当前，我国反垄断执法已经进入了稳步发展的常态阶段，涉及民生领域的反垄断是反垄断执法的重点，而平台经济领域的反垄断则是近年来的一大亮点，改变了之前平台经济领域鲜有反垄断执法的局面。2021年《国务院反垄断委员会关于平台经济领域的反垄断指南》，对平台经济领域中所普遍存在的"二选一""大数据杀熟"等社会广泛关注的热点问题作出了回应，为平台经济领域的反垄断提供了更加细化的指导。

（3）反垄断执法的规律。

从我国反垄断执法的实践来看，主要呈现出以下执法规律。

第一，从执法的力度来看，展现出由零星执法到系统性、全面性执法的发展规律。在我国《反垄断法》实施初期，反垄断执法机构针对垄断协议和滥用市场支配地位行为展开的执法数量相对有限。然而，随着反垄断执法的不断深入，反垄断执法人员的执法经验也不断积累，反垄断执法机构也展开了大量的反垄断执法，反垄断罚款的金额也越来越大，许多反垄断案件在国内甚至全球都产生了较大影响。这表明我国反垄断执法机构能够越来越娴熟地适用《反垄断法》维护公平竞争秩序。

第二，反垄断执法的层次越来越完备。早期，我国反垄断执法主要是由中央反垄断执法机构展开的执法，省级反垄断执法机构只有在获得个案授权或普遍授权的情况下才能够展开反垄断执法。随着我国反垄断执法工作深入开展的需要，以及地方反垄断执法机构执法能力的不断提升和执法经验的不断积累，地方反垄断执法机构在我国反垄断执法工作中发挥出日益重要的作用。尤其是机构改革后，国家市场监督管理总局对省级反垄断执法机构进行了普遍性的授权，从而赋予省级反垄断执法机构普遍性的反垄断执法权，更有利于发挥地方反垄断执法机构的能动性和优势。

第三，注重民生领域的反垄断执法，及时回应社会热点问题。民生领域的垄断行为严重损害了社会公共利益，而《反垄断法》的重要宗旨，就包括维护消费者利益和社会公共利益。因此，反垄断执法机构对涉及民生的原料药、公用事业、建材等多个领域长期展开了大量执法，有力地维护了相关市场的竞争秩序。由于涉嫌垄断行为影响的广泛性，往往触及社会痛点，因此很有可能形成相应的社会事件。反垄断执法机构通常会及时进行回应，分析相关行为构成垄断的可能性并展开相应的调查或执法。例如，针对在社会上引发广泛关注和讨论的中国知网涉嫌垄断这一事件，2022年5月，国家市场监督管理总局发布公告，宣布依据前期核查，依法对知网涉嫌实施垄断行为立案调查。及时顺应社会的呼声而对知网展开反垄断调查，能够扩大反垄断执法的民意基础。当然，至于涉案行为最终是否构成垄断，仍然需要由反垄断执法机构进行专业判断与认定，而不能为民意所左右。换言之，民意可以成为反垄断执法的重要线索来源，但不能成为认定涉案行为是否构成垄断的标准。

第四，反垄断执法具有一定的政策性影响。尽管我国反垄断执法力量已经得以大幅充实，但相对于我国巨大的市场体量而言，仍然存在巨大的不足，从而需要向重点领域进行倾斜。同时，国家在发展的不同阶段从总体上也会对不同领域有具体的要求，而有些需要通过反垄断的方式予以实现。因此，我国反垄断执法往往体现出一定的政策性，在不同时期具有相应的阶段性侧重。例如，我国在平台经济领域的反垄断即体现了一定的政策性。2020年之前，我国反垄断执法机构鲜有针对平台企业展开反垄断执法。2020年10月，党的十九届五中全会提出了"十四五"时期的经济社会发展主要目标，其中就包括"公平竞争制度更加健全"。全会通过了《中共中央关于制定国民经济和社会发展第十四个五年规划和二〇三五年远景目标的建议》，提出要"加大反垄断和反不正当竞争执法司法"。2020年12月，中共中央政治局召开会议，分析研究2021年经济工作，明确要"强化反垄断和防止资本无序扩张"。2020年12月，中央经济工作会议在北京举行，明确2021年要抓好八大重点任务，其中第六大重点任务就是"强化反垄断和防止资本无序扩张"，指出反垄断、反不正当竞争是完善社会主义市场经济体制、推动高质量发展的内在要求。国家支持平台企业创新发展、增强国际竞争力，支持公有制经济和非公有制经济共同发展，同时要依法规范发展，健全数字规制。要完善平台企业垄断认定、数据收集使用管理、消费者权益保护方面的法律规范。要加强规制，提升监管能力，坚决反对垄断和不正当竞争行为。自此以后，反垄断执法机构针对平台企业展开了集中的反垄断执法，包括查处阿里巴巴、美团滥用市场支配地位案件，产生了广泛的社会影响。

（4）反垄断执法的趋势。

随着我国反垄断执法力量的不断充实，反垄断执法经验的不断积累，反垄断执法在维护公平竞争秩序和促进经济发展方面的价值日益凸显，我国反垄断执法已经步入了常态化阶段。反垄断执法机构将进一步稳妥地展开反垄断执法。国家市场监督管理总局相关负责人表示，今后要进一步强化担当作为，切实履职尽责，在更深层面、更大力度、更高水平加强和改进反垄断监管执法。健全市场竞争状况评估和预警制度，强化风险研判和预警，增强监管前瞻性和针对性。聚焦高质量发展要求和人民群众反映强烈的问题，加强平台经济、科技创新、信息安全、民生保障等重点领域反垄断监管，促进经济持续健康发展。着力查办重大典型案件，充分发挥警示示范作用，促进市场竞争秩序整体规范。[1]这也集中反映了我国今后一段时期内的反垄断执法趋势。

4.1.2.2 司法的现状、规律与趋势

（1）反垄断司法机制。

在我国，反垄断司法包括反垄断民事诉讼和反垄断行政诉讼。反垄断行政诉讼又可以分为因不服反垄断执法机构所作出的反垄断行政处罚而提起的行政诉讼，和针对行政机关滥用行政权力排除、限制竞争而提起的行政诉讼。在反垄断行政诉讼中，经营者作为原告并没有合规的风险，相反，面临合规问题的是反垄断执法机构和涉嫌滥用行政权力排除、限制竞争的行政机关。因此，本书在此不对反垄断行政诉讼予以分析讨论。在反垄断诉讼中，企业所面临的合规风险主要源于反垄断民事诉讼，即其他相关主体因认为经营者涉嫌构成垄断而提起的反垄断民事诉讼。

根据2012年《最高人民法院关于审理因垄断行为引发的民事纠纷案件应用法律若干问题的规定》，第一审垄断民事纠纷案件，由省、自治区、直辖市人民政府所在地的市、计划单列市中级人民法院以及最高人民法院指定的中级人民法院管辖。随着我国知识产权法院的建立，一审垄断民事纠纷案件的管辖也纳

---

[1] 倪泰. 以公正监管保障公平竞争 奋力开创反垄断工作新局面——访市场监管总局反垄断执法一司司长吴振国 [N]. 中国市场监管报，2022-01-12 (1).

入了知识产权法院。2020年修正的《最高人民法院关于审理因垄断行为引发的民事纠纷案件应用法律若干问题的规定》规定："第一审垄断民事纠纷案件，由知识产权法院、省、自治区、直辖市人民政府所在地的市、计划单列市中级人民法院以及最高人民法院指定的中级人民法院管辖。"

2018年《最高人民法院关于知识产权法庭若干问题的规定》规定，知识产权法庭审理的案件类型包括"不服高级人民法院、知识产权法院、中级人民法院作出的发明专利、实用新型专利、植物新品种、集成电路布图设计、技术秘密、计算机软件、垄断第一审民事案件判决、裁定而提起上诉的案件"。据此，垄断民事二审案件都由最高人民法院知识产权法庭进行审理，这也即所谓的"飞跃上诉"。这一制度也有利于最高人民法院形成统一的裁判标准。

（2）反垄断民事诉讼现状。

与反垄断行政执法不同，反垄断民事诉讼具有被动性，即遵循"不告不理"。因此，反垄断民事诉讼案件数量是市场主体反垄断意识强弱的一个"风向标"，反映了市场主体通过反垄断民事诉讼来进行维权的意愿高低。自我国《反垄断法》实施以来，反垄断民事诉讼机制也不断完善，反垄断民事诉讼案件数量不断增多，而且也审理了众多具有重大社会影响力的反垄断案件。反垄断民事诉讼已然成为我国《反垄断法》实施的重要方式。

据最高人民法院披露，自2008年至2020年，全国各级法院受理各类垄断民事案件共计897件，审结844件，年结案量从2008年的6件上升到2020年的107件，12年间增幅达到16.8倍。垄断民事诉讼案件涉及的行业和领域广泛，近年来互联网领域垄断纠纷案件频繁出现。[1]由此可见，我国法院审理的垄断民事案件不仅数量不断增加，而且案件的年结案率也大幅提升，这表明通过反垄断民事诉讼的方式维护公平自由的竞争秩序和自身的合法权益已经成为许多市场主体的一种优先选择。对于涉嫌从事垄断行为的经营者而言，即便尚未受到反垄断执法机关所展开的执法，也很有可能被相关利益方提起反垄断民事诉讼，因而更需加大反垄断合规的力度。

（3）反垄断民事诉讼的规律。

第一，我国反垄断民事诉讼案件类型基本为垄断协议案件和滥用市场支配地位案件，尚未有涉及经营者集中的反垄断民事诉讼案件。之所以如此，是因

---

〔1〕 2008年至2020年，全国各级法院受理各类垄断民事案897件［EB/OL］. 中国新闻网，2021［2022-05-17］. https://www.chinanews.com.cn/gn/2021/09-27/9574877.shtml.

为我国经营者集中反垄断主要以反垄断执法机构的事前审查为主，经营者集中更多涉及的是市场结构的变化，并不直接涉及消费者和经营者利益的损害，法院通常不直接介入。滥用市场支配地位案件一直以来都是反垄断民事诉讼的主要类型，而且也是容易产生重要社会影响力的案件类型，如"3Q"大战即是如此，因为涉嫌具有市场支配地位的经营者往往都是在市场上具有较高知名度的企业。但是，由于原告往往很难举证证明被告具有市场支配地位，因此胜诉率很低。不过，据最高人民法院介绍，近年来，最高人民法院知识产权法庭审理的垄断协议纠纷民事案件特别是横向垄断协议案件占比增加，法庭也在多起案件中认定构成垄断协议，彰显了加大司法反垄断的鲜明态度。[1]这说明，在横向垄断协议案件中，原告胜诉率低的问题已经得到了一定的缓解，对于涉嫌从事横向垄断协议的经营者而言，将面临越来越大的合规风险，应当更加注意避免从事垄断协议的行为。

第二，传统领域的普通案件仍然是主要类型，但新兴领域中的疑难复杂案件数量也不断增多。传统领域如公用事业、建材、汽车、电器等行业内的垄断案件较多，而且这些案件本身相对并不复杂。但是，随着通信技术、平台经济等的不断发展，新兴领域所涉及的垄断行为不断涌现，如出现了许多涉及标准必要专利、数字平台等的垄断案件，这些案件相对比较复杂、专业。

第三，法院越来越从维护公平竞争秩序的角度来审理反垄断民事诉讼案件。由于特殊的历史原因，我国反垄断案件最初是由知识产权庭进行审理的。2008年7月28日，在我国《反垄断法》正式实施之前，最高人民法院发布了《最高人民法院关于认真学习和贯彻〈中华人民共和国反垄断法〉的通知》，其中指出，《反垄断法》与制止知识产权滥用行为和保护知识产权紧密相关，也与《反不正当竞争法》同属于竞争法范畴。2008年4月1日起施行的《最高人民法院民事案件案由规定》将垄断纠纷与各种不正当竞争纠纷集中规定，统一纳入了知识产权纠纷范围。据此，各级人民法院负责知识产权案件审判业务的审判庭，要依法履行好审判职责，切实审理好涉及滥用知识产权的反垄断民事案件以及其他各类反垄断民事案件。由于知识产权保护更多的是一种私权保护，受专业背景知识以及思维模式的影响，知识产权庭法官在审理反垄断案件时，也往往会从绝对私权保护的角度来审视垄断纠纷，忽略了从整体的市场竞争秩

---

[1] 最高人民法院知识产权法庭年度报告（2021）[EB/OL]. 最高人民法院，2022 [2022-05-18]. https://www.court.gov.cn/zixun-xiangqing-347361.html.

序的角度来进行分析，可能会使得某些案件的审理存在偏差。不过，随着反垄断审理的不断深入、经验的不断积累和思维模式的不断转换，知识产权法官在审理反垄断案件时，也不断注重从整体的市场竞争秩序的保护层面来展开分析。

（4）反垄断民事诉讼的趋势。

随着我国反垄断不断深入，以及权利人反垄断意识的不断觉醒，反垄断民事诉讼已经并将继续成为我国《反垄断法》实施的重要方式之一。未来，一审法院受理的反垄断民事诉讼案件数量将不断增多，而法院也将以更加专业的知识与经验、更高的效率审理这些案件；二审法院也即最高人民法院，将利用"飞跃上诉"制度的价值，统一反垄断司法裁判标准，从而为各一审法院提供更加明确和统一的裁判指导。

2021年5月，最高人民法院召开反垄断审判工作专家座谈会，时任最高人民法院院长周强指出，反垄断是完善社会主义市场经济体制，推动高质量发展的内在要求，是规范市场竞争秩序的重要举措。加强反垄断审判工作是服务大局、服务经济社会发展、服务人民群众的需要，最高人民法院要切实加强反垄断司法，维护公平竞争的市场秩序，为实现经济高质量发展提供有力的司法服务和保障。周强就加强反垄断审判工作提出具体要求。他强调，要坚持反垄断与保障平台经济发展相统一，坚持发展与规范并重，妥善处理加强互联网平台反垄断工作和促进平台经济持续健康发展的关系，促进公平有序竞争，有效激发市场主体活力。要服务创新驱动发展，鼓励竞争者探索创新、保障创新者实现价值、保证消费者分享发展红利，推动新技术、新产品、新业态不断创造发展。要严格依法制止垄断行为，充分发挥审判职能作用，努力营造市场化、法治化、国际化营商环境。可以预见，今后法院也将在平台经济反垄断审判中发挥更加积极的、更大的作用。

4.1.3 反垄断合规管理要点

经营者的反垄断合规，最为根本的就是要避免从事《反垄断法》所明确禁止的垄断行为，并且遵守《反垄断法》的相关程序性制度。2020年9月，国务院反垄断委员会印发了《经营者反垄断合规指南》，旨在鼓励经营者培育公平竞争的合规文化，建立反垄断合规管理制度，提高对垄断行为的认识，防范反垄断合规风险，保障经营者持续健康发展。

4.1.3.1 禁止达成垄断协议的合规要点
(1) 禁止达成横向垄断协议。

经营者不得与其他经营者达成或者组织其他经营者达成《反垄断法》第17条禁止的横向垄断协议。是否构成横向垄断协议、横向垄断协议的具体表现形式，可以依据《反垄断法》《禁止垄断协议暂行规定》作出评估、判断。

经营者不得与具有竞争关系的经营者就商品价格达成下列垄断协议：固定或者变更价格水平、价格变动幅度、利润水平或者折扣、手续费等其他费用；约定采用据以计算价格的标准公式；限制参与协议的经营者的自主定价权；通过其他方式固定或者变更价格。

经营者不得与具有竞争关系的经营者就限制商品的生产数量或者销售数量达成下列垄断协议：以限制产量、固定产量、停止生产等方式限制商品的生产数量，或者限制特定品种、型号商品的生产数量；以限制商品投放量等方式限制商品的销售数量，或者限制特定品种、型号商品的销售数量；通过其他方式限制商品的生产数量或者销售数量。

经营者不得与具有竞争关系的经营者就分割销售市场或者原材料（包括经营者生产经营所必需的技术和服务）采购市场达成下列垄断协议：划分商品销售地域、市场份额、销售对象、销售收入、销售利润或者销售商品的种类、数量、时间；划分原料、半成品、零部件、相关设备等原材料的采购区域、种类、数量、时间或者供应商；通过其他方式分割销售市场或者原材料采购市场。

经营者不得与具有竞争关系的经营者就限制购买新技术、新设备或者限制开发新技术、新产品达成下列垄断协议：限制购买、使用新技术、新工艺；限制购买、租赁、使用新设备、新产品；限制投资、研发新技术、新工艺、新产品；拒绝使用新技术、新工艺、新设备、新产品；通过其他方式限制购买新技术、新设备或者限制开发新技术、新产品。

经营者不得与具有竞争关系的经营者就联合抵制交易达成下列垄断协议：联合拒绝向特定经营者供应或者销售商品；联合拒绝采购或者销售特定经营者的商品；联合限定特定经营者不得与具有竞争关系的经营者进行交易；通过其他方式联合抵制交易。

平台经济领域的垄断协议具有特殊性。平台经济领域的经营者不得通过下列方式与具有竞争关系的经营者达成固定价格（包括但不限于商品价格以及经营者收取的佣金、手续费、会员费、推广费等服务收费）、分割市场、限制产

（销）量、限制新技术（产品）、联合抵制交易等横向垄断协议；利用平台收集并且交换价格、销量、成本、客户等敏感信息；利用技术手段进行意思联络；利用数据、算法、平台规则等实现协调一致行为；其他有助于实现协同的方式。

（2）禁止达成纵向垄断协议。

经营者不得与其他经营者达成或者组织其他经营者达成《反垄断法》第18条禁止的纵向垄断协议。是否构成纵向垄断协议、纵向垄断协议的具体表现形式，可以依据《反垄断法》《禁止垄断协议暂行规定》作出评估、判断。

经营者不得与交易相对人达成下列垄断协议：固定向第三人转售商品的价格水平、价格变动幅度、利润水平或者折扣、手续费等其他费用；限定向第三人转售商品的最低价格，或者通过限定价格变动幅度、利润水平或者折扣、手续费等其他费用限定向第三人转售商品的最低价格；通过其他方式固定转售商品价格或者限定转售商品最低价格。

平台经济领域内的纵向垄断协议同样具有特殊性。平台经济领域经营者不得通过下列方式与交易相对人达成固定转售价格、限定最低转售价格等纵向垄断协议：利用技术手段对价格进行自动化设定；利用平台规则对价格进行统一；利用数据和算法对价格进行直接或者间接限定；利用技术手段、平台规则、数据和算法等方式限定其他交易条件，排除、限制市场竞争。

（3）禁止参与或者支持行业协会组织的垄断协议。

在实践中，许多垄断协议是由本行业的行业协会组织达成的。行业协会是指由同行业经济组织和个人组成，行使行业服务和自律管理职能的各种协会、学会、商会、联合会、促进会等社会团体法人。行业协会可能会通过以下方式组织本行业的经营者从事垄断协议行为：制定、发布含有排除、限制竞争内容的行业协会章程、规则、决定、通知、标准等；召集、组织或者推动本行业的经营者达成含有排除、限制竞争内容的协议、决议、纪要、备忘录等；其他组织本行业经营者达成或者实施垄断协议的行为。经营者不得参与或者支持行业协会组织的垄断协议，否则将承担相应的法律责任。

（4）禁止参与行政机关强制从事的垄断协议。

根据我国《反垄断法》第44条的规定，行政机关和法律、法规授权的具有管理公共事务职能的组织不得滥用行政权力，强制或者变相强制经营者从事本法规定的垄断行为。其中就包括垄断协议行为。行政机关可能滥用行政权力强制经营者从事垄断协议行为。经营者因行政机关和法律、法规授权的具有管理公共事务职能的组织滥用行政权力而达成垄断协议的，仍应承担法律责任。

4.1.3.2 禁止滥用市场支配地位的合规要点

经营者具有市场支配地位的，不得从事《反垄断法》所禁止的滥用市场支配地位行为。经营者是否具有市场支配地位、是否从事构成滥用市场支配地位的行为，可以依据《反垄断法》《禁止滥用市场支配地位行为暂行规定》作出评估、判断。

（1）禁止从事不公平高价行为。

具有市场支配地位的经营者不得以不公平的高价销售商品或者以不公平的低价购买商品。认定"不公平的高价"或者"不公平的低价"，可以考虑下列因素：销售价格或者购买价格是否明显高于或者明显低于其他经营者在相同或者相似市场条件下销售或者购买同种商品或者可比较商品的价格；销售价格或者购买价格是否明显高于或者明显低于同一经营者在其他相同或者相似市场条件下销售或者购买商品的价格；在成本基本稳定的情况下，是否超过正常幅度提高销售价格或者降低购买价格；销售商品的提价幅度是否明显高于成本增长幅度，或者购买商品的降价幅度是否明显高于交易相对人成本降低幅度；需要考虑的其他相关因素。认定市场条件相同或者相似，应当考虑销售渠道、销售模式、供求状况、监管环境、交易环节、成本结构、交易情况等因素。

具有市场支配地位的平台经济领域经营者不得滥用市场支配地位以不公平的高价销售商品或者以不公平的低价购买商品。分析是否构成不公平价格行为，可以考虑以下因素：该价格是否明显高于或者明显低于其他同类业务经营者在相同或者相似市场条件下同种商品或者可比较商品的价格；该价格是否明显高于或者明显低于该平台经济领域经营者在其他相同或者相似市场条件下同种商品或者可比较商品的价格；在成本基本稳定的情况下，该平台经济领域经营者是否超过正常幅度提高销售价格或者降低购买价格；该平台经济领域经营者销售商品提价幅度是否明显高于成本增长幅度，或者采购商品降价幅度是否明显低于成本降低幅度。认定市场条件相同或者相似，一般可以考虑平台类型、经营模式、交易环节、成本结构、交易具体情况等因素。

（2）禁止从事掠夺性定价行为。

具有市场支配地位的经营者不得没有正当理由，以低于成本的价格销售商品。认定低于成本的价格销售商品，应当重点考虑价格是否低于平均可变成本。平均可变成本是指随着生产的商品数量变化而变动的每单位成本。涉及互联网等新经济业态中的免费模式，应当综合考虑经营者提供的免费商品以及相关收费商品等情况。具有市场支配地位的经营者低于成本销售的"正当理由"包括：降价处理鲜活商品、季节性商品、有效期限即将到期的商品和积压商品的；因清偿债务、转产、歇业降价销售商品的；在合理期限内为推广新商品进行促销的；能够证明行为具有正当性的其他理由。

具有市场支配地位的平台经济领域经营者，不得滥用市场支配地位，没有正当理由，以低于成本的价格销售商品，排除、限制市场竞争。分析是否构成低于成本销售，一般重点考虑平台经济领域经营者是否以低于成本的价格排挤具有竞争关系的其他经营者，以及是否可能在将其他经营者排挤出市场后，提高价格获取不当利益、损害市场公平竞争和消费者合法权益等情况。在计算成本时，一般需要综合考虑平台涉及多边市场中各相关市场之间的成本关联情况。平台经济领域具有市场支配地位的经营者低于成本销售商品的正当理由包括：在合理期限内为发展平台内其他业务；在合理期限内为促进新商品进入市场；在合理期限内为吸引新用户；在合理期限内开展促销活动；能够证明行为具有正当性的其他理由。

（3）禁止从事拒绝交易行为。

具有市场支配地位的经营者不得没有正当理由，通过下列方式拒绝与交易相对人进行交易：实质性削减与交易相对人的现有交易数量；拖延、中断与交易相对人的现有交易；拒绝与交易相对人进行新的交易；设置限制性条件，使交易相对人难以与其进行交易；拒绝交易相对人在生产经营活动中，以合理条件使用其必需设施。在认定经营者滥用市场支配地位时，应当综合考虑以合理的投入另行投资建设或者另行开发建造该设施的可行性、交易相对人有效开展生产经营活动对该设施的依赖程度、该经营者提供该设施的可能性以及对自身生产经营活动造成的影响等因素。具有市场支配地位的经营者拒绝交易的"正当理由"包括：因不可抗力等客观原因无法进行交易；交易相对人有不良信用记录或者出现经营状况恶化等情况，影响交易安全；与交易相对人进行交易将使经营者利益发生不当减损；能够证明行为具有正当性的其他理由。

具有市场支配地位的平台经济领域经营者，不得滥用其市场支配地位，无正当理由拒绝与交易相对人进行交易，排除、限制市场竞争。分析是否构成拒绝交易，通常考虑以下因素：停止、拖延、中断与交易相对人的现有交易；拒绝与交易相对人开展新的交易；实质性削减与交易相对人的现有交易数量；在平台规则、算法、技术、流量分配等方面设置不合理的限制和障碍，使交易相对人难以开展交易；控制平台经济领域必需设施的经营者拒绝与交易相对人以合理条件进行交易。认定相关平台是否构成必需设施，一般需要综合考虑该平台占有数据情况、其他平台的可替代性、是否存在潜在可用平台、发展竞争性平台的可行性、交易相对人对该平台的依赖程度、开放平台对该平台经营者可能造成的影响等因素。平台经济领域具有市场支配地位的经营者拒绝交易的正当理由包括：因不可抗力等客观原因无法进行交易；因交易相对人原因，影响交易安全；与交易相对人交易将使平台经济领域经营者利益发生不当减损；交易相对人明确表示或者实际不遵守公平、合理、无歧视的平台规则；能够证明行为具有正当性的其他理由。

（4）禁止从事限定交易行为。

具有市场支配地位的经营者没有正当理由，不得从事下列限定交易行为：限定交易相对人只能与其进行交易；限定交易相对人只能与其指定的经营者进行交易；限定交易相对人不得与特定经营者进行交易。从事上述限定交易行为可以是直接限定，也可以是以设定交易条件等方式变相限定。具有市场支配地位的经营者从事限定交易的"正当理由"包括：为满足产品安全要求所必须；为保护知识产权所必须；为保护针对交易进行的特定投资所必须；能够证明行为具有正当性的其他理由。

具有市场支配地位的平台经济领域经营者，不得滥用市场支配地位，无正当理由对交易相对人进行限定交易，排除、限制市场竞争。分析是否构成限定交易行为，可以考虑以下因素：要求平台内经营者在竞争性平台间进行"二选一"，或者限定交易相对人与其进行独家交易的其他行为；限定交易相对人只能与其指定的经营者进行交易，或者通过其指定渠道等限定方式进行交易；限定交易相对人不得与特定经营者进行交易。上述限定可能通过书面协议的方式实现，也可能通过电话、口头方式与交易相对人商定的方式实现，还可能通过平台规则、数据、算法、技术等方面的实际设置限制或者障碍的方式实现。分析是否构成限定交易，通常重点考虑以下两种情形：一是平台经营者通过屏蔽店铺、搜索降权、流量限制、技术障碍、扣取保证金等惩罚性措施实施的限制，因对市场竞争和消费者利益产生直接损害，一般会认定构成限定交易行为。二是平台经营者通过补贴、折扣、优惠、流量资源支持等激励性方式实施的限制，可能对平台内经营者、消费者利益和社会整体福利具有一定积极效果，但如果有证据证明对市场竞争产生明显的排除、限制影响，也会被认定构成限定交易行为。平台经济领域经营者限定交易的正当理由包括：为保护交易相对人和消费者利益所必须；为保护知识产权、商业机密或者数据安全所必须；为保护针对交易进行的特定资源投入所必须；为维护合理的经营模式所必须；能够证明行为具有正当性的其他理由。

(5) 禁止从事搭售或附加不合理交易条件行为。

具有市场支配地位的经营者没有正当理由不得搭售商品，或者在交易时附加其他不合理的交易条件：违背交易惯例、消费习惯或者无视商品的功能，将不同商品捆绑销售或者组合销售；对合同期限、支付方式、商品的运输及交付方式或者服务的提供方式等附加不合理的限制；对商品的销售地域、销售对象、售后服务等附加不合理的限制；交易时在价格之外附加不合理费用；附加与交易标的无关的交易条件。具有市场支配地位的经营者从事搭售的"正当理由"包括：符合正当的行业惯例和交易习惯；为满足产品安全要求所必须；为实现特定技术所必须；能够证明行为具有正当性的其他理由。

具有市场支配地位的平台经济领域经营者，不得滥用市场支配地位，无正当理由实施搭售或者附加不合理交易条件，排除、限制市场竞争。分析是否构成搭售或者附加不合理交易条件，通常考虑以下因素：利用格式条款、弹窗、操作必经步骤等交易相对人无法选择、更改、拒绝的方式，将不同商品进行捆绑销售；以搜索降权、流量限制、技术障碍等惩罚性措施，强制交易相对人接受其他商品；对交易条件和方式、服务提供方式、付款方式和手段、售后保障等附加不合理限制；在交易价格之外额外收取不合理费用；强制收集非必要用户信息或者附加与交易标的无关的交易条件、交易流程、服务项目。平台经济领域经营者实施搭售的正当理由包括：符合正当的行业惯例和交易习惯；为保护交易相对人和消费者利益所必须；为提升商品使用价值或者效率所必须；能够证明行为具有正当性的其他理由。

(6) 禁止从事差别待遇行为。

具有市场支配地位的经营者没有正当理由，不得搭售商品，或者在交易时附加其他不合理的交易条件：违背交易惯例、消费习惯或者无视商品的功能，将不同商品捆绑销售或者组合销售；对合同期限、支付方式、商品的运输及交付方式或者服务的提供方式等附加不合理的限制；对商品的销售地域、销售对象、售后服务等附加不合理的限制；交易时在价格之外附加不合理费用；附加与交易标的无关的交易条件。

具有市场支配地位的经营者从事差别待遇行为的"正当理由"包括：符合正当的行业惯例和交易习惯；为满足产品安全要求所必须；为实现特定技术所必须；能够证明行为具有正当性的其他理由。

具有市场支配地位的平台经济领域经营者，不得滥用市场支配地位，无正当理由对交易条件相同的交易相对人实施差别待遇，排除、限制市场竞争。分析是否构成差别待遇，通常考虑以下因素：基于大数据和算法，根据交易相对人的支付能力、消费偏好、使用习惯等，实行差异性交易价格或者其他交易条件；实行差异性标准、规则、算法；实行差异性付款条件和交易方式。条件相同是指交易相对人之间在交易安全、交易成本、信用状况、所处交易环节、交易持续时间等方面不存在实质性影响交易的差别。平台在交易中获取的交易相对人的隐私信息、交易历史、个体偏好、消费习惯等方面存在的差异不影响认定交易相对人条件相同。平台经济领域经营者实施差别待遇行为的正当理由包括：根据交易相对人实际需求且符合正当的交易习惯和行业惯例，实行不同交易条件；针对新用户在合理期限内开展的优惠活动；基于平台公平、合理、无歧视的规则实施的随机性交易；能够证明行为具有正当性的其他理由。

4.1.3.3 经营者集中的合规要点

（1）达到申报标准情形的合规。

经营者实施《反垄断法》规定的经营者集中行为，达到《国务院关于经营者集中申报标准的规定》第3条所规定的申报标准的，应当依法事先向反垄断执法机构申报，未申报的不得实施集中。

《国务院关于经营者集中申报标准的规定》第3条规定了两条申报标准：第一，参与集中的所有经营者上一会计年度在全球范围内的营业额合计超过100亿元，并且其中至少两个经营者上一会计年度在中国境内的营业额均超过4亿元；第二，参与集中的所有经营者上一会计年度在中国境内的营业额合计超过20亿元，并且其中至少两个经营者上一会计年度在中国境内的营业额均超过4亿元。当达到上述标准之一的，经营者就应当事先向国务院反垄断执法机构进行申报。

在平台经济领域，经营者的营业额包括其销售商品和提供服务所获得的收入。根据行业惯例、收费方式、商业模式、平台经营者的作用等不同，营业额的计算可能有所区别。对于仅提供信息匹配、收取佣金等服务费的平台经营者，可以按照平台所收取的服务费及平台其他收入计算营业额;平台经营者具体参与平台一侧市场竞争或者发挥主导作用的,还可以计算平台所涉交易金额。经营者集中达到国务院规定的申报标准的,经营者应当事先向国务院反垄断执法机构申报,未申报的不得实施集中。涉及协议控制架构的经营者集中,属于经营者集中反垄断审查范围。

(2)未达到申报标准情形的合规。

经营者集中未达到《国务院关于经营者集中申报标准的规定》第3条规定的申报标准,参与集中的经营者可以自愿提出申报。对符合《经营者集中审查暂行规定》中规定的简易案件标准的经营者集中,经营者可以申请作为简易案件申报。

经营者集中简易案件的标准包括:在同一相关市场,参与集中的经营者所占的市场份额之和小于15%;在上下游市场,参与集中的经营者所占的市场份额均小于25%;不在同一相关市场也不存在上下游关系的参与集中的经营者,在与交易有关的每个市场所占的市场份额均小于25%;参与集中的经营者在中国境外设立合营企业,合营企业不在中国境内从事经济活动的;参与集中的经营者收购境外企业股权或者资产,该境外企业不在中国境内从事经济活动的;由两个以上经营者共同控制的合营企业,通过集中被其中一个或者一个以上经营者控制的。符合上述情形之一的,就构成简易案件。

但是,具有下列情形之一的,不视为简易案件:由两个以上经营者共同控制的合营企业,通过集中被其中的一个经营者控制,该经营者与合营企业属于同一相关市场的竞争者,且市场份额之和大于15%的;经营者集中涉及的相关市场难以界定的;经营者集中对市场进入、技术进步可能产生不利影响的;经营者集中对消费者和其他有关经营者可能产生不利影响的;经营者集中对国民经济发展可能产生不利影响的;国家市场监督管理总局认为可能对市场竞争产生不利影响的其他情形。

(3)遵守经营者集中审查决定方面的合规。

国务院反垄断执法机构在经营者集中反垄断审查过程中,会作出各种审查决定。例如,国务院反垄断执法机构在对申报的经营者集中进行初步审查后,作出实施进一步审查的决定。经营者集中具有或者可能具有排除、限制竞争效果的,国务院反垄断执法机构将作出禁止经营者集中的决定。如果经营者能够证明该集中对竞争产生的有利影响明显大于不利影响,或者符合社会公共利益的,国务院反垄断执法机构可以作出对经营者集中不予禁止的决定。对不予禁止的经营者集中，国务院反垄断执法机构可以决定附加减少集中对竞争产生不利影响的限制性条件。经营者应当遵守反垄断执法机构依法作出的经营者集中审查决定，否则将承担相应的法律责任。

（4）经营者承诺的合规要点。

对反垄断执法机构调查的涉嫌垄断行为，被调查的经营者承诺在反垄断执法机构认可的期限内采取具体措施消除该行为后果的，反垄断执法机构可以决定中止调查。但经营者应当严格遵守经营者承诺的相关制度。经营者申请承诺的具体适用标准和程序等可以参考《禁止垄断协议暂行规定》《禁止滥用市场支配地位行为暂行规定》《国务院反垄断委员会垄断案件经营者承诺指南》。

对于具有竞争关系的经营者之间固定或者变更商品价格、限制商品生产或者销售数量、分割销售市场或者原材料采购市场的横向垄断协议案件，执法机构不应接受经营者申请承诺，实施中止调查。这也告诫经营者，不得从事固定商品价格的核心卡特尔行为，否则不具有申请承诺的资格。对于其他垄断案件，经营者主动申请承诺，执法机构可以决定中止调查及终止调查程序。

经营者应以书面形式申请承诺。承诺通常载明下列事项：

被调查的涉嫌垄断行为及可能造成的影响；承诺采取消除行为后果的具体措施；承诺采取的具体措施能够消除行为后果的说明；履行承诺的时间安排及方式；需要承诺的其他内容。经营者承诺的措施可以是结构性措施、行为性措施和综合性措施。承诺的措施需要明确、可行且可以自主实施。如果承诺的措施需经第三方同意方可实施，经营者需要提交第三方同意的书面意见。行为性措施包括调整定价策略、取消或者更改各类交易限制措施、开放网络或者平台等基础设施，许可专利、技术秘密或者其他知识产权等；结构性措施包括剥离有形资产、知识产权等无形资产或者相关权益等。

（5）经营者申请宽大的合规要点。

经营者主动向反垄断执法机构报告达成垄断协议的有关情况并提供重要证据的，反垄断执法机构可以酌情减轻或者免除对该经营者的处罚。经营者申请宽大的具体适用标准和程序等可以参考《禁止垄断协议暂行规定》《国务院反垄断委员会横向垄断协议案件宽大制度适用指南》。经营者申请宽大所提供的重要证据，是指能够对反垄断执法机构启动调查或者对认定垄断协议起到关键性作用的证据，包括参与垄断协议的经营者、涉及的商品范围、达成协议的内容和方式、协议的具体实施等情况。

经营者提出宽大申请的，反垄断执法机构将根据经营者主动报告的时间顺序、提供证据的重要程度以及达成、实施垄断协议的有关情况，决定是否减轻或者免除处罚。对于第一个申请者，反垄断执法机构可以免除处罚或者按照不低于80%的幅度减轻罚款；对于第二个申请者，可以按照30%至50%的幅度减轻罚款；对于第三个申请者，可以按照20%至30%的幅度减轻罚款。因此，对于经营者而言，应当尽可能早地向反垄断执法机构提出宽大申请。

（6）经营者配合调查的合规要点。

经营者及员工应当配合反垄断执法机构依法对涉嫌垄断行为进行调查，避免从事以下拒绝或者阻碍调查的行为：拒绝、阻碍执法人员进入经营场所；拒绝提供相关文件资料、信息或者获取文件资料、信息的权限；拒绝回答问题；隐匿、销毁、转移证据；提供误导性信息或者虚假信息；其他阻碍反垄断调查的行为。经营者及员工在反垄断执法机构采取未预先通知的突击调查中应当全面配合执法人员。根据2022年《反垄断法》第62条、第63条、第64条、第67条等规定，如果经营者及其员工不配合反垄断执法机构依法展开的调查，将承担相应的法律责任。对反垄断执法机构依法实施的审查和调查，拒绝提供有关材料、信息，或者提供虚假材料、信息，或者隐匿、销毁、转移证据，或者有其他拒绝、阻碍调查行为的，由反垄断执法机构责令改正，对单位处上一年度销售额1%以下的罚款，上一年度没有销售额或者销售额难以计算的，处500万元以下的罚款；对个人处50万元以下的罚款。情节特别严重、影响特别恶劣、造成特别严重后果的，国务院反垄断执法机构可以在罚款数额的2倍以上5倍以下确定具体罚款数额。经营者受到行政处罚的，按照国家有关规定记入信用记录，并向社会公示。构成犯罪的，依法追究刑事责任。

（7）经营者境外反垄断合规要点。

经营者在境外开展业务时，应当了解并遵守业务所在国家或者地区的反垄断相关法律规定，可以咨询反垄断专业律师的意见。经营者在境外遇到反垄断调查或者诉讼时，可以向国务院反垄断执法机构报告有关情况。

2021年11月15日，国家市场监督管理总局发布《企业境外反垄断合规指引》，旨在鼓励企业培育公平竞争的合规文化，引导企业建立和加强境外反垄断合规管理制度，增强企业境外经营反垄断合规管理意识，提升境外经营反垄断合规管理水平，防范境外反垄断法律风险，保障企业持续健康发展。经营者在境外开展业务时，应当依据该指引做好境外反垄断合规工作。

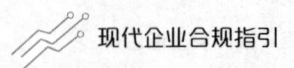

4.2 反垄断合规良好实践

党中央在政府文件中多次强调强化反垄断和促进市场公平竞争的要求和目标，在党中央政策的指引下，国家和地方各级政府机构、监管部门和司法机构在反垄断领域持续发力，全面强化反垄断立法、执法和司法工作。2022年6月，已实施14年的《反垄断法》迎来首次修正。本次修正集中回应了反垄断领域的突出问题，调整完善制度规则，为加强反垄断监管提供明确的法律依据和制度保障。《反垄断法》本次修正大幅提高了垄断行为的法律责任，对企业反垄断合规工作提出更加全面和严格的要求。企业应当高度重视反垄断合规工作，建立行之有效的合规管理体系，防范反垄断合规风险。

本节通过介绍企业反垄断合规管理工作的良好实践，旨在为企业启动、推进和完善反垄断合规工作提供整体框架和可行性建议。

4.2.1 建立反垄断规章制度

规章制度是企业构建反垄断合规管理体制的基础，随着近年来反垄断领域立法、执法和司法工作的纵深发展，很多企业将反垄断合规制度化建设作为法律风险管理建设的重点。以下为A公司为系统规范公司的反垄断合规工作，制定的相关规则及配套制度。

（1）《员工诚信准则》和《员工红线行为清单》。

《员工诚信准则》是公司合规管理制度体系的核心，由公司董事会签发，《员工诚信准则》涵盖公司所有员工以及代表和代理公司从事各项工作的人员，规范前述人员处理公司内部事务和对外交易交往的基本商业行为规范和规则，为全体员工和公司代表、代理提供行为指南，要求其守法合规、诚信经营，保障用户和消费者合规权益，促进公司各项业务稳定持续健康发展。《员工红线行为清单》规定员工行为规范管理的红线及处罚方式，其中明确禁止员工从事垄断行为，实施红线行为的员工将构成严重违纪，公司有权解除劳动合同并依法追究其责任。

（2）《反垄断合规管理规范》。

《反垄断合规管理规范》是公司反垄断合规制度体系的核心和纲领性文件，规定了公司反垄断合规工作的基本要求，主要内容包括公司反垄断合规的目标和原则、反垄断合规管理组织架构、各部门职责分工、对管理人员和员工的准则性要求等。

(3)《反垄断合规手册》。

《反垄断合规手册》是公司全体员工遵循反垄断相关法律法规及公司反垄断合规管理制度的通用指南，主要内容在于对垄断合规风险进行梳理，结合公司的实际情况总结重点合规事项，并详细说明公司合规部门对于反垄断合规风险的管理职责、防控方法和管控流程等。该手册正文后附反垄断法律法规清单、合规承诺书、合规管理流程图、评估意见表模板等文件。公司制定手册的主要目的在于为全体员工提供明确清晰的合规指引与行动指南，指导员工以规范方式履行职责，通过实施标准化工作流程防范重点领域的反垄断合规风险。

(4)《经营者集中合规指南》。

《经营者集中合规指南》是公司为规范在设立合营企业、资产或股权收购、少数股权投资等外部交易中可能涉及的经营者集中合规风险所制定的专项制度文件，主要内容包括对于《反垄断法》下经营者集中合规要求的详细解读以及公司经营者集中合规管理制度。公司通过《经营者集中合规指南》明确投资交易部门与合规部门各自的职责权限，建立经营者集中预审查和监测机制，以确保做好经营者集中合规工作。

4.2.2 组织机构

企业合规组织是企业实施合规管理以及建设企业合规管理体系的组织机构。企业可以根据企业实际情况及合规需求决定是否建立独立的反垄断合规管理部门，或者在现有的合规管理体系中增设反垄断合规人员负责专门工作。反垄断合规管理部门权力应该来源于企业中的最高管理人员或组织，或者由其授权的相应部门。完善的反垄断合规管理组织架构中应当明确企业最高管理人员或组织、合规管理监督责任人员或组织、业务部门负责人和员工、反垄断合规管理部门和负责人、其他职能部门各自的职责范畴，通过组织体系架构的建设，以及明确具体的职责分工，建立完整的、自上而下的合规管理组织架构。以下为A公司基于其既有风险管理和合规内控架构，建立反垄断合规管理机制的实践案例。

(1)公司整体合规内控及风险管理架构。

A公司在发展的过程中，逐步确立由董事会负全部责任、专业委员会作为监督机构、各部门密切配合，覆盖公司全部业务线和分支机构的合规内控及风险管理体系。

董事会对公司的合规内控及风险管理承担全部责任。董事会负责建立及维持有效的风险管理及内部监控系统。为确保风险管理及内部监控系统的有效性，在董事会的监督及指导下，公司结合实际需求采用"三道防线"模型作为风险管理及内部监控的正式组织架构。

第一道防线，主要由业务部门实施，在日常运营中设计并实施应对风险的控制措施。

第二道防线，主要由法务部、内部控制团队、财务部、技术部门等有类似职能的部门实施。该防线负责公司内部控制相关政策的制定，规划并开展整体风险控制系统建设工作。为确保该等系统有效实施，第二道防线亦协助及监督第一道防线建立并完善风险管理及内部监控系统。

第三道防线，主要由内部审计及监察团队实施。内部审计及监察团队高度独立。内部审计团队负责评估本公司风险管理及内部监控系统的成效，并监督管理层不断完善风险管理及内部监控领域。监察团队负责接受举报人的报告，并负责调查举报事项。A公司"三道防线"式风险管理及内部监控组织架构如图4-1所示。

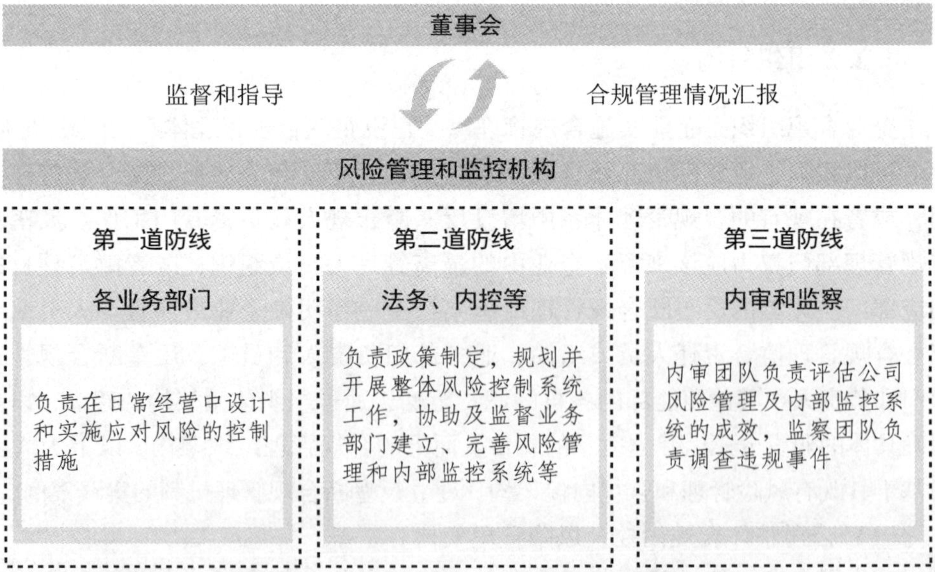

图4-1 A公司"三道防线"式风险管理及内部监控组织架构

（2）公司反垄断风险管理组织机构。

A公司根据自身的合规现状与实际需求，在现有风险管理和合规内控组织架构基础上建设和持续完善反垄断风险管理体系。在反垄断风险管理方面，公司继续强调业务部门、合规职能部门、内审和监察部门三道防线分工与协作，坚持事前、事中、事后三位一体的风险防控体系。

A公司反垄断风险管理的第一道防线为公司的各业务部门。各业务部门负责其业务领域的日常合规管理工作，在合规管理工作中的主要职责包括：①确保本部门员工严格遵守公司反垄断合规管理制度和流程；②主动开展合规风险识别和排查，发现风险事项及时咨询合规部门，妥善应对风险事件；③配合对违规事件的调查，开展和落实合规整改工作；④参加合规宣贯和培训，提升本部门反垄断合规意识。

A公司反垄断风险管理的第二道防线为公司的法务部。公司针对反垄断等核心合规问题的管理采取工作小组的模式，在法务部设置反垄断合规小组，专门负责该公司反垄断合规管理工作。法务部及反垄断合规小组主要职责包括：①与公司各业务部门对接，识别、分析和评估公司业务经营活动中的反垄断合规风险；②针对风险事项提出合规改进措施和整改方案；③制定及持续优化合规管理制度和流程；④主动识别和排查反垄断合规风险，对潜在风险进行提示和预警；⑤参与重大事项合规审查和风险应对，为其他部门提供合规支持；⑥组织合规宣贯和培训，提升全员合规意识。

A公司反垄断风险管理的第三道防线为公司内部审计和监察团队。审计部门定期组织合规审计工作，监察团队负责在其职责范围内履行合规管理监督职责。

（3）法务部与业务部门的沟通和配合。

A公司为确保合规工作顺利有效开展，公司法务部根据公司业务线细分为若干合规组，每个合规组设置若干业务法务岗位分别支持不同的业务条线。业务法务对各自负责的业务条线提供全方位的法律服务，协调调动部门各项资源。业务法务具体工作职责包括：①针对业务模型提出法律意见及解决方案；②起草、审核各类法律文书及业务合同；③提供日常法律咨询，为业务合规提供法律支持与服务；④协调处理业务经营过程中产生的各类法律问题和纠纷等。

在反垄断合规管理执行层面，A公司由业务法务负责与业务部门日常对接，在其职责范围内初步识别反垄断合规风险。业务部门或业务法务在履职过程中如果发现反垄断合规问题，需及时告知反垄断合规小组，由反垄断合规小组介入进一步分析和评估风险等级，并提出合规意见和整改方案。业务法务负责持续监测业务部门对于整改方案的落实，定期向反垄断合规小组反馈。A 公司反垄断合规管理组织和工作机制如图 4-2 所示。

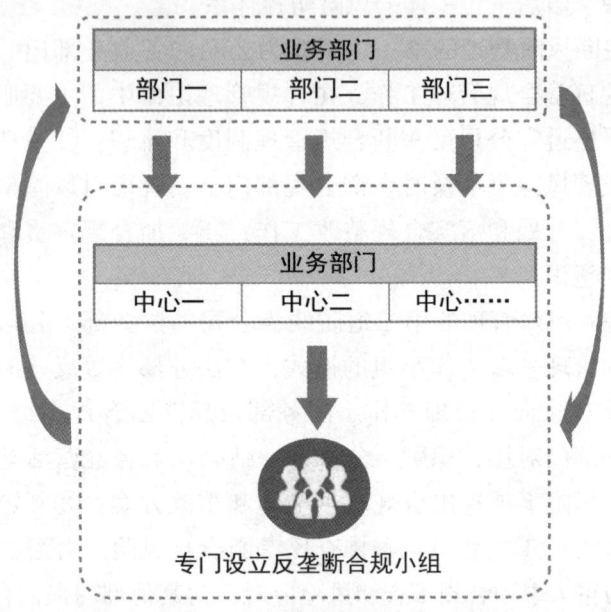

图 4-2　A 公司反垄断合规管理工作机制

A 公司法务部与业务部门联系紧密，建立了顺畅、常态化的沟通交流机制。在开展日常业务合规工作之外，法务部与业务部门也在积极探索多元化的业务交流、管理沟通和协作方式。法务部以周报方式定期向公司各部门推送监管政策、法律法规变化以及行业动态，对于重点政策和监管文件进行详细解读，使公司员工能够及时了解最新的政策法规和实际案例。此外，A 公司搭建了覆盖全员的学习、交流和培训平台，公司各部门借助平台实现信息知识分享和协同化建设。

4.2.3　合规风险评估

合规风险评估包括合规风险的识别、分析和评价。在反垄断合规风险管理方面，经营者可以根据自身规模、所处行业特性、市场情况、反垄断法相关规定及执法环境识别面临的主要反垄断风险，依据《反垄断法》相关规定，分析和评估合规风险的来源、发生的可能性以及后果的严重性等，并对合规风险进行分级。根据不同职位、级别和工作范围的员工面临的不同合规风险，对员工开展风险测评和风险提醒工作，提高风险防控的针对性和有效性，降低员工的违法风险。以下为 A 公司在搭建反垄断合规管理体系初期识别公司面临的主要反垄断风险，分析、评价合规风险，对风险进行分级，并开展风险防控工作的实践案例。

（1）反垄断合规风险的识别。

反垄断合规风险识别是进行风险分析和评价的前提条件，A 公司通过对合规风险进行识别和梳理形成合规清单，作为合规风险分析和评价的基础。

A 公司涉及的业务类型和法律关系较为复杂，为保证反垄断合规风险识别工作的全面性和准确性，反垄断合规部门在构建反垄断风险管理体系初期，引入熟悉和了解各业务领域的合规人员和业务人员共同参与。以下是 A 公司反垄断合规部门识别、梳理和总结公司业务经营活动中反垄断合规风险的主要步骤。

第一，确定合规风险识别框架。在识别经营活动中可能产生的反垄断合规风险时，为保证风险识别的系统性，反垄断合规部门基于反垄断法规定的垄断行为类型初步确定合规风险识别框架，具体包括五种风险类型，分别为横向垄断协议风险、纵向垄断协议风险、滥用市场支配地位风险、违法实施经营者集中风险以及妨碍监管部门调查违法风险。

第二，明确具体垄断风险行为，形成初步合规风险事件清单。在风险识别框架确定后，A 公司反垄断合规部门根据反垄断相关法律法规、反垄断行政处罚案例以及司法判例，进一步基于风险识别框架进行细化，对五种风险类型进行进一步细分，补充具体垄断风险行为表现，形成初步合规风险事件清单，如表 4-2 所示。

表 4-2 初步合规风险事件清单

风险行为			监管依据和法律责任	
反垄断风险	细分类别	具体风险行为	法律法规/参考依据	法律责任

第三，结合业务实际情况，进一步补充初步合规风险事件清单。为保证合规风险识别工作的全面性，A 公司负责支持公司各条业务线的法务部各合规组

结合公司的实际业务情况,参照基于法规和案例总结的具体垄断风险行为,收集和补充与公司业务相关的风险事件,对风险事件进行概要描述,并注明对接人以便反垄断合规部门后续开展核实工作。经补充的初步合规风险事件清单,如表4-3所示。

表4-3 初步合规风险事件清单(补充与公司业务相关的风险事件)

风险行为			监管依据和法律责任		风险事件初步识别		
反垄断风险	细分类别	具体风险行为	法律法规/参考案例	法律责任	风险事件描述	涉及业务线	对接人

需要说明的是,除业务法务之外,业务人员是初步识别公司反垄断合规风险最主要的信息来源,在摸底公司业务领域可能涉及的反垄断合规风险时,有必要使相关业务人员充分参与风险事件识别工作,尤其是风险等级较高的员工,如负责定价和制定销售政策的人员、管理经销商的人员、管理平台内经营者的人员、参与招投标工作的人员、算法推荐技术人员、负责公司对外投资并购交易的人员等。

核实风险事项,完成合规风险事件清单。A公司反垄断合规部门与对接人逐一核实与公司业务相关的风险事件,并对合规风险事件重新进行归类后统一列表,完成合规风险事件清单,如表4-4所示。

表4-4 合规风险事件清单

基础信息			监管依据和法律责任			管理信息		
代码	反垄断风险类别	风险描述	法律法规	法律责任	案例	涉及业务线	法务部联系人	业务部联系人

(2)反垄断合规风险的分析。

在初步明确公司业务领域可能涉及的反垄断合规风险后,A公司反垄断合规部门进一步采取定性方式分析风险发生的频次、原因和再次发生的可能性,主要考虑因素包括:①业务部门是否有合规规则和管控流程;②合规规则和管控流程是否在部门内部有效执行;③员工是否有合规风险防范意识等;④对违规行为是否有处罚制度等。随后,A公司根据分析结果对公司业务中可能面临的反垄断风险进行评价。

(3)反垄断合规风险评价。

在对公司的反垄断合规风险进行评级时,A公司反垄断合规部门主要依据公司实际业务场景中具体的风险事件是否曾发生与该风险相同或相似的违法行为、是否曾有反垄断监管执法案例、是否有对该风险的管控方案等,在风险评估中对合规风险进行分级,分级标准如表4-5所示。

表4-5 反垄断合规风险分级标准

反垄断合规风险等级	判断标准
高	多次发生/多个监管执法案例/无管控方案
中	偶尔发生/少量监管执法案例/有管控方案但不全面
低	基本不发生/无监管执法案例/有管控方案

根据合规风险分析与评价结果,编制反垄断合规风险评价清单,如表4-6所示。

表4-6 反垄断合规风险评价清单

反垄断风险			业务部门			风险评估			风险等级	
代码	反垄断风险类别	风险描述	业务线一级部门	业务线二级部门	业务部联系人	风险后果	合规建议	法务部跟进人员	风险等级判断标准	风险等级

(4)反垄断合规风险防控与应对。

在完成风险评估工作之后,A公司反垄断合规部门根据风险等级评级,确定需要优先应对的反垄断合规风险。针对具体合规风险确定具体的应对措施,并制订风险防控与应对计划方案。应对反垄断风险的措施包括:①制定或完善与合规风险应对相关规则和管控流程;②按照合规要求梳理合同模板;③利用技术手段监测具体的合规风险,例如,定期梳理或搜索特定业务部门或员工的电子邮件和沟通信息等;④开展专项活动集中排查风险并进行整改;⑤进行合规培训与宣传，提高相关部门员工的合规风险意识与能力。

举例来说，A公司为防范公司违法实施经营者集中的风险，反垄断合规部门制定《经营者集中合规指南》，规定经营者集中预审查机制，要求针对公司参与的投资并购交易，法务部和投资部在交易筹备阶段分析和评估交易是否触发经营者集中申报义务，由法务部出具书面的评估意见，并与交易文件存档备查。

4.2.4 反垄断合规审查

企业可以根据自身情况将反垄断合规审查纳入商业决策、合同签订、交易计划、项目运营等经营管理行为的审批流程，及时修改不合规的内容。必要时，可以聘请外部律师协助开展反垄断合规审查，出具审查意见。以下为A公司在反垄断合规审查制度建设方面的实践案例。

A公司结合自身反垄断风险管控需求，在反垄断监管部门密切关注的重点业务领域建立事前合规审查机制。具体而言，A公司跨部门设立规则评审委员会，将合规管理工作前移，法务部、财务部、公共事务关系部门等其他职能部门直接参与重点业务部门对外合作管理规则、政策文件的起草和修改，在外部规则文件发布前进行合规审查。法务部及其内设的反垄断合规组织全程参与主要业务部门重大业务调整和战略决策制定，提供合规管理支持，并同时进行合规审查。此外，A公司正在逐步尝试由法务部、内审部门等合规管理和风险管控部门牵头制定和修改重点业务部门的审批流程，以将合规管理要点直接纳入业务管理流程之中。

关于合规审查的具体程序，以A公司发布对外规则和政策文件为例。

第一步，部门审查。有对外发文需求的业务部门作为企业合规风险管理的第一道防线以及企业合规风险管理的主体，需进行部门内部自我合规审查，业务部门在公司办公自动化系统（以下简称OA系统）中提出申请后，由本部门主管审批。

第二步，专业合规审查。对于需要财务、人事、IT等其他职能部门或团队做专业性合规审查的事项，业务部门在审批流程中提请规则评审委员会中的相关部门做专业性审查。

第三步，法律合规审查。部门审批与专业合规审查步骤结束后，由A公司法务部（包括其内设反垄断合规组织）进行法律合规审查，包括但不限于反垄断与公平竞争、数据与隐私保护、行业监管、消费者权益保护等专业领域的法律法规、标准和规范等，最终完成审批流程。

在审批流程中，如果存在审批节点要求流程申请人对文件进行修改的，则在系统中提出审核意见和修改建议，并将申请退回。申请人按照合规审核意见进行调整后重新在该节点提起申请。该公司 OA 系统将自动制作流程审批的完整记录，并将合规审查信息存档。实践中，业务部门为加快流程提高审批效率，通常会先行与规则评审委员会讨论确认文件内容后，再通过 OA 系统提出申请。在这种情况下，反垄断合规人员应注意留存沟通记录。

4.2.5 反垄断合规文化培育与合规培训

合规文化是渗透在企业内部的价值观和道德规范，培育良好的竞争合规文化对于企业顺利开展反垄断合规工作、防范合规风险至关重要。合规培训是企业培育反垄断合规文化的重要手段。反垄断合规培训的主要目的在于向全体员工传达企业的竞争合规理念、合规管理制度和流程以及合规目标，提高员工反垄断合规意识，通过培训使员工了解反垄断相关法律法规的基本要求，明确业务中可能存在的反垄断合规风险类型，从而在风险问题出现时能够及时咨询企业合规管理部门，共同防范合规风险。

关于合规培训对象，上海市地方标准《经营者竞争合规指南》（DB31/T 1255—2020）第 8.6 条规定："经营者宜重视竞争合规培训，结合法治宣传教育，建立制度化、常态化培训机制，确保员工理解、遵循企业合规目标和要求，培训内容至少包括：a) 对一般人员进行持续且定期的相关培训，确保其知悉不可为的事项以及正确的应对处置方式；b) 根据竞争合规风险评估情况明确界定重要风险岗位，对负责销售、采购、销售网络管理、联络行业协会及参加行业活动、价格及商务政策制以及并购管理等重要风险岗位人员设置更为细致而深入的专门培训；c) 将参与竞争合规培训作为竞争合规专业人员等重点人员任职、上岗的必备条件。"

关于合规培训讲师，《北京市平台经济领域反垄断合规指引》建议企业，"反垄断合规管理部门可自行聘请第三方机构（如反垄断领域专家或律师），定期组织员工进行反垄断培训，并妥善保存培训文件化信息。"

关于培训内容，国家市场监督管理总局《企业境外反垄断合规指引》建议企业反垄断合规培训可以包括"反垄断法律法规、反垄断法律风险、可能导致反垄断法律风险的行为、日常合规行为准则、反垄断调查和诉讼的配合、反垄断宽大制度、承诺制度、和解制度、企业反垄断合规政策和体系等相关内容"。除此之外，反垄断合规培训内容需具有时效性，充分反映政策导向、法律法规、执法和司法趋势等外部变化，及时准确传达给公司员工。以下为 A 公司为增强公司员工反垄断合规意识所开展的合规培训工作实践案例。

(1) 培训计划。

A 公司为合理规划公司反垄断合规培训安排，有序开展和推进相关工作，在每年年底结合经费预算情况制订次年度反垄断合规培训计划方案，从公司阶段性合规目标和实际需求出发，对培训内容、培训讲师、培训对象、培训场所、培训日期和时长、培训目标、培训经费等各方面进行统筹安排。A 公司年度反垄断合规培训计划如表 4-7 所示。

表 4-7 A 公司年度反垄断合规培训计划

序号	培训内容	培训讲师	讲师部门/单位	培训费（元）	培训方式/场所	参与人员（部门/人数）	培训时间	培训时长	培训目标	完成情况

(2) 培训内容。

A 公司反垄断合规部门在拟定反垄断合规培训内容时，主要考虑与公司的实际合规要求相适应，并且与员工所在部门和业务职责所涉及的反垄断合规风险相契合。在规划和设定培训内容之前，反垄断合规部门要求公司内部讲师结合以往与该部门相关的合规风险评估经验，同时通过访谈或问卷调查的方式事先了解和分析培训对象的关切点和培训需求，以培训对象职务范围可能涉及的重点风险事项、关切问题和实际需求为核心组织培训内容。

(3) 培训对象。

A 公司要求全体员工在入职时参与公司诚信合规和廉洁培训，要求员工所有职务行为和商业往来均应遵守诚实守信原则，其中包括禁止员工滥用平台权利从事垄断行为。

针对监管重点关注的高风险业务领域，A 公司反垄断合规部门定期与业务部门沟通，了解实际业务操作情况，组织业务部门员工参与合规培训，普及反垄断政策和监管变化以及最新的行政执法案例，帮助员工理解法律和政策要求，提高合规意识。

由于反垄断合规的专业性和复杂性，为进一步提高合规管理部门员工的专业知识和合规技能，A公司曾多次邀请和委托第三方机构人员（包括反垄断领域专业律师、法学专家、经济学专家等）对合规管理部门员工进行专业知识和技能培训。

（4）培训方式。

A公司合规培训开展形式主要以线上线下的常规讲座分享为主，同时辅以线上培训课程和合规案例分享的形式。A公司搭建了线上学习和培训系统，公司合规管理部门以文字、图片、视频的形式制作培训课程，以方便员工随时点击学习，也便于留存员工培训记录。此外，反垄断合规部门总结企业日常发生的合规管理风险事件，定期组织相关部门及人员进行讨论。

（5）培训有效性评估。

A公司对员工进行反垄断合规培训后，组织员工进行培训内容的考核。培训考核采取线上的形式，借助企业自研考核程序完成。对于经多次重复测试仍未达到合规标准的员工，要求其重新参加合规培训。

（6）合规培训电子化管理。

合规培训记录是企业开展反垄断合规管理、履行合规培训义务的重要证明。A公司要求留存员工参与合规培训的记录，记录内容包括培训时间、培训内容、培训音视频材料、培训讲师、参与员工、所在部门、培训人数、员工考核情况以及员工对于培训的评价和反馈等。

4.2.6 第三方合规管理

第三方合规是企业自身合规的组成部分，第三方合规风险管理已成为企业合规管理的重点问题之一。市场经济条件下大部分企业通常面临较大的市场竞争压力，企业间竞争已延展至成本、服务等方面。企业为降低成本提升效率，将部分业务和职能工作外包给第三方专业机构。在反垄断合规管理方面，企业应注意采取合规措施避免外包机构人员滥用企业授予的权利，包括：通过日常培训提高外包机构人员合规意识，在与外包机构的协议中明确约定其职责和权限范围以及明确公司与外包机构各自的法律责任等。

4.2.7 反垄断合规信息管理

反垄断合规信息管理是企业反垄断合规管理体系的重要组成部分。合规信息管理的目标在于准确、及时、完整地记录企业合规工作轨迹，展示企业合规工作与合规管理体系的一致性，为企业合规管理体系的有效运行提供充分证据，有效的合规管理和信息管理将有助于企业处理和应对第三方审查和监管部门的调查。以下为 A 公司在反垄断合规信息管理方面的实践案例。

（1）合规信息管理的范围。

A 公司反垄断合规部门负责对反垄断相关合规工作通过电子形式保存、记录、更新和维护，管理信息范围主要包括以下方面：

①反垄断合规管理制度文件及其历史版本。

②反垄断合规评估台账，A 公司反垄断合规部门建立合规评估台账用以记录日常反垄断合规评估工作，合规台账主要记录信息如表 4-8 所示。

表 4-8 反垄断合规评估台账

编号	评估事项	背景简要描述	评估时间	涉及产品/服务/部门	业务对接人	法务部对接人	评估结论	合规意见	评估状态	进展	评估人	沟通记录

③专项合规行动记录，主要包括专项行动项目背景、方案、目标、计划、部门职责与分工、阶段性进展、成果和项目复盘报告等信息。

④反垄断合规培训记录，包括反垄断合规培训课件、音视频材料和员工培训信息。

⑤外部沟通和交流，主要包括公司就反垄断合规事项与监管部门的沟通交流、公司参与反垄断相关标准制定工作以及参与外部学术交流等活动的记录。

⑥反垄断合规报告，A 公司与反垄断合规工作相关的报告类型包括：月报、年度反垄断合规报告、重大合规风险报告、反垄断专项合规行动报告和项目复盘报告等。

⑦公司下一年度合规任务和工作计划，包括反垄断合规风险清单、现阶段合规差距、下一年度合规目标、合规重点、工作计划等内容。

⑧反垄断知识库，包括《反垄断法》及配套法规库、法律法规和政策解读库、案例库、反垄断监管机构和调查程序介绍等。

（2）合规信息管理流程。

A公司反垄断合规信息由专人负责维护，相关文件的创建、使用、保存、更新和删除适用公司对于文件管理的统一规定。A公司根据信息敏感程度针对不同类别的信息设置了不同的保密等级，对于保密级别较高的信息严格限制披露范围，相关文件的获取、使用和删除需经由内部审批流程批准。

4.2.8 合规管理有效性评估及持续改进

关于开展反垄断合规管理有效性评估工作，企业可由内部审计、内控团队或者委托第三方机构定期对合规管理体系进行有效性分析，对重大或反复出现的合规风险以及重复出现问题的业务部门和员工，深入调查风险事件重复出现的原因，必要时根据需求情况，针对风险事件制定专项制度和合规审批流程，通过强化管控弥补管理漏洞，持续完善反垄断合规管理体系。此外，企业需实时关注内外部法律风险环境的变化（包括企业业务调整、监管环境和经营环境变化等），及时评估和检查现行合规管理体系是否可以确保有效应对和执行，根据发现的问题对企业反垄断合规管理体系进行持续改进。

第5章

反不正当竞争合规

5.1 反不正当竞争合规依据和要点

5.1.1 法律法规一览表及重点法条解析

5.1.1.1 法律法规一览表

我国在反不正当竞争领域的立法以《反不正当竞争法》为统领。自2019年修正之后,《反不正当竞争法》增设规制互联网不正当竞争行为的"专条";随后,2022年《最高人民法院关于适用〈中华人民共和国反不正当竞争法〉若干问题的解释》(以下简称《反不正当竞争司法解释》)也对互联网领域中的新型不正当竞争行为予以了明确和规范。同时,国家市场监督管理总局专门规制网络不正当竞争行为的立法——《禁止网络不正当竞争行为规定》,也在征求意见阶段。在域外立法方面,世界知识产权组织颁布了《保护工业产权巴黎公约》和《关于不正当竞争保护的示范规定》,涉及对不正当竞争行为的规范,欧盟等司法辖区也发布了反不正当竞争行为的相关法律、指南和指令。本章具体梳理反不正当竞争合规相关法律法规,如表5-1所示。

表5-1 反不正当竞争合规相关法律法规及文件一览表

序号	名称	效力级别	发布主体	实施年份	备注
1	《反不正当竞争法》	法律	全国人大常委会	2019年	
2	《最高人民法院关于适用〈中华人民共和国反不正当竞争法〉若干问题的解释》	司法解释	最高人民法院	2022年	

续表

序号	名称	效力级别	发布主体	实施年份	备注
3	《网络交易监督管理办法》	部门规章	国家市场监督管理总局	2021年	
4	《关于推动平台经济规范健康持续发展的若干意见》	规范性文件	发改委、国家市场监督管理总局、中央网络安全和信息化委员会办公室、工业和信息化部、人力资源和社会保障部、农业农村部、商务部、中国人民银行、国家税务总局	2021年	
5	《北京市高级人民法院关于涉及网络知识产权案件的审理指南》	地方司法文件	北京市高级人民法院	2016年	
6	《浙江省平台企业竞争合规指引》	地方工作文件	浙江省市场监督管理局	2021年	地方指引
7	《禁止网络不正当竞争行为规定（公开征求意见稿）》	部门规章（征求意见稿）	国家市场监督管理总局	—	尚未生效，2021年8月17日公布
8	《保护工业产权巴黎公约》[1]	—	世界知识产权组织	1979年	域外规定
9	《关于不正当竞争保护的示范规定》[2]	—	世界知识产权组织	1996年	域外规定
10	《不公平商业行为指令》[3]	—	欧盟议会及理事会	2005年	域外规定

---

[1] Paris Convention for the Protection of Industrial Property（1979）.
[2] Model Provisions on Protection against Unfair Competition（1996）.
[3] Unfair Commercial Practices Directive，2005/29/EC（2005）.

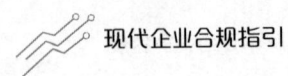

续表

序号	名称	效力级别	发布主体	实施年份	备注
11	《关于不公平商业行为指令的实施和应用指南》(《UCPD指南》)[1]	—	欧盟委员会	2021年	域外规定
12	德国《反不正当竞争法》(UWG)[2]	—	德国联邦议院	2016年	域外规定

5.1.1.2 相关法律法规核心规定及解读

(1)《反不正当竞争法》。

《反不正当竞争法》规定了特定不正当竞争行为，同时规定了认定其他不正当竞争行为的一般原则和认定标准。涉及互联网领域的反不正当竞争行为，既包括混淆行为、商业贿赂、虚假宣传、侵犯商业秘密、商业诋毁等传统不正当竞争行为在互联网领域的扩展，也包括极具互联网特色的新型不正当竞争行为，如流量劫持、干扰其他经营者提供产品或服务、恶意不兼容等。本部分将对互联网领域常见的不正当竞争行为相关的法律法规和案例进行解读。

①特定不正当竞争行为。

第六条【禁止互联网领域中的混淆行为】 经营者不得实施下列混淆行为，引人误认为是他人商品或者与他人存在特定联系：

（一）擅自使用与他人有一定影响的商品名称、包装、装潢等相同或者近似的标识；

（二）擅自使用他人有一定影响的企业名称（包括简称、字号等）、社会组织名称（包括简称等）、姓名（包括笔名、艺名、译名等）；

（三）擅自使用他人有一定影响的域名主体部分、网站名称、网页等；

（四）其他足以引人误认为是他人商品或者与他人存在特定联系的混淆行为。

【法条解析】《反不正当竞争法》第6条禁止经营者实施混淆行为，引人误认为是他人商品或与他人存在特定联系。在《反不正当竞争司法解释》第4条

---

[1] Guidance on the Interpretation and Application of Unfair Commercial Practices Directive，2021/C 526/01 (2021).

[2] Gesetz gegen den unlauteren Wettbewerb（UWG）.

至第 15 条中，进一步就如何认定混淆行为进行了阐释。

在《禁止网络不正当竞争行为规定（公开征求意见稿）》第 7 条中，特别列明了在互联网领域，禁止经营者利用网络实施的混淆行为，具体包括：

- 擅自使用他人有一定影响的域名主体部分、网站名称、网页等相同或近似的标识；
- 擅自使用与他人有一定影响的应用软件、网店、自媒体、游戏界面等的页面设计、名称、图标、形状等相同或近似的标识；
- 擅自将他人有一定影响的商品名称、企业名称（包括简称、字号等）、社会组织名称（包括简称等）、姓名（包括笔名、艺名、译名）等标识设置为搜索关键词；
- 其他利用网络实施的足以引人误认为是他人商品或者与他人存在特定联系的混淆行为。

此外，在互联网领域，互联网服务提供者常常作为平台，并不直接实施混淆行为，但可能协助经营者实施混淆行为。在《禁止网络不正当竞争行为规定（公开征求意见稿）》和《反不正当竞争司法解释》中，均特别强调了提供网络服务的经营者不得帮助其他经营者实施混淆行为[1]，如故意为他人实施混淆行为提供便利条件，当事人可以依据《民法典》规定，请求其承担连带责任[2]。在《网络交易监督管理办法》[3]等规定中，也包含针对混淆行为的禁止性规定。

欧盟《UCPD 指南》和 UWG 中，也包含关于混淆行为的"引人误解的商业行为"（misleading commercial practices）的规定，即通过虚假陈述或其他具有欺骗性的信息，引导消费者或其他市场参与者作出本不会作出的交易决定。例如，在欧盟《UCPD 指南》中，将"推销与某一制造商生产的产品相类似的产品，故意误导消费者，使其相信该产品是由同一制造商生产的，而事实并非如此"明确列为一项"在任何情况下都被视为不公平商业行为"[4]；在《关于不正当竞争保护的示范规定》中明确规定，"凡在工商业活动中对他人企业或其活动，尤其对此种企业所提供的产品或服务造成或可能造成混淆的行为或做法，

---

[1] 参见《禁止网络不正当竞争行为规定（公开征求意见稿）》第 7 条。
[2] 参见《反不正当竞争司法解释》第 15 条。
[3] 参见《网络交易监督管理办法》第 15 条第 2 款。
[4] Unfair Commercial Practices Directive, Annex 1 §13, 2005/29/EC (2005).

应构成不正当竞争的行为",其中商标、厂商名称、产品或服务介绍等被列明为"尤其可能造成混淆的内容"。[1]

【案例演绎】 精英事务所与猪八戒公司、百度公司侵害商标专用权及不正当竞争纠纷案[2]

猪八戒公司将"精英商标""深圳精英商标""精英商标事务所"设置为搜索关键词,使得猪八戒公司的官网成为前述关键词的第一搜索结果,导致归属于精英事务所的交易机会发生变化。猪八戒公司的前述行为被认定为擅自使用精英商标事务所有一定影响的企业名称,引人误认为与精英事务所存在特定联系,构成不正当竞争行为。百度公司在接到精英事务所的删除通知后,未及时采取删除等必要措施,造成对精英事务所损害的进一步扩大,故百度公司就该部分损失与猪八戒公司承担连带责任。

【案例演绎】 百度公司与经纬智诚等不正当竞争纠纷案[3]

经纬智诚生产、销售与小度智能音箱相同的AI电子产品杜丫丫学习机,该公司在其官网宣传内容及生产、销售的与小度智能音箱相同的AI电子产品杜丫丫学习机中突出使用"小杜"指代其产品;在杜丫丫学习机中将与百度公司开发和运营的小度智能音箱相同的语音指令"xiaodu xiaodu"作为杜丫丫学习机唤醒和操作的语音指令,并在其官网对此进行宣传。结合"小度"和"xiaodu xiaodu"的知名度和影响力,小度智能音箱和杜丫丫学习机从功能、受众、销售渠道等因素,认定杜丫丫学习机与小度智能音箱属同类产品,经纬智诚的前述行为,主观上具有恶意,客观上也易使相关公众误认为杜丫丫学习机与原告的小度智能音箱及其相关服务可能存在产品研发、技术支持、授权合作等方面的特定联系,导致混淆,构成《反不正当竞争法》第6条第1项及第4项禁止的不正当竞争行为。

第七条【禁止互联网领域中商业贿赂行为】 经营者不得采用财物或者其他手段贿赂下列单位或者个人,以谋取交易机会或者竞争优势:

(一)交易相对方的工作人员;

(二)受交易相对方委托办理相关事务的单位或者个人;

(三)利用职权或者影响力影响交易的单位或者个人。

---

[1] Model Provisions on Protection against Unfair Competition § 2 (2) (1996).

[2] 参见广东省高级人民法院(2018)粤民终2352号民事判决书。

[3] 参见北京市高级人民法院(2019)京0108民初63253号民事判决书。

经营者在交易活动中，可以以明示方式向交易相对方支付折扣，或者向中间人支付佣金。经营者向交易相对方支付折扣、向中间人支付佣金的，应当如实入账。接受折扣、佣金的经营者也应当如实入账。

经营者的工作人员进行贿赂的，应当认定为经营者的行为；但是，经营者有证据证明该工作人员的行为与为经营者谋取交易机会或者竞争优势无关的除外。

【法条解析】《反不正当竞争法》第7条禁止商业贿赂行为。商业贿赂的执法，通常与刑事案件中的执法紧密结合。在互联网领域，除传统商业贿赂外，比较典型和常见的商业贿赂案件，涉及向对交易具有影响力的单位或个人提供贿赂。结合《禁止网络不正当竞争行为规定（公开征求意见稿）》的相关规定[1]，即互联网领域中，提供商业贿赂的对象一般是网络平台工作人员及其他对网络交易有影响的单位或者个人。

【案例演绎】张某对非国家工作人员行贿案[2]

张某与时任某电商平台三亚某地区负责人的方某在工作中认识，张某在方某的帮助下以同一经营地址在该平台重复上线；之后张某又与方某商议，由方某利用职务便利，帮助张某经营的店铺获取更多的推广代金券和上"独家"，提高外卖平台曝光度及降低运营成本，以获取竞争优势。为此，张某陆续给予方某好处费共计97 950元，张某的行为被认定为为谋取不正当利益给予公司工作人员以财物，数额较大，构成对非国家工作人员行贿罪，被判处拘役4个月，缓刑4个月，并处罚金5000元。

第八条 【禁止互联网领域中的虚假宣传行为】 经营者不得对其商品的性能、功能、质量、销售状况、用户评价、曾获荣誉等作虚假或者引人误解的商业宣传，欺骗、误导消费者。

经营者不得通过组织虚假交易等方式，帮助其他经营者进行虚假或者引人误解的商业宣传。

【法条解析】《反不正当竞争法》第8条禁止经营者虚假宣传行为。此外，在2019年修正《反不正当竞争法》时，特别新增了关于禁止经营者通过组织虚假交易等方式，帮助其他经营者进行虚假或者引人误解的商业宣传的规定。在《反不正当竞争司法解释》第16—18条和《北京市高级人民法院关于涉及网络

---

[1] 参见《禁止网络不正当竞争行为规定（公开征求意见稿）》第10条。
[2] 参见上海市静安区人民法院（2020）沪0106刑初1760号刑事判决书。

知识产权案件的审理指南》中,进一步对如何认定"引人误解的商业宣传"进行了细化。

互联网领域,特别是电子商务领域,在销量、客户流量、互动等数据、用户评价等方面进行虚假宣传的行为较为普遍。在《网络交易监督管理办法》[1]和《禁止网络不正当竞争行为规定(公开征求意见稿)》中[2],进一步细化规定了电子商务领域中常见的实施虚假宣传的不正当竞争行为,具体包括:

- 虚构交易或组织虚假交易;
- 虚假排名或组织虚假排名;
- 虚构用户评价、收藏量、点赞量、投票量、关注量、订阅量、转发量等流量数据;编造用户评价;
- 采用误导性展示等方式,隐匿差评,或者将好评前置、差评后置,或者不显著区分不同商品或者服务的评价等;
- 采用谎称现货、虚构预订、虚假抢购等方式进行虚假营销;
- 以返现、红包、卡券等方式足以诱导用户作出指定评价、点赞、转发、定向投票等互动行为;
- 虚构交易额、成交量、预约量等与经营有关的数据信息;虚构点击量、关注度等流量数据,以及虚构阅读量、收听量、观看量、播放量、点赞、打赏等互动数据。

随着自媒体、直播带货等各类互联网领域新兴业态的兴起,2021年《禁止网络不正当竞争行为规定(公开征求意见稿)》第8条进一步就经营者对其自身或者其商品的性能、功能、质量、曾获荣誉、资格资质等作虚假或者引人误解的商业宣传的具体行为方式进行了细化和补充,包括:

- 通过网站、自媒体等网络手段进行展示、演示、说明、解释、推介或者文字标注;
- 通过直播营销、话题营销、平台推荐、网络文案等方式,实施商业营销活动。

除上述外,《反不正当竞争司法解释》等相关法律法规及司法解释,也均强调经营者不得帮助其他经营者实施前款虚假或者引人误解的商业宣传行为。

如前所述,在欧盟《UCPD指南》和UWG中关于"引人误解的商业行为"

---

[1] 参见《网络交易监督管理办法》第14条。
[2] 参见《禁止网络不正当竞争行为规定(公开征求意见稿)》第9条。

的规定,也包括虚假宣传行为。具体而言,在《UCPD指南》第4.2.3部分和第4.2.4部分中,分别针对互联网领域涉及的竞价排名和用户评价虚假宣传进行了专门规定。[1]其中,第4.2.3部分要求对因付费而获得更高搜索排名的情况进行标注,确保消费者能够了解真实的排名结构;第4.2.4部分则明确禁止以技术手段增加正面评论或减少负面评论,或者通过社交网络等方式给予留下五星评价的消费者特定利益的行为,确保用户评价的真实性。

【案例演绎】杭州之壹利用"大V"打造"网红店"帮助"刷单炒信"案[2]

2020年底,杭州之壹根据11家大众点评平台入驻商家打造所谓"网红店"的需求,招募大量大众点评平台"大V"到店付费用餐。"大V"在用餐后,编造好评"作业"发布并予以高分点评。当事人对"大V"的"作业"审核后,将餐费予以返还。杭州之壹被认定为通过该方式在大众点评平台上提高了相关商家的星级并大量增加优质评价,通过内容和流量双重造假,帮助商家欺骗误导相关公众,违反了《反不正当竞争法》第8条第2款的规定,被监管机构责令停止违法行为,并处罚款20万元。

【案例演绎】陈某辉利用技术软件帮助"刷单炒信"案[3]

陈某辉在2018年、2020年前后分别注册了浙江小辣信息科技有限公司、浙江番茄信息技术有限公司、浙江辣椒信息技术有限公司三家公司,申请"企业QQ号"并招募雇用员工21名,分设成"排单组、审核组、导购组、售后组",运营"刷单炒信"工作。同时借助"小水滴""大水滴""猫头鹰"专用刷单软件,搜索有刷单需求的商户,分配"刷手"刷单任务,完成虚假交易,帮助网店经营者在平台的评价体系内获取更高的商业排名、信用度和用户访问量,误导消费者。自2018年9月至2021年4月29日,当事人共刷单2 951 750单,刷单商品总金额3.59亿余元,获利372.93万元。陈某辉的行为被认定为违反《反不正当竞争法》第8条第2款的规定,被监管机构责令停止违法行为,并处罚款200万元。

第九条【禁止互联网领域侵犯商业秘密行为】 经营者不得实施下列侵犯商业秘密的行为:

---

[1] Guidance on the Interpretation and Application of Unfair Commercial Practices Directive, 2021/C 526/01 (2021), p.90-94.

[2] 杭市监处〔2021〕2004号。

[3] 临市监处〔2021〕1561号。

（一）以盗窃、贿赂、欺诈、胁迫、电子侵入或者其他不正当手段获取权利人的商业秘密；

（二）披露、使用或者允许他人使用以前项手段获取的权利人的商业秘密；

（三）违反保密义务或者违反权利人有关保守商业秘密的要求，披露、使用或者允许他人使用其所掌握的商业秘密；

（四）教唆、引诱、帮助他人违反保密义务或者违反权利人有关保守商业秘密的要求，获取、披露、使用或者允许他人使用权利人的商业秘密。

经营者以外的其他自然人、法人和非法人组织实施前款所列违法行为的，视为侵犯商业秘密。

第三人明知或者应知商业秘密权利人的员工、前员工或者其他单位、个人实施本条第一款所列违法行为，仍获取、披露、使用或者允许他人使用该商业秘密的，视为侵犯商业秘密。

本法所称的商业秘密，是指不为公众所知悉、具有商业价值并经权利人采取相应保密措施的技术信息、经营信息等商业信息。

【法条解析】《反不正当竞争法》第9条禁止经营者实施侵犯商业秘密的行为。在互联网领域，侵犯商业秘密的行为常见于以电子侵入或者其他互联网技术相关的不正当手段获取权利人的商业秘密，如利用技术手段，绕过或突破网站的保护措施，获取他人的商业秘密。

《关于不正当竞争保护的示范规定》第6条明确规定，"凡在工商业活动中导致他人未经合法控制秘密信息人员（合法持有人）许可并以违背诚实商业做法的方式泄露、获得或使用该信息的行为或做法，应构成不正当竞争的行为"，包括通过远距离非法地进入计算机文件或数据库获取商业秘密的行为。[1]

【案例演绎】倍通数据与崔某某侵害技术秘密纠纷案[2]

崔某某作为爬虫平台项目的负责人，在其入职和离职时，倍通数据均与其明确约定保密义务，但其在倍通数据不知情的情况下，将含有涉案技术信息的文件通过电子邮件发送至私人邮箱，致使涉案技术信息脱离倍通数据的原始控制，使涉案技术信息存在可能被披露和使用的风险，该行为被认定为构成以盗窃手段获取他人商业秘密的行为，违反了《反不正当竞争法》第9条的规定。

---

[1] Model Provisions on Protection against Unfair Competition §6（1）（1996）.

[2] 参见最高人民法院（2021）最高法知民终1687号民事判决书。

第十一条【禁止互联网领域商业诋毁行为】 经营者不得编造、传播虚假信息或者误导性信息，损害竞争对手的商业信誉、商品声誉。

【法条解析】《反不正当竞争法》第 11 条禁止经营者实施商业诋毁行为。在《反不正当竞争司法解释》中，对于如何认定商业诋毁行为、相关举证责任，包括协助第三方实施诋毁行为的责任认定均进行了特别说明。[1]

在互联网领域，利用网络技术对第三方实施诋毁的行为模式较为多样化。在《禁止网络不正当竞争行为规定（公开征求意见稿）》第 12 条和《北京市高级人民法院关于涉及网络知识产权案件的审理指南》中，均列举了部分典型的利用网络技术实施商业诋毁的具体行为，包括：

- 组织、指使他人以消费者名义对竞争对手的商品进行恶意评价。
- 利用或者组织、指使他人通过网络恶意散布虚假或者误导性信息，包括以言语、奖励积分、提供奖品或者优惠服务等方式，鼓励、诱导网络用户对竞争对手作出负面评价的。
- 利用网络对竞争对手的商品作出虚假或者误导性的风险提示、告客户书、警告函、律师函或举报信等，包括披露负面信息时，存在虚构、歪曲、夸大等情形，误导相关公众对竞争对手作出负面评价；披露竞争对手负面信息时，虽能举证证明该信息属客观、真实，但披露方式显属不当，且足以误导相关公众从而产生错误评价的。
- 其他编造、传播虚假或误导性信息，损害竞争对手商业信誉、商品声誉的行为。

此外，如经营者（包括自媒体、跟帖评论服务的提供者或使用者、网络水军等组织或个人）协助第三方实施商业诋毁，亦构成不正当竞争行为。[2]

UWG 第 4 条明确规定，"行为人贬低或者诋毁某一竞争参与者的标志、商品、服务、活动或者人身的或交易的关系；声称或者散布关于某一竞争参与者的商品、服务或其企业，或声称或者散布关于其企业家或者企业管理层成员的未经证实的事实，而此行为足以损害其企业经营或者经营者的信用，该行为是不正当的"。《关于不正当竞争保护的示范规定》第 5 条明确规定，"凡在工商业活动中损害或可能损害他人企业的商誉或名声的行为或做法，尤其是由此种企业提供的产品或服务的信用的虚假或不正当说法，均应构成不正当竞争的行为"。

---

[1] 参见《反不正当竞争司法解释》第 19 条、第 20 条。
[2] 参见《禁止网络不正当竞争行为规定（公开征求意见稿）》第 12 条。

【案例演绎】 德玛仕虚假宣传、商业诋毁案[1]

德玛仕在其京东商城店铺"德玛仕官方旗舰店"消毒碗柜商品介绍页面标注了"压花铝板淘汰款铝高温容易挥发铝离子容易让人衰老造成智力缺陷"语句进行宣传,但德玛仕无法提供证据证明该描述具有科学依据。因此,德玛仕被认定为向消费者传播了铝内胆消毒碗柜不安全不健康的误导性信息,致使消费者对使用铝内胆的消毒碗柜产品产生误解,诋毁了该类产品的生产企业声誉,违反了《反不正当竞争法》第11条,构成商业诋毁行为,被监管机构责令停止违法行为,并处罚款10万元。

第十二条【禁止互联网领域中的新型不正当竞争行为】 经营者利用网络从事生产经营活动,应当遵守本法的各项规定。

经营者不得利用技术手段,通过影响用户选择或者其他方式,实施下列妨碍、破坏其他经营者合法提供的网络产品或者服务正常运行的行为:

(一)未经其他经营者同意,在其合法提供的网络产品或者服务中,插入链接、强制进行目标跳转;

(二)误导、欺骗、强迫用户修改、关闭、卸载其他经营者合法提供的网络产品或者服务;

(三)恶意对其他经营者合法提供的网络产品或者服务实施不兼容;

(四)其他妨碍、破坏其他经营者合法提供的网络产品或者服务正常运行的行为。

【法条解析】 在互联网领域,利用网络技术从事妨碍、破坏其他经营者合法提供的网络产品或者服务正常运行的行为层出不穷。在2019年修正《反不正当竞争法》前,大量涉及互联网领域反不正当竞争的案件,均依据《反不正当竞争法》第2条的原则性条款进行裁判。2019年修正的《反不正当竞争法》专门增设了第12条,列举了部分利用技术手段在互联网领域从事妨碍、破坏其他经营者合法提供的网络产品或者服务正常运行的典型不正当竞争行为,包括:

• 流量劫持:未经其他经营者同意,在其合法提供的网络产品或者服务中,插入链接、强制进行目标跳转等流量劫持行为。

• 干扰:误导、欺骗、强迫用户修改、关闭、卸载其他经营者合法提供的

---

[1] 广东公布10宗网络不正当竞争行为典型案例 [EB/OL]. 国家市场监督管理总局, 2021 [2022-04-19]. https://www.samr.gov.cn/jjj/fbzdjz/202111/t20211122_337102.html.

网络产品或者服务等不当干扰行为。

- 不兼容安排：恶意对其他经营者合法提供的网络产品或者服务实施不兼容行为。
- 兜底安排：其他妨碍、破坏其他经营者合法提供的网络产品或者服务正常运行的行为。

同时，《反不正当竞争司法解释》也进一步明确了上述内容的认定，例如插入链接，目标跳转由用户触发的，需要根据具体情况综合考量是否构成不正当竞争行为；恶意干扰或破坏其他经营者提供产品或服务亦可被认为构成不正当竞争。此外，《禁止网络不正当竞争行为规定（公开征求意见稿）》特别强调，在互联网领域，经营者不得利用数据、算法等技术手段，通过影响用户选择或者其他方式，实施流量劫持、干扰、恶意不兼容等行为，妨碍、破坏其他经营者合法提供的网络产品或者服务正常运行，并以专章和专条方式具体列举规定了《反不正当竞争法》第12条禁止的各类型反不正当竞争行为。

一是流量劫持。

《禁止网络不正当竞争行为规定（公开征求意见稿）》第14条规定，未经其他经营者同意，经营者不得在其他经营者合法提供的网络产品或者服务中，实施下列插入链接或者强制进行目标跳转等流量劫持行为：

- 在其他经营者合法提供的网络产品或者服务中，插入跳转链接、嵌入自己的产品或者服务链接；
- 利用关键词联想等功能，设置指向自身产品或者服务的链接，欺骗或者误导用户点击；
- 其他通过技术手段进行流量劫持的行为。

二是干扰。

《禁止网络不正当竞争行为规定（公开征求意见稿）》第15条规定，未经其他经营者同意，经营者不得利用技术手段，实施下列干扰其他经营者合法提供的网络产品或者服务的行为：

- 误导、欺骗、强迫用户修改、关闭、卸载、放弃使用其他经营者合法提供的网络产品或者服务；
- 违背用户意愿下载、安装、运行应用程序，损害消费者合法权益或者影响其他经营者合法提供的设备、功能或者其他程序正常运行；
- 对非基本功能的应用程序不提供卸载功能或者对应用程序卸载设置障碍，

损害消费者合法权益或者影响其他经营者合法提供的设备、功能或者其他程序正常运行；

- 无正当理由，对其他经营者合法提供的网络产品或者服务实施屏蔽、拦截、修改、关闭、卸载，妨碍其下载、安装、运行、升级、转发、传播等；
- 调整其他经营者的网络产品或者服务在搜索结果中的自然排序位置，并实施恶意锁定；
- 其他妨碍、干扰其他经营者合法提供的网络产品或者服务的行为。

三是恶意不兼容。

《禁止网络不正当竞争行为规定（公开征求意见稿）》第16条规定，经营者不得利用技术手段，恶意对其他经营者合法提供的网络产品或者服务实施不兼容。认定该类反不正当竞争行为，应当综合考虑以下因素：

- 不兼容行为的主观意图；
- 不兼容行为实施的对象范围；
- 不兼容行为实施对市场竞争秩序的影响；
- 不兼容行为对其他经营者合法提供的网络产品或者服务正常运行的影响；
- 不兼容行为对消费者合法权益以及社会福利的影响；
- 不兼容行为是否符合诚信原则、商业道德、特定行业惯例、从业规范、自律公约等；
- 不兼容行为是否具有正当理由。

四是其他安排。

除《反不正当竞争法》第12条第2款列举的上述三种特定情况的反不正当形式外，还需关注相关行为是否可能构成该条第4项"其他妨碍、破坏其他经营者合法提供的网络产品或者服务正常运行的行为"。在评估互联网经营者的行为是否构成"其他"不正当竞争行为，可以从以下方面进行分析。[1]

- 经营者是否利用网络从事生产经营活动，与其他经营者存在竞争关系；
- 经营者是否利用技术手段，通过影响用户选择或者其他方式，实施了妨碍、破坏其他经营者合法提供的网络产品或者服务正常运行的行为；
- 该行为是否扰乱了市场竞争秩序，损害了其他经营者或者消费者的合法权益；
- 经营者是否有违自愿、平等、公平、诚信原则以及商业道德。

---

[1] 广东省高级人民法院（2019）粤民终2093号民事判决书。

②其他不正当竞争行为。

第二条【其他不正当竞争行为】 经营者在生产经营活动中,应当遵循自愿、平等、公平、诚信的原则,遵守法律和商业道德。

本法所称的不正当竞争行为,是指经营者在生产经营活动中,违反本法规定,扰乱市场竞争秩序,损害其他经营者或者消费者的合法权益的行为。

本法所称的经营者,是指从事商品生产、经营或者提供服务(以下所称商品包括服务)的自然人、法人和非法人组织。

【法条解析】 除《反不正当竞争法》第二章禁止的特定不正当竞争行为外,如果经营者存在其他违反《反不正当竞争法》第 2 条规定的行为,仍然会被认定为构成不正当竞争。

《北京市高级人民法院关于涉及网络知识产权案件的审理指南》第 35 条规定,通过信息网络实施下列行为之一,足以损害原告合法权益、扰乱正常的市场经营秩序、违背公平竞争原则,且违反诚实信用原则和公认的商业道德的,可以认定为《反不正当竞争法》第 2 条规定的不正当竞争行为:

- 未经许可且无正当理由,使用能够为原告增加交易机会和竞争优势的网站内容,并足以替代消费者访问内容来源网站的;
- 未经许可且无正当理由,使用《反不正当竞争法》第 5 条所规定之外的原告商业标识,导致消费者误认的;
- 未经许可且无正当理由,修改原告搜索栏中的下拉提示词,直接影响原告交易机会的;
- 未经许可且无正当理由,利用原告网站的访问量,在其界面插入广告的;
- 无正当理由,中断、阻止或者以其他方式破坏原告经营活动的;
- 其他构成《反不正当竞争法》第 2 条规定的情形。

2019 年修正《反不正当竞争法》后,符合《反不正当竞争法》第 12 条规定的,可以直接适用第 12 条认定,但实践中仍然有不少互联网领域的案件,可以直接适用《反不正当竞争法》第 2 条的一般性行为规定。

欧盟《UCPD 指南》中,除在第二章(第 6 条和第 7 条)和第三章(第 8 条和第 9 条)分别规定了关于"误导性行为"和"侵犯性行为"的具体规则,并在附件 1 中规定了通常会被认定为不公平商业行为的具体行为类型外,也在第 5 条首先规定了一般性的认定"不公平商业行为"的标准,即违反职业注意(professional diligence)义务的要求,并且对一般消费者的经济行为造成实质性扭曲[1]。

【案例演绎】 千杉公司与聚力公司不正当竞争纠纷案[2]

千杉公司利用技术手段，获取聚力公司服务器中存储的涉案作品视频数据地址，以深度链接的方式传播视频内容。千杉公司在无须支出相应的版权费用、带宽等成本的前提下，仅链接视频正片内容，而屏蔽片前、片中广告内容。法院认为，基于一般的商业经验和市场逻辑，该行为绕开了上诉人所设置的片前广告，相应的，广告主自然会降低广告投放的意愿，并会导致广告主的流失，会影响视频内容提供商的正常经营及互联网生态，有违诚实信用原则以及公认的商业道德，属于《反不正当竞争法》第2条规制的不正当竞争行为。

(2)《禁止网络不正当竞争行为规定（公开征求意见稿）》。

《禁止网络不正当竞争行为规定（公开征求意见稿）》中也进一步规定了利用网络技术实施的新型反不正当竞争行为，主要包括以下条款。

第十七条【恶意触发针对竞争对手的反刷单机制】 经营者不得直接、组织或者通过第三方，在短期内与竞争对手发生高频次交易或者给予好评等，触发平台的反刷单惩罚机制，减少该竞争对手的交易机会。

第十八条【针对特定经营者实施恶意拦截和屏蔽】 经营者不得针对特定信息服务提供商，拦截、屏蔽其信息内容及页面，频繁弹出的对用户造成干扰的信息以及不提供关闭方式的漂浮、视窗等信息除外。

第十九条【实施限定交易】 经营者不得利用技术手段，通过影响用户选择、限流、屏蔽、商品下架等方式，减少其他经营者之间的交易机会，实施"二选一"行为，妨碍、破坏其他经营者合法提供的网络产品或者服务的正常运行，扰乱市场公平竞争秩序。

第二十条【非法抓取其他经营者数据和信息】 经营者不得利用技术手段，非法抓取、使用其他经营者的数据，并对其他经营者合法提供的网络产品或者服务的主要内容或者部分内容构成实质性替代，或者不合理增加其他经营者的运营成本，减损其他经营者用户数据的安全性，妨碍、破坏其他经营者合法提供的网络产品或者服务的正常运行。

第二十一条【非法抓取交易相对人数据和信息】 经营者不得利用数据、

---

[1] Unfair Commercial Practices Directive § 5, 2005/29/EC（2005）.
[2] 参见上海知识产权法院（2021）沪73民终93号民事判决书。

算法等技术手段,通过收集、分析交易相对方的交易信息、浏览内容及次数、交易时使用的终端设备的品牌及价值等方式,对交易条件相同的交易相对方不合理地提供不同的交易信息,侵害交易相对方的知情权、选择权、公平交易权等,扰乱市场公平交易秩序。

除上述外,《禁止网络不正当竞争行为规定(公开征求意见稿)》第22条进一步就如何评估经营者造成妨碍、破坏其他经营者合法提供的网络产品或者服务正常运行提供了指引,并规定可以综合考虑下列因素:

- 是否导致其他经营者合法提供的网络产品或者服务无法正常使用;
- 是否导致其他经营者合法提供的网络产品或者服务无法正常下载、安装或者卸载;
- 是否导致其他经营者合法提供的网络产品或者服务成本不合理增加;
- 是否导致其他经营者合法提供的网络产品或者服务的用户或者访问量不合理减少;
- 是否导致消费者体验不合理下降或者其他利益遭受不合理损失;
- 行为实施的次数、持续时间的长度;
- 行为影响的地域范围、时间范围等;
- 其他因素。

欧盟《UCPD指南》针对数字经济领域中的不公平商业行为进行了专门规定。这也表明,网络经营者实施商业误导行为或者过激行为,也被认定为被禁止的不公平商业贸易行为,其中包括对在线平台商业行为的具体说明和分析,涉及使用算法、自动决策和人工智能(AI)等技术的行为。商家在广告、销售和售后阶段对消费者采取跟踪和定位技术、算法个性化等行为都被纳入该指令的规制范围内。

【案例演绎】 唯品会不正当竞争案[1]

唯品会为获取竞争优势及交易机会,开发并使用巡检系统,获取同时在本公司和其他公司上架销售的品牌经营者信息,利用供应商平台系统、智能化组网引擎、运营中台等提供的技术手段,通过影响用户选择,及限流、屏蔽、商品下架等方式,减少品牌经营者的消费注意、流量和交易机会,被认为为限制品牌经营者的销售渠道,妨碍、破坏了品牌经营者及其他经营者合法提供的网络产品和服务正常运行,违背了自愿、平等、公平、诚信原则,扰乱了公平竞

---

[1] 国市监处〔2021〕3号。

争的市场秩序。上述行为被认定违反了《反不正当竞争法》第12条第2款第4项，被处以罚款300万元。

【案例演绎】 腾讯公司与搜狗公司不正当竞争纠纷案[1]

搜狗公司的搜狗拼音输入法采用定时和不定时弹出"搜狗输入法管理器—输入法修复"窗口的方式，引导用户在"修复"输入法时删除QQ拼音输入法在语言栏的快捷方式，造成用户无法再行选择使用QQ拼音输入法。该行为被认定为误导、欺骗、强迫用户修改、关闭、卸载其他经营者合法提供的网络产品或者服务，构成不正当竞争。

【案例演绎】 易车公司与淘宝网络公司不正当竞争纠纷案[2]

易车公司通过技术手段将原本应跳转至IOS系统淘宝App中的链接跳转至易车App，被认定为劫持淘宝网络公司、淘宝软件公司的流量引入其自身，谋取不当商业机会和竞争优势，有违诚信原则，也有损市场竞争秩序和消费者利益，被认定为违反《反不正当竞争法》第12条第2款第1项，即实施了插入链接、强制进行目标跳转等流量劫持行为。

【案例演绎】 蚁坊公司与微梦公司不正当竞争纠纷案[3]

蚁坊公司通过爬虫手段采集并展示微博平台数据，并基于该部分数据加工整理形成数据分析报告，其抓取的微博平台数据包括微梦公司已设置了访问权限的非公开数据。因其抓取、存储微博数据的行为存在不正当性，用于展示和分析的后续使用行为也因数据来源不合法而不具有正当性基础，最终被认定为违反《反不正当竞争法》第12条第2款第4项的规定，构成不正当竞争。

【案例演绎】 梦西游公司与百度公司不正当竞争纠纷案[4]

被告梦西公司通过天猫店铺向用户提供百度文库需用下载券下载的文档（以下简称用券文档）和付费文档的下载服务，即用户通过使用被告提供的插件，可以下载并浏览百度文库中的用券文档和付费文档。该行为影响了百度文库文档的重要来源渠道，破坏了原告对文档下载设置的权限，妨碍、破坏了百度文库产品和服务的正常运行，主观恶意明显，损害了百度公司的合法权益，

---

[1] 参见北京市第一中级人民法院（2009）一中民初字第16849号民事判决书。
[2] 参见北京市第一中级人民法院（2009）一中民初字第16849号民事判决书。
[3] 参见北京知识产权法院（2019）京73民终3789号民事判决书。
[4] 参见北京知识产权法院（2020）京73民终2972号民事判决书。

构成不正当竞争。

5.1.2 反不正当竞争的执法与司法现状及趋势

5.1.2.1 执法

近年来,国家市场监督管理总局联合多部门开展网络市场监管专项行动(以下简称网剑行动)。根据2020年和2021年网剑行动的方案,各部门严厉打击排除、限制竞争及妨碍、破坏其他经营者合法提供的网络产品或者服务正常运行行为。依法查处电子商务平台经营者对平台内经营者进行不合理限制或者附加不合理条件等行为。严厉打击网络交易经营者虚假宣传、刷单炒信、商业诋毁、违规促销等不正当竞争行为。严厉查处支付服务等领域排除、限制竞争等违法行为。

2021年,国家市场监督管理总局在全国范围内开展重点领域反不正当竞争执法专项整治,加大网络不正当竞争行为监管力度,严厉打击组织专业团队、利用网络软文、网络红人、知名博主、直播带货等方式进行"刷单炒信"、虚假宣传等不正当竞争行为。截至2021年上半年,全国各级市场监管部门共查办各类不正当竞争案件3128件,罚没金额2.06亿元。[1]网络虚假宣传是此次专项重点规制的不正当竞争行为,如前所述的杭州之壹利用"大V"打造"网红店"帮助"刷单炒信"案、陈某辉利用技术软件帮助"刷单炒信"案等。

2021年12月,国务院印发《"十四五"市场监管现代化规划》,提出加强平台经济、科技创新、信息安全、民生保障等重点领域反垄断和反不正当竞争执法,防止资本无序扩张。[2]此外,各省级执法机关,也密集出台关于加强反不正当竞争执法,特别是互联网、平台经济领域相关的反不正当竞争执法专项行动。

除专项执法行动外,国家市场监督管理总局发布的《禁止网络不正当竞争行为规定(公开征求意见稿)》,对目前存在的各种网络不正当竞争行为的样态进行了分门别类的细致列举。随着该规定的进一步修改完善,相信在正式出台后会对规范网络竞争秩序执法,以及企业合规提供更为细化的指引。

---

[1] 2021年度重点领域反不正当竞争执法典型案例——网络虚假宣传篇(第一批)[EB/OL]. 国家市场监督管理总局, 2021 [2022-04-19]. http://www.gov.cn/xinwen/2021-07/23/content_5626744.htm.

[2] "十四五"市场监管现代化规划:加强平台经济等重点领域反垄断和反不正当竞争执法 防止资本无序扩张》[EB/OL]. 凤凰网, 2022 [2022-04-19]. https://i.ifeng.com/c/8D9E9lfmFM0.

在各地执法情况方面，广东省市场监管部门积极开展重点领域反不正当竞争执法专项整治。2021年1月至10月，全省各级市场监管部门共立案查处各类不正当竞争案件328件，办结254件，罚没3699余万元。其中立案调查平台经济、互联网领域虚假宣传、仿冒混淆、商业诋毁、利用技术手段不正当竞争等案件63宗，结案49宗。[1]

从全国到地方的执法动态来看，多部门联合执法是一大趋势。同时，以国家市场监督管理总局为主导，各部门致力于明确互联网领域的特殊不正当竞争行为，平衡互联网市场中的各方利益，引导市场向公平、有序的方向发展。

5.1.2.2 司法

近年来，涉及互联网的不正当竞争纠纷日益增多。从涉网络不正当竞争纠纷类型来看，此类案件主要有三种类型：一是线下业务扩展到线上引发的不正当竞争纠纷，如全国首例网络拍卖案系此类纠纷中之典型；二是新商业模式引发的不正当竞争纠纷，如全国首例网贷评级商业诋毁案系在互联网金融这一新商业模式下引发的纠纷；三是利用新技术手段实施侵权引发的不正当竞争纠纷，如全国首例涉用户数据不正当竞争纠纷"脉脉案"、浏览器更改UA跳过广告案、搜狗输入法歧视性对待搜索引擎不正当竞争纠纷案等。[2]在前述对《反不正当竞争法》法条进行解读时，所列举的众多典型案例也覆盖了互联网领域中各种不同类型的不正当竞争行为。

司法部门亦通过颁布司法解释、典型案例等方式细化关于互联网领域反不正当竞争的认定标准和为企业提供合规指引。例如《反不正当竞争司法解释》，重点对《反不正当竞争法》第2条和"网络不正当竞争专条"第12条的适用作出了进一步明确和细化。四川省高级人民法院发布《四川法院不正当竞争案件审判工作情况（2019—2021）》白皮书和典型案例，其中多件典型案例均与互联网相关，既有传统不正当竞争行为在互联网领域的延伸，也有互联网环境下发生的新型不正当竞争行为。2021年，广东省高级人民法院亦首次发布互联网领域反不正当竞争和反垄断十大案例，入选的十大案例涉及网络游戏、网络直播、搜索引擎、电子商务等互联网新兴产业，涵盖了滥用市场支配地位、竞价

---

[1] 广东公布10宗网络不正当竞争行为典型案例[EB/OL].国家市场监督管理总局，2021 [2022-04-19]. https://www.samr.gov.cn/jjj/fbzdjz/202111/t20211122_337102.html.

[2] 网络不正当竞争案例分析[EB/OL].人民网，2018 [2022-04-19]. http://it.people.com.cn/n1/2018/0425/c1009-29948760.html.

排名、数据抓取、商业诋毁、侵害商业秘密、集体形象商品化权益保护等与互联网经济发展息息相关的内容。

5.1.3 反不正当竞争合规管理要点

根据立法，结合执法和司法的规律与特点，建议企业系统性梳理是否涉及《反不正当竞争法》第二章规定的特定类型反不正当竞争行为；如不涉及，应当按照《反不正当竞争法》第2条的要求，再次评估相关的业务安排是否可能影响第三方的利益。

（1）涉及混淆行为的合规管理要点。

①核实和评估拟使用标识是否为具有一定的市场知名度并具有区别商品来源的显著特征的标识；

②确认相关标识的使用范围和场景；

③评估使用相关标识是否会导致引人误认为是他人商品或者与他人存在特定联系。

（2）涉及商业贿赂行为的合规管理要点。

①核实和评估是否涉及向交易相对方工作人员、受交易相对方委托办理相关事务的单位或个人，或利用职权或影响力影响交易的单位或个人提供财物，或其他手段的经济利益；

②评估是否涉及向交易相对方支付折扣或向中间人支付佣金，是否双方均已如实入账。

（3）涉及虚假宣传行为的合规要点。

①核实和评估经营者自身宣传内容和信息的真实性、客观性和准确性；

②平台经营者应对审核平台内经营者发布广告、宣传等内容的真实性等合规性进行合理审查。

（4）涉及商业秘密行为的合规要点。

①核实和评估所获得的相关信息来源的合法性；

②如涉及其他经营者的商业秘密，需进一步明确和评估经营者在获得、使用商业秘密中的作用和职能；

③需审核员工是否符合原单位劳动、商业秘密保护方面的义务。

（5）涉及互联网专条规定的合规要点。

①核实和评估是否存在插入链接、强制进行目标跳转、干扰用户使用第三

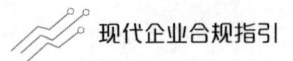

方产品或服务、不兼容第三方产品或服务等行为；

②除上述外，核实和评估是否存在其他涉及恶意触发针对竞争对手的反刷单机制、恶意拦截和屏蔽、限定交易、非法抓取其他经营者或交易相对人数据和信息等造成妨碍、破坏其他经营者合法提供的网络产品或者服务正常运行的行为；

③如存在上述两项涉及的行为，则需进一步评估实施上述相关行为是否具有正当性，以及是否损害其他经营者或消费者的合法权益。

(6) 涉及其他反不正当竞争行为的合规要点。

①评估和确认相关行为不涉及《反不正当竞争法》第二章规定的特定不正当竞争行为；

②评估相关行为是否违反诚实信用原则和商业道德；

③评估相关行为是否具有不正当性或可责性；

④相关行为不应损害其他经营者或消费者的合法权益。

5.2 反不正当竞争合规良好实践

2020年末，全国人大常委会组织开展反不正当竞争法执法检查，指出必须及时制止互联网领域广告屏蔽、流量劫持、数据杀熟、网络链接、骗取点击、捆绑软件、恶意侵犯等不正当竞争行为，监管机构发布一系列严格执法案例，对各领域形成有力震慑，对于企业合规工作来说，需要不断从立法、执法、司法、消费者投诉等多维度洞察反不正当竞争风险。

以下以A公司为例，论述反不正当竞争合规的良好实践。

A公司为了避免不正当竞争风险，成立反不正当竞争合规专项，将反不正当竞争合规工作由在日常业务咨询时出具法律意见及遇到纠纷诉讼后进行被动应对的模式，转变成主动进行风险排查并构建反不正当竞争合规长效治理能力的预防模式，极大地提升了企业反不正当竞争管控能力并促进了行业的公平竞争秩序。

5.2.1 合规组织搭建

(1) 建立反不正当竞争合规团队。

A公司根据自身业务状况、实际风险、经营规模、合规开展阶段等实际情况，在法务合规团队中指定反不正当竞争合规接口人，负责反不正当竞争合规专项整体统筹工作,并与各产品(含业务)接口法务管理人员协同完成专项具体工作内容。

(2)确定业务部门反不正当竞争合规接口人。

A公司在各个业务部门设置合规接口人,该角色在反不正当竞争合规管理项目中主要负责协助企业和合规组织开展合规管理工作,如在具体业务场景的风险排查、风险梳理中给予支持,负责业务事项的具体执行工作(包括但不限于负责合规改进方案的执行落地、培训方案和计划的执行和宣导)。

(3)获得领导层的支持。

领导层既指合规团队的领导层,也指业务团队的领导层。合规团队的领导层负责任命反不正当竞争合规专项管理负责人并对其进行授权,支持反不正当竞争合规管理负责人开展反不正当竞争合规专项。业务团队领导层负责指定各业务线反不正当竞争合规专项接口人,接口人应熟悉该业务线的产品功能、业务流程,能够在合规人员的指导下识别反不正当竞争风险并将合规管控方案在该业务线内部实施。

5.2.2 合规专项开展

(1)合规风险评估。

①组建合规风险评估小组。

由反不正当竞争合规专项管理负责人及时组建风险评估小组,风险评估小组按照业务线进行划分,每个业务线的风险评估小组成员包含反不正当竞争合规管理负责人、各业务线合规BP、各业务线合规接口人。通过企业内部沟通工具建立各业务线风险评估小组群,群内成员及时同步合规专项进展。

②开展风险评估工作。

一是梳理反不正当竞争合规义务及风险行为清单。

反不正当竞争合规风险来源于因不遵守合规义务而发生不合规行为的可能性。因此,识别反不正当竞争合规风险的一个核心方法就是确定企业的合规义务。聚焦于反不正当竞争合规领域,A公司遵守的核心合规义务来源于《反不正当竞争法》以及相关法律法规和规范性文件的规定。反不正当竞争合规义务及风险行为梳理示例如表5-2所示。

表 5-2　反不正当竞争合规义务及风险行为梳理示例

序号	风险行为	合规义务
1	商业混淆	不得实施混淆行为，引人误认为是他人商品、服务或者与他人存在特定联系
2	商业混淆	不得擅自使用他人有一定影响的应用软件、网店、自媒体、游戏界面的页面设计、名称、图标、形状等相同或近似的标识，引人误认为是他人商品或者与他人存在特定联系
3	虚假宣传	不得对自身或商品的性能、功能、质量、销售状况、用户评价、曾获荣誉等进行虚假或引人误解的商业宣传
4	商业诋毁	不得编造、传播虚假信息或者误导性信息，损害其他经营者商业信誉、商品声誉
5	商业诋毁	不得组织、指使他人对竞争对手或其商品进行恶意评价
6	商业诋毁	不得利用大众媒介、信息网络散布虚假或者误导性信息，损害竞争对手商业信誉、商品声誉
7	流量劫持	不得在其他经营者合法提供的产品或服务中插入跳转链接、嵌入自己的产品或服务链接
8	流量劫持	不得利用关键词联想等功能，设置指向自身产品或服务的链接，误导、欺骗用户点击跳转
9	妨碍干扰	不得无正当理由，对其他经营者合法提供的产品或服务实施屏蔽、拦截、卸载、修改、关闭
10	妨碍干扰	不得妨碍用户下载、安装、转发、升级三方产品或服务
11	恶意不兼容	不得利用技术手段，对其他经营者提供的产品或服务实施不兼容

二是风险专项排查。

根据梳理的反不正当竞争合规义务与风险清单，A 公司针对企业经营范围

第 5 章　反不正当竞争合规

所覆盖的业务，识别场景化的不正当竞争风险。如通过访谈重点业务及业务人员，结合企业自身经历的风险事件、监管调查、典型诉讼案件提炼风险，形成对企业反不正当竞争合规风险的认知全景。结合业务场景的风险排查展现形式可参照图 5-1 示例。

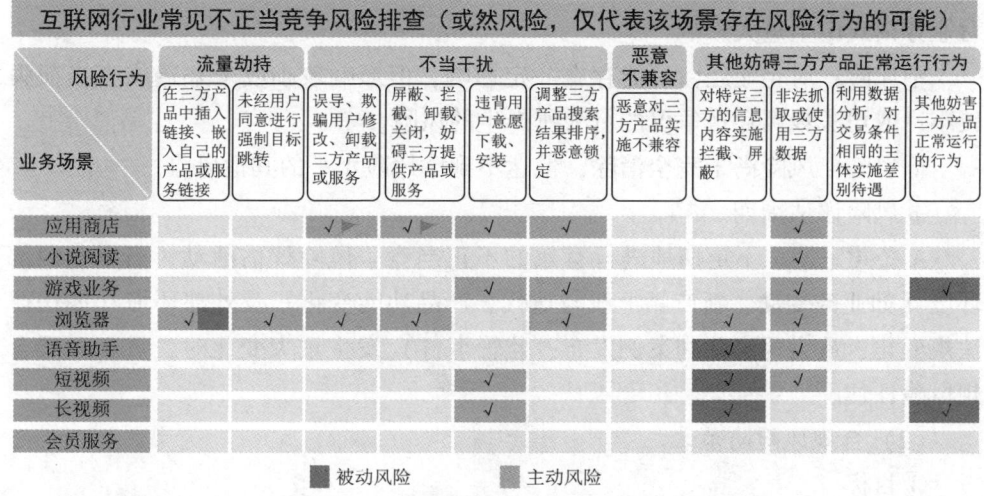

图 5-1　结合业务场景的风险排查示例

三是风险动态识别。

风险识别是动态变化的过程，新的业务拓展、新的产品或产品功能开发、法律法规变化、司法裁判及监管趋势变化等都可能对风险识别产生影响。如 2022 年 3 月 20 日正式实施的最高人民法院《反不正当竞争司法解释》对于在其他经营者的产品或服务中插入链接、实施目标跳转的不正当竞争行为进行了进一步解释，未经其他经营者和用户同意而直接发生的目标跳转，都属于强制进行目标跳转，应当予以禁止。而如果仅插入链接，意图进行分流，目标跳转由用户触发，这种情形需要结合插入链接的具体方式、是否具有合理理由以及对用户利益和其他经营者利益的影响等因素来综合判断。据此，企业对于此种行为的不正当竞争风险判断也需要随之进行调整。

因此，A 公司在以法规要求为核心梳理合规义务的基础上，不断洞察法律与监管等外部环境的变化以更新合规义务清单，同时基于业务变化动态识别、评审业务场景中具体的不正当竞争风险行为。

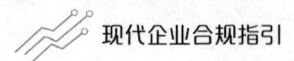

四是风险等级确立。

A公司将所识别的反不正当竞争合规风险分为三类：高风险、中风险、低风险。

高风险：法律、法规明令禁止的行为所产生的风险，或监管机构出具的处罚决定、监管意见中明确定义为不正当竞争行为所产生的风险，且该风险可能对业务模式产生重大影响。

中风险：对企业经营可能存在一定影响，但影响较小或未来造成直接损失较小；或司法裁判存在争议的行为所产生的风险。

低风险：风险尚未完全消除，但达不到中风险水平的其他风险。

③风险评估周期。

A公司定期、不定期地进行有效的不正当竞争风险评估活动。当企业内部环境（如业务变动、新产品上线与迭代、产品功能变化）及外部环境（如法律法规变化、重大司法裁判案例发布、监管事件）发生重大变化时，重新开展合规风险评估。

（2）合规风险防范。

①目标。

在风险防范环节，A公司开展反不正当竞争合规管理工作的目标在于预防和避免企业运行中实施不正当竞争行为，通过反不正当竞争合规项目开展与实施，构建企业业务运行中合规长效能力，防范业务系统风险。

②具体步骤。

一是短期风险整改。A公司基于合规风险识别环节定位的不正当竞争风险及风险等级，优先对高风险（如可能涉及虚假宣传行为的运营场景）完成管理改进。

二是风险预防机制。A公司结合企业自身情况从两个维度建立风险预防机制，具体而言：

在风险维度，从法律合规义务或风险行为的角度出发，对业务的共性风险行为采取统一的策略进行管控，如对可能发生的不当干扰、广告屏蔽等风险场景以专项的形式开展梳理和合规管控工作，制订统一的合规方案及整改措施。在企业内发布反不正当竞争合规风险红线，明确具体风险行为不得在业务开展中发生。

在业务维度，首先，从具体的产品开发或业务运营活动等场景出发，在产品需求开发、业务运营活动的流程中增加法务或合规人员的评审环节,并在此环节嵌入反不正当竞争合规评审要素。合规评审的形式不限,可以根据业务场景、风险等级、企业合规团队规模、业务开展阶段等因素确定。如由法务或合规专业人员进行评审,或由法务合规组织发布合规自查清单后由各业务人员进行风险自查,并确定是否需要进一步将风险提交专业法务合规人员评估。其次,结合业务具体场景,在识别的高风险业务场景发布场景化的合规指引,为业务活动开展提供具体的操作指南,协助业务人员安全、高效地开展工作。

(3) 合规风险应对。

①原则与策略。

互联网行业的竞争形态和竞争行为表现形式不断变化和发展,竞争行为的"不正当"标准在司法裁判、行政监管中也会发生变化。据此 A 公司采取的策略是在坚持合规底线的同时对业务创新保留空间。一方面,对于立法、司法裁判及行政监管有明确结论和具体要求的及时采取整改措施,比如浏览器屏蔽广告,90%以上的案件都被法院认定提供广告屏蔽插件的浏览器干扰视频网站基于"免费视频+广告"及"付费免广告"的商业模式,构成不正当竞争,此类风险需要进行强管控,杜绝风险行为发生;另一方面,对于立法、司法裁判及行政监管尚不明确、不清晰的行为,或者在行业普遍存在、属于行业通用实践且继续维持可能性较大的商业模式,以积极进行合规趋势跟踪、轻量管控为主,为业务创新保留空间。

②风险应对措施。

一是风险分级管控。

识别、分析业务不正当竞争相关风险后,A 公司基于全面合规诊断结果,结合风险业务具体情况、风险承受能力,制订风险应对措施及实施计划。高风险业务领域先行实施风险消解及管控方案,中低风险业务领域进行充分风险揭示,由业务主导合规方案。

二是风险事件应对。

投诉事件及行政监管调查应对:通过梳理既往消费者及其他经营者的投诉事件、监管机构调查事件的原因、具体要求、处理过程和方式,对事件进行分类(如监管指导类、监管调查类、协助监管调查类),明确在此类事件中各部门的工作职责与分工,建立各类事件反不正当竞争合规管理团队与其他部门标准工作流程。

诉讼纠纷案件处理：通过对互联网行业司法裁判案例、执法动态跟踪与复盘解析，协同纠纷管理团队构建不正当竞争案件纠纷管理能力，制定证据清单、诉讼文书等纠纷管理工具，明确各类案件的风险敞口及合理抗辩策略。

三是制度规范建设。

建立《反不正当竞争合规行为准则》《反不正当竞争合规管理办法》《反不正当竞争合规操作指引》三个层级的反不正当竞争合规管理制度，形成系统性的合规制度和流程体系，作为反不正当竞争合规管理工作开展的基础与依据。

第一层级，面向公司全体成员发布《反不正当竞争合规行为准则》，涵盖合规行为高压线，并基于《反不正当竞争合规行为准则》对其他商业行为准则进行反不正当竞争规则内化，如在"营销活动行为准则"中纳入禁止虚假宣传、虚假广告、商业混淆、不正当有奖销售等规定。

第二层级，在合规管理办法的制定和发布中，明确反不正当竞争合规管理的组织体系及各部门职责、关键岗位职责及协同配合机制，明确合规风险评估、合规培训、合规文化培育等关键举措，明确合规绩效评价与业务绩效评价挂钩等保障性措施。

第三层级，合规操作指引，结合各细分业务部门与业务活动具体场景建立可实施、操作性强的场景化合规行为指南。

(4) 培训与考试。

①宣讲与培训。

A 公司面向管理层、业务合规接口人、员工等，分级分层制订全年的合规培训计划，主要分为以下两类。

日常宣导类：以屏保、期刊、网页推文、邮件、手册等方式面向企业全体员工宣导反不正当竞争合规要求、全员的具体合规义务，以月度、季度、半年度或年度为周期传递当期的立法动态、执法案例、监管调查事件、行业竞争态势等与企业反不正当竞争合规风险相关的内容和资讯，宣导企业内部制定的合规管理制度、业务风险指引、合规审批流程等。

专项培训类：面向不同岗位设计和制定差异化的培训材料和方案。具体来说，面向全体员工，主要宣导企业内部树立的反不正当竞争合规红线、基础合规知识和原则，普及相关的合规评审流程。面向业务合规接口人，主要传递不正当合规风险管控思路、具体的业务管控要求。面向不同业务部门的员工，主要普及与该业务领域相关的法律风险、典型裁判案例、风险事件、已发布的场景化风险指引、操作指南等，如对于运营团队员工着重宣导虚假宣传、虚假广告、商业诋毁相关风险，对于产品和研发团队主要宣导利用技术实施的互联网不正当竞争行为相关风险。

②考试与承诺。

合规考试：定期组织员工参与企业反不正当竞争合规考试，根据培训、宣导材料的内容制定考试题目，包含合规基础知识、要求、流程规范等内容，同时通报各部门员工的考试完成率与考试通过率。

合规承诺：要求管理层及全体员工签署合规运营承诺函，每年度更新承诺书文本，跟进承诺书签署情况，以通知、定期通报等方式促进签署率。

（5）合规文化。

A 公司根据企业自身文化特性建设反不正当竞争合规文化。通过组织合规培训、撰写合规手册、发布合规公文通知、在企业文化活动中融入反不正当竞争合规话题等方式，提升全体员工的竞争合规意识，树立合规经营、公平竞争的价值观，自觉维护市场公平竞争秩序，营造企业竞争合规运营的氛围和品牌形象。

（6）合规洞察。

通过建立合规洞察小组常态化运作外部监管洞察工作，跟踪及分析立法、执法、司法动态，主动参与立法实践，如积极对最高人民法院反不正当竞争法相关司法解释、国家市场监督管理总局关于互联网反不正当竞争相关规定的部分条款进行意见反馈，A 公司对最高人民法院的立法反馈多项意见均被采纳，证明积极参与立法、发表企业观点的重要性及有效性。A 公司关于《最高人民法院〈关于适用中华人民共和国反不正当竞争法〉若干问题的解释（征求意见稿）》的部分反馈意见详见本章附件。

5.2.3 合规管理有效性评估

A 公司以年度为周期根据合规文化培育成效、风险事件应对情况、培训考核结果、合规检查结果等维度评价反不正当竞争合规管理工作的有效性。

（1）合规文化培育成效。

①对于采购、产品开发、营销等各经营活动环节的风险是否通过流程、制度、培训等方式向员工宣导，流程、制度是否与业务场景紧密贴合且能够为业务开展提供明确指引；

②是否构建有利于调动员工合规积极性的奖惩机制，通过访谈了解员工是否知悉投诉渠道，对投诉渠道的反馈方式、时效是否有相关建议，是否为员工的合规项目参与、合规整改、违规事件投诉等设置奖金池。

（2）风险事件应对情况。

①对周期内的风险事件数据、原因进行分析，是否因技术问题、商业利益驱动等原因，实施利用技术手段侵犯三方竞争权益的行为，造成其他经营者投诉、用户投诉、行政监管与处罚、诉讼纠纷等；

②风险事件发生时，业务、商务、安全、合规、客服等是否明晰各自在事件中的分工及岗位职责；

③风险事件处理流程是否通畅，预先制定的处理流程是否可以高效应对每次风险事件，处理时间是否合理。

（3）培训考核结果。

参考业务部门及员工的完成率、通过率，重点关注高风险业务部门的通过率，对培训考核结果在公司内公布。同时，复盘业务人员对于风险场景、风险行为的理解是否清晰。

（4）合规检查结果。

通过自主合规检查或引入第三方机构进行合规检查，形成检查报告，并逐项对比风险排查阶段的风险清单，以明确下列内容：

①风险排查阶段识别出的风险是否已实现了合规整改闭环；

②是否有因业务变化、法律法规变化新增的风险场景，现有的合规管理方案是否能对新增风险进行管控；

③对于合规检查结果反映出的管理问题，是否需要进一步实现管理改进和弥补管理漏洞，包括改进业务流程、重新培训员工、加强预警机制等。

附件：

A公司关于《最高人民法院关于适用〈中华人民共和国反不正当竞争法〉若干问题的解释（征求意见稿）》相关条款的反馈意见（节选）

尊敬的最高人民法院：

非常感谢贵院就《最高人民法院关于适用〈中华人民共和国反不正当竞争

法〉若干问题的解释（征求意见稿）》（以下简称《征求意见稿》）提供公开征求意见的宝贵机会。我司内部，对《征求意见稿》进行了充分研读和讨论，现就该征求意见稿提出以下建议。建议总体包括两个方面，一是《征求意见稿》未对《反不正当竞争法》及相关法律规范性文件规定条款作出回应而我司建议添加或回应的内容；二是针对《征求意见稿》自身条款规定的建议。

一、我司建议《征求意见稿》应当添加或回应的内容

（一）设置专条或者在具体情境中对法益冲突进行安排

《反不正当竞争法》保护市场竞争秩序、经营者和消费者权益，但《反不正当竞争法》保护的三个法益及其保护之外的其他法益在不同情境存在冲突的可能。损害一种法益的行为，实质可能是为了保护另外一种法益。法益存在冲突的，应当综合考虑是否属于不正当竞争行为。比如浏览器或者搜索业务经营者可能是为了维护消费者权益、提升用户体验屏蔽其他经营者提供的低俗、劣质、违法违规、频繁干扰用户的内容，替换成优质、合法的内容。

基于以上理由，建议：

（1）设置专条对法益冲突进行安排：适用《反不正当竞争法》，应综合考虑市场竞争秩序，经营者、消费者及其他合法权益，当事人仅以利益受到损害为由主张适用《反不正当竞争法》，但不能举证证明损害经营者利益的行为扰乱市场竞争秩序或者行为有合理正当理由的，人民法院依法不予支持。

（2）扩大合理正当理由在具体情境中的适用范围，为法益冲突提供解决路径。

（二）认定是否属于不正当竞争行为，应考虑该行为是否有合理理由，有正当合理理由的行为不应视为不正当竞争行为

比如国家市场监督管理总局《禁止网络不正当竞争行为规定（公开征求意见稿）》将搜索服务经营者调整搜索结果中的自然排序位置规定为不正当竞争行为，但在诸多情形下该种行为具有合理理由，该行为不一定必然属于不正当竞争。

首先，国家多部门曾发文表示支持经营者对部分领域搜索结果自然排序、流量分配作出调整。国家发展和改革委员会、中国人民银行、公安部、商务部等曾联合发布的《关于全面加强电子商务领域诚信建设的指导意见》明确表明

鼓励电子商务平台对"红名单"（电子商务领域守信主体名单）主体在搜索排序、流量分配、营销活动参与机会、信用积分等方面给予倾斜，强化正面激励引导。随后青海省、徐州市、常州市、西宁市、南通市等多省市发布官方文件落实上述指导意见。此外吉林省财政厅、吉林省工业和信息化厅于2021年发布的《关于印发"吉林省政府采购促进中小企业发展实施方案"的通知》表明，要通过加挂中小企业标识、搜索排序、流量引导等技术手段，指导中小企业入驻电子商城，扩展产品销售渠道。广西壮族自治区财政厅等也有类似文件发布。由此可见，对自然搜索结果进行调整并不能天然地被认定为不正当竞争行为，其存在有利于社会公共利益的情形。

其次，平台具有责任确保该平台搜索结果合法、真实、安全，若平台内搜索结果出现违法、虚假或危害公共安全的内容，平台方有义务对该搜索结果作出下架、整改等行为。

随着科技的不断进步，互联网平台滋生黑公关、流量水军等群体，这些群体通过刷流量、机器模拟点击等行为伪造交易额、成交量、点赞量、关注量等内容，影响互联网生态的正常发展，其带有"黄赌毒"性质的服务推广更是严重危害公共安全和社会秩序。互联网平台方出于平台责任会对其平台展示的产品或服务进行安全监测，监控"黄赌毒"、暴力、反动煽动性的服务推广，若发现存在违法、虚假或危害公共安全和社会秩序的商品或服务会立即采取限流、关闭展示等措施。《征求意见稿》在对调整自然搜索结果进行规范引导时应当考虑到互联网平台对于搜索结果的日常维护。

最后，搜索结果中设置广告位是互联网生态正常的商业模式。互联网搜索服务通常以免费的形式运营，但互联网厂商为提供服务投入了巨大的成本，搜索广告是其最为核心的盈利内容，互联网厂商通过搜索广告盈利反哺搜索技术与服务的提升。

（三）未对用户知情权、选择权产生实质损害或未对其他经营者提供的商品或服务产生实质妨碍的行为应谨慎认定是否属于不正当竞争

以安全软件风险提示为例，在落地工信部、网信办安全治理工作的要求时，安全软件在进行风险监测及提示时会明确告知并经用户同意，用户根据扫描结果及提示内容自主选择是否继续使用其他互联网厂商提供的服务，该行为有利于消费者权益保护、有利于软件安全生态体系构建且有利于社会公共利益，并未实质影响到其他经营者提供的商品或服务。类比实体商店的经营模式，任何

经营者都有权向用户介绍同类产品或产品的更多信息，用户也有权在了解更多信息后自主选择。

因此，建议在《征求意见稿》第23条增加第2项：经营者事前明确提示并经用户同意，用户自行放弃、修改、关闭、卸载其他经营者合法提供的网络产品或者服务，且无证据证明该行为可能损害公平竞争的市场秩序和消费者合法权益，其他经营者主张属于《反不正当竞争法》第12条第2款第4项规定的行为的，人民法院一般不予支持。

（四）建议对《反不正当竞争法》中"影响用户"的表述进行限缩解释，如果经营者合法、正当影响用户并征得用户同意的，不应视为不正当竞争

《反不正当竞争法》第12条规定，经营者利用网络从事生产经营活动，应当遵守本法的各项规定。经营者不得利用技术手段，通过影响用户选择或者其他方式，实施下列妨碍、破坏其他经营者合法提供的网络产品或者服务正常运行的行为。

商业天然存在竞争，经营者当然要影响用户选择，让用户选择其产品或服务，比如通过促销降价、提供更安全的服务或内容招徕用户，因此商业领域主动影响用户选择的行为无所不在，影响用户选择是商业竞争的核心方式，如果经营者在能否影响用户一事上都要畏首畏尾，必然会对社会经济的发展产生重大阻碍。如果经营者合法、正当地对用户施以影响，并征得用户同意的，不应视为不正当竞争行为。

建议对"影响用户""影响其他经营者"等中性表述进行限缩解释，如"通过恶意影响用户/其他经营者选择"，并对"恶意"进行阐明。

（五）建议对"扰乱市场竞争秩序""无法正常运行""不兼容""误导性信息"的表述进行解释

关于"扰乱市场竞争秩序"。《反不正当竞争法》第2条规定，本法所称的不正当竞争行为，是指经营者在生产经营活动中，违反本法规定，扰乱市场竞争秩序，损害其他经营者或者消费者的合法权益的行为。"损害其他经营者或者消费者的合法权益"易于理解，但扰乱市场竞争秩序并没有通俗易懂的标准。扰乱市场竞争秩序是不正当竞争行为成立的前提，《反不正当竞争法》与《征求意见稿》却没有对什么是扰乱市场竞争秩序、行为及其后果达到什么程度才能构成扰乱市场竞争秩序进行解释说明。另，《征求意见稿》第1条规定，当事人仅以利益受到损害为由主张适用《反不正当竞争法》第2条，但不能举证证

明损害经营者利益的行为扰乱市场竞争秩序的，人民法院依法不予支持。可见，当事人需要举证证明侵害其利益的行为扰乱了市场竞争秩序，才能得到人民法院支持。但如果扰乱市场竞争秩序的内涵和外延不明确，当事人将面临不知如何举证以及不知举证到什么程度的困境。比如互联网领域存在大量恶意投诉、举报的行为。首先，竞争对手可能向监管机构恶意投诉、举报其他经营者有不正当竞争行为，以达到其自身真正的不正当竞争的目的。其次，竞争对手可能对其他经营者网站上的广告内容、应用商店上架的 App 进行恶意投诉、举报、评论，比如恶意频繁投诉其他经营者平台上的广告、App 内容违法，导致其他经营者必须对投诉内容进行下架、复查、再上架等处理，将严重影响正常的经营活动。但《反不正当竞争法》并没有对该种行为进行专条规制，如果适用《反不正当竞争法》第 2 条，就面临需要证明该种行为扰乱了市场竞争秩序，但实践中经营者对该种行为并没有很好的解决办法，诉诸诉讼也面临难以举证的困境。

关于"无法正常运行"。《反不正当竞争法》第 12 条规定，经营者利用网络从事生产经营活动，应当遵守本法的各项规定。经营者不得利用技术手段，通过影响用户选择或者其他方式，实施下列妨碍、破坏其他经营者合法提供的网络产品或者服务正常运行的行为。正常运行一般指硬件或者软件功能的正常运转，产品或者服务运转完全正常，无功能上的问题或者阻碍。《反不正当竞争法》中的"正常运行"是否与通常含义相同，是否包含通常含义之外的内涵需要进行说明。比如经营者在其他经营者提供服务前通过宣传引导，影响用户最终选择了其产品或服务，这种行为是否属于妨碍、破坏其他经营者产品或服务的正常运行，按照现有条款很难进行判断。

关于"不兼容"。《反不正当竞争法》第 12 条规定，经营者不得利用技术手段，……恶意对其他经营者合法提供的网络产品或者服务实施不兼容。此条款没有对什么是不兼容、行为达到什么程度才能构成不兼容进行解释，如经营者对其他经营者同类产品或服务进行合理的风险提示，但未实质性影响用户选择权的，经营者自身无法清晰认定其自身该种行为是否属于不兼容。建议对"不兼容"进行明确解释。

关于"误导性信息"。《反不正当竞争法》第 11 条规定，经营者不得编造、传播虚假信息或者误导性信息，损害竞争对手的商业信誉、商品声誉。"虚假信息"容易理解，通常指虚假不真实的信息。但"误导性信息"的含义并不明确，建议使用以下解释：误导性信息是指虽然真实，但仅包含部分事实，容易引发对竞争对手不利的错误联想的信息。另外，传播误导性信息应具有主观恶意。首先，经营者受限于各种条件，很可能无法掌握全部事实，其传播这种信息没有主观恶意。其次，经营者传播上述"误导性信息"也不一定能够造成相关公众误解。

二、我司对《征求意见稿》本身内容的修改建议

（一）建议对"一定影响"的表述进行明确，同时结合使用场景、使用目的、使用后可能产生的结果对是否属于"善意使用"进行综合判断

《征求意见稿》第15条中"一定影响"指向主体和地域不清晰，建议修改成"在后使用者使用他人在其他地域范围内有一定影响的相同或者近似的商品名称、包装、装潢、企业名称、社会组织名称、姓名等标识"。以明确"一定影响"是指在其他地域经他人使用产生，否则可能会被理解成要求在后使用者的使用行为需要满足一定影响。对于前款所称"善意使用"，人民法院应当结合案件具体情况，综合考虑在先使用标识的市场知名度、对在先使用的知晓情况、标识使用的地域等因素依法认定。建议修改成"对于前款所称'善意使用'，人民法院应当结合案件具体情况，综合考虑在先使用标识的市场知名度，对在先使用的知晓情况，标识使用的地域、场景、使用目的、使用后可能产生的结果等因素依法认定"。因为对于网络产品或服务，更多的是使用场景而非使用地域。另外，是否善意使用需要考量使用目的和使用后可能产生的结果，比如使用知名商品名称设定搜索关键词进行搜索优化的目的不是引人误认为是他人商品或者与他人存在特定联系，而是为了让消费者更好地找到其产品，其在商品的最终展现上也不必然使用其他经营者的标识，因此也必然导致混淆。

此外，第15条第1款善意的在后使用者不会受《反不正当竞争法》第6条第1项，第2项的规制，也就是不构成不正当竞争行为，而第3款却要求在后的经营者附加足以区别商品来源的其他标识，易造成逻辑理解上的冲突。

原条款	修改建议
第十五条 　　在不同地域范围内使用相同或者近似的有一定影响的商品名称、包装、装潢、企业名称、社会组织名称、姓名等标识，在后使用者能够证明其善意使用的，不构成反不正当竞争法第六条第一项、第二项规定的不正当竞争行为。 　　对于前款所称"善意使用"，人民法院应当结合案件具体情况，综合考虑在先使用标识的市场知名度、对在先使用的知晓情况、标识使用的地域等因素依法认定。 　　因后来的经营活动进入相同地域范围，足以导致商品来源产生混淆，在先使用者请求判令在后使用者附加足以区别商品来源的其他标识的，人民法院应予支持。	第十五条 　　在后使用者使用他人在其他地域范围内使用有一定影响的相同或者近似的商品名称、包装、装潢、企业名称、社会组织名称、姓名等标识，在后使用者能够证明其善意使用的，不构成反不正当竞争法第六条第一项、第二项规定的不正当竞争行为。 　　对于前款所称"善意使用"，人民法院应当结合案件具体情况，综合考虑在先使用标识的市场知名度、对在先使用的知晓情况、标识使用的地域、场景、使用目的、使用后可能产生的结果等因素依法认定。 　　因后来的经营活动进入相同地域范围，足以导致商品来源产生混淆，在先使用者请求判令在后使用者附加足以区别商品来源的其他标识的，人民法院应予支持。

　　（二）建议对当事人举证到何种程度才能证明其为商业诋毁行为的特定损害对象进行明确

　　《征求意见稿》第 20 条规定，当事人主张其他经营者实施了《反不正当竞争法》第 11 条规定的商业诋毁行为的，应当举证证明其为该商业诋毁行为的特定损害对象。但该条并没有对当事人举证到何种程度才能证明其为商业诋毁行为的特定损害对象进行明确，可能导致当事人出现举证困境及不同法院裁判尺度不一。建议对当事人举证到何种程度才能证明其为商业诋毁行为的特定损害对象进行明确。

　　（三）建议谨慎参考行业协会或者自律组织制定的从业规范、自律公约、技术规范

　　行业协会（包含自律组织），其组织和行为属性具有"公权""私权"交叠的复杂性。属性交叠使得行业协会存在利用"准公权力"替部分经营者谋取"私利"的可能，实践中行业协会限制竞争的情况也时有发生。

　　首先，行业协会对市场竞争的影响是一把"双刃剑"，既有可能通过同业自治实现对竞争的正向引导与规范，促进民营经济发展，又有可能因自身行为限制竞争，实践中行业协会限制竞争的案例屡见不鲜。行业协会毕竟是一类联合同一行业经营者、维护其共同利益的组织，这种性质为反竞争效果酝酿了温床。行业协会潜在的反竞争效果，主要在于其易于成为"撮合"具有竞争关系的同业经营

者达成垄断协议的平台。实践中存在部分行业协会将同业经营者组织起来,通过内部协调的形式,实现对有关价格、数量、规格及至市场占有状况的信息交流,制定统一的行业行为规范与标准,进而缔结垄断协议,达到限制竞争的效果。自2008年我国《反垄断法》实施以来,行业协会限制竞争行为的案例也数次进入公众关注视野,行政执法中较为知名的有2011年浙江省富阳市造纸行业协会价格垄断协议案、2013年上海黄金饰品行业协会价格垄断协议案,民事诉讼中则有具有"中国体育反垄断第一案"之称的粤超公司诉广东足协、珠超公司垄断纠纷案。

其次,部分行业协会和自律组织利用"准公权力"变相获取利益,在处理事项时不够客观合理,可能带有倾向性。许多行业协会不仅仅是一个行业自律的平台,而有可能直接参与到生产、经营与提供服务的活动当中。既往发生过行业协会利用"准公权力"属性变相获取利益的事情,如行业协会继续实施或者变相实施已经取消的行政许可,未与行政机关脱钩的行业协会开展与主管单位所负责行政审批相关的中介服务并收取相关费用;行业协会强制或者变相强制市场主体入会,阻碍会员退会;行业协会依托行政机关或者利用行业影响力强制市场主体参加活动。对此,国务院办公厅2020年发布《关于进一步规范行业协会商会收费的通知》,明确表示针对部分行业协会商会乱收费和监管不到位等突出问题,严禁强制入会和强制收费,严禁利用法定职责和行政机关委托、授权事项违规收费等内容。

基于以上理由,提出如下具体建议:

原条款	修改建议
第二条 　　反不正当竞争法第二条规定的"商业道德",是指特定商业领域普遍认可和遵循的行为规范。人民法院应当结合案件具体情况,综合考虑行业规则或者商业惯例、经营者的主观状态、交易相对人的选择意愿、对市场竞争秩序和消费者知情权、选择权的影响等因素,依法判断经营者是否违反商业道德。 　　人民法院认定经营者是否违反商业道德时,还可以参考行业主管部门、行业协会或者自律组织制定的从业规范、自律公约、技术规范等。	第二条 　　反不正当竞争法第二条规定的"商业道德",是指特定商业领域普遍认可和遵循的行为规范。人民法院应当结合案件具体情况,综合考虑行业规则或者商业惯例、经营者的主观状态、交易相对人的选择意愿、对市场竞争秩序和消费者知情权、选择权,其他经营者提供的商品的影响等因素,依法判断经营者是否违反商业道德。 　　人民法院认定经营者是否违反商业道德时,还可以参考行业主管部门的规范性文件。

第6章

广告合规

6.1 广告合规依据和要点

6.1.1 法律法规一览表及重点法条解析

6.1.1.1 法律法规一览表

本部分具体梳理广告合规相关法律法规，如表6-1所示。

表6-1 广告合规相关法律法规及规范性文件一览表

序号	名称	效力级别	发布主体	实施年份	备注
1	《广告法》	法律	全国人大常委会	1995年	2015年、2018年、2021年修正
2	《反不正当竞争法》	法律	全国人大常委会	1993年	2017年、2019年修正
3	《互联网广告管理暂行办法》	部门规章	原国家工商行政管理总局	2016年	正在修订
4	《药品、医疗器械、保健食品、特殊医学用途配方食品广告审查管理暂行办法》	部门规章	国家市场监督管理总局	2020年	
5	《公益广告促进和管理暂行办法》	部门规章	原国家工商行政管理总局、国家互联网信息办公室、工业和信息化部、	2016年	

续表

序号	名称	效力级别	发布主体	实施年份	备注
			住房和城乡建设部、交通运输部、原国家新闻出版广电总局		
6	《市场监管总局关于加强网络直播营销活动监管的指导意见》	部门规范性文件	国家市场监督管理总局	2020年	

6.1.1.2 《广告法》核心法条及解读

第二条 在中华人民共和国境内，商品经营者或者服务提供者通过一定媒介和形式直接或者间接地介绍自己所推销的商品或者服务的商业广告活动，适用本法。

本法所称广告主，是指为推销商品或者服务，自行或者委托他人设计、制作、发布广告的自然人、法人或者其他组织。

本法所称广告经营者，是指接受委托提供广告设计、制作、代理服务的自然人、法人或者其他组织。

本法所称广告发布者，是指为广告主或者广告主委托的广告经营者发布广告的自然人、法人或者其他组织。

本法所称广告代言人，是指广告主以外的，在广告中以自己的名义或者形象对商品、服务作推荐、证明的自然人、法人或者其他组织。

【法条解析】 本条是关于《广告法》适用范围和广告活动主体含义的规定。《广告法》在中华人民共和国境内具有普遍的约束力，调整的商业广告活动具有三个方面的特征：一是调整对象限于商业广告，公益广告、政治广告、社团活动广告、个人启事广告等非商业广告不受《广告法》调整；二是调整的商业性广告包括商品广告和服务广告；三是这些商业广告活动需要通过一定的媒介和形式来传播。

广告主是指为推销商品或者服务，自行或者委托他人设计、制作、发布广告的自然人、法人或者其他组织。自然人包括中国公民、外国公民、无国籍人。法人是具有民事权利能力和民事行为能力，依法独立享有民事权利、承担民事义务的组织。在广告活动中，广告主可以自己设计、制作、发布广告，也可以委托设计、制作、发布广告。

广告经营者是指接受委托提供广告设计、制作、代理服务的自然人、法人或者其他组织，实践中多指广告公司。广告经营者自己本身并不推销商品或者提供服务，只是在受广告主委托的情况下从事广告的设计、制作或者代理服务。广告经营者从事介绍自己服务的广告活动时，其身份应当是广告主。

广告发布者是指利用自身拥有的媒介手段发布广告的单位，主要包括广播、电视、报纸、杂志、互联网等大众媒介组织。2021年国家市场监督管理总局决定，对2016年《广告发布登记管理规定》予以废止。从事广告发布活动不再需要办理广告发布登记。

广告代言人是指广告主以外的，在广告中以自己的名义或者形象对商品、服务作推荐、证明的自然人、法人或者其他组织。并非所有出现在商业广告中的人物形象都属于代言人。在广告代言人的认定上，需要区分广告演员与广告代言人。只有在广告中以自己的名义或形象表达"推荐、证明"意图的人才是代言人。

【案例演绎】当事人在自设网站发布的企业简介一般不属于《广告法》调整范畴

市场监管机关在日常检查中，发现某邮票交易公司在其自设官方网站的"交易中心"板块中，发布有"我公司是由××局批复成立，××政府批准设立的国家级邮币卡交易平台……将发展成为比肩纽约、伦敦、东京等知名专业交易所的国家级邮币卡交易航母……打造国家级邮币卡电子盘航母"等内容。该监管机关以涉嫌违反《广告法》立案调查。后经向××局去函核实，该邮票交易公司并未取得××局批准，其官方网站的宣传与实际情况不符。办案机构根据《广告法》的相关规定，对该邮票交易公司处以罚款。

该邮票交易公司对处罚决定不服，向复议机关申请行政复议。复议机关认为，本案涉嫌违法内容系当事人通过自设网站发布，宣传的主要内容是该公司的成立背景、公司优势等，宣传内容发布在公司网站首页"交易中心"板块中，该板块还包含"关于我们""联系我们""人才招聘"等内容。从涉嫌违法内容的宣传方式、刊载位置综合判断，本案当事人在自设网站发布的企业简介应当属于企业对外公开的信息，不属于《广告法》调整范畴。因此，当事人涉嫌违法行为不应依据《广告法》认定处罚。被申请人适用法律错误，复议机关不予支持。

第九条 广告不得有下列情形：（一）使用或者变相使用中华人民共和国的国旗、国歌、国徽，军旗、军歌、军徽；（二）使用或者变相使用国家机关、国家机关工作人员的名义或者形象；（三）使用"国家级"、"最高级"、"最佳"等用语；（四）损害国家的尊严或者利益，泄露国家秘密；（五）妨碍社会安定，损害社会公共利益；（六）危害人身、财产安全，泄露个人隐私；（七）妨碍社会公共秩序或者违背社会良好风尚；（八）含有淫秽、色情、赌博、迷信、恐怖、暴力的内容；（九）含有民族、种族、宗教、性别歧视的内容；（十）妨碍环境、自然资源或者文化遗产保护；（十一）法律、行政法规规定禁止的其他情形。

【法条解析】本条是关于广告内容的一般禁止性规定。商业广告不得使用或者变相使用中华人民共和国的国旗、国歌、国徽，军旗、军歌、军徽。禁止在广告中使用或变相使用我国的国旗、国徽、国歌是为了维护国家主权的神圣性。军旗、军徽和军歌是中国人民解放军的标志，为了维护军队标志的尊严，同时避免误导消费者，法律明确禁止在广告中使用军旗、军徽、军歌。

商业广告不得使用或者变相使用国家机关或者国家机关工作人员的名义或者形象。国家机关是指从事国家管理和行使国家权力的机关，包括国家元首、权力机关、行政机关、司法机关和军事机关。国家机关代表国家从事管理活动，国家机关工作人员具体执行国家管理社会事务的职能，国家机关及其工作人员的公务活动体现的是国家的意志，在社会经济生活中具有重要的影响。以国家机关和国家机关工作人员的名义或者形象做广告或变相做广告，一方面影响国家机关和国家机关工作人员的公正、公平形象；另一方面会对消费者造成重大误解，同时也会对其他企业构成不正当竞争。为了维护国家的尊严，保证国家机关和国家机关工作人员正确行使职权，应当严格禁止使用国家机关和国家机关工作人员的名义或形象进行广告宣传。

商业广告不得使用"国家级""最高级""最佳"等用语。广告是一种商业促销手段，商家总希望通过广告为自己的商品或服务树立"最好"的形象，以此吸引更多的消费者。不同商家的同类商品或服务由于各具特色，很难说谁是最好的，"国家级""最高级""最佳"等用语本身也缺乏明确的标准。如果允许在广告中使用这样的用语，容易对消费者造成误导，同时也可能引起商家之间的不正当竞争。因此，法律明确禁止在广告中使用"国家级""最高级""最佳"等用语。

商业广告不得损害国家的尊严或者利益，泄露国家秘密。尊严对一个国家来说至关重要，每个公民都负有维护国家尊严、爱护国家荣誉的义务，这也是爱国主义的集中体现。国家秘密是关系国家安全和利益，依照法定程序确定，在一定时间内只限一定范围的人员知悉的事项。一切国家机关、武装力量、政党、社会团体、企业事业单位和公民都有保守国家秘密的义务。维护国家的尊严或者利益，保守国家秘密，这是商业广告行为应当坚守的底线。

商业广告不得妨碍社会安定，损害社会公共利益。安定的社会环境是社会进步和经济发展的重要条件。社会公共利益是全体社会成员的共同利益，内容非常广泛，如民族团结、国家统一、国家政治安定等。广告具有巨大的传播效果，虚假广告很有可能成为引发社会纠纷或消费者群体事件的不利因素，成为破坏社会安定的力量。

商业广告不得危害人身、财产安全，泄露个人隐私。保护人民群众的人身、财产安全是我国法律制度的一项重要任务。本条所规定的"危害人身、财产安全，泄露个人隐私"并不是单纯就广告的内容而言的，而是指整个广告活动。要求广告活动主体在广告活动策划、发布等各环节都要注意对人身和财产安全的保护，注意对个人隐私的保护。随着"精准营销"广告模式的兴起，因广告而引发的侵犯个人隐私的案件逐年增多，引发公众的强烈不满。为了保护个人信息权益，规范个人信息处理活动，促进个人信息合理利用，国家还专门制定了《个人信息保护法》。

商业广告不得妨碍社会公共秩序或者违背社会良好风尚。社会公共秩序是指人们在社会公共生活中为维护公共事业和集体利益而必须共同遵守的原则。社会良好风尚是指社会存在和发展所必要的一般道德，或某一特定社会所尊重的伦理要求。在法律上，社会公共秩序和良好风尚通常合称为"公序良俗"。遵守公序良俗，建立良好的社会公共秩序，树立良好的社会风尚，不仅是法律的要求，也是我国社会主义精神文明建设的重要内容。违反公序良俗的广告内容粗俗、格调低下、有伤风化，会对社会造成很大的不良影响。因此，广告中不得含有妨碍社会公共秩序和违背社会良好风尚的内容。

商业广告不得含有淫秽、色情、赌博、迷信、恐怖、暴力的内容。为了保护公众，特别是青少年的身心健康，维护社会公德，建设社会良好风尚，广告中不得含有淫秽、色情、赌博、迷信、恐怖、暴力等内容。

商业广告不得含有民族、种族、宗教、性别歧视的内容。我国是一个统一的多民族国家,维护民族团结是宪法规定的每个公民的义务。作为广告活动的主体,应该自觉履行这一法律义务,广告中不得有不利于民族团结的内容,不得进行民族歧视。我国《宪法》规定,中华人民共和国公民有宗教信仰自由。《宪法》还规定,中华人民共和国妇女在政治、经济、文化、社会和家庭生活等各方面享有同男子平等的权利。因此,广告中不得含有宗教歧视和性别歧视的内容。

商业广告不得妨碍环境、自然资源或者文化遗产保护。环境和自然资源的保护,是我国的重要政策。物质和非物质文化遗产是一国历史与文化传统的反映,对于国人了解自己国家的国情有着不可替代的作用。同时物质和非物质文化遗产均属于不可再生资源,一旦这些遗产消失将会产生不可挽回的后果。为此,广告中不得含有妨碍环境、自然资源或者文化遗产保护的内容。

商业广告不得含有法律、行政法规规定禁止的其他情形。法律、行政法规规定禁止的其他情形,是指除《广告法》以外的其他法律、行政法规规定的情况。

【案例演绎】商业广告不得使用"国家级""最高级""最佳"等用语

2015年11月5日,杭州市西湖区市场监督管理局执法人员接群众举报至杭州市西湖区方林富炒货店进行检查,发现在当事人西侧的墙、柱子、产品展示柜及当事人销售栗子所使用的纸质包装袋上印有"最好""最优""最香""最特色"等宣传用语。杭州市西湖区市场监督管理局认为当事人的广告行为违反了《广告法》第9条第3项"广告不得有下列情形:……(三)使用'国家级'、'最高级'、'最佳'等用语……"的规定。根据《广告法》第57条的规定"有下列行为之一的,由工商行政管理部门责令停止发布广告,对广告主处二十万元以上一百万元以下的罚款,情节严重的,并可以吊销营业执照,由广告审查机关撤销广告审查批准文件、一年内不受理其广告审查申请;对广告经营者、广告发布者,由工商行政管理部门没收广告费用,处二十万元以上一百万元以下的罚款,情节严重的,并可以吊销营业执照、吊销广告发布登记证件:(一)发布有本法第九条、第十条规定的禁止情形的广告的……";另根据《杭州市规范行政处罚自由裁量权的规定》第9条的规定,当事人未曾发生过相同违法行为的情形,且主动中止违法行为,依法从轻处罚,决定对当事人违法行为作如下处理:责令停止发布使用顶级词汇的广告,并处罚款20万元。

第十六条 医疗、药品、医疗器械广告不得含有下列内容:(一)表示功效、安全性的断言或者保证；（二）说明治愈率或者有效率；（三）与其他药品、医疗器械的功效和安全性或者其他医疗机构比较；（四）利用广告代言人作推荐、证明；（五）法律、行政法规规定禁止的其他内容。

药品广告的内容不得与国务院药品监督管理部门批准的说明书不一致，并应当显著标明禁忌、不良反应。处方药广告应当显著标明"本广告仅供医学药学专业人士阅读"，非处方药广告应当显著标明"请按药品说明书或者在药师指导下购买和使用"。

推荐给个人自用的医疗器械的广告，应当显著标明"请仔细阅读产品说明书或者在医务人员的指导下购买和使用"。医疗器械产品注册证明文件中有禁忌内容、注意事项的，广告中应当显著标明"禁忌内容或者注意事项详见说明书"。

【法条解析】本条是关于医疗、药品、医疗器械广告内容准则的规定。医疗服务、药品、医疗器械与人的身体健康和生命安全密切相关，世界各国都将其列入特殊商品和服务类别，并制定严格的广告发布标准，以确保这些商品和服务广告信息的真实、可靠，不对消费者产生误导。

医疗、药品、医疗器械广告不得含有表示功效、安全性的断言或者保证的内容。医疗、药品、医疗器械均具有较强的专业性，对于患者和消费者而言，由于不具有相关的知识和技能，很难准确判断这些商品和服务的真实功效。因此，医疗、药品、医疗器械广告是典型的信息不对称广告，患者和消费者对广告内容的依赖性很强，在治病心切的情况下很容易受宣传功效、安全性断言等广告的误导和影响。

医疗、药品、医疗器械广告不得含有说明治愈率或者有效率的内容。医疗服务、药品、医疗器械的治愈率或者有效率通常是该商品或服务在生产检验或临床试验中取得的数据。这些数据的准确性与样本大小、采集方式等多种因素有密切的关系。无论何种药物和医疗器械，都有特定的适应病症和主治功能，而影响疾病治疗的因素是非常多样化的。由于患者和消费者个体差异的存在，同一种药物、医疗器械或者医疗服务，针对不同的患者和消费者可能会产生不同的效果。不可能存在固定不变的治愈率或者有效率，实验或临床试验中取得的所谓治愈率、有效率也不能随意推广。

医疗、药品、医疗器械广告不得与其他药品、医疗器械的功效和安全性或者其他医疗机构比较。比较广告是一种特殊的广告方式，是采用比较方式进行商品或服务的广告宣传。药品、医疗器械往往是针对某种或某类病情生产的，不同的药品和医疗器械只适用于不同的病症，即使是同类的药品和医疗器械，所适用的情况也是有差异的，所以不同的药品和医疗器械之间往往难以进行比较。如果法律允许在药品、医疗器械和医疗广告中与其他药品、医疗器械的功效和安全性或者其他医疗机构进行比较，很容易产生误导患者或消费者的后果，也容易滋生不正当竞争。因此，国家历来强调医疗、药品、医疗器械广告不得与其他医疗、药品、医疗器械进行比较。

医疗、药品、医疗器械广告不得利用广告代言人的名义或者形象作推荐、证明。医药科研单位、学术机构、医疗机构或者专家、医生，是专门从事医学研究和医疗工作的单位和人员，其名义和形象对患者或者消费者具有较大的影响力和号召力。利用这些人的名义和形象作证明，往往使人产生因为使用了某种药品或者医疗器械而得到康复的形象，具有很大的说服力和诱惑性。因此，利用这些机构和人员的名义和形象进行广告宣传，更容易赢得患者和消费者的信任，更容易产生误导作用。考虑到药品、医疗器械和医疗服务的特殊性及代言人的社会影响力，为保护患者和消费者不受虚假广告误导或欺骗，《广告法》明确规定禁止代言人在医疗、医疗器械和药品广告中进行推荐或证明。

医疗、药品、医疗器械广告不得含有法律、行政法规规定禁止的其他内容。除《广告法》规定的上述禁止情形外，其他法律、行政法规中对药品、医疗器械、医疗广告中禁止含有的内容有规定的，在进行这些商品和服务广告时，也必须严格遵守。

为了保障人民的身体健康和安全，我国自2000年1月1日起，实行处方药和非处方药分类管理制度。处方药必须凭执业医师或执业助理医师的处方才可调配、购买和使用；非处方药不需要凭执业医师或执业助理医师的处方即可自行判断、购买和使用。鉴于药品属于非常特殊的商品，一旦误食误用，其后果将非常严重。因此，《广告法》明确要求药品广告的内容不得与国务院药品监督管理部门批准的说明书不一致，并应当显著标明禁忌、不良反应。处方药广告应当显著标明"本广告仅供医学药学专业人士阅读"，非处方药广告应当显著标明"请按药品说明书或者在药师指导下购买和使用"。

医疗器械是指单独或者组合使用于人体的仪器、设备、器具、材料或者其他物品，包括所需要的软件。医疗器械的使用目的在于对疾病的预防、诊断、治疗、监护、缓解；对损伤或者残疾的诊断、治疗、监护、缓解、补偿；对解剖或者生理过程的研究、替代、调节；妊娠控制。考虑到医疗器械在使用中存在风险，《广告法》特别强调应当在广告中"显著标明"这些忠告语，即推荐给个人自用的医疗器械的广告，应当显著标明"请仔细阅读产品说明书或者在医务人员的指导下购买和使用"。医疗器械产品注册证明文件中有禁忌内容、注意事项的，广告中应当显著标明"禁忌内容或者注意事项详见说明书"。

【案例演绎】 商业广告不得含有虚假或引人误解的内容

某妇产医院有限公司在该公司认证的新浪微博平台上发布"做完线雕15天能有什么样的效果？让我们用事实说话"；"法令纹、肌肤轻度松弛、面颊下垂即视感明显"及患者术前术后照片等广告内容。当事人还委托他人制作4个网站，分别发布4个不孕案例的宣传内容。其中，3组手术前后对比照均来自电脑图库，不是真实的医疗案例。当地市场监管部门责令当事人停止发布违法广告，并处罚款1.3万元。

【案例演绎】 医疗器械的广告应当依法显著标明提示语

某医疗器械有限公司委托某广告设计工作室印制宣传单。当事人在宣传单上宣称："×××鼻炎膏是医学界一致认可修复鼻黏膜的方剂，采用一排毒、二修复、三巩固三步骤治疗法。"宣传单上未标明"请仔细阅读产品说明书或者在医务人员指导下购买和使用"和"禁忌内容或者注意事项详见说明书"等。当地市场监管部门责令当事人停止发布违法广告，并处罚款800元。

第二十八条 广告以虚假或者引人误解的内容欺骗、误导消费者的，构成虚假广告。

广告有下列情形之一的，为虚假广告：

（一）商品或者服务不存在的；

（二）商品的性能、功能、产地、用途、质量、规格、成分、价格、生产者、有效期限、销售状况、曾获荣誉等信息，或者服务的内容、提供者、形式、质量、价格、销售状况、曾获荣誉等信息，以及与商品或者服务有关的允诺等信息与实际情况不符，对购买行为有实质性影响的；

（三）使用虚构、伪造或者无法验证的科研成果、统计资料、调查结果、文摘、引用语等信息作证明材料的；

（四）虚构使用商品或者接受服务的效果的；

（五）以虚假或者引人误解的内容欺骗、误导消费者的其他情形。

【法条解析】 本条是关于虚假广告的规定。虚假广告不仅侵害了消费者的合法权益，损害了其他合法经营者的权益，也扰乱了正常的市场经济秩序。在法律文件中界定虚假广告的含义时，必须能够准确反映虚假广告的核心特征。虚假广告至少具有4种值得关注的特征，即违法性、不实性、误导性和危害性。虚假广告属于违法广告，但并不是所有的违法广告都是虚假广告。某个广告之所以被认定为虚假广告，不仅是因为其具有违法性，还因为其不实性和误导性。虚假广告之所以具有危害性，是因为其内容是虚假的，或者因为这种广告对公众具有"误导性或欺骗性"。凡内容不真实的广告，无论其是否具有误导性或欺骗性，都应认定为虚假广告。同样，凡对公众具有误导或欺骗性的广告，无论其内容是否真实，都应认定为虚假广告。

虚假广告大体上可以分为不实广告和误导广告两大类，每一类中又有多种具体的表现形式。

不实广告，是指以无中生有、编造根本不存在的事实或歪曲、隐瞒事实真相的手法发布的广告。主要特点是：广告行为人主观上具有明显的故意欺骗性，并以牟取非法利益为目的，通过对商品或服务做虚伪不实的宣传，诱使消费者上当受骗，购买其商品或服务。行为手段包括编造、伪造、虚夸、说谎、省略等。实践中，具体有以下几种表现形式：一是宣传的商品或服务根本不存在；二是宣传的商品或服务的信息与实际情况明显不符；三是谎称商品或者服务经审查批准或者认证、获得奖项或者荣誉称号，假冒或虚构知名企业名称、专利、商标、省优、部优标志、原产地等；四是使用虚构、伪造或者无法验证的科研成果、统计资料、调查成果、篡改广告审批内容等；五是虚构广告参与者使用商品或者接受服务的经历，对商品或服务进行宣传；六是宣传的商品功效超出主管部门批准范围；七是非药品、非医疗器械或者非医疗服务广告宣传治疗作用。

误导广告，即引人误解的虚假广告，指对商品或服务的情况做使购买者容易产生错误理解的宣传，诱使购买者对商品或服务产生不切实际的错误理解，从而影响消费者选择的广告。此类广告由于具有严重的误导性，亦属于虚假广告。误导广告宣传的内容也许是真实的，或者部分内容是真实的，但是由于巧妙的措辞、隐瞒的暗示、投机的省略、断章取义的引用以及采用刁钻的表现角度，使宣传内容表达不确切、不明白而藏有陷阱，具有极大的迷惑性和误导性，诱使消费者产生不切实际的期望，并影响其购买决策和其他经济行为。相对于不实广告而言，误导广告的隐蔽性更强。实践中常表现为以下几种形式：一是隐瞒或者混淆商品和服务的重要信息；二是使用明显的歧义性表述，造成消费者错误判断；三是利用科学技术手段、艺术表达方式，误导消费者。

【案例演绎】 某二手车经纪公司发布虚假广告案

某二手车经纪公司为一家从事二手车经纪、经销的公司，有固定业务员30名。为了吸引顾客，该公司每天通过开早会、进行业务培训等形式，要求业务员在汽车网站发布虚假的二手车车源信息，每个业务员每天至少在网上发帖20条至30条，车辆图片主要来源于网络汽车图片及街头汽车照片，车辆上牌年份、里程等信息则随意编造，以明显低于同款二手车的价格吸引各地消费者上门。待外地消费者上门时，又以各种理由如车子已卖、车主不卖、该车是事故车等告知消费者其看中的二手车现已无法交易，之后业务员推荐给消费者其他价高二手车，想方设法让消费者尽快签下合同。发布车辆信息的付费网站账号由当事人开通，当事人负责培训业务员销售技巧。完成车辆交易的，公司和业务员按比例分成。

辖区市场监管局认为，当事人为吸引顾客，要求员工在汽车网站上发布虚假二手车车源信息的行为，属于当事人在汽车网站上发布虚假二手车车源广告的行为。当事人发布的上述广告属于《广告法》第28条第2款第1项所指的虚假广告，其行为违反了《广告法》第4条的规定。根据《广告法》第55条第1款之规定，依法对当事人作出行政处罚。

第四十四条 利用互联网从事广告活动，适用本法的各项规定。

利用互联网发布、发送广告，不得影响用户正常使用网络。在互联网页面以弹出等形式发布的广告，应当显著标明关闭标志，确保一键关闭。

【法条解析】 本条是关于规范互联网广告行为的规定。利用互联网从事广告活动，适用本法的各项规定。互联网广告是指为了直接或间接地介绍商品或者服务等商业目的，通过互联网采用电子数据形式将与商品或者服务有关的信息进行传播的活动。互联网广告作为一种新型的广告形式，其在广告市场中占有的份额越来越大，对公众生活的影响也越来越大。由于互联网发展速度太快，互联网广告的形式也日新月异，法律对互联网广告的规范应当具有弹性，以便协调法律的稳定性与互联网广告的发展。为此，本条第1款对互联网广告作出了原则性规定，即利用互联网从事广告活动，适用本法的各项规定。

利用互联网发布、发送广告，不得影响用户正常使用网络。在互联网页面以弹出等形式发布的广告，应当显著标明关闭标志，确保一键关闭。随着互联网的发展和网络广告竞争的加剧，各种互联网页面广告层出不穷，甚至出现了无法关闭的恶意弹窗广告等形式,强迫用户浏览观看,严重影响了用户对网络的正常使用,侵犯了用户的合法权益。为此本条第 2 款明确规定,利用互联网发布、发送广告,不得影响用户正常使用网络。在互联网页面以弹出等形式发布的广告,应当显著标明关闭标志,确保一键关闭。

为了规范互联网广告,2016 年国家工商行政管理总局出台了《互联网广告管理暂行办法》,作为对《广告法》的重要补充。

【案例演绎】××教育科技公司虚假宣传案

市场监管执法人员接到举报,称××教育科技公司在其微信公众号发布违法内容,涉嫌违反《广告法》等相关法律法规,要求市场监管部门调查处理。市场监管部门立案查实,当事人在微信平台注册开通了名为"××课堂"的微信公众号,主要用于发布与公司相关的教育培训课程、招生活动等内容。执法人员调查发现,当事人微信公众号存在两方面的问题:一是微信公众号"功能介绍"栏中宣传"××课堂,是全国最有影响力、最具权威性的家庭教育平台,致力于打造……"等内容;二是微信公众号推送的"招生信息"中宣传"中国多动症训练领导者,拥有 BFE 唯一认证、资质最权威、设备最先进的多动症训练机构……快来报名吧!"等内容。上述内容涉嫌含有虚假或者引人误解的内容。

2016 年 9 月 1 日起施行的《互联网广告管理暂行办法》第 3 条明确规定,互联网广告是指通过网站、网页、互联网应用程序等互联网媒介,以文字、图片、音频、视频或者其他形式,直接或者间接地推销商品或者服务的商业广告,包括含有链接的文字、图片或视频等形式的广告,电子邮件广告,商业性展示中的广告以及其他通过互联网媒介推销商品或者服务的商业广告。执法机关认为当事人微信公众号中推送给消费者的"招生信息"是商业广告,虚假宣传的行为应适用于《广告法》,并依据《广告法》进行了处罚。

6.1.2 广告监管的执法现状、重点及趋势

(1)广告监管的现状。

广告监管是伴随着广告市场的发展而不断完善的。自 20 世纪 70 年代末广告业恢复发展以来,统计数据显示广告行业一直处于增长状态。2021 年虽受新冠疫情影响,但广告市场仍呈现良好发展势头,全年营业额达 1.1 万亿元,其中,互联网广告已经成为广告市场发展的主导力量。为了适应广告业发展,《广告法》自 2015 年修订实施以来,已经分别于 2018 年、2021 年进行过 2 次修正。2018 年的修正将"新闻出版广电部门"修改为"新闻出版、广播电视主管部

门"，将"工商行政管理部门"修改为"市场监督管理部门"。2021年的修正删去第29条中的"并向县级以上地方市场监督管理部门办理广告发布登记"，删去第55条第3款、第57条、第58条第3款中的"吊销广告发布登记证件"，删去第60条。广告业面临的营商环境得到较大改善。

图6-1　1997—2020年度查处的违法广告案件量趋势

与广告业不断增长的趋势相比，广告监管执法环境和执法效果持续向好。统计数据显示，自1995年《广告法》实施以来，全国查处的虚假违法广告案件整体上呈下降趋势，广告监管执法环境和执法效果持续向好。1997—2020年度查处的违法广告案件量趋势如图6-1所示。

（2）广告监管的重点。

根据近年来数据分析，全国广告执法呈现以下几个方面的特征。

从案件性质上看，在所有违法广告案件中，虚假广告案件占比最高。以2020年的数据为例，全国共查处虚假违法广告案件22 770件，占所有违法广告案件的60%，与2019年相比增长了5个百分点。因此，打击虚假违法广告是广告监管工作的重点。

从案件违法主体角度来看，广告主承担法律责任的案件占比最高。以2020年度数据为例，广告主违法的案件有24 392件，广告主违法案件占比65.07%。但在所有参与广告活动的主体中，广告主是广告监管的主要对象，广告主面临的法律风险也最大。

从媒介构成角度看，互联网是广告监管的重点。互联网广告的违法案件自2018年以来一直占总案件量的半数以上，并呈现逐年递增的趋势。与此对应，电视、户外、报纸等传统媒介违法广告案件呈下降趋势。2009—2020年度网络案件在总案件中的占比如图 6-2 所示。

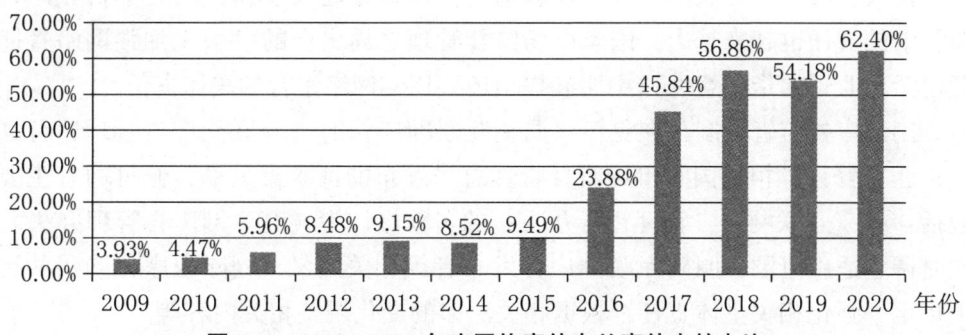

图 6-2 2009—2020 年度网络案件在总案件中的占比

从违法案件的领域来看，近年来食品、房地产和医疗等领域的违法广告案件占比较大，是广告监管的重点领域。以 2020 年度数据为例，案件数量居前 3 位的分别是：食品广告（含保健食品）案件 4317 件，同比 2019 年增长了 2.08%；房地产案件 2574 件，同比 2019 年增长了 22.69%；医疗服务广告案件 2415 件，同比 2019 年也有所增长。统计数据显示，食品领域近年来一直是违法广告案件高发领域，是广告监管的重点领域。但是保健食品领域在持续监管治理下，广告违法案件量呈下降趋势。

就违法广告案件的处罚力度而言，全国违法广告案件罚没款总额自 2019 年开始呈下降趋势，这与持续落实优化营商环境政策有一定关系。以 2020 年度的数据为例，罚没金额在 1 万元以下的案件占总案件量的 73.67%，罚没金额超过 50 万元的案件共有 106 起，仅占总案件量的 0.28%。

（3）广告监管的趋势。

在数字经济的大背景下，广告监管工作的趋势主要体现在以下几个方面：

一是导向监管进一步加强。2016 年 2 月 19 日，习近平总书记在党的新闻舆论工作座谈会上指出，"广告宣传也要讲导向"。2022 年全国市场监管部门广告监管工作会议强调广告监管工作要贯彻落实习近平总书记关于"广告宣传也要讲导向"的重要指示精神，突出"为迎接和开好党的二十大净化市场环境和社会氛围"这一主线，持续强化广告导向监管，着力规范和净化广告市场秩序，着力指导和推动广告产业高质量发展。

二是广告监管模式正在转型。数字经济时代，传统广告监管模式已经不能适应广告监管和广告行业发展的需要，新型的社会共治广告监管模式正在形成。

社会共治的广告监管模式由政府监管、行业自律、平台自治、企业诚信和社会监督构成，其中，互联网平台在广告监管中的作用越发重要，同时平台在广告监管中的责任也越来越大，国家市场监督管理总局出台的《关于加强网络直播营销活动监管的指导意见》中明确提出还要压实网络平台的法律责任。

三是广告监管法制正在更新。调整互联网广告的《互联网广告管理暂行办法》正在修订，根据国家市场监督管理总局发布的征求意见稿，修订内容主要包括：将《互联网广告管理暂行办法》的名称修订为《互联网广告管理办法》，同时调整适用范围，明确互联网广告发布者等相关定义，删除程序化购买的有关规定，强化相关主体责任，根据相关法律的变化调整相关内容等。

四是广告监管的原则也在调整。为了适应数字经济的要求，广告监管中越来越注重包容审慎监管原则、协同监管原则、风险监管原则、智慧监管原则的运用。同时，广告监测手段的重要性正在得到加强。

6.1.3 合规管理要点

（1）商业广告界定。

《广告法》并没有对商业广告作出定义，这导致在广告监管执法中，如何认定商业广告成了一个问题，商业广告含义的不确定性同时也增加了广告活动主体的法律风险。在学理上，通常将商业广告定义为，商品经营者或服务提供者借助一定媒介和形式开展的，以营销商品、服务或商业观念为目的的商业信息传播活动。《广告法》所调整的商业广告应当同时具有以下三个方面的特征。

一是《广告法》调整的商业广告应当具有营销目的性。商业广告的营销对象包括商品、服务和商业观念。这一特征将商业广告与公益广告、新闻报道、招标公告、招商公告、招聘公告、征婚公告、票务信息、股市行情信息、二手房信息等非商业广告信息区别开来。商业广告的"营销目的性"是从广告活动的目的角度进行考察的，获取交易机会是商业言论与其他言论的主要区别。

二是《广告法》调整的商业广告具有媒介性特征。商业广告应当具有营销目的性，但是并非具有营销目的性的活动都是《广告法》调整的商业广告活动，只有利用媒介进行的营销信息传播活动才可能构成《广告法》调整的商业广告。商业广告属于营销信息的传播活动，是一种人与人之间的间接信息交流，信息传播必须借助媒介，没有信息媒介的人与人之间直接交流的促销活动不属于《广告法》调整的商业广告，比如销售人员直接上门推销，商场工作人员现场对商品的推介等。

三是《广告法》调整的商业广告还应当具有权利性特征。实践中，有一些利用媒介进行传播的信息，虽然客观上具有营销目的，但是由于这些信息传播活动属于履行法律义务的范畴，因此会被排除在商业广告之外，不适用《广告法》调整。商业广告属于商业言论，应当属于"法律权利"的范畴，而不是"法律义务"的范畴。如果法律法规要求商家必须向社会公开披露一些与商品或服务有关的信息，则这一要求体现为一种"法律义务"，对这种法律义务的履行，即便客观上具有推销商品或服务的效果，同时采用了媒介形式进行传播，也不应认定为是商业广告行为。比如，商家在互联网上展示商品或服务信息，如果属于"法律、法规或规章规定经营者应当向消费者提供的信息"，则不属于商业广告，但是应当同时符合两个条件：第一，必须依法展示，不得隐瞒或遗漏。第二，必须按照法律要求的方式展示，不得采用欺骗或误导消费者的方式。采用欺骗或误导等虚假方式进行展示的，则构成以广告以外的方式进行的虚假宣传。

（2）广告导向监管。

随着广告活动的日益发展，商业广告的影响已经由商业或经济领域扩展到了社会和文化领域，并对其赖以存在的社会环境带来越来越大的影响，由此，导向监管引起各级广告监管部门的重视，并成为广告监管工作的一项重要内容。商业广告的导向问题就来自其社会功能的发挥。从经济学角度讲，商业广告的导向主要是其外部性的展现。商业广告除了是一种经济活动，还是重要的文化产品，商业广告以一种商业文化状态下的意识形态影响人们的价值观念。广告的导向有正负之分，正导向应该予以鼓励和提倡，负导向则会给社会带来危害，法律应予以防范。实践中，有些负面导向问题的广告是商家故意所为，商家把负面导向作为其广告的创意点，借此达到广告宣传的目的。

与常规广告监管相比，广告导向监管属于一种特别监管。常规监管是对广告本质功能的监管，即对广告内容是否真实、有无虚假误导等方面的监管，而广告导向问题的案件社会影响大，极易引发社会舆论的关注，处理不好会引发严重的后果。

近年来，全国各地广告监管执法部门陆续处理了不少广告导向监管案件，其中有一些还具有典型意义。从这些典型案例中，可以大致归纳出广告导向监管案件的常见类型，至少包括政治敏感类、国家利益类、政府形象类、民族尊严类、社会平等类、公序良俗类、语言规范类、未成年人保护类和其他等多种案件类型。政治敏感类的导向广告通常是指其内容或形式涉及敏感的政治话题、政治人物或政治事件的广告；国家利益类主要是指内容或形式涉及我国国家尊严和利益的广告，包括国家主权、领土、国家机密、国家尊严、国旗、国徽、国歌以及不当使用地图等内容的广告；政府形象类是指利用或变相国家机关或国家机关工作人员的名义或者形象做的广告；民族尊严类是指因伤害民族感情等因素而引发社会关注的商业广告；社会平等类的内容非常广泛，包括职业平等、性别平等、民族平等、种族平等、信仰平等等，其核心是商业广告不得歧视；公序良俗类是社会公共秩序和良好风尚的合称，《广告法》明确禁止商业广告中含有"妨碍社会公共秩序或者违背社会良好风尚"，含有淫秽、色情、赌博、迷信、恐怖、暴力内容的广告大致上都可以归入这一类；语言规范类是指广告因不规范使用语言而给社会带来负面影响的广告；等等。

(3) "三品一械"广告合规要点。

"三品一械"广告是指药品广告、保健食品广告、特殊医学用途配方食品广告和医疗器械广告。这些广告宣传和推销的特殊商品涉及人民生命健康，因此这些广告历来都是广告监管的重点领域。为加强药品、医疗器械、保健食品和特殊医学用途配方食品广告的监督管理，规范广告审查工作，维护广告市场秩序，保护消费者合法权益，2019年国家市场监督管理总局公布了《药品、医疗器械、保健食品、特殊医学用途配方食品广告审查管理暂行办法》，主要内容如下：

未经审查不得发布药品、医疗器械、保健食品和特殊医学用途配方食品广告。药品、医疗器械、保健食品和特殊医学用途配方食品广告应当真实、合法，不得含有虚假或者引人误解的内容。广告主应当对药品、医疗器械、保健食品和特殊医学用途配方食品广告内容的真实性和合法性负责。

药品、医疗器械、保健食品和特殊医学用途配方食品广告不得违反《广告法》的规定，不得包含下列情形：①使用或者变相使用国家机关、国家机关工作人员、军队单位或者军队人员的名义或者形象，或者利用军队装备、设施等从事广告宣传。②使用科研单位、学术机构、行业协会或者专家、学者、医师、药师、临床营养师、患者等的名义或者形象作推荐、证明。③违反科学规律，明示或者暗示可以治疗所有疾病、适应所有症状、适应所有人群，或者正常生活和治疗病症所必需等内容。④引起公众对所处健康状况和所患疾病产生不必要的担忧和恐惧，或者使公众误解不使用该产品会患某种疾病或者加重病情的内容。⑤含有"安全""安全无毒副作用""毒副作用小";明示或者暗示成分为"天然",因而安全性有保证等内容。⑥含有"热销、抢购、试用""家庭必备、免费治疗、免费赠送"等诱导性内容,"评比、排序、推荐、指定、选用、获奖"等综合性评价内容,"无效退款、保险公司保险"等保证性内容,怂恿消费者任意、过量使用药品、保健食品和特殊医学用途配方食品的内容。⑦含有医疗机构的名称、地址、联系方式、诊疗项目、诊疗方法以及有关义诊、医疗咨询电话、开设特约门诊等医疗服务的内容。⑧法律、行政法规规定不得含有的其他内容。

申请药品、医疗器械、保健食品、特殊医学用途配方食品广告审查,应当依法提交《广告审查表》、与发布内容一致的广告样件,以及下列合法有效的材料:①申请人的主体资格相关材料,或者合法有效的登记文件;②产品注册证明文件或者备案凭证、注册或者备案的产品标签和说明书,以及生产许可文件;③广告中涉及的知识产权相关有效证明材料。

申请人有下列情形的,不得继续发布审查批准的广告,并应当主动申请注销药品、医疗器械、保健食品和特殊医学用途配方食品广告批准文号:①主体资格证照被吊销、撤销、注销的;②产品注册证明文件、备案凭证或者生产许可文件被撤销、注销的;③法律、行政法规规定应当注销的其他情形。广告审查机关发现申请人有前款情形的,应当依法注销其药品、医疗器械、保健食品和特殊医学用途配方食品广告批准文号。

下列药品、医疗器械、保健食品和特殊医学用途配方食品不得发布广告:①麻醉药品、精神药品、医疗用毒性药品、放射性药品、药品类易制毒化学品,以及戒毒治疗的药品、医疗器械;②军队特需药品、军队医疗机构配制的制剂;③医疗机构配制的制剂;④依法停止或者禁止生产、销售或者使用的药品、医疗器械、保健食品和特殊医学用途配方食品;⑤法律、行政法规禁止发布广告的情形。

(4)教育培训广告合规要点。

2021年,为深入贯彻党的十九大和十九届五中全会精神,切实提升学校育人水平,持续规范校外培训,有效减轻义务教育阶段学生过重作业负担和校外培训负担,中共中央办公厅、国务院办公厅印发了《关于进一步减轻义务教育阶段学生作业负担和校外培训负担的意见》,并要求各地区各部门结合实际认真贯彻落实。该意见要求市场监管部门要做好非学科类培训机构登记工作和校外培训机构收费、广告、反垄断等方面的监管工作，加大执法检查力度，会同教育部门依法依规严肃查处违法违规培训行为。

为贯彻落实中共中央办公厅、国务院办公厅印发的《关于进一步减轻义务教育阶段学生作业负担和校外培训负担的意见》，指导各地做好校外培训广告管控工作，国家市场监督管理总局等部门联合发布了《关于做好校外培训广告管控的通知》，主要内容包括：

一是组织清理整治。要求严格落实有关政策文件要求，不区分学科类、非学科类，要确保做到主流媒体及其新媒体、网络平台以及公共场所、居民区等线上线下空间不刊登、不播发面向中小学（含幼儿园）的校外培训广告。要集中时间、集中力量对主流媒体及其新媒体、网络平台以及公共场所、居民区等线上线下空间校外培训广告开展全面排查，清理存量、杜绝增量。同时组织传播平台自查和加大监管力度。

二是加强日常管控。强化广告管控与校外培训机构审批管理的协同，强化广告管控与媒体管理的协同，强化国有企业等单位所属广告牌和广告位的管控。将校外培训广告管控纳入报纸、期刊、广播、电视等传统媒体行业管理重点内容，对于违反政策代理、制作、刊登、播发校外培训广告的传统媒体单位，要依法依规追究单位及有关人员责任。要将校外培训广告管控纳入互联网信息管理的重点内容，对于违反政策代理、制作、刊登、播发校外培训广告的电商平台和其他互联网企业，要坚决依法处置。

三是健全管控机制，强化跨部门协同监管。要充分发挥"双减"工作专门协调机制作用，做好校外培训广告管控工作。宣传、网信、广电、新闻出版等部门要加强对广播电视、报纸、期刊和网络平台的管理，确保各类线上线下传播平台落实好政策要求。市场监管部门会同教育等有关部门强化对校外培训广告监管，加强广告执法，严厉打击相关虚假违法广告。教育部门、民政部门按照职责分工，依法做好校外培训机构的年审年检工作，对经市场监管等有关部门确认并移交的校外培训机构违法违规发布校外培训广告的情形，依法在年检、评估、信用信息管理等工作中作出相应处理。国有资产管理部门要督促、指导国有企业落实政策要求，加强对所属广告位、广告牌的管理。城市管理部门要做好对城市公共场所广告位、广告牌设施设置的管理工作。市场监管部门要会同城市管理部门加强对校园周边等重点区域的排查，依法制止随意散发校外培训宣传品的行为，保持校园周边环境干净有序。

6.2 广告合规良好实践

6.2.1 平台治理体系

互联网广告平台相较于传统广告媒介，用户量巨大，广告内容通常为海量级别，必须依靠完善的平台治理体系才能保障广告平台的合规工作有效开展。良好的平台治理体系不仅有利于保障广告受众的合法权益，还能支持平台自身的广告业务得到良性发展。

本部分主要选取较为典型的互联网广告平台，A 平台在搜索广告领域，以及 B 平台、C 平台在新兴直播广告、短视频广告领域的合规实践，为大家介绍如何建立较为完善的平台治理体系。

（1）规章制度。

互联网广告合规应制定规范的合规文件、政策、指引，以便合规工作有章可循，引领企业的合规工作有序开展。A 平台针对广告合规工作制定了如下内部规章。

①广告提交指引文件包括以下内容。一是广告准入标准，写明不同行业应具备法律要求的资质、条件，如普通化妆品生产厂家应具备化妆品生产许可证等。二是禁入标准，写明不允许广告推广的行业和事项，如枪支弹药、毒品、烟草等。三是物料标准，写明广告物料不得使用或不得出现的内容，以及针对不同行业的禁止性内容，如证券投资类的广告不得在物料中出现收益、效果等保证性承诺。此外，根据合规难度以及监管要求，可以针对部分行业制定单独的合规文件，指引公司的审查人员，如房地产广告审查指南、金融类广告审查指南等。

②广告审查人员培训制度文件。A 平台专门针对审查人员的合规培训制定文件，规定审查部门必须定期接受法务部门、外部专家的合规培训。合规培训实行学分制和能力评级制，审查人员取得一定的培训学分方可上岗，并根据学习情况被授予初级、中级、高级认证资格。

③广告违规处罚政策。A 平台针对发布的违法违规互联网广告，建立规范的惩戒机制。一方面，针对广告主，对发布违法违规广告的广告主采取降低信用分值、拒绝广告发布等措施，其中低信用分值会导致其广告的展现受到限制；另一方面，公司内部的广告营销部门或员工对违法违规广告的发布具有过错的，

将在绩效和业绩上给予相应的处罚。

④广告合作商违规处罚政策。互联网企业的广告业务可能来源于自营，也可能来源于广告代理合作伙伴（广告合作商）。鉴于此，A 平台制定专门的合作商违规处罚政策，对合作商审核不严或有意放任而导致产生违规广告的，将采取扣除利润返点、收取违约金、拒绝合作等措施，引导合作伙伴引入合法合规的广告主及广告内容。

（2）组织机构。

广告合规应当建立专门的组织机构，建议可通过分级分类，协同推进广告合规。以 A 平台为例，A 平台建立了三级合规组织：第一级为广告运营部门，负责对广告运营人员做好合规要点的培训，制定便于操作的合规指引手册，方便其把控明显的违规内容。第二级为专门的风控审核部门，负责专业把控、审核广告资质、广告物料，负责制定合规政策及相关规章制度，以及应对用户投诉、舆情、危机事件等。第三级为业务监察部门和法律部门，业务监察部门负责独立监督企业的风控政策、风控程序等机制，评估风控机制的有效性，并提出建议。法律部门主要作为风控审核、业务监察部门的咨询部门，负责提供法律合规意见。

（3）风险识别。

互联网企业面临海量的广告信息，同时也拥有较强的技术能力。互联网企业应当将广告风险识别融入产品研发及 IT 系统的搭建中，确保及时发现海量广告信息中的风险内容并采取相应措施。

风险识别方面，A 平台首先建立了机器过滤系统，增强机器对赌博、色情、反动等内容的识别能力，可高效过滤前述明显不良信息，使广告用户无法提交明显违规的内容。其次建立机器巡查系统，对已经上线的广告内容进行巡察，避免漏网之鱼或防止合规广告内容被擅自变更为不良广告内容。再次，公司风控部门也开发了专门的风控管理系统，可对不良广告内容及时进行下线或替换，同时可以便捷地接受并评估来自外部第三方、内部员工以及机器推送的投诉、风险内容。不仅如此，公司的 AI 机器自动化审核系统还可每日审核广告信息约 70 亿条，过滤违禁词 157 万条次，日均驳回或下线处理广告 133 万条，推送人工审核日均 139 万条。最后公司在广告产品研发、产品功能设计等环节，引入风控部门和法律部门的评估，避免广告产品及其功能发生违规现象，例如，提前做好广告算法合规，防止向未成年人推送不适宜的广告内容等。

（4）培训及认证。

互联网企业应建立规范的广告合规培训制度，提升合规人员的能力水平。A平台的培训特点主要体现在如下方面：

①培训人员宽覆盖。包括广告业务运营人员、风控审核团队、法律团队、合作伙伴风控团队。②培训方式分级化、场景多元化。对业务运营人员的培训可侧重于常见的合规风险内容，对风控审核、业务监察及法律团队应做全面合规培训。场景可采取线下线上相结合的方式。③培训时间周期化。可以按季度制订培训计划，培训人员每一年度至少应接受一次培训。④设定考核指标。可设置考核标准、方式以及合规能力专业等级认证，将考核结果、认证等级与员工的绩效和所能胜任的职位挂钩。

（5）合规审查。

互联网企业应对制定的有关广告的准入政策、审核政策、销售政策、违规处罚政策、广告合同、用户协议等文件定期进行审查及更新，避免因未能适应新的监管、合规要求而引发风险。

A平台根据前述文件的使用频次和重要程度按照季度或年度进行审查和更新，并根据最新的法律法规和监管要求对相关文件进行全面审查，对不符合规定和监管要求的内容予以及时修订。相关文件的审查均应至少经过广告业务运营部门、风控部门和法律部门的评估，对于涉及用户利益的公开文件，还应征求用户意见并吸收进合规文件。对于重要广告制度文件，或者基于重大监管执法事件需要调整广告制度文件的，引入外部专家进行评估审查。

（6）合规文化、合规报告、第三方合规监督。

合规文化能够反映企业的合规意识、合规水平。规范的培训制度、定期发布合规报告、自觉接受第三方监督等均为良好合规文化的体现。

A平台将合规文化作为企业文化建设的重要内容，定期向管理层及业务部门进行广告合规培训，重点强调红线意识、底线意识，确保广告业务不出现重大风险问题。要求广告业务部门开展广告活动、开发设计广告产品前必须经过风控及法律部门的评估，做好事前防控工作。同时，风控审核、业务监察和法律部门具备独立的风险控制职能，不受业务的影响，做好事中和事后的控制工作。

为更有效地治理违规广告信息，公司发起成立"全民参与、全民监督"的监督自律委员会，通过引入外部社会力量共同治理的形式，对网民举报的不良广告信息进行高优处置，并针对发现的严重问题进行专项治理。公司还会定期发布安全治理月/年报，向社会公开合规工作及成果，提升公司及全体员工的合规意识及合规自觉性。

（7）激励及惩戒。

激励及惩戒是引导、规范广告合规的重要手段和措施。A 平台的激励惩戒措施分为外部措施和内部措施两部分。

外部措施即指 A 平台对合规优质的广告主给予优先展示广告的待遇，对于违规的广告主降低其广告展现机会，对于严重违规的广告主采取拒绝发布其广告的措施。同时，公司严格按照广告合作商的违规处罚政策，要求广告合作商做好合规工作，对于违规行为次数、程度较多、较重的或整体合规工作较差的合作商，直接降低其合作待遇。此外，对于合规工作优秀的广告合作商，公司给予其额外的优惠激励。

内部措施即指 A 平台对内部员工、部门的广告合规工作进行考评并采取奖惩措施。对于合规工作优秀的个人和部门，公司给予个人或部门的负责人相应的奖金奖励，且合规工作将被纳入个人或负责人晋升考核项目。对于广告违规有过错的个人和部门，公司根据情况降低其绩效和晋升评分。

通过内部、外部两方面的奖惩措施，A 平台有效引导了广告参与各方的合规积极性。

6.2.2 合规审查

广告业务是互联网公司的重要收入来源之一。随着《广告法》《互联网广告管理暂行办法》的颁布、实施、修订，国家在立法层面上对广告行为的规制更加清晰、明确，监管日趋严格，因此，做好互联网广告的合规风控工作至关重要。

根据《广告法》第 34 条、《互联网广告管理暂行办法》第 12 条的规定，互联网广告发布者、广告经营者应当建立、健全广告业务的承接登记、审核、档案管理制度，审核查验并登记广告主的名称、地址和有效联系方式等主体身份信息，互联网广告发布者、广告经营者应当查验有关证明文件，核对广告内容，对内容不符或者证明文件不全的广告，不得设计、制作、代理、发布。

（1）广告主推广准入资质审核。

A 平台针对广告客户准入、广告主资质、广告物料审核设置并公布审核标准，如《信息准入通用标准》、广告主资质审核标准等。

①A平台《信息准入通用标准》。

一是信息准入通用规则。

注册信息填写：网站名称、公司名称、url地址，且必须填写完整；网站url地址：网页可以正常打开且不得存在病毒或木马；资质主体名称、注册信息公司名称、注册信息网站名称，网站内公司名称需保持一致。

二是网站页面审核通用标准。

完整网站应包括：公司名称，公司、产品简介及详细联系方式；网站各页面应建设完整，子页面可以正常访问，无死链情况；网站经营内容应与营业执照经营范围有相关性；客户网站（包括注册信息网站和物料推广页面）不得存在非法信息以及非法恶意代码跳转网站信息；所有推广客户需出示主体资质文件证明；涉及法律法规要求的资质管控行业客户还需出示经营资质类目文件证明。

三是A平台营销全行业客户准入。

为避免出现假冒广告主身份的情况，所有推广客户的真实性验证方式必须为通过银行转账方式进行对公账户验证；所有推广客户的ICP备案主体必须与营业执照主体名称保持一致。

②广告主资质审核标准。

广告主资质的审核主要包括：营业执照；法定代表人身份证复印件；《增值电信业务经营许可证》或ICP备案截图；广告产品所属行业的特殊资质；行政机关对广告内容的审查表（如医疗器械广告审查表）。上述资质审核要求因不同广告发布者的要求不同而有所差别。

一是行业经营资质审核。

行业经营资质是指依据法律法规，广告主在宣传推广特定行业商品、服务之前应当具备的经营资质许可。

为了维护市场经济秩序，促进公平竞争，保护消费者和经营者的合法权益，任何单位或个人不得违反法律法规从事无证经营。自然人、法人或者其他组织都有投放广告的权利，其内容应当在广告主经营范围或者相关行政主管部门许可范围内。对于特定的广告内容需要另行获得行政审批的行业，还应当事先获得相关主管机关的批准。

二是广告投放资质。

证明广告主有权投放某个或某类广告所需要的资质。针对特定行业，比如医疗、药品、保健食品等需要先审后投的行业，广告主需要先确定广告内容，后向监管机关提交广告发布申请，监管机关审批同意后，广告主才能发布广告。

互联网广告平台可针对不同行业类别设置投放资质审核标准，在行业类别下细分设置相应资质审核标准，比如食品行业资质下，细分为饮料食品、散装食品、初级农产品、酒、宠物食品，分别设定需要具备的投放资质。

（2）广告素材审核规范。

广告素材审核是所有合规工作中最为重要，也是难度最高的工作。首先，广告素材在实践中可能会存在复杂的表现形态；其次，部分广告素材的合法性在理解上因人而异，这些都给具体审核工作带来巨大挑战。此外，广告相关的法律法规政策在审核方面的要求也极其复杂，对广告审核人员提出极高的要求。

①广告素材审核总则。

广告素材审核规范总则是所有类型的广告均应遵循的基本原则，具体包含以下方面内容。

一是《广告法》禁止的下列情形：

a. 使用或者变相使用中华人民共和国的国旗、国歌、国徽、军旗、军歌、军徽；

b. 使用或者变相使用国家机关、国家机关工作人员的名义或者形象；

c. 使用"国家级""最高级""最佳"等用语；

d. 损害国家的尊严或者利益，泄露国家秘密；

e. 妨碍社会安定，损害社会公共利益；

f. 危害人身、财产安全，泄露个人隐私；

g. 妨碍社会公共秩序或者违背社会良好风尚；

h. 含有淫秽、色情、赌博、迷信、恐怖、暴力的内容；

i. 含有民族、种族、宗教、性别歧视的内容；

j. 妨碍环境、自然资源或者文化遗产保护；

k. 法律、行政法规规定禁止的其他情形。

二是广告不得含有虚假或引人误解的内容，不得欺骗、误导消费者。

三是广告内容不得贬低其他生产经营者的商品或者服务。

四是广告语言文字使用应规范化、标准化，保证广告语言文字表述清晰、准确、完整，避免误导消费者。

五是广告中不得含有"特供""专供"国家机关等内容。

②针对行业类别建立审核负面清单。

针对不同的行业类别，审核会有不同的侧重点。例如，国家针对关乎国计民生的行业开展的广告业务，具有更高的监管要求。下面以教育培训、医疗、"三品一械"（即药品、保健食品、特殊医学用途配方食品、医疗器械，以下简称"三品一械"）广告活动为例，介绍这些行业广告审核的负面清单。

一是教育培训广告审核负面清单。

a. 严格落实有关政策文件要求，主流媒体及其新媒体、网络平台以及公共场所、居民区等线上线下空间不刊登、不播发面向中小学（含幼儿园）的学科类、非学科类校外培训广告。

b. 不得在中小学校、幼儿园内开展教育培训广告活动，不得利用中小学生和幼儿的教材、教辅材料、练习册、文具等发布或者变相发布商业广告。

c. 不得误导公众教育观念，制造家长焦虑。

d. 不得发布学前教育阶段的线上（学科类和非学科类）培训广告和线下学科类（含外语）培训广告。如以学前班、幼小衔接班、思维训练班等名义进行宣传。

e. 禁止在广告中以虚构原价、虚假折扣等方式进行宣传。如"原价××，立即购买享超值折扣""1元课""1折享"等。

f. 大众传播媒介不得以新闻报道、软文等形式变相发布校外培训广告。

g. 严禁对升学、通过考试、获得学位学历或者合格证书，或者对教育、培训的效果作出明示或者暗示的保证性承诺的广告内容。如"包过""不过退款"等。

h. 不得明示或者暗示有相关考试机构或者其工作人员、考试命题人员参与教育、培训。如"某老师为中考命题组成员"。

i. 不得利用科研单位、学术机构、教育机构、行业协会、专业人士、受益者的名义或者形象作推荐、证明。如"2020秋季期末考试光荣榜……刘×钰，××学校，九年级，数学，数学单科班级第一"。

j. 教育培训广告不得在广告中虚构教师资质、夸大培训效果、夸大机构实力、编造用户评价等。

二是医疗广告审核负面清单。

a. 医疗广告不得含有虚假或者引人误解的内容，不得欺骗、误导消费者。

b. 医疗广告不得违背医学伦理规范。禁止发布含有"非医学需要的胎儿性别鉴定""非医学需要的选择性别人工终止妊娠""代孕""人体器官交易"等内容。

c. 非医疗机构不得发布医疗广告，医疗机构不得以内部科室名义发布医疗广告。

d. 禁止变相发布医疗广告。禁止利用新闻报道形式、医疗资讯服务类专题节（栏）目和介绍健康、养生知识等形式变相发布医疗广告。禁止在介绍健康、养生知识等栏目（节目）中，出现相关医疗机构人物的电话号码、电子信箱、网址、二维码、互联网即时通讯工具等信息。

e. 不得在医疗广告中谎称取得专利权。禁止在医疗广告中使用未授予专利权的专利申请和已经终止、撤销、无效的专利。

f. 医疗广告不得宣传未经卫生健康行政部门审批、备案的诊疗科目和服务项目等内容。

g. 不得在医疗广告中宣传用于戒毒治疗的药品、医疗器械和治疗方法。

h. 医疗广告不得宣传表示功效、安全性的断言或者保证。如含有"安全""安全无副作用""副作用小"等字样。

i. 医疗广告不得出现宣传治愈率、有效率等保证诊疗效果的用语。如"三天病痛消失""彻底治愈""无效退款、保险公司保险"，以及治疗前后对比图等。

j. 医疗广告不得含有"免费治疗、免费赠送"等诱导性内容，如"来我院可免费治疗男科疾病"等。

k. 医疗广告不得含有"评比、排序、推荐、指定、选用、获奖"等综合性评价内容，如"指定妇科医院""医学研究协会推荐机构"等。

l. 医疗广告不得涉及医疗技术、诊疗方法、疾病名称、药物，如"血堵融通术""白癜风""阿司匹林"等。

m. 医疗广告不得违背社会良好风尚，含有淫秽、迷信、荒诞和诱发焦虑等内容。

n. 医疗广告不得使用中国人民解放军和中国人民武装警察部队的名义。

o. 医疗机构应当规范使用识别名称和通用名称，不得发布含有下列名称的医疗广告：有损于国家、社会或者公共利益的名称；侵犯他人利益的名称；以外文字母、汉语拼音组成的名称；以医疗仪器、药品、医用产品命名的名称。含有"疑难病""专治""专家""名医"或者同类含义文字的名称以及其他宣传或者暗示诊疗效果的名称；超出登记的诊疗科目范围的名称；省级以上卫生计生行政部门规定不得使用的名称。

p. 未经国家卫生计生委和国家中医药管理局核准，医疗机构名称不得含有外国国家（地区）名称及其简称、国际组织名称和"中国""全国""中华""国家"等字样以及跨省地域名称；各级地方人民政府设置的医疗机构的识别名称中不得省略行政区划名称。

q. 未经省级以上卫生计生行政部门核准，不得以"中心"作为医疗机构通用名称进行宣传。

三是"三品一械"广告审核负面清单。

a. "三品一械"广告不得违背社会良好风尚，不得制造"健康焦虑"，引起公众对所处健康状况和所患疾病产生不必要的担忧和恐惧，或者使公众误解不使用该产品会患某种疾病或者加重病情的内容。

b. "三品一械"广告不得含有虚假或者引人误解的内容，不得欺骗、误导消费者。

c. "三品一械"广告不得使用科研单位、学术机构、行业协会或者专家、学者、医师、药师、临床营养师、患者等的名义或者形象作推荐、证明。如以患者名义发布就诊经历；医师、药师作为主播以自己的名义、形象通过直播、短视频销售"三品一械"产品。

d. "三品一械"广告将未依法取得医师执业资格或医疗教育、科研相关职称的人宣称为"医生""医学专家"等医学专业人士的，足以误导消费者认为其属于医生等专业人士的，应认定为虚假广告。

e. "三品一械"广告不得违反科学规律，明示或者暗示可以治疗所有疾病、适应所有症状、适应所有人群，或者正常生活和治疗病症所必需等内容。违规描述如"包治百病，老少皆宜"等。

f. "三品一械"广告不得含有"安全""安全无毒副作用""毒副作用小"等字样；明示或者暗示成分为"天然"，因而安全性有保证等内容，如"所有成分均为天然药材，安全有保障无毒副作用"。

g. "三品一械"广告不得含有"热销、抢购、试用""家庭必备、免费治疗、免费赠送"等诱导性内容，"评比、排序、推荐、指定、选用、获奖"等综合性评价内容，"无效退款、保险公司保险"等保证性内容，怂恿消费者任意、过量使用药品、保健食品和特殊医学用途配方食品的内容，如"家庭居家旅游必备良药，多年热销，限时免费"等。

h. "三品一械"广告不得宣传治愈率、有效率等诊疗效果。如"三天病痛消失"、治疗前后对比图等。

i. "三品一械"广告不得与其他药品、医疗器械、保健食品、特殊医学用途配方食品进行比较，如通过贬低其他药品的疗效，突出推广其所宣传药品的疗效。

j. 电影、电视剧剧场或者节（栏）目不得以治疗皮肤病、癫痫、痔疮、脚气、妇科、生殖泌尿系统等疾病的药品作冠名。

(3) 解析审核中的高频拒绝理由。

有时，广告主因受限于缺少广告法律专业人员指导或自身缺乏广告相关法律专业知识，而无法准确识别自身广告物料的违规点。为有效提升广告审核效率、提升客户广告物料审核通过率、降低广告物料违规风险，A 平台基于广告审核中的高频拒绝理由，制定并公示了《高频拒绝理由解析》，通过图文方式直观清晰地罗列各类广告素材被平台审核拒绝通过的理由、负面审核案例与正面审核案例的对比，同时还给出具体的调整建议。例如：

①内容可能涉及含有等级夸张性描述、绝对化用语。

解析：广告中不得含有绝对化用语，夸大产品功效、收益的描述。常见情形为使用"最好""第一""首选"等内容。

调整建议：避免使用"国家级""最高级""最佳"等最高级绝对化用语，可改为"优质""精良""出色"等描述。

②虚构产品功效、夸大收益。

解析：广告中禁止含有保证性承诺的内容，包括但不限于：对安全性、功能的断言或保证；对未来收益或相应情况作出保证性承诺；明示或暗示保证无风险或者保收益；出现虚假夸大、效果保证、超出适用范围描述等违规内容。

调整建议：删除相关保证性的承诺用语。

③普通食品广告与保健食品、药品相混淆，宣传其保健、治疗功效。

解析：推广内容不得夸大食品的功效，不得明示或暗示不符合客观事实的内容，食品不能含有治疗、治病、保健相关功效。违规案例常见于茶饮。

调整建议：删除与功效无关的表述。

④品牌名与公司名称或产品品牌不一致。

解析：若物料品牌名称与公司名称、产品名称、推广业务相关性差，需修改品牌名称。

调整建议：修改品牌名称，使品牌名称与公司名称、推广业务保持相关性。

6.2.3 第三方合规管理

（1）第三方合作准入标准。

①具有独立法人资格，可提供有效期内的营业执照，目前为开业或存续状态，经营范围需包含与本次合作相关的服务内容（例如，包括但不限于广告发布、广告代理等与合作内容相关的范围）。

②如第三方的决策层、股东、重大利益相关方或者最终受益人是公司前员工或现任员工或有其他利益，应当提前进行书面报备。

③如第三方在之前的对外合作中出现过重大违规行为或重大法律纠纷或监管处罚，应当提前进行书面报备。

④第三方不得以他人名义申请合作，不得伪造、变造企业证件等虚假材料，不得以其他方式弄虚作假。

⑤第三方应当具备良好的资金状况、公司具有一定规模（包括员工不少于特定数量等），设置有专门的风控部门或法务部门。

⑥第三方应保证具有平台服务能力、技术稳定性，具备为最终客户提供 A 平台服务/产品的能力。

（2）第三方应当以签署协议的方式确认并遵守如下内容。

①为最终客户提供与合作有关的详细介绍以及相关培训服务，并根据最终客户需求为其提供合理的产品/服务购买方案。例如，若合作涉及为最终客户开具平台所需的账号用户名和密码的，第三方需向客户提供该账号用户名及密码，并予以保密。又如，若受最终客户委托为其运营账号，应当保障运营过程中所有操作合法合规；合作终止后归还最终客户账号密码并进行合作费用清算。

②必须与最终客户单独签署相关书面合作合同，收取纸质资质并妥善保管 3 年以上，如因司法/监管部门等需要，第三方应当及时提供相应材料。第三方应当在与最终客户签署的书面合作合同中明确 A 平台的合作要求、规则等。

③向 A 平台提供最终客户接受产品/服务所需的资质、合作资料等，把控资质及资料的合法合规性，避免其违反法律法规及相关规则。如前述资质/资料发生变更，第三方应立即告知 A 平台并向 A 平台提供变更后的有效资质及资料。

④第三方须保证向 A 平台支付的所有款项来源合法。

⑤第三方如发展下一级合作伙伴，应当提前获得 A 平台的书面确认，并按照 A 平台的要求及相关政策严格规范其自有员工及下一级合作伙伴。

⑥为了维护市场公平竞争、诚信经营，如第三方出现下述行为，A 平台会及时进行限制：

一是违反国家相关法律法规的经营行为，包括但不限于无相关经营资质提供特殊行业服务/产品，提供法律法规禁止的服务/产品等。

二是提交虚假信息或订单，包括但不限于：以虚假的最终客户信息签订订单或教唆最终客户提供虚假信息；在已知最终客户提供虚假信息的情况下未明确制止；参与、唆使、隐瞒最终客户提交造假信息，以达到通过资质审核或牟取个人利益的目的（虚假内容包括但不限于地址、电话、联系人、网站、邮箱、收款金额、身份证信息、营业执照、企业资质或证明等）。

三是通过行贿/受贿不正当手段进行交易，包括但不限于：以任何理由向合作方/客户的工作人员或亲属索要、接受或赠送礼金、有价证券、贵重物品和回扣、好处费、感谢费；以任何理由为合作方/客户员工或亲属报销应由其个人支付的费用；接受或暗示为合作方/客户员工或亲属的公司或个人装修住房、婚丧嫁娶、配偶子女的工作安排以及出国（境）、旅游等提供方便等。

四是欺诈/侵吞财产等不正当利益交换，包括但不限于：欺诈或骗取客户钱财或礼品，私自兑换领取客户积分礼品或私吞客户礼品等，私自接收客户/合作方财物，主动向合作方/客户索取财物。

五是盗用或泄露最终客户信息/资质，包括但不限于：盗用最终客户信息/资质，私自在与本次合作业务无关的其他场合使用；擅自将最终客户的个人身份证或资质证明借给他人进行网站备案或开户。窃取、买卖用户信息，包括但不限于通过窃取或者其他方法非法获取用户个人信息或者买卖用户个人信息等。

六是破坏健康平台或行业公平竞争秩序，包括但不限于：恶意诋毁、恶意低价虚假投标、违反诚实守信的商业道德，通过短缺数量、以假充真、以次充好等欺诈手段变相提高价格等。

七是进行低价倾销等不正当竞争或垄断，包括但不限于通过直接降价、提前给予折扣/后续给予返现等形式低于市场成本价进行销售等。

八是用欺诈、诱骗等方法与最终客户签署协议，包括但不限于：以伪造或编造的虚假授权作担保的；没有实际履行能力，以先履行小额合同或者部分履行合同的方法，诱骗对方当事人继续签订和履行合同的；提供虚假报价或折扣的等。

九是出现重大投诉/举报/监管处罚等，包括但不限于发布违法广告、买卖账户、无正当理由拒不退款等。

十是未经允许进入最终客户的平台账号或篡改最终客户合作资料、内容等。

十一是第三方应当对履行本次合作中接触到的商业秘密、技术信息严格保密，非经 A 平台同意和履行之需不得泄露。

十二是第三方应当在 A 平台授权范围内使用 A 平台商标、LOGO 标识等，未经 A 平台事先书面同意，不得以任何形式使用或授权他人使用 A 平台商标、LOGO 标识等，但为表明第三方的合作身份而对相关商标进行描述性、非突出使用、非作为商标使用的情形除外。第三方对外宣传及合作范围不应超过与 A 平台协议中约定的合作范围，不得进行超授权服务，包括在给最终客户服务过程中，就 A 平台原本提供的产品功能及范围进行擅自承诺、虚假夸大。

6.2.4 A 平台广告投诉处理机制

A 平台为广告用户搭建了多渠道的投诉通道，客服接到投诉后，首先应对投诉进行分类，再按照不同类型投诉所对应的方案进行处理，最后将处理结果反馈给企业内部与外部，形成有效闭环。

（1）投诉通道。

A 平台广告投诉通道包括网上投诉、电话投诉、信函投诉和现场投诉。网上投诉不仅设立统一的投诉处理入口和平台，还在每个广告下端设立关闭、投诉按钮。针对老年人、未成年人等特殊人群，A 平台为其开设独立渠道，以实现一键接入、预约服务等便捷操作。当用户投诉外溢于公司下属服务团队的其他渠道，如市场监管部门、消费者权益保护组织等，公司将积极与相关部门建立绿色通道，快速接收和处理问题。

（2）受理与投诉分类。

A 平台建立了合理高效的广告投诉处理流程。接到投诉后，先对投诉进行风险定级，不同级别的投诉事项设定不同的响应时间。按照严重程度分类，包括一般类型投诉和高危类型投诉：一般类型投诉是指用户就某一产品或服务问题向企业反映，用户投诉处置人可以按照内部正常的处理流程进行处理，并在规定的时限内回复和处理的投诉。高危类型投诉是指对可能严重危害到企业利益、群众生命财产安全，或可能产生重大社会影响的投诉。例如，中央级媒体曝光事件、政府等有关部门关注的特殊事件、两个以上省份集中突发的批量投诉等。投诉处置人遇到高危类型投诉后，第一时间将信息上报，制订预处理方案及紧急应答口径，制订投诉处理方案，通过有效方式防止事态进一步扩大。

（3）投诉处置。

A平台为广告投诉处理设立严格时限：收到平台网络投诉与电子邮件投诉的，首次应答时间应在24小时内；收到纸质信函投诉的，应在15个工作日内回复用户。对投诉处置人的接诉要求包含以下内容：应耐心处理用户问题，安抚用户情绪，使用户感受到被认可，并使其能够获取帮助；应详细与用户沟通，仔细了解用户需求，细心搜集线索；应及时向用户反馈问题解决情况，在可明确反馈时间的情况下，及时告知用户反馈时间，在不可明确反馈时间的情况下，应及时向用户反馈进展或告知进度查询方式及投诉处置人联系方式，便于用户快速联系到投诉处置人。

A平台赋予一线投诉处置人较大的信息查询权限。投诉处置人可查询的信息包括但不限于用户/商户基本信息、交互信息、过往投诉历史以及企业产品与政策等信息，以确保投诉处置人在与用户沟通过程中，能迅速掌握一手信息，以便快速判断、决策问题。

对于平台难以直接处理的疑难纠纷，借助社会力量来解决。比如，A平台已成立A平台人民调解委员会，并邀请行业协会、消费者权益保护组织、公益基金会等专业人士担任人民调解员。在医疗广告保障方面，A平台与中华医疗纠纷人民调解委员会展开合作，以中华医疗纠纷人民调解委员会为核心建立专家团队。用户在登录A平台账号后，点击医疗广告，如遭遇医疗纠纷、受到损害，可向A平台提供相关证据，申请保障，A平台和中华医疗纠纷人民调解委员会可通过线上线下联合的方式帮助用户维权。

（4）结果应用与改进创新。

A平台将广告投诉处理情况运用于企业内部以下事项：通过用户投诉来收集、整理、分析广告产品中存在的问题，并将其应用于产品的升级迭代与服务的改进提升；基于用户投诉处理情况优化广告风控策略，并可根据平台与代理商/经销商、广告主的合同条款等相关规定，对责任方作出约束，从而提升合作伙伴质量。此外，A平台在企业外部开展了以下应用：将构成刑事案件的投诉线索报送执法机关，并协助执法机关打击不良广告主；定期与同类企业交流经验，形成行业联盟，共同管理和保障用户权益，促进互联网行业生态建设。

6.2.5 网络直播营销广告宣传管理规则

网络直播营销广告宣传管理方面，为维护 B 平台小店的正常运营秩序，保障 B 平台小店用户的合法权益，B 平台制定了《小店规则总则》《店铺命名规则》《带货达人宣传规范》。上述规定主要针对 B 平台小店带货达人进行网络直播营销广告宣传的行为，适用于 B 平台小店的带货达人在通过 B 平台以直播、短视频、图文等方式对商品/服务进行营销过程中的相关行为管理。

（1）网络直播账号宣传规范。

①主播设置账号的昵称、头像、简介、背景图片、直播间标题、封面、直播间布景、道具、商品展示、在直播间的着装和行为举止、语言表达等信息时应遵守国家法律法规和相关发布要求，不得包含涉嫌侵犯他人权利、有违公序良俗或干扰平台运营秩序等相关信息。

②旗舰店需是自有品牌或由商标权利人提供独占授权的品牌入驻开设店铺。

③专卖店需持有非自有品牌授权文件（非独占）开设店铺。

④专营店需在同一经营大类下入驻经营两个及以上品牌开设店铺。

（2）网络直播商品宣传规范。

①主播对商品或服务的描述，应确保与商品信息要素（包括但不限于标题、图片、属性、详情页描述、品类、材质、工艺等）相一致。宣传内容须真实、专业、准确、清晰、完整，杜绝凭空捏造和虚构夸大，禁止一切形式的虚假宣传行为。推广的商品须在宣传内容中真实出现，且与实际商品一致；不得以拍 A 发 B 等形式进行推广，或为违规商户提供便利条件。

②宣传商品涉及专利、特许经营、进口商品及其他特定的需要资质证明的信息时，在商品详情页中须有相关证照信息予以证明，包括专利号、专利种类、注册备案、授权认证、报关单、入境检验检疫证明等。同时须确保以上证照信息的真实性，并在直播间/短视频中清晰展示，包括引用的数据、统计资料、调查结果等，应当准确、客观、出处明晰。

③不得利用虚假的或者使人误解的标价形式或价格手段，欺骗、诱导用户下单，主要包括以下四点。

一是不得虚构原价、划线价和折扣；

二是不得夸大商品价格或价值，需清晰说明价格附加条件或计算口径，明

确商品数量、规格等信息,且以不扰乱市场价格进行定价,避免误导用户;

三是涉及和第三方平台或线下卖场比较商品价格的,需清晰展示、说明交易票据等证明信息;

四是应如实说明赠送的商品价值(价格),不得以赠品实际价值远高于所售商品本身价值的形式售卖商品。

④应主动披露商品瑕疵,完整展示商品/服务的体验与观感。不得利用打光、拍摄角度、滤镜、部分遮盖等手段干扰用户判断。

(3) 网络直播主播宣传规范。

①不得通过虚假承诺福利、虚假抽奖、虚假赠品等方式吸引人气、吸引用户关注但不予兑现。如宣传"全场一分钱",但实际活动仅面向新用户。

②发起抽奖或赠品活动的,应当对奖品或赠品的品种、规格、数量、服务项目、中奖概率等要素进行清晰、如实的描述,不得出现误导用户的信息。如奖品或赠品为临近保质期的商品,需明确展示或说明奖品或赠品的到期日期。

③开展有奖销售等抽奖活动时,单场直播向同一个用户发放奖品价值(含使用权)不得超过5万元。奖品含使用权的,须清晰说明可允许的使用时长及特定时限内的市场价值。

④应按照与合作商户的约定,对商品或服务进行推广,包括商品信息、价格、活动、售后服务、发货、库存等。不得作出与合作商户相悖的承诺导致商户无法履约。

⑤禁止推广可能损害用户经济利益的投资理财类商品/服务,包括但不限于推荐个股、基金、彩票、博彩以及其他非法或存在风险、争议的内容。

⑥禁止不满16周岁的未成年人推广商品、参与营销,或存在不满10周岁的未成年人构成广告代言人的情形。

⑦禁止以垃圾或低质内容进行推广,包括但不限于直播回放直播历史和循环音视频、直播黑屏、长时间无真人出镜或缺乏有效互动(如睡觉)、站内外多开账号直播、重复发布相似音视频、多账号配合发布重复/相似视频等情形。

⑧不得组织"水军"刷单、刷榜或以榜一、评论等形式从事违规行为,包括但不限于诱导用户私下交易、虚假宣传、违规导流等。

⑨不得发布涉及募捐、疑似传销(如发展下线)等具有较高欺诈风险的营销信息。

⑩禁止以任何形式诱导、胁迫用户好评(如好评返现等),不得虚构交易

或编造用户评价等可能引人误导的方式欺骗用户。

6.2.6 短视频推广营销广告管理规则

在短视频营销推广的管理规制方面，C 平台采取内容和广告的双层管控机制，即内容管控为基石，当广告主以短视频方式发布广告的，则升级适用广告管控机制。在短视频内容方面，C 平台鼓励积极、健康、符合社会主义核心价值观的原创内容，限制违法违规营销内容，并通过 App"创作者服务中心"、《社区自律公约》《服务协议》等规制条款约束内容创作者的非法及不当营销行为。如果广告主以短视频方式发布广告，C 平台以事前审查、事中巡查、事后复查的广告行为全链路配备风控团队及审核规则。

从 C 平台公示的短视频广告业务规制体系来看，广告审核是其核心。C 平台的广告审核包含三个板块，分别为通用规则、行业规则以及要点解读。具体而言，C 平台广告审核的通用规则分为三个方面：法律法规要求、平台要求，以及用户体验相关要求。广告法律法规体系已于前文介绍，此处不再赘述。在法律法规基础上，C 平台提出以下要求：

（1）广告中不得对推广产品/服务的效果作出明示或暗示的保证性承诺。

①广告中不得利用受益者的名义或者形象作推荐、证明；

②广告中不得利用科研单位、学术机构、教育机构、行业协会、专业人士的名义或者形象作推荐、证明；

③广告中不得涉及使用产品前后效果对比。

（2）广告内容需前后保持一致。

①广告实际投放内容与开户报备内容需保持一致；

②广告推广内容与营业执照经营范围需保持一致；

③广告推广内容与商标证核定使用范围需保持一致；

④广告中的产品信息前后表述需保持一致；

⑤广告中推广的活动内容需与活动规则保持一致；

⑥广告中公众号主体信息与广告主或被代投方需保持一致；

⑦广告中店铺主体信息与广告主或被代投方需保持一致。

（3）广告内容需完整、清晰。

①广告中需详细展示和说明所推广的产品或服务；

②广告中内容需与推广产品/服务有明显关联；

③广告来源名称需包含广告主公司名称或者品牌名称中具有代表性的核心词汇；

④广告落地页需体现广告主公司名称，并在显著位置体现推广品牌信息，若涉及代投，需体现被代投方公司名称。

(4) 平台其他要求。

①广告中不得涉及使用或模仿平台相关官方名义的相关内容；

②广告中不得利用平台建站工具进行在线售卖；

③广告中不得涉及个人社交账号及群聊号；

④广告素材中涉及赠品，赠品价值及资质需合规。

另外，为提升用户体验，平台还完善了用户体验相关要求：

(1) 广告中素材内容需可正常展示。

①素材不得出现模糊、变形、遮挡、黑屏、雪花、卡顿、不适配、无效水印等影响用户观看的情形；

②视频素材不得出现无声音或背景音过于嘈杂等影响用户观看的情形。

(2) 广告中素材内容不得影响用户感官体验。

①标题不得展示个人手机号、官方电话等联系方式；

②图片、视频展示的联系方式不得影响视觉效果；

③素材不得出现大篇幅使用第三方产品/应用界面的情形；

④素材不得涉及低美观度的情形，如颜色刺眼、文字杂乱等；

⑤不得出现影响用户感官体验的伤口、肌肤病症等画面，如大面积头皮屑/疤痕、密集痘痘、分泌物等；

⑥不得涉及两性相关器官及生殖细胞的 3D 模拟图/解剖图/漫画，如肾、乳房、卵巢、子宫、生殖器、肛门、精子、卵子等；

⑦不得涉及引人不适的动物素材，如密集的蟑螂、老鼠、蜘蛛、蛇等；

⑧不得涉及怪异举动，如吃异物、丝袜中装入儿童等；

⑨不得涉及引人不适遐想类的文案，如螨虫在痘痘里繁衍、螨虫啃食皮肤等。

(3) 广告中素材内容不得影响用户的情感体验。

①广告中不得出现投放时间/活动已过时效，导致用户无法通过广告参与相关活动的情形；

②广告中不得出现电商落地页显示商品已下架，导致用户无法通过该落地

页购买相关商品的情形；

③试玩类广告不得出现素材无交互的情形。

鉴于广告主涉及行业类型众多，且各类型广告合规侧重点有所不同，C平台在公示通用规则的同时，列明行业规则，并辅以要点解读对相关规则进行说明。如，C平台根据广告主经营行业类型划分出小说、社交、教育、招商加盟、通信、工具软件、游戏、汽车、房地产、家居建材、化妆品、金融、食品饮料/酒、服装配饰、商务服务、普通行业推广、文化艺术收藏品、电商、心理咨询&情感咨询、物理视力矫正、生活美容、农药/兽药/宠物医院/动物诊疗、医疗机构、保健食品、特殊医学用途配方食品、OTC药品、医疗器械等行业类目，还针对每个行业类目制定了对应的广告主资质规则和素材审核规则，并通过平台官方网站公示所有规则内容，以便广告主提前学习、自我约束。

第7章

数据合规

7.1 数据合规依据和要点

7.1.1 法律法规一览表及重点法条解析

在《网络安全法》《数据安全法》《个人信息保护法》框架下，数据合规成为企业合规管理的关键领域。然而，作为企业合规管理关注度较高的领域，学界、企业、律师事务所等各方主体对数据合规内涵和外延的界定并非完全一致。由于我国立法对个人信息保护进行了专门规定，本书将个人信息保护合规作为独立的章节，此处的数据合规不包括个人信息保护合规。具体而言，数据合规包含以下四个方面。

一是数据所在的网络的安全。《数据安全法》规定，利用互联网等信息网络开展数据处理活动，应当在网络安全等级保护制度的基础上，履行数据安全保护义务。数据安全并非平地起高楼，而是需要建构在网络安全的基础之上。因此，数据合规的第一层含义是防范对网络的攻击、侵入、干扰、破坏和非法使用以及意外事故，使网络处于稳定可靠运行的状态，进而从网络安全的角度确保数据处于有效保护的状态。

二是数据自身的安全。在保障数据所在网络安全的前提下，同时要避免数据自身遭受攻击，防止数据遭受泄露、窃取、篡改、未经授权的访问，保障网络数据的完整性、保密性、可用性的能力，从数据自身安全的角度确保数据处于被有效保护的状态。

三是对数据的具体处理行为符合法律法规规定。数据处理行为包括对数据的收集、存储、使用、加工、传输、提供、公开等，《数据安全法》等对以上行为进行了较为明确和具体的规定，数据处理者应当合法合规处理数据，避免出现过度采集、数据滥用等违法违规行为。数据的具体处理行为合规与数据自身的安全在主体及主观状态方面存在区别：从主体上看，数据处理行为是否合规的主体仅指数据处理者，数据自身是否安全涉及的主体可能是数据处理者，也可能是第三人，如对数据未经授权的访问；从主观状态上看，数据处理不合规行为可以是数据处理者故意为之，而数据自身未达到安全的状态一般由数据处理者的过失造成，有时甚至是无过失。

四是数据交易管理制度。数字经济下，数据被赋予生产要素的时代使命。数据要素在数据确权、数据定价等开发利用、释放价值过程中，需要满足数据交易监管要求。《数据安全法》对数据交易的规定较为粗略，直接相关的条款仅有两条，尚未覆盖产权、质量、运营、收益等数据交易管理制度的基本内容。这是由数据交易尚处于探索阶段的背景决定的，随着数据交易中介、数据交易所等的兴起和发展，对数据交易的规定将会得到逐步确定和完善。

7.1.1.1 法律法规一览表

从部门法上看，数据合规的法律法规既包括行政法，也包括刑法；从法效力上看，数据合规的法律体系既包括法律，也包括行政法规、部门规章、部门规范性文件，及司法解释；从立法流程上看，数据合规的法律法规既包括已生效实施的，也包括正处在立法过程中的。法律法规是企业开展数据合规体系建设的重要合规依据，企业应根据相关法律法规，搭建完善的数据合规专项体系，识别其数据合规义务，预防和化解数据合规风险。法律法规之外，标准通过进一步细化技术要求、明确行为规范，为各方具体开展数据合规工作提供参考和支撑。将数据合规领域的法律法规、标准按文件名称、效力级别、发布主体、实施年份等维度进行梳理，形成数据合规法律法规一览表，如表7-1所示。

表7-1 数据合规相关法律法规及技术标准一览表

序号	名称	效力级别	发布主体	实施年份	备注
1	《网络安全法》	法律	全国人大常委会	2017年	
2	《网络安全等级保护条例（征求意见稿）》	部门规章	公安部	未生效	
3	《贯彻落实网络安全等级保护制度和关键信息基础设施安全保护制度的指导意见》	部门规范性文件	公安部	2020年	

续表

序号	名称	效力级别	发布主体	实施年份	备注
4	《信息安全技术 网络安全等级保护基本要求》（GB/T 22239—2019）	国家推荐性标准	国家市场监督管理总局、国家标准化管理委员会	2019 年	
5	《信息安全技术 网络安全等级保护安全设计技术要求》（GB/T 25070—2019）	国家推荐性标准	国家市场监督管理总局、国家标准化管理委员会	2019 年	
6	《信息安全技术 网络安全等级保护测评要求》（GB/T 28448—2019）	国家推荐性标准	国家市场监督管理总局、国家标准化管理委员会	2019 年	
7	《信息安全技术 网络安全等级保护实施指南》（GB/T 25058—2019）	国家推荐性标准	国家市场监督管理总局、国家标准化管理委员会	2020 年	
8	《信息安全技术 网络安全等级保护定级指南》（GB/T 22240—2020）	国家推荐性标准	国家市场监督管理总局、国家标准化管理委员会	2020 年	
9	《数据安全法》	法律	全国人大常委会	2021 年	
10	《网络数据安全管理条例（征求意见稿）》	行政法规	国家互联网信息办公室	未生效	
11	《数据出境安全评估办法（征求意见稿）》	部门规章	国家互联网信息办公室	未生效	
12	《信息安全技术 重要数据识别指南（征求意见稿）》	国家推荐性标准	全国信息安全标准化技术委员会	未生效	
13	《信息安全技术 网络数据处理安全规范（征求意见稿）》	国家推荐性标准	国家市场监督管理总局、国家标准化管理委员会	未生效	
13	《信息安全技术 网络数据处理安全要求》（GB/T 41479—2022）	国家推荐性标准	国家市场监督管理总局、国家标准化管理委员会	2022 年	
14	《网络安全标准实践指南——网络数据分类分级指引》	—	全国信息安全标准化技术委员会	2021 年	
15	《网络安全审查办法》	部门规章	国家互联网信息办公室等13部委	2022 年	

续表

序号	名称	效力级别	发布主体	实施年份	备注
16	《刑法》	法律	全国人民代表大会	1980 年	《刑法修正案（十一）》实施于2021年
17	《关于办理非法利用信息网络、帮助信息网络犯罪活动等刑事案件适用法律若干问题的解释》	司法解释	最高人民法院、最高人民检察院	2019 年	

7.1.1.2 重点法条及解析

（1）《网络安全法》。

《网络安全法》经历了较长的立法历程，从草案发布到正式出台，共经历了三次审议，两次公开征求意见和修改。虽然《网络安全法》对网络安全的定义包含"保障网络数据的完整性、保密性、可用性的能力"，且数据处理情况是网络定级的因素之一，但其相关条款并未将数据作为独立的保护对象进行规制。具体而言，《网络安全法》中，与数据合规相关的条款可分为两大类：一类是通过系统/网络安全间接保护数据，另一类是在网络安全等级保护制度下和关键信息基础设施保护中规定数据。

对于通过系统/网络安全间接保护数据的规定，即网络安全等级保护制度中非直接指向数据的规定，[1]在性质上属于传统的网络安全领域，企业内部一般由信息安全部门而非合规部门负责，故此处不作详细分析。而对于网络安全等级保护制度、关键信息性基础设施保护中指向数据的规定，则属于此处重点梳理分析的对象，具体如下。

①网络安全等级保护制度中与数据合规直接相关的规定。

第二十一条 国家实行网络安全等级保护制度。网络运营者应当按照网络安全等级保护制度的要求，履行下列安全保护义务，保障网络免受干扰、破坏或者未经授权的访问，防止网络数据泄露或者被窃取、篡改：

（一）制定内部安全管理制度和操作规程，确定网络安全负责人，落实网络安全保护责任；

---

[1] 如采取防范计算机病毒和网络攻击、网络侵入等危害网络安全行为的技术措施。

（二）采取防范计算机病毒和网络攻击、网络侵入等危害网络安全行为的技术措施；

（三）采取监测、记录网络运行状态、网络安全事件的技术措施，并按照规定留存相关的网络日志不少于六个月；

（四）采取数据分类、重要数据备份和加密等措施；

（五）法律、行政法规规定的其他义务。

【法条解析】此条规定了网络安全等级保护制度，以基本法的形式将网络安全等级保护制度提升至法律规定。早在1994年，我国就已经通过《计算机信息系统安全保护条例》，确立了适用于计算机信息系统的安全等级保护制度。此后，经过多年发展，我国形成了以《信息系统安全等级保护管理办法》为核心的规范体系，这一规范体系常常被称作"等保1.0"体系。此条将网络安全等级保护制度的适用对象从"信息系统安全"拓展至"网络安全"，由此标志着我国网络安全等级保护制度进入"等保2.0"时代。"等保2.0"不仅进一步明确定级、备案、安全建设、等级测评、监督检查等"等保1.0"时代的规定动作，同时将安全检测、通报预警、案件调查、数据保护、风险评估等措施纳入等级保护制度并加以实施。为配合《网络安全法》网络安全等级保护制度的生效实施，相关法规、文件及标准陆续出台，从而建立起较为完善系统的网络安全等级保护制度。

具体而言，此条中与数据合规直接相关的是第4项，即网络运营者应当采取数据分类、重要数据备份和加密等措施。

可以看出，《网络安全法》在网络安全等级保护制度中对数据的直接规定较为粗略，因而有必要进一步梳理《网络安全法》配套法规及标准，以全面确定企业数据合规管理要点。

法规方面：2018年6月，公安部会同中央网信办、国家保密局、国家密码管理局等部门，联合起草、发布了《网络安全等级保护条例（征求意见稿）》，适用于在我国境内建设、运营、维护、使用网络，开展网络安全等级保护及监管。《网络安全等级保护条例（征求意见稿）》与数据合规直接相关的条款有两条，分别是第20条第6款和第31条。其中，第20条第6款与《网络安全法》完全一致，故不再赘述。第31条包含两款，第1款重点规定了重要数据和个人信息，但多为原则性条款，对企业行为规范具有较强指引作用的是在《网络安全法》备案基础上提出"异地备份恢复"；第2款为禁止性规范，企业在处理数据过程中不得实施过度收集、非法使用等不合规行为，严格遵守"四不得"。

标准方面：法律法规之外，"网络安全等级保护制度"的落地也依赖于国家标准对基本要求、定级、设计、测评、实施等环节的具体要求和实践指导。国家市场监督管理总局、中国国家标准化管理委员会在2019年、2020年陆续发布了《信息安全技术　网络安全等级保护基本要求》（GB/T 22239—2019）、《信息安全技术　网络安全等级保护安全设计技术要求》（GB/T 25070—2019）、《信息安全技术　网络安全等级保护测评要求》（GB/T 28448—2019）、《信息安全技术　网络安全等级保护实施指南》（GB/T 25058—2019）、《信息安全技术　网络安全等级保护定级指南》（GB/T 22240—2020）等国家推荐性标准。

其中，《信息安全技术　网络安全等级保护测评要求》（GB/T 28448—2019）规定了不同等级保护对象的安全测评通用要求和安全测评扩展要求，测评对象包括机房、业务应用软件、主机操作系统、数据库管理系统、网络互联设备、安全设备、人员、管理文档等，测评方法包括访谈、核查、测试三种。《信息安全技术　网络安全等级保护实施指南》（GB/T 25058—2019）规定了等级保护对象实施网络安全等级保护工作的过程，其基本流程包括等级保护对象定级与备案、总体安全规划、安全设计与实施、安全运行与维护、定级对象终止四个阶段。《信息安全技术　网络安全等级保护定级指南》（GB/T 22240—2020）规定了非涉及国家秘密的等级保护对象的安全保护等级定级方法和定级流程，包括确定定级对象、初步确定等级、专家评审、主管部门核准、备案审核。以上三个标准或是对要求的落实和测评，或是流程性指南，较少涉及对数据的直接规定，故此处不再系统梳理分析，而仅分析其他两个标准。

《信息安全技术　网络安全等级保护基本要求》（GB/T 22239—2019）规定了第一级到第四级的安全通用要求和安全扩展要求，安全通用要求针对共性化保护需求提出，等级保护对象无论以何种形式出现，应根据安全保护等级实现相应级别的安全通用要求；安全扩展要求针对个性化保护需求提出，需要根据安全保护等级和使用的特定技术或特定的应用场景选择性实现安全扩展要求，标准对云计算、移动互联、物联网、工业控制系统提出了安全扩展要求。具体而言，安全要求从物理环境、通信网络、区域边界、计算环境、管理中心、管理制度、管理机构、管理人员、建设管理、运维管理等方面提出。其直接与数据相关的要求详见表7-2。

表 7-2 《信息安全技术 网络安全等级保护基本要求》
（GB/T 22239—2019）直接与数据相关的要求

		一级	二级	三级	四级
通用	通信网络	通信传输：应采用校验技术保证通信过程中数据的完整性	同一级	通信传输：在一、二级的基础之上，还应采用密码技术保证通信过程中数据的完整性；应采用密码技术保证通信过程中数据的保密性	通信传输：在三级的基础之上，应在通信前基于密码技术对通信的双方进行验证或认证；应基于硬件密码模块对重要数据过程进行密码运算和密钥管理
通用	区域边界	无	访问控制：应能根据会话状态信息为进出数据流提供明确的允许/拒绝访问的能力	访问控制：在二级的基础之上，应对进出网络的数据流实现基于应用协议和应用内容的访问控制	访问控制：在二级的基础之上，应在网络边界通过通信协议转换或通信协议隔离等方式进行数据交换
通用	计算环境	数据完整性：应采用校验技术保证重要数据在传输过程中的完整性。数据备份恢复：应提供重要数据的本地数据备份与恢复功能	数据完整性：同一级。数据备份恢复：在一级的基础之上，应提供异地数据备份功能，利用通信网络将重要数据定时批量传送至备用场地。剩余信息保护：应保证鉴别信息所在的存储空间被释放或重新分配前得到完全清除。个人信息保护：应仅采集和保存业务必需的用户个人信息；应禁止未授权访问和非法使用用户个人信息	数据完整性：在一、二级的基础上，还应采用密码技术保证重要数据在传输过程中的完整性；应采用校验技术或密码技术保证重要数据在存储过程中的完整性。重要数据包括但不限于鉴别数据、重要业务数据、重要审计数据、重要配置数据、重要视频数据和重要个人信息等。数据保密性：应采用密码技术保证重要数据在传输	数据完整性：在三级的基础之上，在可能涉及法律责任认定的应用中，应采用密码技术提供数据原发证据和数据接收证据，实现数据原发行为的抗抵赖和数据接收行为的抗抵赖。数据保密性：同三级。数据备份恢复：在三级的基础之上，应建立异地灾难备份中心，提供业务应用的实时切换。剩余信息保护：同三级。个人信息保护：同三级

续表

		一级	二级	三级	四级
通用	计算环境			过程中的保密性；应采用密码技术保证重要数据在存储过程中的保密性。重要数据包括但不限于鉴别数据、重要业务数据和重要个人信息等。 数据备份恢复：在二级的基础上，应提供异地实时数据备份功能，利用通信网络将重要数据实时备份至备份场地；应提供重要数据处理系统的热冗余，保证系统的高可用性。 剩余信息保护：在二级的基础上，应保证存有敏感信息的存储空间被释放或重新分配前得到完全清除。 个人信息保护：同二级	
	管理人员	无	无	外部人员访问管理：获得系统访问授权的外部人员应签署保密协议，不得进行非授权操作，不得复制和泄露任何敏感信息	外部人员访问管理：在三级的基础之上，对关键区域和关键系统不允许外部人员访问

第7章 数据合规

续表

		一级	二级	三级	四级
通用	运维管理	无	无	设备维护管理：信息处理设备应经过审批才能带离机房或办公地点，含有存储介质的设备带出工作环境时其中重要数据应加密；含有存储介质的设备在报废或重用前，应进行完全清除或者被安全覆盖，保证该设备上的敏感数据和授权软件无法被恢复重用。备份和恢复管理：应根据数据的重要性和数据对系统运行的影响，制定数据的备份策略和恢复策略、备份程序和恢复程序等	设备维护管理：同三级。备份和恢复管理：同三级
云计算	安全计算环境	数据完整性和保密性：应确保云服务客户数据、用户个人信息等存储于中国境内，如需出境应遵循国家相关规定	数据完整性和保密性：在一级基础上，应确保只有在云服务客户授权下，云服务商或第三方才具有云服务客户数据的管理权限；应确保虚拟机迁移过程中重要数据的完整性，并在检测到完整性受到破坏时采取必要的措施	数据完整性和保密性：在二级的基础之上，应使用校验码或密码技术确保虚拟机迁移过程中重要数据的完整性，并在检测到完整性受到破坏时采取必要的恢复措施；应支持云服务客户部署密钥管理解决方案，保证云服务客户	数据完整性和保密性：同三级。数据备份恢复：同三级。剩余信息保护：同三级

· 332 ·

续表

		一级	二级	三级	四级
云计算	安全计算环境		数据备份恢复：云服务客户应在本地保存业务数据的备份；应提供查询云服务客户数据及备份存储位置的能力。剩余信息保护：应保证虚拟机所使用的内存和存储空间回收时得到完全清除；云服务客户删除业务应用数据时，云计算平台应将云存储中所有副本删除	自行实现数据的加解密过程。数据备份恢复：在二级的基础之上，云服务商的云存储服务应保证云服务客户数据存在若干可用的副本，各副本之间的内容应保持一致；应为云服务客户将业务系统及数据迁移到其他云计算平台和本地系统提供技术手段，并协助完成迁移过程。剩余信息保护：同二级	
	通信网络		无		网络架构：应提供通信协议转换或通信协议隔离等的数据交换方式，保证云服务客户可以根据业务需求自主选择边界数据交换方式
	建设管理	无	选择云服务商时，应在服务水平协议中规定服务合约到期时，完整提供云服务客户数据，并承诺相关数据在云计算平台上清除	应在二级的基础之上与云服务商签订保密协议，要求其不得泄露云服务客户数据	同三级

续表

		一级	二级	三级	四级
移动互联		无			
物联网	计算环境	无	无	网络节点设备安全：应具备过滤非法节点和伪造节点所发送的数据的能力。抗数据重放：应能够鉴别数据的新鲜性，避免历史数据的重放攻击；应能够鉴别历史数据的非法修改，避免数据的修改重放攻击。数据融合处理：应对来自传感网的数据进行数据融合处理，使不同种类的数据可以在同一个平台被使用	网络节点设备安全：同三级。抗数据重放：同三级。数据融合处理：在三级的基础之上，应对不同数据之间的依赖关系和制约关系等进行智能处理，如一类数据达到某个门限时可以影响对另一类数据采集终端的管理指令
工业控制系统	通用网络	无	网络架构：涉及实时控制和数据传输的工业控制系统，应使用独立的网络设备组网，在物理层面上实现与其他数据网及外部公共信息网的安全隔离。通信传输：在工业控制系统内使用广域网控制指令或相关数据交换的应采用加密认证技术手段实现身份认证、访问控制和数据加密传输	网络架构：同二级。通信传输：同二级	网络架构：同一、二级。通信传输：同一、二级

《信息安全技术　网络安全等级保护安全设计技术要求》（GB/T 25070—2019）规定了第一级到第四级安全技术方案的设计和实施。标准从计算环境、区域边界、通信网络、管理中心等方面，针对共性安全保护目标提出通用的安全设计技术要求，针对云计算、移动互联、物联网、工业控制系统等新技术、新领域应用的特殊安全保护目标提出特殊的安全设计技术要求。与《信息安全技术　网络安全等级保护基本要求》（GB/T 22239—2019）不同的是，本标准以计算环境等四个系统构成要素为引领，每个要素下分为针对所有对象的通用要求和针对特定对象的扩展要求，并明确各个要求下不同级别网络的技术措施。《信息安全技术　网络安全等级保护基本要求》（GB/T 22239—2019）则以保护对象为引领，在每个保护对象下细分计算环境等四个系统构成要素，进而明确各个要求下不同级别网络的技术措施。可以看到，虽然两个标准的思路不同，但"殊途同归"，保护对象、构成要素等一致，各个要求项之间应具体对应关系。本标准直接与数据相关的要求详见表7-3。

表7-3　《信息安全技术　网络安全等级保护安全设计技术要求》（GB/T 25070—2019）直接与数据相关的要求

		一级	二级	三级	四级
计算环境	通用	用户数据完整性保护：可采用常规校验机制，检验存储的用户数据的完整性，以发现其完整性是否被破坏	在一级的基础之上，还应当——用户数据保密性保护：可采用密码等技术支持的保密性保护机制，对在安全计算环境中存储和处理的用户数据进行保密性保护	用户数据完整性保护：应采用密码等技术支持的完整性校验机制，检验存储和处理的用户数据的完整性，以发现其完整性是否被破坏，且在其受到破坏时能对重要数据进行恢复。用户数据保密性保护：应采用密码等技术支持的保密性保护机制，对在安全计算环境中存储和处理的用户数据进行保密性保护	同三级

续表

		一级	二级	三级	四级
计算环境	云	无	数据备份与恢复：应采取冗余架构或分布式架构设计；应支持数据多副本存储方式；应支持通用接口确保云租户可以将业务系统及数据迁移到其他云计算平台和本地系统，保证可移植性	在二级的基础之上，还应当——数据保密性保护：应提供重要业务数据加密服务，加密密钥由租户自行管理；应提供加密服务，保证虚拟机在迁移过程中重要数据的保密性	在三级的基础之上，还应当——建立异地灾难备份中心，提供业务应用的实地切换
	移动互联	无	数据保密性保护：应采取加密、混淆等措施，对移动应用程序进行保密性保护，防止被反编译	在二级的基础之上，还应当——实现对扩展存储设备的加密功能，确保数据存储的安全	同三级
	物联网	无			
	工业控制系统	无	现场设备数据保密性保护：可采用密码技术支持的保密性机制或采用物理保护机制，对现场设备层设备及连接到现场控制层的现场总线设备内存储的有保密需要的数据、程序、配置信息等进行保密性保护	在二级的基础之上，还应当——现场设备数据完整性保护：应采用密码技术或应采用物理保护机制保证现场控制层设备和现场设备层设备之间通信会话完整性	同三级

续表

		一级	二级	三级	四级
区域边界	通用 云 移动互联 物联网			无	
	工业控制系统	无	无	工控通信协议数据过滤：对通过安全区域边界的工控通信协议，应能识别其所承载的数据是否会对工控系统造成攻击或破坏，应控制通信流量、帧数量频度、变量的读取频度稳定且在正常范围内，保护控制器的工作节奏，识别和过滤写变量参数超出正常范围的数据，该控制过滤处理组件可配置在区域边界的网络设备上，也可配置在本安全区域内的工控通信协议的端点设备上或唯一的通信链路设备上。 工控通信协议信息泄露防护：应防止暴露本区域工控通信协议端点设备的用户名和登录密码，采用过滤变换技术隐藏用户名和登录密码等关键信息，将该端点设备单独分区过滤及其他具有相应防护功能的一种或一种以上组合机制进行防护	同三级

续表

		一级	二级	三级	四级
通信网络	通用	通信网络数据传输完整性保护：可采用由密码等技术支持的完整性校验机制，以实现通信网络数据传输完整性保护	在一级的基础之上，还应当——通信网络数据传输保密性保护：可采用密码等技术支持的保密性保护机制，以实现通信网络数据传输保密性保护	在二级的基础之上，还应当——在发现完整性被破坏时进行恢复	同三级
	云	无	通信网络数据传输保密性：可支持云租户远程通信数据保密性保护	在二级的基础之上，还应当——对网络策略控制器和网络设备（或设备代理）之间网络通信进行加密	在三级的基础之上，还应当——支持云租户远程通信数据保密性保护；支持使用硬件加密设备对重要通信过程进行密码运算和密钥管理
	移动互联	无			
	物联网	无	无	感知层网络数据新鲜性保护：应在感知层网络传输的数据中加入数据发布的序列信息如时间戳、计数器等，以实现感知层网络数据传输新鲜性保护	同三级
	工业控制系统	无	现场总线网络数据传输完整性保护：可采用适应现场总线特点的报文短、时延小的密码技术支持	在二级的基础上，将"可"变为"应"	同三级

续表

	一级	二级	三级	四级
		的完整性校验机制或可采用物理保护机制，实现现场总线网络数据传输完整性保护。无线网络数据传输完整性保护：可采用密码技术支持的完整性校验机制，以实现无线网络数据传输完整性保护		
管理中心				

②关键信息基础设施保护中与数据合规直接相关的规定。

第三十四条 除本法第二十一条的规定外，关键信息基础设施的运营者还应当履行下列安全保护义务：

（一）设置专门安全管理机构和安全管理负责人，并对该负责人和关键岗位的人员进行安全背景审查；

（二）定期对从业人员进行网络安全教育、技术培训和技能考核；

（三）对重要系统和数据库进行容灾备份；

（四）制定网络安全事件应急预案，并定期进行演练；

（五）法律、行政法规规定的其他义务。

第三十七条 关键信息基础设施的运营者在中华人民共和国境内运营中收集和产生的个人信息和重要数据应当在境内存储。因业务需要，确需向境外提供的，应当按照国家网信部门会同国务院有关部门制定的办法进行安全评估；法律、行政法规另有规定的，依照其规定。

【法条解析】 此两条规定了关键信息基础设施保护。对于关键信息基础设施，其保护原则是在网络安全等级保护制度基础上实行重点保护。2021年7月30日，国务院公布《关键信息基础设施安全保护条例》，进一步确定了关键信息基础设施的范围和保护措施。2020年7月，公安部印发《贯彻落实网络安全等级保护制度和关键信息基础设施安全保护制度的指导意见》，以指导重点行业、部门全面落实网络安全等级保护制度和关键信息基础设施安全保护制度。

具体而言，此两条中与数据合规直接相关的条款是"数据库容灾备份，及个人信息、重要数据境内存储"。

《关键信息基础设施安全保护条例》侧重进一步明确关键信息基础设施的原则和目标，范围和认定，法律责任等内容，较少涉及数据合规。《贯彻落实网络安全等级保护制度和关键信息基础设施安全保护制度的指导意见》专门提出"加强重要数据和个人信息保护"，要求运营者建立并落实重要数据和个人信息安全保护制度，对关键信息基础设施中的重要网络和数据库进行容灾备份，采取身份鉴别、访问控制、密码保护、安全审计、安全隔离、可信验证等关键技术措施，切实保护重要数据全生命周期安全。运营者在境内运营中收集和产生的个人信息和重要数据应当在境内存储，因业务需要，确需向境外提供的，应当遵守有关规定并进行安全评估。该意见在《网络安全法》的基础上，新增对重要数据采取关键技术措施的要求。

以上是《网络安全法》及相关法规、标准中与数据合规相关的要求。通过梳理发现，首先，网络安全等级保护制度中有关数据的规定，标准与法律并不一致，如《网络安全法》明确规定"数据分类"，但标准中没有数据分类的相关内容；又如《个人信息保护法》对个人信息的保护并未以网络安全的响应等级为前提条件，但《信息安全技术 网络安全等级保护基本要求》（GB/T 22239—2019）在通用保护对象的二级以上才有个人信息保护，一级没有个人信息保护的相关要求。其次，不同的标准之间也不完全一致，以通信网络的三级通用要求为例，《信息安全技术 网络安全等级保护基本要求》（GB/T 22239—

2019）规定，采用校验和密码技术保证通信过程中数据的完整性，采用密码技术保证通信过程中数据的保密性；而《信息安全技术 网络安全等级保护安全设计技术要求》（GB/T 25070—2019）规定，采用由密码等技术支持的完整性校验机制以实现通信网络数据传输完整性保护，采用密码等技术支持的保密性保护机制以实现通信网络数据传输保密性保护，并在发现完整性被破坏时进行恢复。最后，随着法律制度的发展，标准中有些概念已与现行法不符，如重要数据，《信息安全技术 网络安全等级保护基本要求》（GB/T 22239—2019）中重要数据包括鉴别数据、重要业务数据、重要审计数据、重要配置数据、重要视频数据和重要个人信息等。对于企业而言，需要关注上述差异和变化，在全面遵守法律法规的基础上，将标准作为合规义务来源的重要参考。

（2）《数据安全法》。

《数据安全法》共七章，分别是总则、数据安全与发展、数据安全制度、数据安全保护义务、政务数据安全与开放、法律责任、附则等。其中，第四章数据安全保护义务，主要规定了数据处理者开展数据处理活动应当遵守的基本规范，包括建立健全全流程数据安全管理制度，组织开展数据安全教育培训，采取相应的技术措施和其他必要措施，加强风险监测，定期开展风险评估等，均是较为重要的合规依据。

第二十七条 开展数据处理活动应当依照法律、法规的规定，建立健全全流程数据安全管理制度，组织开展数据安全教育培训，采取相应的技术措施和其他必要措施，保障数据安全。利用互联网等信息网络开展数据处理活动，应当在网络安全等级保护制度的基础上，履行上述数据安全保护义务。

重要数据的处理者应当明确数据安全负责人和管理机构，落实数据安全保护责任。

【法条解析】 本条一是规定了一般数据处理者的积极作为义务，包括全流程数据安全管理制度、组织开展教育培训、采取必要技术措施；二是规定了利用信息网络处理数据的特殊义务，即在遵照网络安全等级保护基础上落实其他数据安全保护义务；三是规定了处理重要数据的数据安全保护义务，即设立数据安全负责人和管理机构。

第二十九条 开展数据处理活动应当加强风险监测，发现数据安全缺陷、漏洞等风险时，应当立即采取补救措施；发生数据安全事件时，应当立即采取处置措施，按照规定及时告知用户并向有关主管部门报告。

【法条解析】本条规定了数据处理者监测、处置数据安全风险及事件的义务。对于数据安全风险，首先要具备监测风险、发现风险的能力，其次发现缺陷、漏洞等风险时应立即采取补救措施；对于数据安全事件，应立即采取处置措施，及时通过公告、站内信等方式告知用户，并向有关部门报告。

第三十条　重要数据的处理者应当按照规定对其数据处理活动定期开展风险评估，并向有关主管部门报送风险评估报告。

风险评估报告应当包括处理的重要数据的种类、数量，开展数据处理活动的情况，面临的数据安全风险及其应对措施等。

【法条解析】本条规定了重要数据处理者的风险评估义务。对于风险评估的主体，本条并未明确要求，故其主体可以是数据处理者自身，也可以委托第三方机构；对于风险评估的周期和报送风险报告的时间及对象，本条仅规定了定期开展风险评估，结合《网络数据安全管理条例（征求意见稿）》第32条，评估周期为每年开展一次，并在每年1月31日前将上一年度数据安全评估报告报设区的市级网信部门；对于风险评估报告的内容，除本条规定的"重要数据的种类、数量，开展数据处理活动的情况，面临的数据安全风险及其应对措施"，还应包括第3条规定的数据安全管理制度，数据备份、加密、访问控制等安全防护措施，以及管理制度实施情况和防护措施的有效性，共享、交易、委托处理、向境外提供重要数据的安全评估情况，数据安全相关的投诉及处理情况等。

第三十一条　关键信息基础设施的运营者在中华人民共和国境内运营中收集和产生的重要数据的出境安全管理，适用《中华人民共和国网络安全法》的规定；其他数据处理者在中华人民共和国境内运营中收集和产生的重要数据的出境安全管理办法，由国家网信部门会同国务院有关部门制定。

【法条解析】本条承接了《网络安全法》第37条，弥补了非关键信息基础设施的运营者收集和产生的重要数据出境时同样需要安全评估，两个条款共同构成我国重要数据出境安全评估制度体系。

第三十二条　任何组织、个人收集数据，应当采取合法、正当的方式，不得窃取或者以其他非法方式获取数据。

法律、行政法规对收集、使用数据的目的、范围有规定的，应当在法律、行政法规规定的目的和范围内收集、使用数据。

【法条解析】本条规定了收集、使用数据的基本原则，收集数据不仅应当合法而且应当正当，使用数据应当限定在法律、行政法规规定的目的和范围内。

第三十三条 从事数据交易中介服务的机构提供服务，应当要求数据提供方说明数据来源，审核交易双方的身份，并留存审核、交易记录。

【法条解析】本条是数据交易中介服务机构在合法正当收集数据中的义务要求，为自证清白，数据交易中介服务机构应履行要求数据提供方说明数据来源、审核数据交易双方身份、留存审核交易记录三项义务。

第三十五条 公安机关、国家安全机关因依法维护国家安全或者侦查犯罪的需要调取数据，应当按照国家有关规定，经过严格的批准手续，依法进行，有关组织、个人应当予以配合。

【法条解析】本条一方面授权公安机关、国家安全机关在维护国家安全、侦查犯罪时调取数据的权力，相应的，另一方面规定了数据处理者的配合义务。同时，本条在《网络安全法》第28条的基础上，增加了"应当按照国家有关规定，经过严格的批准手续，依法进行"的表述，从程序及实体上最大程度地限制了权力滥用。

第三十六条 中华人民共和国主管机关根据有关法律和中华人民共和国缔结或者参加的国际条约、协定，或者按照平等互惠原则，处理外国司法或者执法机构关于提供数据的请求。非经中华人民共和国主管机关批准，境内的组织、个人不得向外国司法或者执法机构提供存储于中华人民共和国境内的数据。

【法条解析】本条规范了外国司法或者执法机构获得我国境内数据的行为，立法目的在于反制外国政府的"长臂管辖"，与本法第31条同属于规范数据出境的条款。对于未经主管机关批准即向外国司法或者执法机构提供数据的，本法在第48条对应设置了清晰明确的罚则。

(3)《网络数据安全管理条例（征求意见稿）》。

2021年11月14日，国家互联网信息办公室公布了《网络数据安全管理条例（征求意见稿）》。根据该条例第1条，其上位法依据分别是《网络安全法》《数据安全法》和《个人信息保护法》。整体而言，作为在效力上仅次于法律的行政法规，该条例执行、细化、补充、扩展了上述三部上位法的规定，进一步增强了数据安全法律体系的完备性和可操作性。该条例共九章，分别是总则、一般规定、个人信息保护、重要数据安全、数据跨境安全管理、互联网平台运营者义务、监督管理、法律责任、附则。重点法条及解析如下。

第五条 国家建立数据分类分级保护制度。按照数据对国家安全、公共利益或者个人、组织合法权益的影响和重要程度，将数据分为一般数据、重要数据、核心数据，不同级别的数据采取不同的保护措施。

国家对个人信息和重要数据进行重点保护，对核心数据实行严格保护。

各地区、各部门应当按照国家数据分类分级要求，对本地区、本部门以及相关行业、领域的数据进行分类分级管理。

第二十七条 各地区、各部门按照国家有关要求和标准，组织本地区、本部门以及相关行业、领域的数据处理者识别重要数据和核心数据，组织制定本地区、本部门以及相关行业、领域重要数据和核心数据目录，并报国家网信部门。

第七十三条 ……（三）重要数据是指一旦遭到篡改、破坏、泄露或者非法获取、非法利用，可能危害国家安全、公共利益的数据。包括以下数据：

1. 未公开的政务数据、工作秘密、情报数据和执法司法数据；

2. 出口管制数据，出口管制物项涉及的核心技术、设计方案、生产工艺等相关的数据，密码、生物、电子信息、人工智能等领域对国家安全、经济竞争实力有直接影响的科学技术成果数据；

3. 国家法律、行政法规、部门规章明确规定需要保护或者控制传播的国家经济运行数据、重要行业业务数据、统计数据等；

4. 工业、电信、能源、交通、水利、金融、国防科技工业、海关、税务等重点行业和领域安全生产、运行的数据，关键系统组件、设备供应链数据；

5. 达到国家有关部门规定的规模或者精度的基因、地理、矿产、气象等人口与健康、自然资源与环境国家基础数据；

6. 国家基础设施、关键信息基础设施建设运行及其安全数据，国防设施、军事管理区、国防科研生产单位等重要敏感区域的地理位置、安保情况等数据；

7. 其他可能影响国家政治、国土、军事、经济、文化、社会、科技、生态、资源、核设施、海外利益、生物、太空、极地、深海等安全的数据。

【法条解析】《数据安全法》第 21 条规定了数据分类分级制度。根据此条，数据分类分级制度的建设单位是"国家"，并提出制定重要数据目录，同时明确了核心数据的概念。在此基础上，《网络数据安全管理条例（征求意见稿）》第 5 条、第 27 条、第 73 条第 3 款细化了《数据安全法》第 21 条。

具体而言，首先，第 5 条首次提出一般数据的概念，并明确将数据分为一般数据、重要数据、核心数据，从而奠定了我国数据分级的基本制度。其次，

第 27 条明确了如何识别重要数据和核心数据，即由各地区、各部门组织识别，并制定重要数据和核心数据目录，各地区、各部门等将重要数据和核心数据目录报国家网信部门。最后，第 73 条第 3 款明确了何为重要数据，以概括加列举方式为重要数据识别提供指引，此外，还可参考《网络安全标准实践指南——网络数据分类分级指引》《信息安全技术 重要数据识别指南（征求意见稿）》识别重要数据。

第九条 数据处理者应当采取备份、加密、访问控制等必要措施，保障数据免遭泄露、窃取、篡改、毁损、丢失、非法使用，应对数据安全事件，防范针对和利用数据的违法犯罪活动，维护数据的完整性、保密性、可用性。

数据处理者应当按照网络安全等级保护的要求，加强数据处理系统、数据传输网络、数据存储环境等安全防护，处理重要数据的系统原则上应当满足三级以上网络安全等级保护和关键信息基础设施安全保护要求，处理核心数据的系统依照有关规定从严保护。

数据处理者应当使用密码对重要数据和核心数据进行保护。

【法条解析】 本条第 1 款规定了数据处理者应当履行的数据安全保护义务，其立法模式为原则性规定数据安全保护的目标，列举式提出应当采取的技术措施。客观上，数据安全保护是全面的和体系性的，法律条文难以穷尽所有的数据安全保护要求，故需要标准规范予以补充和落实。因此，不能认为数据处理者需要履行的数据安全保护义务仅限于上述条款所明确列举的技术措施，数据处理者应当以目标为导向，结合自身的产品体系和技术方案，在能力范围内采取足以确保数据安全的技术措施。

第 2 款从网络安全等级保护的角度保护数据安全。当然，不是所有的数据安全保护目标都可以通过网络安全等级保护制度来实现，例如重要数据的安全评估制度并不被目前网络安全等级保护制度的管理范围所涵盖。正如《数据安全法》第 27 条所规定，利用互联网等信息网络开展数据处理活动，应当在网络安全等级保护制度的基础上，履行其他数据安全保护义务。意即数据安全保护至少由两方面构成，一方面是网络安全等级保护制度，另一方面则是评估、许可、备案、报告等制度。

第十条 数据处理者发现其使用或者提供的网络产品和服务存在安全缺陷、漏洞，或者威胁国家安全、危害公共利益等风险时，应当立即采取补救措施。

【法条解析】 此条补充完善了《数据安全法》第 29 条。一是在存在安全缺陷、漏洞的基础上，增加了应当采取补救措施的法定情形，即"威胁国家安全、危害公共利益时"；二是修正了"数据安全缺陷、漏洞"的表述，修正的原因是，就技术原理而言，人们常说的是网络存在安全缺陷、漏洞，数据一般不存在缺陷和漏洞。

第十一条 数据处理者应当建立数据安全应急处置机制，发生数据安全事件时及时启动应急响应机制，采取措施防止危害扩大，消除安全隐患。安全事件对个人、组织造成危害的，数据处理者应当在三个工作日内将安全事件和风险情况、危害后果、已经采取的补救措施等以电话、短信、即时通信工具、电子邮件等方式通知利害关系人，无法通知的可采取公告方式告知，法律、行政法规规定可以不通知的从其规定。安全事件涉嫌犯罪的，数据处理者应当按规定向公安机关报案。

发生重要数据或者十万人以上个人信息泄露、毁损、丢失等数据安全事件时，数据处理者还应当履行以下义务：

（一）在发生安全事件的八小时内向设区的市级网信部门和有关主管部门报告事件基本信息，包括涉及的数据数量、类型、可能的影响、已经或拟采取的处置措施等；

（二）在事件处置完毕后五个工作日内向设区的市级网信部门和有关主管部门报告包括事件原因、危害后果、责任处理、改进措施等情况的调查评估报告。

【法条解析】此条是发生数据泄露、毁损、丢失等安全事件时的应急处置义务，第1款是数据处理者应急处置义务的一般要求，第2款是涉及重要数据或者10万人以上个人信息数据安全事件时的特别应急处置义务。

对于一般应急处置义务，应重点从两个方面来理解：一是要及时启动应急响应机制，采取应急措施，防止危害扩大，消除安全隐患。二是引入国际上通行的数据泄露"泄露—通知"制度，三个工作日内对事件发生的事实及控制程度进行通知，但把范围从《通用数据保护条例》等个人信息扩大到个人信息和其他数据，通知对象为利害关系人，可以是个人或组织，通知的方式包括电话、短信、即时通信工具、电子邮件、公告等。

对于特别应急处置义务，在履行一般应急处理义务的基础上，发生特别事件的8小时内向网信部门和有关主管部门报告事件发生的事实和控制程度，时间处置完毕后的5个工作日内向网信部门和有关主管部门上报调查评估报告。

有关主管部门需要根据事件的性质、涉及领域、部门职责等确定，此条不作统一规定。

第十三条　数据处理者开展以下活动，应当按照国家有关规定，申报网络安全审查：

（一）汇聚掌握大量关系国家安全、经济发展、公共利益的数据资源的互联网平台运营者实施合并、重组、分立，影响或者可能影响国家安全的；

（二）处理一百万人以上个人信息的数据处理者赴国外上市的；

（三）数据处理者赴香港上市，影响或者可能影响国家安全的；

（四）其他影响或者可能影响国家安全的数据处理活动。

大型互联网平台运营者在境外设立总部或者运营中心、研发中心，应当向国家网信部门和主管部门报告。

【法条解析】与数据相关的网络安全审查主要有两个规定。

一是《网络数据安全管理条例（征求意见稿）》第13条，根据此条规定，数据处理者申报网络安全审查的情形有三，分别是大型互联网平台企业合并、重组、分立影响国家安全，处理100万人以上个人信息的数据处理者赴国外上市，数据处理者赴我国香港地区上市影响国家安全。

二是《网络安全审查办法》第2条、第5条和第7条。根据第2条，网络安全审查的对象包括两个，一个是"关键信息基础设施运营者采购网络产品和服务"，另一个是"网络平台运营者开展数据处理活动"。第5条对应"关键信息基础设施运营者采购网络产品和服务"，规定：关键信息基础设施运营者采购网络产品和服务的，影响或者可能影响国家安全的，应当向网络安全审查办公室申报网络安全审查。第7条对应"网络平台运营者开展数据处理活动"，规定：掌握超过100万用户个人信息的网络平台运营者赴国外上市，必须向网络安全审查办公室申报网络安全审查。

通过对比上述两条可以发现，二者对需要进行网络安全审查的规定存在不一致的地方，主要体现在，数据处理者赴我国香港地区上市，《网络安全审查办法》里规定不属于明确列举的需要网络安全审查的情形，而《网络数据安全管理条例（征求意见稿）》里规定属于明确列举的需要网络安全审查的情形。《网络安全审查办法》层级低但已正式发布，《网络数据安全管理条例（征求意见稿）》层级高但是处于征求意见阶段。那么，数据处理者赴我国香港地区上市到底是否需要进行网络安全审查呢？可以看到，《网络安全审查办法》和《网络数据安全管理条例（征求意见稿）》的起草单位都是国家互联网信息办公室。因此，《网络数据安全管理条例（征求意见稿）》与《网络安全审查办法》的上述区别，归根结底是国家互联网信息办公室的内部协调事项。故而，两个文件中出现的不一致情况，与文件起草的不同阶段有关，应当以时间顺序而不是以文件级别来作判断。目前，《网络数据安全管理条例（征求意见稿）》的征求意见期已经结束，随后会进入修改阶段，相信修改时会保持两者的一致。

第十四条 数据处理者发生合并、重组、分立等情况的，数据接收方应当继续履行数据安全保护义务，涉及重要数据和一百万人以上个人信息的，应当向设区的市级主管部门报告；数据处理者发生解散、被宣告破产等情况的，应当向设区的市级主管部门报告，按照相关要求移交或删除数据，主管部门不明确的，应当向设区的市级网信部门报告。

【法条解析】 此条规定了数据处理者发生主体资格变更时的报告义务，包括合并、重组、分立，及解散、破产等，这里的"报告义务"并非要求获得审批，不属于行政许可。

对于合并、重组、分立存在数据接收方的情形，数据接收方应当继续履行数据安全保护义务，如果合并、重组、分立的数据处理者涉及重要数据和100万人以上个人信息，还需要向设区的市级主管部门报告。

对于解散、破产这种没有数据接收者的情形，不管数据处理者是否处理了重要数据和100万人以上个人信息，均应履行报告的义务，然后根据法律法规规定和相关部门的意见，对其所处理的数据作移交或删除处理。

第十七条 数据处理者在采用自动化工具访问、收集数据时，应当评估对网络服务的性能、功能带来的影响，不得干扰网络服务的正常功能。

自动化工具访问、收集数据违反法律、行政法规或者行业自律公约、影响网络服务正常功能，或者侵犯他人知识产权等合法权益的，数据处理者应当停止访问、收集数据行为并采取相应补救措施。

【法条解析】 此条规制的是自动化工具访问、收集数据的行为，如"网络爬虫"程序或者RPA软件（Robotic Process Automation，机器人流程自动化）等。自动化工具的使用可能造成过度收集数据的问题，进而影响到网站服务器的性能，侵害他人的合法权益，涉嫌不正当竞争，甚至可能构成非法侵入计算机信息系统罪、侵犯知识产权犯罪等刑事犯罪。在此背景下，此条规定，自动化工具访问、收集数据不得影响网络服务正常功能，或者侵犯他人知识产权等合法权益。

第十八条 数据处理者应当建立便捷的数据安全投诉举报渠道,及时受理、处置数据安全投诉举报。

数据处理者应当公布接受投诉、举报的联系方式、责任人信息,每年公开披露受理和收到的个人信息安全投诉数量、投诉处理情况、平均处理时间情况,接受社会监督。

【法条解析】此条主要是为了督促企业承担社会责任,接受社会监督,同时也是为了更好地落实投诉举报机制,使投诉举报的处理形成闭环。具体而言,数据处理者首先需要建立投诉举报机制,其次要每年披露受理和收到的个人信息保护投诉数量、投诉处理情况、平均处理时间等情况。

第二十六条 数据处理者处理一百万人以上个人信息的,还应当遵守本条例第四章对重要数据的处理者作出的规定。

【法条解析】此条属于法条援引,即处理大量个人信息的数据处理者应当遵守重要数据处理者的规定,而根据此条难以得出100万人以上个人信息是否属于重要数据。但不可否认的是,重要数据的要求难以全部适用于处理100万人以上个人信息的数据处理者,例如制定100万人以上个人信息的目录并备案难以实现且意义不大。综上,100万人以上个人信息的数据处理者是否要备案、如何备案,应当遵守重要数据的哪些安全措施,尚待进一步明确,目前不能作出肯定回答。

第二十八条 重要数据的处理者,应当明确数据安全负责人,成立数据安全管理机构。数据安全管理机构在数据安全负责人的领导下,履行以下职责:

(一)研究提出数据安全相关重大决策建议;

(二)制定实施数据安全保护计划和数据安全事件应急预案;

(三)开展数据安全风险监测,及时处置数据安全风险和事件;

(四)定期组织开展数据安全宣传教育培训、风险评估、应急演练等活动;

(五)受理、处置数据安全投诉、举报;

(六)按照要求及时向网信部门和主管、监管部门报告数据安全情况。

数据安全负责人应当具备数据安全专业知识和相关管理工作经历,由数据处理者决策层成员承担,有权直接向网信部门和主管、监管部门反映数据安全情况。

【法条解析】数据安全管理机构实行数据安全负责人领导制,二者的职责一致，具体承担提出决策建议、制订计划和预案、处置风险和事件、组织开展教育培训等活动、受理投诉举报、报告安全情况等六个方面。上述六个方面的职责除数据安全保护计划外，其他相对较为明确和清晰，在此不再赘述。对于数据安全保护计划，需要明确企业数据安全保护目标、基本要求、工作任务、具体措施，数据安全制度体系和技术方案等。

此条还对数据安全负责人的资历及其履职条件作了规定，除应当具备数据安全专业知识和相关管理工作经历，数据安全负责人应由数据处理者决策层成员承担。数据安全负责人必须是决策层成员，有权决定企业的重大事项，有能力调动资源，可确保令行禁止。权利方面，考虑到重要数据对国家安全和公共利益的影响，《网络数据安全管理条例（征求意见稿）》赋予数据安全负责人直接向相关部门反映数据安全情况的权利。

与此条"数据安全负责人"类似，《网络安全法》第 21 条与第 34 条分别规定了"网络安全负责人""安全管理负责人"，前者适用于非运营关键信息基础设施的一般网络运营者，后者适用于关键信息基础设施的运营者。对于一般网络运营者，若同时属于关键信息基础设施的运营者或者重要数据的处理者，"数据安全负责人"与"网络安全负责人"或"安全管理负责人"可以是同一个人，但必须同时满足不同法律法规提出的职责要求，比如，对于关键信息基础设施运营者的安全管理负责人，需要按照《网络安全法》的要求对其进行安全背景审查。

另外，《通用数据保护条例》提出了设立数据保护官（DPO）的要求。数据安全负责人与 DPO 的主要区别体现在：数据安全负责人关注的是重要数据，DPO 关注的是个人信息保护；数据安全负责人必须是决策层成员，DPO 可由外部人员兼任。此外，欧盟数据保护委员会针对 DPO 的能力、任职条件、职责等作了非常详细的要求，《网络数据安全管理条例（征求意见稿）》尚未细致到这一层面。

对于作为数据安全管理机构和数据安全负责人六项职责之一的"制定数据安全事件应急预案"，属于首次规定。《数据安全法》第 29 条仅规定了"发生数据安全事件时，应当立即采取处置措施，按照规定及时告知用户并向有关主管部门报告"，此条在此基础上明确提出重要数据处理者需要制定数据安全事件应急预案。有关应急预案，《网络安全法》《个人信息保护法》中均有规定，如《网络安全法》第 25 条规定，"网络运营者应当制定网络安全事件应急预案"，

第 34 条规定，"关键信息基础设施的运营者应当制定网络安全事件应急预案，并定期进行演练"，《个人信息保护法》第 51 条规定，"个人信息处理者应当制定并组织实施个人信息安全事件应急预案"。综上，此条与《网络安全法》《个人信息保护法》相关条款共同构成网络与数据领域需要制定应急预案的情形，即网络安全事件应急预案、重要数据安全事件应急预案、个人信息保护安全事件应急预案。

第二十九条 重要数据的处理者，应当在识别其重要数据后的十五个工作日内向设区的市级网信部门备案，备案内容包括：

（一）数据处理者基本信息，数据安全管理机构信息、数据安全负责人姓名和联系方式等；

（二）处理数据的目的、规模、方式、范围、类型、存储期限、存储地点等，不包括数据内容本身；

（三）国家网信部门和主管、监管部门规定的其他备案内容。

处理数据的目的、范围、类型及数据安全防护措施等有重大变化的，应当重新备案。

依据部门职责分工，网信部门与有关部门共享备案信息。

【法条解析】 此条与第 27 条相呼应。第 27 条从各地区、各部门的角度规定了向国家网信部门报送重要数据和核心数据目录的义务，此条则从数据处理者的角度出发，规定了向设区的市级网信部门备案重要数据的义务。实践中，二者可相互印证，有助于保障我国重要数据和核心数据目录的准确性和完整性。备案内容主要包括数据处理者的情况和重要数据的情况两个方面。

第三十条 重要数据的处理者，应当制定数据安全培训计划，每年组织开展全员数据安全教育培训，数据安全相关的技术和管理人员每年教育培训时间不得少于二十小时。

【法条解析】 培训对于增强安全意识、提高安全技能具有重要作用。《网络安全法》第 34 条第 2 项规定了关键信息基础设施的运营者应当履行的增强式安全保护义务，即定期对从业人员进行网络安全教育、技术培训和技能考核，这里使用的字眼是"从业人员"，导致部分企业的安全培训并未覆盖全员。在此基础上，本条明确指出培训的范围为"全员"，包括但不限于业务、后勤、财务、人事、行政等全体部门的人员，培训时间不少于 20 小时。

第三十一条 重要数据的处理者，应当优先采购安全可信的网络产品和服务。

【法条解析】 在法律层面，最早提出"安全可信"的是《网络安全法》第16条，其规定了政府应当推广安全可信的网络产品和服务，此后的《关键信息基础设施安全保护条例》第19条规定，关键信息基础设施运营者应当优先采购安全可信的网络产品和服务。因此，此条与上述第19条类似，提出了重要数据处理者应当优先采购安全可信的网络产品和服务。此外需要说明的是，此条并非倡导性或鼓励性的规定，第62条规定不履行此条规定的义务，数据处理者可能会面临责令暂停或者终止提供服务或者罚款等行政处罚。

第四十三条 互联网平台运营者应当建立与数据相关的平台规则、隐私政策和算法策略披露制度，及时披露制定程序、裁决程序，保障平台规则、隐私政策、算法公平公正。

平台规则、隐私政策制定或者对用户权益有重大影响的修订，互联网平台运营者应当在其官方网站、个人信息保护相关行业协会互联网平台面向社会公开征求意见，征求意见时长不得少于三十个工作日，确保用户能够便捷充分表达意见。互联网平台运营者应当充分采纳公众意见，修改完善平台规则、隐私政策，并以易于用户访问的方式公布意见采纳情况，说明未采纳的理由，接受社会监督。

日活用户超过一亿的大型互联网平台运营者平台规则、隐私政策制定或者对用户权益有重大影响的修订的，应当经国家网信部门认定的第三方机构评估，并报省级及以上网信部门和电信主管部门同意。

【法条解析】 从立法目的看，互联网平台运营者本身是数据处理者，要遵循其他章节的规定，但互联网平台运营者在提供平台服务的过程中，不仅直接面向社会提供服务，还涉及平台上的多个角色，故此，第六章对互联网平台运营者的数据安全事项作出专门规定。

（4）《数据出境安全评估办法（征求意见稿）》。

2021年10月29日，国家互联网信息办公室发布了《数据出境安全评估办法（征求意见稿）》，引起广泛关注。经济全球化条件下，数据跨境流动是常态，为全球经济活动、人类社会发展提供了基础支撑。因此，数据出境评估制度在世界各国的安全和发展战略中都是一个重要事项，也是近年来国际贸易规则、协定以及多边双边磋商的重大议题，其影响十分深远。中国开放的大门正越来越敞开，外国人要进来，中国人要出去，任何企业的国际化经营都不可能回避数据跨境问题。

即将出台的《数据出境安全评估办法》与《网络安全法》《数据安全法》《个人信息保护法》共同建立起我国数据出境安全评估制度。《网络安全法》第 37 条首次规定了数据出境安全评估制度，但范围只限定在"关键信息基础设施的运营者在中华人民共和国境内运营中收集和产生的个人信息和重要数据"。事实上，很多数据出境行为未必同关键信息基础设施相关，因此《网络安全法》的规定是不完善的，大量应当规范的数据出境行为没有得到规范，为国家安全留下了漏洞。为此，《数据安全法》从重要数据出境方面进行弥补，《个人信息保护法》从个人信息出境方面进行了弥补。

《数据出境安全评估办法（征求意见稿）》重点法条及解析如下。

第二条　数据处理者向境外提供在中华人民共和国境内运营中收集和产生的重要数据和依法应当进行安全评估的个人信息，应当按照本办法的规定进行安全评估；法律、行政法规另有规定的，依照其规定。

第四条　数据处理者向境外提供数据，符合以下情形之一的，应当通过所在地省级网信部门向国家网信部门申报数据出境安全评估。

（一）关键信息基础设施的运营者收集和产生的个人信息和重要数据；

（二）出境数据中包含重要数据；

（三）处理个人信息达到一百万人的个人信息处理者向境外提供个人信息；

（四）累计向境外提供超过十万人以上个人信息或者一万人以上敏感个人信息；

（五）国家网信部门规定的其他需要申报数据出境安全评估的情形。

【法条解析】上述两条规定了需要进行数据出境安全评估的情形。一是重要数据。对于重要数据，此条未加任何限定词，意即只要数据处理者向境外提供重要数据，就要进行数据出境安全评估。二是个人信息。对于个人信息，只有"依法应当进行安全评估的"，才需要数据出境安全评估。具体而言，向境外提供个人信息应当进行安全评估的，包括以下三种情形：一是关键信息基础设施的运营者向境外提供其收集和产生的个人信息。二是处理个人信息达到 100 万人的个人信息处理者向境外提供个人信息。三是累计向境外提供超过 10 万人以上个人信息或者 1 万人以上敏感个人信息。

第五条　数据处理者在向境外提供数据前，应事先开展数据出境风险自评估，重点评估以下事项：

（一）数据出境及境外接收方处理数据的目的、范围、方式等的合法性、正当性、必要性；

（二）出境数据的数量、范围、种类、敏感程度，数据出境可能对国家安全、公共利益、个人或者组织合法权益带来的风险；

（三）数据处理者在数据转移环节的管理和技术措施、能力等能否防范数据泄露、毁损等风险；

（四）境外接收方承诺承担的责任义务，以及履行责任义务的管理和技术措施、能力等能否保障出境数据的安全；

（五）数据出境和再转移后泄露、毁损、篡改、滥用等的风险，个人维护个人信息权益的渠道是否通畅等；

（六）与境外接收方订立的数据出境相关合同是否充分约定了数据安全保护责任义务。

【法条解析】此条将自评估作为向网信部门申报安全评估的前置性条件，实质上将数据出境安全评估分为两个阶段，第一个阶段为数据处理者自行开展的自评估，第二个阶段为数据处理者向网信部门申报的安全评估。自评估的事项有六项，具体如上规定，不再赘述。

第六条 申报数据出境安全评估，应当提交以下材料：

（一）申报书；

（二）数据出境风险自评估报告；

（三）数据处理者与境外接收方拟订立的合同或者其他具有法律效力的文件等（以下统称合同）；

（四）安全评估工作需要的其他材料。

【法条解析】此条规定了数据处理者如何发起数据出境安全评估，要点有三，一是在完成自评估基础上申报数据出境安全评估；二是准备申报书、自评估报告、合同等材料；三是按照《数据出境安全评估办法（征求意见稿）》第4条规定，通过所在地省级网信部门向国家网信部门申报数据出境安全评估。

第七条 国家网信部门自收到申报材料之日起七个工作日内，确定是否受理评估并以书面通知形式反馈受理结果。

第八条 数据出境安全评估重点评估数据出境活动可能对国家安全、公共利益、个人或者组织合法权益带来的风险，主要包括以下事项：

（一）数据出境的目的、范围、方式等的合法性、正当性、必要性；

（二）境外接收方所在国家或者地区的数据安全保护政策法规及网络安全环境对出境数据安全的影响；境外接收方的数据保护水平是否达到中华人民共和国法律、行政法规规定和强制性国家标准的要求；

（三）出境数据的数量、范围、种类、敏感程度，出境中和出境后泄露、篡改、丢失、破坏、转移或者被非法获取、非法利用等风险；

（四）数据安全和个人信息权益是否能够得到充分有效保障；

（五）数据处理者与境外接收方订立的合同中是否充分约定了数据安全保护责任义务；

（六）遵守中国法律、行政法规、部门规章情况；

（七）国家网信部门认为需要评估的其他事项。

第十条 国家网信部门受理申报后，组织行业主管部门、国务院有关部门、省级网信部门、专门机构等进行安全评估。

涉及重要数据出境的，国家网信部门征求相关行业主管部门意见。

第十一条 国家网信部门自出具书面受理通知书之日起四十五个工作日内完成数据出境安全评估；情况复杂或者需要补充材料的，可以适当延长，但一般不超过六十个工作日。

评估结果以书面形式通知数据处理者。

【法条解析】 上述四条规定了数据出境安全评估的流程、内容和期限。

评估流程：国家网信部门自收到申报材料之日起 7 个工作日内，确定是否受理评估并以书面通知形式反馈受理结果；如确认受理，将组织相关部门进行安全评估，并将评估结果以书面形式通知数据处理者。

评估内容：国家网信部门安全评估的范围与事项略大于自评估，体现在，在自评估的基础上，国家网信部门需评估境外接收方所在国家或地区的政策法规及安全环境，境外接收方的数据保护水平以及遵守我国法律的情况。

评估期限：安全评估的期限等于是否受理评估的期限加上安全评估的期限。其中，是否受理评估的期限是固定的，为国家网信部门自收到申报材料之日起 7 个工作日内；安全评估的期限一般情况下是自出具书面受理通知书之日起 45 个工作日，特殊情况下可以延长 15 个工作日。综上，安全评估的期限，自国家网信部门收到申报材料之日起算，最长为 67 个工作日。但是，需要注意的是，以上期限是自国家网信部门收到申报材料之日起计算的，由于数据处理者不能直接向国家网信部门申报而只能通过省级网信部门申报，但对于省级网信部门的期限要求尚属于立法空白，故此，数据出境安全评估的期限实际上要比67个工作日更长。

第九条 数据处理者与境外接收方订立的合同充分约定数据安全保护责任义务，应当包括但不限于以下内容：

（一）数据出境的目的、方式和数据范围，境外接收方处理数据的用途、方式等；

（二）数据在境外保存地点、期限，以及达到保存期限、完成约定目的或者合同终止后出境数据的处理措施；

（三）限制境外接收方将出境数据再转移给其他组织、个人的约束条款；

（四）境外接收方在实际控制权或者经营范围发生实质性变化，或者所在国家、地区法律环境发生变化导致难以保障数据安全时，应当采取的安全措施；

（五）违反数据安全保护义务的违约责任和具有约束力且可执行的争议解决条款；

（六）发生数据泄露等风险时，妥善开展应急处置，并保障个人维护个人信息权益的通畅渠道。

【法条解析】 此条通过对合同必备条款的规定，从向境外提供数据的数据处理者角度，约束数据接收方履行数据安全保护的责任义务。按照民法的一般原则，合同采取意思自治原则，双方在不违背法律强制性规定的情形下达成合意即可，本条则划定了合同的必备条款，其立法目的是维护国家安全。

第十二条 数据出境评估结果有效期二年。在有效期内出现以下情形之一的，数据处理者应当重新申报评估：

（一）向境外提供数据的目的、方式、范围、类型和境外接收方处理数据的用途、方式发生变化，或者延长个人信息和重要数据境外保存期限的；

（二）境外接收方所在国家或者地区法律环境发生变化，数据处理者或者境外接收方实际控制权发生变化，数据处理者与境外接收方合同变更等可能影响出境数据安全的；

（三）出现影响出境数据安全的其他情形。

有效期届满，需要继续开展原数据出境活动的，数据处理者应当在有效期届满六十个工作日前重新申报评估。

未按本条规定重新申报评估的，应当停止数据出境活动。

【法条解析】 此条规定了重新申报评估的情形，包括两种，一是数据出境评估结果有效期届满，以二年为限；二是有效期内，出现一些情况变化触发安全评估。

(5)《网络安全审查办法》。

《网络安全审查办法》的上位法依据是《国家安全法》和《网络安全法》。《国家安全法》第59条规定，国家建立国家安全审查和监管的制度和机制，对影响或者可能影响国家安全的外商投资、特定物项和关键技术、网络信息技术产品和服务、涉及国家安全事项的建设项目，以及其他重大事项和活动，进行国家安全审查，有效预防和化解国家安全风险。《网络安全法》第35条规定，关键信息基础设施的运营者采购网络产品和服务，可能影响国家安全的，应当通过国家网信部门会同国务院有关部门组织国家安全审查。

在上述立法授权下，国家互联网信息办公室于2017年5月印发了《网络产品和服务安全审查办法（试行）》，表明我国正式建立了该项制度。经过三年的实施，国家互联网信息办公室对试行的审查办法作了完善，于2020年4月正式印发了《网络安全审查办法》。该办法指出，关键信息基础设施运营者采购网络产品和服务，影响或可能影响国家安全的，应当进行网络安全审查。可以看出，此时的《网络安全审查办法》并没有将数据安全作为独立的网络安全审查对象。

但随着数据要素在国民经济中的作用越发重要，数据安全对国家安全的影响不断上升，客观上需要将数据安全作为网络安全审查的对象。为此，国家互联网信息办公室对《网络安全审查办法》进行了修订，并于2022年2月15日发布修订后的《网络安全审查办法》。新修订的《网络安全审查办法》将网络安全审查的对象范围作了扩展，在"关键信息基础设施运营者采购网络产品和服务"的基础上，提出了"数据处理者开展数据处理活动，影响或可能影响国家安全的，应当进行网络安全审查"。

即便修订后的《网络安全审查办法》对审查的对象范围作了扩展，但对比《网络数据安全管理条例（征求意见稿）》，其覆盖范围仍不全面。根据2021年11月14日《网络数据安全管理条例（征求意见稿）》第13条之规定，"大型互联网平台企业合并、重组、分立，影响或可能影响国家安全的，也应当申报网络安全审查"。因此，与《网络数据安全管理条例（征求意见稿）》相比，《网络安全审查办法》仍未覆盖所有需要进行网络安全审查的范围，相信待《网络数据安全管理条例》正式颁布并实施后，《网络安全审查办法》会相应更新。

以上是需要主动申报网络安全审查的情形，除主动申报安全审查外，网络安全审查还可以由网络安全审查办公室发起。对于当事人需要主动申报网络安全审查的情形，根据上述分析，结合《网络数据安全管理条例（征求意见稿）》第 13 条以及《网络安全审查办法》第 2 条、第 5 条和第 7 条，主要有以下三种，分别是关键信息基础设施运营者采购网络产品和服务，处理 100 万人以上个人信息的数据处理者赴国外上市，大型互联网平台企业合并、重组、分立。对于网络安全审查办公室发起网络安全审查的情形，现行法律法规未明确具体情形，按一般法理分析，主要是网络安全审查办公室通过举报、成员单位提出等方式发现的应主动申报而实际上未申报的当事人，以及其他网络安全审查办公室认为需要网络安全审查的情形。

对于主动申报网络安全审查的，其流程如下。首先，当事人提交材料。材料至少包括网络安全审查申报书，对于国家安全影响的分析报告，采购文件、协议、拟签订的合同或者拟提交的首次公开募股（IPO）等上市申请文件等。其次，网络安全审查办公室作出是否需要审查的决定，并书面通知当事人。作出决定并书面通知的期限是，自网络安全审查办公室收到符合规定的申报材料之日起 10 个工作日内。

对于网络安全审查办公室发起网络安全审查的，其流程如下。首先，网络安全审查办公室向当事人发出需要进行网络安全审查的通知；其次，网络安全审查办公室完成初步审查，并形成审查结论建议，同时将审查结论建议发送网络安全审查工作机制成员单位、相关部门征求意见，一般期限为自向当事人发出书面通知之日起 30 个工作日内，情况复杂的可延长至 45 个工作日；最后，成员单位和相关部门书面回复意见，期限是自收到审查结论建议之日起 15 个工作日内。若网络安全审查办公室、成员单位、相关部门意见一致，则由网络安全审查办公室以书面形式将审查结论通知当事人，此时，审查流程结束。若不一致，则进入特别审查程序，并通知当事人。特别审查程序如下：网络安全审查办公室在听取相关成员单位和部门意见的基础上，再次形成审查结论建议；将再次形成的审查结论建议征求成员单位和相关部门意见；在征求意见的基础上，将审查结论建议报中央网络安全和信息化委员会批准，形成审查结论；将审查结论书面通知当事人。特别审查程序的期限一般为 90 个工作日，情况复杂的可以延长。

关于网络安全审查重点评估的因素，《网络安全审查办法》第 10 条进行了较为细致的描述。对于关键信息基础设施运营者采购网络产品和服务，重点审查：产品和服务使用后带来的关键信息基础设施被非法控制、遭受干扰或者破坏的风险；产品和服务供应中断对关键信息基础设施业务连续性的危害；产品和服务的安全性、开放性、透明性、来源的多样性、供应渠道的可靠性以及由于政治、外交、贸易等因素导致供应中断的风险；产品和服务提供者遵守中国法律、行政法规、部门规章的情况。对于掌握超过 100 万用户个人信息的网络平台运营者赴国外上市，重点审查：核心数据、重要数据或者大量个人信息被窃取、泄露、毁损以及非法利用、非法出境的风险；上市存在关键信息基础设施、核心数据、重要数据或者大量个人信息被外国政府影响、控制、恶意利用的风险，以及网络信息安全风险。

（6）《刑法》。

《刑法》对网络安全与数据合规的罪名设置未完全采用二元制模式，相关罪名中可能既包括网络安全也包括数据合规。有关网络与数据的犯罪，最早体现在 1997 年《刑法》中。1997 年《刑法》规定了两个网络安全罪名，分别是第 285 条非法侵入计算机信息系统罪和第 286 条破坏计算机信息系统罪。这两个罪名的制定标志着我国刑事立法开始正面回应危害网络安全的犯罪活动。[1] 与当时的犯罪特点相适应，上述两条侧重保护计算机信息系统的功能与运行安全。

随着网络技术的发展及新的危害网络安全犯罪的涌现，1997 年《刑法》规定的两个常见的罪名，已经无法应对多样化、复杂化的危害网络安全的犯罪行为。1997 年《刑法》第 285 条规定的破坏计算机信息系统罪，从适用范围上，仅包含侵入国家事务、国防建设、尖端科学技术领域的计算机信息系统，大量危害日常计算机信息系统的行为成为刑法的真空地带；从行为类型上看，仅规制"侵入"这一单一的行为，获取数据或者非法控制计算机信息系统的行为无法适用此条。为此，2009 年《刑法修正案（七）》对第 285 条进行了补充，增加了作为第 2 款的非法获取计算机信息系统数据、非法控制计算机信息系统罪，和作为第 3 款的提供侵入、非法控制计算机信息系统程序、工具罪。其中，第 2 款规定，"违反国家规定侵入前款之外的计算机信息系统、获取该计算机信息系统数据、非法控制该计算机信息系统"，从适用范围、行为类型两方面完善了第

---

[1] 周立波. 论网络安全的刑法保护 [D]. 华东政法大学博士学位论文，2021.

285 条，第 3 款规定，"提供专门用于侵入、非法控制计算机信息系统的程序、工具，或者明知他人实施违法犯罪而为其提供（不要求专门）程序、工具"。同时，为打击侵犯公民个人信息的行为，2009 年《刑法修正案（七）》新增了第 253 条之一，即出售或非法提供公民个人信息罪和非法获取公民个人信息罪，其中，出售或非法提供公民个人信息罪规定的是"国家机关及有关单位的工作人员将合法获得的个人信息出售或非法提供给他人的行为"，非法获取公民个人信息罪规定的是"窃取或者以其他非法方式获取前款个人信息的行为"。

由此可见，2009 年《刑法修正案（七）》对危害网络安全犯罪罪名的补充主要体现在以下几个方面：一是扩大了非法侵入行为的打击范围，在特殊领域计算机信息系统的基础上，增加了个人和组织日常领域使用的计算机信息系统；二是增加了打击非法获取数据的罪名；三是增加了打击非法控制计算机信息系统的罪名；四是将提供专门用于侵入、非法控制计算机信息系统程序、工具及明知而提供的行为正犯化，新设提供侵入、非法控制计算机信息系统程序、工具罪；五是增设出售或非法提供公民个人信息罪和非法获取公民个人信息罪，打击国家机关及有关单位的工作人员将合法获得的个人信息出售或非法提供给他人的行为，以及窃取或者以其他非法方式获取前款个人信息的行为。

在数字经济时代，法律的滞后性与社会发展的变动性之间的矛盾尤为凸显，尽管 2009 年《刑法修正案（七）》对危害网络安全犯罪的罪名进行了完善，但随着时间的推移，危害网络安全的犯罪行为也越来越多，无罪名可依或者有罪名难依的情形再次凸显。为此，2015 年《刑法修正案（九）》修改了侵犯公民个人信息的犯罪，将出售或非法提供个人信息的犯罪主体从国家机关及有关单位的工作人员等特殊主体扩大到一般主体，也由此完成了侵犯公民个人信息罪从身份犯到非身份犯的转变；同时，将出售或非法提供公民个人信息罪与非法获取公民个人信息罪整合为侵犯公民个人信息罪，同时提高了法定刑的配置。此外，2015 年《刑法修正案（九）》增设了拒不履行信息网络安全管理义务罪，帮助信息网络犯罪活动罪。自此，我国《刑法》建立起差异化、多方位危害网络安全的罪名体系，具体而言，企业可能构成的与网络安全犯罪相关的罪名，分别是第 253 条之一侵犯公民个人信息罪，第 285 条第 1 款非法侵入计算机信息系统罪，第 285 条第 2 款非法获取计算机信息系统数据、非法控制计算机信息系统罪，第 285 条第 3 款提供侵入、非法控制计算机信息系统程序、工具罪，第 286 条破坏计算机信息系统罪，第 286 条之一拒不履行信息网络安全管理义务罪，第287条之二帮助信息网络犯罪活动罪。

上述罪名中，拒不履行信息网络安全管理义务罪是专门针对网络运营者的身份犯，其犯罪构成和量刑规则如下。犯罪主体为网络服务提供者，客观方面为网络服务提供者不履行法律、行政法规规定的信息网络安全管理义务，经监管部门责令采取改正措施而拒不改正，并有下列情形之一的行为：其一，致使违法信息大量传播的；其二，致使用户信息泄露，造成严重后果的；其三，致使刑事案件证据灭失，情节严重的；其四，有其他严重情节的。刑罚为三年以下有期徒刑、拘役或者管制，并处或者单处罚金。根据最高人民法院和最高人民检察院《关于办理非法利用信息网络、帮助信息网络犯罪活动等刑事案件适用法律若干问题的解释》，致使用户信息泄露造成严重后果的，包括：致使泄露行踪轨迹信息、通信内容、征信信息、财产信息500条以上的；致使泄露住宿信息、通信记录、健康生理信息、交易信息等其他可能影响人身、财产安全的用户信息5000条以上的；致使泄露上述两项规定以外的用户信息50 000条以上的；数量虽未达到上述三项规定的标准，但是按相应比例折算合计达到有关数量标准的；造成他人死亡、重伤、精神失常或者被绑架等严重后果的；造成重大经济损失的；严重扰乱社会秩序的；造成其他严重后果的。[1]

7.1.2 数据合规的执法与司法现状及趋势

7.1.2.1 数据合规的执法

（1）网信部门。

在中央层面，从公开的资料来看，中央网信办当前对数据安全的监管行为频度较低，但力度较大，一旦触发，可引发企业严重的合规风险。第一，中央网信办直接以数据安全为由对一些互联网企业进行检查、审查、处罚。以"滴滴"为例，在中央网信办发布的审查公告中，指出网络安全审查的依据是《网络安全法》，但不可否认的是，上述网络安全审查涉及数据安全。正如审查公告中所指出，网络安全审查的目的之一是防范"国家数据安全风险"，至于《数据安全法》未成为审查依据，原因主要是其2021年9月1日的生效日期晚于发布公告的2021年7月2日。当前，上述企业的网络安全审查尚在进行中，更多的数据安全审查红线有待审查结果的公布。第二，中央网信办、工业和信息化部、公安部、国家市场监督管理总局四部门于2019年5月至12月联合开展了

---

[1] 周立波. 论网络安全的刑法保护[D]. 华东政法大学博士学位论文，2021.

互联网网站安全专项整治工作。专项整治工作从三个方面开展,一是对未进行ICP备案、联网备案或备案信息不准确的网站进行清理,二是对攻击网站、入侵系统、获取数据的违法犯罪行为进行打击,三是对未履行网络安全义务发生网页篡改、被植入后门木马、大量公民个人信息被窃取等网络安全事件进行处罚,督促其加强网站安全管理和防护。其中,第二方面、第三方面与数据合规直接相关。第三,中央网信办与公安部牵头,于2020年4月建立跨部委打击危害公民个人信息和数据安全违法犯罪长效机制,成员单位还包括最高人民法院、最高人民检察院、工业和信息化部、国家市场监督管理总局等,致力于加强行业监管,构建保护公民个人信息和数据安全的社会综合治理体系,但后续并未开展系列监管行动。

通过上述专项整治工作可以看出,中央网信办在网络与数据方面的执法活动具有以下两个方面的特点,一是整体上对网络与数据安全方面的检查及处罚较少,未形成常态化监管机制;二是其执法活动联合其他部门开展,而非独立进行。

在地方层面,地方网信部门与中央数据安全监管步调保持一致,较少开展数据安全检查,且从公开的资料中未发现实施了处罚。整体来看,地方网信部门开展数据安全检查的对象主要包括两种,一种是对互联网企业等市场主体,如深圳市委网信办与国家计算机网络应急技术处理协调中心于2021年11月对某科技公司开展了为期3天的数据安全专项检查[1],天津市红桥区委网信办于2020年9月启动数据安全和个人信息保护专项检查;另一种是对政府部门等单位,如河北省内丘县委网信办组织开展网络数据安全检查,检查的对象为县融媒体中心、县人大常委会办公室、邢台市生态环境局内丘分局等单位。此外,个别地方网信部门的数据安全检查工作具有疫情防控的特点,如河北省保定市委网信办实地检查疫情防控期间大数据安全防护工作。

此外,网信办针对汽车等特定行业的数据开展了安全监管工作。依据《汽车数据安全管理若干规定(试行)》,上海市、广东省、天津市、河北省等多地网信办,开展了2021年度汽车数据安全管理情况报送工作。

综上所述,现阶段,网信部门对数据安全监管的频度较低、处罚较少,但数据安全审查仍然是悬在企业头顶的"达摩克利斯之剑",一旦触发,可引发极大的合规风险。长远来看,随着《数据安全法》《网络数据安全管理条例》

---

[1] 检查方式包括企业汇报数据安全情况、访谈、技术检查等。

的生效实施，网信部门对数据安全执法的力度将会不断加大。

（2）工信部门。

近三年来，工业和信息化部及属地监管部门依托专项行动、年度数据安全管理通知等，通过检查、评估等方式，对电信和互联领域的数据安全问题采取约谈、公开曝光、行政处罚等措施，并将结果纳入电信业务经营不良名单或失信名单。工信部门近三年数据安全执法行动如下。

①专项行动。

2019年7月1日，工业和信息化部办公厅印发《电信和互联网行业提升网络数据安全保护能力专项行动方案》，开展为期一年的专项行动。其中，数据安全检查的范围为全部基础电信企业（含专业公司）、50家重点互联网企业以及200款主流App，重点内容是企业网络数据安全责任落实情况、数据安全合规性评估落实情况。为配合上述专项行为，《2019年基础电信企业数据安全合规性评估要点》和《2019年互联网企业数据安全合规性评估指引》同步发布，要求企业开展数据安全自评估。在工业和信息化部网络安全管理局2019年"双随机、一公开"检查结果中，公示了十余家互联网企业未有效采取数据分类、敏感信息加密等保护措施。省级层面，北京市通信管理局组织开展了为期两个月的50款移动应用App网络数据安全检查。

2020年5月，工业和信息化部网络安全管理局印发《关于做好2020年电信和互联网行业网络数据安全管理工作的通知》，提出深化行业网络数据安全专项治理，深入开展网络数据安全合规性评估，并印发《电信和互联网企业网络数据安全合规性评估要点（2020年版）》。在工业和信息化部网络安全管理局2020年"双随机、一公开"的检查结果中，公示了约十家互联网企业数据安全管理制度、技术保障措施不符合相关法律法规要求。省级层面，部分省市通信管理局开展属地化监管，如北京市通信管理局开展2020年北京市App数据安全巡查检测专项行动，重点聚焦在App违法违规收集使用个人信息的违法行为方面；广东省开展2020年电信和互联网行业网络安全行政检查工作，通报可能导致用户数据泄露的多款问题应用。

2021年7月23日，工业和信息化部信息通信管理局启动为期半年的互联网行业专项整治行动，聚焦扰乱市场秩序、侵害用户权益、威胁数据安全、违反资源和资质管理规定四个方面。威胁数据安全方面，重点整治企业在数据收集、传输、存储及对外提供等环节，未按要求采取必要的管理和技术措施等问题，包括数据传输时未对敏感信息加密、向第三方提供数据前未征得用户同意等场景。省级层面，广东省通信管理局开展了2021年电信和互联网行业网络安全及数据安全专项检查工作。

②舆情应对。

2019年9月3日，针对媒体公开报道和用户曝光的"ZAO"App用户隐私协议不规范，存在数据泄露风险等网络数据安全问题，工业和信息化部网络安全管理局对北京陌陌科技有限公司相关负责人进行了问询约谈，要求其严格按照国家法律法规以及相关主管部门要求，组织开展自查整改，依法依规收集使用用户个人信息，规范协议条款，强化网络数据和用户个人信息安全保护。同时，要进一步加强新技术新业务安全评估，切实采取有效措施，积极防范自有业务平台被利用实施电信网络诈骗等风险隐患。

2020年3月4日，有暗网用户发布了一则名为"5.38亿微博用户绑定手机号数据，其中1.72亿有账号基本信息"的交易信息，售价1388美元。其中，绑定手机号数据包括微博用户ID、手机号，账号基本信息包括昵称、头像、粉丝数、所在地等信息。经验证，部分测试数据属实。3月21日，针对媒体报道的新浪微博因用户查询接口被恶意调用导致App数据泄露问题，工业和信息化部网络安全管理局对新浪微博相关负责人进行了问询约谈，要求其按照《网络安全法》《电信和互联网用户个人信息保护规定》等法律法规要求，对照工业和信息化部等四部门制定的《App违法违规收集使用个人信息行为认定方法》，进一步采取有效措施，消除数据安全隐患：一是要尽快完善隐私政策，规范用户个人信息收集使用行为；二是要加强用户信息分类分级保护，强化用户查询接口风险控制等安全保护策略；三是要加强企业内部数据安全管理，定期及新业务上线前要开展数据安全合规性自评估，及时防范数据安全风险；四是要在发生重大数据安全事件时，及时告知用户并向主管部门报告。

通过分析上述执法行动，可以发现工信部门数据安全监管存在以下特点：一是运动式执法特点突出，数据安全执法工作呈现年度特征，每年工作重点和方式均有所不同；二是部省联动，部分省级通信管理部门在部级统一部署下，配合开展属地监管工作；三是综合运用多种惩戒手段，包括约谈、下架、公示、纳入"两单"等，但真正意义上的警告、罚款、吊销许可证件等行政处罚措施使用频率较低。

（3）公安部门。

互联网在给我们带来便捷生活的同时，也给不法分子带来了可乘之机。随着信息技术的快速发展，各类借助网络实施的违法犯罪活动不断出现，造成了严重的现实危害，人民群众对此反映强烈。为此，公安机关自2018年起连续四年开展"净网"专项行动，严格落实企业安全主体责任，坚决打击涉网违法犯罪活动。

从公安部历年通报的专项情况来看，由于《数据安全法》生效实施周期尚短，加之《刑法》与数据安全直接相关的罪名较少，"净网"行动未直接针对网络运营者的数据安全义务开展，这一点也与数据安全领域网络运营者的刑事犯罪率低相互印证。与之形成鲜明对比的是个人信息保护，鉴于个人信息保护的严峻形势，以及《刑法》中的侵犯公民个人信息罪，四年专项行动仅将个人信息保护作为行动重点，如在2018年行动中，针对公民个人信息被窃取、买卖的突出问题，网络安全部门侦破暗网兜售浙江中小学生学籍信息案等案件5000余起，抓获犯罪嫌疑人1.3万余名。

但同时应该看到，尽管公安机关的专项行动并未直接将网络运营者的数据安全保护义务作为重点，而是将黑客攻击、利用"暗网"实施数据窃取等犯罪作为重点，这从侧面说明了网络运营者落实数据安全管理义务的重要性，如在2018年"净网"专项行动中，针对黑客攻击破坏活动猖獗、花样不断翻新的情况，网安部门加大攻坚力度，侦破上海华住集团被黑客攻击窃取数据案等案件2000余起，抓获犯罪嫌疑人2000余名。

（4）国家安全部门。

数据安全关乎国家安全和公共利益，是非传统安全的重要方面，国家有关机关依法加强对重要数据的保护，确保重要数据安全。2021年11月11日，国家安全机关公布三起危害重要数据安全的案件，同时公布了举报危害国家安全线索的受理电话及网站。

上述三起案件分别是某航空公司数据被境外间谍情报机关网络攻击窃取案、某境外咨询调查公司秘密搜集窃取航运数据案、李某等人私自架设气象观测设备并向境外传送敏感气象数据案。这三起案件不涉及信息通信及互联网企业，但鉴于重要数据领域执法案件少之又少，相关案件中的重要数据类型及违法行为可为企业重要数据安全合规提供一定的指引。

从涉及的数据类型来看，由于公布的案件描述概述性强，具体的数据类型不见得一一列举，但从公开的文字来看，这些数据至少包括航空公司乘客出行记录等数据，航运基础数据、特定船只载物信息等航运数据，精确位置信息和多类型气象数据。此外，这三起案件存在一个共同点，即均与境外间谍、军方活动有关。这提示我们，判断是否属于重要数据，具体的场景与是否属于重要数据存在一定的关联性。从处理结果来看，案例一中，航空公司信息系统遭到网络攻击和数据窃取后，主动报告，并由此发现另有多家航空公司信息系统遭到同一类型攻击，加之攻击活动是由境外间谍情报机关精心谋划、秘密实施，故国家安全机关并未以"未履行网络安全管理义务"为由处罚航空公司。案例二中，大型航运企业、代理服务公司向境外提供航运数据系国家安全机关侦查发现，且收取了高额报酬，其主观状态及客观行为上均存在一定的过失，为此，国家安全机关对有关人员进行了警示教育，并责令所在公司加强内部人员管理和数据安全保护措施。案例三中，李某从网上购买并私自架设气象观测设备，可采集气象数据并具有将所采集数据直接传送至境外的功能，案件并非披露李某等人是否知悉设备具有数据传送功能，但从处理结果上看，李某等人应该是仅出于兴趣爱好架设了气象观测设备，故仅责令有关人员立即拆除设备。

7.1.2.2 数据合规的司法

（1）拒不履行信息网络安全管理义务罪。

自 2015 年 11 月 1 日实施以来，拒不履行信息网络安全管理义务罪在刑事司法实践中犯罪率较低。根据中国裁判文书网的数据，截至 2022 年 3 月 25 日，涉及拒不履行信息网络安全管理义务罪的判决书仅有 3 例。拒不履行信息网络安全管理义务罪是不作为犯罪，表现为网络运营者不履行信息网络安全管理义务，致使违法信息大量传播、用户信息泄露或者刑事案件证据灭失。上述三个判例中，仅其中一个判决与数据相关，具体如下。

被告人李某某负有查验、评估、审核行业卡使用情况的职责，在明知违反实名制管理规定的情况下，仍然将大量带有公民个人信息的回收卡交给某信息科技股份有限公司，违反用户实名制进行挑卡，造成严重后果，包括 4000 张回收卡上绑定的微信号被盗取，且在两年内经监管部门多次责令改正而拒不改正。云南省昆明市盘龙区人民法院认为，被告人李某某作为网络服务提供管理者，拒不履行信息网络安全管理义务，经监管部门责令采取改正措施而拒不改正，其行为触犯了《刑法》第 286 条之一之规定，犯罪事实清楚，证据确实、充分,其行为已构成拒不履行信息网络安全管理义务罪。法院判决被告人李某某犯拒不履行信息网络安全管理义务罪,判处有期徒刑1年零3个月,并处罚金5000元。[1]

此判决书未明确披露4000张回收卡绑定的微信号被盗取后,被告人获取的具体数据类型。根据最高人民法院、最高人民检察院《关于办理非法利用信息网络、帮助信息网络犯罪活动等刑事案件适用法律若干问题的解释》,仅泄露4000个微信号,不属于拒不履行信息网络安全管理义务罪的严重后果,只有致使泄露通信内容500条以上的,为造成严重后果,构成本罪。可以推测,本案中,被告人在盗取微信号后,进一步获取了微信号相关通信内容。

(2)非法获取计算机信息系统数据、非法控制计算机信息系统罪。

在中国裁判文书网输入检索条件[2],共检索到非法获取计算机信息系统数据、非法控制计算机信息系统罪2015年至2021年的判决书21 461份,各年份判决书数量详见表7-4。

表7-4 非法获取计算机信息系统数据、非法控制计算机信息系统罪
2015年至2021年判决书数量

非法获取计算机信息系统数据、非法控制计算机信息系统罪		
年份	判决书数量(份)	备注
2015	63	—
2016	92	—
2017	221	—
2018	241	—
2019	239	—
2020	208	—
2021	96	—

自2015年以来,尤其是2017年以来,非法获取计算机信息系统数据、非

---

[1](2020)云0103刑初1206号。

[2]检索日期2022年4月18日,案由"非法获取计算机信息系统数据、非法控制计算机信息系统罪",案例类型"刑事案件",裁判日期"20××-01-01 TO 20××-12-31",审判程序"刑事一审",文书类型"判决书"。

法控制计算机信息系统罪的年发案率低位运行且较为平稳。整体来看，本罪的典型犯罪行为可分为两类，一类是非法获取数据，具体行为方式表现为通过非法渠道获得系统账号、密码及操作流程，利用漏洞、木马等非法技术手段，或者"网络爬虫"等中立技术手段，侵入计算机信息系统后获取计算机信息系统中存储、处理、传输的数据；另一类是非法控制计算机信息系统，即在侵入计算机信息系统后实施非法控制，进行增加、删除、修改、提供相关信息等非授权操作。

对于网络运营者而言，在使用"爬虫"等技术获取数据时存在较大的刑事合规风险。网络运营者应当特别关注罪与非罪的边界，通过爬取的限度、对方采取的防御手段、行为的危害后果等方面综合确定合规获取数据的方式。

（3）"网络爬虫"刑事司法现状。

以"网络爬虫"为关键词在中国裁判文书网上进行检索，获取裁判文书74篇，在此基础上增加"刑事案件"作为检索条件，获取裁判文书9篇。[1]

从上述9篇刑事案件裁判文书的裁判日期看，除（2014）杭余刑初字第1231号黄某、翁某非法获取计算机信息系统数据、非法控制计算机信息系统罪一审刑事判决书的裁判日期为2015年外，其他8篇刑事案件裁判文书的裁判日期均是2018年之后。结合裁判文书总量，可以看出"网络爬虫"行为的法律风险由民事侵权为主，逐渐向刑事犯罪倾斜，"网络爬虫"行为刑事合规风险正在不断上升，自2019年以后，多家数据企业高管因涉嫌"数据爬虫"犯罪而身陷囹圄。[2]

从上述9篇刑事案件裁判文书的所定罪名看，主要是非法获取计算机信息系统数据罪和侵犯公民个人信息罪，破坏计算机信息系统罪也有出现。从披露的裁判文书来看，被告人爬取的数据类型既包括手机号码、居住证等个人信息，也包括企业工商注册数据、生产经营数据。爬取数据的种类和数量，爬取数据后的出售、提供等获利活动，爬取行为造成被害单位损失的严重程度，是定罪和量刑的主要考量因素。

---

[1] 检索日期为2022年4月20日。

[2] 童云峰.大数据时代网络爬虫行为刑法规制限度研究［J］.大连理工大学学报（社会科学版），2022（2）：88-97.

7.1.3 数据合规管理要点

7.1.3.1 遵守网络安全等级保护制度

对于企业而言，一是从流程上要落实定级、备案、建设、测评等规定动作；二是在建设和运营过程中，要遵照法律、标准等对网络安全等级保护制度中对数据的具体要求，落实相关的技术措施和管理措施；三是建设和运营网络过程中，同步规划、同步建设、同步使用有关网络安全保护措施。

对于第二点，一方面，企业需要满足法律法规的基线合规义务，具体包括：数据分类、四不得[1]、重要数据异地备份、加密；作为关键信息基础设施运营者还需要对数据库进行容灾备份，对重要数据采取身份鉴别、访问控制、密码保护、安全审计、安全隔离、可信验证等关键技术措施，重要数据出境进行安全评估。另一方面，重点关注标准与现行法律法规是否冲突、不同标准之间是否一致等问题，企业可根据自身实际情况，如是否涉及云计算、移动互联、物联网等，选择适用标准中与数据相关的规定，在全面合规与最优成本之间寻求平衡，企业遵守网络安全等级保护在标准层面开展数据合规管理可参照表7-2、表7-3。

7.1.3.2 配合开展数据分级并保障不同级别数据安全

在地区、部门的组织下，企业配合识别重要数据和核心数据，识别其处理的数据是否含有重要数据及核心数据。如果仅处理了一般数据，需采取一般式数据安全保障措施；如果还处理了重要数据和核心数据，需在一般式保障措施的基础上采取增强式数据安全保障措施。此外，作为最为重要、最有价值的数据分类方式之一，数据分类及个人信息保护合规管理要点参见个人信息保护章节。

由于重要数据涵盖的范围较广，广泛分布在商业领域，加之重要数据安全存在较为完备的合规要求，重要数据保护是企业数据合规的重点。

（1）保障一般数据安全。

①数据收集合法正当。

企业收集数据应当采取合法、正当的方式，不得窃取数据或以其他非法方式收集数据，并区分以下三种情形：

---

[1] 不收集与其提供的服务无关的数据；不违反法律、行政法规规定和双方约定收集、使用数据；不得泄露、篡改、损毁其收集的数据；不得非授权访问、使用、提供数据。

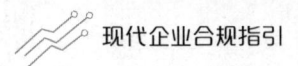

直接面向用户收集时，按照个人信息保护的规定，遵守知情同意的原则，保护用户个人信息权益。

从公开/半公开网络平台收集时，综合数据的类型、网络平台是否采取反数据抓取的技术措施、对网络运行的影响等要素判断可否收集及收集的范围和程度，一旦违反法律、行政法规或者行业自律公约、影响网络服务正常功能，或者侵犯他人知识产权等合法权益，企业应当停止访问、收集数据行为并采取相应补救措施。

从数据提供方处间接获取数据时，可通过签署相关协议、承诺书等方式，要求数据提供方作出数据源合法性的书面承诺，并承担相应的法律责任。

②采取必要的技术措施。

企业需要采取保障其处理数据安全的必要技术措施，包括但不限于备份、加密、访问控制等：

从行为上看，企业至少需要采取备份、加密、访问控制等现行法律法规中明确列举的技术措施。

从结果上看，企业应保障数据免遭泄露、窃取、篡改、毁损、丢失、非法使用，维护数据的完整性、保密性、可用性，为此，企业需要综合考虑自身所处行业领域、数据类型、数据量级等因素，在明确列举的技术措施的基础上，增加相应的安全技术措施。

③建立数据安全应急响应机制。

对于数据安全风险，企业要加强监测，发现使用或者提供的网络产品和服务存在安全缺陷、漏洞，或者威胁国家安全、危害公共利益等风险时，需要立即采取补救措施。

对于数据安全事件，企业一是立即采取处置措施；二是通知利害关系人，通知的时限是事件发生后的3个工作日，通知的内容是安全事件的情况和已经采取的补救措施，通知的方式可以是电话、短信、即时通信工具、电子邮件或公告（无法使用其他方式通知时），通知的对象是利害关系人，包括个人和组织；三是涉嫌犯罪的向公安机关报案。

④健全全流程数据安全管理制度。

企业要建立制度体系，明确工作职责，规范工作流程，实现对数据采集、传输、存储、使用、删除、销毁等全流程管理。

数据传输时，使用加密通道或数据加密的方式传输，采用密码技术、入侵检测等防止数据传输中断、篡改、伪造、窃取；数据存储时，采取加密措施确保数据存储的保密性，采用磁盘、磁带、云存储服务、网络存储设备等载体存储数据，采取逻辑隔离的方式存储匿名化数据与个人金融信息；数据使用时，后台系统应对数据进行屏蔽处理，不应具备开放式查询能力，严格限制批量查询；数据删除时，彻底去除产品和服务所涉及系统及设备中的数据，使其不可被检索、不可被访问；数据销毁时，对数据库、服务器和终端中的剩余数据以及硬件存储介质等采取数据擦除或者物理销毁的方式，确保数据无法复原。

⑤组织开展数据安全教育培训。

企业要制订数据安全相关岗位的安全专项培训计划，定期开展数据安全意识、能力的教育与培训，确保全面准确掌握最新政策和相关规程。

培训方式上，可以是内部培训，也可以由外部专家进行培训；培训周期上，相关法律未明确教育培训周期，结合教育培训的目的，建议培训周期为每年至少一次，或在政策发生重大变化时；培训记录上，相关培训要做好记录及归档，确保有据可查。

⑥建立数据安全投诉举报渠道。

企业需要建立便捷的数据安全投诉举报渠道：一是公布接受投诉、举报的联系方式、责任人信息；二是每年公开披露受理和收到的个人信息安全投诉数量、投诉处理情况、平均处理时间情况。

企业应避免以保护"商业秘密"为名，掩饰对企业不利的信息，承担起应有的社会责任。若遇恶意投诉举报，如频繁接受到来自竞争对手的投诉，企业可在公开披露时对有关情况如实说明。

⑦企业主体资格发生变化时的一般数据安全义务。

企业发生合并、重组、分立等内部活动时，要确保数据接收方继续履行数据安全保护义务。

企业遇到解散、破产等主体资格灭失的情况时，数据不能作为无主物被随意处置，而应向设区的市级主管部门或者市级网信部门报告，按照法律法规及相关部门的意见，对数据进行移交或者删除。

上述措施是企业遇到主体资格发生变更时的一般数据安全动作，如若涉及重要数据或企业是掌握大量数据资源的互联网平台运营者，还需履行特定情形下的特别义务。

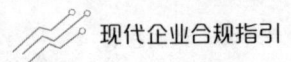

(2) 保障重要数据安全。

①备案重要数据。

备案期限：企业应当在识别其重要数据后的 15 个工作日内备案重要数据。

备案部门：向设区的市级网信部门备案重要数据。

备案内容：企业基本信息，数据安全管理机构信息、数据安全负责人姓名和联系方式等；处理数据的目的、规模、方式、范围、类型、存储期限、存储地点等，不包括数据内容本身。

②采取备份和加密等技术措施。

企业对于重要数据，一是要采取备份措施；二是应当使用密码进行保护。此外，备份和加密只是法律法规中明确提及的技术措施，企业需要在此基础上，根据其处理的重要数据的数量、技术能力的现状等方面，采取可确保重要数据安全的多种技术措施，包括但不限于身份鉴别、访问控制、安全审计、安全隔离、可信验证等关键技术措施。

③网络安全等级保护三级和关键信息基础设施保护。

企业处理重要数据的系统，要满足两个方面的要求，一是三级以上网络安全等级保护，具体要求参照《网络安全法》及相关法律法规、标准；二是关键信息基础设施安全保护要求，具体要求参照《关键信息基础设施安全保护条例》及相关法规、标准。

④优先采购安全可信的网络产品和服务。

如果企业是重要数据处理者，那么，优先采购安全可信的网络产品和服务就是一项必须履行的强制性义务。如若企业未能履行上述义务，其处理重要数据的系统及 App 等应用将面临被责令暂停或者终止提供服务的处罚，情节严重的，可吊销相关业务许可证或者营业执照。

"安全可信"的参考要素如下：

一是产品和服务本身的开放性、透明性，来源的多样性，供应渠道的可靠性，不会因为战争、政治、外交、贸易等因素导致供应中断的风险；

二是产品和服务使用后不会使系统和设备被非法控制、遭受干扰或者破坏；

三是产品或服务提供者不应利用提供产品或服务的便利条件非法获取用户数据，非法控制和操纵用户设备，损害用户对其数据的支配权、对其设备的控制权；

四是产品和服务的提供者不应利用用户对产品和服务的依赖牟取不正当利

益，实施垄断经营，包括停止提供合理的技术支持，迫使用户更新换代，侵犯消费者权益。

⑤设立组织机构。

企业一旦识别出其处理的数据含有重要数据，则应当成立数据安全管理机构，指定数据安全负责人，数据安全负责人需满足三方面的条件，一是具备数据安全专业知识，二是具备相关管理工作经历，三是同属于企业决策层。数据安全负责人领导数据安全管理机构，其权利和义务如下：

权利方面，有权直接向网信部门和主管、监管部门反映数据安全情况。

义务方面，主要有六个方面的职责，包括研究提出数据安全相关重大决策建议；制订实施数据安全保护计划和数据安全事件应急预案；开展数据安全风险监测，及时处置数据安全风险和事件；定期组织开展数据安全宣传教育培训、风险评估、应急演练等活动；受理、处置数据安全投诉、举报；按照要求及时向网信部门和主管、监管部门报告数据安全情况。

⑥开展教育培训。

若企业处理了重要数据，应在制订数据安全培训计划的基础上，由数据安全负责人和数据安全管理机构，组织开展教育培训：

一是对于企业全员开展数据安全教育培训，覆盖业务、后勤、财务、人事、行政等全体部门人员；

二是对于数据安全相关的技术和管理人员，每年的教育培训时间不少于 20 小时；

三是注重培训效果，通过考核等方式检验培训实效，并保存有关培训、考核记录。

⑦数据安全评估。

一是一般情形下的评估。

评估主体：处理重要数据的企业自行评估或者委托数据安全服务机构评估。

评估周期：每年一次。

评估报告：每年 1 月 31 日前将上一年度数据安全评估报告报设区的市级网信部门，并保留至少 3 年。

数据安全评估报告内容：处理重要数据的情况；发现的数据安全风险及处置措施；数据安全管理制度，数据备份、加密、访问控制等安全防护措施，以及管理制度实施情况和防护措施的有效性；落实国家数据安全法律、行政法规和标准情况；发生的数据安全事件及其处置情况；共享、交易、委托处理、向境外提供重要数据的安全评估情况；数据安全相关的投诉及处理情况；国家网信部门和主管、监管部门明确的其他数据安全情况。

二是涉及共享、委托处理重要数据时的评估。

共享、委托处理重要数据存在多个合规要点，安全评估作为其中一个，其要点详见下述共享、委托处理重要数据时的合规要点。

⑧共享、委托处理重要数据。

一是数据安全评估。

评估主体同重要数据处理者一般情形下的数据安全评估，即处理重要数据的企业自行评估或者委托数据安全服务机构评估。但在评估周期、评估内容、评估结果等方面与一般情形下的数据安全评估有所区别。

评估周期上，除一般情形下每年一次的安全评估外，在与第三方共享或委托第三方处理重要数据之前，还应该开展共享、委托前的数据安全评估。

评估内容上，应当重点评估以下内容：共享、委托处理数据，以及数据接收方处理数据的目的、方式、范围等是否合法、正当、必要；共享、委托处理数据被泄露、毁损、篡改、滥用的风险，以及对国家安全、经济发展、公共利益带来的风险；数据接收方的诚信状况、守法情况、境外政府机构合作关系、是否被中国政府制裁等背景情况，承诺承担的责任以及履行责任的能力等是否能够有效保障数据安全；与数据接收方订立的相关合同中关于数据安全的要求能否有效约束数据接收方履行数据安全保护义务；在数据处理过程中的管理和技术措施等是否能够防范数据泄露、毁损等风险。

评估结果上，评估认为可能危害国家安全、经济发展和公共利益，数据处理者不得共享、委托处理数据。

二是征得主管部门同意。

数据处理者共享、委托处理重要数据的，应当征得设区的市级及以上主管部门同意，主管部门不明确的，应当征得设区的市级及以上网信部门同意。

三是监督数据接收方。

与数据接收方约定处理数据的目的、范围、处理方式，数据安全保护措施等，通过合同等形式明确双方的数据安全责任义务，并对数据接收方的数据处理活动进行监督。

四是记录保存五年。

共享、委托处理重要数据的审批记录、日志记录至少保存 5 年。

⑨数据安全事件应急预案及报告。

一是数据安全事件应急预案的制定与启动。

企业需要根据自身实际情况对重要数据安全事件进行事件分级（如分为特别重大、重大、较大、一般四级），制订预警方案及响应流程，明确相应处置措施。应急预案制定后，具体由数据安全管理机构和数据安全负责人开展重要数据安全监测工作，发现数据安全风险时要及时预警，开展预警响应；发生安全事件后，应立即启动应急预案，实施处置。

二是数据安全事件的报告。

如果发生泄露、毁损、丢失等数据安全事件中涉及了重要数据，企业需在一般数据的基础上，报告事件并提交调查评估报告。报告事件的时限是发生安全事件的 8 小时内，报告的对象是向设区的市级网信部门和有关主管部门，报告的内容是事件的基本信息（涉及的数据数量、类型、可能的影响）和已经或拟采取的处置措施等；提交调查评估报告的时限是事件处置完毕后的 5 个工作日，提交的对象是设区的市级网信部门和有关主管部门，调查评估报告的内容包括事件原因、危害后果、责任处理、改进措施等情况。

⑩企业主体资格发生变化时的重要数据报告义务。

企业发生合并、重组、分立等内部活动时，涉及重要数据的，还要向设区的市级主管部门或者市级网信部门报告上述合并、重组、分立等情况。

（3）保障核心数据安全。

对于核心数据，法律法规未在重要数据之外提出具体明确的规定，仅作出原则性的要求，即核心数据在重要数据的基础上实行更严格的保护。核心数据涉及国家安全，范围有限，商业等领域受核心数据影响较少，其保护制度将随着社会的发展逐步完善。

现阶段，对于企业而言，一旦识别出确实处理了核心数据，应向相关部门寻求具体指导。

7.1.3.3 数据出境合规

（1）企业境外上市。

赴境外上市的数据处理者，需要自主进行每年一次的数据安全评估，具体内容和流程同重要数据处理者一般情形下的数据安全评估，详见重要数据安全评估相关内容。

(2) 企业向境外提供数据。

①向境外提供一般数据。

前置性条件：通过国家网信部门组织的数据出境安全评估或与数据接收方订立标准合同。对于向境外提供一般数据的企业，可在数据出境安全评估与订立标准合同两个条件中任选其一。选择数据出境安全评估的企业，参照向境外提供重要数据时的数据出境安全评估进行。选择与数据接收方订立标准合同的企业，需与数据接收方签订国家网信部门制定的标准合同。当前，数据跨境传输标准合同的起草工作已经启动，企业要及时关注起草工作进展，及时采用数据跨境传输标准合同。

持续性义务：不得超出网信部门安全评估时明确的出境目的、范围、方式和数据类型、规模等向境外提供个人信息和重要数据；采取合同等有效措施监督数据接收方按照双方约定的目的、范围、方式使用数据，履行数据安全保护义务，保证数据安全；接受和处理数据出境所涉及的用户投诉；数据出境对个人、组织合法权益或者公共利益造成损害的，数据处理者应当依法承担责任；留存相关日志记录和数据出境审批记录3年以上；国家网信部门会同国务院有关部门核验向境外提供个人信息和重要数据的类型、范围时，数据处理者应当以明文、可读方式予以展示；国家网信部门认定不得出境的，数据处理者应当停止数据出境，并采取有效措施对已出境数据的安全予以补救。

②向境外提供重要数据。

除参照共享、委托处理重要数据进行数据安全评估外，还应通过数据出境安全评估，并每年编制数据出境安全报告。

数据安全评估。向境外提供重要数据的数据安全评估，同共享、委托处理重要数据时的安全评估，详见重要数据共享、委托处理时的安全评估。

数据出境安全评估。此处的数据出境安全评估，由国家网信部门组织，因而区别于企业自主开展的数据安全评估。安全评估的基本流程及具体规则如下。首先是自评估。自评估是安全评估中的前置性条件。自评估的重点评估事项包括出境数据的数量、范围、种类、敏感程度等，具体事项《数据出境安全评估办法（征求意见稿）》第5条已明确列举。企业要先形成自评估报告，然后是申报安全评估。在完成自评估后，数据处理者可申报安全评估。在评估事项方面，网信部门安全评估的评估范围与事项略大于自评估。在材料要求方面，申请安全评估应当提交的材料包括申报书、自评估报告、与境外接收方拟订立的合同或者其他具有法律效力的文件等。最后是收到评估结果。安全评估的期限一般情况下是自出具书面受理通知书之日起45个工作日。

数据出境安全报告。若企业向境外提供重要数据，需要编制数据出境安全报告。数据出境安全报告，应在每年1月31日前编制并报送设区的市级网信部门，内容包括：全部数据接收方名称、联系方式；出境数据的类型、数量及目的；数据在境外的存放地点、存储期限、使用范围和方式；涉及向境外提供数据的用户投诉及处理情况；发生的数据安全事件及其处置情况；数据出境后再转移的情况。

（3）企业对于数据跨境安全网关的消极不作为义务。

数据跨境安全网关是指阻断访问境外反动网站和有害信息、防止来自境外的网络攻击、管控跨境网络数据传输、防范侦查打击跨境网络犯罪的重要安全基础设施。

对于企业而言，一是不得提供用于穿透、绕过数据跨境安全网关的程序、工具、线路等，二是不得为穿透、绕过数据跨境安全网关提供互联网接入、服务器托管、技术支持、传播推广、支付结算、应用下载等服务。

7.1.3.4 数据交易合规

《数据安全法》与数据交易相关的条款有两条，分别是第19条和第33条。其中，第19条从国家战略的角度，整体上提出了国家要建立健全数据交易管理制度，规范数据交易行为，培育数据交易市场；第33条从数据交易中介服务机构的角度，提出了三项义务。可以看到，上述条款并不能回应社会对产权、质量、运营、收益等数据交易管理制度基本内容的关切。然而，《网络数据安全管理条例（征求意见稿）》在构建数据交易方面缺乏实质性的推进，一方面，仅在第7条宣示性地规定，建立数据交易管理制度，明确数据交易机构设立运行标准，规范数据交易流通行为；另一方面，分散性地对于交易重要数据提出了四项要求。综上，企业在数据交易时，需要践行以下几个方面的合规义务。

（1）数据交易中介机构提供服务。

如果企业作为数据中介机构，提供数据交易相关服务，一是要求数据提供方说明数据来源，二是要审核交易双方的身份，三是要留存审核、交易记录。

(2) 交易重要数据。

如果企业交易重要数据，需要满足以下四点合规要求，分别是数据安全评估、征得主管部门同意、监督数据接收方、记录保存 5 年，具体内容同共享、委托处理重要数据，详见重要数据共享、委托处理的合规要点。

7.2 数据合规良好实践

数据合规管理体系旨在规范企业经营中涉及的各类数据全生命周期的安全与合规，不局限于某一种特殊数据类型（如个人信息），也不局限于数据的状态（如静止态数据、传输态数据、使用态数据）。建设有效和完善的数据合规管理体系不仅是企业履行《数据安全法》等法规项下法定义务的必要之举，也是企业防范合规和安全风险、充分发挥数据资产价值、促进业务可持续发展的应有之义。数字经济下，数据类型多、数据规模大、更新迭代频率高、流动性强，数据处理模式的复杂程度和面临的安全风险更为突出，建设一套行之有效的数据合规管理体系就显得尤为重要。

本节以中兴公司[1]、奇安信等企业数据合规实践为蓝本，梳理企业建立数据合规管理体系的良好实践。

7.2.1 规章制度

企业在建立数据合规体系相关规章制度时，需要兼顾规章制度的完备性、科学性和可操作性，在充分吸纳《数据安全法》等法律法规以及标准要求的基础上，充分考虑企业自身的需求和现状，避免规章制度流于表面，难以在企业合规建设中发挥应有的价值。

中兴公司建立了"政策、总册/规范、分册、合规管控全景"的规则体系，并持续推动规则体系的场景化、判例化，促进合规规则与具体业务的融合发展，业务单位围绕合规要求落实动作、执行措施，充分披露、持续消减、协同处置各类风险。

政策：合规政策是根据中兴公司整体经营政策所制定的政策性文件，明确

---

[1] 中兴公司数据合规实践未对数据、个人信息、隐私等概念进行区分，其数据合规管理体系或包含数据安全、个人信息/隐私保护等多个内容，或仅针对个人信息保护，本节对中兴公司数据合规实践的梳理不包含仅针对个人信息保护的内容。

了在经营活动中需要遵循的红线，表达了中兴公司遵守其业务所在国家/地区适用的隐私保护法律法规，以及董事会、合规管理委员会对于隐私保护合规给予支持的决心，是中兴公司开展合规工作的纲领性文件。

总册/规范：合规手册是基于对外部法律法规遵从的要求，结合合规政策确定的总体指导文件。总册，是公司层面开展各项隐私保护合规工作的指导文件，涵盖通用合规要求、关键管控点。规范，是对总册中已有管控点的细化，或源于外部法律变化快速遵从而单独制定，识别法律法规规定的关键义务、合规要求制定的专项规范。

分册、合规管控全景：分册，是在总册的基础上，各业务领域结合自身业务特点编制的具体要求。合规管控全景是基于分册要求引入实际场景进一步细化，形成业务领域隐私保护合规指引集群。管控全景按照业务架构进行排列，依托于数据化协作共享平台，方便员工查询使用，亦可根据需求更新变化，实现规则的透明、可视，保障规则的及时和可落地。

7.2.2 组织机构

企业的数据合规组织机构设置往往因企业而异。考虑到数据合规对企业的重大影响，为确保企业各项数据合规制度得以有效实施，企业应建立由最高管理者或高级管理层领导、相关专业部门支持、覆盖全员的自上而下的组织机构，并且应当确立明确的分工和职责。

中兴公司建立了隐私保护合规协同工作机制，在合规管理委员会下，设有数据保护官、数据保护合规专业部门、业务领域 BU 合规总监/经理/接口人的隐私保护团队，进行合规管理要求制定及推动落实，合规稽查部门负责审计和调查。

中兴公司合规管理委员会是负责合规管理体系运作与合规事项决策的最高指导机构，听取数据保护合规重大事项汇报并进行指导。数据保护合规部是进行隐私保护工作的专业部门，负责全球数据保护法律法规、政策标准研究与转化，隐私保护合规策略和合规规则的规划、制定、执行与监督，对具体业务流程的合规风险进行评估和审查。

中兴公司隐私保护依托合规专业部门、业务领域合规团队、合规稽查部门分工协同机制。合规专业部门关注法律要求的识别和风险偏好的选择，通过研究外部法律环境，结合内部实际选择风险偏好，制定合规规则；业务领域合规团队关注合规规则的可落地性以及管理成本的最优化,推动合规规则落地,评估规则的必要性和合理性;合规稽查部门关注规则盲点和风控与管理的平衡,建立了多维度举报方式,鼓励员工积极举报违规,并进行审计调查和处置处罚。

7.2.3 合规风险管控

有效的合规风险识别机制是数据合规体系的基础和重要组成部分。企业只有在及时、准确识别合规风险的前提下,才能有效应对和处理潜在的合规风险,数据合规体系也才能发挥其应有的价值。实践中,企业一般需要结合风险评估流程、监测和预警等技术手段,以及内外部的举报、报告和舆情监控机制,来建立完善的风险识别机制。

重点场景合规风险管控。数据泄露和数据出境是合规风险较高的两个场景。中兴公司通过完善管理制度、强化教育培训、组织应急演练等确保数据处理活动符合法律法规,降低数据泄露事件发生概率。当发生切实、疑似或潜在数据泄露事件时,依托"数据泄露响应流程",实施包括上报、判断、分析、处置、修复、通知、复盘与改进等事件响应全流程并自动记录,满足事件多方协同处置、内部文件调阅、外部证据呈送等需求,使数据泄露事件更加科学、妥善地得到处理。中兴公司从跨境前环节、跨境传输执行合规措施、跨境数据的后续使用三个数据跨境全生命周期维度开展评估,基于风险评估整理问题清单,以"风险为导向"的合规策略,对问题从风险影响程度及风险发生可能性两个维度进行高、中、低三个风险等级划分,并制定相应的风险处置策略。

通过技术措施管控合规风险。中兴公司密切关注并积极采用最佳、适用的数据保护技术措施,通过信息系统改造和专业工具嵌入,促进合规要求的落地履行。具体地,技术部门在数据采集、存储、使用、传递、销毁等广义数据处理环节,对数据进行加密、匿名化、假名化等安全技术嵌入、双因素认证、权限管理、访问监测等安全措施应用,突出技术对数据保护过程控制的支撑作用,确保全流程的数据处理可记录、可查询、可追溯和可核验。例如,数据采集阶段,一方面更新隐私政策、Cookie 政策,并取得授权同意;另一方面结合风险等级对数据字段的采集必要性进行自评估,主动剔除了定位、联系人等一批非必要个人数据,从数据生命周期的源头管控好安全基线。数据销毁阶段,增加了用户账号和个人数据注销功能,并对业务系统中存量数据进行脱敏或匿名化,采购专业第三方工具确保达到欧盟数据销毁的严苛标准。[1]

通过管理措施管控合规风险。中兴公司建立了以风险为导向的隐私保护合规管理体系，通过风险评估与持续改进，更好地适应不断变化的内外部环境。通过风险评估方法，针对合规管控点，通过自查、检查、审计、调查等不同方式验证和监督数据处理活动，确保合规治理要求及合规管控点的切实执行。通过动态的业务再评估和风险再发现，反哺和优化合规规则，调整和改善管控措施，提高整体隐私保护合规水平。中兴公司聚焦业务、国别两个方向提高合规能力。业务方向，加强规则与业务活动流程之间的联系，使规则与业务发展相匹配。国别方向，加强重点国家和地区，针对特殊规定对全球规则作出适用性解释，对本地化规则进行灵活适配。

企业在通过技术措施管控数据合规风险时，可以自建技术能力，也可以采购专业第三方工具和服务。奇安信在为客户提供数据合规服务过程中，从特权账号管理、动态访问权限控制、API安全管理以及数据安全态势感知运营等五个方面，多维度助力客户监控数据合规风险。特权账号管理方面，以保障特权账号安全为核心，能够主动发现各类基础设施资源的账号分布、识别账号风险[2]、管理账号使用，实现对各类基础设施资源账号的全生命周期管理，降低因账号口令泄露或被非法利用而造成的数据外泄风险。动态访问权限控制方面，聚焦访问权限，在访问层面构建统一策略管控体系，"明确是什么部门的什么人、在什么地方、因为什么任务、访问什么数据里的什么字段"，做到"主体身份可信、行为操作合规、计算环境与数据实体有效防护"，保证安全地访问数据。API安全管理方面，聚焦打造持续监测响应的API安全防护能力，在检测传统Web攻击同时，还可检测与预警API传输中的敏感数据，建立基于用户访问行为的用户画像或行为模型，发现API未认证访问、弱口令登录、未授权访问、异常访问行为等。此外，API卫士还具有基于自动化发现并可视化展示及管理API能力，能够及时发现与预警僵尸、未知等异常API，以及避免在API设计之初由于缺乏统一规范导致后期大量API无法统一管理而引入的安全问题。安全态势感知方面，数据安全态势感知运营中心能够主动扫描数据资产，识别敏感数据，检查敏感数据驻留风险，建立敏感数据分布态势。同时，通过全流

---

[1] 数据保护合规保障[EB/OL]. 中兴公司官网，2022 [2022-06-14]. https://www.zte.com.cn/china/about/trust-center/Legal-and-Compliance/201901230922/202004031555.

[2] 包括弱口令、僵尸账号、幽灵账号、长期未改密账号、账号违规授权等。

量深度解析，自动梳理涉敏账户、涉敏接口、涉敏应用等涉敏资产，建立敏感数据流动态势。并且，数据安全态势感知运营中心还内嵌了多种数据风险感知策略与行为基线学习模型，及时发现可疑行为。

7.2.4 第三方合规管理

很多情况下，企业的合规风险可能并不是来自企业内部，而是上下游合作方，因此第三方合规管理也是企业建立数据合规体系的重要一环。第三方合规管理包括事前、事中和事后的全流程管理，包括准入、合作前尽职调查、对接部门安全责任、数据安全监测评估、变更及退出等事前、事中、事后各个环节的合规要点。信息通信和互联网行业常见的第三方包括数据提供方、平台和平台内经营者、技术服务提供商、广告服务提供方、SDK供应商等多种类型，在设置第三方合规管理制度时需要根据企业自身的业务模式和需求设计。例如，高度依赖外部数据资源的企业可能着重于数据来源合规性的审查，而作为数据提供方的企业则需要着重于数据接收方的资质审核、合同限制、数据加密、技术监测等手段来避免下游企业的数据滥用。

中兴公司特别关注在供应商引入环节就嵌入数据保护合规要求，通过嵌入数据保护要求促进与供应商的合规共建，包括供应商协议签署、数据跨境转移审批等关键合规管控，对供应链上下游隐私保护合规生态建设发挥推动作用。此外，根据具体的合作业务场景，中兴公司对合作伙伴数据保护合规能力进行评估，确保合作过程中进行的数据处理活动合法合规。中兴公司与合作伙伴在数据处理协议中明确各自角色及其职责，各自在数据主体行权以及发生数据泄露时需履行的义务，在将数据共享、转移给合作伙伴的过程中，遵守数据保护合规要求以及协议中规定的义务。[1]

7.2.5 合规培训与合规文化

为确保员工理解企业的数据合规规章制度、组织机构等内容，提高员工的数据合规意识，明确其数据合规职责，将数据合规融入业务运营的过程中，企业可以将数据合规内容增加到员工入职培训中，并通过每半年或每一年组织一次常规数据合规培训，再辅之以专题培训来确保数据合规知识的宣贯到位。培

---

[1] 中兴通讯隐私保护白皮书 [EB/R]. 中兴公司官网，2020 [2022-06-14]. https://res-www.zte.com.cn/mediares/zte/Files/PDF/white_book/202102031104CN.pdf?la=zh-CN.

训形式可采用线上和线下相结合、内部培训和外部培训相结合的方式，培训内容包括但不限于行业相关法律法规普及、信息安全知识、数据安全红线、用户隐私保护、信息安全技能、内部相关管理制度、内部相关流程、合规案例宣贯、数据安全事件复盘、真实案件演练等。此外，对企业各部门的管理人员、处理数据的一线人员更应强化相关法律法规的学习，加强其数据合规意识。为了提高员工的参与度和强化培训效果，企业还可以考虑将培训内容模块化，通过模拟场景和测试检验培训效果，并给完成培训和通过测试的员工颁发相关证书和徽章等。

合规培训是公司合规意识提升、合规文化建设的重要组成部分。中兴公司通过持续的合规培训和能力内化提升，促进各相关方准确理解合规要求，严格执行制度流程，实现合规要求有指引、合规咨询有回应、合规措施有执行的建设目标。培训体系方面，中兴公司建立了课程开发、培训实施、效果验证的一体化闭环机制，多维度促进员工合规意识和能力提升。课程开发端，通过全员课程、关键领域课程、基础宣贯、专题宣贯相搭配；培训实施端，采用"通识+业务"分层次培训模式，实现全域、全员覆盖；效果验证端，建立了以考促学机制，重要培训辅以考试评测，保证培训效果。

第8章

个人信息保护合规

8.1 个人信息保护合规和要点

8.1.1 法律法规一览表及重点法条解析

8.1.1.1 法律法规一览表

欧盟《通用数据保护条例》（GDPR）于2016年4月正式颁布，并于2018年5月正式生效。鉴于GDPR的域外效力，所有在欧盟境内开展业务活动、处理欧盟境内采集的个人信息等活动的企业、组织均可能受制于GDPR的相关要求，GDPR的正式生效在全球范围内引起强烈的关注。随后，在GDPR的影响下，全球范围内个人信息保护立法兴起。在此背景下，中国于2016年11月正式颁布《网络安全法》，形成了我国第一部全面规范网络空间安全管理方面问题的基础性法律，并涵盖了法律层面与个人信息保护相关的基础性要求。2020年5月，《民法典》正式公布，并将个人信息与隐私权明确列入人格权的范畴之内，属于民事主体享有的基本权利。此后，2021年《数据安全法》《个人信息保护法》的相继出台逐步健全了我国数据保护立法体系，且《个人信息保护法》作为我国第一部个人信息保护专项立法，为个人信息保护相关后续立法、司法以及执法工作提供了主要依据。将个人信息保护合规领域的法律法规、标准按文件名称、效力级别、发布主体、实施年份等维度进行梳理，形成个人信息保护合规法律法规和规范性文件一览表，如表8-1所示。

表8-1 个人信息保护相关法律法规和规范性文件一览表

序号	名称	效力级别	发布主体	实施年份	备注
1	《网络安全法》	法律	全国人大常委会	2017年	

续表

序号	名称	效力级别	发布主体	实施年份	备注
2	《民法典》	法律	全国人民代表大会	2021 年	
3	《个人信息保护法》	法律	全国人大常委会	2021 年	
4	《数据安全法》	法律	全国人大常委会	2021 年	
5	《未成年人保护法》	法律	全国人大常委会	2021 年	
6	《刑法》	法律	全国人民代表大会	1980 年	2015 年《刑法修正案（九）》将侵犯公民个人信息罪加入《刑法》
7	《规范互联网信息服务市场秩序若干规定》	部门规章	工信部	2012 年	
8	《电信和互联网用户个人信息保护规定》	部门规章	工信部	2013 年	
9	《互联网论坛社区服务管理规定》	部门规范性文件	网信办	2017 年	
10	《关于开展 App 违法违规收集使用个人信息专项治理的公告》	部门工作文件	中央网信办、工信部、公安部、国家市场监督管理总局	2019 年	
11	《互联网个人信息安全保护指南》	部门规范性文件	公安部	2019 年	
12	《儿童个人信息网络保护规定》	部门规章	网信办	2019 年	
13	《App 违法违规收集使用个人信息行为认定方法》	部门工作文件	网信办秘书局、工信部办公厅、公安部办公厅、国家市场监督管理总局办公厅	2019 年	

续表

序号	名称	效力级别	发布主体	实施年份	备注
14	《常见类型移动互联网应用程序必要个人信息范围规定》	部门规范性文件	网信办秘书局、工信部办公厅、公安部办公厅、国家市场监督管理总局办公厅	2021年	
15	《网络安全审查办法》	部门规章	网信办、发改委、工信部等13个部门	2022年	
16	《移动互联网应用程序信息服务管理规定》	部门规章	网信办	2022年	

8.1.1.2 重点法条及解析

(1)《网络安全法》核心规定及解读。

第三十七条 关键信息基础设施的运营者在中华人民共和国境内运营中收集和产生的个人信息和重要数据应当在境内存储。因业务需要，确需向境外提供的，应当按照国家网信部门会同国务院有关部门制定的办法进行安全评估；法律、行政法规另有规定的，依照其规定。

【法条解析】 本条首次确立了关键信息基础设施重要数据以及个人信息跨境传输的规则。根据《关键信息基础设施安全保护条例》第2条规定，关键信息基础设施是指公共通信和信息服务、能源、交通、水利、金融、公共服务、电子政务、国防科技工业等重要行业和领域的，以及其他一旦遭到破坏、丧失功能或者数据泄露，可能严重危害国家安全、国计民生、公共利益的重要网络设施、信息系统等。此外，本条还规定了数据本地化存储并限制对关键信息基础建设所涉及的个人信息和重要数据的数据境外流动，具体明确了关键信息基础设施在国内运营中收集的个人信息应当储存于境内。如果需要向境外提供收集的个人信息的，应当向网信部门同国务院有关部门进行安全评估。

第四十一条 网络运营者收集、使用个人信息，应当遵循合法、正当、必要的原则，公开收集、使用规则，明示收集、使用信息的目的、方式和范围，并经被收集者同意。

网络运营者不得收集与其提供的服务无关的个人信息，不得违反法律、行政法规的规定和双方的约定收集、使用个人信息，并应当依照法律、行政法规的规定和与用户的约定,处理其保存的个人信息。

【法条解析】本条规定了个人信息收集使用规则。总体而言,本条内容与后续修订出台的《民法典》第 1035 条规定相一致,即需要遵循以下原则:第一,合法原则,信息处理者处理个人信息必须要有合法的依据,且处理的方法应当符合法律的规定;第二,正当原则,信息处理的目的和手段还要正当,应当遵循公序良俗和遵守诚实信用原则;第三,必要原则,处理个人信息的目的应当特定,处理应当受到一定的限制,通常不得超出目的范围处理个人信息,不得处理与实现所涉目的无关的个人信息;第四,公开原则,信息处理者在处理个人信息时应当公开,并且明示处理信息的目的、方式和范围,确保信息主体享有知情权。

此外,本条第 2 款还对网络运营者所收集的个人信息范围作出限定,即"不得与所提供服务无关""依照法律、行政法规的规定"以及"不得违反双方约定"等,为后续的《民法典》中处理个人信息应遵循的合法、正当、必要原则,以及《个人信息保护法》中"明确、合理目的""最小范围"等原则的形成奠定了基础。

【案例演绎】某 App 以不正当手段变相胁迫、强制用户提供具体范围不够明确的个人信息行为

某用户新下载某大型出行平台 App,页面会直接跳出《服务协议》《隐私政策》的温馨提示,并仅有两个选择:"同意并继续""不同意并退出"。用户必须点击同意该 App 的《服务协议》《隐私政策》方能使用该 App,如不同意,将直接退出该 App,而该 App 要求用户签署的《服务协议》《隐私政策》中均包含了对用户个人信息收集和使用的条款。法院认为,该 App 的行为系明显的个人信息强制收集、使用行为,违反了《网络安全法》第 41 条中的正当性原则,该正当不仅包括信息处理的目的正当,还包括信息收集的手段正当,法律禁止非法收集、使用个人信息。故该 App 以捆绑服务、强制停止使用等不正当手段变相胁迫、强制用户提供具体范围不够明确的个人信息的行为,违反了我国法律有关处理个人信息的正当性原则。

第四十二条 网络运营者不得泄露、篡改、毁损其收集的个人信息;未经被收集者同意,不得向他人提供个人信息。但是,经过处理无法识别特定个人且不能复原的除外。

网络运营者应当采取技术措施和其他必要措施,确保其收集的个人信息安

全，防止信息泄露、毁损、丢失。在发生或者可能发生个人信息泄露、毁损、丢失的情况时，应当立即采取补救措施，按照规定及时告知用户并向有关主管部门报告。

【法条解析】 本条规定了网络运营者的个人信息保护义务。第1款具体规定了"不得泄露、篡改、毁损其收集的个人信息""不得向他人提供个人信息"。本条同时明确了"经过处理无法识别特定个人且不能复原的除外"，即所谓"匿名化信息"可以向他人提供。

第2款还规定了网络运营者有确保其收集、存储的个人信息安全的保障义务。信息处理者应当采取技术措施和其他必要措施，确保其收集的个人信息安全，防止信息泄露、毁损、丢失。这些措施可能包括技术手段，如设置多重密码、设置防火墙以防止病毒入侵等。除此之外，还规定了个人信息泄露、毁损、丢失后的报告义务。可能发生个人信息泄露、毁损、丢失的，应当立即采取补救措施，依照规定及时告知用户并向有关主管部门报告，以确保用户的个人信息安全。以上规定与后续出台的《个人信息保护法》要求基本一致。

【案例演绎】 某购物App泄露顾客个人信息案

周某在某购物App中购物后申请退款，第二天接到某售后的电话并添加了微信，在微信聊天中，某售后将周某在该App上的购物详情发至周某，使周某误以为该客服为该App的客服，并将其银行卡与动态密码发给该客服，后被窃取近30 000元。该App称，信息泄露有可能是打包给供应商、快递公司后二者所为，而不是该App所为，并且周某并未举证是该App所为。法院认为，该App未能举证证明涉案信息泄露归因于供应商、快递公司等第三方。其次，将购物信息打包给供应商、快递公司等第三方，在信息传送过程中存在泄露信息的可能。该App一方面因其经营性质掌握了大量的消费者个人信息，另一方面应有相应能力保护好消费者的个人信息免受泄露，本案信息泄露事件的发生，在排除其他泄露隐私信息可能性的前提下，可以认定是由于该App疏于防范导致的结果，因而可以认定其具有过错，应承担侵权责任。

第四十三条 个人发现网络运营者违反法律、行政法规的规定或者双方的约定收集、使用其个人信息的，有权要求网络运营者删除其个人信息；发现网络运营者收集、存储的其个人信息有错误的，有权要求网络运营者予以更正。网络运营者应当采取措施予以删除或者更正。

【法条解析】 本条明确了个人信息的删除权和更正权。该等权利在后续出台的《个人信息保护法》中予以进一步明确。具体而言，删除权包括信息主体在法定或约定的事由出现时，请求网络运营者删除其个人信息的权利。此外，个人信息更正权是指信息主体请求网络运营者对不正确、不全面的个人信息进行改正与补充的权利。

【案例演绎】甲公司怠于采取措施构成侵权

2018年10月，孙某某通过甲公司运营的搜索引擎搜索"孙某某"关键词，发现该搜索引擎收录并制定了其在某校友录网站上传的个人证件照（个人头像）。随后，孙某某要求甲公司删除其证件照，但未得到甲公司的任何处理，故诉至法院，要求判令甲公司赔偿其经济损失1万元。法院认为甲公司虽然对其通过提供搜索引擎服务使用该等信息不存在过错，但甲公司收到删除通知后应及时采取措施，故其怠于采取措施的行为构成侵权。

(2)《民法典》核心规定及解读。

第一百一十一条 自然人的个人信息受法律保护。任何组织或者个人需要获取他人个人信息的，应当依法取得并确保信息安全，不得非法收集、使用、加工、传输他人个人信息，不得非法买卖、提供或者公开他人个人信息。

【法条解析】本条奠定了自然人个人信息受法律保护的基础，并明确了其他民事主体对他人个人信息保护的三项义务。第一，任何组织或者个人需要获取他人个人信息的，应当依法取得并确保信息安全。第二，不得非法收集、使用、加工、传输他人个人信息。第三，不得非法买卖、提供或者公开他人个人信息。

第一千零三十五条 处理个人信息的，应当遵循合法、正当、必要原则，不得过度处理，并符合下列条件：

（一）征得该自然人或者其监护人同意，但是法律、行政法规另有规定的除外；

（二）公开处理信息的规则；

（三）明示处理信息的目的、方式和范围；

（四）不违反法律、行政法规的规定和双方的约定。

个人信息的处理包括个人信息的收集、存储、使用、加工、传输、提供、公开等。

【法条解析】本条指明了处理个人信息应当遵循以下原则：

第一，合法原则。信息处理者处理个人信息必须有合法的依据，且处理的方法应当符合法律的规定。合法的依据主要来自两个方面：一是法律法规的明确规定；二是信息主体的同意。

第二，正当原则。处理个人信息除要遵循合法原则外，信息处理的目的和手段还要正当，应当尊重公序良俗和遵守诚实信用原则，并且要尽量满足透明的要求，以便当事人能够充分了解情况，自主行使自己的权利。

第三，必要原则。处理个人信息的目的应当特定，通常不得超出目的范围处理个人信息，不得处理与实现所涉目的无关的个人信息。

第四，公开透明原则。信息处理者在处理个人信息时应当公开，并且明示处理信息的目的、方式和范围，确保信息主体享有知情权。

【案例演绎】某网站侵害个人信息案

成都某网站员工用某律师执业证号注册某网站，该律师发现后遂与该网站协商，协商未果，将该网站诉至法院。法院认为，该网站未经某律师许可将其律师执业证信息登记在其后台数据库中，该网站虽自述其系从湖南省司法厅主管的如法网公开信息中收集了该律师执业证信息，且仅用于后台数据库，未对外公开和进行商业用途，但律师执业证是律师重要的个人信息，是其从事执业活动的有效证件，公开的目的是核定律师身份。律师的律师执业证信息虽依法公开但未经其本人同意不得用于当事人查证以外的其他用途。本案中，网站未经该律师允许使用其律师执业证信息的行为明显缺乏必要性和正当性，确系对其个人信息的不当使用，存在过错，在一定程度上构成了对该律师个人信息权的侵害。鉴于网站存在侵权行为，故法院认为律师要求网站赔礼道歉的诉讼请求应当予以支持。

第一千零三十七条 自然人可以依法向信息处理者查阅或者复制其个人信息；发现信息有错误的，有权提出异议并请求及时采取更正等必要措施。

自然人发现信息处理者违反法律、行政法规的规定或者双方的约定处理其个人信息的，有权请求信息处理者及时删除。

【法条解析】个人信息权利人享有的权利包括：

一是个人信息查询权。信息主体有权查阅其个人信息被处理的情况，并有权对处理的个人信息进行复制。

二是个人信息更正权。信息主体请求信息处理主体对不正确、不全面的个人信息进行改正与补充的权利。个人信息更正权具体包括个人信息错误更正权、个人信息补充权、个人信息更新权。

三是个人信息删除权。信息主体在法定或约定的事由出现时请求信息处理者删除其个人信息的权利。信息主体可以请求删除个人信息的情形主要有以下几种：一是处理个人信息的行为不合法；二是信息处理者处理个人信息的目的已不存在，其没有必要再保存个人信息；三是信息主体与信息处理者约定的处理个人信息期限已届满，根据约定，信息主体有权要求信息处理者删除其个人信息。

在此基础上，立法部门后续又在《个人信息保护法》中对更多个人信息主体基于个人信息的权利予以补充。

【案例演绎】 法院判决消除杨某不良记录案

某法院判决杨某对一笔贷款不承担责任，然而发放贷款的农商银行仍将该笔贷款的交易信息记录在杨某的个人信息中，农商银行声称杨某与他人共谋骗取贷款不予修改。法院认为根据判决已确认不再由杨某对该笔贷款承担责任，故该笔贷款的原交易信息不应再计入杨某的个人信用报告，杨某要求消除该不良记录的诉求，予以支持。

第一千零三十八条 信息处理者不得泄露或者篡改其收集、存储的个人信息；未经自然人同意，不得向他人非法提供其个人信息，但是经过加工无法识别特定个人且不能复原的除外。

信息处理者应当采取技术措施和其他必要措施，确保其收集、存储的个人信息安全，防止信息泄露、篡改、丢失；发生或者可能发生个人信息泄露、篡改、丢失的，应当及时采取补救措施，按照规定告知自然人并向有关主管部门报告。

【法条解析】 在个人信息保护中，信息处理者的义务至关重要。本条明确了信息处理者的主要义务，包括：

一是"不得泄露、篡改其收集、存储的个人信息"的义务。

二是"不得向他人非法提供其个人信息"的义务。这意味着，除非经过信息权利人同意，否则，不得向他人提供其个人信息。本条同时明确，"经过加工无法识别特定个人且不能复原的"个人信息，可以向他人提供。

三是确保其收集、存储的个人信息安全的义务。信息处理者应当采取技术措施和其他必要措施，确保其收集、存储的个人信息安全，防止信息泄露、篡改、丢失。这些措施主要是技术手段，如设置多重密码、设置防火墙以防病毒入侵等。

四是个人信息泄露、篡改、丢失后的报告义务。这意味着，在发生或者可能发生个人信息泄露、篡改、丢失的，应当及时采取补救措施，依照规定告知信息权利人并向有关主管部门报告，以防止个人信息进一步被泄露、篡改、丢失，避免损失进一步扩大。

【案例演绎】 某保险公司泄露客户个人信息案

孟某于王某处购买某人寿保险公司的终身寿险。某日孟某在出差时收到陌生短信声称可以将已购买的保险退保并以优惠2万元的价格在蒋某处另行购买，短信中同时还附有孟某之年龄。此时孟某得知其个人信息遭到泄露，遂与王某一道要求蒋某查询原因，协商未果，孟某遂诉至法院。法院认为孟某投保时所提供的姓名、身份证号码、电话号码、家庭住址等均属于其个人信息。保险公司工作人员对履行职务过程中所知悉的客户隐私和个人信息负有保密义务。现保险公司的工作人员通过非法途径获取并泄露了原告的隐私及个人信息，该保险公司作为原告信息的保管者应当承担侵权责任。

(3)《个人信息保护法》核心规定及解读。

第三条 在中华人民共和国境内处理自然人个人信息的活动，适用本法。

在中华人民共和国境外处理中华人民共和国境内自然人个人信息的活动，有下列情形之一的，也适用本法：

（一）以向境内自然人提供产品或者服务为目的；

（二）分析、评估境内自然人的行为；

（三）法律、行政法规规定的其他情形。

【法条解析】 本条明确了《个人信息保护法》的适用范围，可以看出其采取的是属地与属人相结合的原则，并赋予必要的域外效力。第1款规定了在中国境内处理自然人个人信息的情形。第2款列举了《个人信息保护法》域外适用的情形，其一为向境内自然人提供产品或者服务为目的而处理个人信息的，其二为分析、评估境内自然人的行为而处理个人信息的，其三为法律、行政法规规定的其他情形，为其他的域外适用情形留下了空间。

第四条 个人信息是以电子或者其他方式记录的与已识别或者可识别的自然人有关的各种信息，不包括匿名化处理后的信息。

个人信息的处理包括个人信息的收集、存储、使用、加工、传输、提供、公开、删除等。

【法条解析】 本条对个人信息进行了广义的定义。结合本法第74条对用语含义的说明，所谓"匿名化"是指个人信息经过技术处理后无法通过该信息识别特定自然人且不能复原的过程。在此应注意与个人信息"去标识化"进行区分，后者是指个人信息经过技术处理后，使其在不借助额外信息的情况下无法识别特定自然人的过程。匿名化后的信息不属于个人信息，去标识化后的信息仍属于个人信息。

同时，本条规定了对个人信息的处理包括个人信息的收集、存储、使用、加工、传输、提供、公开、删除等活动。

第十三条　符合下列情形之一的，个人信息处理者方可处理个人信息：

（一）取得个人的同意；

（二）为订立、履行个人作为一方当事人的合同所必需，或者按照依法制定的劳动规章制度和依法签订的集体合同实施人力资源管理所必需；

（三）为履行法定职责或者法定义务所必需；

（四）为应对突发公共卫生事件，或者紧急情况下为保护自然人的生命健康和财产安全所必需；

（五）为公共利益实施新闻报道、舆论监督等行为，在合理的范围内处理个人信息；

（六）依照本法规定在合理的范围内处理个人自行公开或者其他已经合法公开的个人信息；

（七）法律、行政法规规定的其他情形。

依照本法其他有关规定，处理个人信息应当取得个人同意，但是有前款第二项至第七项规定情形的，不需取得个人同意。

【法条解析】本条规定了处理个人信息应当具备相应的合法性基础，并结合实践具体列明了需满足七种情形之一方可处理个人信息。

第1项规定的情形为"同意"，该法第14条对取得有效个人同意的方式予以规定。

第2项规定的情形为"订立、履行个人作为一方当事人的合同所必需"，说明本款要求将订立、履行合同作为处理个人信息活动的唯一目的，举例包含为建立劳动关系，员工与公司签订劳动合同时需要员工提供姓名、身份证号等相关个人信息的场景。同时，还需注意提供充分的依据满足本款中所规定的"必需"要件。

第3项规定的情形为"为履行法定职责或者法定义务所必需"。根据本款规定，若个人信息处理者要以此为处理个人信息合法性的基础，则有必要明确其基于履行法定职责或者法定义务处理个人信息的合法性。

第4项规定的情形为"为应对突发公共卫生事件,或者紧急情况下为保护自然人的生命健康和财产安全所必需"。本款为个人信息处理者在某些特殊情形下处理个人信息提供了依据。

第5项规定的情形为"为公共利益实施新闻报道、舆论监督等行为,在合理的范围内处理个人信息"。本款规定的行为包括在新闻报道、舆论监督等行为中使用个人信息,并对其施加公共利益为目的的限缩以及合理范围内的限度要求。

第6项规定的情形为"依照本法规定在合理的范围内处理个人自行公开或者其他已经合法公开的个人信息"。对于已经依法公开的个人信息,信息主体对于信息公开的情形已有所知悉,因此允许在合理范围内使用已公开的个人信息。

第7项为兜底条款,为"法律、行政法规规定的其他情形"留下了一定适用空间。

第十四条 基于个人同意处理个人信息的,该同意应当由个人在充分知情的前提下自愿、明确作出。法律、行政法规规定处理个人信息应当取得个人单独同意或者书面同意的,从其规定。

个人信息的处理目的、处理方式和处理的个人信息种类发生变更的,应当重新取得个人同意。

【法条解析】本条规定了个人信息处理者在基于同意处理个人信息的情形下取得个人同意的方式。

第1款规定了一般同意和特殊同意的情形。

对于一般同意情形,由于法律保护公民的知情权,个人信息处理者应在明确个人充分知情的基础上,由个人基于其意愿来作出明确的意思表示,即"知情+同意"。

对于特殊同意情形,其来源于法律或行政法规的规定,具体要求为在法律或行政法规明确规定的某些场景下,个人信息处理者应当遵守相关规定取得个人的"单独同意或者书面同意"。《个人信息保护法》中现已规定了五种需要单独同意的情形,分别是"向第三方提供其处理的个人信息""公开其处理的个人信息""对外提供个人图像、个人身份特征信息""基于个人同意处理敏感个人信息"以及"向中国境外提供个人信息"。

同时,本条第2款规定了在处理目的、处理方式和处理的个人信息种类发生变更的情况下，需要重新获取个人信息主体的同意。

第十七条 个人信息处理者在处理个人信息前，应当以显著方式、清晰易懂的语言真实、准确、完整地向个人告知下列事项：

（一）个人信息处理者的名称或者姓名和联系方式；

（二）个人信息的处理目的、处理方式，处理的个人信息种类、保存期限；

（三）个人行使本法规定权利的方式和程序；

（四）法律、行政法规规定应当告知的其他事项。

前款规定事项发生变更的，应当将变更部分告知个人。

个人信息处理者通过制定个人信息处理规则的方式告知第一款规定事项的，处理规则应当公开，并且便于查阅和保存。

【法条解析】 本条规定了个人信息处理者在处理信息前对信息主体告知的要求。

第1款规定：①告知的时间为处理个人信息前；②语言应清晰易懂，便于理解，不得有歧义；③告知的原则为真实、准确、完整；④告知具体内容要求为本条所载明的内容，即"个人信息处理者的名称或者姓名和联系方式""处理目的、处理方式，处理的个人信息种类、保存期限""个人行使本法规定权利的方式和程序""法律、行政法规规定应当告知的其他事项"。

第2款规定了处理目的和规则等发生变化时，应及时重新告知信息主体。

第3款规定了告知的方式的特殊要求，即要求个人信息处理规则应该公开，且便于查阅与保存，确保信息主体能够即时查看。

此外，本条所规定的告知要求并未对其适用情形作出限制，这说明在《个人信息保护法》中基于任何一类合法性基础处理个人信息时都要符合本条规定的告知要求。

第二十四条 个人信息处理者利用个人信息进行自动化决策，应当保证决策的透明度和结果公平、公正，不得对个人在交易价格等交易条件上实行不合理的差别待遇。

通过自动化决策方式向个人进行信息推送、商业营销，应当同时提供不针对其个人特征的选项，或者向个人提供便捷的拒绝方式。

通过自动化决策方式作出对个人权益有重大影响的决定，个人有权要求个人信息处理者予以说明，并有权拒绝个人信息处理者仅通过自动化决策的方式作出决定。

【法条解析】本条明确了对利用个人信息进行自动化决策的要求。具体而言，自动化决策是指通过程序自动分析、评估个人的行为习惯、兴趣爱好或者经济、监控、信用状况等，进行决策的活动。

本条第1款对自动化决策的过程和处理结果作出了规定，要求其过程保证具有透明性和结果的公平、公正。具体要求不得对个人在交易价格等交易条件上实行不合理的差别待遇，在实践中常见为"大数据杀熟"的行为，即利用大数据技术，对用户的信息进行分析和处理，从而实行差异化定价以达到目的最大化。

本条第2款针对自动化决策向个人进行信息推送、商业营销的行为，要求信息处理者提供的选项不针对个人特征。这与《电子商务法》第18条第1款规定类似。

第二十八条 敏感个人信息是一旦泄露或者非法使用，容易导致自然人的人格尊严受到侵害或者人身、财产安全受到危害的个人信息，包括生物识别、宗教信仰、特定身份、医疗健康、金融账户、行踪轨迹等信息，以及不满十四周岁未成年人的个人信息。

只有在具有特定的目的和充分的必要性，并采取严格保护措施的情形下，个人信息处理者方可处理敏感个人信息。

【法条解析】本条规定了敏感个人信息的定义以及处理要求。

第1款明确了"敏感个人信息"的定义。

第2款指明处理敏感个人信息应当遵循"特定的目的"和"充分的必要性"的要求，且必须采取严格的保护措施。具体而言，如何判断"特定的目的"和"充分的必要性"为敏感信息处理的关键。通常"特定的目的"需要个人信息处理者针对不同的业务场景，确保所收集的敏感个人信息都有其具体的目的，而不宜适用概括的用途来收集个人信息。"充分的必要性"意味着对敏感个人信息的处理是实现处理目的所充分必要的。

第三十八条 个人信息处理者因业务等需要，确需向中华人民共和国境外提供个人信息的，应当具备下列条件之一：

（一）依照本法第四十条的规定通过国家网信部门组织的安全评估；

（二）按照国家网信部门的规定经专业机构进行个人信息保护认证；

（三）按照国家网信部门制定的标准合同与境外接收方订立合同，约定双方的权利和义务；

（四）法律、行政法规或者国家网信部门规定的其他条件。

中华人民共和国缔结或者参加的国际条约、协定对向中华人民共和国境外提供个人信息的条件等有规定的，可以按照其规定执行。

个人信息处理者应当采取必要措施，保障境外接收方处理个人信息的活动达到本法规定的个人信息保护标准。

【法条解析】本条规定了个人信息处理者向境外提供个人信息的要求。具体而言，本条第 1 款明确了个人信息出境的前提为"因业务等需要"。在该前提下，又进一步规定了信息处理者向境外提供个人信息时需满足以下四种条件之一。

第 1 项要求依照《个人信息保护法》第 40 条的规定通过国家网信部门组织的安全评估。具体而言，其对关键基础设施运营者和处理个人信息达到一定规模的处理者提出了严格的要求，即其应当将在中华人民共和国境内收集和产生的个人信息存储在境内，若要将其所收集和产生的个人信息传输至境外，则需要通过国家网信部门的安全评估。

第 2 项要求按照国家网信部门的规定经专业机构进行个人信息保护认证，但暂未明确认证实施的主体、程序以及具体内容。

第 3 项要求按照国家网信部门制定的标准合同与境外接收方订立合同，约定双方的权利和义务。

第 4 项为兜底条款。

第四十五条 个人有权向个人信息处理者查阅、复制其个人信息；有本法第十八条第一款、第三十五条规定情形的除外。

个人请求查阅、复制其个人信息的，个人信息处理者应当及时提供。

个人请求将个人信息转移至其指定的个人信息处理者，符合国家网信部门规定条件的，个人信息处理者应当提供转移的途径。

【法条解析】本条规定了信息主体的查阅权、复制权和可携带权。

此处与《民法典》第 1037 条相对应，指自然人对其个人信息的查阅复制权，信息主体有权查阅其个人信息处理情况，并有权对处理的个人信息进行复制。与《民法典》规定不同的是，本条第 1 款新增了查阅权与行使权的例外，即"有法律、行政法规规定应当保密或者不需要告知的情形的"和"国家机关为履行法定职责处理个人信息"时信息处理者有权拒绝信息主体查阅复制信息的请求。

同时,本条也新增了"可携带权",这里对个人信息处理者提出了更高的要求。信息主体有权要求信息处理者将个人信息转移至其指定的个人信息处理者,因此,个人信息处理者有义务配合信息主体将个人信息转移至其指定的个人信息处理者。

第五十一条 个人信息处理者应当根据个人信息的处理目的、处理方式、个人信息的种类以及对个人权益的影响、可能存在的安全风险等,采取下列措施确保个人信息处理活动符合法律、行政法规的规定,并防止未经授权的访问以及个人信息泄露、篡改、丢失:

(一)制定内部管理制度和操作规程;

(二)对个人信息实行分类管理;

(三)采取相应的加密、去标识化等安全技术措施;

(四)合理确定个人信息处理的操作权限,并定期对从业人员进行安全教育和培训;

(五)制定并组织实施个人信息安全事件应急预案;

(六)法律、行政法规规定的其他措施。

【法条解析】 本条规定了个人信息处理者的安全保护义务,并对个人信息处理者应当采取的个人信息的安全风险防范措施予以明确:①内部管理制度和操作规程上要制定细化的操作规程,从而管控具体业务中对个人信息的处理目的、处理方式、个人信息的种类以及对个人的影响、可能存在的安全风险等。②个人信息的分类管理上,在《数据安全法》和《网络安全法》中均涉及对数据进行分类分级保护的规定。因此,需要对个人信息进行分类,并根据其所属类型分级保护。例如,区分一般个人信息和敏感个人信息,并以类定级,确定需采取的相应保护措施。③关于具体保护个人信息的技术措施,应对个人信息采用相应的加密、去标识化等安全技术手段,确保个人信息得到有效管控。"去标识化",是指个人信息经过处理,使其在不借助额外信息的情况下无法识别特定自然人的过程。除此之外,也应采取其他安全措施降低个人信息的安全风险。④个人信息处理操作权限上,应参考《个人信息安全规范》确保个人信息操作权限的合理配置,并定期对从业人员进行安全教育和培训。⑤安全事件应急方面,还应对涉及个人信息被泄露、窃取、篡改等安全事件制定相应的应急预案。⑥本项为兜底条款,若法律、行政法规有其他规定,应照其规定。

(4)《未成年人保护法》核心规定及解读。

第七十二条 信息处理者通过网络处理未成年人个人信息的,应当遵循合法、正当和必要的原则。处理不满十四周岁未成年人个人信息的,应当征得未成年人的父母或者其他监护人同意,但法律、行政法规另有规定的除外。

未成年人、父母或者其他监护人要求信息处理者更正、删除未成年人个人信息的,信息处理者应当及时采取措施予以更正、删除,但法律、行政法规另有规定的除外。

【法条解析】本条规定了对未成年人信息处理的规定,其与《民法典》第1035条、第1037条相呼应,同样应当遵守合法、正当与必要原则,具体要求请参考上文《民法典》第1035条之法律解读。应当着重指出的是,处理不满14周岁未成年人个人信息的,应当征得其父母或其他监护人的同意,除非法律法规另有规定。

未成年人享有个人信息的更正、删除权,此处未成年人、其父母或其他监护人均可以行使该权利。个人信息更正权、删除权的具体内容可参考上文《民法典》第1037条的法律解读。

(5)《刑法》。

第二百五十三条之一【侵犯公民个人信息罪】 违反国家有关规定,向他人出售或者提供公民个人信息,情节严重的,处三年以下有期徒刑或者拘役,并处或者单处罚金;情节特别严重的,处三年以上七年以下有期徒刑,并处罚金。

违反国家有关规定,将在履行职责或者提供服务过程中获得的公民个人信息,出售或者提供给他人的,依照前款的规定从重处罚。

窃取或者以其他方法非法获取公民个人信息的,依照第一款的规定处罚。

单位犯前三款罪的,对单位判处罚金,并对其直接负责的主管人员和其他直接责任人员,依照各该款的规定处罚。

【法条解析】根据《最高人民法院、最高人民检察院关于办理侵犯公民个人信息刑事案件适用法律若干问题的解释》,侵犯公民个人信息罪中的个人信息指的是"以电子或者其他方式记录的能够单独或者与其他信息结合识别特定自然人身份或者反映特定自然人活动情况的各种信息,包括姓名、身份证件号码、通信通讯联系方式、住址、账号密码、财产状况、行踪轨迹等"。该定义与《民法典》中对公民个人信息的定义基本相似。

此外，根据《最高人民法院、最高人民检察院关于办理侵犯公民个人信息刑事案件适用法律若干问题的解释》对"向他人出售或者提供公民个人信息"的范围的解释，其明确未经被收集者同意，将合法收集的公民个人信息向他人提供，应当认定为本款"提供公民个人信息"。此外，违反国家有关规定，通过购买、收受、交换等方式获取公民个人信息，或者在履行职责、提供服务过程中收集公民个人信息的，属于本款规定的"以其他方法非法获取公民个人信息"。

【案例演绎】 周某利用工作便利侵犯公民个人信息案

被告人周某为某通讯公司员工，在公司任交付员一职，主要职责是为客户开通、配送联通电话卡以及办理宽带、手机套餐业务。2021年，周某利用为他人办理联通手机卡时，谎称需要将新开通的手机卡激活，将手机卡插入自己的手机内，在办卡人不知情的情况下，将办卡人新开通的手机卡号码发到其加入的淘宝拉新群及京东拉新群，并在收到用于注册淘宝、京东等网络平台账户的验证码后，又将该验证码发到淘宝拉新群及京东拉新群内。周某以每条信息6元至8元的价格从淘宝拉新群及京东拉新群处获得报酬。其间，周某共卖出300余个号码，非法获利6452.5元。经审理，法院判决被告人周某犯侵犯公民个人信息罪，判处有期徒刑6个月，缓刑1年，并处罚金13 000元。同时，周某需要赔偿侵犯公民个人信息造成的社会公共利益损失共计6452.5元，并在公共媒体公开道歉。

8.1.2 个人信息保护的执法与司法现状及趋势

在全球范围内个人信息保护立法兴起的背景下，以《网络安全法》的正式实施为起始，我国监管部门不断完善个人信息保护立法。与此同时，监管部门对App产品的个人信息保护相关执法力度不断加强，司法部门的司法倾向性也日益显著。

8.1.2.1 执法

2019年1月，网信办、工信部、公安部以及国家市场监督管理总局联合发布了《关于开展App违法收集使用个人信息专项治理的违规公告》，明确提出自2019年1月至12月，将以《网络安全法》《消费者权益保护法》等法律法规为基础，在全国范围组织开展App违法违规收集使用个人信息专项治理。具体而言，主管部门将对违法违规收集使用个人信息行为的监管和处罚，对强制、过度收集个人信息，未经消费者同意、违反法律法规规定和双方约定收集、使用个人信息，发生或可能发生信息泄露、丢失而未采取补救措施，非法出售、非法向他人提供个人信息等行为予以处罚。相关处罚措施主要包括责令App运营者限期整改；逾期不改的，公开曝光；情节严重的，依法暂停相关业务、停业整顿、吊销相关业务许可证或者吊销营业执照。

（1）国家互联网信息办公室。

2019年3月，为规范移动互联网应用程序收集、使用用户信息特别是个人信息的行为，加强个人信息安全保护，网信办协同国家市场监督管理总局发布《关于开展App安全认证工作的公告》，建立App个人信息安全认证制度，对符合要求的App运营者颁发安全认证证书并允许使用认证标识，并鼓励搜索引擎和应用商店等明确标识并优先推荐通过认证的App，从而引导消费者选用安全的App产品，利用市场机制的引领作用规范App运营者的研发和推广行为。

至2020年6月，审查认证中心按照公告部署，从申请企业中选择了28款App进行认证试点工作，其中有18款App在认证过程中通过技术验证和现场审核，通过认证决定。据介绍，认证环节主要包括认证申请和受理、技术验证、现场审核、认证决定、证后监督等。审查认证中心网站上公布了受理电话，对客户统一受理认证申请，技术验证由审查认证中心指定的签约实验室执行。违反相关法律法规的App运营者不得申请认证。获证App运营者在认证过程中存在欺骗、隐瞒、违反承诺等不当行为，认证机构将撤销认证。[1]

开展App安全认证工作，主要为建立、完善权威公信的App安全认证体系。App安全认证将作为常态化机制减少各行业管理部门的重复检测和评估，降低监管部门与企业负担。

（2）工业和信息化部。

2019年12月，工信部发布了《关于侵害用户权益行为的App（第一批）通报》，通报了41家存在侵害用户权益行为App企业的名单，并在2020年1月发布了《通报41家存在侵害用户权益行为App企业的名单》，将未按要求整改的3款2019年12月通报的App予以下架。此后，工信部持续在此基础上对涉嫌侵害用户权益的App予以筛查，于2020年共发布了9批通报，于2021年共发布了11批通报，2022年截至4月发布了2批通报，并持续下架未按要求整改的App。

---

[1] 我国App安全认证工作正式开展 首批18款App获颁认证［EB/OL］.央广网，2020［2022-05-10］. https://baijiahao.baidu.com/s?id=1678427341538482485&wfr=spider&for=pc.

工信部在筛查侵害用户权益行为 App 时，重点整治违规收集使用用户个人信息的问题类型包括 App 强制、频繁、过度索取权限，超范围收集个人信息，强制用户使用定向推送功能，欺骗误导强迫用户，应用分发平台上的 App 信息明示不到位，违规使用个人信息，违规收集个人信息等。根据工信部的执法现状，可以预测工信部对侵害用户权益行为 App 的筛查与处罚将持续进行并成为监管部门对 App 个人信息治理工作中重要的执法环节，且可预计的是其执法频率将在个人信息保护立法进一步完善的进程中提升。

（3）公安部。

公安部自 2019 年起启动"净网"行动，严厉打击整治网络违法犯罪，保障数字经济健康发展，保护人民群众合法利益，其中包括对侵犯公民个人信息犯罪的集中打击行动。2020 年，在"净网"行动中，全国共侦办侵犯公民个人信息刑事案件 3100 余起，抓获犯罪嫌疑人 9700 余人，有效维护了网络空间的秩序和人民群众的合法权益。[1]而在 2021 年，全国公安机关全年共破获侵犯公民个人信息案件达到 9800 余起，抓获犯罪嫌疑人 1.7 万人，[2]执法效率显著提升。我们相信公安部门将继续作为个人信息刑事犯罪的主要执法部门，通过"净网行动"持续、加强对网络违法犯罪的监管。

（4）国家市场监督管理总局。

国家市场监督管理总局开展"守护消费"专项执法行动，以打击侵害消费者个人信息违法行为。各地方市场监督管理局自 2016 年起，加强对侵害消费者个人信息权利的行政处罚执法。根据公开信息的检索，2016 年至 2021 年，各地方市场监督管理局就侵害消费者个人信息权利的行政处罚逐年显著递增，自 2016 年的约 16 起行政处罚，增加至 2021 年的约 163 起。整体而言，该等行政处罚案件主要涉及的违法行为为未经消费者同意，收集、使用消费者个人信息等，常见的行政处罚措施包括责令改正、警告以及罚款等。虽然根据相关法律法规，若情节严重，行政处罚措施可能上升至吊销证照等较为严厉的处罚，但是目前执法案例中普遍暂未实际执行。

---

〔1〕公安部："净网"行动侦办侵犯公民个人信息刑事案件 3100 余起［EB/OL］.潇湘晨报，2020［2022-05-10］.https://baijiahao.baidu.com/s?id=1687488962254043847&wfr=spider&for=pc.

〔2〕北京专报｜公安部：2021 年共侦办侵犯公民个人信息案 9800 余起　抓获犯罪嫌疑人 1.7 万名［N/OL］.海报新闻，2022［2022-05-10］.https://baijiahao.baidu.com/s?id=1730143345822271106&wfr=spider&for=pc.

8.1.2.2 司法

（1）刑事司法。

涉及个人信息保护的刑事犯罪处罚依据主要为《刑法》第253条之一"侵犯公民个人信息罪"。2017年5月颁布的《最高人民法院、最高人民检察院关于办理侵犯公民个人信息刑事案件适用法律若干问题的解释》在此基础上对"向他人出售或者提供公民个人信息"的范围予以解释，并对构成侵犯公民个人信息罪的"情节严重"与"情节特别严重"情形予以明确解释。

根据该项刑事司法解释，"情节严重"包括：①出售或者提供行踪轨迹信息，被他人用于犯罪的；②知道或者应当知道他人利用公民个人信息实施犯罪，向其出售或者提供的；③非法获取、出售或者提供行踪轨迹信息、通信内容、征信信息、财产信息50条以上的；④非法获取、出售或者提供住宿信息、通信记录、健康生理信息、交易信息等其他可能影响人身、财产安全的公民个人信息500条以上的；⑤非法获取、出售或者提供第3项、第4项规定以外的公民个人信息5000条以上的；⑥数量未达到第3项至第5项规定标准，但是按相应比例合计达到有关数量标准的；⑦违法所得5000元以上的；⑧将在履行职责或者提供服务过程中获得的公民个人信息出售或者提供给他人，数量或者数额达到第3项至第7项规定标准一半以上的；⑨曾因侵犯公民个人信息受过刑事处罚或者二年内受过行政处罚，又非法获取、出售或者提供公民个人信息的。"情节特别严重"是指：①造成被害人死亡、重伤、精神失常或者被绑架等严重后果的；②造成重大经济损失或者恶劣社会影响的；③数量或者数额达到"情节严重"第3项至第8项规定标准10倍以上的。

实践当中，根据公开信息的检索，自2015年颁布的《刑法修正案（九）》规定侵犯公民个人信息罪后，2015年至2020年，仅有共计约12起违法行为涉及构成侵犯公民个人信息罪的刑事案件，然而仅在2021年一年间，则有共计约957起违法行为涉及构成侵犯公民个人信息罪的刑事案件，刑事执法频率激增。此外，虽然2022年截至4月，相关刑事案件仅有40起，该执法频率下降的原因很可能源于2021年相关刑事执法强度的威慑力下违法行为的显著减少、趋于平常，执法强度暂未明显发现下降之势。

（2）民事公益诉讼。

《民法典》第四编第六章对个人信息保护予以了规定。此外，《个人信息保护法》第70条也明确规定，若个人信息处理者违反规定处理个人信息，侵害众多个人权益的，人民检察院、法律规定的消费者组织和由国家网信部门确定的组织可以依法向人民法院提起诉讼，为民事公益诉讼提供了法律基础。

与个人信息保护相关的民事公益诉讼案件自 2016 年起开始出现，并于 2020 年以及 2021 年出现了较往年案件数量的激增，分别多达每年上百起。此外，如上文所述，截至 2022 年 4 月，相关刑事案件出现频率因往年强力的执法力度有所下降，相应地刑事案件附带民事公益诉讼案件也有所减少。

大多基于个人信息保护的民事公益诉讼通常附带于"侵犯公民个人信息罪""帮助信息网络犯罪活动罪"以及"非法利用信息网络罪"刑事案件中，并主要由人民检察院提起诉讼。也有少量个人信息保护的民事公益诉讼由消费者权益委员会等机构组织提起。在目前的民事公益诉讼案件中，主要的判决依据为侵害公民隐私权或公民个人信息安全，而主要的民事赔偿判决为公开赔礼道歉、赔偿损失金额、删除涉案公民个人信息等。

在此类民事公益诉讼的裁判文书中，总体缺乏对自然人个人信息、隐私权的具体解释，大多在罗列案件事实后直接得出"损害社会公共利益"的结论。在对所涉利益作出说明的裁判文书中，法院将其主要描述为：不特定多数人的合法权益、公民个人信息安全、不特定公民的隐私权；另有不在少数的判决书对支持公益诉请采用较为含糊的说理表述，如符合法律规定等。[1]

8.1.3 合规管理要点

8.1.3.1 个人信息收集

（1）研判不同类型个人信息。

鉴于不同类型的个人信息对个人信息主体权益影响程度不同，法律法规对于不同类型的个人信息的管理要求也有所不同。

根据《个人信息保护法》，一旦泄露或者非法使用，容易导致自然人的人格尊严受到侵害或者人身、财产安全受到危害的个人信息属于敏感个人信息。个人敏感信息包括但不限于生物识别、宗教信仰、特定身份、医疗健康、金融账户、行踪轨迹信息；此外，不满 14 周岁未成年人的个人信息也属于敏感个人信息的范畴。对不满 14 周岁未成年人的个人信息的保护，还应当遵循《未成年人保护法》《儿童个人信息网络保护规定》的有关要求。

---

［1］ 我国个人信息民事公益诉讼受案范围的界定［EB/OL］. 榆林市中级人民法院，2022［2022-05-27］. https://new.qq.com/omn/20220406/20220406A0BUX900.html.

因此，涉及个人信息收集活动的企业应当研判自身所收集的个人信息类型，识别敏感个人信息，从而为后续落实各项个人信息保护合规要求提供前提。

值得注意的是，《数据安全法》确立了国家建立数据分类分级保护制度，要求对数据实行分类分级保护，并奠定了未来各行业主管部门基于其数据监管权力，通过制定数据分类分级指引与行业标准、开展有关执法监管活动，落实数据分类分级保护制度中的重要趋势。目前，某些行业主管部门所发布的行业标准中，涵盖了该行业业务活动中落实对收集的个人信息保护规定的具体流程措施，例如，中国人民银行发布的金融行业标准《个人金融信息保护技术规范》（JR/T 0171—2020）以及《金融数据安全 数据生命周期安全规范》（JR/T 0223—2021）中，对金融个人信息的收集、传输、存储、使用、删除、销毁环节予以规范。各行业企业应当关注自身行业主管部门的立标情况，并将相关行业标准作为建立个人信息合规管控的重要参考依据。

（2）识别产品基础功能和附加功能。

相关法律法规提出个人信息处理活动应遵循最小化原则，即处理个人信息应当具有明确、合理的目的，并应当与处理目的直接相关，采取对个人权益影响最小的方式，且收集个人信息，应当限于实现处理目的的最小范围，不得过度收集个人信息。另外，根据近期的数据保护立法倾向性，通过捆绑不同类型服务、批量申请同意等方式收集批量个人信息的行为构成违规收集个人信息。

当下在App产品广泛发展的背景下，各个App产品所包含的服务内容越来越丰富，例如产品基础功能为游戏、购物的App也开始推出社交平台服务、实体奖品赠送活动等附加功能，而为实现该等附加功能，则可能需要收集实现产品基础功能额外的个人信息。对于此类附加功能，企业应当保障用户充分的选择使用权，不得捆绑、强制用户使用某项附加功能；若用户选择不使用此类附加功能，企业则不得收集相关的额外个人信息。

因此，企业应当结合自身App产品所提供的各类服务，评估企业所收集的用户个人信息是否具有明确合理目的且与处理目的直接相关，即用户个人信息的收集是为实现产品业务功能所必需。例如，企业可以参考《信息安全技术 移动互联网应用程序（App）收集个人信息基本要求》（GB/T 41391—2022）等国家标准，根据App类型并结合自身产品功能，判定必要个人信息范围，确认使用要求。在此基础上，企业应当进一步确认产品的基础功能与附加功能以及基于该等功能收集的用户个人信息，并核查自身是否存在捆绑、强制收集附加业务功能所需个人信息或其他与产品服务无关个人信息的情形。

（3）履行个人信息处理相关告知义务。

在个人信息处理者收集个人信息前，应当以显著方式、清晰易懂的语言真实、准确、完整地向个人信息主体告知个人信息处理者的名称及联系方式，以及收集该等个人信息的目的、存储位置、使用节点、存储周期等。特别地，若涉及敏感个人信息的收集，个人信息处理者还应当告知个人信息主体处理敏感个人信息的必要性以及对个人权益的影响，以及拒绝该项信息收集请求的后果等。

通常而言，收集用户个人信息的企业可以通过制定语言清晰易懂的《隐私政策》公布在官网等便于用户查阅与保存的方式，以有效履行以上个人信息处理相关告知义务。企业应当在《隐私政策》中按照服务类型分别向用户告知需要收集的个人信息类型（区分基础功能所需的必要个人信息与附加功能所需的非必要个人信息）、收集使用目的以及拒绝收集请求的后果等。由于个人信息处理相关告知义务需要在个人信息处理前履行，企业应在用户第一次打开产品App或注册用户账号时，通过弹窗提示等方式要求用户仔细阅读《隐私政策》。

此外，需要注意的是，若《隐私政策》在企业业务经营发展进程中需要变更且变更涉及用户权益重大影响时，企业应当在更新《隐私政策》前在官方网站等面向社会公开征求意见，且更新应当充分采纳公众意见，并以易于用户访问的方式公布意见采纳情况，说明未采纳的理由，接受社会监督。在更新《隐私政策》后，企业还应当以弹窗提示等显著方式告知用户《隐私政策》的变更范围及其对用户权益产生的影响等。

（4）获取个人信息主体的有效同意。

根据法律法规的有关要求，基于个人同意收集个人信息的，该同意应当由个人在充分知情的前提下自愿、明确作出。

在收集使用个人信息的实践操作中，企业通过App产品收集用户个人信息通常主要采用两种收集形式，即用户主动填写与App主动获取的形式。对于用户主动填写用户个人信息的收集形式，鉴于该收集形式是用户通过填写信息、点击提交等一系列动作主动参与的，可以理解为该项个人信息收集是在用户充分知情的前提下自愿、明确作出的。对于企业通过App产品主动获取的用户个人信息的收集形式，则需要企业在收集个人信息前，在App产品中通过设置弹窗提示等显著方式，明确告知将收集用户个人信息，并通过要求用户主动点选

"同意"等按钮或勾选框，以确保获取有效的用户同意。

对于收集敏感个人信息（包括未满14周岁儿童个人信息）的情形，以及基于向第三方共享、境外提供、公开处理为目的收集个人信息的情形，还需要取得个人信息主体的单独同意。单独同意是指个人信息处理者必须就特定的处理活动单独取得个人的同意，不得通过"一揽子"获取同意的方式征得个人同意。

若企业在收集个人信息后，因业务需要需变更所收集的个人信息使用目的，则需向个人信息主体告知涉及的个人信息类型、变更原因、变更后的处理目的，并再次征得个人信息主体的明示同意。此类目的变更包括但不限于超出原有授权范围应用于新的业务场景，对个人信息进行加工处理形成新的个人信息并用于其他目的等。

此外，若个人信息的收集基于个人信息主体同意以外的其他法律基础，则仅需以适当方式告知个人信息主体目的，但无须征得个人信息主体的明示同意。此类情形包括收集、处理个人信息活动属于：一是为订立、履行个人作为一方当事人的合同所必需，或者按照依法制定的劳动规章制度和依法签订的集体合同实施人力资源管理所必需；二是为履行法定职责或者法定义务所必需；三是为应对突发公共卫生事件，或者紧急情况下为保护自然人的生命健康和财产安全所必需；四是为公共利益实施新闻报道、舆论监督等行为，在合理的范围内处理个人信息；五是依照法律规定在合理的范围内处理个人自行公开或者其他已经合法公开的个人信息；六是法律、行政法规规定的其他情形。

8.1.3.2 个人信息存储

（1）履行信息安全保障义务。

个人信息处理者应当采取必要措施保障所处理的个人信息的安全，这意味着在个人信息存储环节，个人信息处理者必须采取有效的安全保障措施，以防止个人信息的泄露、篡改、丢失、不可用等安全风险。具体而言，企业可以采取根据安全级别、重要性、量级、使用频率等因素，将数据分域分级存储，根据网络安全等级保护要求落实高敏感级别数据的加密存储要求等安全保障措施，定期对数据存储过程中可能产生的影响进行风险评估。

（2）主动删除个人信息。

除安全保障义务外，个人信息处理者还应当遵守个人数据存储中个人信息处理原则中的最小够用原则，即仅在实现提供产品服务目的所必须的期间和法律法规要求的最短时限内存储用户个人信息。对于已实现个人信息处理目的或者实现处理目的不再必要、达到与用户约定或者个人信息处理规则明确的存储期限以及终止服务或者个人注销账号等情形，企业应当及时删除相关个人信息或进行匿名化处理。此处，删除是指在产品服务所涉及的系统及设备中去除相关个人信息，使其保持不可被检索、访问的状态；匿名化处理是指将用户个人信息经过处理无法识别特定自然人且不能复原的过程。

8.1.3.3 个人信息使用

（1）在使用过程中防止滥用、泄露、篡改、丢失。

在个人信息使用活动当中，个人信息处理者应当采取具体措施防止对个人信息未经授权的访问以及个人信息泄露、篡改、丢失，包括制定内部管理制度和操作规程，对个人信息实行分类管理，采取相应的加密、去标识化等安全技术措施，合理确定个人信息处理的操作权限，并定期对从业人员进行安全教育和培训以及制定并组织实施个人信息安全事件应急预案等措施。

企业应当制定个人信息生命周期管控制度、数据分类分级保护管理制度、数据处理日志记录制度等内部文件，并落实员工管理、管理层合规承诺等，从而确保个人信息使用安全、保密与准确性措施有效落实于业务流程当中。

对于用户个人信息访问管控环节，企业应当对被授权访问个人信息的人员，建立最小授权的访问控制策略，使其只能访问职责所需的最小必要的个人信息，且仅具备完成职责所需的最小的数据操作权限。对于如针对用户个人信息的批量修改、复制、下载等重要操作，相关业务部门应设置内部审批流程予以管控。确因工作需要，需授权特定人员超权限处理个人信息的，应经个人信息保护工作机构和数据安全负责人进行审批，并记录在册。而对于敏感个人信息的访问、修改等操作行为，企业在对权限控制的基础上，还按照业务流程的需求触发操作授权。例如，当收到客户投诉，投诉处理人员才可访问该用户的相关敏感个人信息。

此外，企业还应当关注用户个人信息展示中的管控。如相关业务活动涉及通过界面展示用户个人信息的场景（如显示屏幕、纸面），企业应对需展示的个人信息采取去标识化处理等措施，降低个人信息在展示环节的泄露风险。例如，在个人信息展示时，防止内部非授权人员及用户之外的其他人员未经授权获取个人信息。

（2）规范个性化推荐。

个性化推荐通常指互联网平台运营者通过对个人信息主体的个人信息进行处理分析，根据个人信息主体的兴趣特点推荐其感兴趣的对象的活动。互联网平台运营者利用个人信息和个性化推送算法向用户提供信息的，应当对推送信息的真实性、准确性以及来源合法性负责，且还需保证在收集个人信息用于个性化推荐时，应当取得个人的单独同意，并设置易于理解、便于访问和操作的一键关闭个性化推荐选项，允许用户拒绝接受定向推送信息，允许用户重置、修改、调整针对其个人特征的定向推送参数。此外，互联网平台运营者还需要同时提供不针对其个人特征的推荐选项。

在收集个人信息主体的个人信息用于个性化推荐时，企业应当在个人信息收集环节，通过弹窗提示等显著方式获取用户的单独同意，并为用户设置便于访问的一键关闭个性化推荐选项等，给予用户充分的选择权。

（3）提供自动化决策拒绝选项。

自动化决策，是指通过计算机程序自动分析、评估个人的行为习惯、兴趣爱好或者经济、健康、信用状况等，并进行决策的活动，例如自动决定个人征信及贷款额度，或用于面试人员的自动化筛选等。自动化决策在为用户与企业提供便利的同时，可能存在局限性。

个人信息处理者利用个人信息进行自动化决策时，应当保证决策的透明度和结果的公平、公正。特别地，若个人信息处理者通过自动化决策方式作出对个人信息主体权益有重大影响的决定，该个人信息主体有权要求个人信息处理者予以说明，并有权拒绝个人信息处理者仅通过自动化决策的方式作出决定。个人信息处理者应当向个人信息主体提供针对自动决策结果的投诉渠道，并支持对自动决策结果的人工复核。因此，企业应当确保在使用自动化决策的各个节点，部署人工核查、人工客服等环节，从而提供顺畅的反自动化决策选项。

8.1.3.4 委托处理、共享、转让、公开披露个人信息

（1）签署第三方个人信息处理协议。

个人信息处理者可能将自身所掌握的用户个人信息共享、转让给第三方，并委托第三方开展个人信息处理活动。个人信息处理者委托处理个人信息的，应当与第三方通过签署个人信息处理协议，约定委托处理的目的、期限、处理方式、个人信息的种类、保护措施以及双方的权利和义务等，并对第三方的个人信息处理活动进行监督。与此同时，被委托第三方应当按照个人信息处理协

议的约定处理个人信息，不得超出约定的处理目的、处理方式等处理个人信息，且若出现个人信息处理协议无效等情形或当委托处理活动结束，第三方应当将个人信息返还个人信息处理者或者予以删除，不得保留。

（2）对第三方开展个人信息安全影响评估。

个人信息处理者在委托第三方处理个人信息时，包括但不限于共享、转让用户个人信息等情形，以及向第三方提供个人信息或公开个人信息时，为确保有效监督第三方的个人信息处理活动，个人信息处理者应当事前对第三方进行个人信息保护影响评估，并对第三方处理情况进行记录。评估范围应包括：一是个人信息的处理目的、处理方式等是否合法、正当、必要；二是对个人权益的影响及安全风险；三是所采取的保护措施是否合法、有效并与风险程度相适应，并保存影响评估报告至少3年。企业可以参照《信息安全技术 个人信息安全影响评估指南》（GB/T 39335—2020），结合自身及第三方的实际业务情况，对第三方开展个人信息安全影响评估。

8.1.3.5 响应个人信息主体权利请求

（1）履行个人信息主体权利告知义务。

在收集、处理用户个人信息前，个人信息处理者除履行个人信息处理活动相关告知义务外，还需向个人信息主体告知其行使个人信息相关权利的方式和程序。具体而言，个人信息主体对其个人信息享有的权利包括但不限于查阅权、更正权、删除权、复制权、转移权以及同意撤回权、账号注销权等。个人信息处理者需要在收集用户个人信息前，以公开、易于访问并置于醒目位置，内容明确具体、简明通俗、系统全面地向个人信息主体说明其行使对其个人信息权利的方式。

查阅权指个人信息主体有权查询个人信息处理者所持有的关于该主体的个人信息或个人信息的类型，上述个人信息的来源、所用于的目的，以及已经获得上述个人信息的第三方身份或类型。

更正权指个人信息主体若发现个人信息处理者所持有的该主体的个人信息有错误或不完整的，个人信息处理者应为其提供请求更正或补充信息的方法。

删除权指个人信息主体有权在特定情形下要求个人信息处理者删除其个人信息，包括处理目的已实现、无法实现或者为实现处理目的不再必要，个人信息处理者停止提供产品或者服务，个人信息保存期限已届满，或个人信息处理者违反法律、行政法规或者违反约定处理个人信息等情形。

复制权及转移权指个人信息处理者应当为个人信息主体提供获取其个人信息副本的方法，以及在技术可行的前提下直接将规定类型的个人信息的副本传输给个人信息主体指定的第三方。

同意撤回权指个人信息处理者应当向个人信息主体提供撤回收集、使用其个人信息的授权同意的方法。撤回授权同意后，个人信息控制者后续不应再处理相应的个人信息。此外，除非撤回同意授权的个人信息属于提供产品或者服务所必需，个人信息处理者不得以个人不同意处理其个人信息或者撤回同意为由，拒绝提供产品或者服务。

账号注销权指通过注册账户提供产品或服务的个人信息处理者，应向个人信息主体提供注销账户的方法，且方法简便易操作。个人信息主体注销账户后，应及时删除其个人信息或匿名化处理。

实践中，与履行个人信息处理活动相关告知义务相似，个人信息处理者可以通过公布《隐私政策》，并在收集个人信息前要求用户阅读等方式，有效履行以上个人信息主体权利告知义务。

（2）响应个人信息主体权利请求。

当个人信息主体提出查阅、复制、更正、删除其个人信息的合理请求时，个人信息处理者应当履行的义务包括：一是提供便捷的支持个人结构化查询本人被收集的个人信息类型、数量等的方法和途径，不得以时间、位置等因素对个人的合理请求进行限制；二是提供便捷的支持个人复制、更正、删除其个人信息、撤回授权同意以及注销账号的功能，且不得设置不合理条件；三是收到个人复制、更正、补充、限制处理、删除本人个人信息、撤回授权同意或者注销账号申请的，应当及时处理并反馈。

为落实以上响应个人信息主体权利请求的有关规定，企业首先应当在《隐私政策》等外部政策文件中明确说明个人信息主体实现各项基于个人信息的权利的渠道，例如列明具体操作路径指引、公开客服联系通道等，确保每一项用户个人信息权利均有对应的保障渠道。对于需要人工客服协助处理的用户权利请求，企业应当在收到用户请求15个工作日内予以处理并予以反馈。此外，企业还应当制定用户个人信息权利行使保障内部规范性制度，例如用户权利请求响应流程等，明确响应各项用户权利的责任人、流程设置等，从而在制度层面确保个人信息主体权利能够有效实施。

(3) 部署个人信息权利响应技术措施。

除内部规范性制度的制定以外，个人信息处理者还应在各个业务流程环节设计中关注落实个人信息权利保障的技术性措施，从而确保个人信息处理者具备响应个人信息主体权利的能力，且个人信息主体能够通过更为便利的方式实施个人信息相关权利。采用交互式页面（如网站、移动互联网应用程序、客户端软件等）提供产品或服务的企业，可以直接设置便捷的交互式页面提供功能或选项，便于个人信息主体在线行使其访问、更正、删除、撤回授权同意、注销账户等权利。例如，企业可以在App产品中设计用户个人信息管理界面，涉及响应用户个人信息复制转移请求、同意撤回请求的请求界面等。

原则上，企业对个人信息主体的合理请求不应收取费用，但对一定时期内多次重复的请求，企业可视情况收取一定成本费用。若直接实现个人信息主体的请求需要付出高额成本或存在其他显著困难的，个人信息控制者应向个人信息主体提供替代方法，以保障个人信息主体的合法权益。

8.1.3.6 个人信息跨境传输

(1) 签署个人信息跨境传输协议。

原则上，个人信息跨境传输活动应当在基于业务等需要，确需向境外提供个人信息的前提下，且仅可在具备法定条件下进行，具体是指通过国家网信部门组织的安全评估，按照国家网信部门的规定经专业机构进行个人信息保护认证，或按照国家网信部门制定的标准合同与境外接收方订立合同，约定双方的权利和义务。

鉴于目前国家网信部门相关安全评估机制与个人信息认证机制尚未落地，且网信部门暂未正式发布个人信息跨境传输标准合同，企业若涉及向境外传输境内个人信息，应先向相关个人信息主体告知境外接收方的名称或者姓名、联系方式、处理目的、处理方式、个人信息的种类以及个人信息主体向境外接收方行使本法规定权利的方式和程序等事项，并取得个人信息主体的单独同意；然后，企业应当与境外接收方订立涵盖个人信息安全保障要求以及双方权利义务的个人信息跨境传输合同后进行传输，并应保障境外接收方处理个人信息的活动达到《个人信息保护法》规定的个人信息保护标准。

(2) 关注跨境传输事前安全影响评估。

鉴于国家网信部门个人信息跨境传输相关安全评估机制与个人信息认证机制尚未落地，但相关立法要求已逐步颁布，涉及个人信息跨境传输活动的企业首先应当关注做好自身的个人信息跨境传输安全影响评估，以应对后续国家监管部门机制的正式落地，并做好有关准备工作。特别地，根据目前的立法趋势，处理大量个人信息（如100万人以上个人信息）的企业若涉及向境外提供个人信息，应当特别关注立法动态以及国家网信部门的机制部署情况。

8.1.3.7 个人信息安全事件处置

（1）制订个人信息安全处置计划。

为确保个人信息处理者具备有效应对个人信息安全事件的能力，最大程度地降低个人信息安全事件所带来的风险，个人信息处理者应当制定并组织实施个人信息安全事件应急预案，并应定期组织内部相关人员进行应急响应培训和应急演练，使其掌握岗位职责及应急处置策略和规程。

若发生用户个人信息安全事件，企业应当根据应急预案立即采取处置措施，具体处置措施包括记录事件内容，如发现事件的人员、时间、地点，涉及的个人信息及人数，发生事件的系统名称，对其他互联系统的影响，是否已联系执法机关或有关部门等，以及评估事件可能造成的影响，并采取必要措施控制事态，消除隐患等。

（2）落实个人信息安全事件中的上报通知义务。

若发生或者可能发生个人信息泄露、篡改、丢失等个人信息安全事件的，个人信息处理者除立即采取补救措施以外，还应当履行向相应监管部门上报的义务以及通知涉事个人信息主体的义务。通知应当涵盖的事项包括发生或者可能发生个人信息泄露、篡改、丢失的信息种类、原因和可能造成的危害，个人信息处理者采取的补救措施和个人可以采取的减轻危害的措施，个人信息处理者的联系方式。若个人信息处理者采取措施能够有效避免信息泄露、篡改、丢失造成危害的，个人信息处理者可以不通知个人，但是若监管部门认为个人信息安全事件可能造成危害的，有权要求个人信息处理者通知涉事个人。企业可以将个人信息安全事件中的上报通知义务纳入个人信息安全事件应急预案，规定负责人履行该项义务，以便在发生个人信息安全事件时予以落实。

8.2 个人信息保护合规良好实践

2021年8月20日，《个人信息保护法》正式审议通过，并于2021年11月1日正式施行。《个人信息保护法》是中国第一部专门规范个人信息保护的法律，对企业个人信息保护合规提出了新的要求，特别体现在个人信息处理的合法性基础、同意规则、死者个人信息保护、自动化决策、数据本地化要求、数据出境安全评估、跨境证据调取、大型互联网平台特别义务、法律责任等方面，与现有监管要求存在较大差异。同时该法设置了较为严厉的法律责任，如企业出现个人信息保护不合规的情况，将可能直接面临法律的制裁。

近年来，"违法违规收集用户个人信息""频繁、过度获取敏感权限"等涉及告知同意等用户个人信息权益合规问题已成为行业整治的重点。随着《个人信息保护法》的出台，无论是用户还是监管部门，对这些问题的关注都会进一步加强。该法作为个人信息保护领域的基本法，合规要求偏原则性，许多条款的具体适用边界仍有待后续发布实施细则以及通过司法判例来进一步解释，这给企业合规落地带来了不小的挑战。在这样的背景下，企业需要结合该法相关管理要求，对现有个人信息保护方案进行专项改进。

8.2.1 搭建合规组织体系

（1）任命个人信息保护负责人。

依据《个人信息保护法》第 52 条第 1 款规定："处理个人信息达到国家网信部门规定数量的个人信息处理者应当指定个人信息保护负责人，负责对个人信息处理活动以及采取的保护措施等进行监督。"

个人信息保护负责人的任职资格目前无明确法律要求，参考《信息安全技术 个人信息安全规范》（GB/T 35273—2020）及公安部《互联网个人信息安全保护指南》的具体要求，企业个人信息保护负责人可由具有相关管理工作经历和个人信息保护专业知识的人员担任，以参与有关个人信息处理活动的重要决策，并直接向企业主要负责人报告工作。

就具体职责而言，个人信息保护负责人在日常工作中牵头负责包括但不限于以下事项：

①全面统筹实施组织内部的个人信息安全工作；
②参与有关个人信息处理活动的重要决策并直接向企业主要负责人报告工作；
③组织制订个人信息保护工作计划并督促落实；
④制定签发个人信息保护的相关内部流程；
⑤进行个人信息保护评估和培训等。

此外，可借鉴域外法律规定和法律实践，"独立性"是企业设置个人信息保护负责人时的重要考量因素之一。欧盟《通用数据保护条例》（GDPR）指出，若数据保护官为内部雇员，该雇员应当独立履职。英国信息委员会也强调，数据保护官"必须是独立的""具有充足的资源禀赋"并"向最高管理层进行汇报"。

（2）建立个人信息保护协同组织。

个人信息保护的落地在企业内部涉及法务部、信息安全部、IT部、人力资源部等多部门协同，由一个实体部门组织实现端到端的合规落地管控存在较大难度。企业可在任命个人信息保护负责人后，采取围绕该负责人搭建数据合规委员会等虚拟协同组织的方式，将各相关实体部门卷入。

合规委员会作为虚拟组织，首要任务是明确各相关方的职责。按照风险管理三道防线的模型，一般来说：

第一道防线，由业务部门安全与隐私合规代表/安全系统工程师（System Engineer，SE）构成，主要向业务负责人及合规委员会汇报，负责产品安全隐私策略的具体落地应用、自查自纠等。

第二道防线，由法务、安全等专业职能部门构成，向合规委员会汇报，负责隐私合规能力建设与支持、推动产品安全隐私策略的落地。

第三道防线，由审计部门担任，主要向合规委员会汇报，负责产品安全隐私策略落地的审计，发现风险，推动业务整改。

在明确各方职责后，虚拟组织的运营至关重要。只有有效运营，才能真正起到监督并推动个人信息保护的相关要求在企业内部得到落实的作用。

8.2.2 识别与应对合规风险

（1）组建合规风险评估小组。

个人信息保护负责人及时组建风险评估小组，风险评估小组按照业务线进行划分，每个业务线的风险评估小组成员建议包含个人信息保护合规管理负责人、各业务线合规专职人员、各业务线合规接口人。通过企业内部沟通工具建立各业务线风险评估小组群，群内成员及时同步合规专项进展。

（2）梳理合规义务。

①个人信息处理的最小化原则。

在收集用户个人信息时需遵循目的限制和最小化原则，即需要适当、相关且为处理目的所必需。具体而言，收集的个人信息的类型应与实现产品或服务的业务功能有直接关联；个人信息的获取数量应是实现产品或服务的业务功能所必需的最少数量；个人信息的采集频率是实现产品或服务的业务功能所必需的最低频率。从类别、数量、频率等维度遵循最小化收集个人信息的具体做法参见表8-2。

表8-2 从类别、数量、频率等维度遵循最小化收集个人信息

维度	判断标准
类别	如果不收集该类数据是否依然能够实现该业务功能，如果可以，则该类数据的收集将不满足最小化要求
数量	如果收集更少数量的该类别数据是否依然能够实现该业务功能，如果可以，则目前的收集数量将不满足最小化要求
频率	如果以更低的频率收集该类别数据是否仍能实现该业务功能，如果可以，则目前所采用的收集频率将不满足最小化要求

②告知同意规则。

对用户进行告知并获得用户的授权同意是实践中最主要的一种数据处理的合法性基础，不同场景下落实告知同意规则的方式不同，详见表8-3。

表8-3 不同场景下落实告知同意规则的不同方式

同意要求	适用场景
自愿明确同意	一般通用场景
单独同意	• 向其他个人信息处理者提供个人信息 • 公开个人信息 • 将通过在公共场所安装图像采集、个人身份识别设备收集的个人图像、身份识别信息用于维护公共安全之外的目的 • 处理敏感个人信息 • 向中国境外提供个人信息
书面同意	法律法规明确规定应取得书面同意的情形，如《药物临床试验质量管理规范》第23条要求受试者签署知情同意书

③敏感个人信息特殊处理规则。

处理敏感个人信息需满足特殊的处理要求，敏感个人信息的范围及处理规

则详见表 8-4。

表 8-4 敏感个人信息的范围及处理规则

敏感个人信息范围	要求
生物识别、宗教信仰、特定身份、医疗健康、金融账户、行踪轨迹等信息，以及不满 14 周岁未成年人的个人信息	需具有特定的目的和充分的必要性，并采取严格的保护措施； 单独同意/书面同意； 特别向个人告知处理敏感个人信息的必要性以及对个人权益的影响； 特别的，针对不满 14 周岁未成年人的个人信息 • 应取得监护人的同意 • 应制定专门的个人信息处理规则

④自动化决策。

自动化决策的场景及相应要求详见表 8-5。

表 8-5 自动化决策的场景及相应要求

场景	要求
大数据杀熟（如同等交易条件下的差异化定价）	禁止
自动化决策进行信息推送、商业营销（如个性化内容推荐、个性化广告）	提供不针对其个人特征的选项或向个人提供便捷的拒绝方式
自动化决策作出对个人权益有重大影响的决定（如自动筛选简历、信贷领域评估贷款额度）	个人有权要求个人信息处理者予以说明，并有权拒绝个人信息处理者仅通过自动化决策的方式作出决定

⑤个人信息共享。

在进行个人信息共享前，首先对个人信息共享的必要性进行评估，评估内容包括：数据共享的目的、范围；匿名数据是否能够满足该等目的；数据共享的方式（通过文档形式或系统形式）；数据接收方的范围（数据接收方的名称和所在国家）；数据共享的风险以及对于数据主体的影响等。对于个人敏感信息，应进行更严格和谨慎的评估。

将个人信息委托处理、共享、转让之前，确保相应的被委托方、共享方或接收方具备足够的数据安全能力，并能够提供足够的安全保护水平和措施。

有关个人信息委托处理、共享、转让的相关协议经由法务团队审阅，并应准确记录和保存委托、共享、转让个人信息的情况。

通过数据共享协议对数据的使用进行约束，数据共享协议规定内容包含但不限于：禁止数据接收方发起对数据集中个体的重标识攻击；禁止数据接收方关联到外部数据集或信息；禁止数据接收方未经许可共享数据集。

从技术上看，应管控数据对外共享的具体范围，并评估数据接收方对数据在浏览和使用方面的安全保护措施。要求接收方具备一定的数据安全保护能力。如果是通过接口提供数据给接收方的，接口需建立鉴权机制，包括限制访问的源 IP 白名单、限制访问的数据范围、限制满足业务需求的最低访问频率等。同时，采取技术措施确保数据接收方不会滥用共享数据，例如不得用于协议约定以外的目的、协议终止后不得继续存储、使用相关数据等。

⑥个人信息跨境传输。

个人信息在进行跨境传输前，需在境内进行数据的本地化存储，并根据相关办法对于个人信息传输出境进行安全评估，评估内容包括：

• 数据出境的必要性；

• 涉及个人数据情况，包括个人数据的数量、范围、类型、敏感程度，以及数据主体是否同意其个人数据出境等；

• 数据接收方的安全保护措施、能力和水平，以及所在国家和地区的网络安全环境等；

• 数据出境及再转移后被泄露、毁损、篡改、滥用等风险；

• 数据出境及出境数据汇聚可能对国家安全、社会公共利益、个人合法利益带来的风险；

• 其他需要评估的重要事项。

⑦个人信息主体权利。

《个人信息保护法》明确规定了数据主体拥有查阅、复制、可携带、更正或补充、删除、撤回同意等权利。企业应建立便捷的个人行使权利的申请受理和处理机制，准确完整地向个人告知行使权利的方式和程序。

一是查阅、复制权。个人有权查阅数据控制者、处理者所收集的其个人信息，包含查询、复制个人信息方式的个人信息处理规则集中公开展示、易于访问并置于醒目位置，内容明确具体、简明通俗，系统全面地向个人说明个人信息处理情况。企业应在 App 客户端设置便捷的支持个人查询本人被收集的个人信息类型、数量的方式。个人提出复制其个人信息的合理请求的，企业应提供便捷的支持个人复制的功能,且不设置不合理条件。

二是可携带权。可携带权包含两层含义:处理者收集和存储数据的能力以及处理者接收有关信息主体的数据并允许另一处理者接收移植数据的能力。目前网信部门未对可携带权的执行标准进行明确,且由于可携带权的执行难度,成本均较高,企业应对相关执行细则保持密切关注。

三是更正或补充权。对于个人主动提供的信息,企业应为其提供通过自助式操作即可实现更正/补充个人信息的渠道。例如,使用企业提供的 App,用户可以在设置页面自助修改其账号昵称、头像、补充生日等个人信息。

四是删除权。企业应在特定条件下对数据进行主动删除或进行匿名化处理,在技术上得以实现的还提供个人自助式删除数据的渠道。若与第三方共享数据,个人行使删除权的,企业应同时通知第三方删除相应的数据。

五是撤回同意权。基于同意处理的个人信息,企业应提供撤回同意的渠道。企业应通过 App 隐私政策等渠道,正确披露撤回同意的路径,个人撤回同意后企业不得再收集与该部分相关的个人信息并不再处理。

六是逝者近亲属相关权利。《个人信息保护法》中新增一项数据主体权利,即逝者近亲属可以在其亲属逝去后要求访问逝者的账号或行使删除等数据主体权利。目前尚未出台更为细致的法律法规来规定近亲属的范围,参照《民法典》第 994 条之规定,死者近亲属范围界定为死者的配偶、子女、父母。企业在逝者近亲属为了自身合法、正当利益行使权利时,应对逝者近亲属的身份设置一定的验证条件,并需要其近亲属提交逝者的已故证明,同时,对逝者的信息进行验证,如手机号码、注册人姓名、出生日期等。

(3)风险专项排查。

根据梳理的合规义务清单,通过访谈、测试等方式识别具体业务现状与合规义务之间的差距,并有针对性地制订合规方案,排期整改上线。

合规义务并非一成不变的,一方面,因为随着监管的深入,合规要求越来越细化;另一方面,行业合规水平不断提升,越来越多更好的合规做法涌现出来,过去合规的做法可能逐渐落后,而变得不合规。企业应不定期动态刷新企业合规义务清单以应对外界合规义务的变化。

例如,通过隐私政策将 App 所有功能需要采集的个人信息对用户进行概括告知,获得用户同意在过去是行业通用的做法。2021 年,国家互联网信息办公室、工业和信息化部、公安部、国家市场监督管理总局联合发布了《常见类型移动互联网应用程序必要个人信息范围规定》，要求 App 必须通过隐私政策明确区分基本功能与附加功能，且在用户不同意 App 隐私政策的情况下，允许用户同意仅开启基本功能，在基本功能模式下，App 仅可以收集该基本功能所对应的必要个人信息。这就意味着，过去通过 App 隐私政策获得概括授权的做法已经不合规了。

（4）风险等级确立。

按照事件发生的可能性，事件发生后的影响程度，企业可将个人信息保护合规风险分为五个等级：极高风险、高风险、中风险、低风险、极低风险。企业可结合外部法律环境、行业实践情况及自身合规体系等因素，对所识别的风险进行审慎评估，并确定风险等级。风险等级卡如图 8-1 所示。

影响程度					
非常高 5	3	4	4	5	5
高 4	2	3	4	4	5
中 3	2	2	3	4	4
低 2	1	2	2	3	4
轻微 1	1	1	2	2	3
	1 几乎不可能	2 不太可能	3 可能	4 很可能	5 几乎确定 发生可能性

风险定级	1 极低	2 低	3 中	4 高	5 极高

图 8-1 风险等级卡

法律、法规明令禁止的事项应定义高风险或极高风险，企业可设立业务合规红线，严禁开展。例如，通过技术手段不当获取个人信息，并进行买卖的行为等。

法律、法规虽未明令禁止，但实践中存在一定争议，可能会给企业经营带来一定损失或影响的中风险项，企业可将其作为合规隐患，并设定整改计划。

对于不是来源于法律、法规的合规要求，或对比行业实践可以进行优化且行业内共同面临的问题，企业可予以重点关注与跟踪。

8.2.3 建设制度体系

企业可建立"合规框架制度""基础合规制度""合规指引"三个层级，覆盖个人信息的收集、存储、使用、删除等整个生命周期的个人信息保护制度，作为个人信息保护合规管理工作开展的基础与依据。

第一层级，声明企业内部个人信息合规理念、目标，明确合规红线，构建合规要求框架。

第二层级，明确个人信息合规各领域基础合规要求。如个人信息影响评估制度、个人信息跨境合规制度、个人信息安全应急响应制度、个人信息主体权利响应制度、儿童个人信息保护制度等。

第三层级，结合业务具体场景提供更为细化的合规操作指引，如个人信息与敏感个人信息识别指引、营销与销售场景隐私合规指引、人力资源管理隐私合规指引、个人信息主体请求处理指引等。

个人信息保护合规要求在业务流程进行打点。通过在产品需求开发、业务运营活动流程中明确合规要求，提供操作指导书，由法务或合规人员完成评审。

8.2.4 组织培训与考试

（1）合规培训。

面向管理层、业务合规接口人、员工等，分级分层制订全年的合规培训计划，主要分为以下两类：

一是日常宣导。以办公电脑屏保、办公软件推送、企业公众号、合规手册等方式面向企业全体员工宣导个人信息保护合规要求、具体合规义务。

二是分级培训。面向企业组织内的不同角色设计和制定差异化的培训材料和方案。具体来说，面向新员工及全员，在入职培训时宣导企业个人信息合规红线、法律规定及处罚案例、企业合规义务、合规流程等基础合规知识；面向企业管理者，定期培训立法及执法动态，洞察隐私保护趋势，宣导合规创造业务价值；面向个人信息处理活动强相关人员（如产品经理、开发人员、运营人员等），结合其业务场景与风险等级，定制培训内容，并通过范例指导其在具体工作中遵从合规义务。

（2）考试。

合规部门在对不同层级员工进行培训后，应及时对培训内容进行测试，确保培训效果可衡量，提升员工的重视程度。作为新员工必修课考核，需要通过考试才允许转正。全员培训考核可通过部门或系统横向拉通，对合格率进行评比和晾晒。

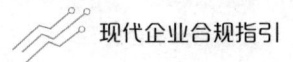

8.2.5 建设合规文化

企业应建设个人信息保护合规文化，实现全员从"要我合规"到"我要合规"的意识转变。除了定期培训，通过搭建线上学习平台，对员工学习成果进行认证。制作合规宣传卡片、海报、动画短片等宣传物料，在企业内进行投放，增加合规关键词曝光率。定期举行有奖话题讨论，鼓励员工主动分享合规优秀案例，提升全员合规意识，营造企业内部正向的合规环境。

8.2.6 合规检查与审计

根据业务风险情况，结合内部合规成熟度，企业可对业务流程、外部环境进行定期与不定期的合规风险评估，检查与审计侧重高风险业务部门。

主动性风险评估一般由业务部门设定，在一个评估周期内对自身风险评估情况进行一次刷新，每个评估周期不大于一年。

当外部环境发生变化，或内部出现合规举报时，企业可适时启动被动性风险评估，进而对已采取的合规措施进一步加固。

8.2.7 激励与追责

推动企业全面合规管理工作的深入开展，增强合规管理力度，强化公司各系统和全体员工的合规意识，促进个人信息保护合规要求的执行与落地，必须有合适的激励与追责制度予以保障。

通过评选合规优秀个人，优秀团队的方式树立典型，鼓励并牵引企业其他业务部门人员。对于违反合规要求造成事故或不良影响的业务团队及负责人，予以惩戒和追责。追责的方式包括但不限于辞退、降职、影响年度绩效考核结果等。如果因责任人严重失职导致事故重复发生的，可酌情加重处罚。

由于个人信息合规事故的结果往往是不可逆转的，因此必须做好预防工作及过程管控，针对过程违规及隐患设定相应指标，并对未达到标准的责任人进行适当处罚。过程指标包括违反内部合规流程、合规整改延期等。惩戒的方式包括取消评奖资格、扣除绩效或公开通报等。

8.2.8 合规管理有效性评估

企业可以从制度、流程、人员能力、组织领导力、策划、控制与持续改进等方面对个人信息保护合规管理静态体系成熟度与动态体系有效性进行评估。

在对静态合规体系进行评估时，企业应关注是否有完善的合规制度与标准，是否建立完整的合规组织并明确各方职责，是否进行流程打点，是否有 IT 化工具支撑，是否进行有效培训及赋能等。

动态体系有效性评估则关注制度落地是否有效激励问责，动态进行风险识别，并在风险识别后实施有效的控制手段，定期进行合规自评与审计，实施持续改善并有效闭环。

除自评估外，企业还可通过第三方外部审计或认证，辅助对合规成熟度进行评价，如 TRUSTe、ePrivacy、ISO 27001、ISO 27018、ISO 29151、ISO 27701 等。

第9章

电商合规

9.1 电商合规依据和要点

9.1.1 法律法规一览表及重点法条解析

9.1.1.1 法律法规一览表

伴随着电子商务的发展,我国从 2010 年前后开始逐步针对电商领域出现的主要问题,制定一系列的规范性文件,其中最重要的是 2018 年 8 月 31 日由全国人大常委会公布的《电子商务法》,这一部法律是我国电商领域的基础性法律,也是掌握电商合规的基础。国家市场监督管理总局围绕电商领域的新业态和新问题,修改了先前的规范性文件,颁布了《网络交易监督管理办法》。其他部门针对在线旅游、网络招聘等也颁布了相应的规范性文件。掌握电商合规,就要从这些规范体系入手。本章具体梳理电商合规相关法律法规,如表 9-1 所示。

表 9-1 电商合规相关法律法规和规范性文件一览表

序号	名称	效力级别	发布主体	实施年份
1	《电子商务法》	法律	全国人大常委会	2019 年 1 月 1 日
2	《广告法》	法律	全国人大常委会	2021 年 4 月 29 日
3	《市场主体登记管理条例》	行政法规	国务院	2022 年 3 月 1 日
4	《化妆品监督管理条例》	行政法规	国务院	2021 年 1 月 1 日
5	《医疗器械监督管理条例(2021 修订)》	行政法规	国务院	2021 年 6 月 1 日

续表

序号	名称	效力级别	发布主体	实施年份
6	《禁止传销条例》	行政法规	国务院	2005年11月1日
7	《国务院办公厅转发商务部等部门关于实施支持跨境电子商务零售出口有关政策意见的通知》	国务院规范性文件	国务院	2013年8月21日
8	《国务院办公厅关于促进跨境电子商务健康快速发展的指导意见》	国务院规范性文件	国务院	2015年6月16日
9	《最高人民法院关于审理网络消费纠纷案件适用法律若干问题的规定（一）》	司法解释	最高人民法院	2022年3月15日
10	《最高人民法院印发〈关于审理涉电子商务平台知识产权民事案件的指导意见〉的通知》	司法解释性质文件	最高人民法院	2020年9月10日
11	《网络交易监督管理办法》	部门规章	国家市场监督管理总局	2021年5月1日
12	《市场主体登记管理条例实施细则》	部门规章	国家市场监督管理总局	2022年3月1日
13	《网络购买商品七日无理由退货暂行办法（2020修订）》	部门规章	国家市场监督管理总局	2020年10月23日
14	《网络招聘服务管理规定》	部门规章	人力资源和社会保障部	2021年3月1日
15	《在线旅游经营服务管理暂行规定》	部门规章	文化和旅游部	2020年10月1日
16	《网络直播营销管理办法（试行）》	部门规范性文件	国家互联网信息办公室、公安部、商务部、文化和旅游部、国家税务总局、国家市场监督管理总局、国家广播电视总局	2021年5月25日

续表

序号	名称	效力级别	发布主体	实施年份
17	《互联网直播服务管理规定》	部门规范性文件	国家互联网信息办公室	2016年12月1日
18	《关于完善跨境电子商务零售进口监管有关工作的通知》	部门规范性文件	商务部、发改委、财政部、海关总署、国家税务总局、国家市场监督管理总局	2019年1月1日
19	《关于进一步规范网络直播营利行为促进行业健康发展的意见》	部门规范性文件	国家互联网信息办公室、国家税务总局、国家市场监督管理总局	2022年3月25日
20	《市场监管总局关于加强网络直播营销活动监管的指导意见》	部门规范性文件	国家市场监督管理总局	2020年11月5日
21	《市场监管总局关于发布〈医疗美容广告执法指南〉的公告》	部门规范性文件	国家市场监督管理总局	2021年11月1日
22	《交通运输部、国家税务总局关于印发〈网络平台道路货物运输经营管理暂行办法〉的通知》	部门规范性文件	交通运输部、国家税务总局	2020年1月1日
23	《国家邮政局、商务部关于规范快递与电子商务数据互联共享的指导意见》	部门规范性文件	国家邮政局、商务部	2019年6月12日
24	《海关总署关于跨境电子商务零售进出口商品有关监管事宜的公告》	部门规范性文件	海关总署	2019年1月1日
25	《海关总署关于跨境电子商务零售进口商品退货有关监管事宜的公告》	部门规范性文件	海关总署	2020年3月28日
26	《海关总署关于实时获取跨境电子商务平台企业支付相关原始数据有关事宜的公告》	部门工作文件	海关总署	2019年1月1日

续表

序号	名称	效力级别	发布主体	实施年份
27	《国家邮政局、商务部、海关总署关于促进跨境电子商务寄递服务高质量发展的若干意见（暂行）》	部门规范性文件	国家邮政局、商务部、海关总署	2019年2月23日
28	《关于跨境电子商务零售进口税收政策的通知》	部门规范性文件	财政部、海关总署、国家税务总局	2016年4月8日
29	《关于跨境电子商务零售出口税收政策的通知》	部门规范性文件	财政部、国家税务总局	2014年1月1日
30	《国家质量监督检验检疫总局关于发布〈跨境电子商务经营主体和商品备案管理工作规范〉的公告》	部门规范性文件	国家质量监督检验检疫总局（已撤销）	2016年1月1日
31	《网络直播营销行为规范》	行业规定	中国广告协会	2020年7月1日

9.1.1.2 重点法条及解析

以下对《电子商务法》的核心规定予以解读。

第九条 本法所称电子商务经营者，是指通过互联网等信息网络从事销售商品或者提供服务的经营活动的自然人、法人和非法人组织，包括电子商务平台经营者、平台内经营者以及通过自建网站、其他网络服务销售商品或者提供服务的电子商务经营者。

本法所称电子商务平台经营者，是指在电子商务中为交易双方或者多方提供网络经营场所、交易撮合、信息发布等服务，供交易双方或者多方独立开展交易活动的法人或者非法人组织。

本法所称平台内经营者，是指通过电子商务平台销售商品或者提供服务的电子商务经营者。

【法条解析】 电子商务经营者是我国《电子商务法》的核心概念之一。《电子商务法》第9条对此作出了明确规定和细致分类。首先，电子商务经营者是从事经营活动的商事主体，具备交易目的的营利性、交易发生的经常性和持续性，由此将电子商务经营者与消费者或出售自用闲置物品的其他非经营用户相区别。其次，电子商务经营者所从事的经营活动应当通过互联网等信息网络达成交易。最后，电子商务经营者从事的经营活动既包括销售商品，也包括提供

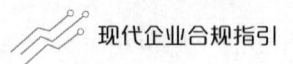

服务。

《电子商务法》第9条对电子商务经营者的类型也进行了列举。具体而言，电子商务经营者包括电子商务平台经营者、平台内经营者、自建网站经营者、通过其他网络服务销售商品或者提供服务的经营者四种类型。

【案例演绎】 网络服务提供者的平台属性认定[1]

A公司在B公司的平台上开发并经营的某小程序提供某课程的在线播放服务，侵犯了C公司的信息网络传播权。C公司起诉称，作为某小程序的平台管理者、搭载者的B公司放任该行为发生，要求其承担连带赔偿责任。

法院认为，(1) 某小程序是开发者独立运营的一组框架网页架构，开发者通过小程序直接向用户提供数据和服务，开发者服务器数据不保存于B公司；(2) 由于B公司未存储开发者小程序的数据且无法进入开发者服务器查看或处理相关内容，客观上难以对小程序内容作出审核；(3) 在技术上，B公司无法仅针对特定侵权内容采取定点屏蔽、删除操作，只能对小程序进行整体删除，超出了法律规定的必要措施范围。因此，B公司不具有审核义务，亦不具有平台属性，C公司的诉请不能成立。

第十条 电子商务经营者应当依法办理市场主体登记。但是，个人销售自产农副产品、家庭手工业产品，个人利用自己的技能从事依法无须取得许可的便民劳务活动和零星小额交易活动，以及依照法律、行政法规不需要进行登记的除外。

【法条解析】《电子商务法》第10条规定了电子商务经营者的主体身份管理制度，采取了原则登记、例外豁免的范式，强调依法办理市场主体登记应当作为电子商务经营者的基本义务，是对经营者均需进行市场主体登记这一原则的确认，这一要求并非对电子商务从业者所施加的特殊限制和额外要求。

同时，《电子商务法》亦规定了四种不需要办理市场主体登记的特殊情形：个人销售自产农副产品、家庭手工业产品；个人利用自己的技能从事依法无须取得许可的便民劳务活动；零星小额交易活动和依照法律、行政法规不需要进行登记的经营活动。除法律另有规定外，上述豁免登记只适用于以自然人名义开展经营活动的情形，企业开展电子商务活动都需要进行市场主体登记。

第十三条 电子商务经营者销售的商品或者提供的服务应当符合保障人身、财产安全的要求和环境保护要求，不得销售或者提供法律、行政法规禁止交易

---

[1] 杭州互联网法院（2018）浙0192民初7184号民事判决书。

的商品或者服务。

【法条解析】《电子商务法》第 13 条对电子商务经营者销售商品和提供服务应承担的义务进行了规定，其应当保证所销售商品与所提供服务的安全性与合法性。首先，电子商务经营者销售商品和提供服务应符合安全性要求，即保障人身、财产安全，实践中可适用如《产品质量法》等其他法律中的相关规定和标准进行认定。其次，电子商务经营者也应当承担环境保护义务，在销售商品或提供服务时，需要符合《环境保护法》及相关标准的强制性规定。最后，不得从事法律、行政法规禁止的经营活动是经营者的普遍义务，电子商务经营主体也应当遵守。法律禁止交易的商品或服务，不得销售或者提供。

第十七条 电子商务经营者应当全面、真实、准确、及时地披露商品或者服务信息，保障消费者的知情权和选择权。电子商务经营者不得以虚构交易、编造用户评价等方式进行虚假或者引人误解的商业宣传，欺骗、误导消费者。

【法条解析】本条规定了电子商务经营者在商品、服务信息披露和商业宣传中的义务。电子商务经营者披露商品或者服务信息时应当遵循全面、真实、准确、及时的原则。具体而言，应当在整个经营流程中向消费者提供与客观事实相符、表达准确、传达及时的全部信息。同时，经营者也应当对消费者的知情权和选择权进行保障。电子商务经营者也不得以虚构交易、编造用户评价等方式进行虚假或者引人误解的商业宣传，即禁止"刷单"或"刷销量"等欺骗、误导消费者的行为。但《电子商务法》没有规定违反上述条文所应当承担的具体法律责任，需要结合《刑法》《反不正当竞争法》《广告法》《消费者权益保护法》等其他法律进行确定。

第十八条 电子商务经营者根据消费者的兴趣爱好、消费习惯等特征向其提供商品或者服务的搜索结果的，应当同时向该消费者提供不针对其个人特征的选项，尊重和平等保护消费者合法权益。

电子商务经营者向消费者发送广告的，应当遵守《中华人民共和国广告法》的有关规定。

【法条解析】《电子商务法》第 18 条第 1 款对精准营销以及消费者平等对待权的问题进行了规定，要求经营者提供个性化搜索结果时，应当同时提供非个性化的搜索结果选项，其目的在于制止电子商务经营者利用数据算法不平等对待消费者的行为，防止电子商务经营者根据消费者消费习惯、收入水平进行数据画像，侵害消费者的知情权和公平交易权。同时，为防止互联网广告投放行为对消费者所造成的困扰,该条第 2 款规定电子商务经营者向消费者推送广告时,需要遵从《广告法》的规定。

【案例演绎】 电子商务平台搜索结果的司法审查[1]

赵某欲通过某电商网站购买冰箱,以"国美冰箱"为关键词进行检索时,发现该购物平台所提供的检索结果中,排名前三的均非国美牌冰箱。赵某提起诉讼称,该平台向用户提供的检索结果违背了用户的期待,实际违背用户与平台订立合同的初衷,请求法院确认该电商平台构成违约。

法院认为,与搜索引擎所提供的网络服务不同,电子商务平台重在撮合交易,必然不可能仅与品牌信息相关联,品牌的知名度、平台内产品在售的数量、商家的信誉、销量等均有可能影响检索结果的排位。在没有强制性规定的前提下,平台公司作为营利性主体在法律框架内具有经营自主权,赵某未就提供何种检索服务与被告进行磋商,且未支付服务费用,对平台提供的检索服务不应苛以过高要求,遂驳回了赵某的诉求。

第二十二条 电子商务经营者因其技术优势、用户数量、对相关行业的控制能力以及其他经营者对该电子商务经营者在交易上的依赖程度等因素而具有市场支配地位的,不得滥用市场支配地位,排除、限制竞争。

【法条解析】 随着技术进步的驱动和市场的拉动,我国电子商务保持快速发展的态势,经营规模不断扩大,如果电子商务平台出现滥用市场支配地位的行为,将严重损害其他企业和消费者的合法权益。由于互联网领域竞争形势的特殊性,考虑到电子商务平台双边市场的经营模式,针对市场支配地位认定,《电子商务法》第 22 条作为对电子商务经营者滥用市场支配地位,排除、限制竞争行为的禁止条款,采取了有别于传统行业中主要以市场份额为依据的认定标准,提出了包括技术优势、用户数量、对相关行业的控制能力、其他经营者对该电子商务经营者在交易上的依赖程度等考察要点,采用了综合性的判断标准。需要注意的是,以上四个方面的因素并非只要具备一个条件就可认定为具有市场支配地位,而是需要对多个因素综合考量。

第二十七条 电子商务平台经营者应当要求申请进入平台销售商品或者提供服务的经营者提交其身份、地址、联系方式、行政许可等真实信息,进行核验、登记,建立登记档案,并定期核验更新。

电子商务平台经营者为进入平台销售商品或者提供服务的非经营用户提供

---

[1] 杭州互联网法院(2020)浙 0192 民初 2295 号民事判决书。

服务，应当遵守本节有关规定。

【法条解析】《电子商务法》第 27 条针对电子商务的特点，规定了平台经营者对于入驻平台的平台内经营者的核验与登记义务。具体而言，平台经营者应当要求申请进入平台销售商品或者提供服务的经营者提交其身份、地址、联系方式、行政许可等真实信息，进行核验、登记，建立登记档案，并定期核验更新。本条规定的目的在于保护消费者以及与平台内经营者发生交易的相对人。如果平台经营者没有把好入门关，导致消费者遭受平台内经营者的侵害，却无法得知其身份、获得其有效联系方式，那么平台经营者应当承担责任。

第三十一条 电子商务平台经营者应当记录、保存平台上发布的商品和服务信息、交易信息，并确保信息的完整性、保密性、可用性。商品和服务信息、交易信息保存时间自交易完成之日起不少于三年；法律、行政法规另有规定的，依照其规定。

【法条解析】《电子商务法》第 31 条规定了电子商务平台的服务信息和交易记录的保存义务。电子商务平台是各种交易发生的场所。如果当事人对在平台上发生的交易产生争议，或者平台内经营者的行为侵害了消费者的权益甚至涉嫌违法，唯有平台保存了各种交易数据信息，才能够还原事情真相。正是基于这一考虑，本条要求平台经营者对平台上发布的商品和服务信息、交易信息承担记录、保存义务，针对保存数据的客观情状进行了要求，并规定了相应的留存时长。

第三十二条 电子商务平台经营者应当遵循公开、公平、公正的原则，制定平台服务协议和交易规则，明确进入和退出平台、商品和服务质量保障、消费者权益保护、个人信息保护等方面的权利和义务。

【法条解析】 平台经营者往往根据服务协议与交易规则对自身经营活动和平台内的经营活动进行规范和管理。《电子商务法》第 32 条对平台在制定服务协议和交易规则时应当承担的义务进行了原则性规定，要求电商平台应当在公开、公平、公正的原则下制定相关规则，对出入平台及平台上的交易活动进行治理和约束，防止出现差别待遇或歧视性待遇。

【案例演绎】 电商平台对滥用权利的用户停止服务的格式条款有效[1]

吴某是某电商平台会员，享有"免费退货"等权利，其在某电商网站购买商品后，对"拆分订单配送和由其支付快递费"不满，拒收货品，并申请办理

---

[1] 广州市中级人民法院（2019）粤 01 民终 19541 号民事判决书。

退货退款手续。该平台遂根据《服务条款》，就吴某大量购买、拒收、退货的行为向其退回了会员服务费，冻结了账户。吴某起诉称该平台无正当理由限制其使用账户，侵犯了其合法权益，应承担相应的违约责任。

法院认为，某电商平台作为网络购物平台应当依法、依约提供服务，其平台的《服务条款》虽为格式条款，但属于有效条款。同时，某电商平台依约行使其管理权力，维护该平台的合理交易秩序并无不当。用户应当遵守合同约定和法律规定，不应滥用自身权利。吴某虽依法享有退货的权利，但不合常理的高退货率，说明其在购物时未能尽到起码的谨慎义务，在行使退货权利时又过于随意，该做法不合理地增加了企业和社会的成本，有悖于诚实信用原则，是对自身权利的滥用，被告某电商平台依据平台服务条款冻结原告用户账户的措施具有正当性，遂判决驳回原告吴某的全部诉讼请求。

第三十四条 电子商务平台经营者修改平台服务协议和交易规则，应当在其首页显著位置公开征求意见，采取合理措施确保有关各方能够及时充分表达意见。修改内容应当至少在实施前七日予以公示。

平台内经营者不接受修改内容，要求退出平台的，电子商务平台经营者不得阻止，并按照修改前的服务协议和交易规则承担相关责任。

【法条解析】 平台经营者在相关交易规则与服务协议的制定过程中拥有巨大的影响力，并且可能会利用这一影响力，通过交易规则和服务协议设置不合理的交易条件。为此，《电子商务法》第34条对平台经营者修改平台服务协议和交易规则的程序进行了规定和限制，不仅要求至少提前7日在首页显著位置持续公示，同时也要求平台要采取合理措施确保有关各方能够及时充分表达意见。平台经营者不能利用其强势地位，随意修改平台服务协议和交易规则，而是必须尊重事前订立并且为当事人所接受的协议。

【案例演绎】 平台经营者不得单方面变更合同[1]

吴某曾购买某视频平台会员，享有"热剧抢先看"等权利。购买后，会员协议内容被视频平台单方面增加了"付费超前点播"条款，在会员享有的"热剧抢先看"权利的基础上，以单集付费的方式为愿意缴费的VIP会员提供了得以更加提前观看该影视剧剧集的机会。吴某起诉，主张确认涉案《VIP会员协议》中超前点播格式条款对其不发生法律效力。

法院认为，视频平台虽然可在会员协议中享有单方变更权，但是该项合同

---

[1] 北京互联网法院（2020）京0491民初3106号民事判决书。

权利的解释受到公平原则的制约。然而，某视频平台的行为使得会员享受到的观影体验远低于预期，实质性损害了会员的主要权益。且《VIP 会员协议》中的"视为同意"条款既没有明示，也让会员没有实质上退出的选择，违反了公平原则，因而不能视为协商一致变更合同，判决某视频平台承担违约责任。

第四十条 电子商务平台经营者应当根据商品或者服务的价格、销量、信用等以多种方式向消费者显示商品或者服务的搜索结果；对于竞价排名的商品或者服务，应当显著标明"广告"。

【法条解析】《电子商务法》第 40 条对电子商务平台上的垂直搜索相关问题进行了明确规范。首先，本条要求平台经营者应当采取多种方式向消费者显示商品或者服务的搜索结果，并不完全列举了商品或者服务的价格、销量、信用等排序因素，经营者在提供三种排序方式之外，可自行决定是否提供其他的搜索结果排序方式。其次，经营者如果采取竞价排名的方式在搜索结果中呈现商品或者服务，应当将结果显著标识为"广告"。是否显著应当根据一般人的判断标准进行认定，以使用户对搜索结果产生清晰的认识。

第四十二条 知识产权权利人认为其知识产权受到侵害的，有权通知电子商务平台经营者采取删除、屏蔽、断开链接、终止交易和服务等必要措施。通知应当包括构成侵权的初步证据。

电子商务平台经营者接到通知后，应当及时采取必要措施，并将该通知转送平台内经营者；未及时采取必要措施的，对损害的扩大部分与平台内经营者承担连带责任。

因通知错误造成平台内经营者损害的，依法承担民事责任。恶意发出错误通知，造成平台内经营者损失的，加倍承担赔偿责任。

【法条解析】《电子商务法》第 42 条规定了知识产权权利人的通知与平台经营者的必要措施。知识产权权利人发出通知是电子商务平台治理措施的第一步。知识产权权利人应当对其通知的真实性负责，并提供侵权的初步证据，包括身份证明、权利证明与所主张的侵权事实。电子商务平台经营者接到知识产权权利人的通知后，依据表面证据的认定方法，能够初步认定通知的真实性与主张的合法性的，应当依照通知要求对平台内相关经营者采取必要措施，并将该通知转送平台内经营者。电子商务平台经营者不能借口无力对通知的真实性加以判断，拒绝或逃避采取必要的治理措施。如果因此造成知识产权权利人损害扩大的，应与平台内经营者就扩大的损害承担连带责任。同时，针对知识产

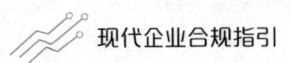

权权利人恶意通知,《电子商务法》第 42 条规定了相应的民事责任和加重赔偿责任。

9.1.2 电商合规的执法与司法现状及趋势

9.1.2.1 电商合规的行政执法[1]

自 2019 年 1 月 1 日《电子商务法》施行以来,行政机关根据《电子商务法》作出的行政执法案件有 1300 余件,2019 年至 2021 年案件数量分别为 320 件、414 件和 530 件,逐年递增。从地域分布上看,上海市、浙江省和河北省作出的行政处罚案件数量最多,分别为 329 件、244 件和 151 件,这与其司法管辖区域内的电子商务活动活跃密切相关;山东省、广东省、江苏省排在其后,分别为 89 件、88 件和 82 件。受处罚对象既包含法人及其他组织,也包括个人。行政执法的领域涵盖了市场监管、竞争与垄断、医疗卫生与医药行业、知识产权、互联网、财税以及土地城建等各个方面,其中市场监管领域的执法案件占比约为 75%,市场监管领域的执法具体又涵盖广告、产品质量、企业日常运行、无照经营、消费者保护等多个领域。行政处罚机构方面,依据《电子商务法》作出的行政处罚案件中,有约 99.6% 的行政处罚决定由市场监督管理局(含原工商局)作出。由此可见,市场监督管理局是电子商务活动的主要执法机构。

此外,自 2021 年 5 月 1 日《网络交易监督管理办法》施行以来,依照《网络交易监督管理办法》作出行政处罚的案件约有 51 件,同样集中在市场监管、竞争与垄断、医疗卫生与医药行业、知识产权和互联网等领域,行政执法决定全部由市场监督管理局(含原工商局)作出。

(1)市场监督管理局。

在市场监督管理局的执法案件中,处罚理由主要集中在广告宣传问题、市场主体登记及信息公示问题、未按许可经营项目范围从事网络食品经营问题以及不正当竞争等问题上。此外,关于知识产权和医药领域相关规定的行政处罚数量也较多。

在电子商务行政执法活动中,行政处罚对象依据处罚事由的不同存在区别。例如,广告宣传问题、市场主体登记问题,主要处罚对象为电子商务平台内经营者;而 App 个人信息保护的问题、社交电子商务涉嫌传销问题、平台二选一的不正当竞争问题、跨境电子商务走私、税务问题等,处罚对象主要为电子商

---

[1] 数据来源为在威科先行网站上的检索结果。

务平台经营者。总体上看,关于电子商务相关的执法具有以下特点:第一,执法重点明确,针对电子商务主体的登记问题、广告问题、隐私和数据保护问题、知识产权问题以及不正当竞争问题是执法的重点领域;第二,由于电子商务环境下涉及的法律问题众多,因此执法机关的执法依据上,并不单纯依赖于《电子商务法》,而是与其他法律如《反不正当竞争法》《网络安全法》《广告法》等联合交叉适用;第三,在涉及电子商务领域的新问题时,例如社交电子商务、跨境电子商务等方面的问题,以原有的法律法规以及判断方式为基础,适应性地作出新的判断。[1]

从市场监督管理局作出的处罚内容上看,以责令改正和罚款为主。涉及罚款的行政处罚案件在罚款金额数量上整体偏小,可见电子商务领域目前的行政执法活动处罚力度并不大,主要以矫正电子商务经营者的行为规范为主要目的。另外,电子商务领域的行政执法活动也会呈现出阶段性特点。行政执法机关会依据各个时期国家宏观政策的导向来调整执法重点领域,所以行政执法机关也会呈现出一定时间段内就某一领域问题开展重点执法检查的态势,从而实现对市场主体违法行为的规制。

随着《个人信息保护法》等相关系列法律法规的施行,针对电子商务平台的个人信息保护方面的行政执法活动将成为未来一段时间内电子商务领域的行政执法热点。电子商务领域的隐私和数据保护的执法活动呈现趋严的趋势,尤其是针对App、小程序、公众号等手段收集使用个人信息的行为。而针对不断涌现的新型电商模式,例如社交电商、直播电商,相关执法部门亦在探索模式合规性的判断规则,一方面支持鼓励新型电商的发展,另一方面严格规范其中的违法违规行为。[2]

(2)其他行政执法机构。

除市场监督管理局之外,其他行政机构也就市场主体在电子商务领域的活动作出行政处罚决定,例如某地区发展和改革委员会就被处罚人未在公司网站首页及链接标识持续公示营业执照信息的行为责令改正并予以罚款[3]。某地区

---

[1] 参见蔡鹏、王梦迪.《电子商务法》实施后的执法、司法回顾及其趋势[EB/OL]. 中伦网, 2020 [2022-04-11]. http://www.zhonglun.com/Content/2020/08-28/1529445132.html.

[2] 参见蔡鹏、王梦迪.《电子商务法》实施后的执法、司法回顾及其趋势[EB/OL]. 中伦网, 2020 [2022-04-11]. http://www.zhonglun.com/Content/2020/08-28/1529445132.html.

[3] 商睢市监罚字[2020] 21号。

公安局对当事人以虚构交易的方式进行虚假商业宣传的违法行为处以罚款〔1〕。某省药品监督管理局就某药品销售公司在某商城旗舰店后台信息及网店页面均未显示有《药品经营许可证》的行为作出责令改正的行政处罚。〔2〕可见，除市场监督管理部门外，其他相关行政执法机构也会在其职权范围内依据《电子商务法》开展行政执法活动。

9.1.2.2 电商合规的司法实践

（1）电商合规的司法现状。〔3〕

自 2019 年 1 月 1 日《电子商务法》施行以来，其在电子商务活动纠纷解决中得到了广泛的适用，为电子商务活动中各主体的责任界定提供法律参考。《电子商务法》施行三年多以来，直接适用《电子商务法》的司法案件 2500 余件。

从时间上看，适用《电子商务法》的司法案件逐年增加。在 2019 年《电子商务法》施行元年，适用《电子商务法》的司法案件仅有 113 件，而在其后的 2020 年和 2021 年两年中，适用《电子商务法》的司法案件大幅增加，案件数量均超过 1000 件。可以看出，随着互联网线上交易活动的日益频繁，《电子商务法》在司法活动中也得到了大量的适用，法院案件受理数呈快速增长趋势。

从地域分布上看，《电子商务法》适用案件最多的地区为北京市，在所有案件中约占 37%，其次是福建省和湖南省，分别约占比 19% 和 14%。除此之外，江西省、广东省、上海市、江苏省和浙江省也有较多适用《电子商务法》的案件，分别约占比 6%、5%、4%、3% 和 2%。从地域上看，北京市适用《电子商务法》的司法案件数量最多，其中北京市朝阳区人民法院和北京市互联网法院管辖的司法案件约占北京市适用《电子商务法》司法案件总数的 94%。

从法院级别和案件审理级别上看，适用《电子商务法》的司法案件中，约 93% 的司法案件都由基层人民法院审理，95% 的司法案件为一审案。而从案件标的额上看，约 74% 的案件标的额都在 0 至 10 万元之间，17% 的案件标的额在 10 万元至 50 万元之间，且涉诉商品类型多样。由此可见，电子商务领域大部分的司法纠纷标的额较小、案件情况较为简单，且往往能够在一审程序中解决纠纷。

---

〔1〕岚市监处字〔2021〕17 号。
〔2〕黑药监处罚〔2021〕一处 005 号。
〔3〕数据来源为在威科先行网站上的检索结果。

在适用《电子商务法》的司法案件中，最为主要的案件类型即为网络合同纠纷，约占总案件数量的92%，因此《电子商务法》第48条以及第50条关于电子合同的订立及其效力的规定也成为引用率最高的法条。除此之外，知识产权纠纷案件为数量第二多的案件类型，约占总案件数量的5%，主要涉及《电子商务法》第42条关于电子商务领域知识产权"通知—删除"规则的规定。侵权责任案件与不正当竞争案件约占总案件数量的3%，这部分案例主要涉及《电子商务法》第38条关于电子商务平台经营者安全保障义务的规定，同时也会涉及《反不正当竞争法》《产品质量法》和《侵权责任法》等其他法律规定在电子商务领域中的适用。

（2）电商合规的司法特点。

电子商务领域的相关司法案件数量巨大，其在司法实践中呈现出如下特点。

第一，案件类型呈现多元化特征，网络交易行为规则不断确立。电子商务领域司法案件诉讼主体多元、涉诉标的类型多样、案件涉及问题多样以及单个案件涉及多重法律关系，从而体现出电子商务领域司法案件的多元化特征。[1]在司法实践中，法院通过对司法案件的判决，使得网络交易活动行为规则在实践中不断清晰，从而对网络交易行为提出更为明确的指导和规范。

第二，不断打击电子商务领域的反垄断与不正当竞争行为。在电子商务环境下，垄断行为与不正当竞争行为产生的影响更加广泛、后果呈现更加迅速，并且这类行为也更加普遍。例如，电子商务平台内的不正当竞争（通过刷单炒信、恶意差评、恶意投诉等行为进行不正当竞争）、电子商务平台之间的不正当竞争（强制在平台之间进行"二选一"）等。法院在司法实践活动中，通过对相关案件的裁判，进一步明确细化垄断和不正当竞争行为的认定标准和规则，从而保障各类市场主体公平参与竞争。[2]

第三，网络空间下的知识产权保护规则不断完善。电子商务领域的知识产权问题涉及内容广泛，除一般的商标权、著作权、专利权侵权纠纷之外，还包括"通知—删除"规则的适用以及其他新类型的知识产权归属问题等。在司法实践中，法院通过相关司法判例不断明确相关问题的裁判规则、知识产权权利

[1]《广州互联网法院网络购物合同纠纷审理情况》白皮书［R/OL］.广州互联网法院，2020［2022-04-11］. https://www.gzinternetcourt.gov.cn/#/articleDetail?id=uzpj9c02270cfwyfa7vpy7r3lboz2res&titleType=advancedSearch&type=WorkReport&apiType=convincing.

[2] 中华人民共和国最高人民法院.中国法院的互联网司法［M］.北京：人民法院出版社，2019：32.

归属、保护范围等，不断加大司法保护和救济力度，完善知识产权领域治理规则，有效保护和鼓励互联网创新。[1]

第四，纠正了过往电子商务活动中的违法现象。《电子商务法》等相关法律法规颁布之前，电子商务活动中刷单炒信、虚假宣传等现象猖獗，而随着《电子商务法》等法律法规的陆续施行，上述违法行为在司法实践中得到了一定程度上的规制，对电子商务中的违法活动起到了一定的遏制作用。

第五，保护个人信息和数据安全。电子商务环境下，一方面，线上交易需要通过收集用户的大量个人信息才能保证交易的顺畅以及完整性，由此使得相关电子商务平台掌握了大量的用户个人信息；另一方面，基于交易、浏览等行为而形成的大量数据也为相关电子商务平台进行大数据研究、用户画像、精准营销提供了基础性资料，数据越来越成为重要资源。由此引发的个人信息和数据安全问题，更加值得关注。在司法实践中，法院也通过裁判明确个人数据使用的规则、数据资源的保护规则等。[2]

(3) 电商合规的司法趋势。

第一，由于电子商务交易日益频繁，围绕电子商务的合同类纠纷案件依然会是未来电子商务司法案件的重点。而随着既往判例的丰富，围绕电子商务交易的展开中各方的行为规则也会日益明晰。

第二，仍会有大量新的焦点问题以及新的场景下的新案例不断涌现。电子商务领域的活动不断发展，迭代迅速，新形态的互联网产品的出现总是会伴随着一系列新兴法律问题的产生。因此，未来电子商务领域的司法实践会不断对新的问题作出回应。

第三，消费者权益保护与电子商务行业发展并重。《电子商务法》施行初期，司法实践主要是解决电子商务企业与消费者在交易过程中的信息不对称问题，对电子商务企业的违法违规行为予以纠正。随着电子商务行业的发展状况日益改善，在未来的司法实践中会更加侧重消费者权益保护与电子商务行业发展并重。

第四，侧重对个人信息数据的保护。随着《个人信息保护法》等相关法律的施行，人们也逐渐意识到了个人信息权益的重要性，个人信息保护也成为电

---

[1] 中华人民共和国最高人民法院. 中国法院的互联网司法 [M]. 北京：人民法院出版社，2019：32.

[2] 蔡鹏、王梦迪.《电子商务法》实施后的执法、司法回顾及其趋势 [EB/OL]. 中伦网，2020 [2022-09-11]. http://www.zhonglun.com/Content/2020/08-28/1529445132.html.

子商务企业合规的重点。针对个人信息权益纠纷的司法案件的比例将在未来电子商务领域司法实践中有所增加。

9.1.3 合规管理要点

9.1.3.1 电子商务经营者认定及市场主体登记合规要点

（1）界定不同类型的电子商务经营者。

根据《电子商务法》《网络交易监督管理办法》的规定，不同类型的电子商务经营者和网络交易经营者需要承担不同范围、不同程度的法律义务。《网络交易监督管理办法》的界定方式与《电子商务法》基本保持一致，只是在针对新业态的主体界定上进行了进一步的明确。其中，平台经营者是最为首要的规制对象。企业需要谨慎判断自己所开展的业务模式是否会在法律法规的层面上被认定为平台经营者。

电子商务平台经营者（在其他部分简称为"平台企业"），是指在电子商务中为交易双方或者多方提供网络经营场所、交易撮合、信息发布等服务，供交易双方或者多方独立开展交易活动的法人或者非法人组织。一般情况下，组织一旦符合上述特征，即会被认定为是电子商务平台经营者。但从行业实践来看，部分企业的业务模式原来并不属于电子商务，而是随着平台的不断发展逐渐开始开展电子商务活动，从而逐渐具有电子商务平台经营者的特征和性质。[1]另外，如果网络社交、网络直播等网络服务提供者实质上提供了网络平台服务，包括但不限于提供网络经营场所、商品浏览、订单生成、在线支付等服务的，即应履行平台经营者的义务；如果未实质提供网络平台服务（如仅提供技术服务而不参与实际的经营活动），则应履行网络服务提供者的义务。可以从主客观的标准上来判断在业务发展过程中其是否已经具备了电子商务平台经营者的性质：

①在主观标准上，平台经营者必须具有促进、管理平台电子商务活动并以此持续营利的目的。[2]为此，有如下三种标准供企业进行判断：一是平台从平台上发生的电子商务交易中抽佣、分成、收取服务费，从而实现营利[3]；二

---

[1] 电子商务法起草组. 中华人民共和国电子商务法解读［M］. 北京：中国法制出版社，2018：59.

[2] 杨立新. 电子商务法规定的电子商务交易法律关系主体及类型［J］. 山东大学学报（哲学社会科学版），2019（2）：110-120.

[3] 薛军. 电子商务新业态与网络交易监管新课题［J］. 中国市场监管研究，2020（12）：5-7.

是平台制定了集中用于电子商务经营活动的平台规则[1];三是平台开放了特定的功能窗口以集中促进电子商务交易活动。

②在客观标准上,从信息生成的角度,平台经营者必须能够保证在平台上就能够实现电子商务交易闭环,即商品服务信息提供、下单、支付、交付环节(平台能够留存、展示物流信息、签收信息)均能在平台内完成。[2]

满足上述情形的,企业应以电子商务平台经营者的要求开展相应的合规工作。未完全满足上述情形的,企业应该仔细考察《电子商务法》等对于平台经营者项下的义务,合理评估企业自身的能力是否能够履行这些义务及其必要性,结合实际情况履行相应的法律义务。[3]

根据目前的商业实践,部分平台带有聚合平台的特征,即该平台会集合多个其他平台的入口,以实现用户能够在该平台上同时接入、使用各电子商务平台的服务,市面上的部分支付软件、地图打车软件等均具有这一特征。鉴于法律上并没有对这种类型的平台进行明确界定,从合规的角度出发,企业提供该种产品或服务的,应在用户正式接入第三方平台服务之前进行充分告知,并要求第三方服务平台已经与用户订立用户协议,避免自身与第三方平台产生连带责任。

对于其他类型的电子商务经营者,即平台内经营者、自建网站经营者,以及通过其他网络从事电子商务活动的经营者(在其他部分简称为"商家"或"商家企业",但商家企业不包括个人形式组织的电子商务经营者),应以电子商务活动的定义以及该活动的场所进行界定。电子商务,是指通过互联网等信息网络销售商品或者提供服务的经营活动。需注意开展《电子商务法》第 2 条第 3 款规定的经营活动的不适用本法。依托于第三方电子商务平台进行经营的,为平台内经营者;借助其他第三方平台的则为通过其他网络从事电子商务活动的经营者;不依托任何第三方,自己建立网站经营的则为自建网站经营者,包括开展自营业务的平台经营者。

---

[1] 兰昊. 电子商务平台经营者的识别与判断标准探析[J]. 上海政法学院学报(法治论丛),2020,35(4):87-96. 崔聪聪. 电子商务法[M]. 北京:知识产权出版社,2019:23.

[2] 杨立新. 网络媒介平台的性质转变及其提供者的责任承担[J]. 法治研究,2016(3):16-26. 崔聪聪. 论电子商务法的调整对象与适用范围[J]. 苏州大学学报(哲学社会科学版),2019(1):79-85.

[3] 薛军. 电子商务新业态与网络交易监管新课题[J]. 中国市场监管研究,2020(12):5-6.

（2）落实登记义务。

电子商务经营者需要依法办理市场主体登记。企业应根据《市场主体登记管理条例》及《市场主体登记管理条例实施细则》在企业所在地地方人民政府市场监督管理部门完成市场主体登记，与此同时，也应根据当地税务机关的具体要求，办理相应的税务登记。

企业若从事如药品、化妆品等需要行政许可的电子商务经营活动的，应同时取得行政许可。

9.1.3.2　电子商务经营者认定及市场主体登记合规要点

（1）电子商务经营者的信息公示义务。

①营业资质文件公示。办理市场登记义务之后，商家企业需充分履行亮照经营义务，在其首页显著位置，根据《网络交易监督管理办法》第12条前两款的要求公示营业执照信息、与其经营业务有关的行政许可信息或者上述信息的链接标识。上述信息发生变更后，应当在3个工作日内将变更情况报送平台企业。

②产品和服务信息展示。商家企业在销售具体产品或服务时，应当全面、真实、准确、及时地披露商品或者服务信息，具体应包括价格、产地、生产者、用途、性能、规格、等级、主要成分、生产日期、有效期限、检验合格证明、使用方法说明书、售后服务，或者服务的内容、规格、费用等内容。

③停止经营的公示。商家企业若决定终止电子商务活动，需提前30日在其网站首页或者从事经营活动的主页面显著位置，持续公示终止网络交易活动公告等有关信息，并采取合理、必要、及时的措施保障消费者和相关经营者的合法权益。公示的程度应以明显触达消费者作为合规标准。即消费者只要进行信息浏览，便可同时得知企业将终止经营活动，也可以通过弹窗等方式（若技术上允许）对消费者进行触达提示。另外，公示还应当包括在终止电子商务活动后，如何确保完成未履行订单、针对已经售出的商品或者服务继续提供售后服务的途径和方式。

（2）电子商务平台经营者的信息公示义务。

①保障商家企业履行公示义务。平台企业首先应该从技术上确保在平台上开展经营活动的企业能够履行前述信息公示义务。若商家属于从事便民劳务活动和零星小额交易活动的，应根据《网络交易监督管理办法》第12条第3款的要求公示信息。平台企业在收到更新材料和请求后，应当在7个工作日内进行

核验，完成更新公示。

②服务协议和交易规则公示。平台企业的服务协议和交易规则公示合规，详见后述服务协议和交易规则相关义务。若平台企业依据相关法律法规、用户协议和交易规则需要对平台内经营者采取警示、暂停或者终止服务等处理措施，在公示时间上，应当自决定作出处理措施之日起1个工作日内予以公示，并持续公示至处理措施实施期满之日止。在公示内容上，公示需载明平台内经营者的网店名称、违法行为、处理依据、处理措施等信息。

③自他营标记。平台企业开展自营业务的，尤其需要注意应以显著方式标记自营业务和平台内经营者开展的业务。若标记不明，则应该基于信赖保护的原则，通过合理的方法确定在此种情况下，一个具有正常判断能力的人，如何理解相关营业的归属，从而决定相关的责任主体。如果在通常情况下，一个正常的理性的人仍然不能判断相关的业务究竟是自营还是第三方经营的，应该推定是平台自营业务，由平台承担商品销售者和服务提供者的法律责任。[1]

④用户评价公示。平台企业应该允许并提供便捷的方式让消费者在购买产品或服务后对商家进行评价，并且不得删除。平台企业不宜为商家企业提供有偿删除、屏蔽、篡改评价等服务，但可以提供投诉救济渠道，在一定的期限内允许商家企业就相关评价进行申诉，并要求其提供相关证明。另外也建议平台企业设置评价回复功能，允许商家企业对消费者的评价进行回应和解释。除此之外，平台也不宜不当干预用户评价的正常呈现方式，例如将好评前置、差评后置，或者不显著区分不同商品或者服务的评价等。

9.1.3.3 电子商务经营者开展经营、营销活动合规要点

（1）信息披露义务。

企业开展电子商务活动的，在产品和服务界面应根据前述电子商务经营者信息公示义务的要求开展信息展示合规工作。及时梳理有关页面是否缺少展示要素，并及时补充更新。

（2）搜索和广告营销。

①平台企业开展竞价排名、算法推荐活动。

平台企业在搜索排名展示上，应当遵守算法伦理，对所有商家均采用中立、统一的算法，根据公示的规则进行排名，不对特定的商家在排名上进行不正当的优待，也不无理由地对商家进行降权、屏蔽处理。在选择关键词时，平台企

---

[1] 电子商务法起草组．中华人民共和国电子商务法解读［M］．北京：中国法制出版社，2018：114．

业应根据商家具体提供的产品和服务与关键词的关联性进行形式审查,确保商家购买的关键词与其具体提供的产品和服务相对应。另外还需注意,若关键词涉及品牌,应对品牌之间是否存在竞争关系进行审查,确保商家不购买其竞争对手品牌名称作为关键词,从而避免不正当竞争问题。

平台企业在提供竞价排名服务时,应当依法查验客户提供相关产品或服务的有关资质,对提供关系到消费者生命健康的产品和服务的商家,应该着重审查,并且明确付费搜索信息页面比例上限,醒目区分自然搜索结果与付费搜索信息,对付费搜索信息逐条加注显著标识。平台企业应以合同等方式约定购买竞价排名服务的商家确保符合《消费者权益保护法》《广告法》的有关规定,并约定若平台企业发现商家违反相关法律法规的,平台企业有权暂停、终止提供竞价排名服务并免除相应的违约责任。

平台企业采用算法推荐,为用户推销产品或服务时,应同时提供不针对特定个人的产品和内容的推荐选项,并采取标记等措施进行区分。平台企业需要为用户提供便捷的拒绝算法推荐的途径。

无论是竞价排名还是算法推荐,平台企业采用前述行为向用户推销商品的,应以显著标识将所推荐的产品或服务标记为广告。

在对商家营销行为的管理方面,建议建立健全价格标注规则、广告发布规则等交易规则,并采取自动审核、定期审核等方式排查平台上可能存在的价格、广告违法违规行为。采取自动审核的,应引入补充性质的人工审核机制,在对特定商家的价格、广告违法违规采取处理措施之前,应进一步通过人工审核才能执行。同时建议提供申诉机制,以及投诉举报机制。平台企业同时应采取有效措施制止平台内商家企业的刷单炒信行为。例如,采用技术手段,监测订单成交量和订单成交对象,准确识别是否存在组织虚假交易的情形;监测消费者评价账户与评价内容,识别是否存在虚构信用评价或恶意组织差评的情形。平台企业发现商家平台或用户存在上述行为的,应及时采取相应的处理措施。

②商家企业开展营销活动的合规要点。

商家企业在为产品或服务标注价格时,对于以下典型的价格违法行为,商家企业应注意避免:在搜索展示页面、平台首页面展示低价,但在用户实际加入购物车时标高价;虚构高价原价,并以打折促销等名义打折优惠,降低价格,但正常交易中均未以原价价格达成过交易;以不符合交易习惯的计价单位为标准展示价格;差异化定价,对于同样数量、质量的产品或服务,商家企业利用算法针对不同的消费者制定不同的价格。具体而言，商家企业在标注价格时，应遵守《价格法》《价格管理规定》等相关法律法规的规定，落实价格合规工作。

商家企业开展广告行为的，对于以下典型的广告违法行为应注意避免：使用极限词、绝对词进行宣传，如最高级、销量最佳、全网价格最低等；夸大宣传，使用与产品或服务的实际状况不相符的广告表述，误导消费者。

商家企业应根据《广告法》等相关法律法规的要求，结合自身所销售的产品和服务类型，遵循特定的禁止性规定。例如，在酒类广告中不得出现以下内容：诱导、怂恿饮酒或者宣传无节制饮酒；出现饮酒的动作；表现驾驶车、船、飞机等活动；明示或者暗示饮酒有消除紧张和焦虑、增加体力等功效。

商家应避免如下典型的不正当竞争行为：虚构交易、编造用户评价，或以好评返现的方式诱导用户评价；采用误导性展示等方式，将好评前置、差评后置，或者不显著区分不同商品或者服务的评价等；采用谎称现货、虚构预订、虚假抢购等方式进行虚假营销；虚构点击量、关注度等流量数据，以及虚构点赞、打赏等交易互动数据；以贬低竞争对手商业信誉的方式开展营销活动。

（3）搭售商品或服务。

商家企业若提供商品搭售服务，不应将其作为默认同意选项。建议商家企业以勾选的方式提醒消费者可以加购、换购。消费者同意搭售的，也不得在消费者后续的消费中将先前购买中的选项设置为默认同意选项。

9.1.3.4 电子商务平台经营者义务合规要点

（1）安全保障义务。

①身份核验义务。在商家企业正式入驻平台前，平台企业应当对商家企业的经营资质进行形式审核。审核的内容应包括：企业三证，法定代表人身份证明信息、联系方式和联系地址，从事特定行业所需的行政许可文件和资质证书，以及认为有必要的由入驻者提供的其他与其主体相关的各种信息。平台企业对上述文件进行审核时，应进行登记，建立登记档案，并定期核验更新。

若商家属于从事便民劳务活动和零星小额交易活动的，审核内容应包括自我声明、实际经营地址、个人身份证明、联系方式等信息。

审核不通过的，建议平台企业向商家说明身份核验无法通过的具体原因，帮助商家改进修正。平台企业应当对未办理市场主体登记的平台内经营者进行动态监测，若达到需要办理市场主体登记要求的，及时提醒其依法办理市场主体登记。

平台企业至少每 6 个月对上述信息开展核验工作。

②报送义务。平台企业需分别于每年 1 月和 7 月向住所地省级市场监督管理部门报送平台内经营者的下列身份信息：已办理市场主体登记的平台内经营者的名称（姓名）、统一社会信用代码、实际经营地址、联系方式、网店名称以及网址链接等信息；未办理市场主体登记的平台内经营者的姓名、身份证件号码、实际经营地址、联系方式、网店名称以及网址链接、属于依法不需要办理市场主体登记的具体情形的自我声明等信息，并进行特别表示。建议平台企业与市场监督管理部门建立开放数据接口等形式的自动化信息报送机制以减少报送成本。

③审查、处置、报告义务。平台企业应严格根据法律法规建立检查监控制度。平台企业发现平台内的商品或者服务信息有违反市场监督管理法律、法规、规章，损害国家利益和社会公共利益，违背公序良俗的，应当依法采取必要的处置措施，保存有关记录，并向平台住所地县级以上市场监督管理部门报告。

④信息记录保存义务。平台企业对商家身份信息的保存时间自其退出平台之日起不少于 3 年；对商品或者服务信息，支付记录、物流快递、退换货以及售后等交易信息的保存时间自交易完成之日起不少于 3 年。对于已经引发纠纷争议的相关交易信息，也应当对与交涉相关的信息进行妥善保存。在技术上建议平台企业采取备份存储、隔离存储的措施。

（2）服务协议和交易规则相关义务。

①服务协议和交易规则的制定。服务协议和交易规则的制定在内容上应涵盖用户协议、隐私政策、准入规则、营销规则、交易规则、评价规则、处罚规则、争议解决规则等内容。[1]平台企业应当完整保存修改后的版本生效之日前 3 年的全部历史版本，并提供访问链接，允许用户能够完整浏览和下载。

②服务协议和交易规则公示。平台企业还需公示服务协议和交易规则，具体合规建议如下：一是在用户注册前，应确保用户明确已经阅读服务协议，以及隐私政策等相关文本。建议以弹窗、倒计时的方式强制用户进行阅读。在文本结构的设计上可以提供简化版本供客户快速阅读。二是应该在平台界面显著位置为用户提供服务协议和交易规则、信用评价规则等规则的访问入口。"显著位置"应以用户进入首页后不用滚动页面即可发现入口为标准。三是在规则展

---

[1] 杨立新. 网络交易规则研究 [J]. 甘肃社会科学, 2016 (4)：174.

示界面，平台企业需以一定的逻辑、合理的结构展示规则，同时提供客服和搜索功能，便于用户快速定位相关交易规则。四是涉及服务协议和交易规则修改的，应当至少在实施前7日予以公示。五是应提供链接，保证用户能够查询和下载至少过往3年的服务协议和交易规则历史版本。对于大型促销期间临时性质的规则，也应当遵循相同的要求。

③服务协议和交易规则的修改。应当在平台首页显著位置公开征求意见，并提供意见提供窗口、问卷等方式确保有关各方能够及时充分表达意见。修改内容应当至少在实施前7日予以公示。

服务协议和交易规则应遵循诚实信用和公平原则，未经商家或用户的事先同意，不宜制定明显减损其权利、增加其义务的条款或规则。若属于相关法律法规要求的，平台企业应列明法律依据。

④服务协议和交易规则的保存。平台企业应保存以往3年的服务协议和交易规则。

(3) 知识产权保护义务。

平台企业的知识产权保护义务适用"避风港"原则。具体内容请参见"知识产权合规"部分。

(4) 其他义务。

平台企业为电子商务活动提供仓储、物流、支付结算、交收等服务时，应注意不要采取集中竞价、做市商等集中交易方式进行交易，不进行标准化合约交易。

平台企业不得对商家企业在平台内的交易、交易价格以及与其他经营者的交易等进行不合理限制或者附加不合理条件，干涉平台内经营者的自主经营。具体包括：①通过不合理的搜索降权、下架商品、限制经营、屏蔽店铺、提高服务收费等方式，禁止或者限制平台内经营者自主选择在多个平台开展经营活动，或者利用不正当手段限制其仅在特定平台开展经营活动。②禁止或者限制平台内经营者自主选择快递物流等交易辅助服务提供者等。

9.1.3.5 电子商务合同订立及履行合规要点

(1) 电子商务合同的订立。

《电子商务法》第49条和《民法典》第491条的规定存在差异。[1]因此，若平台企业和商家不想采取下单即合同成立的合同订立方式而需要另行约定的，

---

[1] 薛军. 电子合同成立问题探析[J]. 法律适用, 2021 (3): 25-33.

建议以显著方式提醒消费者。若开展拼团、预购、抢购等需要消费者提前支付价款的情形时，商家企业应合理评估预先支付价款对于营销活动的合理必要性，并以清晰明了的方式告知消费者具体的营销规则，以及无法达成最终交易的可能性，并安排相应的退款工作。

（2）电子商务合同的格式条款。

《电子商务法》要求电子商务经营者清晰、全面、明确地告知用户订立合同的步骤、注意事项、下载方法等事项，赋予电子商务经营者保护消费者权益的义务。

关于提示说明义务，《民法典》的调整主要体现在义务内容及违反后果上。《民法典》第496条增加了关于格式条款提供方的说明义务，将提示说明义务的范围扩大至"免除或减轻格式条款提供方责任等与对方有重大利害关系条款"。《网络交易监督管理办法》第21条结合网络交易的特点，将"免除或减轻格式条款提供方责任等与对方有重大利害关系条款"进一步细化为"与消费者有重大利害关系的内容"，并"按照消费者的要求予以说明"。

关于效力认定，《网络交易监督管理办法》第21条则结合网络交易的特点，对"格式条款"的无效情形进行了细化，具体包括：免除或者部分免除网络交易经营者对其提供的商品或者服务承担修理、重作、更换、退货、补足商品数量、退还货款和服务费用、赔偿损失等责任；排除或限制消费者提出修理、更换、退货、赔偿损失以及获得违约金和其他合理赔偿的权利；排除或限制消费者依法投诉、举报、请求调解、申请仲裁、提起诉讼的权利；排除或者限制消费者依法变更或者解除合同的权利；规定网络交易经营者单方享有解释权或者最终解释权等。

因此，商家应在合同订立时适当、全面履行告知义务和提示说明义务，保证格式条款内容合规、有效。

9.1.3.6 电子商务争议解决合规要点

（1）建立投诉举报机制。

平台企业应当建立便捷、有效的投诉、举报机制，公开投诉、举报方式等信息，及时受理并处理投诉、举报。投诉、举报规则应作为交易规则的一部分根据前述服务协议和交易规则相关义务开展合规工作。

在内容上，允许投诉、举报的内容包括价格违法违规行为、广告违法违规行为、知识产权侵权行为、商家违背承诺的行为、商家不正当竞争行为（刷单炒信、好评返现、恶意差评等)、其他侵害消费者权益的行为。

(2) 建立争议在线解决机制（非强制）。

根据《电子商务法》第63条的规定，建立争议在线解决机制并非平台企业的强制性义务，但仍建议平台企业建立上述机制。一方面，建立争议在线解决机制属于普遍的行业实践；另一方面，便捷、快速、中立、有效的争议在线解决机制有利于更好地帮助平台企业履行协助消费者维护合法权益等义务，同时有利于减少诉累。

9.1.3.7 电子商务个人信息保护合规要点

本部分仅根据典型电子商务场景对个人信息保护提供建议。

(1) 电子商务平台经营者的个人信息保护义务。

①个人信息收集合法合规。平台企业需要开展个人信息保护合规工作。平台企业应制定符合《个人信息保护法》等法律法规要求的隐私保护政策，并在用户注册时强制提醒用户进行阅读，并获取同意。收集、使用个人生物特征、医疗健康、金融账户、个人行踪等敏感信息的，应当逐项取得消费者同意。平台商家不得采用一次概括授权、默认授权、与其他授权捆绑、停止安装使用等方式，强迫或者变相强迫消费者同意收集、使用与经营活动无直接关系的个人信息。

②个人信息处理遵循最小必要原则。平台企业应遵循必要原则收集和处理用户个人信息，处理个人信息时应严格限制为用户提供相应的服务的目的。平台企业需要处理个人信息，用于提供算法推送服务或进行大数据分析的，应事先取得个人的同意，并提供便捷的拒绝方式。

③建立个人信息保护制度。平台企业内部应建立健全完善的个人信息保护制度，包括但不限于负责部门及负责人、访问权限控制、个人信息加密隔离存储、应急预案、培训制度。

④个人信息对外提供。平台企业在给商家企业、第三方支付平台、物流公司提供个人信息时，应确保采取以下合规措施：与上述主体签订个人信息处理协议，约定个人信息处理的范围、目的和方式，限制其任何超出合同目的的个人信息处理行为；建议采取 API 接口等方式向上述主体提供个人信息，避免个人信息直接对外提供，在提供时可以根据具体的个人信息使用目的选择提供必要的个人信息，同时采取加密、掩码等措施加强个人信息保护。

（2）电子商务经营者的个人信息保护义务。

商家企业收集和使用个人信息时，必须仅限于以履行电子商务合同为目的，不得过度使用个人信息。商家企业在未经消费者同意或者请求之前，不得向其发送商业性信息。发送商业性信息时，商家企业应当明示其真实身份和联系方式，并向消费者提供显著、简便、免费的拒绝继续接收的方式。消费者明确表示拒绝的，应当立即停止发送，不得更换名义后再次发送。

9.1.3.8 直播电商中的合规要点

（1）直播电商平台的资质。

直播电商平台需要办理的证件有增值电信业务经营许可证（ICP 经营许可证）、在线数据处理与交易处理业务资质（EDI 许可），并在全国网络视听平台信息管理系统登记备案。

①直播电商属于经营性互联网信息服务范畴，因此需要申请 ICP 经营许可证。

②在线数据处理与交易处理业务包括交易处理业务、电子数据交换业务和网络/电子设备数据处理业务的平台需要办理 EDI 许可。若自营类的电商平台、企业通过网络销售自家产品的，仅为销售渠道的拓展，则无须办理该资质。此外，直播平台如仅为电商进行导流的，同样无须办理该资质。

③根据《关于加强网络秀场直播和电商直播管理的通知》规定，开办电商直播的平台应将开办主体信息和业务开展情况等在"全国网络视听平台信息管理系统"登记备案。

④《关于加强网络秀场直播和电商直播管理的通知》要求电商直播平台的一线审核人员与在线直播间数量总体配比不得少于 1∶50，并将通过内部培训的审核人员在"审核员信息管理系统"中进行登记。平台每季度应向省级广播电视主管部门报备直播间数量、主播数量和审核员数量。社会知名人士及境外人员开设直播间，平台应提前向广播电视主管部门报备。

⑤根据《文化和旅游部办公厅关于调整〈网络文化经营许可证〉审批范围进一步规范审批工作的通知》规定，电商类直播不属于网络表演，不需要办理《网络文化经营许可证》。

⑥网络电商直播平台须严格按照网络视听节目服务管理的相关规定开展视听内容服务，不得超出电子商务范围违规制作、播出与商品售卖无关的评述类等视听节目，否则应根据《广播电视节目制作经营管理规定》取得《广播电视

节目制作经营许可证》等资质。

（2）直播电商平台的特殊责任。

直播电商平台除需要遵守《电子商务法》规定的平台责任外，还有额外的平台责任与法律义务[1]，具体如下：

①平台应加强管理，防止主播采取链接跳转等方式，诱导用户进行线下交易；禁止主播诱导用户绕过合法交易程序在社交群组进行线下交易；

②平台应采取措施防范主播利用社交群组进行淫秽色情表演、传销、赌博、毒品交易等违法犯罪以及违反网络内容生态治理规定的行为；

③平台应加强网络直播账号注册管理，每半年向所在地省级网信部门、主管税务机关报送存在网络直播营利行为的网络直播发布者个人身份、直播账号、网络昵称、取酬账户、收入类型及营利情况等信息；

④平台应加强网络直播账号分级分类管理，对违反相关法律法规的网络直播账号，依法依规采取警示提醒、责令限期改正、限制账号功能、暂停账号使用、永久关闭账号、禁止重新注册等处置措施，保存有关记录并按要求及时向有关部门报告；

⑤平台和网络直播发布者采用价格比较方式开展促销活动的，应以文字形式显著标明销售价格、被比较价格及含义；

⑥平台应明确区分和界定网络直播发布者各类收入来源及性质，并依法履行个人所得税代扣代缴义务，不得通过成立网络直播发布者"公会"、借助第三方企业或者与网络直播发布者签订不履行个人所得税代扣代缴义务的免责协议等方式，转嫁或者逃避个人所得税代扣代缴义务。

（3）是否构成广告。

网络主播作为提供信息发布的主体，其所从事的信息发布、商品推广行为是否构成广告发布行为的认定，应当根据《广告法》第 2 条作出判断。

在司法实践中，执法机关倾向认为网络直播营销构成"商业广告"。例如，在海王星辰药房网络直播销售方艾可案[2]中，上海市市场监督管理部门以违反《广告法》为由对该药房作出了处罚。该案也被选入国家市场监督管理总局公布的 2019 年第一批典型虚假违法广告案件。

与此同时，需要注意，《广告法》第 2 条还规定了四类广告主体（广告主、

---

[1] 参见《网络直播营销管理办法（试行）》《互联网直播服务管理规定》《网络直播营销行为规范》。

[2] 上海市徐汇区市场监管局（2018）沪监管徐处字第 042018002365 号行政处罚决定书。

广告经营者、广告发布者和广告代言人），各自承担不同的法律责任。而在不同直播电商的经营模式下，主播的身份有所不同[1]：

①店铺直播型主播：若主播是商家的老板或员工，该情形下的主播被认定为"广告主"或"经营者"；②帮助交易型主播：若主播接受商家委托，对外显示和标榜独立于商家，以自身信誉作背书吸引观众的，则是"广告代言人"；③独立型主播：主播在直播营销平台注册账号，自设个人直播间展示商家提供的商品，向消费者作出推荐和证明时，属于广告经营者、广告发布者、广告代言人三种身份的交叠。

因此，主播作为广告经营者、广告发布者或广告代言人会和商家（广告主）一起承担虚假广告的民事连带责任以及行政处罚。此外，在刑事责任上主播从事虚假广告行为亦存在构成虚假广告罪的风险。

（4）虚假宣传与虚假广告的认定。

近年来，"虚假广告"与"虚假宣传"成为直播电商中首要重点关注的潜在风险点，且二者不是非此即彼的关系。在《反不正当竞争法》中，认定虚假宣传的重点在于商业宣传是否导致消费者主观认识的错误理解，而并非商业宣传本身是否客观真实。如果在网络直播中对商品的介绍出现错误（如"口误"），但没有导致消费者的主观认识错误，则不会被认定为虚假宣传；而即使信息本身真实，但其表达方式或呈现方式容易引人误解，则会被认定为虚假宣传。此外，虚假宣传的认定仅以"欺骗、误导消费者"的可能性为结果要件，因此在实践中往往会参考日常生活经验、相关公众一般注意力、发生误解的事实和被宣传对象的实际情况等诸多因素进行判断。

在直播电商领域，典型的虚假宣传行为有：

①通过虚构点击量、关注度等流量数据，以及虚构点赞、打赏等交易互动数据、虚假购买和事后退货等方式提供虚假的营销数据；

②采用谎称现货、虚构预订、虚假抢购等方式进行虚假营销；

③实施混淆行为，引人误认为是他人商品、服务或者与他人存在特定联系；

④编造、传播虚假信息或者误导性信息，损害竞争对手的商业信誉、商品声誉。

根据《广告法》的规定，广告以虚假或者引人误解的内容欺骗、误导消费者的，构成虚假广告。具体而言，如果直播带货的过程中卖的是商品，那么该

---

[1] 刘雅婷，李楠. 直播电商虚假宣传的法律规制 [J]. 知识产权，2021（5）：74-77.

商品的性能、功能、产地、用途、质量、规格、成分、价格、生产者、有效期限、销售状况、曾获荣誉等信息必须与实际情况相符。同样，如果直播中是对某项服务进行推介，那么该项服务的内容、提供者、形式、质量、价格、销售状况、曾获荣誉等信息也必须与实际情况相符，否则会构成虚假广告。

除此以外，使用虚构、伪造或者无法验证的科研成果、统计资料、调查结果、文摘、引用语等信息作证明材料，或者虚构使用商品或者接受服务的效果的，同样都属于违反《广告法》的虚假广告行为。

（5）劳动关系认定。

直播平台与主播之间的合同关系体现出直播电商模式的复杂多样性，可能是一般性的网络空间租赁关系、商业合作关系，抑或是劳动关系。

对于该合同关系的法律性质应该具体问题具体分析，可以从是否要求独家、排他，是否属于共同合作经营、利润分享等要素入手。直播平台与主播之间的协议越是强调这种合作是独家的、排他的，并且规定了主播严格的竞业禁止义务，那么将相关的法律关系解释为实质上建立了某种劳动关系，就越具有合同解释上的妥当性和可接受性。[1]

在法院的判决中，具体会从"人身依附性、经济收入、工作内容"三个方面来分析是否构成劳动关系。如果主播接受公司的管理，公司可以掌控主播的收入，且直播的地点、内容、时长和时间段需要受到公司的规定，则主播与公司之间更倾向于属于劳动关系。[2]

9.1.3.9 跨境电商中的合规要点

（1）我国《电子商务法》的域外效力。

首先，中国公民、法人及其他组织之间进行的电子商务活动，即便通过在国外的网站或者使用国外平台服务进行，都应被视为境内的电子商务活动，适用我国《电子商务法》。

其次，我国《电子商务法》在域外的扩展适用主要可分为三类。

①电子商务平台服务导致的扩展适用。境外经营者使用中国电子商务平台服务从事经营活动的，无论是否取得我国的市场主体登记，均需受《电子商务

---

[1] 参见薛军. 网络直播平台与网络主播之间合同关系的几个疑难问题 [J]. 人民司法（应用），2018（22）：53-54.

[2] 参见公报案例重庆市第一中级人民法院（2018）渝01民辖终1498号民事裁定书；山东省临沂市兰山区人民法院（2018）鲁1302民初18275号民事判决书。

法》的管辖。

②消费者保护原则的适用。在涉外民事关系法律适用中，一般适用消费者所在地法律。在跨境电商中，境外经营者即便在我国境内没有注册登记，也没有使用境内的电子商务平台服务，但是使用的语言文字、支付货币与配送方式等交易诸方面均明确指向中国境内的消费者，应当视为面向我国消费者从事相关电子商务活动，属于我国境内的电子商务活动，应适用《电子商务法》。即使境外经营者通过格式合同等排除我国法律的适用，损害消费者利益的，我国消费者可以对该条款不知情、不同意为由到我国有管辖权的法院起诉，依然适用《电子商务法》。

③依据国际条约或者协定的扩展适用。近年来，我国发起或者参与了多个国际双边、国际多边、区域性贸易协定或者国家投资协定，其中规定相关跨境电子商务活动的适用规则。建议在开展跨境电商活动前进行有针对性的了解和查询。[1]

（2）商品进出口制度。

对于跨境商品的流通，电子商务经营者首先要严格遵守海关总署于1993年发布的《禁止进出境物品表》和《限制进出境物品表》中规定的禁止和限制进出境物品的种类。

在此之外的物品，我国施行"跨境电子商务零售进口商品清单"制度。对清单范围内的商品适用更优惠的跨境电子商务综合税。自2016年起，清单的范围经过了多次调整。最新的商品清单可参考2022年3月1日，财政部等八部门实施的《跨境电子商务零售进口商品清单（2022年版）》。

（3）常见的税务违法行为。

根据相关规定，跨境电商进口商品可享受更低的税率，但该税收优惠仅限于境内消费者个人自用的商品；此外，跨境电商零售进口商品设有单次交易限值和年度交易限值，超过单次限值且不属于不可分割物品的商品，以及超过年度交易限值的商品，则需要按照一般贸易进口来缴税。因此，一些不法分子为牟取暴利，利用网购保税进口跨境电商模式，将本应以一般贸易方式进口的货物以跨境电商的名义化整为零走私进境，享受本不该享受的优惠税率。[2]其中

---

[1] 参见电子商务法起草组.中华人民共和国电子商务法条文释义[M].北京：法律出版社，2018：25-27.

[2] 查贵勇.跨境电商主要经营及合规风险解析（上）[J].中国海关，2021（11）：60.

常见的违法行为包括：

①参与制造或传输虚假"三单"信息，利用收集好的消费者信息，通过虚构零售的方式，将大宗货物"化整为零"地运送至境内销售，偷逃税款。

②盗用个人身份信息或年度购买额度。

③违规在境内进行二次销售。根据相关规定，跨境电商进口商品税收优惠仅限于境内消费者个人自用的商品。跨境电商进口企业应确保销售对象是购买后自用或馈赠亲属的境内消费者，而非进行二次销售的商家。如果跨境电商企业以员工名义批量购进跨境电商商品进行线下门店展示、零售或作为活动赠品，明显违反"禁止二次销售"的，则属于违规行为。根据《刑法》第154—156条的规定，不但电子商务经营者的行为可能构成走私罪，电子商务服务者、消费者的行为也可能构成走私罪。

9.1.3.10 社交电商中的合规要点

《禁止传销条例》第2条对传销的概念作出规定："本条例所称传销，是指组织者或者经营者发展人员，通过对被发展人员以其直接或者间接发展的人员数量或者销售业绩为依据计算和给付报酬，或者要求被发展人员以交纳一定费用为条件取得加入资格等方式牟取非法利益，扰乱经济秩序，影响社会稳定的行为。"

同时，第7条通过"拉人头""收取入门费""团队计酬"三种形式对传销行为作出类型化界定，描述了传销行为的外部特征。但这并不意味着仅有上述三种形式就可以认定为传销行为。

社交电商是否属于《禁止传销条例》所绝对禁止的非法传销，要结合《禁止传销条例》第1条、第2条规定的立法目的及定义，考虑其是否在实质上满足"牟取非法利益"这一要件。在实质判断的方式上，具体可以从以下六个方面来考虑。[1]

第一，关注在各主体之间分享的资金（利润）的来源。如果相关资金来源于真实的产品销售所获得的正常佣金，而非下线以各种方式向上线所作出的贡献，那么不存在问题。

第二，关注终端的商品或服务的购买者，是否享有充分且得到实际保障的退换货权利。

---

[1] 薛军. 电子商务新模式合法性审查的基本思路——以社交电商为中心［EB/OL］. 澎湃新闻，2019［2022-04-08］. https://m.thepaper.cn/baijiahao_4645776.

第三，团队计酬模式，应该考虑相关商业模式所设计的报酬结构是否会产生一种明显的不正当激励，使得产品或服务的购买者主要是为了提升自己在组织中的等级地位，而不是为了满足真实的消费需求而购买产品。

第四，如果以购买某种产品或服务，作为进入社交电商推广分销体系的前提条件，需要具体分析，解除这种商品销售与商业机会之间的捆绑关系，相关产品的销量是否会发生剧烈的下降。如果是，则可以认为消费者的真实需求只是其中很小的一个因素。

第五，需要将"拉人头"与"收取入门费"结合起来进行判断，而非独立判断。换言之，"拉人头"的目的是"收取入门费"。后来者缴纳的入门费成为支持相关体系得以持续运作的基础，那么这种模式存在问题。反之，如果"拉人头"的主要目的只是扩大参与商品或服务的推广者的人数，那么"拉人头"的行为本身应该没有问题。同样"收取入门费"，是否以获得高额回报为诱导，是否具有明显的欺诈性。

第六，如果涉及变相的非法集资等金融领域的违法犯罪行为，应该从金融监管的视角予以介入。尤其是当进入某种商业分销和利润分享体系的行为，变相地成为某种投资活动时，需要加以关注和防范。

9.1.3.11 小程序电商中的合规要点

传统电商平台通过搭建的小程序软件进行电子商务活动不会改变其电商平台的法律性质。其在平台功能、平台归属上与原生 App 并无较大区别，在法律属性上仍然属于电子商务平台经营者，因此需要承担其作为电商平台本应承担的平台责任。例如，在"张某某与北京某电子商务有限公司网络侵权责任纠纷案"中，法院认为，依据《消费者权益保护法》和《电子商务法》中关于网络交易平台责任的特殊法律规定，在该公司的微信小程序上销售商品，需要承担平台责任。[1]对于提供软件开发和展示服务的小程序平台（如微信、支付宝），不宜一概将其定性为电子商务平台经营者，而是要根据其是否参与实际运营、其对小程序商家的实际管控程度来进行区分。[2]如果由平台统一开发小程序，且开展统一的营销活动、收取一定的单笔交易支付费用，可以认定这种情况下的小程序平台属于电子商务平台经营者，要承担特殊的平台责任；若小程序平台只是提供一般性的技术服务，则类似于自动接入类型的网络服务提供者，此

---

[1] 参见北京互联网法院（2019）京 0491 民初 6576 号民事判决书。
[2] 参见薛军. 电子商务法平台责任的初步解读［J］. 中国市场监管研究，2019（1）：18-21.

时仅需要承担其他法律规范规定的作为网络服务提供者的责任。因此，依托小程序平台进行自主开发的商家小程序，更类似于通过其他网络服务销售商品或者提供服务的电子商务经营者。

9.2 电商合规良好实践

合规是企业内生的发展力量、最基本的底线。本部分以A公司为例，论述电商合规的良好实践。一直以来，A公司本着对消费者负责的核心共识，致力于为社会供应链提供价值，坚守对法律的敬畏，坚信发展与合规并存，深挖合规经营根源，厚植合规常青之树，以"合规"捍卫电商业务的高质量发展。同时，A公司作为有着良好用户基础、对行业有一定影响力的企业，积极主动拥抱合规、更高标准地追求企业合规，力求为社会持续输出正向价值，以身作则、坚持提升合规能力，为用户、商家提供更好的服务，为行业的健康良性发展贡献一份力量。

9.2.1 规章制度

A公司建立起全面、系统、公开透明、可执行的规章制度体系，主要涵盖商家规则、商品规则、消费者权益保护规则三个方面。商家规则主要就商家入驻资质、商家入驻后平台生态治理等内容进行规范；商品规则主要包含商品销售、商品信息发布、商品生态治理等内容；消费者权益保护规则主要解决消费者知情权、选择权的保护以及售后权益保障等问题。同时，针对上述规则的落地保障，A公司也建立起一套高效的运行规则，全面涵盖规则的执行以及商家和消费者对规则的理解和适用。[1]

（1）规章制度完整周密体系化。

为更好地服务商家开展经营活动，A公司建立起一套完整的服务规范，商家从规章制度中可以有效了解从店铺入驻、服务资费、电商生态治理等体系化的信息和规则，为其店铺开展经营提供充分的指引。对于商家入驻阶段需要关注的入驻资质问题，A公司制定了招商标准、招商资质细则等详略结合的制度体系供商家查阅。商家可依照上述规则，提交相关资质材料，包括营业执照等基础资质，以及真实有效的行业资质（如食品经营许可证等）。同时，A公司制

---

[1] 知识产权、数据及个人信息、广告等合规见其他专项案例。

定并公示全面的资费、运营等费用规则，供商家参考规则中细化的各类目资费，根据自身经营商品或服务的特征自行选择相应类型的服务。对于商家开展电商运营的全过程，A公司制定了商家治理规则、营销规则、履约规则、售后规则、商家信用和风险对平台内的生态进行治理。在商家违规行为的判定方面，A公司以商家积分累计处理治理规则为基础，针对恶意倒卖、价格违规、营销套利、发货违规、不正当手段获取资源、虚假宣传、不配合验货义务等几十个不同违规场景，分门别类制定相关细则。

为了使消费者购买到更优质的商品及服务，A公司围绕商品治理建立了以违禁商品监管、商品质量控制、商品信息发布为主体的周密的规则体系。在违禁商品监管规则方面，A公司按照《电子商务法》《网络交易监督管理办法》的规定，建立商品信息检查监控制度，细化了违禁商品信息的治理规则，包含商品审查和违规品巡查、排查、处置规则，对违禁商品实施标准更严格、排查时限更短、处理方式更严厉的管理。在商品质量控制方面，A公司制定了商品抽检的总体性规范和细则，从商品标签、产品执行标准号、商品外在品质等方面对商品进行抽检，指导商家提升商品质量。为了进一步落实平台商品的合规，A公司为平台内经营者制定了商品信息合规发布指引。商家可参考该发布指引，对其所发布的商品从是否符合法律法规要求、是否符合平台管理要求、违规的严重程度等方面进行自我排查。

在消费者权益保护方面，A公司制定了涵盖发票管理、7天无理由退货、三包服务等内容的体系化的售后保障规则体系。这些规则将法定的消费者保障义务，细化为具体售后服务保障规则。与此同时，A公司以提升消费者购物体验为目标，围绕配送时效、售后服务、咨询投诉等多方面，制定了消费者权益保护规则体系。消费者可依据上述规则，在出现纠纷时进行投诉、举报，A公司将按照规章制度，及时受理并处理投诉、举报。

（2）规章制度公正公平可执行。

A公司从违规处理、结果公示、以考代罚等方面着手，建立配套机制，保障商家规则的可执行性，并通过消费者评价、平台方抽检等机制保证规章制度落地生根。在违规认定方面，A公司针对商家违规行为及场景，按照相关服务规则，明确公开展示违规申诉规则，在确定商家存在违规行为时，向商家推送违规单后，商家有权在指定时间内申诉，提供相应的证明材料。A公司基于法律法规的规定、协议的约定、消费者和商家提供的证据材料以及数据和交易记录的相关信息等,对商家违规行为进行处理,确保违规处理流程公开、程序公正;对于一般违规行为,包括商品质量不合格、发布违禁信息等严重违规行为,以及售后服务问题,分别采取扣分、下架商品、关店等方式予以治理;对于严重违规行为,比如,违反市场监督管理法律、法规、规章,损害国家利益和社会公共利益,违背公序良俗的,依据法律、法规、规章的规定或者平台服务协议和交易规则对平台内经营者违法行为采取警示、暂停或者终止服务等处理措施;对于情节严重构成违法或犯罪的,及时报告行政司法机关。A公司作出处理决定后,将在作出处理措施之日起1个工作日内进行公示,公示内容包括平台内经营者的网店名称、违法行为、处理措施等信息,短期处理结果将持续公示至处理措施实施期满之日止。追究责任不是目的,促进商家健康发展才是目标。在作出处理结果后,A公司对于情节较轻的违约违规行为、因过失导致的违规行为,采取"以考代罚"方式督促商家整改,并对通过考试的商家抵消相应的扣分处理,确保违规治理和长远发展相结合、教育效果和规范效果相统一。

同时,A公司针对商品治理建立起一套运行机制,有效保障商品规则的可执行性。在商品规则的落地执行上,A公司按照综合消费者评论、商品退换修、赔付执行情况等多维度对商品的质量反馈,构建评价模型,对平台商品给出质量等级,确保商品规则的执行结果体现在商品质量上,为平台内经营者更好地开展经营提供有效参考。在商品抽检规则方面,A公司从商品标签、产品执行标准号、商品外在品质等方面,邀请第三方监测检验机构对抽检商品进行综合判定,不断督促商家提升商品品质、维护消费者的合法权益。

在消费者保护规则的落地方面,消费者在消费过程中出现疑惑或纠纷时,可依据A公司制定的不同类型的咨询投诉处理规则,向A公司进行咨询或投诉。A公司结合具体的电商实践场景,将纠纷定责标准予以细化,增强规则的可实施性,同时结合消费者保证金制度,切实保障消费者在配送时效、售后服务、价格保护等方面的权益。若消费者与平台内经营者发生争议,A公司将依据相关规则,扮演交易纠纷调解者的角色,对商家和消费者之间的纠纷进行调解,按照普通非专业人士的知识水平和能力对消费者和商家提交的相关证据材料进行判断,对咨询投诉进行有效调解。

(3)规章制度公开透明可查询。

为了保证规则和协议的公开透明可查询,A公司在制定、修改环节主动公示交易规则和服务协议,并在制度生效后,在显著位置持续公示。为了保证规则和协议更加清晰、易懂、易获取，A公司推出了规则解读和案例分享内容，供商家和消费者查询、参考。在规则制定、修改阶段，A公司设置了征集意见、公示等环节，平台内经营者可对规则制定、修订提出意见、建议。规则发布前，也会给予消费者充足的时间提出反馈和修改意见。同时在非修订阶段，A公司持续向平台内经营者开放意见反馈通道，确保有关各方都能够及时充分地表达意见。规则生效后，A公司在平台网站、App的显著位置持续公示服务协议、交易规则信息及各类治理规则并附上述信息的链接标识，保证经营者和消费者能够便利、完整地阅览和下载。

在规则的落地实施过程中，为避免平台内经营者、消费者等在浏览和阅读时出现遗漏、误读的情况，A公司采用图文解读、举例解读的方式，选取商家和消费者关注度较高、利益相关性较强的规则进行解读。对于发票问题、发货问题、运费问题、售后退换货等消费者和平台内经营者较为关注的案例类型，A公司选取真实的纠纷案例编写纠纷案例解读系列材料，方便商家和消费者理解掌握，提高规则落地的准确性和可行性。另外，A公司还推出高频问题系列解答，按照消费者和商家关注的密度和频次，进行系统、持续的解答。

9.2.2 风险识别与应对

A公司建立了合规风险识别及应对机制，系统梳理经营管理活动中存在的合规风险，对可能的合规风险进行系统分析。同时，不断完善合规风险应对机制，针对发现的风险制定预案，采取有效措施及时处置，相关部门加强协同配合，采取措施妥善应对，最大限度化解风险、降低损失。

9.2.2.1 合规风险识别

明晰电子商务经营者的主体身份。网络交易经营者包括网络交易平台经营者、平台内经营者、自建网站经营者以及通过其他网络服务开展网络交易活动的网络交易经营者等。首先，A公司依据《电子商务法》《网络交易监督管理办法》等判断参与电子商务经营各方主体的身份，明晰不同类型业务、经营主体所应履行的合规义务。如A公司在提供包括但不限于提供网络经营场所、商品浏览、订单生成、在线支付等网络支持服务的过程中，应履行平台经营者的义务；在仅提供技术服务而未参与实际经营活动的过程中，则应履行网络服务提供者的义务。

履行市场主体登记相关的系列义务。在入驻审核阶段，A公司依法要求申请入驻销售商品或者提供服务的经营者提交其营业执照、行政许可等真实信息，进行核验、登记，建立登记档案，并定期核验更新。在平台内经营者开展经营的过程中，A公司采取弹窗等方式及时提醒达到登记条件但尚未办理市场主体登记的平台内经营者依法办理市场主体登记；A公司为办理市场主体登记的平台内经营者提供便利条件，持续协助提供市场主体登记的相关资料；为提示消费者、协助监管机构管理，A公司依法对已登记和未登记的平台内经营者进行区分标注。A公司协助商家在其经营场所持续依法"亮证亮照"，提示商家店铺在需要关闭时，提前30日在其经营页面持续公示有关信息。

定期报送平台内经营者身份信息。为协助监管机构对电子商务经营开展进行监督和管理，A公司依据法定的报送时间、报送频率、报送机关以及报送内容对平台内经营者的身份信息进行报送，报送频率为6个月。同时，A公司在信息报送时需注意对超过"年交易额10万元"的平台内经营者进行特别标示。

持续公示服务协议与交易规则。在服务协议与交易规则制定、修改的过程中，A公司一方面依法进行公示、征求意见，另一方面保存相关文本历史版本、保障平台内经营者、消费者阅览下载的便利。目前行业通常会在网站首页下方设置"规则中心"的链接。另外，A公司对于依法依规对平台内经营者的违法行为采取的警示、暂停或者终止服务等处理措施，也会在法定期限内以法定方式进行公示，供各方获取及查阅，充分保障各方主体的合法权益。

建立全面客观的评价体系。商品或服务的评价内容是消费者选购商品的重要信息来源，A公司为消费者提供对电商销售商品或提供服务进行评价的途径，且禁止平台内经营者删除消费者对其销售的商品或者提供的服务的评价，采取人工、自动化技术等方式禁止平台内经营者虚构评价、好评前置、差评后置、不显著区分不同商品的评价等有违公平、全面、客观等原则的行为。

健全营销宣传治理机制。A公司依法建立全面的互联网广告业务承接登记、审核及档案制度；审核查验并登记广告主的名称、地址和有效联系方式等主体身份信息，建立登记档案并定期核实更新。为更加高效地支持宣传治理，A公司配备熟悉广告法规的广告审查人员进行专业评估审核。在搜索结果的显示页面，A公司对通过竞价排名的商品或者服务，显著标明"广告"，对消费者进行有效提示。A公司对平台内经营者在销售商品或服务过程中可能存在的虚假宣传行为进行严格治理，采用多种手段禁止平台内经营者虚构交易、谎称现货、虚构预订、虚假抢购等方式进行虚假营销。

重视电商经营中的知识产权保护。A 公司建立知识产权保护规则，适用"避风港原则"和"红旗原则"。当知识产权权利人认为其知识产权受到侵害时，将权利人主体信息、侵权链接和初步证据材料等信息通知 A 公司，A 公司根据相关情况依法采取删除、屏蔽、断开链接、终止交易和服务等必要措施。

依法检查监控违法违规行为。A 公司在保障业务正常开展的过程中，还通过技术措施、专业团队、规则制度等多种方式相结合，对平台内经营者违反法律法规、损害国家或公共利益的情形采取必要的处置措施，对"违背公序良俗"的行为予以检查监控，以促进电商生态的健康，保障消费者、平台内经营者的合法权益。

依法保存相关信息。A 公司依法对收集的平台内经营者的身份信息进行保存，与身份信息的审核登记、报送等义务形成一体，为平台内经营者提供进行事前、事中、事后的身份信息的必要支持和服务。同时，A 公司对商品或者服务交易信息依法进行保存，有效保障消费者的合法权益。

健全纠纷处理与消费者权益保护机制。A 公司在服务协议和交易规则中明确有关消费者权益保护的权利和义务，例如，A 公司要求平台内经营者在商品或服务销售过程中严禁将搭售商品等选项设定为消费者默认同意，也不得将消费者以往交易中选择的选项设定为消费者默认选择。销售会员服务等自动展期、自动续费服务的，在消费者接受服务前以及展期、续费前 5 日，A 公司会以显著方式提请消费者注意；且提供显著、简便的随时取消或者变更的选项，严禁收取不合理费用；并在显著位置明示相关规则规范，保证消费者能够便利、完整地阅览和保存。同时，A 公司建立便捷、有效的投诉、举报机制，公开投诉、举报方式等信息，及时受理并处理投诉、举报。A 公司在平台内经营者和消费者发生纠纷时，协助消费者维护合法权益，从中立的角度积极进行调解。

依法制定合同成立规则与合同格式条款。法律规定电子商务经营者不得以格式条款等方式约定消费者支付价款后合同不成立；格式条款等含有该内容的，其内容无效。因此，A 公司及平台内经营者应制定清晰、全面、明确的合同成立说明，告知用户订立合同的步骤、注意事项、下载方法等事项。在使用格式条款、通知、声明等形式时，A 公司、平台内经营者应以显著方式提请消费者注意与消费者有重大利害关系的内容，并按照消费者的要求予以说明。同时，A 公司应提醒平台内经营者在相关的合同当中禁止规定《电子商务法》

《网络交易监督管理办法》等法律法规所禁止的对消费者不公平、不合理的内容。

保障平台内经营者自主经营。在开展市场竞争的过程中，A公司严格禁止对平台内经营者在交易、交易价格以及与其他经营者的交易等方面进行不合理限制或者附加不合理条件；严格禁止实施"二选一"行为。同时，A公司采取多种方式对工作人员进行宣贯和管理，保障管理规定和制度的落地执行。

9.2.2.2 合规风险应对

建立完善的制度体系。A公司建立涵盖商品安全保障、知识产权保护、广告审查、促进公平竞争、消费者权益保护、质量安全保障、网络安全与个人信息保护等方面的科学完备的合规制度，确保平台内经营者遵循自愿、平等、公平、诚信原则，遵守法律和商业道德，依法进行合规经营，以科学合理的制度，应对可能出现的合规风险。

建立完善的合规运行机制。A公司完善并严格执行合规咨询、风险提示、合规检查、合规考核等内部机制和合规体系，明确合规要求和流程。A公司就业务开展或合作项目进行合规咨询，结合业务开展的实际情况，给出具有针对性、可操作性的合规建议，统一合规方案后进行整改。A公司明确合同签订流程和要求，对合同中可能涉及的风险点进行风险提示并提供修改建议，依据合同制度完成审批，事前把控风险。A公司主动进行巡查，事中严控风险，建立主动检查和发现问题的制度和流程，严控平台内经营者销售商品或提供服务中可能存在的各类问题。A公司建立投诉咨询治理制度，公开投诉举报方式，及时处理消费者投诉举报，同时接受来自公司内外部的监督，事后及时发现存在的风险，并进行及时、有效地处理。A公司对于平台内经营者以及A公司员工进行合规情况评估。A公司员工手册中，对员工必须遵循的基本行为准则进行明确规定，对于违反相关规定的员工依法依规进行相关处理。A公司公示商家违规行为和场景，明确处理原则，发现相关风险，确认商家所违反的服务规则，根据规则作出相应处理。确保对风险进行处理，严格执行规定，为后续合规运行奠定基础。

A公司研发并投入自动化系统，组建专业团队。审核系统集机器审核、辅助人工审核等方式于一体，可面向多种业务场景提供审核服务。例如前置拦截（敏感词过滤），即布置系统前置拦截关键词，进行系统前置管控。

9.2.2.3 合规能力提升

A公司定期对规则制度及运行机制的执行情况进行梳理，结合当前法律法规和政策规定的变化以及运行过程中出现的情况，对规则制度进行动态更新，不断完善合规风险应对方案。对于合规咨询过程中出现的具有典型性、新颖性的问题进行经验的复盘、总结和沉淀，输出具有普遍性指导意义的指引或文件，为后续相关问题的解决提供高效借鉴。结合合同审核过程中不断更新的经验，定期对合同模板进行修订或增删，对合同审核过程中出现频率较高的情况进行汇总并提供具有普遍性指导意义的解决方案。对主动巡查和投诉举报等各种途径所发现和反映的问题进行分类分级分析，并体现到规则当中，更新巡查重点和合规重点，提高支持效率。

A公司向公司业务人员就《电子商务法》《网络交易监督管理办法》等电商领域相关法律法规、政策文件以及合规经验等进行宣贯，针对不同部门所开展的业务可能涉及的法律规定和法律风险点、注意点等进行培训解读，加强员工电子商务领域的合规意识，提高员工对于商家的服务水平，树立正确的价值观。

9.2.2.4 外部协同

A公司设置专门团队与监管部门进行日常的工作对接，对于电商合规相关问题进行传达，对业务开展过程中发生的风险问题第一时间联系沟通，积极配合监管部门完成问题的后续处理，并协助通知商家。A公司配合市场监督管理部门，针对电子商务的特点，为应当办理市场主体登记的经营者办理登记提供便利；按照国家市场监督管理总局及其授权的省级市场监督管理部门的要求，提供特定时段、特定品类、特定区域的商品或者服务的价格、销量、销售额等数据信息，及时协助市场监督管理部门依法查处网络交易违法行为，提供其掌握的有关数据信息；建立定期向监管部门报告合规情况的制度，在技术方面积极配合市场监督管理部门开展网络交易违法行为监测工作。

A公司与专家学者、研究机构等建立合作伙伴关系，持续完善消费者、平台内经营者、专家学者等对企业的外部评价机制，自觉接受社会监督，不断完善内部合规治理。A公司就热点问题，与专家学者开展课题研究，与高校合作研究有关电商合规方面的重点难点问题；长期与电子商务法律领域的专家学者保持沟通，请教并听取专家专业的指导建议；长期聘请专业的电商合规团队进行电商合规咨询，聘请外部律师团队进行业务模式的分析和相关案件的协同。

9.2.3 合规审查

合规审查的目的是确保规章制度、运行机制、业务开展等各个环节符合法律法规、监管规定的要求。A 公司建立健全合法合规性审查机制，将其作为业务开展的必须条件，严格把控各个环节可能出现的合规风险。

A 公司建立并执行合规审查制度，由上级对下级合规行为进行监督；由业务部门采用专业人员以及技术手段等方式加强对相关业务领域日常经营管理行为的审核把关；由合规部门加大对规章制度制定、重大决策事项、重要合同签订、重大项目运营等合法合规性的研究评估力度；由内控合规部门对员工合规行为进行监督。

同时，A 公司建立健全合法合规性审查后的评估机制，及时掌握评估意见的采纳情况，不断提升工作质量。另外，A 公司多部门协同参与组建虚拟合规团队，定期对公司的制度流程进行审查，确保各项环节内容有效执行落地。

9.2.4 组织机构

A 公司为电商合规搭建了完善的合规运行体系，从组织结构、运行机制等方面着手，进一步明确合规部门职责、规范业务部门日常业务开展，将法律规定的合规要求落实到 A 公司运营的方方面面。

在组织机构设置方面，A 公司坚持"专业、科学、协作"原则，进一步明确通过专业分工为合规方案的有效性落地提供保障、通过团队协作为合规方案的灵活落地提供保障的基本思路，夯实合规本质，为业务保驾护航。

（1）通过专业分工为合规方案的有效性提供保障。

完善的机制体系离不开制度规范，鉴于制度类型众多，分散在不同的部门，如何确保体系、规范的有效落地，则需要组织机构明确机构职责，这也是"术业有专攻"的重要体现。

合规方案制订及落地期间，A 公司结合法律要求、业务实操、人员配置等要素，设置了"规则制定、生态治理、服务提升、技术研发、法律合规"等机构，由法律合规部门通过对法律法规要求进行专业解读，由其他部门结合具体合规要求通过规则、治理策略、优化方案、系统研发多个方面，逐一落地合规要点。

规则制定部门的主要职责在于以法律法规、政策规范、各类标准等规范文件为基础，结合平台内经营者日常经营、消费者消费活动以及平台经营者运行过程中出现的各类需求，制定相关交易规则和服务协议，并对各类规则、协议进行动态调整和优化。

生态治理部门的主要职责在于根据法律法规、政策文件、服务协议、交易规则等对商家违规行为开展巡查和治理，通过公示商家违规行为和场景，明确处理原则、明确公开展示违规申诉规则等方式保障治理工作的有效开展。

服务提升部门的主要职责在于通过对平台治理和服务提供、消费者权益保护等过程中积累的经验进行复盘，对问题进行反推，进一步调整、提升整个电商团队的服务机制和服务水平。

技术研发部门的主要职责在于根据平台内经营者的经营需求、消费者的购物体验优化需求，以及平台经营者的平台运营需求，开发更加便利和高效的技术系统，为电子商务的整体运行和优化提供技术支持。

法律合规部门的主要职责在于与法律相关工作的统筹，如对于法律专业相关的研提、解读、合规落地要求进行内部传达，对合规标准予以明确，并协助与监管部门进行对接。

专业是科学分工的必要前提，也是确保职责相对清晰的必要措施。通过科学的分工，更有利于合规工作的解析、规划，也更有利于合规工作的落地、优化。在此期间，不仅实现了科学分工、专业支撑，同时也进一步通过"互通有无"，对合规工作的良性运行提供了"燃料"。

职责相对清晰是合规落地的基本保障，对于落地期间的不清晰区域，用更加灵活的组织形式、团结协作的作战方式，为合规落地的全面完整覆盖，提供不可或缺的支持。

（2）通过团队协作为合规方案的灵活落地提供保障。

运行机制是制度落地的有效保障，也是校验制度可行性、合规有效性的必要方式。基于此，为了保障电商合规制度的有效执行，多部门协同参与，进行全链路的合规建设，由规则制定团队制定并更新制度规则，生态治理团队具体执行，服务提升团队复盘并反推制度和运行机制的优化和升级，技术团队和法律团队提供必要的技术支持和法律专业知识的辅助。

除此之外，A公司还组建虚拟合规小组，定期进行电商领域合规工作自检自查，确保各项环节内容有效执行落地。

9.2.5 合规培训

合规是公司稳健发展的内生动力，是预防风险的基本措施，也是维护公司权益的有力武器。员工作为公司的重要组成部分，其合规意识的提升是公司合规意识增强的重要体现，也是公司持续合规运营的重要保障。基于此，A 公司定期开展面向公司员工的合规培训，增强合规意识是不可或缺的必要合规落地措施。

整体来看，企业的合规发展不仅仅依赖于制度、体系、流程机制，更重要的是员工合规意识的提升，这将有助于企业长久的合规落地、业务发展。

基于此，A 公司搭建了学习平台，为日常培训提供系统和技术支持。同时为便于培训学习数据追踪，所有培训均要求使用内部平台建课备案，培训学习数据包括但不限于课程名称、课程分类、课程开始/结束时间、报名信息、签到信息、考试成绩、评估结果、讲师信息、项目负责人等。

（1）合规培训常态化。

合规培训不是一朝一夕的，也不是一蹴而就的，无论是 A 公司的合规理念还是员工的合规意识，都需要常态化的合规宣贯。

特别是在电子商务相关新法出台后，A 公司会对法规内容进行解读及宣贯培训，以便于相关人员了解合规要点。A 公司面向管理层、员工层开展培训，以便于集体达成合规共识；通过季度、半年度、年度，对相关重要法规和监管政策进行持续性的宣贯；通过员工自我学习、外部专家解析等方式，多维度共享合规实践理念。

以《电子商务法》为例，培训内容包括《电子商务法》的颁布背景，历次征求意见稿的修订过程，正式颁布版本的生效时间，结合不同业务模式的合规要点，应建设的系统、流程优化方案等，如亮证亮照、交易信息的保留、违法违规行为的公示等。

（2）合规培训多样化。

鉴于合规培训内容的专业性，法律法规的繁复性，良好的合规培训机制是建立合规共识、推动合规落地的有效方式。

A 公司多样化的合规培训包括合规培训内容的丰富性，以便于持续夯实法律意识；培训讲师的多元化，以便于从不同实践经验、专业背景指导合规理念及实践；培训方式的多维度覆盖，结合员工的覆盖范围、空间划分等，通过面对面沟通、线上交流、课件录制形式，使合规培训触达方方面面。

A公司合规培训的内容包括但不限于征求意见稿、正式稿、合规要点拆解、解读，实践经验分享，从不同维度向不同的业务单元就立法背景、结合业务实操的调整方案等进行培训，同时会进行问答交互，以便于电商合规要点的有效落地。

A公司合规培训形式的多样化包括但不限于培训面对面沟通、线上讲解、录制视频等，视频培训的方式能够有效解决职场遍布全国而带来的空间上的距离，使得培训能够拥有更广的员工覆盖面和更好的落地效果，同时也实现了合规培训的沉淀、积累，便于培训新员工的持续学习，以及员工自由对培训视频进行查找、回顾和复习。

另外，合规培训也包括考核环节，考核方式包括但不限于在线答题、问卷等，主要是结合培训内容通过选择题、判断题等方式，帮助相关人员进一步夯实培训内容，同时也为培训讲师的培训效果、后续培训方式/内容优化提供参考。

同时为了更好地落实合规要点，A公司通过邀请参与立法的专家学者从不同视角解析法规，完善合规落地点。与行政监管部门加强沟通、互动，以进一步明晰实操落地的尺度、标准。与司法部门保持有效沟通，从诉讼角度进一步识别判断合规落地点是否完整、有效，进一步降低未来争议发生的可能性。与行业协会等保持长期沟通，通过协会与行业交流合规落地的举措，学习合规经验。

整体来看，A公司的合规培训是长期的，不仅是为了合规落地的有效性，也是为了进一步解决实操中存在的困惑等，与专家、学者、监管部门等进行交流、探讨，结合行业发展优化合规方案，协同共进。

9.2.6 合规文化

市场需求为企业发展提供了契机，合规为企业发展保驾护航，企业的长远发展离不开优秀的文化引领，作为企业文化的承接，合规文化是保障护航质量的重要因素。合规文化的打造主要通过制定制度规范、召开日常合规会议、合规要求公告等方式，强化合规意识，树立守法诚信的价值观，筑牢合规经营的思想。

（1）合规理念。

合规不仅是具体制度的构建和落地，更是一种基于信任的合规文化，融入工作过程和全员工作中。当"只做合规业务"成为一种坚守，企业就会赢得更多合作伙伴的信任，实现长远持久的发展。

以社会主义法治理念为基础，本着对消费者负责的核心共识、致力于为社会供应链提供价值，A公司从管理层到员工层深切地明白，合法合规是A公司发展的底线，然而公司的长远发展，离不开为社会供应链、为消费者提供更全面、更有价值、更长久的正向输出，承担起应有的社会责任感。

（2）合规价值观。

A公司一直坚守对法律的敬畏，合规是企业内生的发展需求、最基本的底线，发展与合规是并存的，并不矛盾，没有坚实的合规基础，公司便经不起市场竞争的风吹浪打。深挖合规经营根源，厚植合规常青之树，以合规捍卫高质量发展。

同时，结合整体合规动作来看，主动拥抱合规、更高标准地追求合规经营是A公司为社会持续输出正向价值的有力措施，特别是对行业有一定影响力、有良好用户基础的企业，更应该以身作则，坚持甚至提升合规举措，为行业和用户提供更好的服务，将合规价值观与企业发展深度融合。

（3）合规知行合一。

从"知道"到"做到"的距离不是用口号落实的，而是通过行动实现，A公司的合规理念及价值观需落实到公司运营的方方面面，触达每个人。作为零售/电商公司，应严格坚守商品品质的红线，对假货零容忍；作为平台公司，应严格坚守公平竞争的红线，对不正当竞争行为零容忍；对于技术/安全公司，应严格坚守国家/公民的信息安全，对泄露/非法获取数据的行为零容忍。当然，并不是仅上述类型的企业应遵守上述红线，这种理解会影响企业的合规策略，这些红线是每家企业都应遵守的，法律及道德的红线是不能逾越，也不能试探的。

9.2.7 激励与惩戒

A公司员工的合规权利义务主要由《员工手册》等进行明确规定，包括守法守规、反腐等。通过内部合规制度的执行监督机制，由上级对下级合规行为进行监督。同时，对内由合规部门对员工合规行为进行监督。另外，定期开展公司人员合规培训，增强合规意识；每年对全员开展廉洁合规培训与考核，以提升员工的廉洁合规意识。

合规是公司及员工的基本义务，为了敦促员工坚守合规要求，必要的激励奖惩措施将为合规落地提供不可或缺的动力。

A公司的相关机制包括奖励机制、惩处机制、举报机制、问责机制等，通过机制进一步夯实制度，以便于合规要求的落地。举措包括但不限于通过培训、访谈、调研等形式，了解员工对合规制度的掌握程度、困惑、意见及建议，并通过反腐奖励等方式，提升团队的廉洁自律，保障公司健康持续地发展。

（1）激励及奖惩规则。

A公司对员工的激励除《劳动合同》约定外，对于有特殊合规贡献的员工会给予特殊的物质奖励如"反腐奖励专项基金"，同时会给予精神层面的激励，如在公司内网向全员展示优秀事迹，供员工学习等。

对于有腐败行为的员工，A公司会依制度规范进行警告、辞退等处理，对于有违法行为的员工，会配合公安机关进行相关处理；同时也会在公司内部对其上级进行追责，以督促上级对下级充分履行监督义务。

（2）助推合规有效落地。

A公司通过调研问卷、员工访谈等方式对激励及奖惩机制进行复盘。整体来看，激励及奖惩机制产生了良好的示范效果，有助于合规共识的实现，同时也有助于合规要点的落地。

9.2.8 合规有效性评估

A公司将合规工作有效性评估纳入内部控制评价体系，对合规工作的有效性进行评估，及时发现和解决合规工作中存在的问题，并根据电商新业务发展、经营环境、相关法律法规变化进行完善。

A公司组建跨部门的专项项目评估组，结合电商领域的立法定期进行全面系统的合规有效性评估。此外，A公司以合规风险为导向，全面与重点兼顾，合规有效性评估覆盖合规工作各环节，重点关注可能影响合规目标实现的电商经营主体规范、商品规范、规则制度、信息数据、信用规范、知识产权保护、消费者权益保护、安全保护等电商领域合规关键环节的评估，并对合规技术手段的实施和运用进行评审，客观揭示合规工作状况。

（1）评估内容。

A公司开展合规工作有效性评估，涵盖合规环境、合规履职情况、电商经营运行制度与机制的建设及运行状况等方面，并通过评估促进合规工作的持续

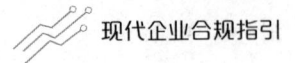

升级与改进。

①合规环境与合规履职评估。

合规环境的评估与合规履职的评估是对企业合规工作有效性评估的通用性规则。A公司对合规环境的评估主要关注公司层面对合规工作的关注和重视、合规文化的建设情况、合规制度的构建情况、合规人员的配置情况，以及合规履职的保障情况等。

A公司对合规履职情况的评估主要关注合规咨询、合规审查、合规监测、合规培训、合规报告、监管沟通与配合等合规职能是否配备高效的流程运行机制。A公司高度重视合规工作，组建了独立而全面的合规团队，公司文化高度认同合规理念，有专业团队跟进电商领域的立法监管动向，对业务进行合规咨询、培训及报告，保证电商业务合规高效运转。A公司除对内部进行有效的合规咨询、审查、培训外，还积极与专家学者、行业专家以及监管机构保持沟通，随时就政策法规合规落地中不明晰的问题及合规中的整改措施进行反馈与咨询，保证合规工作的有效性。通过上述对合规环境及合规履职情况持续进行有效性评估，A公司的电商合规工作得以在评估和改进中不断完善与优化。

②电商经营制度与机制评估。

A公司对电商经营制度与机制运营状况的评估聚焦于电商经营制度和机制流程是否健全，是否与《电子商务法》《网络交易监督管理办法》等法律、法规和政策文件相一致，是否能够根据外部法律、法规和准则的变化及时修订、完善，同时关注是否能够配备足够的专业人员，严格执行经营制度和运行机制。

A公司电商领域的经营制度与运行机制建设及运营状况合规有效性评估主要包括电商经营主体准入、商品规范、规则规范、数据信息、信用情况、知识产权保护、消费者权益保护、安全保障等方面的有效性评估。

一是主体准入与机制评估。评估主要关注点包括是否围绕各方主体、入驻审核、定期核验、信息报送等方面进行规定。平台经营者是否建立和完善准入制度，有效落实准入核验，并定期核验更新、定期向监管机构报送相关数据。

二是商品规范与机制评估。作为电子商务经营者，评估主要关注公司是否建立健全商品和服务的规范制度，建立禁止销售商品的治理规则，是否规范商品品质抽检规则和处理、商品体验抽检机制是否健全、是否有问题商品的处置程序等。

三是规则规范与机制评估。该部分的评估主要聚焦于是否将公平合理原则贯穿于平台经营者制定、修改、执行规则的全流程中。制定规则时，是否避免条文内容相互矛盾、相互抵触。修改规则时，是否遵循公开、连续、合理的原则。是否保存相关历史版本并提供便捷的获取方式。实施规则时，对外是否公示等。

四是数据与信息机制评估。该部分的评估主要包括三个方面：信息公示、信息披露、数据与信息记录保存。该部分的合规有效性评估聚焦于平台经营者和平台内经营者是否履行信息公示义务，以及是否符合明示公示的具体要求；在信息披露方面，是否注重全面、真实、准确、及时；在信息与数据的记录和保存方面，是否注重信息的完整性、保密性、可用性等。

五是信用规范与机制评估。该部分的评估主要聚焦于四个方面：一是平台经营者是否依法建立健全相关信用评价制度，保障消费者评价权；二是是否建立全链条信用制度和机制，对平台内经营者的信用状况进行了解和掌握；三是平台经营者是否加强监管部门、行业协会对接、建立信用信息共享机制；四是是否建立对存在信用问题的平台内经营者依法实施相关治理措施的机制。

六是知识产权保护与机制评估。该部分的评估主要聚焦于三个方面：一是评估平台经营者是否建立知识产权保护规则，通过与知识产权权利人加强合作等方式，提升知识产权保护有效性；二是评估平台经营者是否明确知识产权侵权争议处置的流程；三是评估知识产权保护规则的日常运行措施，是否有效监控。

七是消费者权益保护机制评估。保护消费者合法权益是《电子商务法》立法的重要价值取向。平台经营者应当切实加强消费者权益保护，该部分评估主要聚焦于以下四个方面：一是评估是否建立消费者权益保护的规则制度。二是评估对平台内经营者有实施侵害消费者合法权益行为的，是否采取必要措施。三是评估是否建立便捷、有效的投诉、举报机制，公开投诉、举报方式等信息，及时受理并处理投诉、举报。四是评估是否建立消费纠纷和解和消费维权自律制度，积极协助消费者维权。

八是安全保障与机制评估。该部分评估主要聚焦于以下两个方面：一是是否制定健全的制度规范、配备足够的专业技术人员，保证其网络安全、稳定运行。二是是否制定有效的网络安全事件应急预案，有效应对网络安全事件，保证电子商务交易安全和平台内经营者、消费者的信息安全。

同时，利用自动化技术协助开展电商合规工作是辅助提高合规有效性的重要手段，特别是对于面对海量商家和用户的大型电商企业来说，也是十分必要的。A 公司的合规工作有效性评估也同时关注合规技术的应用情况。对于技术能力的有效性评估聚焦于技术研发投入；设置专项系统进行日常巡查、核验；设置专项系统对商家从入驻、商品发布等流程中可能存在的违规行为进行巡查；针对恶意订单、刷单等违规行为，是否已形成一套由技术拦截、业务防控、线下配合执法机关的全链路风控体系并进行实时防控。

（2）评估程序和方法。

A 公司合规工作有效性评估的程序包括评估准备、评估实施、评估结果生成和整改与完善四个阶段。

①评估准备。A 公司自行组织开展合规工作有效性评估，根据评估内容不同组建评估组，并对参与评估的人员开展必要的培训。评估组成员应具备相应的专业知识，根据具体的电商合规有效性评估需求，制订评估实施方案，明确评估目的、范围、内容、分工、进程和要求，制作评估工作文件。

②评估实施。评估组组织开展合规评估，各部门根据评估文件提交相关材料。评估组对相应的合规制度、合规专业团队、合规运行机制进行全面评估，提出完善建议。A 公司合规工作有效性评估可采取访谈、文本审阅、问卷调查、知识测试、抽样分析等方法。

③评估结果生成。评估组应当在评估工作结束前，与被评估部门就合规工作有效性评估的结果进行必要的沟通，就评估发现的问题进行核实。被评估部门应当及时反馈意见。评估组应当根据评估实施情况及评估反馈意见生成评估结果，提出具体的整改和完善意见。

④整改与完善。A 公司针对合规工作有效性评估发现的问题，制订整改方案，明确整改责任部门和时间表。整改责任部门及时报告整改进展情况，并对评估发现问题的整改情况进行持续关注和跟踪、整改。整改责任部门整改后及时进行复核，保证整改目标的实现及持续优化改进。

⑤立法、监管机构意见反馈。在合规工作有效性评估中如发现存在部分问题难以通过现行法律法规得到有效规制，或部分法律法规由于行业迅速发展需要及时更新的，将问题及相关材料进行梳理，及时与立法及监管机构进行沟通，将问题反馈给立法监管部门，并提出立法和执法的可行性建议。

9.2.9 合规复盘与合规记录/档案保存

（1）定期开展合规复盘。

鉴于业务模式的持续变化，法律法规的持续更新，年度合规复盘是必要的，也是更有利于合规持续优化落地的重要方式，通过多维度复盘形成合规报告，以进一步沉淀合规方法论、不足及优化项。

A 公司的合同是控制风险的重要措施，每年结合上一年度的业务模式、法律法规、争议应对等变化，复盘合同使用情况，对合同进行修订，如更新个人信息保护要求等。

制度是开展合规工作的重要抓手，A 公司每年结合上一年度的制度实施情况、法律法规、争议应对等变化，复盘制度的实施情况，对制度进行优化，如进一步明确个人信息的使用规则、售后义务等。

培训是 A 公司落实合规要点的重要措施，每年结合上一年度的培训反馈、法律法规、争议应对等变化，复盘培训的主题、频率、范围等，对未来的培训方案进行升级，如增加消费者权益保护、个人信息保护等内容。

（2）有效保存合规记录/档案。

合规记录可以纸质审批、存档，也可以系统化审批、数字化存档。A 公司合同、用章文件需经合规部门审核批准，无合规异常后，方可录入系统，系统审批完成后方可用章，以进一步推动企业用章的规范性。

如前所述，所有的重要培训课程均需进行存档，便于沉淀、留存和员工后续调取、远程学习。

第10章

算法合规

10.1 算法合规依据和要点

10.1.1 法律法规一览表

在科技强国战略全面支持、科技创新文化点滴熏陶,多元新兴业态强力驱动之下,我国迅速步入了"算法社会"。在受益于算法提升经济效率和社会效益等技术红利之时,算法诱导沉迷、大数据杀熟、算法推荐导致的"信息茧房"等多种问题层出不穷,给社会秩序、传播秩序以及市场秩序带来了不良影响。为及时回应社会关切,积极应对算法应用带来的突出问题,我国算法治理框架渐趋形成。追溯算法治理的历史可知,我国最早的算法治理条款可见诸于2017年由国家互联网信息办公室发布的《互联网新闻信息服务新技术新应用安全评估管理规定》。该规定确立了互联网新闻信息服务新技术新应用安全评估制度。此后,《电子商务法》第18条首次界定了电商领域中平台企业通过算法实施精准营销和个性化商品以及服务推送的合规边界。同时在实质层面确立了消费者的算法选择退出权以及平台企业的算法责任制,但受限于早期数字经济算法应用的维度,《电子商务法》并未过多指涉算法监管。此后,算法监管的立法步伐逐步加快,但仍散见于不同法律法规和部门规章之中。鉴于分散化治理针对性不强、指引模糊、效能受限等多重局限,2021年9月,国家网信办等九部门联合发布了《关于加强互联网信息服务算法综合治理的指导意见》,确定了"利用三年左右时间,逐步建立治理机制健全、监管体系完善、算法生态规范的算法安全综合治理格局"这一总体目标。2021年12月,国家网信办等四部门联合出台了《互联网信息服务算法推荐管理规定》,对算法推荐服务作出全面规范,积极回应算法监管需求,科学构建算法主体责任体系。我国的算法治理正式从"1.0时代"跃升至"2.0时代"。本部分以《个人信息保护法》和

《互联网信息服务算法推荐管理规定》为核心，以《电子商务法》《互联网新闻信息服务新技术新应用安全评估管理规定》等 16 部法律法规规章以及技术标准为支撑，从算法透明、公平和公正原则、算法安全管理和算法运行生态治理等方面系统梳理相关法律法规，以期为我国企业开展算法合规框架建构提供良好的制度参考基础。本章具体梳理算法合规相关法律法规和规范性文件如表 10-1 所示。

表 10-1 算法合规相关法律法规和规范性文件一览表

序号	名称	效力级别	发布主体	实施年份
1	《个人信息保护法》	法律	全国人大常委会	2021 年
2	《电子商务法》	法律	全国人大常委会	2019 年
3	《互联网新闻信息服务新技术新应用安全评估管理规定》	部门规范性文件	国家互联网信息办公室	2017 年
4	《微博客信息服务管理规定》	部门规范性文件	国家互联网信息办公室	2018 年
5	《网络交易监督管理办法》	部门规章	国家市场监督管理总局	2021 年
6	《网络信息内容生态治理规定》	部门规章	国家互联网信息办公室	2020 年
7	《在线旅游经营服务管理暂行规定》	部门规章	文化和旅游部	2020 年
8	《关于平台经济领域的反垄断指南》	部门规范性文件	国务院反垄断委员会	2021 年
9	《关于维护新就业形态劳动者劳动保障权益的指导意见》	部门规范性文件	人力资源和社会保障部、发改委（含原国家发展计划委员会、原国家计划委员会）、交通运输部、应急管理部、国家市场监督管理总局、国家医疗保障局、最高人民法院、中华全国总工会	2021 年

续表

序号	名称	效力级别	发布主体	实施年份
10	《关于落实网络餐饮平台责任 切实维护外卖送餐员权益的指导意见》	部门规范性文件	国家市场监督管理总局、国家互联网信息办公室、发改委（含原国家发展计划委员会、原国家计划委员会）、公安部、人力资源和社会保障部、商务部、中华全国总工会	2021年
11	《关于加强新时代文艺评论工作的指导意见》	党内法规制度	中共中央宣传部、文化和旅游部、国家广播电视总局、中国文学艺术界联合会、中国作家协会	2021年
12	《关于加强互联网信息服务算法综合治理的指导意见》	部门规范性文件	国家互联网信息办公室、中共中央宣传部、教育部、科学技术部、工业和信息化部、公安部、文化和旅游部、国家市场监督管理总局、国家广播电视总局	2021年
13	《互联网信息服务算法推荐管理规定》	部门规章	国家互联网信息办公室、工业和信息化部、公安部、国家市场监督管理总局	2022年
14	《信息安全技术 个人信息安全规范》（GB/T 35273—2020）	国家推荐性标准	国家市场监督管理总局、国家标准化管理委员会	2020年
15	《人工智能算法金融应用评价规范》（JR/T 0221—2021）	金融行业标准	中国人民银行	2021年
16	《人工智能 深度学习算法评估规范》	人工智能开源软件发展联盟标准		2018年

10.1.2 法律法规核心规定解析及合规要点梳理

10.1.2.1 算法透明、公平和公正原则

(1) 自动化决策。

《个人信息保护法》第二十四条 个人信息处理者利用个人信息进行自动化决策，应当保证决策的透明度和结果公平、公正，不得对个人在交易价格等交易条件上实行不合理的差别待遇。

通过自动化决策方式向个人进行信息推送、商业营销，应当同时提供不针对其个人特征的选项，或者向个人提供便捷的拒绝方式。

通过自动化决策方式作出对个人权益有重大影响的决定，个人有权要求个人信息处理者予以说明，并有权拒绝个人信息处理者仅通过自动化决策的方式作出决定。

【法条解析】 利用个人信息进行自动化决策，通常包括两个环节：第一个环节是用户画像，即对自然人的各类信息进行记录、加工，并分析个人的行为习惯、兴趣爱好或者经济、健康、信用状况等；第二个环节是进行决策，即利用用户画像对个人作出广告推荐、信息推送、信用评价等决策。

首先，《个人信息保护法》第24条规定应当保证自动化决策的透明度。自动化决策需要使用大量个人信息和复杂的算法模型，个人较难清晰了解自动化决策的过程，因此，《个人信息保护法》对利用个人信息进行自动化决策的透明度提出要求：一是个人信息处理者应在事前主动告知个人信息处理是否存在自动化决策，自动化决策使用的个人信息种类，自动化决策的基本原理和逻辑机制，可能对个人产生的不利影响等；二是依照该法第24条第3款的规定，通过自动化决策方式作出对个人权益有重大影响的决定，个人有权要求个人信息处理者向其作出解释说明。[1][2]

其次，该法第24条还规定应当保证自动化决策结果的公平、公正。利用个人信息进行自动化决策，可能会有两个方面的因素影响结果的公平、公正：一

---

[1] 国外相关立法对自动化决策透明度也提出了相应要求。例如欧盟《通用数据保护条例》第15条规定，数据控制者应当向数据主体提供自动化决策机制，包括数据画像及有关的逻辑程序和有意义的信息，以及此类处理对个人的意义和预期影响。《美国信贷机会均等法》《美国公平信用报告法》规定了"不利行动告知"条款，要求贷方就不利的自动化决策评分向金融消费者进行解释，包括拒绝提供信贷、拒绝录用或提供保险服务等其他信用评估输出结果的具体原因，并告知消费者有权就信用报告中不准确或不完全的信息质疑。

[2] 杨合庆. 中华人民共和国个人信息保护法释义 [M]. 北京：法律出版社，2022：75.

是因个人信息不准确、不完整，或者因自动化决策的算法模型客观上存在缺陷，影响自动化决策结果的公平、公正，对个人产生不利的影响。二是认为操纵用于自动化决策的信息或者算法模型，导致自动化决策对个人产生不利后果。在目前的应用场景中，"大数据杀熟"是广为诟病的利用自动化决策对消费者实施不公平待遇的做法，在线旅游、交通出行、在线票务、视频网站、网络购物等诸多领域时有发生，侵害了消费者的知情权、选择权、公平交易权等权利，扰乱了市场交易秩序。本条明确禁止对个人在交易价格等交易条件上实行不合理的差别待遇。同等条件，是指交易时间、交易方式、交易数量不存在实质性影响交易成本的差别，如果交易条件相同，商品或者服务的提供者仅仅因为交易相对人的消费能力和消费习惯等，或者与产品和服务提供无关的因素进行差别化定价，就构成对消费者的歧视，应当予以禁止。[1]

再次，为了维护个人对自动化决策的选择权和决定权，当个人信息处理者以自动化决策方式向个人进行信息推送、商业营销时，应当同时提供不针对其个人特征的选项，或者向个人提供便捷的拒绝方式。对于个人信息处理者而言，当进行信息展示时，其可在服务页面上同时展示针对个人特征的信息和非个人特征的信息，并作出明显区分或者提示，供个人选择；此外，向个人提供拒绝针对其个人特征的选项，当个人拒绝个性化推荐的，个人信息处理者只能展示或推送与其个人特征无关的信息。[2]

最后，该法第 24 条还要求个人信息处理者对重大自动化决策提供解释和人工干预。依据该条第 3 款，个人具有对重大自动化决策的要求解释权，体现了个人的知情权、选择权和决定权。同时，个人还可以按要求对自动化决策进行人工干预。相应的，个人信息处理者应当依据请求以人工干预的方式复核自动化决策的结果是否基于准确、完整的个人信息公平、公正地作出，并可以要求更正错误或者不当的决策结果。[3]

【案例演绎】 胡某诉携程侵权纠纷案

本起案件又被称为首例"大数据杀熟"案，是首例消费者在质疑遭遇"大数据杀熟"后成功维权的案例。原告胡女士多次通过携程 App 预订机票、酒店，在携程平台上消费了逾 10 万元，成为该平台的钻石贵宾客户。2021 年，当胡女

---

〔1〕 杨合庆. 中华人民共和国个人信息保护法释义 [M]. 北京：法律出版社，2022：76.
〔2〕 杨合庆. 中华人民共和国个人信息保护法释义 [M]. 北京：法律出版社，2022：76.
〔3〕 杨合庆. 中华人民共和国个人信息保护法释义 [M]. 北京：法律出版社，2022：76.

士通过携程App订购舟山某高端酒店的一间豪华湖景大床房并支付2889元价款后，于退房时发现酒店的挂牌房价加上税金总价仅为1377.63元。胡女士向携程反映情况，携程以供应商为由仅退还了部分差价。胡女士后以携程采集其个人非必要信息，进行"大数据杀熟"为由诉至柯桥区人民法院，要求"退一赔三"并要求携程App为其增加不同意"服务协议"和"隐私政策"时仍可继续使用的选项，以避免被告采集其个人信息，避免被告的"大数据杀熟"行为。

经审理，法院认为携程App作为中介平台对标的的实际价值有如实报告的义务。携程向原告承诺钻石贵宾客户享有优惠价，却无价格监管措施，向原告展现了一个溢价100%的失实价格，未践行承诺。而且，携程在处理原告投诉时告知原告无法退还全部差价的理由，经调查也与事实不符，存在欺骗行为。故认定被告存在虚假宣传、价格欺诈和欺骗行为，支持原告退一赔三。新下载携程App后，用户必须点击同意携程"服务协议""隐私政策"方能使用，如不同意，将直接退出携程App，是以拒绝提供服务形成对用户的强制。而且，携程App的"服务协议""隐私政策"均要求用户特别授权携程及其关联公司、业务合作伙伴共享用户的注册信息、交易、支付数据，并允许携程及其关联公司、业务合作伙伴对用户信息进行数据分析，且对分析结果进一步进行商业利用。携程App的"隐私政策"还要求用户授权携程自动收集用户的个人信息，包括日志信息、设备信息、软件信息、位置信息，要求用户许可其使用用户信息进行营销活动，形成个性化推荐，同时要求用户同意携程将用户的订单数据进行分析，从而形成用户画像，以便携程能够了解用户偏好。

上述信息超越了形成订单必需的要素信息，属于非必要信息的采集和使用，其中用户信息分享给被告可随意界定的关联公司、业务合作伙伴进行进一步商业利用更是既无必要性，又无限加重用户个人信息使用风险。因此，原告因之不同意被告现有"服务协议"和"隐私政策"合乎情理，应予支持，判决被告携程赔偿原告胡女士投诉后携程未完全赔付的差价243.37元及订房差价1511.37元的3倍支付赔偿金共计4777.48元，且被告应在其运营的携程App中为原告增加不同意其现有"服务协议"和"隐私政策"仍可继续使用的选项，或者为原告修订携程App的"服务协议"和"隐私政策"，去除对用户非必要信息采集和使用的相关内容，修订版本需经法院审定同意。[1]

---

[1] 姜首领. 大数据"杀熟"，真的是"欺诈"吗？[EB/OL]. 德恒律师事务所，2021 [2022-03-23]. http://www.dehenglaw.com/CN/tansuocontent/0008/022054/7.aspx?MID=0902.

(2) 获得个人信息处理规则解释和说明的权利。

《个人信息保护法》第四十八条 个人有权要求个人信息处理者对其个人信息处理规则进行解释说明。

【法条解析】 根据《民法典》第 1035 条第 2 款的规定，"个人信息的处理包括个人信息的收集、储存、使用、加工、传输、提供、公开等"。面对繁杂专业的个人信息处理规则，用户并不具备相关专业知识，而难以理解个人信息处理规则，进而影响了个人知情权、决定权的行使。[1]为使个人充分知悉处理个人信息的规则，保障个人的知情权、决定权，落实对个人信息处理的公开、透明原则，本条对个人要求个人信息处理者对其个人信息处理规则解释说明的权利作了规定。在实践中，个人信息处理规则通常以隐私政策或者合同条款的形式，由个人信息处理者单方规定，因此本条赋予个人请求解释说明权与《民法典》对应合同格式条款相关规定的精神是一致的。[2]个人信息处理者应当依据本条规定提供便捷的方式和途径接受、处理个人关于个人信息处理规则解释说明的请求；接到个人的请求后，应当在合理的时间内，使用通俗易懂的语言，对其个人信息处理规则作出解释说明。[3]

【案例演绎】 黄某诉深圳腾讯科技有限公司隐私权、个人信息权益网络侵权责任纠纷案[4]

本案原告在使用"微信读书"时发现，由于微信将微信好友关系的数据交予"微信读书"，在原告并未进行自愿授权的情况下，"微信读书"会使用原告的微信好友信息并且向"关注我的"好友公开原告的读书想法等阅读信息，此外，原告发现与其微信好友在"微信读书"中没有任何关注关系，也能够互相查看对方的书架、正在阅读的读物、读书想法等信息，侵害了其个人信息权益。法院经审理认为，用户对个人信息处理的知情及同意不仅包括信息主体对收集信息内容的知情，还包括对收集、使用的目的、方式和范围的知情及同意。知情同意的质量，可以从信息处理者告知信息主体的"透明度"来衡量，即一般理性用户在具体场景下，对信息处理主体处理特定信息的目的、方式和范围知晓的清晰程度，以及作出意愿表示的自主、具体、明确程度。《微信读书软件许

---

[1] 杨合庆. 中华人民共和国个人信息保护法释义 [M]. 北京：法律出版社，2022：124.
[2] 杨合庆. 中华人民共和国个人信息保护法释义 [M]. 北京：法律出版社，2022：124.
[3] 杨合庆. 中华人民共和国个人信息保护法释义 [M]. 北京：法律出版社，2022：124.
[4] 北京市互联网法院（2019）京 0491 民初 16142 号。

可及服务协议》的表述易造成用户误认，难以让一般用户联想到该"好友"是微信中的好友而并非"微信读书"中有关注关系的好友。因此，"微信读书"收集原告微信好友列表，向原告并未主动添加关注的微信好友自动公开读书信息，并未以合理的"透明度"告知原告并获得原告同意，侵害了原告的个人信息权益。

在本案中，由于用户协议规定的模糊性，导致原被告双方对于"好友"的理解产生差异，进而损害被告在个人信息处理过程中的知情权。虽然本案发生在《个人信息保护法》生效之前，但其仍然体现了处理个人信息应当坚持的公开、透明原则，这一原则的落实，关键在于个人信息处理者事前充分履行告知义务以保障用户的知情权，而在《个人信息保护法》中更是通过赋予用户事后请求解释说明的权利来进一步避免个人信息处理者在各项使用协议中解释模糊的情况，对用户知情权进行更加有力的保护。

（3）算法透明度和可解释性。

《互联网信息服务算法推荐管理规定》第十二条　鼓励算法推荐服务提供者综合运用内容去重、打散干预等策略，并优化检索、排序、选择、推送、展示等规则的透明度和可解释性，避免对用户产生不良影响，预防和减少争议纠纷。

（4）算法原理透出。

《互联网信息服务算法推荐管理规定》第十六条　算法推荐服务提供者应当以显著方式告知用户其提供算法推荐服务的情况，并以适当方式公示算法推荐服务的基本原理、目的意图和主要运行机制等。

【法条解析】"算法黑箱"是指算法运行的某个阶段所涉及的技术复杂且无法了解或得到解释。目前数据驱动算法主要采用的是深度神经网络技术，其算法核心部分是通过对数据进行自动学习而非人工设计，故难以知晓其具体学习过程从而导致了"黑箱"。[1]因此算法透明是实施算法监督、自主选择的重要前提，也是在损害发生后用户进行权利救济的必要保障。[2]根据《互联网信息服务算法推荐管理规定》第12条、第16条，可以从以下两个阶段提高算法透明度以及可解释性：第一，在算法的设计与开发阶段，算法服务提供者应依据《互联网信息服务算法推荐管理规定》第12条通过使用透明度较高的算法模型、

---

[1] 网络交易监督管理司. 算法黑箱基本概念及成因［EB/OL］. 国家市场监督管理总局网络交易监督管理司, 2021［2022-04-01］. https://www.samr.gov.cn/wljys/ptjjyj/202112/t20211210_337980.html.
[2] 王爱华. 健全算法推荐治理机制 推动新技术安全可信发展［EB/OL］. 中华人民共和国国家互联网信息办公室, 中共中央网络安全和信息化委员会办公室, 2022［2022-04-01］. http://www.cac.gov.cn/2022-01/04/c_1642894653305889.htm.

简化算法逻辑等方式优化检索、排序、选择、推送、展示等规则的透明度和可解释性。第二，在算法的使用阶段，及时、合理、有效地公开算法基本原理、优化目标、决策标准等信息，依据《互联网信息服务算法推荐管理规定》第16条规定的显著方式告知用户其提供算法推荐服务的情况，并以适当方式公示算法推荐服务的基本原理、目的意图和主要运行机制。[1]由于《互联网信息服务算法推荐管理规定》并未要求企业披露技术细节，因此企业不必过于担心因对代码、技术方案、核心经营模式等可能涉商业秘密的细节披露不充分而受到监管处罚，并且单纯对算法的源代码进行公开也并不能起到向用户解释说明的效果。因此，在合规层面，企业对算法的披露应尽可能便于确保用户理解并据此作出选择，例如以示例、流程图等方式予以告知，并至少应当包括"基本原理、目的意图、运行机制"等算法决定性因素。[2]

【案例演绎】 平台算法规则网络服务纠纷案

原告张某在被告某公司运营的网站注册账户并投放商品链接开展推广活动，经大数据排查，某公司认定张某账户流量异常，故冻结其账户内佣金17万余元。张某诉称，其与某公司签署的协议条款不符合公平原则，应属无效，且某公司拒绝披露判定流量异常的证据，有违合同目的的实现。某公司辩称，张某注册账户时已签署相关服务协议，即表示同意某公司对其推广数据进行监管，某公司有权对推广数据进行抓取、排查，并对推广负有监管责任。

法院经审理认为，平台服务协议和交易规则具有权利义务上的一致性，张某借助平台获利，平台借助大数据分析维护正常交易秩序、制裁违规推广行为是具有正当性的。但在平台自治过程中，用户有权对自动化决策质疑和申诉，进一步知晓算法逻辑构造；面对用户质疑，在算法契约披露不充分的情况下，平台应对算法逻辑构造作出合理解释。法院认为，在网络交易空前活跃的背景下，扰乱网络空间正常交易秩序的现象严重，平台面对海量交易进行高密度排查，借助算法技术手段进行大数据分析，是目前较为有效的排查手段。但大数据分析具有很强的专业技术性，平台的自动化决策并非扮演纯粹的工具化角色，面对算法权力不断嵌入社会生活的局面，司法机关应当对这种重要的社

---

[1] 宁宣凤，吴涵.算法治理之互联网信息服务推荐算法管理［R/OL］.金杜研究院微信公众平台，2022［2022-04-01］.https://mp.weixin.qq.com/s/47G-P691sprC_L_46sGqcw.

[2] 陈际红，陈煜烺.算法推荐新规生效：五大视角厘清算法治理新格局［R/OL］.中伦视界微信公众平台，2022［2022-04-01］.https://mp.weixin.qq.com/s/p4mdveA6ZOZTnIlpVZEm1w.

会权力进行有效监督。

平台行使算法权力应当公开透明。一方面，平台应当对技术原理作出事先披露，保障用户知情权；另一方面，平台行使算法权力应当符合正当程序，用户有权在事中质疑和申辩。在事后的司法审查中，法庭应当处理好专业技术分析和法律推理判断之间的关系，推动平台对自动化决策进行追溯，要求平台对算法逻辑构造作出合理解释。[1]

10.1.2.2 算法安全管理

（1）算法合规审计。

《个人信息保护法》第五十四条　个人信息处理者应当定期对其处理个人信息遵守法律、行政法规的情况进行合规审计。

《个人信息保护法》第六十四条第一款　履行个人信息保护职责的部门在履行职责中，发现个人信息处理活动存在较大风险或者发生个人信息安全事件的，可以按照规定的权限和程序对该个人信息处理者的法定代表人或者主要负责人进行约谈，或者要求个人信息处理者委托专业机构对其个人信息处理活动进行合规审计。个人信息处理者应当按照要求采取措施，进行整改，消除隐患。

【法条解析】合规审计是指企业根据法律法规的规定或者自身需要，由企业内部相关机构或者聘请外部专业机构对企业经营管理或特定事项的合法性及合规性进行的审计。[2]就个人信息处理的合规审计而言，通常可以分为：①个人信息处理者义务的合规审计，主要关注处理者本身是否具备完善的制度体系，是否实施了个人信息分类管理，是否制定和实施了应急预案等方面；②个人权利实现方式合规审计，主要关注在个人信息处理活动中是否尊重且保障了知情权、决定权、删除权、要求解释权等权利，是否为用户建立了便捷的行使权利的机制；③个人信息处理活动合规审计，是否贯彻个人信息的收集、存储、使用、加工、提供、传输、公开以及删除等全方面活动；④个人信息跨境提供合规审计，主要关注是否满足跨境提供的条件，是否进行了个人信息保护影响评估，是否尽到了告知义务等方面。[3]

第54条明确规定了个人信息处理者开展合规审计的义务，第64条第1款

---

[1] 余建华，陈昊.杭互法院宣判一起涉平台算法规则网络服务纠纷案[N/OL].人民法院报，2021 [2022-04-02]. http://rmfyb.chinacourt.org/paper/html/2021-09/23/content_209670.htm.

[2] 杨合庆.中华人民共和国个人信息保护法释义[M].北京：法律出版社，2022：138.

[3] 个人信息保护合规审计推进小组.关于推进个人信息保护合规审计的若干建议[S/OL].2021 [2022-04-02]. http://www.gznsxh.cn/uploads/20211207/ead92fd8495f6065de5658016d8c6d08.PDF.

对个人信息保护强制合规审计进行了规定。合规审计有利于发现个人信息保护措施存在的问题和合规风险，并提出有针对性的改进措施，以保证其个人信息处理活动符合法律、行政法规的规定，减少直至消除可能承担的法律风险。个人信息处理者可以根据自身情况和需要，确定合规审计的时间、频次等，以及是由内部机构还是委托外部专业机构进行合规审计。有关主管部门应当及时制定出台个人信息保护合规审计指引或标准，指导、督促个人信息处理者开展个人信息保护合规审计活动。[1]

【案例演绎】 杭州小狸科技有限公司网络运营者、网络产品或者服务提供者不履行个人信息保护义务案

2021年2月22日10时许，位于杭州市西湖区某号楼某室的杭州小狸科技有限公司旗下"电池超人1.7.5"App存在隐私政策条款未明确公布个人信息安全投诉、举报渠道，无承诺时限等5项不合规行为，于当日被西湖区公安分局民警查获。杭州小狸科技有限公司的行为已构成网络运营者、网络产品或者服务提供者不履行个人信息保护义务，西湖区公安分局决定以行政处罚方式对其给予警告，并责令改正。[2]

(2) 算法影响评估。

《个人信息保护法》第五十五条 有下列情形之一的，个人信息处理者应当事前进行个人信息保护影响评估，并对处理情况进行记录：

(一) 处理敏感个人信息；

(二) 利用个人信息进行自动化决策；

(三) 委托处理个人信息、向其他个人信息处理者提供个人信息、公开个人信息；

(四) 向境外提供个人信息；

(五) 其他对个人权益有重大影响的个人信息处理活动。

《个人信息保护法》第五十六条 个人信息保护影响评估应当包括下列内容：

(一) 个人信息的处理目的、处理方式等是否合法、正当、必要；

(二) 对个人权益的影响及安全风险；

(三) 所采取的保护措施是否合法、有效并与风险程度相适应。

个人信息保护影响评估报告和处理情况记录应当至少保存三年。

---

[1] 杨合庆. 中华人民共和国个人信息保护法释义[M]. 北京：法律出版社，2022：138.

[2] 杭西公（古）行罚决字［2021］00823号行政处罚决定书。

【法条解析】《个人信息保护法》第 55 条和第 56 条规定了个人信息保护影响评估制度，其中，第 55 条规定了个人信息保护影响评估的开展和记录，第 56 条规定了个人信息保护影响评估的内容和期限。个人信息保护影响评估主要包括数据保护影响评估和算法影响评估。两项评估制度互相补充，构成算法问责制的"一体两翼"。数据保护影响评估广泛适用于所有个人信息处理的情形，而算法影响评估则针对自动化决策展开。第 56 条第 1 款第 2 项规定，利用个人信息进行自动化决策的个人信息处理者应当事前进行个人信息保护影响评估，并对处理情况进行记录。这一规则有助于预警个人信息处理过程中的风险，协调个人信息权益保护与合理利用。[1]个人信息保护影响评估的义务人与责任人应是个人信息处理者，其可以选择自行评估或由第三方专业机构进行评估。此外，个人信息保护影响评估应在事前展开，但其应在个人信息处理活动整个过程中持续进行。[2]因为个人信息处理活动往往是一个持续动态的过程。除个人信息保护影响评估义务外，个人信息处理者还应负有记录义务。对个人信息保护影响评估处理情况的记录，是个人信息处理者展开影响评估的附随义务，也是监管机构实施监管的基础和依据，还是事后问责和归责的前提。我国《信息安全技术　个人信息安全规范》（GB/T 35273—2020）对个人信息处理者记录的形式作出了进一步规定。

就评估内容而言，《个人信息保护法》第 56 条规定应当从三个方面开展评估：第一，个人信息处理目的与方式的合法性、正当性与必要性；个人信息处理行为对个人权益的影响及安全风险；个人信息保护措施的合法性、有效性以及与风险程度的适应性。具体而言，应当评估个人信息处理的基本原则，着重考虑处理目的与处理方式是否合法、正当、必要。第二，应当评估个人信息处理对个人权益的影响及安全风险。我国《信息安全技术　个人信息安全规范》（GB/T 35273—2020）将个人信息处理活动对个人权益的影响进一步细化，包括人身和财产安全、个人名誉和身心健康以及差别性待遇等。[3]而《信息安全技术　个人信息安全影响评估指南》（GB/T 39335—2020）第 5.5.1 条则进一步

---

[1] 程啸. 个人信息保护法理解与适用 [M]. 北京：中国法制出版社，2021：421-422.

[2] 程啸. 个人信息保护法理解与适用 [M]. 北京：中国法制出版社，2021：425.

[3] 《信息安全技术　个人信息安全规范》（GB/T 35273—2020）第 11.4 条规定，开展个人信息安全影响评估，对个人信息控制者的要求包括："……b）个人信息安全影响评估应主要评估处理活动遵循个人信息安全基本原则的情况，以及个人信息处理活动对个人信息主体合法权益的影响，内容包括但不限于：……2）个人信息处理是否可能对个人信息主体合法权益造成不利影响，包括是否会危害人身和财产安全、损害个人名誉和身心健康、导致差别性待遇等……"

将个人权益细化为四个维度,包括:①限制个人自主决定权,如被强迫执行不愿执行的操作,缺乏相关知识或者缺少相关渠道更正个人信息,无法选择拒绝个性化广告的推送,被蓄意推送影响个人价值观判断的资讯等;②引发差别性待遇,如因疾病、婚史、学籍等信息泄露造成的针对个人权利的歧视,因个人消费习惯等信息的滥用而对个人公平交易权造成的损害等;③个人名誉受损或遭受精神压力,如被他人冒用身份、公开不愿为人知的习惯、经历等,被频繁骚扰、监视追踪等;④人身财产受损,如引发人身伤害、资金账户被盗、遭受诈骗、勒索等。本条中的安全风险是指个人信息处理活动可能带来的个人信息安全方面的风险,如个人信息是否会出现未经授权的访问或者泄露、篡改、丢失等。[1]特别是导致个人信息的完整性、保密性和可用性面临的威胁和风险。[2]第三,应当评估个人信息处理者所采取的安全保护措施。本条规定个人信息处理者所采取的措施应当合法、有效且与风险程度相适应。所谓安全措施包括技术措施,也包括非技术措施,如组织措施、操作措施。前者包括加密、去标识化等安全技术措施;后者包括内部管理制度和操作规程、个人信息处理权限的划分等。[3]此外,本条还要求个人信息处理主体在所采取的保护措施不能覆盖可能出现的安全风险时,应及时对保护措施进行更新和改进。[4]个人信息处理者是个人信息保护的第一责任人,安全保护措施的有效性与信息安全实现的可能性直接相关。安全保护措施的存在能够使个人信息主体的权益处于总体可控的状态。[5]《民法典》第1038条第2款亦规定了个人信息处理者应采取的安全措施,并规定了其在不利后果发生时及时向自然人与有关主管部门的报告义务。[6]

在个人信息保护影响评估的记录方面,《个人信息保护法》第56条对个人信息影响评估报告和处理情况的记录时间作出了规定。本条并未规定个人信息处理者需要将其评估报告与处理情况直接交给有关主管部门,这有助于知识产权、商业秘密和个人信息保护影响评估的兼容与调和,也体现出我国个人信息

---

[1] 程啸. 个人信息保护法理解与适用[M]. 北京:中国法制出版社,2021:431.
[2] 杨合庆. 中华人民共和国个人信息保护法释义[M]. 北京:法律出版社,2022:143.
[3] 程啸. 个人信息保护法理解与适用[M]. 北京:中国法制出版社,2021:431.
[4] 杨合庆. 中华人民共和国个人信息保护法释义[M]. 北京:法律出版社,2022:143.
[5] 龙卫球. 中华人民共和国个人信息保护法释义[M]. 北京:中国法制出版社,2021:253.
[6]《民法典》第1038条第2款规定,信息处理者应当采取技术措施和其他必要措施,确保其收集、存储的个人信息安全,防止信息泄露、篡改、丢失;发生或者可能发生个人信息泄露、篡改、丢失的,应当及时采取补救措施,按照规定告知自然人并向有关主管部门报告。

保护影响评估制度多方协同的发展趋势。[1]此外，保存期限的存在为个人信息安全事件发生时的追责提供了事实依据，对于划清个人信息处理者、个人信息主体及第三方主体的责任界限具有重要意义。而"三年"的期限规定，体现出《个人信息保护法》与《民法典》的衔接。《民法典》第188条规定，向人民法院请求保护民事权利的诉讼时效期间一般为3年，考虑到个人信息保护影响评估报告和处理情况记录可能会被用于有关争议纠纷的处理，本条将个人信息保护影响评估报告和处理情况的保存期限确定为3年。[2]

【案例演绎】某网络科技有限公司侵害儿童隐私案

2019年10月16日，浙江省杭州市余杭区人民检察院对某网络科技有限公司研发的音乐视频教学类App侵害个人信息的违法行为立案调查。通过走访询问、提取电子数据、同步录像固证等方式，发现该款App存在强制索取"访问设备上的照片、媒体内容和文件"及手机设备号等权限行为，未经用户同意收集使用个人信息、违反必要原则收集与其提供服务无关的个人信息、未公开收集使用规则等情形，涉及违法违规获取、存储用户个人信息数量千万条以上。

余杭区人民检察院委托第三方机构开展社会调查，近九成受访者认为个人信息被侵害对其正常生活和工作造成影响。先后两次组织论证会，邀请人大代表、政协委员、互联网行业代表、高校的专家学者、行政机关的技术人员，就网络侵权行为的界定、公民个人信息的范围、诉讼请求的确定等问题进行专题研讨和论证，并形成一致意见：该款App违法违规收集个人信息的行为已侵害不特定多数个人信息权益，致使社会公共利益受到损害，应当由检察机关提起公益诉讼。

2020年6月23日，余杭区人民检察院依法向杭州互联网法院提起民事公益诉讼，诉请被告某网络科技有限公司停止违法违规收集、储存、使用个人信息并公开赔礼道歉。同年9月9日，法院公开开庭审理本案。庭审中，公益诉讼起诉人出示案涉App违法违规收集个人信息的电子数据等证据，充分阐述社会公共利益受损的情况，被告同意履行检察机关提出的全部诉讼请求。双方当庭达成调解协议：被告立即删除违法违规收集、储存的全部用户个人信息1100万余条；在《法治日报》及案涉App首页公开赔礼道歉；承诺今后合法合规经营，若存在违反协议约定的行为，将自愿支付50万元违约金用于全国性个人信

---

[1] 张欣.算法影响评估制度的构建机理与中国方案［J］.法商研究，2021（2）：102-115.
[2] 杨合庆.中华人民共和国个人信息保护法释义［M］.北京：法律出版社，2022：144.

息保护公益基金的公益支出。达成调解协议后，余杭区人民检察院引入第三方代表评估，由网信部门认可的检测机构对整改情况进行合规检测，确保调解协议执行到位。2020 年 11 月 18 日，经检察机关跟进监督，调解协议内容已全部履行到位。[1]

(3) 新技术新应用安全评估。

《互联网新闻信息服务新技术新应用安全评估管理规定》第六条　互联网新闻信息服务提供者应当建立健全新技术新应用安全评估管理制度和保障制度，按照本规定要求自行组织开展安全评估，为国家和省、自治区、直辖市互联网信息办公室组织开展安全评估提供必要的配合，并及时完成整改。

《互联网新闻信息服务新技术新应用安全评估管理规定》第七条　有下列情形之一的，互联网新闻信息服务提供者应当自行组织开展新技术新应用安全评估，编制书面安全评估报告，并对评估结果负责：

（一）应用新技术、调整增设具有新闻舆论属性或社会动员能力的应用功能的；

（二）新技术、新应用功能在用户规模、功能属性、技术实现方式、基础资源配置等方面的改变导致新闻舆论属性或社会动员能力发生重大变化的。

国家互联网信息办公室适时发布新技术新应用安全评估目录，供互联网新闻信息服务提供者自行组织开展安全评估参考。

《互联网新闻信息服务新技术新应用安全评估管理规定》第十一条　互联网新闻信息服务提供者报请国家或者省、自治区、直辖市互联网信息办公室组织开展新技术新应用安全评估，应当提供下列材料，并对提供材料的真实性负责：

（一）服务方案（包括服务项目、服务方式、业务形式、服务范围等）；

（二）产品（服务）的主要功能和主要业务流程，系统组成（主要软硬件系统的种类、品牌、版本、部署位置等概要介绍）；

（三）产品（服务）配套的信息安全管理制度和技术保障措施；

（四）自行组织开展并完成的安全评估报告；

（五）其他开展安全评估所需的必要材料。

【法条解析】《互联网新闻信息服务新技术新应用安全评估管理规定》要求

---

[1] 最高人民检察院发布 11 件检察机关个人信息保护公益诉讼典型案例之七：浙江省杭州市余杭区人民检察院诉某网络科技有限公司侵害公民个人信息民事公益诉讼案。

互联网新闻信息服务提供者建立健全相关制度，自行组织开展安全评估，对监管机构组织开展安全评估提供必要的配合，并及时完成整改。其中，第6条规定了新技术新应用安全评估，第7条规定了新技术新应用安全自评估，第11条规定了新技术新应用政府安全评估。从技术架构组成和应用实践来讲，对新技术新应用开展的安全评估势必包括对相关算法的安全评估。因为在提供互联网新闻信息采编发布服务、转载服务、传播平台服务三种服务类型的互联网站、应用程序、论坛、博客、微博客、公众账号、即时通信工具以及网络直播平台上，算法是保障相关业务运行和技术实现的核心技术。因此，相关企业应当注意在新技术新应用开展安全评估时对算法安全的评估。

依据该规定第5条，需要开展新技术新应用安全评估的主体是提供互联网新闻信息采编发布服务、转载服务、传播平台服务三种服务类型的互联网站、应用程序、论坛、博客、微博客、公众账号、即时通信工具、网络直播平台等主体。新技术新应用安全评估分为互联网新闻信息服务自评估和监管机构展开的政府评估。依据该规定第7条，应用新技术、调整增设具有新闻舆论属性或社会动员能力的应用功能以及新技术、新应用功能在用户规模、功能属性、技术实现方式、基础资源配置等方面的改变导致新闻舆论属性或社会动员能力发生重大变化的互联网新闻信息服务提供者应当自行组织开展新技术新应用安全评估，编制书面安全评估报告，并对评估结果负责。

依据《具有舆论属性或社会动员能力的互联网信息服务安全评估规定》第2条的规定，具有舆论属性或社会动员能力的互联网信息服务包括下列情形：①开办论坛、博客、微博客、聊天室、通讯群组、公众账号、短视频、网络直播、信息分享、小程序等信息服务或者附设相应功能；②开办提供公众舆论表达渠道或者具有发动社会公众从事特定活动能力的其他互联网信息服务。与本条相比，上述评估规定第3条还增加了三种需要自行组织评估的情形：①用户规模显著增加，导致信息服务的舆论属性或者社会动员能力发生重大变化的；②发生违法有害信息传播扩散，表明已有安全措施难以有效防控网络安全风险的；③地市级以上网信部门或者公安机关书面通知需要进行安全评估的其他情形。该评估规定还规定，上述安全评估可以自行实施，也可以委托第三方进行。上述评估规定第6条还明确了安全评估报告的内容，指出安全评估报告应包括：①互联网信息服务的功能、服务范围、软硬件设施、部署位置等基本情况和相关证照获取情况；②安全管理制度和技术措施落实情况及风险防控效果；③安全评估结论；④其他应当说明的相关情况。管理部门同时也根据法律规定制定了安全评估模板，供开展评估使用。开展自评估的主体需要在规定的时间内通过全国互联网安全管理服务平台（www.beian.gov.cn）提交安全评估报告。

依据《互联网新闻信息服务新技术新应用安全评估管理规定》第11条的规定，互联网新闻信息服务提供者还可以报请国家或者相应的网信部门组织开展新技术新应用安全评估。为配合监管机构组织开展的安全评估，互联网新闻信息服务提供者应当提交服务方案、产品（服务）的主要功能和主要业务流程，系统组成、产品（服务）配套的信息安全管理制度和技术保障措施、自行组织开展并完成的安全评估报告以及其他开展安全评估所需的必要材料。

【案例演绎】国家网信办约谈约见社交类新功能新应用企业负责人

《互联网新闻信息服务新技术新应用安全评估管理规定》发布后，2019年2月，国家网信办约谈约见了"微信7.0版""聊天宝""马桶MT""多闪"等社交类新功能新应用企业负责人，责成有关企业履行和完善安全机制程序，依法开展安全评估工作。[1]2021年3月18日，因未履行安全评估程序的语音社交软件和涉"深度伪造"技术的应用，映客、小米、快手、字节跳动、鲸准数服、云账户、喜马拉雅、阿里巴巴、网易云音乐、腾讯、去演等11家企业被约谈，要求按照《网络安全法》《具有舆论属性或社会动员能力的互联网信息服务安全评估规定》等法律法规及政策要求认真开展安全评估、完善风险防控机制和措施，并对安全评估中发现的安全隐患及时采取有效整改措施，切实履行企业信息内容安全主体责任。[2]

（4）算法备案制度。

《微博客信息服务管理规定》第九条 微博客服务提供者应当按照分级分类管理原则，根据微博客服务使用者主体类型、发布内容、关注者数量、信用等级等制定具体管理制度，提供相应服务，并向国家或省、自治区、直辖市互联网信息办公室备案。

《互联网信息服务算法推荐管理规定》第二十四条 具有舆论属性或者社

---

[1] 中国网信. 国家网信办约谈约见四款新发布社交类应用企业［R/OL］. 中华人民共和国国家互联网信息办公室, 中共中央网络安全和信息化委员会办公室, 2019［2022-04-05］. http://www.cac.gov.cn/2019-02/01/c_1124077140.htm.

[2] 网信中国. 阿里巴巴、腾讯、字节跳动等11家企业因互联网新技术新应用安全评估问题被约谈［R/OL］. 国家广电智库微信公众平台, 2021［2022-04-02］. https://mp.weixin.qq.com/s/UqEE-wWZtkPBpQO-bwAkSw.

会动员能力的算法推荐服务提供者应当在提供服务之日起十个工作日内通过互联网信息服务算法备案系统填报服务提供者的名称、服务形式、应用领域、算法类型、算法自评估报告、拟公示内容等信息，履行备案手续。

算法推荐服务提供者的备案信息发生变更的，应当在变更之日起十个工作日内办理变更手续。

算法推荐服务提供者终止服务的，应当在终止服务之日起二十个工作日内办理注销备案手续，并作出妥善安排。

《互联网信息服务算法推荐管理规定》第二十六条 完成备案的算法推荐服务提供者应当在其对外提供服务的网站、应用程序等的显著位置标明其备案编号并提供公示信息链接。

【法条解析】 以上3条是有关算法备案制度的规定，其中，《微博客信息服务管理规定》第9条规定了微博客信息服务备案，《互联网信息服务算法推荐管理规定》第24条规定了算法备案，《互联网信息服务算法推荐管理规定》第26条规定了算法备案后公示。在算法分类分级管理的治理思路之下，我国监管机构对不同的算法推荐服务提供者和微博客平台施以差异化的备案管理制度。算法备案制度与算法安全风险监测、算法安全评估、科技伦理审查、算法备案管理以及涉算法违法违规行为处置等多项制度共同构成系统化的算法监管体系。《互联网信息服务算法推荐管理规定》第24条对算法备案制度进行了规定。对于具有舆论属性或者社会动员能力的算法推荐服务提供者以算法备案的方式开展事前监管。依据《微博客信息服务管理规定》的相关规定，此处"具有舆论属性或社会动员能力的互联网信息服务"包括下列情形：①开办论坛、博客、微博客、聊天室、通讯群组、公众账号、短视频、网络直播、信息分享、小程序等信息服务或者附设相应功能；②开办提供公众舆论表达渠道或者具有发动社会公众从事特定活动能力的其他互联网信息服务。[1]因此，只要是利用生成合成类、个性化推送类、排序精选类、检索过滤类、调度决策类等算法技术向用户提供信息的主体，且具有上述舆论属性或社会动员能力，均应履行算法备案义务。

就内容而言，算法备案的范围包括算法推荐服务提供者的名称、服务形式、

---

[1] 中共中央网络安全和信息化委员会办公室．具有舆论属性或社会动员能力的互联网信息服务安全评估规定［S/OL］．中华人民共和国国家互联网信息办公室，中共中央网络安全和信息化委员会办公室，2018［2022-04-04］．http://www.cac.gov.cn/2018-11/15/c_1123716072.htm.

应用领域、算法类型、算法自评估报告、拟公示内容等信息。鉴于算法的复杂性，算法备案时应当完整、简明、清晰地提交包含对应各项要求的合规信息；鉴于算法的自主性，备案文档中应包括人类监督措施及其评估的详细描述；鉴于算法的自我迭代，用于评估算法投入运营后表现的监控系统应同时备案，并应及时提交在算法全生命周期内对算法所作的改动；最后且最重要的是，鉴于算法"黑箱"的存在，审查重点应落在算法所需的"数据"上，算法应用者应在合理范围内展示输入的变量数据。[1]根据《互联网信息服务算法推荐管理规定》第 33 条第 1 款和第 2 款的规定，算法备案过程中的违规和不当行为将引发行政甚至刑事责任。目前，互联网信息服务算法备案系统已经正式上线运行，备案主体可通过该网址进行算法备案，普通用户则可以通过该网址查询备案信息。此外，在实践中，监管机构还可通过"算法自评估报告"这一形式细化备案的具体内容，补充扩展应当备案的信息，避免备案义务人以不存在明文规定为由拒绝提交应用范围、服务群体、风险等级等必要信息。[2]

(5) 算法安全主体责任。

《互联网信息服务算法推荐管理规定》第七条 算法推荐服务提供者应当落实算法安全主体责任，建立健全算法机制机理审核、科技伦理审查、用户注册、信息发布审核、数据安全和个人信息保护、反电信网络诈骗、安全评估监测、安全事件应急处置等管理制度和技术措施，制定并公开算法推荐服务相关规则，配备与算法推荐服务规模相适应的专业人员和技术支撑。

【法条解析】本条是有关算法安全主体责任的规定。算法安全主体责任包括算法设计者责任、算法应用开发者责任和算法应用平台责任。[3]《关于加强互联网信息服务算法综合治理的指导意见》第 2 条规定了健全算法安全治理机制的义务，其中第 4 款规定，"强化企业主体责任。企业应建立算法安全责任制度和科技伦理审查制度，健全算法安全管理组织机构，加强风险防控和隐患排查治理，提升应对算法安全突发事件的能力和水平。企业应强化责任意识，对算法应用产生的结果负主体责任"。为压实算法推荐服务提供者的主体责任，第 7 条规定，首先，企业应当主动开展科技伦理审查、用户注册管理、信息发布审核、数据安全和个人信息保护、反电信网络诈骗、安全评估监测、安全事件

---

[1] 许可. 驯服算法：算法治理的历史展开与当代体系 [J]. 华东政法大学学报, 2022 (1): 99-113.
[2] 许可, 刘畅. 论算法备案制度 [J]. 人工智能, 2022 (1): 64-70.
[3] 苏宇. 算法规制的谱系 [J]. 中国法学, 2020 (3): 165-184.

应急处置等内部控制措施和外部防范措施；其次，企业应盘点和梳理算法应用的机制机理、模型、数据和应用结果并撰写说明文档，识别和评估风险，为算法的可解释性和透明性打下基础；最后，企业还应当组建专业团队提供技术支撑，确保包括应用过程、应用结果在内的算法运行生态的整体安全。[1]企业在履行算法安全主体责任时，除了遵守有关的法律法规，也要注意参考相关的国家标准、行业标准，必要时也要注意与国际标准的接轨。

【案例演绎】 北京市人民检察院依法履行公益诉讼职责督促企业保护儿童个人信息权益行政公益诉讼案

某App是北京某公司开发运营的一款知名短视频应用类软件。该App在未以显著、清晰的方式告知并征得儿童监护人明示同意的情况下，允许儿童注册账号，并收集、存储儿童网络账户、位置、联系方式，以及儿童面部识别特征、声音识别特征等个人敏感信息。在未再次征得儿童监护人明示同意的情况下，运用后台算法，向具有浏览儿童内容视频喜好的用户直接推送含有儿童个人信息的短视频。该App未对儿童账号采取区分管理措施，默认用户点击"关注"后即可与儿童账号私信联系，并能获取其地理位置、面部特征等个人信息。2018年1月至2019年5月，徐某某收到该App后台推送的含有儿童个人信息的短视频，通过其私信功能联系多名儿童，并对其中3名儿童实施猥亵犯罪。

检察机关发布诉前公告的同时，将公告送达北京某公司。该公司表达积极整改并希望调解结案的意愿。检察机关依据相关法律法规，推动公司完善管理，提出具体要求。北京某公司积极配合，对所运营App中儿童用户注册环节、儿童个人信息储存、使用和共享环节、儿童网络安全主动性保护等方面细化出34项整改措施，突出落实"监护人明示同意"等规则，重点制定单独的儿童个人信息保护规则、用户协议，建立专门儿童信息保护池，创建推送涉未成年人内容的独立算法等制度机制，并明确落实整改措施时间表。同时，该公司表示将结合整改，完善管理制度，自愿接受网信等部门审查，并愿意公开赔礼道歉、赔偿损失。

2021年2月7日，杭州互联网法院公开开庭审理此案。北京某公司对公益诉讼诉求均予认可，对检察机关依法履行公益诉讼职责、促进企业完善管理

---

[1] 陈际红，陈煜烺. 算法推荐新规生效：五大视角厘清算法治理新格局[R/OL]. 中伦视界微信公众平台, 2022 [2022-04-05]. https://mp.weixin.qq.com/s/p4mdveA6ZOZTnIlpVZEm1w.

表示感谢。在法庭组织下，双方在确认相关事实证据的基础上达成调解协议：一是被告停止对儿童个人信息权益的侵权行为，对涉案 App 按照双方确认的整改方案、时间推进表执行整改；二是被告完成整改后，对整改情况及效果进行评估，并向公益诉讼起诉人、人民法院出具报告书；三是被告将整改方案及整改完成情况报送网信部门，接受审查；四是被告在《法治日报》及涉案 App 首页公开赔礼道歉。经 30 日公告，3 月 11 日，杭州互联网法院出具调解书结案。[1]

(6) 算法安全管理义务。

《互联网信息服务算法推荐管理规定》第八条　算法推荐服务提供者应当定期审核、评估、验证算法机制机理、模型、数据和应用结果等，不得设置诱导用户沉迷、过度消费等违反法律法规或者违背伦理道德的算法模型。

【法条解析】本条是有关算法安全审核与评估的条文。"算法黑箱""算法歧视"等痼疾的产生，部分源于科技活动本身的复杂性。因此，对科技活动的规范，需要从科技风险防范的角度设计专门规则。[2]首先，鉴于算法的应用结果与输入数据、训练模型、应用场景等具有较高关联，本条对算法日常监测的要求进行细化，要求算法推荐服务提供者定期对算法的机制机理、模型、数据和应用结果等进行审核、评估和验证。根据本规定的立法目的，企业对该等算法的审核、评估和验证应当以算法的鲁棒性、公平性、透明程度以及数据使用的最小必要等方面作为评价维度。[3]其次，本条对科学伦理审查义务也进行了细化规定，鼓励使用算法传播正能量、抵制违法和不良信息，不得设置诱导用户沉迷、过度消费等有违伦理道德的算法模型，推动算法向上向善，表明了作为科技活动的算法研发不能仅有工具理性，还必须具有价值理性。[4]

《互联网信息服务算法推荐管理规定》第九条　算法推荐服务提供者应当加强信息安全管理，建立健全用于识别违法和不良信息的特征库，完善入库标

---

[1] 最高人民检察院第三十五批指导性案例，检例第 141 号。

[2] 林洹民. 加强算法风险全流程治理　创设算法规范"中国方案" [EB/OL]. 中华人民共和国国家互联网信息办公室，中共中央网络安全和信息化委员会办公室，2022 [2022-04-01]. http://www. cac. gov. cn/2022-03/01/c_ 1647766971713631. htm.

[3] 宁宣凤，吴涵. 算法治理之互联网信息服务推荐算法管理 [R/OL]. 金杜研究院微信公众平台，2022 [2022-04-04]. https://mp. weixin. qq. com/s/47G-P691sprC_L_46sGqcw.

[4] 林洹民. 加强算法风险全流程治理　创设算法规范"中国方案" [EB/OL]. 中华人民共和国国家互联网信息办公室，中共中央网络安全和信息化委员会办公室，2022 [2022-04-01]. http://www. cac. gov. cn/2022-03/01/c_ 1647766971713631. htm.

准、规则和程序。发现未作显著标识的算法生成合成信息的,应当作出显著标识后,方可继续传输。

发现违法信息的,应当立即停止传输,采取消除等处置措施,防止信息扩散,保存有关记录,并向网信部门和有关部门报告。发现不良信息的,应当按照网络信息内容生态治理有关规定予以处置。

【法条解析】本条是有关算法信息安全管理的条文。在机器学习算法中,相较半监督学习和无监督学习,监督学习仍然占据了绝对重要的位置,"标注—训练—应用"三阶段过程的实现路径更多属于监督学习的分支。"标注"是机器学习算法的准备阶段,其目的是形成可供算法进行学习或训练的大数据集。无论是通过人工识别并标记的方式,还是基于传感器或物联网而自动生成的方式,"标注"将特定的人类知识与语音、图像、视频等可被计算机进行处理的数字材料联系起来。"训练"则是机器学习算法的自我调整、自我生产阶段。在既定目标(如图像识别算法中的识别准确率)的引导下,算法对"标注"后的大数据集进行不同方式的处理,并最终形成由该大数据集若干共性特征所组成的规则集。这一规则集的形成过程是建立在反馈迭代的自动调整基础上的。"训练"结束后所形成的规则集,便成为指导机器学习算法应用于不同场景下的标准与原则。事实上,"标注""训练"与"应用"是紧密联系的统一整体,"应用"过程形成的输出同时可作为新的数据来源反馈至"标注"阶段的数据集,并指导"训练"阶段对于规则集的调整。[1]此外,数据标注也是保障深度学习模型质量的重要基础。[2]因此,标识违法和不良信息以及完善相应的入库标准、规则和程序对算法信息安全管理起着重要作用。

本条要求算法推荐服务提供者建立健全识别违法和不良信息的特征库并采取相应处置措施。内容生态治理是网络治理的重要一环,企业可通过《用户协议》《社区规范》等文本明确用户信息发布规则及处置措施,并根据《网络信息内容生态治理规定》等细化违法信息和不良信息目录,健全自动审核和人工审核机制,提高审核质量。此外,对于深度合成等易被不法分子滥用的内容,还应按照第9条之规定对此等信息作出显著标识后才可继续传输。[3]

---

〔1〕 贾开. 人工智能与算法治理研究［J］. 中国行政管理, 2019（1）: 17-22.
〔2〕 周旅军, 吕鹏. "向善"且"为善": 人工智能时代的算法治理与社会科学的源头参与［J］. 求索, 2022（1）: 135-142.
〔3〕 陈际红, 陈煜烺. 算法推荐新规生效: 五大视角厘清算法治理新格局［R/OL］. 中伦视界微信公众平台, 2022［2022-04-05］. https://mp.weixin.qq.com/s/p4mdveA6ZOZTnIlpVZEm1w.

【案例演绎】 "美拍"传播涉未成年人低俗不良信息被责令全面整改

2018年,"美拍"网络直播短视频平台传播涉未成年人低俗不良信息,破坏网络生态,严重影响青少年身心健康。国家网信办于6月1日会同广电总局、文化和旅游部、属地网信办依法依规联合约谈"美拍"相关负责人,提出严肃批评,责令全面整改。

此前,国家网信办曾就"美拍"传播严重违规信息问题对其作出停止更新服务的处罚。核查发现,"美拍"未能整改到位,企业主体责任缺失,疏于视频内容管理,置社会公序良俗和社会舆论于不顾,出于博取眼球、获取流量的目的,继续传播未成年人衣着暴露、性暗示等低俗不良信息,突破社会道德底线、违背社会主流价值观,严重危害青少年身心健康,社会反映强烈。

国家网信办依据《网络安全法》《互联网信息服务管理办法》《互联网直播服务管理规定》等法律法规,责令"美拍"进行全面整改,彻底自查自清存量违法违规和低俗不良的视频内容,严格注册审核和内容巡查。广电总局、文化和旅游部提出相应管理要求。"美拍"相关负责人表示完全接受处罚,进行全面彻底整改,切实履行企业主体责任,承诺暂停有关算法推荐功能,下线"校园"频道,停止更新"热门"频道30天、"直播"频道15天。整改期间,将进一步完善内容审核发布、安全策略管理等各项机制,建立健全未成年人保护体系,用正确的价值观指导算法,积极传播正能量。[1]

《互联网信息服务算法推荐管理规定》第十条 算法推荐服务提供者应当加强用户模型和用户标签管理,完善记入用户模型的兴趣点规则和用户标签管理规则,不得将违法和不良信息关键词记入用户兴趣点或者作为用户标签并据以推送信息。

【法条解析】 本条是有关用户模型及用户标签安全管理的条文。推荐算法以基于流行度的推荐算法、基于内容的推荐算法、基于关联规则的推荐算法、基于协同过滤的推荐算法、基于模型的推荐算法五种类型为常见应用。主流应用的基于用户和基于协同过滤的算法在运行原理上均是依据相似度对用户和内容进行分类后再进行推荐。协同过滤算法的思想,即"用户分类中属于同一类别的用户会对同一类内容感兴趣,或者内容分类中属于同一种类的内容将受到同一用户的喜爱"。具体而言,就是当用户上传的内容通过机器审核并加内容标

---

〔1〕 杨鸿光.因为这些事,三部门联合约谈"美拍"![N/OL].人民网微信公众平台,2018[2022-04-04].https://mp.weixin.qq.com/s/70KhVMnJdv2MsT567hXEVw.

签之后，平台推荐算法会将加标签后的内容匹配给相关用户人群，从而易于找到用户的兴趣和爱好，带来丰富多样的推荐结果。协同过滤算法主要以用户画像和用户反馈为依据，即根据算法对用户画像所形成的标签与内容标签进行大致匹配，随后根据用户对所推荐内容的反馈（浏览、点击、点赞、转发、评论、关注）调整下次推送的内容以及与之匹配的用户人群，从而实现算法的不断优化。[1]因此，如果将违法和不良信息记入用户兴趣点或者作为用户标签，并据以推荐信息，将会对用户形成歧视或者造成不当的差别化影响。本条对算法推荐服务提供者形成用户画像提出要求，即不得将违法和不良信息的关键词记入用户兴趣点或者作为用户标签并据以推送信息。企业应当建立兴趣点和用户标签的合法性判定规则，据此也可避免由于用户经常浏览相关违法或不良信息内容而使算法自动生成用户标签中直接或间接带有相关违法或不良信息，进而避免被认定为违反上述规定。

《互联网信息服务算法推荐管理规定》第二十八条 网信部门会同电信、公安、市场监管等有关部门对算法推荐服务依法开展安全评估和监督检查工作，对发现的问题及时提出整改意见并限期整改。

算法推荐服务提供者应当依法留存网络日志，配合网信部门和电信、公安、市场监管等有关部门开展安全评估和监督检查工作，并提供必要的技术、数据等支持和协助。

【法条解析】本条第2款规定了算法推荐服务提供者的网络日志留存与配合监管义务，是对《网络安全法》第21条[2]第3款中网络日志留存义务的细化规定。首先，企业应主动开展科技伦理审查、用户注册管理、信息发布审核、数据安全和个人信息保护、反电信网络诈骗、安全评估监测、安全事件应急处置等内部控制措施和外部防范措施；其次，企业应盘点和梳理算法应用的机制机理、模型、数据和应用结果并撰写说明文档，识别和评估风险，为算法的可解释性和透明性打下基础；最后，组建专业团队提供技术支撑，确保包括应用过程、应用结果在内的算法运行生态的整体安全。

---

[1] 温凤鸣，解学芳．短视频推荐算法的运行逻辑与伦理隐忧——基于行动者网络理论视角[J]．西南民族大学学报（人文社会科学版），2022（2）：160-169．

[2] 《网络安全法》第21条规定，国家实行网络安全等级保护制度。网络运营者应当按照网络安全等级保护制度的要求，履行下列安全保护义务，保障网络免受干扰、破坏或者未经授权的访问，防止网络数据泄露或者被窃取、篡改：……（3）采取监测、记录网络运行状态、网络安全事件的技术措施，并按照规定留存相关的网络日志不少于6个月；……

算法推荐服务提供者应当配备相应的硬件和软件监测、记录网络运行状态、网络安全事件，按照规定留存相关网络日志。网络日志是对网络信息系统的用户访问、运行状态、系统维护等情况的记录，对于追溯非法操作、未经授权的访问，并维护网络安全以及调查网络违法犯罪活动具有重要作用。我国相关行政法规和标准对网络日志的留存及其期限作了规定，一些国家的法律也对留存网络日志作了规定。《网络安全法》根据维护网络安全的需要，对网络日志留存及留存的期限作了规定。同时，考虑到网络日志的种类较多，哪些需要按照《网络安全法》的规定留存不少于6个月，需要根据维护网络安全的实际来确定。[1]

(7) 算法权利保障义务。

《电子商务法》第十八条　电子商务经营者根据消费者的兴趣爱好、消费习惯等特征向其提供商品或者服务的搜索结果的，应当同时向该消费者提供不针对其个人特征的选项，尊重和平等保护消费者合法权益。

电子商务经营者向消费者发送广告的，应当遵守《中华人民共和国广告法》的有关规定。

《互联网信息服务算法推荐管理规定》第十七条第一款和第二款　算法推荐服务提供者应当向用户提供不针对其个人特征的选项，或者向用户提供便捷的关闭算法推荐服务的选项。用户选择关闭算法推荐服务的，算法推荐服务提供者应当立即停止提供相关服务。

算法推荐服务提供者应当向用户提供选择或者删除用于算法推荐服务的针对其个人特征的用户标签的功能。

《网络信息内容生态治理规定》第十二条　网络信息内容服务平台采用个性化算法推荐技术推送信息的，应当设置符合本规定第十条、第十一条规定要求的推荐模型，建立健全人工干预和用户自主选择机制。

【法条解析】上述3条是关于电子商务经营者和算法推荐服务提供者为用户提供个性化推荐产品和服务选择退出保障的规定，其中，《电子商务法》第18条规定了个性化推荐选择退出保障义务，《互联网信息服务算法推荐管理规定》第17条第1款和第2款规定了个性化推荐选择退出保障义务，《网络信息内容生态治理规定》第12条规定了人工干预和用户自主选择机制。一方面，基于数据准确描绘用户画像的特点，平台企业可以向其以搜索结果或者定向广告的方式推销商品或服务，进行精准营销，从而提高其交易成功率。这在一定程度上

---

〔1〕 杨合庆. 中华人民共和国个人信息保护法释义 [M]. 北京：法律出版社，2022：73.

侵害了用户的知情权和选择权，故需对其进行规定。[1]另一方面，由于算法的精准推送，用户的知识积累被局限在熟悉的领域内，可能会造成其所获信息面的窄化。因此，为了避免个性化推荐带来的上述不利影响，《电子商务法》第18条、《互联网信息服务算法推荐管理规定》第17条第1款、《个人信息保护法》第24条第1款以及《网络信息内容生态治理规定》第12条均规定了算法服务提供者为用户提供个性化推荐产品和服务选择退出的保障义务。依据该四条规定，电子商务经营者、算法推荐服务提供者以及个人信息处理者应当尊重和平等保护用户的选择权和退出权，尊重用户的主体地位。

具体而言，首先，企业应当向用户提供不针对其个人特征的选项。"不针对其个人特征"，主要是指基于地理位置、价格、时间等客观因素进行展示、搜索结果排序，不因个人信息主体身份不同而展示不一样的内容和搜索结果排序。其次，企业应当向用户提供便捷的关闭算法推荐服务的选项。如在用户的个人设置页面添加选项按键等。算法推荐服务提供者提供的关闭方式应当简易便捷，不得为用户关闭算法推荐服务设置障碍。用户选择关闭服务的，算法推荐服务提供者应当立即停止提供相关服务。最后，企业通过收集、汇聚、分析个人信息，对某特定自然人的个人特征作出分析或预测，从而形成用户标签，并在此基础上再向该用户展示特定的信息内容、提供商品或服务的搜索结果时，还应赋予用户对于数据画像标签的选择权和删除权，允许用户适当介入算法决策，实现更大程度的自主选择。

10.1.2.3 算法运行生态治理

（1）不得利用算法不当干预信息呈现。

《互联网信息服务算法推荐管理规定》第十四条　算法推荐服务提供者不得利用算法虚假注册账号、非法交易账号、操纵用户账号或者虚假点赞、评论、转发，不得利用算法屏蔽信息、过度推荐、操纵榜单或者检索结果排序、控制热搜或者精选等干预信息呈现，实施影响网络舆论或者规避监督管理行为。

《网络信息内容生态治理规定》第二十四条　网络信息内容服务使用者和网络信息内容生产者、网络信息内容服务平台不得通过人工方式或者技术手段实施流量造假、流量劫持以及虚假注册账号、非法交易账号、操纵用户账号等行为，破坏网络生态秩序。

---

[1]　电子商务法起草组. 中华人民共和国电子商务法条文研析与适用指引[M]. 北京：中国法制出版社，2018：80.

【法条解析】上述两条是有关利用算法不当干预信息呈现等破坏网络生态秩序行为的规定，其中，《互联网信息服务算法推荐管理规定》第 14 条规定了不得利用算法不当干预信息呈现，《网络信息内容生态治理规定》第 24 条规定了不得实施流量造假等破坏生态秩序行为。"流量造假"是指网络经营者或服务提供者人为地通过不正当的方式或技术手段，非法提高其在互联网上的浏览量等数据，造成产品或服务成交量大、认可度高等假象，主要存在于网站访问量、视频播放量、广告展示量和点击率、搜索引擎关键词排名、电商店铺人气和商品浏览量、粉丝数据、销售量订单等数据领域。[1]"流量造假"产业具体又可以分为"主动刷流量"和"被动刷流量"两种形态。前者是指利用人工型的"水军"或者技术型"机刷"增加网页点击量；后者则较为隐蔽，是指不采取技术手段破坏他人计算机系统，而是采取带有误导性的广告、下拉框、菜单或者关键词等，诱导其他网站的潜在用户自行进入特定网站从而获得流量的行为。[2]"流量劫持"是指利用各种恶意软件、木马修改浏览器、锁定主页或不停弹出新窗口等方式，强制用户访问某些网站，从而造成用户流量损失的情形。[3]干预信息呈现的行为，现实中主要包括买卖榜单热搜推广、搜索引擎和电子商务平台的不公正检索结果排序和过度推荐等。算法推荐服务提供者等相关主体应严格审查自身相关业务的合规性，否则对于提供"流量造假"服务的合同，存在被认定为违背公序良俗、损害社会公共利益而导致绝对无效的法律风险；除此之外，"流量造假"行为亦会被法院认定为系为自己谋取商业机会从而获取自身竞争优势或破坏他人竞争优势的不正当竞争行为，从而面临高额民事赔偿责任。"流量造假"行为除可能涉及行政及民事责任外，对于构成刑事犯罪的"流量造假"行为，存在被认定为构成非法经营罪、破坏生产经营罪、诈骗罪、合同诈骗罪、虚假广告罪的刑事犯罪法律风险。[4]

---

[1] 高亚平. 流量造假风险要点解析（上）：从流量造假案例看合规风险 [EB/OL]. 德恒律师事务所，2020 [2022-04-04]. http://www.dhl.com.cn/CN/tansuocontent/0008/019595/7.aspx? MID = 0902&AID =.

[2] 田思远，李悦. 关于"流量造假"，你想知道的都在这里 [R/OL]. 上海律协，2020 [2022-04-04]. https://mp.weixin.qq.com/s/Pg7SpRR4F8zeBOZQoBVboQ.

[3] 张智全. 流量劫持入刑彰显样本意义 [N/OL]. 法制日报，2015 [2022-04-04]. http://www.jcrb.com/opinion/fygc/201511/t20151113_1563764.html.

[4] 高亚平. 流量造假风险要点解析（中）：一表读懂流量造假法律规范要点 [EB/OL]. 德恒律师事务所，2020 [2022-04-10]. http://www.dhl.com.cn/CN/tansuocontent/0008/019595/7.aspx? MID = 0902&AID =.

【案例演绎】蔡某提供侵入、非法控制计算机信息系统程序、工具案[1]

2018年1月至2019年3月，被告人蔡某未获得北京微梦创科网络技术有限公司授权而自行开发"星援"App，有偿为他人提供不需要登录新浪微博客户端即可转发微博博文及自动批量转发微博博文的服务。大量用户以向"星援"App充值的形式有偿使用该软件，并通过运行上述软件侵入新浪微博服务器。经鉴定，"星援"App通过截取新浪微博服务器中对应账号的相关数据，使用与其截取数据相同的网络数据格式向该服务器提交数据并完成与该服务器的交互，以实现不登录新浪微博客户端即可转发微博博文的功能以及自动批量转发微博博文的功能。经统计，至案发时该软件已有用户使用19万余个控制端微博账号登录，上述控制端账号绑定数万个微博账号，被告人蔡某违法所得6 253 752.86元。

经审理，法院认为，第一，被害单位北京微梦创科网络技术有限公司既未授权被告人设计开发具有相关功能的软件，又未同意将"星援"App接入微博平台，亦未同意用户可以绕过微博客户端而通过未经授权的软件登录微博并实现微博客户端的功能。故"星援"App具备侵入计算机信息系统的本质特征。第二，专门性体现在软件功能用途的单一性。该软件在日常运用中亦集中于用户在新浪微博中刷赞、刷榜、刷转发等，以制造虚假数据流量。故"星援"App具备专门性的特征。第三，被告人通过反编译等手段获取源代码，并从源代码中获取密钥和特定算法，其避开或突破安全保护措施的方式具有多样性。第四，"星援"App用户充值后使用该软件进行批量的博文自动转发，营造虚假数据流量，对网络空间的公共秩序、实名制用户的账户安全以及被害单位的服务器稳定等多方面均造成了严重影响。综上，法院判决如下：一、被告人蔡某犯提供侵入、非法控制计算机信息系统程序、工具罪，判处有期徒刑5年，并处罚金10万元。二、继续追缴被告人蔡某违法所得625万元。

（2）设置申诉投诉便捷入口。

《网络信息内容生态治理规定》第十六条　网络信息内容服务平台应当在显著位置设置便捷的投诉举报入口，公布投诉举报方式，及时受理处置公众投诉举报并反馈处理结果。

《互联网信息服务算法推荐管理规定》第二十二条　算法推荐服务提供者应当设置便捷有效的用户申诉和公众投诉、举报入口，明确处理流程和反馈时

---

[1] 参见北京市丰台区人民法院（2019）京0106刑初1813号刑事判决书。

限,及时受理、处理并反馈处理结果。

【法条解析】 上述两条是有关企业应当为用户和公众申诉投诉设置便捷入口并提供反馈机制的条文,《网络信息内容生态治理规定》第16条规定了公众投诉反馈机制,《互联网信息服务算法推荐管理规定》第22条规定了申诉投诉反馈机制。维护网络良性生态需要全社会的共同努力,充分发挥广大网民和用户的作用。对危害网络信息安全和算法安全的行为,公民有监督的权利,网络信息内容服务平台和算法推荐服务提供者有接受监督的义务。为了维护公民和用户对网络信息安全以及算法安全的监督权利,发挥社会监督在算法安全综合治理方面的重要作用,此两条法规是对《网络安全法》第49条中关于网络安全投诉举报权利行使的细化规定,对算法推荐服务提供者以及网络信息内容服务平台的安全投诉、举报制度,及时受理并处理社会公众的投诉举报提出了要求。一是算法推荐服务提供者及网络信息内容服务平台应当建立网络信息安全投诉、举报制度,明确受理、处理投诉、举报的机构、人员及其职责、范围及方式、程序及操作规程等事项;二是应当以合理方式公布投诉、举报方式等信息,方便投诉举报人;三是应当及时受理投诉、举报,无正当理由不得拒绝;四是应当按照内部操作规程及时处理投诉和举报,并告知投诉举报人处理结果。[1]

依照《网络安全法》第47条、第48条的规定,网络运营者受理用户的投诉、举报,对法律、行政法规禁止发布或者传输的信息,应当立即停止传输该信息,采取消除等处置措施,防止信息扩散,保存有关记录,并向有关主管部门报告。依照《民法典》第1195条的规定,网络用户利用网络服务实施侵权行为的,权利人有权通知网络服务提供者采取删除、屏蔽、断开链接等必要措施。通知应当包括构成侵权的初步证据及权利人的真实身份信息。网络服务提供者接到通知后,应当及时将该通知转送相关网络用户,并根据构成侵权的初步证据和服务类型采取必要措施;未及时采取必要措施的,对损害的扩大部分与该网络用户承担连带责任。网络服务提供者知道网络用户利用其网络服务侵害他人民事权益,未采取必要措施的,与该网络用户承担连带责任。因此,用户向网络运营者和算法推荐服务提供者投诉、举报他人利用其网络发布违法信息、实施侵权行为,网络运营者收到投诉、举报后,不及时依法采取相关措施的,要依法承担相应的责任。[2]

---

[1] 杨合庆. 中华人民共和国个人信息保护法释义[M]. 北京:法律出版社,2022:114.

[2] 杨合庆. 中华人民共和国个人信息保护法释义[M]. 北京:法律出版社,2022:114.

【案例演绎】 张某某与百度公司财产损害赔偿纠纷案

百度公司在百度网搜索结果列表页面开展"加 V 认证"业务,在其部分推广客户搜索结果链接标识旁加注"V"形标记。搜索结果列表页面右侧有"放心搜索有 V 有保障"标识。点击该标识,打开的页面显示"百度和中消协提示:如您在百度含信誉 V 标识的搜索结果中因假冒官网、资质或钓鱼诈骗蒙受经济损失,可获百度先行保障"。

2013 年 11 月 20 日,张某某在百度网搜索栏内输入"吉林石化 0215A"(一种工业原料的代号)并点击了"百度一下",搜索结果列表中包括"缇雄贸易"(www.yuanchuangjidi.com)链接标识,标识旁边加注有"推广"标识和"V"形标记。搜索结果列表页面右上方有"放心搜索全额保障"字样。张某某使用其百度账号登录后,点击"缇雄贸易"链接标识,进入该网站,网站显示"缇雄贸易隶属于济南跃阳化工有限公司,是专业从事塑胶原料的销售……"张某某通过网银向该公司账号转账 120 250 元继续交易。其后该公司的所有联系方式再也联系不上。到合同交货日期仍然联系不到对方且未收到货,张某某向公安局报案被骗。

2013 年 11 月 29 日,张某某通过网络向百度公司申请保障。百度公司答复:申请未通过。您购买商品或接受服务非因生活消费需要,暂不属于保障范围,请您选择其他维权通道处理。具体请参照保障平台服务协议。

百度网站显示的"缇雄贸易"网站"百度推广诚信商家档案"显示:公司名称济南跃阳化工有限公司,百度信誉星级三星,验证时间 2013 年 8 月 30 日,验证结果通过,该网站已通过安全验证。

2013 年 12 月 30 日,济南跃阳化工有限公司出具《声明》,表示其从未在百度搜索进行过任何推广,从 2013 年 9 月开始,骗子使用多个虚假网站假冒其公司名义在百度进行推广骗人,给其公司造成极大困扰,其公司已向公安机关报案,并通过电子邮件多次向百度公司进行投诉,百度公司均采取漠视的态度置之不理。

一审法院经审理,认定百度公司具有过错,构成侵权,理由如下:

第一,百度公司应当预见其"加 V 认证"审核程序存在漏洞,也可以采取简便措施预防风险,但未尽到合理注意义务。

第二,百度公司收到举报后怠于管理,放任违法行为。

济南跃阳化工有限公司发现被冒名认证后,自 2013 年 11 月 4 日至 2015 年

2月22日，多次向百度公司投诉举报，并提供了该公司及其法定代表人的真实证照以便百度公司核实。如果百度公司愿意，通过简单核实即可查明假冒济南跃阳化工有限公司的认证有误，通过简单查询即可获得申请人账户的所有推广网址，通过简单操作即可停止该账户的所有推广服务。但是，百度公司仅停止了一个被投诉网站的推广链接，对同一申请人一账户设定的其他推广网站可能存在的违法行为不采取预防、复核、处理措施。济南跃阳化工有限公司投诉17天之后，张某某被冒名认证的百度推广用户诈骗。如百度公司及时采取措施，张某某被骗一事本可避免。张某某向百度公司投诉后至2014年10月11日，百度公司仍未采取相应措施，继续为多个冒用济南跃阳化工有限公司名义"加V认证"的网站提供搜索推广服务，亦可进一步证明百度公司的主观过错。

百度公司称张某某自身疏忽大意，依据不足，一审法院不予采信。

百度公司与用户的《百度网民权益保障计划服务协议》，没有免除百度公司的其他法定义务，也没有排除用户依据其他法律主张权利，不属于不公平的格式条款。但是，"不属于保障范围"仅指百度公司不负有合同义务，不表明百度公司不负有2009年《侵权责任法》或其他法律设定的法定义务。百度公司在设计、执行"加V认证"审核程序中未尽到合理注意义务，在收到举报后明知网络用户利用其网络服务侵害他人民事权益而未采取必要措施，构成侵权，应当承担侵权责任。不支持原告要求百度公司赔偿120 250元损失的诉讼请求。判决后原告被告提起上诉，二审法院维持原判。[1]

10.2 算法合规良好实践

在算法合规领域，合规依据较为零散且大多处于刚刚生效的状态，国家互联网办公室开展的算法治理正在进行当中，各企业正在根据合规依据梳理合规义务，并进行合规体系的建设，故而此时谈算法合规良好实践为时尚早。相信随着法律法规的持续出台及监管的不断深入，企业将逐步建立起良好的算法合规实践，本书将根据实践情况适时更新。

---

[1] 参见北京市第一中级人民法院（2015）一中民终字第05826号民事判决书。

第11章

开源合规

11.1 开源合规依据和要点

"十四五"规划纲要提出,支持数字技术开源社区等创新联合体发展,完善开源知识产权和法律体系,鼓励企业开放软件源代码、硬件设计和应用服务。使用开源软件有利于企业降低开发成本,提高开发效率,但也同时伴随着许可协议合规风险。

开源许可证作为开源体系社会协作规则的基石,不仅是开源世界的法律框架,更是后续开源实现商业化过程无法绕开的内在法则。开源许可证是建立在部分著作权权属让渡基础上的权利义务约定,约定了代码贡献者赋予代码使用者的代码处置权利范围的同时,也约定了代码使用者应履行的义务。开源许可证所约定的权利义务关系,直接约束或者间接影响了软件开发过程各参与方行为以及形成产品之后的商业化规则。开源软件的传播是基于许可证的发布,开源软件的许可证是开源软件传播发展的法律基础。

许可证的权利基础来自知识产权法:著作权法(版权法)、专利法、商标法、竞争法。国内外的司法实践都已在相关判例中正式认可开源许可证的法律效力,违反开源许可证中所承载的许可协议条款,将会导致开源软件贡献者赋予使用者的权利失效,进而造成侵权违约行为,对开源软件使用者的商誉造成负面影响,甚至承担相应的法律责任。

因此,在采用开源技术之前和基于开源进行软件产品开发的过程中,需要对开源技术版权、专利权、商标权等进行合规审查,通过确认开源许可证的遵从性和兼容性,梳理开源软件、自研软件和第三方软件之间的影响关系,判断许可证义务的影响范围,对代码分发过程的义务履行情况和所采用的许可协议进行审核,以避免开源合规产生风险。

11.1.1 开源许可协议一览表及重点开源许可协议核心条款

11.1.1.1 开源许可协议一览表

目前，经过自由软件基金会（Free Software Foundation，FSF）认证为"自由软件许可协议"的许可协议有接近 100 个，经过开放源代码促进会（Open Source Initiative，OSI）认证为"开源软件许可协议"的许可协议超过 100 个。这些开源许可协议由于遵循 FSF 定义的"自由"标准[1]或者 OSI 定义的"开源"标准[2]而更受到开源社区的信任。但也有很多开源许可协议未得到这两个组织的认证，依然在开源领域使用，目前由 Linux 基金会 SPDX 工作组收录的许可协议列表中包含了 450 余项开源许可协议[3]。在开源社区中常用的许可协议包括但不限于表 11-1 所示的许可协议。

表 11-1 常用开源许可协议

许可协议全称	是否 FSF 认证	是否 OSI 认证
GNU Affero General Public License v3.0 only 以及 GNU Affero General Public License v3.0 or later	Y	Y
Apache License 2.0	Y	Y
Apple Public Source License 2.0	Y	Y
Artistic License 2.0	Y	Y
BSD 2-Clause "Simplified" License 以及 BSD 3-Clause "New" or "Revised" License	Y	Y

---

[1] 自由度 0：无论用户出于何种目的，必须能按照用户意愿，自由地运行该软件。自由度 1：用户可以自由地学习并修改该软件，以此来帮助用户完成自己的计算。作为前提，用户必须能访问到该软件的源代码。自由度 2：用户可以自由地分发该软件的拷贝，这样就可以帮助其他人。自由度 3：用户可以自由地分发该软件修改后的拷贝。借此，用户可以把改进后的软件分享给整个社区令他人也从中受益。作为前提，用户必须能访问到该软件的源代码。

[2] 自由再发布；源代码公开；允许派生作品；作者源代码完整性；不歧视任何个人或团体；不歧视任何领域；许可协议的发布；许可协议不能只针对某个产品；许可协议不能约束其他软件；许可协议必须独立于技术。

[3] SPDX License List. [EB/OL]. Linux 基金会 SPDX 项目，2022［2022-05-13］. https://spdx.org/licenses/.

续表

许可协议全称	是否 FSF 认证	是否 OSI 认证
Creative Commons Attribution 1.0 Generic		
Common Documentation License 1.0		
Educational Community License v2.0	Y	Y
Elastic License 2.0		
Eclipse Public License 2.0	Y	Y
FreeBSD Documentation License		
GNU General Public License v1.0 only 及 GNU General Public License v1.0 or later		
GNU General Public License v2.0 only 及 GNU General Public License v2.0 or later	Y	Y
GNU General Public License v3.0 only 及 GNU General Public License v3.0 or later	Y	Y
GNU Lesser General Public License v3.0 only 及 GNU Lesser General Public License v3.0 or later	Y	Y
MIT License	Y	Y
Mozilla Public License 2.0	Y	Y
Mulan Permissive Software License, Version 2		Y
Python License 2.0	Y	Y
Universal Permissive License v1.0	Y	Y
W3C Software Notice and Document License (2015-05-13)		

注：Y 表示"是"，空格表示"否"。

11.1.1.2 重点开源许可协议核心条款

开源许可协议的核心条款约定了使用该许可协议下发布开源软件应遵循的义务要求与适用条件，违反这些条件将导致开源软件合规风险。GNU general Public license（GPL）系列协议是导致开源许可协议合规问题的最常见来源，应关注常用的 GPL 许可协议（如 GPLv2、GPLv3、AGPLv3、LGPLv3 等）的条款要求。

（1）GPLv2。

GPLv2 协议由 FSF 于 1991 年发布，任何人均可复制和逐字分发该许可协议的副本，但不允许更改该许可协议的文档。该许可协议文档的官方发布地址为 https://www.gnu.org/licenses/old-licenses/gpl-2.0.en.html。该链接指向的许可协议英文版本为 FSF 认可的唯一有效版本，FSF 不认可和批准该许可证的任何翻译版本正式、有效[1]。但为了便于使用者理解，FSF 给出了部分语言翻译文本的链接，其中简体中文翻译版本的链接为 https://jxself.org/translations/gpl-2.zh.shtml[2]。本部分介绍本许可协议将采用此版本的简体中文翻译版本。

GPLv2 许可协议文本包括序言、复制/分发和修改的条款和条件、无担保三个部分共计 13 项条款。[3]其中复制/分发和修改的条款和条件部分包含了条款 0 到 10 共计 11 项条款，是该许可协议的核心条款。无担保部分包含了条款 11 和条款 12。

GPLv2 许可协议中，对于复制/分发和修改行为提出了以下要求。

条款 1 只要你做到为每一个副本醒目而恰当地发布版权与免责声明，原封不动地保留本协议及免责声明，并将本协议连同程式发予接收者，你可以通过任何媒介完整地复制和分发你收到的本程式的源码，你可以就传输副本的具体行为收费，也可以选择提供品质担保以换取收入。

条款 2 你可以修改你的程式副本的任意部分，以构成本程式的派生作品，并在满足上述条款及以下三点要求的前提下复制和分发该修改版：

a) 你必须在你修改的文件中醒目地声明你的修改及标注修改日期。

b) 你必须使你分发或发布的作品，部分或全部包含本程式或其派生作品，允许第三方在本协议约束下使用，并不得就授权收费。

c) 如果修改后的程序通常在运行时通过交互方式获取命令，你应该让它进入交互模式时显示简要的版权声明和免责声明（抑或你的品质担保声明），以

---

[1] Unofficial Translations. [EB/OL]. GNU 操作系统, 2022 [2022-05-13]. https://www.gnu.org/licenses/translations.en.html.

[2] GNU 通用公共许可协议.[EB/OL]. 翻译人阮坤良〈peterrk@pku.edu.cn〉, https://jxself.org/translations/gpl-2.zh.shtml.

[3] GNU General Public License, version2. [EB/OL]. GNU 操作系统, 1991 [2022-05-13]. https://www.gnu.org/licenses/old-licenses/gpl-2.0.en.html.

及告诉用户可以在本协议约束下再发布该程序并提供查阅本协议的途径。（例外：如果本程序有交互式执行却通常不显示任何声明，则对你的派生作品也不作此要求。）

上述要求对修改后的作品整体有效。如果该作品中某些可划定的部分并非派生自本程式，并可以被合理地看作是从中分离的独立作品，则当你将它们分开发布时，这种独立部分可以不受本协议约束。但是，在你将这些部分和你修改后的作品一起发布时，整个套件将受本协议约束，本协议对其他许可获得者的授权将延伸至整个作品，即套件的每一部分，不论是谁写的。

条款3 你可以在上述条款约束下以目标码或可执行文件的形式复制和分发本程式（或条款2所说的派生作品），不过你还要满足以下要求之一：

a）附上相应的源码。源码要求完整且机器可读，并在条款1、条款2的约束下通过常用的软件交换媒介分发。

b）附上至少三年有效的书面报价表以供第三方付费获取相应的源码。源码要求完整且机器可读，并在条款1、条款2的约束下通过常用的软件交换媒介分发，费用不得超过实际的分发成本。

c）附上你所收到的获取源码途径的信息。（该选择只适用于非商业分发，并且你只收到目标码或可执行文件以及满足b项要求的报价单的情况下。）

作品的源码指其可修改的首选形式。对可执行的作品而言，完整的源码指其包含的所有模块的源码、相关接口定义文档以及编译和安装所需脚本。然而，有一种例外情况，分发的源码不必包含那些通常会随目标运行环境的操作系统的主要部件（编译器、内核等）发布的内容（以源码或二进制形式），除非这些部件自身是本程式的一部分。

如果以指定特定复制地点的形式分发可执行文件或目标码，则在同一地点提供对等源码复制途径也算一种源码分发手段，即便不强求第三方在复制目标码的同时复制源码。

条款4 在本协议授权之外，你不能复制、修改、再授权或分发本程式。任何用其他方法复制、修改、再授权或分发本程式的企图都是无效的，并使你从本协议获得的权利自动终止。然而从你那里按本协议获得副本和许可的人，只要继续遵守协议，他们获得的许可并不会终止。

条款5 你无须在此协议上签字，也无须接受本协议。但是，这将使你不得修改或分发本程序或其派生作品。此种行为为法律所不容，除非你接受本协议。因此，修改或发布本程式（或本程式的任何派生作品），就表明你已经接受本协议，即接受它的所有关于复制、分发和修改本程式及其派生的条款。

条款6 每当你再发布本程式（或本程式的任何派生作品），接收者自动从原始权利人处获得本许可，以复制、分发和修改本程式。你不能对他们获得的权利加以进一步的限制，你也没有要求第三方遵守该协议的义务。

条款7 如果因为法庭裁决或专利侵权指控或其他原因（不限于专利事宜），你面临与本协议条款冲突的条件（来自法庭要求、协议或其他），那也不能成为你违背本协议的理由。倘若你不能在发布本程式时同时满足本协议和其他文件的要求，你就不能发布本程式。例如，某专利授权不允许通过你直接或间接地获得本程式的人在不付授权费的前提下再发布本程式，唯一能同时满足它和本协议要求的做法便是不发布本程式。

如果本条款在特定环境下无效或无法实施，本条款的其他部分仍适用且本条款整体在其他环境下仍适用。

本条款的目的不在于诱使你去侵犯专利或其他知识产权要求，抑或对之抗辩。本条款的根本目的是保护自由软件发布系统的完整性，而这要通过应用公共许可证实现。借助同样出自该系统的应用程序，许多人已经对在该系统上发布的软件作出了广泛而慷慨的贡献。作者/捐赠人有权确定是否通过其他渠道发布软件，被授权人不得干预其选择。

本条款旨在彻底阐明其余条款所带来的当然结果。

条款8 如果由于专利或受版权保护的接口的问题，分发或使用本程式在某些国家受到限制，原始版权持有人在其程式中使用本协议时可以附加明确的区域分发限制以排除那些国家，以支持此外地区的分发。在此情况下，这种限制条款将纳入协议之中。

条款9 自由软件联盟可能会不定时发布GNU通用公共许可协议的修订版或新版。新版将秉承当前版本的精神，但对问题或事项的描述细节不尽相同。

每一版都会有不同的版本号，如果本程式指定其使用的协议版本以及"任何更新的版本"，你可以选择遵守该版本或者任何更新的版本的条款。如果本程式没有指定协议版本，你可以选用自由软件联盟发布的任意版本。

条款10 如果你希望将本程式的某部分并入采取不同发布条件的自由软件中，应书面请求其作者的许可。对于自由软件联盟持有版权的软件，还应向联盟提出书面请求，我们有时会作例外处理。在处理这种事情时我们秉承两大宗旨：保持所有自由软件派生作品的自由属性，以及在整体上促进软件的共享和复用。

（2）GPLv3。

GPLv3 协议由 FSF 于 2007 年 6 月 29 日正式发布，任何人均可复制和逐字分发该协议的副本，但不允许更改此许可协议的文档。该许可协议文档的官方发布地址为 https://www.gnu.org/licenses/gpl-3.0.html。该链接指向的许可协议英文版本为 FSF 认可的唯一有效版本，FSF 不认可和批准该许可证的任何翻译版本正式有效。但为了便于使用者理解，FSF 给出了部分语言翻译文本的链接，其中简体中文翻译版本的链接为 https://jxself.org/translations/gpl-3.zh.shtml。本部分介绍本许可协议将采用此版本的简体中文翻译版本。

GPLv3 许可协议文本包括序言、复制/分发和修改的条款和条件、无担保三个部分共计 17 项条款。其中条款 1、条款 2 和条款 3 主要涉及代码形式、基本许可原则和反破解法的限制等相关内容，从条款 4 开始涉及复制/分发和修改的条款共计 11 项，是该许可协议的核心条款。

GPLv3 许可协议中，对于复制/分发和修改行为提出了以下要求。

条款 4 你可以通过任何媒介发布你接收到的本程序的完整源码副本，但要做到：为每一个副本醒目而恰当地发布版权；完整地保留关于本协议及按条款 7 加入的非许可性条款；完整地保留免责声明；给接收者附上一份本协议的副本。

你可以免费或收费转发，也可以选择提供技术支持或品质担保以换取收入。

条款 5 你可以以源码形式转发基于本程序的作品或修改的内容，除满足条款 4 外还需要满足以下几点要求：

a）该作品必须带有醒目的修改声明及相应的日期。

b）该作品必须带有醒目的声明，指出其在本协议及任何符合条款 7 的附加条件下发布。这个要求修正了条款 4 关于"完整保留"的内容。

c）你必须按照本协议将该作品整体向想要获得许可的人授权，本协议及符合条款 7 的附加条款就此适用于整个作品，即其每一部分，不管如何建包。本协议不允许以其他形式授权该作品，但如果你收到其他许可则另当别论。

d）如果该作品有交互式用户界面，则其必须显示适当的法律声明。然而，当本程序有交互式用户界面却不显示适当的法律声明时，你的作品也不必显示。

一个在存储或分发媒介上的受保护作品和其他分离的单体作品的联合作品，

在既不是该受保护作品的自然扩展，也不以构筑更大的程序为目的，并且自身及其产生的版权并非用于限制单体作品给予联合作品用户的访问及其他合法权利时，称为"聚合体"。在聚合作品中包含受保护作品并不会使本协议影响聚合作品的其他部分。

条款6 你可以如条款4和条款5所述那样以目标码形式转发受保护作品，同时在本协议规范下以如下方式之一转发机器可读的对应源码：

a) 目标码通过实体产品（涵盖某种实体分发媒介）转发时，通过常用于软件交换的耐用型实体媒介随同转发相应的源码。

b) 目标码通过实体产品（涵盖某种实体分发媒介）转发时，伴以具有至少三年且与售后服务等长有效期的书面承诺，给予目标码的持有者：(1) 包含产品全部软件的相应源码的常用于软件交换的耐用型实体媒介，且收费不超过其合理的转发成本；或者 (2) 通过网络免费获得相应源码的途径。

c) 单独转发目标码时，伴以提供源码的书面承诺。本选项仅在你收到目标码及b项形式的承诺的情况下可选。

d) 通过在指定地点提供目标码获取服务（无论是否收费）的形式转发目标码时，在同一地点以同样的方式提供对等的源码获取服务，并不得额外收费。你不以要求接收者在复制目标码的同时复制源码。如果提供目标码复制的地点为网络服务器，相应的源码可以提供在另一个支持相同复制功能的服务器上（由你或者第三方运营），不过你要在目标码处指出相应源码的确切路径。不管你用什么源码服务器，你有义务确保持续可用以满足这些要求。

e) 通过点对点传输转发目标码时，告知其他节点目标码和源码在何处以d项形式向大众免费提供。

"面向用户的产品"是指：(1) "消费品"，即个人、家庭或日常用途的个人有形财产；或者 (2) 面向社会团体设计或销售，却落入居家之物的范围。在判断一款产品是否属于消费品时，争议案例的判断将向利于扩大保护靠拢。就特定用户接收到特定产品而言，"正常使用"指对此类产品的典型或一般使用，不论该用户的身份，该用户对该产品的实际用法，以及该产品的预期用法。无论产品是否实质上具有商业上的、工业上的，及非面向消费者的用法，它都视为消费品，除非以上用法代表了它唯一的重要使用模式。

"安装信息"对面向用户的产品而言，是指基于修改过的源码安装运行该产品中的受保护作品的修改版所需的方法、流程、认证码及其他信息。这些信息必须足以保证修改过的目标码不会仅仅因为被修改过而不能继续工作。

如果你以目标码形式转发某作品，且转发体现于该产品的所有权和使用权永久或者在一定时期内转让予接收者的过程（无论其有何特点），根据本条进行的源码转发必须伴有安装信息。不过，如果你和第三方都没有保留在该产品上安装修改后的目标码的能力（如作品安装在 ROM 上），这项要求不成立。要求提供安装信息并不要求为修改或安装的作品，以及其载体产品继续提供技术支持、品质担保和升级。当修改本身对网络运行有实质上的负面影响，或违背了网络通信协议和规则时，可以拒绝其联网。

根据本条发布的源码及安装信息，必须以公共的文件格式（并且存在可用的空开源码的处理工具）存在，同时不得对解压、阅读和复制设置任何密码。

条款 7 "附加许可"用于补充本协议，以允许一些例外情况。合乎适用法律的对整个程序适用的附加许可，应该被视为本协议的内容。如果附加许可作用于程序的某部分，则该部分受此附加许可约束，而其他部分不受其影响。

当你转发本程序时，你可以选择性删除副本或其部分的附加条款。（附加条款可以写明在某些情况下要求你修改时删除该条款）在你拥有或可授予恰当版权许可的受保护作品中，你可以在你添加的材料上附加许可。

尽管已存在本协议的其他条款，对你添加到受保护作品的材料，你可以（如果你获得该材料版权持有人的授权）以如下条款补充本协议：

a）表示不提供品质担保或有超出条款 15、条款 16 的责任。

b）要求在此材料中或在适当的法律声明中保留特定的合理法律声明或创作印记。

c）禁止误传材料的起源，或要求合理标示修改以别于原版。

d）限制以宣传为目的使用该材料的作者或授权人的名号。

e）降低约束以便赋予在商标法下使用商品名、商品标识及服务标识。

f）要求任何转发该材料（或其修改版）并对接收者提供契约性责任许诺的人，保证这种许诺不会给作者或授权人带来连带责任。

此外的非许可性附加条款都被视作条款 10 所说的"进一步的限制"。如果你接收到的程序或其部分，声称受本协议约束，却补充了这种"进一步的限制"条款，你可以去掉它们。如果某许可协议包含"进一步的限制"条款，但允许通过本协议再授权或转发，你可以通过本协议再授权或转发加入了受前协议约束的材料，不过要同时移除上述条款。

条款 8 除非在本协议明确授权下,你不得传播或修改受保护作品。其他任何传播或修改受保护作品的企图都是无效的,并将自动中止你通过本协议获得的权利(包括条款 11 第 3 款中提到的专利授权)。

然而,当你不再违反本协议时,你从特定版权持有人处获得的授权恢复:(1)暂时恢复,直到版权持有人明确终止;(2)永久恢复,如果版权持有人没有在 60 天内以合理的方式指出你的侵权行为。

再者,如果你第一次收到特定版权持有人关于你违反本协议(对任意作品)的通告,且在收到通告后 30 天内改正,那你可以继续享有此授权。

当你享有的权利如本条所述被中止时,已经从你那里根据本协议获得授权的他方的权利不会因此而中止。在你的权利恢复之前,你没有资格根据条款 10 获得同一材料的授权。

条款 9 你不必为接收或运行本程序而接受本协议。类似的,仅仅因点对点传输接收到的副本引发对受保护作品的辅助性传播,并不要求接受本协议。但是,除本协议外没有其他可以授权你传播或修改任何受保护作品。如果你不接受本协议,这些行为就侵犯了知识产权。因此,一旦修改和传播一个受保护的作品,就表明你接受本协议。

条款 10 每当你转发一个受保护的作品,其接收者自动获得来自初始授权人的授权,依照本协议可以运行、修改和传播此作品。你没有要求第三方遵守该协议的义务。

"实体事务"是指转移一个组织的控制权或全部资产,或拆分或合并组织的事务。如果实体事务导致一个受保护作品的传播,则事务中各收到作品的副本方,都有获得前利益相关者享有或可以如前段所述提供的对该作品的任何授权,以及从前利益相关者处获得并拥有相应的源码的权利,如果前利益相关者享有或可以通过合理的努力获得此源码。

你不可以对本协议所授权利的行使施以进一步的限制。例如,你不可以索要授权费或版税,或就行使本协议所授权利征收其他费用;你也不能发起诉讼(包括交互诉讼和反诉),宣称制作、使用、零售、批发、引进本程序或其部分的行为侵犯了任何专利权。

条款 11 关于专利权的授予。"贡献人"是指通过本协议对本程序或其派生作品进行使用认证的版权持有人。授权作品成为贡献人的"贡献者版"。

贡献人的"实质专利权限"指其拥有或掌控的,无论是已获得的还是将获

第 11 章 开源合规

得的全部专利权限中，可能被通过某种本协议允许的方式制作、使用或销售其贡献者版作品的行为侵犯的部分，不包括仅有修改其贡献者版作品才构成侵权的部分。"掌控"是指包括享有和本协议相一致的专利再授权的权利。

每位贡献人皆就其实质专利权限，授予你一份全球有效的免版税的非独占专利许可，以制作、使用、零售、批发、引进，及运行、修改、传播其内容。

在以下三段中，"专利许可"是指通过任何方式明确表达不行使专利权（如对使用专利的明确许可和不起诉专利侵权的契约）的协议或承诺。对某方"授予"专利许可，是指这种不对其行使专利权的协议或承诺。

如果你转发的受保护作品已知依赖于某专利，而其相应的源码并不是任何人都能根据本协议从网上或其他地方免费获得，那你必须（1）以上述方式提供相应的源码；或者（2）放弃从该程序的专利许可中获得利益；或者（3）以某种和本协议相一致的方式将专利许可扩展到下游接收者。"已知依赖于"是指你实际上知道若没有专利许可，你在某国家转发受保护作品的行为，或者接收者在某国家使用受保护作品的行为，会侵犯一项或多项该国认定的专利，而这些专利你有理由相信它们的有效性。

如果根据一项事务或安排，抑或与之相关，你转发某受保护作品，或通过促成其转手以实现传播，并且该作品的接收方授予专利许可，以使可以使用、传播、修改或转发该作品的特定副本，则此等专利许可将自动延伸至每一个收到该作品或其派生作品的人。

如果某专利在其涵盖范围内，不包含本协议专门赋予的一项或多项权利，禁止行使它们或以不行使它们为前提，则该专利是"歧视性"的。如果你和软件发布行业的第三方有合作，合作要求你就转发受保护作品的情况向其付费，并授予作品接收方歧视性专利，而且该专利（a）与你转发的副本（或在此基础上制作的副本）有关，或针对包含该受保护作品的产品或联合作品，你不得转发本程序，除非参加此项合作或取得该专利早于 2007 年 3 月 28 日。

本协议的任何部分不应被解释为在排斥或限制任何暗含的授权，或者其他在适用法律下对抗侵权的措施。

条款 12　不得牺牲他人的自由。即便你面临与本协议条款冲突的条件（来自法庭要求、协议或其他），也不能成为你违背本协议的理由。倘若你不能在转发受保护作品时同时满足本协议和其他文件的要求，你就不能转发本程序。例如，当你同意了某些要求你就再转发问题向你的转发对象收取版税的条款时，唯一能同时满足它和本协议要求的做法便是不转发本程序。

条款 13 关于和 GNU Affero 通用公共许可协议（AGPL）的一起使用。尽管已存在本协议的一些条款，你可以将任何受保护作品与以 GNU Affero 通用公共许可协议管理的作品关联或组合成一个联合作品，并转发。本协议对其中的受保护作品部分仍然有效，但 GNU Affero 通用公共许可协议条款 13 关于网络交互的特别要求适用于整个联合作品。

条款 14 关于本协议的修订版。自由软件联盟可能会不定时发布 GNU 通用公共许可协议的修订版或新版。新版将秉承当前版本的精神，但对问题或事项的描述细节不尽相同。

每一版都会有不同的版本号，如果本程序指定其使用的 GNU 通用公共许可协议的版本"或任何更新的版本"，你可以选择遵守该版本或者任何更新的版本的条款。如果本程序没有指定协议版本，你可以选用自由软件联盟发布的任意版本的 GNU 通用公共许可协议。

如果本程序指定代理来决定将来适用的 GNU 通用公共许可协议版本，则该代理的公开声明将指导你选择协议版本。

新的版本可能会给予你额外或不同的许可。但是，任何作者或版权持有人的义务，不会因为你选择新的版本而增加。

（3）AGPLv3。

在 FSF 的同意下，Affero 公司于 2007 年 11 月 19 日基于 GPLv3 发布了 AGPLv3。该许可协议文档的官方发布地址为 https://www.gnu.org/licenses/agpl-3.0.html。

AGPLv3 在 GPLv3 的文本上增加了一项附加要求，此要求包含在 AGPLv3 的条款 13 中。

条款 13 是 AGPLv3 区别于 GPLv3 的核心条款。

条款 13 如果你修改了该程序，修改后的程序必须明确地向所有交互用户提供机会，以使其能够通过计算机远程网络（如果被授权方的版本支持此类交互）接收该版本的对应源码，即通过一些方便用户复制软件的标准或常用方法在网络服务器上免费提供对应源码。此处所述的对应源码包括按照以下规定纳入 GPLv3 所涉作品的对应源码。

如果被授权方修改的软件版本中包含通过远程网络与用户交互这一体系结构，就必须为用户提供机会，以便其能够通过网络接收服务器端的对应源码。

如果对应源码档案本身是编写软件过程中的"生成目标"（对于所有 Copyleft 作品，均建议如此操作），那么有关早期绑定语言的合规十分简单，运行中的软件在收到相关请求时将此源码档案（也可能包括同一系统中其他运行程序的源码文件档案）作为固定数据输出到通信流中即可。这种技术性的合规方法也解决了以早期绑定编译语言编写软件的"Copyleft 范围"问题：如果运行时程序的组件是在生成时就已决定的，那么用于生成该程序的代码在去掉系统库和其他任何特例代码后即为对应源码。

（4）LGPLv3。

LGPLv3 协议由 FSF 于 2007 年 6 月 29 日正式发布，任何人均可复制和逐字分发该协议的副本，但不允许更改此许可协议的文档。该许可协议文档的官方发布地址为 https://www.gnu.org/licenses/lgpl-3.0.html。该链接指向的许可协议英文版本为 FSF 认可的唯一有效版本。

LGPLv3 许可协议文本包括条款 0 至条款 6 共计 7 个条款，其中条款 2、条款 3、条款 4 和条款 5 涉及代码修改和分发的内容，是该许可协议的核心条款。

LGPLv3 许可协议中，对于复制/分发和修改行为提出了以下要求。

条款 2　关于修改后的分发。如果被授权方修改了库的副本，并且在被授权方的修改中，设备引用了由使用该设备的应用程序提供的函数或数据（而不是作为调用该设施时传递的参数），那么被授权方可以传递修改版本的副本：a）根据本许可证，前提是被授权方尽可能确保在应用程序不提供功能或数据的情况下设备仍可以运行，并且执行其目的的任何部分仍然有意义；b）根据 GNU GPL，本许可证的任何附加权限均不适用于该副本。

条款 3　合并库头文件中材料的目标代码。应用程序的目标代码表单可以包含来自作为库一部分的头文件的材料。如果合并的材料不限于数值参数、数据结构布局和访问器，或小型宏、内联函数和模板（长度不超过 10 行），被授权方可以根据自己的选择传达此类目标代码，被授权方可以同时执行以下两项操作：a）在目标代码的每个副本上都要发出显著的通知，说明其中使用了库，并且库及其使用受本许可证的保护。b）随目标代码一起提供 GNU GPL 和本许可证文档的副本。

条款 4　关于组合工程。你可以根据自己选择的条款传达组合作品，如果被授权方同时执行以下操作，则组合作品和反向工程中包含的库部分的修改不会受到限制：

a) 在合并作品的每一份副本上，都要发出醒目的通知，说明其中使用了库，并且库及其使用受本许可证的保护。

b) 随附 GNU GPL 和本许可文件的副本。

c) 对于在执行期间显示版权声明的组合作品，请将库的版权声明包括在这些声明中，并提供一个参考，指导用户获取 GNU GPL 和本许可文件的副本。

d) 执行以下操作之一：0) 按照 GNU GPL 第 6 节规定的传送对应源的方式，按照本许可证条款传送最小的对应源，并以适合用户的形式和允许用户使用链接版本的修改版本重新组合或重新链接应用程序的条款传送相应的应用程序代码，以生成修改的组合作品。1) 使用合适的共享库机制链接库。合适的机制是：(A) 在运行时使用用户计算机系统上已经存在的库的副本，以及 (B) 使用与链接版本接口兼容的库的修改版本正常运行。

e) 提供安装信息，但仅在 GNU GPL 第 6 节要求你提供此类信息的情况下，并且仅在安装和执行通过使用链接版本的修改版本重新组合或重新链接应用程序而生成的组合工作的修改版本所需的信息范围内。

条款 5　关于组合库。被授权方可以将基于库的作品的库设施与不属于应用程序且不在本许可证范围内的其他库设施并排放置在一个库中，并根据你的选择转发此类组合库，前提是你同时执行以下两项操作：

a) 在合并后的库中随附一份基于该库的相同作品的副本，该副本未与任何其他库设施合并，并根据本许可证的条款传送。

b) 随组合库发出明示的通知，说明其中一部分是基于该库的作品，并解释在何处可以找到同一作品附带的未组合形式。

(5) Apache 2.0。

Apache 2.0 许可协议由 Apache 基金会于 2004 年 1 月正式发布，ASF 生产的所有数据包都是在 Apache License 2.0 版本下隐式许可的，除非另有明确说明。该许可协议文档的官方发布地址为 https://www.apache.org/licenses/LICENSE-2.0.html。

Apache 2.0 许可协议文本包括条款 1 至条款 9 共计 9 个条款，其中条款 2、条款 3、条款 4、条款 5 和条款 6 涉及版权、专利权的授予，代码修改和分发等内容，是该许可协议的核心条款。[1]

---

〔1〕 Apache 社区 FAQ 列表［EB/OL］. Apache 软件基金会社区，2022［2022-05-13］. https://community.apache.org/newbiefaq.html.

条款2 关于版权的授予。根据本许可证的条款，每个贡献者授予用户永久性的、全球性的、非专有性的、免费的、无版权费的、不可撤销的版权许可证以源程序形式或目标形式复制、准备衍生作品、公开显示、公开执行、授予分许可证，以及分发作品和这样的衍生作品。

条款3 关于专利权的授予。根据本许可证的条款，每个贡献者授予用户永久性的、全球性的、非专有性的、免费的、无版权费的、不可撤销的（除在本部分进行说明）专利许可证对作品进行制作、让人制作、使用、提供销售、销售、进口和其他转让，且这样的许可证仅适用于在所递交作品的贡献中因可由单一的或多个这样的贡献者授予而必须侵犯的申请专利。如果用户对任何实体针对作品或作品中所涉及贡献提出因直接性或贡献性专利侵权而提起专利法律诉讼（包括交互诉讼请求或反索赔），那么根据本许可证，授予用户针对作品的任何专利许可证将在提起上述诉讼之日起终止。

条款4 关于软件代码的重新分发。用户可在任何媒介中复制和分发作品或衍生作品之副本，无论是否修订，还是以源程序形式或目标形式，条件是用户需满足下列条款：

用户必须为作品或衍生作品的任何其他接收者提供本许可证的副本；并且，

用户必须让任何修改过的文件附带明显的通知，声明用户已更改文件；并且，

用户必须从作品的源程序形式中保留衍生作品源程序形式的用户所分发的所有版权、专利、商标和属性通知，但不包括不属于衍生作品任何部分的类似通知，并且，

如果作品将"通知"文本文件作为其分发作品的一部分，那么用户分发的任何衍生作品中须至少在下列地方之一包括，在这样的通知文件中所包含的属性通知的可读副本，但不包括那些不属于衍生作品任何部分的通知；在作为衍生作品一部分而分发的通知文本文件中；如果与衍生作品一起提供则在源程序形式或文件中；或者通常作为第三方通知出现的时候和地方，在衍生作品中产生的画面中。通知文件的内容仅供信息提供，并未对许可证进行修改。用户可在其分发的衍生作品中在作品的通知文本后或作为附录添加自己的属性通知，条件是附加的属性通知不得构成修改本许可证。

用户可以为自身所作出的修订添加自己的版权声明并可对自身所作出的修订内容或为这样的衍生作品作为整体的使用、复制或分发提供附加或不同的条

款，条件是用户对作品的使用、复制和分发必须符合本许可证中声明的条款。

条款5 关于代码贡献的提交。除非用户明确声明，在作品中由用户向许可证颁发者的提交若要包含在贡献中，必须在无任何附加条款下符合本许可证的条款。尽管上面如此规定，执行许可证颁发者有关贡献的条款时，任何情况下均不得替代或修改任何单独许可证协议的条款。

条款6 关于商标权。本许可证并未授予用户使用许可证颁发者的商号、商标、服务标记或产品名称，除非将这些名称用于合理性和惯例性描述作品起源和复制通知文件的内容时。

(6) BSD 2.0。

BSD 2.0 于 1995 年 1 月正式发布，是一个给予被授权方很大自由的许可证，其官方地址为 https://opensource.org/licenses/BSD-2-Clause。BSD 许可条款在尊重代码作者著作权的前提下，允许被授权方修改和重新发布代码，也允许使用或在 BSD 代码上开发商业软件发布和销售，其核心条款包括以下两条。

条款1 源代码的再分发必须保留版权声明、此条件列表和免责声明。[1]

条款2 二进制形式的再分发必须在随分发提供的文档和/或其他材料中复制版权声明、此条件列表和免责声明。

BSD 2.0 的后续版本还包括 BSD 3.0 和 BSD 4.0。

BSD 3.0 在 BSD 2.0 的基础上增加了与衍生作品推广相关的条款：规定未经事先书面许可，不得使用版权所有者的姓名或其贡献者的姓名来认可或推广从本软件衍生的产品。

BSD 4.0 在 BSD 3.0 的基础上增加了广告声明条款：所有提及本软件功能或使用的广告材料必须含有"本产品包括由某项目开发的软件"的声明。其中某项目是指在先被授予版权的 BSD 项目的名称。

(7) MIT。

MIT 许可证是麻省理工学院（MIT）于 1989 年首次发布的开源软件许可证，其官方地址为 https://opensource.org/licenses/MIT。其条款与 BSD 比较相似，都是商业友好的宽松型许可证，其核心条款包括以下两条。

条款1 特此免费授予获得本软件及相关文档文件（以下简称本软件）副本的任何人在不受限制的情况下处理本软件的权利，包括但不限于使用、复制、修改、合并、发布、分发、再许可和/或出售本软件副本的权利，前提是符合条

---

[1] FreeBSD 社区 Q&A [EB/OL]. OSI 促进会, 2022 [2022-05-13]. https://opensource.org/faq.

款 2 的条件。

条款 2 版权声明和本许可声明应包含在本软件及其文档、营销和宣传材料的所有副本中，并在使用本软件的文档、材料和软件包中予以确认。

11.1.2 开源许可协议司法现状

由于开源运动起源于美国，涉及开源许可协议合规的诉讼较多，并在 20 余年的司法裁判中逐步明确了开源许可协议的法律效力、适用法律依据和审理原则。2006 年的雅各布森诉卡策案是目前开源诉讼中影响力最大的案件，该案判决明确了开源许可协议是一种有条件的许可，许可协议中的限制条款即为获得该开源软件知识产权授权的条件。同时，该案确定了违反开源许可协议构成对权利人的版权侵权，可以对侵权人适用禁止令，从而有力地保护了开源软件权利人的利益。2008 年的 FSF 诉思科案中，FSF 要求思科遵守 GNU GPL 和 LGPL 协议，向下游接收者提供软件源代码，引发了业界对 GNU GPL 系列协议社区互惠性的关注，并引发了众多大型 IT 公司对全球供应链的治理。

11.1.2.1 美国典型开源许可合规诉讼案例

（1）雅各布森诉卡策案。

本案是美国联邦巡回上诉法院的一项诉讼，涉及版权所有者在允许作品免费提供给公众使用的情况下控制其作品未来发行和修改的能力。

铁路模型爱好者兼程序员雅各布森于 2000 年在开源孵化网站 Sourceforge.net 上与其他软件开发人员一起启动了 Java 模型铁路接口（JMRI）项目。该项目的目标是创建接口，以允许在模型火车轨道的布局上控制模型火车。由 JMRI 社区创建的软件在网络上免费分发，但须遵守 Artictic License 的条款。但是 JMRI 计划的核心开发者雅各布森收到卡策关于专利侵权的警告，为此雅各布森先发制人，控诉卡策及其所属公司 KAMIND 宣称之专利无效，在诉讼过程中，雅各布森发现 KAMIND 贩卖的产品其实利用了 JMRI 计划的程序码，却未依照该计划授权的 Artistic License 1.0 的规定，标示原作者的姓名信息，因此雅各布森修改诉讼内容，加入侵害著作权的控诉，并据此向承审法院申请禁止令，要求法院禁止 KAMIND 继续散布、贩售该侵权产品。

雅各布森在开源公共许可协议 Artistic License 1.0 下将代码公开提供给公众下载，卡策将其复制到自己的商业软件产品中，而无须识别代码源来源。雅各布森称，许可条款定义了代码许可使用的范围，超出这些限制的任何使用均将构成对版权的侵犯。许可协议持有人在此明确声明了修改和分发代码的权利所依赖的条款。

上诉法院确定这些许可条款为可执行的版权条件。卡策未能在衍生软件上粘贴所需的版权声明，因此是对许可的侵犯。此案确定了违反开放源代码许可协议的行为可以被视为版权侵权，并可执行禁令救济。

（2）FSF诉思科案。

美国自由软件基金会（FSF）于当地时间2008年12月11日宣布，已就美国思科系统（Cisco Systems）侵害其版权一事提起诉讼。FSF认为，思科在相关无线产品品牌"Linksys"的销售过程中，违反了FSF拥有版权的众多程序的授权许可。FSF表示，思科利用了GCC、binutils和GNU C-Library等程序，却没有遵循GNU通用公共许可协议（GNU General Public License，GPL）和GNU宽通用公共许可协议（GNU Lesser General Public License，LGPL）等许可协议。GNU GPL和LGPL协议允许企业修改软件并与第三方共享，但规定了一定的条件，如必须向接收对象提供软件源代码等。

FSF指出，思科发布软件后并没有提供源代码。FSF已经向纽约州南部地区联邦地方法院提交了记录有思科多项侵权行为的文件。FSF授权业务工程师Brett Smith表示，2003年，FSF了解到思科的无线路由器Linksys WRT54G，在固件中使用了GNU/Linux系统，根据软件遵循的GPL许可协议，消费者应该收到所有的源代码。FSF督促思科遵守协议，履行许可协议所赋予的义务。但几年下来，思科并没有采取必要措施去履行应尽义务，它拒绝给予消费者完整的源代码以及其他在FSF看来是合理的要求。因此FSF决定，以违反FSF所持有的许多程序的版权为由起诉思科，这些程序包括GCC、binutils和GNU C Library。

本案最终以双方和解告终。根据和解协议，FSF同意放弃对思科的诉讼，而思科则同意任命一位自由软件主管到Linksys，监管Linksys是否遵守了许可协议如GPL的要求，这位自由软件主管将定期向FSF报告Linksys的情况。思科也将告诉Linksys的用户他们所拥有的权利，在网站上公开相关程序的源代码，并向FSF捐赠一笔钱。

11.1.2.2 我国典型开源许可合规诉讼案例

我国涉及开源许可协议的诉讼发生较晚，2019年11月北京市高级人民法院对数字天堂公司诉两柚子公司版权侵权案作出终审判决，号称"中国的GPL第一案"。在我国涉及开源许可协议的判例中，倾向于将许可协议认定为附条件的合同。另外，在罗盒公司诉玩友公司等案中，广州知识产权法院采用"要约说"，认为GPL3.0许可证属于软件权利人与用户之间订立的合同，是一种非典型、通过行为订立的书面格式合同，其中开源软件发布视为要约，用户使用视为承诺，在使用时合同即成立。在罗盒公司诉风灵创景公司等侵害计算机软件著作权纠纷案中，深圳市中级人民法院认为，GPL3.0许可证的内容与形式都具备合同的特征。

（1）数字天堂公司诉两柚子公司版权侵权案。

2015年，原告数字天堂公司起诉被告两柚子公司侵犯其计算机软件著作权。一审法院北京知识产权法院于2018年4月作出判决：①数字天堂公司的HBuilder软件属于《著作权法》下的计算机软件作品，数字天堂公司是该软件作品及HBuilder软件中涉案三个插件的著作权人；②两柚子公司APICloud软件中对应插件源代码部分与数字天堂公司的涉案三个插件构成同一性，被诉行为构成著作权侵权；③涉案三个插件处于独立的文件夹中，且文件夹中均未包含GPL协议，HBuilder软件的根目录也不存在GPL软件协议。涉案三个插件不属于应根据GPL协议开放源代码的衍生软件作品，被告开源软件的抗辩理由不成立。

二审法院北京市高级人民法院仍然不支持两柚子公司提出三个插件受GPL约束的抗辩，认为涉案三个插件中并无GPL开源协议，在Hbuilder软件的根目录下亦不存在GPL开源协议，所以不支持两柚子公司有关涉案三个插件应受GPL开源协议约束的主张，仍然维持两柚子公司侵犯数字天堂公司著作权的判定，仅对一审法院侵权代码的数量、侵权行为个数和赔偿金额的认定作出修正。

本案是我国第一起涉及GPL协议的诉讼案件，两审判决虽未明确GPL协议的法律属性，但在论述涉案三个插件是否受GPL协议限制时，默认了GPL协议具有法律约束力。这一认定给未来涉及开源软件的诉讼消除了部分不确定性，对开源软件协议在中国司法程序中的效力认定具有积极意义。

（2）不乱买公司诉闪亮时尚公司版权侵权案。

原告不乱买公司诉被告闪亮时尚公司侵害其计算机软件著作权。不乱买公司开发了"不乱买时尚海淘软件"用于网站运营。闪亮时尚公司也开发了网站运营软件。不乱买公司认为，闪亮时尚公司的相关代码文件使用了不乱买公司软件的源代码，闪亮时尚公司辩称原告使用了适用于GPLv2软件许可协议下的开源代码，根据协议相关内容，原告无权对其网站整个软件著作权等相关版权主张权利。

一审法院认为，根据 GPL 协议的相关规定，GPL 协议的许可客体是在 GPL 协议许可下批准的受版权保护的程序以及基于该程序的衍生产品或修订版本。就该案而言，不乱买公司主张的权利的后端代码中已排除开源代码，不乱买公司虽在其前端代码中使用了开源代码，但其后端代码程序并非其前端程序的衍生品或修订版本，故根据 GPL 协议的相关规定，该协议对涉案权利代码并无拘束力。故不支持闪亮时尚公司提出的 GPL 协议抗辩，闪亮时尚公司构成著作权侵权，应停止侵权、消除影响并赔偿经济损失。

一审法院根据 GPL 协议的规定来判断涉案程序的性质，可见一审法院也再次认可了 GPL 协议的法律效力。二审法院终审维持了一审判决，并认同一审法院根据 GPL 协议规定的"单独程序"原则作出的判断。

（3）罗盒公司诉玩友公司等侵害 VirtualApp 计算机软件著作权案。

罗盒公司于 2017 年 11 月 8 日取得"罗盒插件化框架虚拟引擎系统［简称 VirtualApp］V1.0"的计算机软件著作权登记证书，依法享有该软件著作权的全部权利。为便于 VirtualApp 的推广和许可，罗盒公司在国际知名的软件托管平台 GitHub 上公开了 VirtualApp 的源代码，并声明任何人如需将 VirtualApp 用于商业用途，需向罗盒公司购买商业授权。2019 年 3 月 4 日，罗盒公司起诉玩友公司等侵害其 VirtualApp 计算机软件著作权中的复制权、发行权、信息网络传播权，要求立即停止侵权行为的同时，索赔 1500 万元经济损失。罗盒公司在本案中主张权利的软件为 GitHub 上 VirtualApp 2017 年 12 月 30 日的版本。

法院经审理认为，首先，罗盒公司有权提起诉讼。罗盒公司的股东罗迪作为项目管理人于 2016 年 7 月 7 日将 VirtualApp 初始版本源代码（首次提交 507 个文件，共 31 097 行）上传至 GitHub 官网开源发布，这是罗盒公司主张权利的基础，涉案 VirtualApp 适用了 LGPLv3 协议或 GPLv3 协议，那么其他贡献者在申请将其代码合并入主分支时默认同意适用 LGPLv3 协议或 GPLv3 协议，即同意将其代码开源贡献给项目管理者和其他用户在授权许可协议范围内自由使用。开源软件项目的贡献者往往人数众多，互不相识且散布于全球各地，只要项目保持开源则贡献者数量会持续动态地增加。即使认为涉案软件属于合作作品，就在案证据难以查清所有权利人的基本情况下，若开源项目要求必须经过所有贡献者的授权才能提起诉讼，那么将导致开源软件的维权无从提起。因此，罗盒公司作为提交了绝大部分代码量的项目管理者提起本案诉讼亦无须经过其他贡献者的授权，有权单独提起本案诉讼。

其次，罗盒公司无权加入商业使用限制保留条款。罗盒公司的商业使用限制保留条款对于用户使用其源代码的目的进行了限制，从而也限制了用户范围，即只有非商业用途的用户才可以使用其源代码，这显然与 GPLv3 协议的"著作权"特性矛盾。

最后，即使被诉侵权软件中被诉部分的源代码来源于 Virtual Xposed 开源项目 Xposed 分支 2018 年 1 月 10 日版本，但 VirtualApp 项目从 2016 年 6 月起至 2017 年 12 月的每次提交更新均有同步到 Virtual Xposed 的 exposed 分支中，且 Virtual Xposed 保留了 GPLv3 协议，因此，被诉侵权软件仍应适用 GPLv3 协议。

2021 年 9 月 29 日，广州知识产权法院作出一审判决，判决侵权行为成立，被告须立即停止通过互联网平台提供含有被侵权开源代码的相关软件，并赔偿原告经济损失及维权合理开支共计 50 万元。

11.1.3 合规管理要点

实现开源合规的首要条件是理解并执行开源许可协议的许可条款。由于开源软件是通过遵守其许可条款来获得使用许可的，因此不应该忽视许可协议的条款。一些开源软件许可协议禁止更改或增加使用条款。如果产品的使用条款与这些开源软件许可条款冲突，有一种方法来满足开源软件许可条款，即声明该开源软件许可条款优先。另外，许可协议具有整体性，使用者一般需接受全部条款；但是，在获得开源软件版权所有人同意的情况下，使用者就有了修改许可条款的权利。

11.1.3.1 理解关键条款与条件

（1）不排斥商业目的。

对于开源软件，用户应首先需注意是否获得授权。网络上可获得源代码的免费程序并不总是开源软件。还有其他类型的自由程序具有不同的许可条款和条件。无论许可类型如何，除非程序的版权持有人允许，否则不允许在产品中包含这样的程序。如果用户打算使用该程序，但找不到许可条件，应该直接与版权持有人联系，否则应谨慎使用该开源代码。

另外，用户还需注意开源许可协议商业应用条款，在其开源许可协议中进行明确。如果开源许可协议是经 OSI 批准的，用户可以将开源许可协议下发布的开源软件用于商业用途。如果是其他情形，需要具体检查确认许可条件。用户可以自由使用该开源软件，包括用于产品中，只要遵守开源许可协议中的许可条件。

发布时还需注意许可协议对软件发布代码形式的要求。即使开源许可协议允许通过商业协议进行发布，但仍需考虑是否有提供源代码的要求。部分开源许可协议允许向程序的接收者仅发布二进制程序而不提供源代码，但仍有很多开源许可协议要求将源代码提供给程序的接收者（与二进制文件一起或分开）。虽然许多许可协议要求发布者向二进制文件的接收者提供源代码，但其他许可协议可能会要求向开源软件的开发人员提供源代码，甚至要求将源代码发布到互联网上。

（2）遵循商标与专利授权的约束条件。

不能随意使用原始版权人的商标或开源软件的名称。在某些情况下，原始版权人已获得开源软件名称和徽标的商标权，在产品名称中使用开源软件名称和徽标可能违反反不正当竞争法。另外，部分开源软件通过许可协议禁止将开源软件的名称作为产品的卖点，未经许可不能使用。如果开源软件有关于商标的指导方针，用户需要遵循它们[1]。尽管开源软件许可协议主要描述了使用软件（受版权保护的作品）的条件，但没有描述使用商标的条件，而且它们通常没在许可协议中进行授权。因此，如果需要在产品的名称中添加开源软件的名称，最好向社区获取权限。

开源软件中仍包含贡献者对于该程序的专利权。在遵循开源许可协议的条件下，用户面临的专利风险不大，因为一旦该程序作为开源软件被发布，该贡献者实际上不可对开源软件的用户强制主张专利权。但贡献者仍然可以对在此开源软件范围之外侵犯专利权的用户或公司强制主张权利，如违反开源许可协议的用户或者第三方。专利权的主张通常包括申请禁令和/或要求赔偿损害。

商业使用开源软件还应防范第三方专利风险。总体来说，严格遵守开源软件许可协议是获得贡献者对其专利权和版权授权的前提。如果用户没有遵守许可条款，则该被授权方将无权使用该开源软件。另外，对于第三方专利，无论一个开源软件项目是否拥有该开放源码软件的某些第三方专利，都无法排除第三方拥有与该开放源码软件相关的类似或外围专利的可能性。所以用户完全有责任避免在商业中使用开源软件时可能出现的专利风险。根据我国《专利法》

---

[1] 示例，Linux 商标使用指南：https://www.linuxfoundation.jp/trademark-usage/.

的规定，未经专利权人的许可，不能提供软件的生产、使用、转让、出口、进口、转让等方面的专利。因此，如果发布者发布的程序包含了专利持有人没有授权的专利，即使没有获得利润，发布者实际上也侵犯了专利权。

（3）分发时包含许可协议文档。

有些开源软件的 license 的条件是在分发开源软件时需要包含 license 文档。用户首先需要包含开源软件开发者提供的原始 license，以满足 license 条件。如果用户觉得需要将许可协议翻译成更熟悉的语言，可以附加一份翻译作为参考，但不要忘记说明哪一种是官方的。还有一些开源软件许可协议允许提供一个访问许可协议文档的链接，而不是许可协议文档本身。

许可协议提供的形式是不受限制的。根据开源软件被重新分发的形式，许可协议可以被打印在纸上、以电子方式附加或显示在应用程序的屏幕上，只要易于理解并对接收者可见。但是，有些许可协议需要在 UI 中显示。需要确认许可协议中是否有相关条款和要求规定了如何提供许可协议文件。

在一个开源软件中，如果其中多个开源组件的许可协议文件相同，且各开源软件和 license 是相关联的，则不需要为每个开源软件附加相同数量的 license 文件。但是，在某些情况下，许可协议文档略有不同，特别是在许可协议文本中描述了版权信息时，有必要附加各自的许可协议文档。必须遵守许可条款和条件中规定的其他事项（例如，包含 IP 信息的文件附件和确认）。

（4）已给出许可不可撤销。

如果发布者是开源软件的唯一版权所有者，其可以自行更改许可协议。如果本程序已经包含了来自贡献者的可受版权保护的作品，发布者仍然可以通过获得所有贡献者的适当同意来更改许可协议。但是需要注意的是，如果开源软件早先的版本是基于 OSI 认证的开源许可协议，曾经给出的知识产权授权是永久性、不可撤销的，即便项目改变了许可协议，也不能否认之前的版本曾经给予的原许可协议下的授权。

（5）审核涉及出口管制的软件物料。

开源软件的国际性和跨地域性特征，决定了其具有来源于全球各个国家开发人员的贡献和参与的项目及源码，从法律层面来看，其均需要遵守各国所属地的法律法规。因此，企业在涉及开源软件引入流程中，需要综合考虑下游使用需求及其是否出口、是否涉及特殊行业的使用。

企业拟开拓国际市场，需对于上游开源源码中涉及的来源于其他国家的源码予以审计，以美国出口管制为例[1]，《美国出口管理条例》规定，受美国出口管制制度管制的物项，会采取出口许可证制度，即在交易前应当获取美国出口许可证；但是，并非所有受管制物项的交易都需要获得许可证，根据 EAR 授权在不经审查的情况下出口和再出口加密源码和目标代码，需满足以下条件：①代码由 ECCN 5D002 控制；②代码将公开发布；③在公开提供代码之前，向美国政府工业和安全局（BIS）发送通知。

因此，从合规流程上，企业需要核查上游企业涉及的混合的其他软件或技术，若涉及美国开源且加密软件的情形，需要向 BIS 备案后引用，目前 Linux 基金会和 Apache 基金会采用的即为该模式，其会在官网列明所有备案的开源源码，从使用角度可以直接从其官方网站进行核对。

（6）商业合同中开源许可条款的审核。

①产品采购合同。

传统的采购合同中，基本的合同条款一般会包含产品的标的、数量、质量、价款或者报酬、履行期限、地点和方式、违约责任、解决争议的方法等商业方面的服务条款，直接将产品销售给下游采购方。

开源软件区别于传统的商业产品采购，其含有的特殊免责条款和责任限制等，因此，对于产品涉及的软件及技术方案等，供应商有时会再要求单独签署相关的维保、责任限制等相关协议，此时，采购方从开源软件层面，需要关注审核对于来源于第三方开源软件部分的责任约定条款，以及是继续适用原开源许可协议还是与供应商另行磋商。

企业在采购或投资协议中，涉及开源软件部分可根据开源许可协议的审计和合规审核情况，基于企业商业目的在双方协议中予以体现和约定。

②提供服务类合同。

涉及开发和定制服务场景时，供应商会根据采购方的需求进行开发和定制，采购方一般不会再另行涉及软件的单独采购，而是直接从供应商处直接获得。在这种情况下，供应商若是直接引入和采用开源软件，从技术上讲，供应商是该服务所涉及的开源软件的被许可人。

通常情况下，开源软件可能仅仅是底层操作系统（如 GNU / Linux 等），也可能涵盖软件组件，包括数据库、通信服务、管理程序和用户应用程序等，因

---

[1] 美国联邦政府限制出口的出口管制条例 [EB/OL]. 美国商务部官方网站，https://www.bis.doc.gov/index.php/regulations/export-administration-regulations-ear.

此，作为采购方，在该类服务合同中，需要明确采购方能否接受供应商引入开源软件、对于开源软件有何限制和要求等，特别是对于知识产权条款，应在合同中明确第三方软件的所有权归属或许可范围，以及相关维保和责任条款等。

11.1.3.2 重视与理解重要许可协议合规要点

（1）GPLv2 协议下复制/分发和修改开源软件的合规要点。

用户在 GPLv2 协议下发布的开源软件，应必须附随完整的许可协议文本，以确保用户实际注意到其权利。GPLv2 的序言部分主要强调了许可人即权利人的社会意图[1]。在序言部分和许可协议的第一节中都可以找到如下要求：源码或二进制代码作品在分发时必须附随完整的许可协议文本，以确保用户实际注意到其权利。针对此要求引发的合规投诉在所有投诉中所占的比例非常大。因此，最有效的合规管理方式是在编译、打包和分发软件时将许可协议文本视为"生成目标"，以便许可协议文本能够与软件的其他附随文件一起，在一个产品包中经过同样的生成和认证阶段（与二进制代码本身的生成、测试和打包方式一样）。

用户在 GPLv2 协议下发布开源软件时，不得对 GPLv2 协议进行修改甚至删减，或增加额外义务。GPLv2 协议最开始提出的另一项合规义务是不得修改许可协议文本。偶尔会有分发者想要删除许可协议中的文字，或者对条款增加救济或其他"辅助"条款，这都会带来合规问题。与 GNU 家族的其他许可协议一样，GPLv2 是 FSF 的版权作品，只允许原文复制。

用户在对原样复制和分发所收到的程序时，应关注条款 1 的要求。本条款核心要求可概括为以下要点：

- 在显著位置显示正确的版权声明；
- 保留或增加软件维保免责声明，除非发布者愿意提供维保服务；
- 保留所有关于 GPLv2 的声明；
- 提供许可协议本身的文本。

用户在修改程序和分发修改版程序时，应关注条款 2 的要求。本条款要求修改后的程序版本必须以同样的许可条件进行分发。修改权是 4 项基本自由权利之一，因此 GPLv2 保护而非限制这一权利。GPL 程序的任何修改版本事实上都属于"基于程序的作品"，只能依据 GPLv2 所包含的条款分发，不得适用于

---

[1] Philosophy of the GNU Project [EB/OL]. GNU Project, Free Software Foundation, 2022 [2022-05-13]. https://www.gnu.org/philosophy/philosophy.en.html.

任何其他条款。同时，要求分发修改版程序还应同时全部满足 a)、b)、c) 三个条件。

a) 所有修改版本必须作出标记，指明修改内容、修改日期和修改人身份等基本信息。在源码中以合理形式标记这些信息即可实现合规。这并不是要求提供源码版控制系统中的所有可用信息，也不需要替换目标码层的更改记录（如 changelog）或类似文件。正确的合规方式可帮助程序员在使用或审核某个特定源码文件时了解该文件来自项目或程序软件的哪个版本，从而跟踪近期的实质修改记录。

b) 分发者必须根据本许可协议的条款，将分发或发布的任何作品（如全部或部分包含，或衍生自程序或其任何部分），作为一个整体许可给所有第三方，而不收取任何费用。

c) 如果修改前的程序"在运行时通常会交互式读取命令"并显示或打印出法律信息，那么所有版权声明、维保免责声明、修改标记和许可文本链接都必须在交互式应用中显示或打印出来。

条款 2 不仅包含合规要求本身，也阐明了不适用 Copyleft 的情况。条款 2 的另外三段在意图及实践方面对 Copyleft 的范围进行了限制：如果非 GPL 许可人的作者编写了隔离且独立的作品，而且该作品可能以有效形式与 GPL 软件组合，则 GPLv2 无意将 Copyleft 范围延伸至完全由该作者编写的代码。如果此类隔离且独立的作品是单独分发的，或者仅与 GPL 软件集合于同一软件分发介质（如 DVD 或 USB 盘）上，许可协议明确表示对此类代码放弃任何 Copylef 义务。只有当这一先前隔离的作品与 GPL 代码组合为一个新的"基于软件的作品"，或该作品并非独立而是必须与 GPL 代码组合才能执行时，Copylef 义务才适用于该新作品。

对以目标码形式复制和分发经过修改或未修改的程序时，应关注条款 3 提出的要求。条款 3 规定了分发可执行或二进制版本作品的条款。条款 3 中规定了三种满足合规的方法，满足其一即可：

a) 如果 GPL 程序的可执行版本可在网上复制获取，其完整对应源码也应在"同一"位置找到，以供用户复制；

b) 如果 GPL 程序的可执行版本是通过物理介质分发的，其完整对应源码应通过同一介质或者 DVD 或 USB 存储卡等介质随附于该程序分发；

c) 以前述或其他方式分发的可执行软件也可附随书面要约，即表示愿意提供完整对应源码的声明，其有效期至少应为 3 年。如果只是单纯转发他人 GPL 代码包的非营利分发者，而该代码包仅随附书面要约，并不包含源码，那么转发者也可分发所收到的书面要约。

如条款 3 所述，完整"对应"源码包括源码、构建脚本、生成文件、配置文件和其他必要素材，这些必要素材可将程序构建为与可执行文件完全一致的版本，也可用于修改源码并构建修改版本。缺少构建准确交付版本的任何必要元素都意味着分发的源码不完整且不"对应"。无法用于修改和重建修改版本的"对应"源码（例如因为过于模糊化而无法实际修改）也不视为"完整"。

条款 3 中包括系统库文件的例外规定：通常随运行可执行程序的操作系统主要组件（编译器、内核等）一起分发的代码（无论是源码还是二进制代码），除非组件本身与该可执行程序一起分发。

此例外规定旨在让分发者可不向下游用户交付行使权利时不需要的代码，因为可推定用户已获得作为操作环境一部分的此类代码。

未提供或未表示愿意提供完整对应源码是最常发生的违规问题，针对商业分发者的所有诉讼案件都与此相关。核实分发者为应对合规要求而提供的源码是否完整且对应也是合规维权中最繁杂困难的一部分。所有这些问题都源自管理不到位。分发者不保留嵌入其产品的二进制程序的源码，而且缺乏知晓如何构建软件组件的人力资源。在这之后，对于遭到修改并分发的作品，如果原版权所有人想要获得源码，各组织也不知道如何提供，或者只能提供不完整或不全面的代码，都导致不合规。

如果完整对应源码的原始码同时也是软件生成过程中的"构建目标"，那么只要生成二进制代码就同时会产生完整对应源码，该源码就不应该丢失。只要组件能够被生成，其编程知识就不应该离开其编程组织。在网络上提供面向公众的源码也可作为产品发货或交付生产的一部分自动完成。在软件开发过程中进行一些相对简单且成本较低的改进就可完全消除违规问题，而这些违规问题可能会躲过"合规"工具的审查，导致后续花费更多来进行补救。

使用书面要约虽然可推迟提供源码的时间，但从长远来看会增加合规成本。即使已停止分发产品，该要约也必须持续至少 3 年。这也可能使"任意方"有权要求完整对应源码，即使其并未获取二进制代码。

对于 GPL 程序的商业分发者来说，即使只是再分发他人所编的程序，也受到 GPL 条款的约束。在这种情况下，仅转发从上游许可人或供应商处收到的相同源码书面要约并不足以满足合规要求,而且也不应期望用户可从上游供应商处获得源码。此时,应行使用户权利,向供应商索要应提供的所有 GPL 程序的完整对应源码。收到这些完整对应源码后,将其与产品一起转发便可确保符合许可协议的规定。

GPLv3 协议中的条款 6 为等效条款,用于处理以非源码形式传递源码的问题。

不得对许可协议文本附加限制。 条款 4 规定了不得对许可协议文本附加限制,同时禁止依据非 GPLv2 协议进行分许可。此处所述禁止值得注意。尽管通常认为只有在分发 GPL 代码时才会产生 Copyleft 义务,但这种观点是不正确的。分许可是一种单独行为,也会产生 Copyleft 义务。"软件即服务"的"云"产品(其中虚拟服务器组按效用计费出售)已经带来了严重的违规问题。提供此类虚拟化服务器产品的公司与用户之间的协议往往声称"许可"用户使用虚拟化服务器组中的软件,而这些软件几乎总包含 GPL 操作系统组件,这就导致这些组件适用与 GPL 不一致的分许可条款。

条款 4 同时规定了如果违背条款则许可自动终止。因为一旦侵权,许可便会自动终止,所以要想在这之后获得重新分发权利,必须获得版权所有人的重新授权。尽管版权持有人对于依据侵权人的请求恢复其分发权一直持合作态度,但由于从事版权运营的营利机构更多使用的是 GPLv2 协议,因此未来不可避免地会出现一些在分发权自动终止后需要支付巨额费用才能恢复该权利的案例。因为自动终止许可后会立即产生禁令,因此依赖于 GPLv2 版权营利的非社区版权所有人可能会通过自动终止许可获得不公平优势。正因如此,商业分发者现在应倾向于从上游技术供应商处获得 GPLv3 许可,而不是 GPLv2 许可。

应理解 GPLv2 是具有限制的单方面版权许可,使用者无须接受。 条款 5 规定使用者无须接受许可。GNU 许可是普通法意义上的许可,是具有限制的单方面版权许可。GPLv2 陈述了这一经常产生争议但又不容置疑的法律概念区别。一方无须接受许可,另一方也不寻求其接受。不仅用户无须通过点击生效或其他程序接受许可,而且许可协议中授权的许可条款还禁止施加此类附加条件。根据条款 4 和条款 5 的规定,需要明确避免通过合同形式、接受程序、认同监测或任何其他活动将单方面许可转变成双边义务。

需要注意的是,在我国有关开源许可协议的案件审理中,认定了许可协议具有法律效力,并适用于合同法范畴。

用户不得阻断 GPLv2 程序的下游许可。条款 6 约定了程序自动向下游授予的许可。每次再分发 GPL 程序时，接收者都会自动从各原许可人处获得许可，从而在合规许可协议条件的前提下，对软件进行复制、分发或修改。如上所述，无须采取任何措施来确保下游接收者接受许可协议条款。这样做可使每位版权持有人与每位下游再分发者在代码分发链条上都具有对应的法律关系或直接关系，从而产生两种法律效果。首先，即使直接上游供应商因违反许可协议而导致许可终止，只要用户本人合规，就仍然有权对软件执行包括修改和再分发在内的所有操作。用户所拥有的许可权并不取决于上游提供者是否合规，因为用户的许可协议是由版权持有人直接下发的。其次，一旦许可自动终止，即使从其他供应商处再获取软件也无法恢复权利。许可权限只能由原许可人授予，如果原许可人自动终止了许可，则任何中间许可协议持有人都无法恢复这些已终止的权利。

同时，条款 6 明确规定，许可人不可强制第三方代码接收者或分发者履行合规义务。被许可人从原许可人处获得或失去许可都取决于其自身行为。

当许可协议与使用者面临的法律义务存在冲突时，不得再分发该程序或基于该程序的作品。条款 7 约定了许可协议的法律义务冲突。如果使用者适用的条件与许可协议的要求相冲突，则无法且不得使用本许可协议再分发他人的代码。因此，如果使用者具有其他法律义务，则不得再分发该程序或基于该程序的作品，除非版权持有人授予其附加许可。例如，如果法院裁决或其他和解协议要求按销售单元进行许可计费或禁止向下游转售等条款，则产生条款 7 中所述的义务。接受专利许可或签署限制权利的任何其他合同也会产生相同的效果。

条款 7 的另一关键作用是避免在专利纠纷中达成不同的和解协议。如果某和解协议只允许和解方在无专利风险的情况下分发 GPL 软件，则不属于有效限制，只有禁止下游方再分发才属于真正的限制。毫无疑问，这样做限制了 GPL 协议所赋予的权利，导致与条款 7 相冲突。

（2）GPLv3 协议下发布开源软件的合规要点。

GPLv3 协议增加了一些适用于特定情况的附加合规义务，但也使主要合规义务更易于履行，从而大大降低了因非故意侵权而造成许可自动终止的风险。

GPLv3 协议中慎重使用了两个非国际版权法律语言的术语。"传播"许可协议所涉作品是指需要根据本地法律体系从版权持有人处获得许可才可进行的任一活动。一项好处是，出于个人原因使用或修改作品被明确排除在"传播"范围之外（无论各国版权法如何规定），以防止各国版权法影响如前所述的第 0 项至第 2 项自由权利。另一项好处是，由于"传播"包含任何特定版权制度下所授予的全部专有权利，因此自然而然地合规要求有效许可才能获得专有权的所有制度。任何使他人能够接收或复制作品的传播活动都称为"发布"。在一般情况下，发布会产生 Copyleft 义务。"通过计算机网络与用户交流，而不涉及副本传送"被明确排除在"发布"范围之外，此规定区分了 GPLv3 协议和 AGPLv3 协议。

GPLv3 协议要求作品发布者提供构建程序所需的所有源码，包括支持库和编译脚本等。因此在进行与 GPLv3 相关的合规分析时，首先应注意协议对源码范围的界定。GPLv3 与 GPLv2 相一致，都免除了作品发布者提供完整对应"系统库"源码的要求。GPLv3 协议中对相关源码的定义是指生成、安装、（对可执行作品而言）运行目标码以及修改作品所需的所有源码，包括用于控制这些活动的脚本，但并不包括作品的系统程序库，或者在未经修改的情况下用于开展这些活动，但并非该作品一部分的常用免费程序或通用工具。例如，对应源码包括与作品的源码文件相关联的接口定义文件，以及作品通过这些子程序和其他部分之间的密切数据通讯或控制流等方式明确要求的共享库和动态链接子程序源码。

用户还应注意，根据 GPLv3 的基本许可条款，被授权方可以不受限制地运行该程序的未修改版本。在此许可协议条款满足的情况下，即使不发布作品也可进行修改或传播。如果被授权方的许可遭到终止，则将无法制作新的修改版本来提供给他人。其中应重点注意的是，GPLv3 基本条款还明确规定此许可协议禁止分许可，"软件即服务"中的合同条款或其他缺乏明确指定的内容存在与基本许可条款冲突的可能。

用户在未经修改原样复制和分发所收到的程序时，可无限制地发布程序源码的完整副本，应注意的合规义务包括附加版权声明以及随源码提供许可协议文本。如果缺少版权声明，则必须添加。所有权利归属声明和附加许可（或者新添加的权利归属声明和许可）以及所有上游保修免责声明都必须保留。自动化软件管理程序能够通过简单且低成本的方式履行上述义务。

用户在发布经过修改的源码版本时，首先应注意提供修改声明、修改日期和修改人的身份信息。其次应注意协议中关于"集合"情形的描述，该情形不会导致许可证义务作用范围的扩大，如果 GPLv3 协议所涉作品与其他隔离且独立的作品编译于同一存储或分发介质上，但该独立作品并非此所涉作品的扩展，也不会与此所涉作品组合为一个更大的程序，且这一组合及由此产生的版权不用于限制用户的使用范围和法律权利不得超出单独作品的相关权限，则这种组合称为"集合"。在集合中引入所涉作品不会导致此协议适用于该集合中的其他部分。

用户在对 GPLv3 下发布的程序进行修改后如果发布非源码形式的副本，应重点注意的合规义务包含以下要点：

- 应遵守 GPLv3 关于"非源码形式"范畴的定义，即除了二进制代码或可执行代码，非源码形式还包括经过混淆处理、最小化、压缩或其他不利于修改的呈现形式；

- 应提供完整对应的源码，与上述 GPLv2 相关条款非常相似，但对"相同地点"的要求略微宽松，如果要在网络服务器上复制目标代码，那么对应源码可位于另一台支持等效复制设备的服务器上（由被授权方或第三方操作），但被授权方需要在目标码旁清楚标明对应源码所在的位置。无论对应源码托管在哪个服务器上，被授权方始终有义务确保用户在需要时可找到该源码。此条款首次允许第三方在商业分发情况下提供完整对应的源码。分发非源码形式副本的一方仍然有义务明确指明（在非源码下载内容"旁边"）提供源码所在的第三方服务器位置，并确保该第三方服务器在规定期间正常运作。

- 应注意在二进制代码或其他非源码形式代码依据端到端网络协议（如 BitTorrent）分发的情况下，必须让每一端都知晓源码在服务器上的位置。

- 应在"用户产品"中提供 GPLv3 代码的"安装信息"。"安装信息"旨在保护用户权利，让用户可以修改其所购买和使用的产品中嵌入的 GPLv3 代码，并运行修改后的版本。如果没有此条款，则"锁定"设备以阻止法定持有人修改软件，损害 GPL 协议的作者希望用户拥有的自由权利。其中"用户产品"是指通常用于个人、家庭或日常使用的有形个人财产或者任何为了安装到住所而设计或销售的产品。"用户产品"在通过永久转让所有权或控制权，或者基于固定期限出借或出租时，产品中 GPL 程序的非源码形式副本便已向用户发布。

- 随"用户产品"提供对应源码时应随附足够的技术信息：方法、过程、授权密钥，或安装和执行用户产品中的修改版 GPL 软件所需的其他信息。这些信息必须足以保证修改后的目标码不会仅因遭到修改而无法继续执行。如果设备中采用了技术措施来阻止修改版本的安装和执行，在这种情况下，随附足够技术信息的要求，就无关紧要了。值得注意的是，如果产品厂商希望产品始终处于不可修改的状态，则应避免使用 GPLv3 软件。

• 使用 GPLv3 协议发布作品时，应注意附加限制条款的规定，确保合规。GPLv3 协议声明，所有附加许可条款都必须以书面形式提供。允许要求保留适当法律声明的附加条款，包括有关所涉作品执行结果的声明、以宣传为目的使用许可方的姓名、不授予商标法权利、允许要求作者和许可方赔偿，但是禁止附加上述范围外的任何其他非许可条款。

GPLv3 协议将 GPLv2 协议中"如果违反条款将自动终止许可"的规定修改为"如果是首次违反条款，则可在一定时期内自我修正，并自动恢复许可协议所授予的权利"，这一变动是新版本中对基本合规规则最重要的修改之一。用户需要注意，如果在发现违反许可协议条款后停止了所有侵权行为，则从某个特定版权持有人处获得的许可协议能够通过以下方式恢复：（a）暂时恢复许可协议，直到版权持有人最终明确终止的许可协议；（b）如果在被授权方停止侵权行为后的 60 天内，版权持有人没有以某种合理方式向被授权方提供侵权通知，则被授权方可永久恢复许可协议。进一步来说，如果某个版权持有人以某种合理方式向被授权方提供侵权通知，而这是被授权方首次收到来自该版权持有人的此类通知（针对任何作品），并在收到该通知后的 30 天内修正了侵权行为，那么被授权方从该版权持有人处获得的许可协议将永久恢复。

在专利权方面，使用者应注意以下合规要点：

• 禁止向下游分发对象主张专利权：不可施加附加条件来要求被许可方的直接分发对象接受专利许可或支付专利许可费。此条款制定了有关 GPL 软件专利权用尽的统一规则，不考虑任何特定法律体系或区域法律下的国内专利法。

• 任何向 GPL 软件贡献代码的人都需要将其中涉及的专利许可授予用户：此规定旨在防止社区内的成员以激进方式向用户主张自己所修改的代码部分的专利权，即防止社区"内部人员叛变"。如果引入修改代码可导致修改后的软件构成侵犯贡献者专利权，贡献者会将原软件中的专利权许可授予所有后续用户、软件修改人或软件衍生作品的修改人，但不会授予代码修改部分中属于他人的专利权许可。此条款还规定，"贡献者版本"完成后获得的专利权也会在版本获得或完成时授予用户。如果某个拥有众多此类专利权的公司收购或聘用了程序修改者，则根据本条款，收购者已获得和后续获得的专利权也会自动传递。例如，微软收购诺基亚后，微软基于诺基亚曾修改的任何 GPLv3 程序的任何贡献者版本当前或以后获得的此类专利权都会自动向下游授予许可。微软收购诺基亚导致 GPLv3 程序的微软专利诉讼量整体下降，这一现象至今未在行业内得到充分关注。

• 应注意，如果在某项单独交易或协议下，被授权方获得一份所涉作品的发布权来发布或传播该作品，并向收到该作品的某些组织授予专利许可，以授权他们使用、传播、修改或发布该作品的特定副本，则被授权方所授予的专利许可会自动延伸给接收该作品以及该作品的所有衍生作品的所有接收者。

• 应注意，如果某一专利许可的范围不包括或禁止实施此许可协议明确授予的一项或多项权利，或以不实施一项或多项此类权利为前提条件，那么该专利许可具有"歧视性"。如果被授权方与从事软件销售业务的第三方通过协议约定被授权方支付给第三方的费用基于被授权方发布作品的范围，第三方向从被授权方接收作品的任何用户提供歧视性专利许可，该许可如果（a）与被授权方发布的所涉作品副本（或基于这些副本复制的副本）相关，或者（b）主要用于涵盖所涉作品的特定产品或软件集合，或者与该产品或软件集合相关，则被授权方不得发布该所涉作品。如果被授权方与第三方签署的这一协议或获得前述专利许可的日期早于 2007 年 3 月 28 日，则不受此条款的约束。

• 应注意，如果分发者或贡献者针对自己分发或贡献的作品主张专利权，GPLv3 协议规定了具有限制的专利报复方案。条款 8、条款 10 和条款 11 共同描述了防御性的专利许可暂停和终止的条件。

在兼容性方面，GPLv3 协议允许将 GPLv3 协议作品与 AGPLv3 协议作品相链接或相组合。组合后的作品整体适用 GPLv3 协议。但用户需要注意，如果该作品是通过网络使用的，则应适用 AGPLv3 协议。同时应注意，被授权方不能依据 GPLv3 发布或修改 GNU AGPL 代码，反之亦然。但是，被授权方可以将这两种许可协议下的单独模块或源文件组合入同一个项目。当 GPLv3 代码与 AGPL 代码通过链接形成组合作品后，每个许可协议下的 Copyleft 义务不可扩展至另一方。也就是说，进行此类组合后，Affero 的许可义务只适用于引入组合作品的 Affero 代码部分。因此用户在使用中应注意，如果在收到此类组合作品后，不希望合规 Affero 的许可义务，则需要删除其中的 Affero 代码。

（3）AGPLv3 协议下发布开源软件的合规要点。

AGPLv3 协议在 GPLv3 协议基础上增加了一项附加要求，因此，AGPLv3 协议在 GPLv3 协议的基础上增加了如下三项合规要点。

● 用户应注意，如果被授权方修改了该程序，修改后的程序必须明确地向所有交互用户提供机会，以使其能够通过计算机远程网络（如果被授权方的版本支持此类交互）接收该版本的对应源码，即通过一些方便用户复制软件的标准或常用方法在网络服务器上免费提供对应源码。此处所述的对应源码包括按照以下规定纳入 GPLv3 协议所涉作品的对应源码。

● 如果被授权方修改的软件版本中包含通过远程网络与用户交互这一体系结构，就必须为用户提供机会，以便其能够通过网络接收服务器端的对应源码。如果对应源码档案本身是编写软件过程中的"生成目标"（对于所有 Copyleft 作品，均建议如此操作），那么有关早期绑定语言的合规就十分简单，运行中的软件在收到相关请求时将此源码档案（也可能包括同一系统中其他运行程序的源码文件档案）作为固定数据输出到通信流中即可。这种技术性的合规方法也解决了早期以绑定编译语言编写的软件的"Copyleft 范围"问题：如果运行时程序的组件在生成时就已决定，那么用于生成该程序的代码在去掉系统库和其他任何特例代码后即为对应源码。

● 在兼容性方面应注意，GPLv3 协议条款 13 和 AGPLv3 协议条款 13 规定了组合 GPLv3 许可代码和 AGPLv3 许可代码的兼容结构。GPLv3 协议允许其许可协议下的代码与 AGPLv3 代码相组合，而且每个部分适用各自的许可协议。如果没有各自版权持有人的允许，AGPLv3 代码不能在 GPLv3 协议下重新许可，反之亦然。在这两种许可协议代码组合成的任何作品中，GPLv3 源码都属于对应源码的一部分。

（4）LGPLv3 协议下发布开源软件的合规要点。

LGPL 条款适用于 GNU C 库等其他作品，该条款有时候被称为"弱 Copyleft"许可协议，因为根据 LGPL 条款许可的代码可与非自由软件代码组合，这一用法并不少见。虽然当前使用的两种 LGPL 版本在内容和结构上都实质不同，但都属于"强 Copyleft"许可协议，只是在涉及链接时才允许较多特例。这一区别经常遭到误解，而理解这一点就可确保恰当适用合规许可协议条款了。当 LGPL 代码与非 Copyleft 许可协议下的代码组合时，从不会将其置于新条款或替代条款下。虽然允许组合，但该程序的 LGPL 组件仍需适用合规版权持有人为其选择的条款。

用户应注意，LGPLv3 协议规定不得将密钥、令牌、表格或其他与功能无关的非函数性限定数据作为修改库的必要条件，且程序中使用库应随作品一起提供 GPLv3 协议和 LGPLv3 协议文本。同时还应注意，LGPLv3 协议的核心条款针对组合作品许可的情形，明确阐明不得禁止用户更改库代码或借助任何必要反向工程手段来定位此类库代码更改。

（5）Apache 协议下发布开源软件的合规要点。

Apache 2.0 协议中对"协议"的定义指明本协议条款适用于使用、再生产和分发的场景。"源"形式是指以受欢迎的形式去制造改动，包括但不限于软件的源代码、文档源文件和配置文件。"衍生作品"是指任何作品，无论是源还是目标对象形式的，基于（或衍生自）"作品"和那些可编辑的修正、标点、详述或者其他修改表示。就本协议而言，衍生作品不应包括与作品及其衍生作品的接口保持分离或仅链接（或通过名称绑定）的作品。"贡献"是指由版权所有者或个人有意提交给许可方以纳入作品的任何署名作品，包括作品的原始版本以及对该作品或其衍生作品的任何修改或添加。授权人代表法人实体提交贡献。

Apache 2.0 协议的版权许可条款规定，被授权方获得永久、全球范围、非独占、免费、免版税、不可撤销的版权许可，以复制、准备衍生作品、公开展示、公开表演、再许可和分发源或对象形式的作品和此类衍生作品的权利。

Apache2.0 协议的专利许可条款规定，被授权方获得永久的、全球范围内的、非独占的、免费的、免版税的、不可撤销的（除非本节另有说明）专利许可。值得注意的是，Apache 2.0 协议包含专利报复性条款：如果被授权方针对任何实体提起专利诉讼（包括诉讼中的交叉索赔或反诉），则该作品或包含在该作品中的贡献构成直接或共同的专利侵权。

基于上述版权和专利权的许可，用户应注意，在对作品进行再分发时必须提供协议副本，必须对所作的修改进行明示标注，以及除个例情况外均需要在分发的任何衍生作品中声明所有版权、专利、交易、作品源代码形式的条款归属。同时，如果作品包括"通知"文本文件作为其分发的一部分，则分发的任何衍生作品必须包括该通知文件中包含的归属通知的可读副本。

用户作为贡献者提交代码贡献时，如无明确指定，在没有任何额外条款和条件的情况下应服从 Apache 2.0 协议的条款和条件。

（6）BSD 协议下发布开源软件的合规要点。

BSD 许可证允许被授权方修改和重新发布代码，也允许使用或在 BSD 代码上开发商业软件予以发布和销售，因此 BSD 是对商业应用友好的许可证。

BSD2.0 的许可条款规定，无论是否经过修改，允许用户以源代码和二进制形式重新分发和使用 BSD 许可协议下的程序。

基于上述许可，用户应注意，代码的再分发必须保留版权声明、条件列表和免责声明。如果是以二进制形式的再分发，则必须在随分发提供的文档和/或其他材料中复制版权声明、条件列表和免责声明。

BSD 3.0 在 BSD 2.0 的基础上增加了一个合规要点：未经事先书面许可，不得使用版权所有者或贡献者的姓名来背书或推广衍生的产品。

BSD4.0 在 BSD 3.0 的基础上增加了一个合规要点：基于 BSD 开源软件开发的软件产品广告中必须含有"本产品包括由某项目开发的软件"的声明。

(7) MIT 协议下发布开源软件的合规要点。

MIT 许可证是源自麻省理工学院（MIT）的免费软件许可证，其条款与 BSD 协议比较相似，都是商业友好的宽松型许可证。

MIT 许可条款授予任何人在不受限制的情况下处理相关软件的权利，包括但不限于使用、复制、修改、合并、发布、分发、再许可和/或出售软件副本的权利。

MIT 协议下发布开源软件的合规要点是：再次分发时，版权声明和许可声明应包含在软件的所有副本或实质部分中。

11.1.3.3 建立有效的开源合规治理制度

进行开源合规治理是开源合规风险审查左移，从而规避开源合规风险的有效手段。目前，在 Linux 基金会推动下，基于 Linux 基金会 Open Chain[1]开源项目多年的研究与更新，这一活动基本完成标准化。2020 年 12 月 ISO/IEC 发布的国际标准 ISO/IEC 5230：*Information Technology—Open Chain Specifications*，是全球第一个关于开源合规治理的国际标准，在全球范围得到广泛支持和应用。该标准包含开源软件的软件产品会在不同组织间流动，旨在为这种流动建立信任。遵从该标准，就意味着能确保每个软件产品生成必要的合规文件（即法律声明、源码等）。本标准的关注点是合规计划"做什么"以及"为什么要做"，而不是"如何做""何时做"。因为不同的组织有不同的规模、不同的市场，它们需要灵活地选择能匹配自己规模、目标和经营范围的具体政策和流程。例如，Open Chain 遵从计划既可以针对一条产品线，也可以针对整个组织。

---

[1] Open Chain Conformance 材料和在线网络应用［EB/OL］. Linux 基金会，2022［2022-05-13］. https://www.openchainproject.org/conformance.

(1) 计划基础。

必须有一份书面的开源政策来治理交付软件的开源许可协议合规。此政策必须在内部传达到位。确保有措施来制定、记录开源政策，并让计划参与者知悉其存在。

确保计划参与者具备足够的能力来胜任各自的角色和职责。

计划参与者认知评定的书面证明——应包括计划目标，个人在计划中所起的作用，及未能遵从计划的潜在影响。确保计划参与者对他们在计划中的角色和职责有足够的认知。

开源治理计划的范围可能有所不同。例如，一个计划可以治理一条产品线、整个部门或者整个组织。每个计划需要明确指定其范围，能灵活构建最适合组织需求范围的计划。有些组织可以选择为某个特定的产品线实施一个计划，但也有些组织可以用同一个计划治理整个组织的交付软件。

必须有流程来审核已识别的许可协议，以确定每个许可协议授予的义务、限制和权利。确保组织在可能遇到的各种应用场景中，有流程来审核每个已识别许可协议带来的义务。

(2) 定义并支持相关任务。

维护一个能有效回应外部开源咨询的流程。公开指定一种方式让第三方能进行开源合规咨询。确保第三方能通过合理的方式联系到组织进行开源合规方面的咨询，且组织已经准备好有效回应。

识别计划任务并给予资源支持。确保计划的职责得到有效支持和资源投入，以及定期更新政策和支持性的流程，以适应开源合规最佳实践的变化。

(3) 开源内容的审核和批准。

必须为交付软件创建和管理材料清单建立流程，其内容包括构成该软件的所有开源组件（及其已识别许可协议），确保有流程为交付软件创建和管理开源组件材料清单。清单用于系统性地审核和批准每个组件的许可协议条款，以理解它给交付软件的分发带来的义务和限制。

计划必须有能力管理参与者在交付软件中遇到的常见开源许可协议使用场景，可能包括以二进制形式分发、以源码形式分发、和其他开源软件集成在一起触发额外的许可协议义务、包含修改过的开源软件、包含许可协议与交付软件中的其他组件不兼容的开源或其他类软件、包含带有署名权要求的开源软件场景，确保有一个强有力的计划足以应对组织中常见的开源许可协议使用场景。

确保有操作程序支持合规活动并被遵守。

（4）合规文件的创建和交付。

必须有流程来为交付软件创建一套合规文件，确保尽到商业上合理的努力，来准备已识别许可协议要求的合规文件，随交付软件一起提供。

（5）理解开源社区参与。

如果组织考虑为开源项目作贡献，那么必须有书面的政策来治理对开源项目的贡献；此政策必须在内部传达到位，且必须有流程来实施此政策。确保当一个组织允许对开源项目作贡献时，它已经合理考虑过建立和实施开源贡献政策。此政策可以是整体开源政策的一部分，也可以是一个独立的政策。

（6）遵守本规范的要求。

如果一个计划被视作遵从了 Open Chain，那么组织必须确认此计划满足了本文档提出的要求。确保如果有组织宣布一个计划遵从了 Open Chain，那么此计划已经满足本文档的所有要求，仅满足部分要求不视作遵从。

如果组织想长期保持遵从状态，让合规计划和最新的规范同步是很重要的，此要求确保了支持合规计划的流程和管控措施不会逐渐失效。宣布遵从此版本 Open Chain 规范的计划，且从遵从生效日起必须维持至少 18 个月。

11.2 开源合规良好实践

11.2.1 规章制度

（1）明确建立开源合规制度的原因。

开源合规需要考虑法律合规问题，涉及对开源许可协议的理解和适用场景的解释和分析，了解使用特定许可协议的含义等。随着各个企业越来越多地使用开源软件，开源合规更多的是注重规模化、自动化，并在软件供应链中为企业建立信任。除此之外，开源合规面对的更多挑战来源于流程的持续和组织的建设等方面。实现开源合规需要适当的政策、流程、培训、工具和适当的人员配置，使组织能够有效使用开源并为开源项目和社区作出贡献，同时尊重开源代码所有者的知识产权，遵守许可协议义务并保护公司、客户和供应商的知识产权。

（2）明确开源合规的目标和收益。

确保开源合规是开源软件的用户、集成商和开发人员遵守著作权声明并履行因使用开源软件而带来的许可义务的过程。开源合规工作应同时确保遵守开源许可协议的条款，并保护企业的知识产权和第三方供应商的知识产权，避免产生意外披露及其他不利后果。开源合规将有助于完成以下四个主要目标：

①遵守开源许可相关义务。

②促进在服务和产品中高效、合规地使用开源软件。

③遵守上游软件供应商的合同义务，履行下游用户的合同义务。

④保护企业知识产权。

开源合规将为企业至少带来以下益处：

①加强开源合作，避免法律风险以及声誉损失。系统的开源治理代表企业对开源的承诺，有助于公司和开源社区的合作，吸引开源人才，也有助于企业获得更广泛的用户信任。在流程完善的情况下，即便因疏漏遇到合规挑战，企业也可以向外界提供合理可信的解释理由。

②增进企业软件供应链的可信度。系统的开源合规治理可以帮助企业为潜在的收购、新产品或服务的发布打好基础。同时，在与上游供应商、下游客户打交道时，良好的治理可以保障产品或者服务的开源合规被验证，从而可以提高企业在软件供应链上的可信度。

③有利于保持技术优势。首先，满足开源合规的软件产品易于维护和升级，特别是在设计产品早期引入开源合规的审核，将会避免后期巨大的整改成本。其次，开源合规可以帮助企业确定多个产品中正在使用的重要开源软件，有助于企业整体制定对该开源项目的参与或者应对策略。

（3）制定开源合规制度的考量因素。

企业需要制定开源合规的政策以及配套的具体规章制度。开源合规政策是一组简明的规则，用于开源软件的管理。规章制度是企业日常执行这些规则的详细规范。该政策和制度为企业的研发人员就使用开源软件和主动开源提供了指导性原则，涵盖了批准、获取和使用开源软件的正式流程以及主动开源的流程。

政策可以是简单的，但是可以帮助企业实现端到端的开源软件管理。企业内部达成共识很重要，因为如果没有和技术高层达成共识，那么就制度细节和治理流程达成一致将非常困难。一般政策可以包含以下几点，可以根据企业的具体情况调整。

①工程师在产品中使用任何开源软件之前，需要得到开源合规团队或者其他特定部门的批准。

②所有软件都必须经过审核和批准，包括专有软件中包含的开源软件、从第三方供应商处取得的软件和开源软件，以确保在产品对外发布前履行许可协议要求的合规义务。

③批准在某一场景中使用开源代码，并不意味着批准在所有场景下均可使用该代码，需要根据具体情况给予批准。

④每一次产品迭代时，如果使用的开源组件和开源代码段发生变化都必须经过审批程序。

这些规则可确保任何进入产品的软件（包括专有的、第三方的、开源组件）都经过了审核和批准。同时，还可以确保企业积极履行因使用来自多个来源的软件而产生的额外义务。

11.2.2 组织机构

（1）团队构成。

开源合规的治理需要专门的开源合规团队，该团队由跨部门的成员组成，也是公司负责开源工作的开源办公室的重要组成部分。对于产品线众多的大型公司，开源合规团队可以考虑由核心团队和扩展团队构成。

①核心团队。

通常被称为开源代码合规小组，由研发团队、产品团队、安全团队的成员、一名或多名法务以及代码合规工程师组成。

开源代码审查委员会的职责及工作内容如下。

职责：

- 确保企业和第三方软件开发商遵守开源许可协议。
- 促进开源的高效使用和贡献。
- 保护知识产权与避免商业秘密，避免该等信息意外泄露。

相关工作：

- 提供企业开源问题的相关指导。
- 审查对提供或者发布源代码的请求。
- 对所有引入的开源软件进行自动或者手动审核。
- 对开发的软件进行架构方面的审查，确保开发人员遵守相关准则，并确保开源、专有和第三方之间软件的交互不会违反开源许可协议的规定。
- 在软件产品每次发布前进行检查，确保开源许可协议和著作权进行了适合的声明。
- 对产品发布前的开源合规进行最后的确认。
- 处理合规性质询,负责答复向企业提出的关于开源合规的询问。
- 建立和优化开源合规流程的每个节点,包括审核、使用、跟踪和合规管理等。
- 创建并维护合规政策、流程、模板和合规流程中使用的表格。
- 提供开源知识和开源合规的培训。
- 托管和维护企业内部或者外部的开源网站。
- 推荐将新工具引入合规工作,以更高效地完成合规工作。
- 制定开源社区参与政策、流程、程序和准则。

②扩展团队。

通常被称为开源代码执行小组,根据不同产品线,包括文档管理、供应链以及质量保证等团队。与核心团队不同,扩展团队的成员根据从合规小组收到的任务,从事兼职工作,负责某个产品线的具体合规工作。

(2) 开源合规团队中不同角色的职能。

①开源负责人。

开源负责人通常负责开源办公室的运作,需要在企业内有较高的职级。该职位将花费相当多的时间和精力专注于支持内部以及外部合作方(如其他企业和大学)的开源事务,而不仅仅是内部研发。开源负责人将行使以下职能:
- 负责管理和执行企业的开源战略和业务指标,跟踪项目技术和业务的执行。
- 负责开源合规性,代表企业和开源组织对话,参与开放标准的建设。
- 负责开源工程资源,比如办公室的预算、人员配置、技术工具和系统建设等一系列关键问题。

②法务。

法务是开源工作的重要组成部分,主要职责是确保企业在参与开源过程中遵守法律、开源许可协议等法律合规工作。具体而言,法务主要负责企业使用、贡献和主动开源的法律事宜。因此,开源合规团队引入在开源许可协议和知识产权方面有丰富经验的法务非常必要。

③软件工程师。

开源合规团队要有软件工程师来担任与开源软件相关的高级技术决策者,

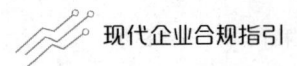

比如设计选择和技术标准，确保开源合规技术方案的落地。同时，该职位需要帮助从事开源项目的研发选择、提供和集成所需的工具，并确保工具符合企业的要求。

11.2.3 合规风险识别应对与自动化

（1）合规风险识别。

开源合规将有助于企业遵守开源许可义务，促进在产品的商业化中有效使用开源软件，遵守第三方软件供应商的合同义务和保护企业知识产权。开源不合规可能会带来多重知识产权风险，可能导致以下一项或多项不利后果：

①产品被禁售，在解决合规性问题之前，企业无法继续售卖产品或者提供服务。

②产品被迫开源，企业需要发布与二进制产品对应的有竞争力的专有源代码。

③为解决合规性问题进行大量重新设计工作。

④如果产品已经提供给下游企业客户或者发行商，也会给他们带来合规风险，同时带来企业的声誉损失。

（2）自动化工作。

企业能够及时、有效地识别出开源软件的合规风险并应对，是合规治理中至关重要的部分。除在组织机构部分提到的专门的开源合规团队的人员配置之外，工具和自动化也至关重要。开源合规团队需要使用多种工具来高效和自动化地进行开源代码的审核，以及开源代码及其许可协议的确认工作。

①开源管理工具通常需要满足以下功能：

• 项目管理：工具可用于不同项目的管理并追踪任务。

• 生成软件清单：工具可以列明每个软件的组件、版本和使用该软件的产品以及其他相关信息。

• 扫描源代码和标识许可协议：工具可以识别构建系统中源代码的来源以及许可协议。

• 分析组件的链接：工具可以用于识别任何与给定C／C++组件交互的组件。该工具将有助于发现不符合企业政策的代码，其目标是确定是否有任何开源义务扩展到专有或第三方软件组件。如果发现链接问题，则应将错误通知研发部门，并给出解决该问题的建议。

- 审查代码：工具可用于检查对原始文件所做的更改。
- 识别物料清单（BOM）的差异：工具应当可以识别同一产品不同版本差异的代码。

②评估开源管理工具的考量因素：

一是存储开源软件的信息数据库（"知识库"）的质量。

- 知识库的大小：知识库越大，能识别的开源代码就越多。
- 知识库的更新频率：拥有更大和更新、最快的数据库，将增加识别新建开源代码的机会。

二是检测能力。

工具需要具备多种检测能力，因为开源组件可以通过五种方式在公司的代码库中使用：

- 代码库中使用的整个开源组件。
- 代码库中使用的开源组件的某些文件。
- 正在使用的开源组件的代码片段。
- 组件依赖于其他组件和关系，如动态链接、静态链接。
- 以上各项的组合。

工具需要具备自动识别源代码的能力：大多数源代码扫描工具，特别是那些支持片段的工具，确实会产生大量的误判，需要手动调查和解决，会导致大量的人工额外校准。目前市场上一些最知名的产品也一直存在这类问题。在评估此类产品时，需要优先考虑能够自动识别源代码片段的扫描工具，以减少需要手动审查的误报。

三是使用的便捷性。

使用的便捷性是指在问题出现之前，比如开发人员将新代码与构建系统结合之前，就可以通过工具检测或者查询，从而避免合规问题。易于使用的工具，也可以减少学习门槛，避免昂贵的专业培训和投入。

四是操作能力。

- 不限制工具用于并购场景中：许多合规工具供应商通过其许可协议，对扫描自有代码以外的场景进行了限制，需要尽量确保在并购交易中对工具的使用。
- 可针对未知的编程语言扫描：有些工具，对特定的编程语言非常擅长，而对其他语言则不擅长。但事实上，扫描和识别工具对编程语言尽可能全面支持是很重要的考量因素。

• 源代码扫描速度：源代码扫描的速度是目前市场上很多产品的痛点。这是在对比相关工具时需要考虑的点，同时需要考虑将工具和开发过程整合在一起时，如何提高扫描效率。

五是整合能力。

除工具本身提供的界面之外，应当考虑工具对于 API 和 CLI 的支持，可以帮助公司将工具和现有的开发和构建系统以及流程进行较好的整合。

六是安全漏洞检测能力。

• 安全漏洞数据库的大小：一般而言，该数据库包含了已知的安全漏洞信息，使该工具能够检测源代码中与安全相关的问题。如果公司有另外的专业漏洞工具，对开源管理工具的安全漏洞检测能力的要求可以降低。

• 安全漏洞数据库的更新频率：更新的频率越高，就越能在发现漏洞后尽快找到漏洞。

• 安全漏洞信息的来源：多种来源可以用来补充开源组件的安全漏洞数据库。在评估提供这项服务的合规性工具时，需要考量其安全漏洞来源以及是否需要在此基础上进行进一步补充收集。

七是成本考量。

使用工具时，要全面考虑相关的成本，具体包括以下几个部分：

• 采买成本：分析工具的许可模式，不同功能的价格以及整体价格。

• 基础设施成本：考量该工具的运行需要消耗的 IT 基础设施成本，如服务器或者云的消耗，以及系统管理成本。

• 运维成本：考虑该工具可以节省的因为误报产生的人力成本。

• 整合成本：为了更好地使用工具，需要考量如果更好地集成到现有开发流程中。

• 锁定成本：一般采用此类工具，可能有被供应商锁定的风险，需要考虑工具本身的优势以及替换的成本。

八是其他指标。

包括先进的报告功能，将公司政策与工具结合的能力，能够为软件物料清单（BOM）生成合适通知的功能，以及是否可以选择进行模块化安装的能力。

11.2.4 合规审查、处理建议与合规沟通

(1) 合规审查。

企业实施端到端的合规治理，开源合规审查通常包括以下十个步骤：

①识别源代码。监控和检测软件组合中的源代码，无论是否合并作为独立软件、嵌入第三方软件或企业开发的软件中。

②审查源代码。扫描源代码，确保开源代码及版本和适用的开源许可协议相一致。开源软件一般会随着供应商或企业研发过程而进入企业内部，落地到法律合规层面。其应用场景一般表现为知识产权许可、产品/服务协议等。对于上游开源软件，需要明确其使用的对外开源许可协议，及其可能引入内部的开源许可协议情形。

基于不同开源许可协议对于分发义务的不同要求，企业需要就下游使用场景予以区分，比如若涉及面向消费者的产品或服务、B2B产品等场景时，企业能否履行如传染类开源许可协议中的相关再分发义务，是否涉及企业自身商业秘密、是否涉及产品出口等情形。

通过对上游组件尽职调查发现的开源许可协议，可能存在多种情况，如纯自研不含有开源源码、部分含有开源源码且为限制型许可类、部分含有开源源码且为自由型许可类等，且企业下游使用的商业目的明确，即人工智能软硬件的海外市场拓展，为保障未来海外市场开源软件使用的合规性，企业需要审核的合规事项，如表11-2所示。

表11-2 企业需要审核的合规事项

序号	合规审核事项
1	下游是否涉及对开源软件衍生作品的分发
2	是否需要商标授权
3	是否需要专利授权予以创建衍生作品
4	是否需要获得源代码
5	开源许可协议中是否包含对业务场景的不确定性条款
6	能否满足开源协议的声明义务
7	能否接受开源协议的责任限制

续表

序号	合规审核事项
8	是否符合开源协议的管辖权及其适用法律
9	是否能够承担开源许可协议终止许可带来的影响
10	是否涉及出口管制

③解决审查发现的任何问题。确保在审查步骤中所发现的问题都能得到对应的解决。

④审查确认。审核完成并且之前发现的所有问题都已解决，特定软件组件或代码段的合规就会在流程中进入审核阶段。

⑤获得使用开放源代码的批准。完成合规性审查，接下来就会进入批准步骤，开源合规团队将批准其使用或拒绝其使用，并作出解释和可能的修复建议。

⑥在软件清单中标注开源组件。一旦开源合规团队批准一个软件组件在产品中使用或作为服务的一部分使用，其对应的软件清单将被更新。

⑦更新产品文档以反映开源软件使用情况。在对外发布的产品或服务中使用开源组件，企业应当根据许可协议义务在产品中进行声明，通常是向软件接收方提供开源组件清单。如果使用了GPL类的开源组件，则需要告知下游用户，如何取得满足许可协议义务的源代码。

⑧在分发之前对所有先前的步骤进行验证。包括对分发的方法和方式、分发的软件包的类型、分发的机制等步骤的验证。

⑨发布源代码。完成了所有分发前的验证，即满足将开源软件包上传到对应的发布网站的合规要求。

⑩进行有关发布的最终验证。把开源软件上传到对应的发布网站后，仍需验证这些软件是否已经正确上传，并需要确保软件包可以在外部计算机上无误地下载和解压。

(2) 针对各种情境的相应处理流程建议。

①开源代码是100%的专有代码，审核团队没有查找到任何开源代码。

扫描的软件组件是100%的专有代码，没有申报或识别出任何开源代码。在这种情况下，我们建议设置快速通道，该特定组件的合规凭证将被转交给法务团队审查。法务团队评估并建议增加公司专有的著作权信息标识，并将其转发给研发或合规人员，以进行软件架构分析。

②开源代码包括多个开源代码许可协议不兼容的来源。

扫描的软件组件包括来自多个来源的开源代码，这些开源代码的许可协议不兼容，或一个软件组件混合了专有源代码和根据 GPL 许可的源代码。在这种情况下，扫描报告会附在合规通知上，并提示对应的开发人员，要求他们从专有软件组件中删除 GPL 源代码，重新完成代码。

开发人员重新完成代码后，再次将软件进行扫描，验证相关 GPL 代码已被删除，然后对该节点继续进行法律审查。

③暂时不再使用源代码。

当一个软件组件正在通过合规流程时，研发部门决定在产品中不使用该软件组件。此时合规节点将被关闭。下一次要使用这个组件时，应重新发起合规流程，并经过适当审批后，才能集成到产品或服务的源代码仓库中。

④发现有可能泄露知识产权。

法务团队审查发现，企业持有的关键知识产权，如核心商业秘密已与开源代码相结合。法务团队代表将对此进行标记，并将合规审核通知研发部门，要求他们从开源代码组件中删除专有源码。如果研发部门坚持在开源代码组件中保留专有源码，则在内部展开对应的审批和评估，并承担按照相关开源代码的要求发布该专有源码的义务。

⑤在验证阶段发现有待解决的问题。

在任何情况下，当开源代码审查小组成员发现软件组件的合规性问题时，该组件都会经历以下生命周期：

- 研发部门修复发现的问题。
- 审核团队重新扫描开源代码并提供新的报告。
- 法务团队检查新的审计报告。
- 合规工程师确保在架构和链接分析中没有影响专有源码的问题。

⑥允许使用开源代码。

一旦软件组件获得审核、法律和合规性批准，具体产品线的执行小组将：

- 更新软件清单，以反映特定的开源软件版本被用于特定的产品。
- 更新产品文档中的开源软件或第三方软件声明文档，以反映产品或服务中使用了开源软件。
- 在产品交付前完成上述流程。

⑦开源代码被拒绝。

开源代码合规小组决定拒绝使用某一特定软件组件，有几种原因可能导致这种拒绝：

- 已不再使用该软件组件。
- 存在不容易解决的问题，决定停止开发，设计更好的解决方案。
- 存在许可协议不兼容问题，且不易解决。
- 存在知识产权问题，无法使用或发布特定组件。
- 其他原因。

(3) 合规沟通。

①内部沟通。

内部沟通往往包含以下方式：

- 电子邮件，通过内部通讯工具渠道加强关于开源合规的沟通。
- 对使用开源软件的所有员工进行正式培训。
- 开源合规研讨会，增强合规意识并促进积极讨论。
- 内部开源门户网站，声明企业的合规政策和程序，参与编写与开源合规相关的出版物及参与与开源合规相关的论坛。
- 企业内的开源新闻和资讯，通常每2个月或每季度发送一次，以提高对开源合规的认识。

②对外沟通。

- 发布开源软件的网站有开源许可的声明。
- 扩展和支持开源组织。
- 参加开源活动和会议。

11.2.5 培训及认证

(1) 培训。

培训是企业制订和完成开源合规计划必不可少的部分，有助于确保研发人员和其他员工对管理开源软件相关政策有很好的了解。组织正式或非正式开源合规培训的目的是提高员工对开源政策和战略的认识，并就以下问题达成共识：

- 开源许可协议的问题。
- 将开源软件引入产品或软件带来的业务或者法律风险。

通过培训还可以在组织内宣传和推广开源政策和流程，并培养开源文化。

培训通常包括正式培训和非正式培训两部分：正式培训是指根据产品的规模以及产品中包括开源代码的程度，企业可以强制要求使用开源代码的员工参加正式的培训课程，并通过相关的考试。非正式培训包括组织邀请式的研讨会或新员工入职时的培训。

（2）认证。

在企业完成全部开源合规治理之后，可以申请通过开源合规国际标准的认证，例如，中国信息通信研究院于2021年10月成为Linux基金会下Open Chain项目中国首家第三方测评机构，中国信息通信研究院知识产权中心可依据国际标准 ISO/IEC 5230：2020 *Information Technology—Open Chain Specification* 对企业开源合规治理进行咨询辅导、合规评测，并出具测评报告和证书。

Open Chain 于2016年10月正式启动，由Linux基金会主办。其基本思路是：确定有效开源管理的关键推荐流程，减少使用第三方代码时的瓶颈和风险，使整个供应链的开源许可合规变得简单和一致。关键是要以一种平衡全面性、广泛适用性和现实可行性的方式将事情整合在一起。Open Chain 项目正在建立一个许可协议合规的行业标准，其可以被理解为供应链中开源合规的基础。参与和采用该项目是免费的，并得到了多个行业领先跨国公司支持的充满活力的社区的支持。

Open Chain 项目包括：

- 明确合规项目核心要求的规范：确保任何规模的组织都能有效地解决开源代码合规性问题。
- 帮助组织展示合规情况的方法：组织使用 Open Chain 规范的主要目标是成为合规者。符合规范的组织可以在其网站和宣传材料上宣传这一事实，帮助确保潜在的供应商和客户理解并信任其开源合规性。
- 提供基本开源流程和最佳实践课程：该规范[1]是构成完整目标实现的三个部分之一。每一节都附有相关的核查材料和理由，以确保可复制性和明确性。

11.2.6 合规文化

（1）政策支持。

2021年3月，《中华人民共和国国民经济和社会发展第十四个五年规划和2035年远景目标纲要》首次将开源列入国家五年规划大计，"支持数字技术开

---

[1] 可从 https://www.openchainproject.org/spec 获取。

源社区等创新联合体发展,完善开源知识产权和法律体系,鼓励企业开放软件源代码、硬件设计和应用服务"。同年11月,中国人民银行等联合发布的《关于规范金融业开源技术应用与发展的意见》明确指出,"安全可控、合规使用、问题导向、开放创新"的开源使用原则。

当前,越来越多的企业参与到开源发展中,一些企业是以开源作为技术创新,打造开源生态,作为企业战略进行推动;一些企业是作为开源软件的使用者参与到开源治理中。无论是企业还是个人,都希望通过开源的方式,打造一个开放、协作和共享的开源文化氛围。

合规文化是企业道德文化建设的核心,企业内部应当建立开源合规文化。开源合规文化是一个由政策和制度、流程、工具和团队组成的框架,可帮助组织有效管理其与开源软件的所有交互,从而实现最佳使用并降低开源风险。随着国内企业越来越多地使用开源软件,开源合规更多地注重规模化、自动化,在软件供应链中为企业建立良好声誉。

(2)高管参与。

合规文化需要从高层开始重视,搭建出完整的开源规章制度、开源治理流程以及开源执行团队,并为开发人员就使用开源和主动开源提供一系列指导性原则,包括批准、获取和使用开源软件的正式流程以及主动开源的流程。

在建立合规文化的过程中,企业高管应当带头遵守和宣传,并发布对建立企业合规文化的承诺声明。决策层重视并以实际行动参与合规,给中层人员和员工传达信号,以营造企业良好风气。高管更多地参与以下围绕开源管理政策的关键决策:

- 参与整体开源政策的创建和演变。
- 参与开源审批。
- 通常联动法律线和业务线。
- 参与有关开源贡献、项目赞助等的高层决策。
- 接收和审查关于开源工作的定期报告。

(3)合规文化建设。

企业可以考虑从以下方面建设开源合规文化:

- 掌握国际、国内开源合规动态,制定开源合规政策与流程。
- 落实开源合规执行,将开源政策要求与企业业务深度融合。
- 加强开源合规培训,增强开发人员开源合规自觉意识。

- 深入合规审计、落实整改措施，加强后续合规指导。
- 引进和培养开源合规人才，搭建良好的开源外部资源。

11.2.7 激励及惩戒

开源治理需要制定奖惩政策来对在开源合规工作中有突出表现和贡献的员工进行表彰，以及对有不良行为的员工进行问责惩戒，以提升管理效能。

（1）制定关键的绩效指标或目标，在产品组织中经常使用的传统度量标准不一定适用于开放源码开发的环境，需要采用新的性能度量标准。

（2）对积极践行上述标准的员工进行激励，调动员工的积极性和创造性。企业可以结合自身发展，定期对开源绩效指标或目标作出调整，以评价企业员工对开源合规目标的履行情况，对积极践行上述标准的员工进行激励，激发员工的积极性和创造性。

（3）企业员工怠于遵守开源合规治理标准，容易导致企业违反许可协议义务或开源社区规则等，使企业遭受负面影响，在整个软件开发过程中，差错和流程限制可能导致开源合规的问题，主要包括以下方面：

- 未能提供适当的来源声明。
- 忽略提供许可协议文本。
- 省略著作权声明。
- 没有提供修改声明。
- 在产品文档或产品广告材料中作出不适当或具有误导性的陈述。
- 无法提供开源代码，提供开源代码（包括修改）是 GPL/LGPL 许可系列的要求之一。
- 在提供使用 GPL/LGPL 的软件时，未提供交付开源代码的书面要约。
- 未能提供编译开源代码所需的构建脚本（如 GPL 和 LGPL 系列代码）。

由于员工过错，导致企业违反开源合规政策，造成企业声誉和信誉受损的同时，还会给企业造成经济损失，例如，针对合规质询的发现和尽职调查成本，外部和内部产生的法律费用等，企业可依据相关规章制度对员工的过错行为进行追责。

11.2.8 合规管理有效性评估及持续改进

合规管理有效性评估及持续改进主要围绕以下方面开展。

（1）执行开源策略：包括降低开发成本、提高产品的质量和灵活性、实现产品更快上市以及通过社区参与提高工程能力等。

（2）监督开源遵从性：包括遵守开源许可义务、促进在商业产品中有效地使用开源代码、遵守第三方软件供应商合同义务以及保护商品的差异化竞争优势。

（3）优先考虑并推动开源上游开发：首先，通过调查所有产品和审查材料的软件清单来确定公司依赖开源软件的位置；其次，确定已经使用的开源软件的优先级，并建立贡献策略。

（4）管理开源 IT 基础设施，包括建设开源相关的公开网站和共享平台、提供公开沟通和协作工具以及追踪开源项目健康度的指标和工具。

11.2.9 合规报告与合规记录/档案

（1）引入开源软件需要填写的在线表格。

在引入开源软件时，应通过手动或者自动化提供相关的合规评估表格，包括开源组件的信息、开源代码的位置、所在代码仓库、是否对开源代码进行了修改以及使用的具体场景等。

（2）扫描确认的合规记录和档案。

在线表格提交后，触发开源代码扫描请求，工具扫描代码仓库后生成开源合规记录。合规记录包含以下信息：

- 已知的软件组件和正在使用的开源代码段，也就是软件物料清单（BOM）。
- 现行许可协议、许可协议文本和义务摘要。
- 借由工具所标示的许可协议冲突（须经法务人工验证）。
- 软件组件间的依赖性。
- 代码匹配程度。
- 软件组件、开源代码和开源项目匹配性有待确定的情况。

（3）合规报告。

合规记录生成后，进入合规审查阶段。法务会审查开源组件的许可信息、使用方式以及研发人员在线表格中提供的任何意见。如果发现许可协议问题，例如混合开源代码的许可协议不兼容的情形，法务会将这些问题标记出来，并将意见反馈至研发人员，以重新修改代码。在某些情况下，如果许可协议信息不明确或无法获得，也可联系项目维护者或开源项目开发者，以澄清含混不清之处，并获得该特定软件组件的许可确认。审核通过后，法务会为项目输出开源合规报告，声明所使用的开源组件信息。

合规报告包含以下信息：
- 开源组件名称及版本号。
- 开源组件著作权声明。
- 开源组件许可协议声明。
- 开源组件修改信息。
- 其他合规信息，比如部分许可协议要求的提供开源代码的信息、提供其他声明的信息。

11.2.10 第三方合规管理

当前，企业在采购软件产品或解决方案过程中面临开源技术安全和合规等多方面问题，如何评价基于开源技术的商业软件产品或解决方案在安全防护、合规管理、技术研发、服务支持等多方面的能力水平成为业内关注的重点。

在当前的软件开发模式下，一个产品可以包含专有代码、第三方商业代码以及开源代码。根据统计，互联网企业开源代码的使用量占比多达80%。当使用代码来源多样的开发模式时，企业需要了解数百种开源协议（以及开源协议的组合），这些协议来自成百上千的许可方或者贡献者（著作权所有人）。

重要的是要认识到，合规不仅仅是法律部门的工作，企业的所有部门都要参与，以确保合规的适当性，并为正确地使用开源作出贡献。这种参与包括建立和维护一直的合规政策和程序，确保使用中的所有组件（包括专有、第三方和开源代码）的许可协议都在产品交付或者部署之前得到验证。

如果第三方软件提供商使用了开源代码，将该代码集成到产品中的产品团队，必须提交一份软件物料清单，清单中需要涵盖第三方软件提供商使用的开源代码，由法务核实开源代码的可用性。

如果第三方软件提供商只提供目标代码，而不提供开源代码，企业必须从他们那里获得一份确认的开源组件清单，以列出这些第三方软件中使用的所有开源代码，同时提交一份合规声明，保证开源代码的可用性。

通过合作合同明确约定第三方软件提供商的开源合规义务，以及触发开源合规风险时的赔偿责任。

企业在采购前，还应考察供应商的资质，如是否通过开源相关认证以及是否有开源典型案例，考察供应商是否制定了较为完善的开源制度、流程，是否引入了开源扫描工具等，都可以帮助企业判断软件供应商的开源合规水平。

当企业在涉及投资并购项目时，对于高科技类项目或企业关注的重点会涉及技术及软件，若该部分作为并购项目的关键估值则对于开源软件的识别和合规评估就十分重要。

例如，A 公司是一家高新技术企业，其主要提供人工智能的软硬件一体化产品及服务，B 公司主要从事人工智能相关系统软件的研发，A 公司经调研发现 B 公司的核心技术为拓展 A 公司国际市场具有战略意义，因此，计划通过购买或投资方式获得 B 公司的核心技术，在采买过程中发现，B 公司在软件托管平台 GitHub 上对部分技术模块和源码存在公开情形。本案例中，B 公司根据上述清单需要对其开源事实进行梳理，通常情况下，除在软件托管平台 GitHub 已公开部分的说明之外，基于开源软件的特性，对于未公开部分从合规层面也应进一步予以梳理，很多研发人员也会采用技术工具对源码进行统一扫描，以识别和分析在公司源码中涉及的第三方源码、安全漏洞等情形，并在最后形成统一的调查报告，提交给合规部门分析和整改。

企业开源合规尽职调查的问题清单如下：

- 是否能提供正在使用的开源组件的准确、实时清单。
- 企业对于开源合规的政策及其流程。
- 如何确保遵守开源许可协议义务。
- 如何识别和修复已知的安全漏洞。
- 如何培训研发人员。

基于开源软件供应链，企业需根据其所在阶段和需求目的的不同对开源许可协议予以审核，以满足不同的业务场景。上述案例中，对于 A 公司来讲，其核心在于获得 B 公司的核心技术，但基于 B 公司的开源事实，A 公司需要从法律合规层面启动对 B 公司的开源合规审核。

第12章

刑事合规

12.1 企业刑事合规基本理论

12.1.1 企业刑事合规的起源与发展

12.1.1.1 企业刑事合规的起源

企业合规是企业为有效防范、识别、应对可能发生的合规风险所建立的一整套公司治理体系，刑事合规即为避免司法机关刑事追究的风险而建立的治理体系。[1]合规纳入刑法源于美国，起始于1987年美国联邦量刑委员会制定的《美国联邦量刑指南》，该指南最初只适用于自然人。1991年，该指南增加了一章针对企业的量刑指南——"组织量刑指南"。在"组织量刑指南"中，第一次将合规体系的建设和有效的合规计划作为减轻处罚的重要情节。如果企业建立了有效的合规体系或者计划，就可以在出现刑事犯罪时，被减轻刑事处罚。这是合规历史上的一大创举。之后，1999年，美国联邦司法部发布《联邦起诉商业组织的原则》，规定联邦检察官在决定对企业是否提起公诉时要考虑九个因素，比如犯罪的性质、公司类似违规行为的历史、是否有整改方案、是否有合规计划等，其中三个因素与合规相关。[2]至此，美国开始把合规体系的建立作为是否提起公诉的依据，这是合规历史上的又一大创举。

12.1.1.2 企业合规不起诉制度的起源与发展

企业合规不起诉制度在美国起源并发展。这一模式最初适用于未成年人犯罪，而非企业犯罪，经历了从雏形到定型两个发展阶段，逐步演变为如今的合规不起诉制度。庭前转处制度（pre-trial diversion agreement）是合规不起诉制

---

[1] 参见陈瑞华. 企业合规的基本问题 [J]. 中国法律评论，2020 (1)：178-196.
[2] 参见陈瑞华. 企业合规的基本问题 [J]. 中国法律评论，2020 (1)：178-196.

度的雏形。1914 年，美国芝加哥少年法庭为使涉嫌轻微犯罪的未成年人避免被贴上犯罪的标签，更好地回归社会，在刑事司法程序前实行庭前转处制度，规定了一定的考验期，在考验期内由缓刑机构监督和考察被告人，被告人在考验期内履行相应义务的，作出不起诉决定。1962 年，庭前转处制度的适用范围进一步扩大，扩展至吸毒犯罪案件。在罗宾逊诉加利福尼亚州案中[1]，联邦最高法院认为在一个人没有实施犯罪行为仅仅因其吸毒成瘾就将其监禁，即使是短期的监禁也构成残酷和不寻常的惩罚，进而将庭前转处制度扩展至此类案件。1974 年，美国国会颁布《美国迅速审判法案》，正式将审前转处制度写入立法。[2]在雏形阶段，庭前转处制度仅适用于未成年人犯罪和毒品犯罪，但其中蕴含的犯罪去标签化的考量，表明企业合规不起诉在 20 世纪的美国就有了一定的制度雏形。

1990 年，美国司法部颁布《美国检察官手册》，该手册以《美国联邦量刑指南》为基础，明确将合规不起诉制度适用于企业犯罪案件，并首次详细规定了检察官适用合规不起诉或者合规暂缓起诉的具体要求。[3]之后，庭前转处制度作为企业合规不起诉制度的重要表现形式，在美国刑事司法实践中得以适用，并成为美国刑事诉讼中决定是否起诉涉嫌犯罪企业的法定因素，[4]且逐步扩展到其他国家及地区，英美法系和大陆法系国家均在借鉴美国企业合规不起诉制度的基础上，逐渐形成了自己的刑事合规体系。例如，2010 年《英国反贿赂法》规定，企业涉嫌商业组织预防贿赂失职罪时，若其提出已经制定预防贿赂的"充分程序"并以此进行有效抗辩，则不需要承担刑事责任。[5]再如，法国的"基于公共利益的司法协议"制度，根据这一制度，检察机关可以与涉嫌犯罪的企业进行协商，要求涉案企业交纳罚款、赔偿被害人损失，并承诺在三年考验期内完成合规制度的建立或完善工作，在此基础上签订协议，三年考验期满之后经审核确定涉案企业已履行协议内容的，检察机关经向法院申请可放弃

---

[1] Robinson v. California, 370 U.S. 660, 665-667 (1962).

[2] Speedy Trial Act of 1974, §§3152-3154.

[3] U.S. Dept. of Justice, U.S Attorneys, Manual (1990), §9-27.220. 按照《美国检察官手册》规定，检察官在决定是否起诉一家企业或者与之进行认罪协商时，该企业是否承诺和实行有效的合规计划以及在执法调查中是否合作配合是重要的考量因素。

[4] 参见肖沛权. 企业合规不起诉制度的实践流变、价值及其构建 [J]. 山西大学学报（哲学社会科学版），2021（5）：153-160.

[5] 参见陈瑞华. 英国《反贿赂法》与刑事合规问题 [J]. 中国律师，2019（3）：81-83.

公诉程序。[1]

12.1.1.3 暂缓起诉制度与附条件不起诉制度的起源与发展

根据1974年通过的《美国快速审理法案》，美国联邦检察官可以对轻微刑事案件作"暂缓起诉协议"（Deferred Prosecution Agreement，DPA）和"不起诉协议"（Non-Prosecution Agreement，NPA）两种方式的处理。[2]企业暂缓起诉制度来源于暂缓起诉协议，最初只用于改造未成年犯和非暴力毒品犯。[3]该协议最早应用于企业，源于1994年美国的Prudential Securities案，是适用暂缓起诉协议处理法人犯罪的第一案。2003年，美国颁布《汤普森备忘录》，正式确立了法人暂缓起诉制度。[4]随后，多个国家确立了企业暂缓起诉制度。2013年，英国颁布《英国犯罪与法院法》，正式确立企业暂缓起诉制度，该制度基本是美国制度的翻版。2016年，法国颁布《萨宾第二法案》，正式引入企业暂缓起诉制度。2018年，加拿大、澳大利亚等国也相继确立了企业暂缓起诉制度。[5]在我国企业合规不起诉试点过程中，出现了两种做法，检察建议和附条件不起诉制度。借鉴国外的企业暂缓起诉制度，我国的企业附条件不起诉制度正在逐步建立完善中。我国的企业附条件不起诉制度是指对于企业轻微犯罪案件，检察机关在审查起诉的过程中，与企业签订以进行合规建设为主要内容的附条件不起诉协议，并设立考察期，一般为6—12个月，期满后经审查评估通过的，可以依法作出不起诉决定。

12.1.2 企业刑事合规的适用范围

企业合规机制的构建是暂缓起诉协议的有机组成部分。无论是美国的暂缓起诉协议或不起诉协议，还是英国、加拿大、澳大利亚、新加坡、法国等国家确立的暂缓起诉协议，都将企业重建合规体系纳入协议之中，并将其作为检察机关暂缓起诉的重要附加条件。可以说，那些涉嫌严重经济犯罪的企业承诺重建合规计划，已经成为检察机关与其达成暂缓起诉协议的前提；这些企业对合

---

[1] 参见陈瑞华.法国《萨宾第二法案》与刑事合规问题[J].中国律师，2019（5）：81-83.
[2] 参见陈瑞华.企业合规视野下的暂缓起诉协议制度[J].比较法研究，2020（1）：1-18.
[3] See Matt Senko, Prosecutorial Overreaching in Deferred Prosecution Agreements, 19 Southern California Inter disciplinary Law Journal 163（2009）.
[4] 参见叶良芳.美国法人审前转处协议制度的发展[J].中国刑事法杂志，2014（3）：133-143.
[5] 参见陈瑞华.企业合规视野下的暂缓起诉协议制度[J].比较法研究，2020（1）：1-18.

规计划的完善情况，也成为检察机关最终放弃起诉的重要依据。[1]

与检察官达成暂缓起诉协议或者不起诉协议的企业，在考验期结束后会被宣告无罪。[2]不过，这两种审前转处协议之间仍有细微的差异。通常来说，对于已经提起公诉的案件，检察官可以与涉案企业达成暂缓起诉协议。暂缓起诉协议会记载有关的犯罪事实，需要取得法官的批准。而对于尚未提起公诉的案件，检察官则可以与企业达成不起诉协议。这种协议不需要法官的批准，一般也不需要记录有关犯罪事实，完全由检察官与涉案企业通过协商来达成协议。[3]可见在达成附条件不起诉协议的过程中，检察官享有更充分的自由裁量权。

12.1.2.1 适用范围

从世界范围来看，暂缓起诉制度主要有两种模式，一是美国模式，二是英国模式。在美国，暂缓起诉协议同时适用于企业犯罪和自然人犯罪。不仅如此，其适用范围很广，原则上除涉及国家安全、外交事务和政府官员违反公共信任的案件外，都可以适用暂缓起诉协议。[4]不过，《美国联邦量刑指南》在决定合规管理制度的具体内容时，特别重视以下三个要点：企业组织规模，经营性质，犯罪前科。相较而言，英国暂缓起诉制度的适用范围就狭隘得多。首先，英国暂缓起诉协议不适用于个人犯罪。其次，英国暂缓起诉协议也不适用于所有企业犯罪，而只能适用于特定的企业犯罪。[5]

总之，多数国家对暂缓起诉制度适用的对象和范围均有所限定。从适用对象上讲，暂缓起诉制度的适用对象具有选择性，适用暂缓起诉协议的企业主要为大型跨国公司、大型上市公司。大型企业在维持国民经济平稳运行中扮演着重要角色，一旦大型企业破产，极易引发大规模失业，影响社会稳定和经济发展。如何防止大型企业被起诉定罪而引发水波效应，是企业犯罪刑事追诉中的关键性问题。也正是因为大型企业"牵一发而动全身"的高风险性，应当使其

---

[1] 参见陈瑞华. 企业合规视野下的暂缓起诉协议制度 [J]. 比较法研究, 2020 (1): 1-18.

[2] See Cindy R. Alexander & Mark A. Cohen, The Evolution of Corporate Criminal Settlements: An Empirical Perspective on Non-Prosecution, Deferred Prosecution, and Plea Agreement, 52 Am. Crim. L. Rev. 537 (2015). 转引自陈瑞华. 企业合规视野下的暂缓起诉协议制度 [J]. 比较法研究, 2020 (1): 1-18.

[3] 参见陈瑞华. 企业合规视野下的暂缓起诉协议制度 [J]. 比较法研究, 2020 (1): 1-18.

[4] See Deferred Prosecution Agreements: Key Differences Between the US and UK, Marsh (Feb. 2018), https://www.marsh.com/us/insights/research/deferred prosecution agreements key differences between the us and uk. Html.

[5] 参见欧阳本祺. 我国建立企业犯罪附条件不起诉制度的探讨 [J]. 中国刑事法杂志, 2020 (3): 63-76.

成为暂缓起诉制度的核心适用对象。若将暂缓起诉制度的适用对象局限在中小微企业，将折损制度应有的效能。从适用范围上讲，暂缓起诉制度多适用于严重的经济类犯罪，同时也包含其他较为轻微的犯罪。暂缓起诉制度的适用弹性是巨大的，几乎可以涵盖所有的企业经济类犯罪，尤其是在处理严重企业犯罪时可以更好地发挥其制度价值。[1]

12.1.2.2 企业刑事合规的适用可能性

（1）优势。

首先，我国刑事诉讼法已经确立了刑事和解制度和认罪认罚从宽制度，两者都包含着协商性司法的因素，而暂缓起诉制度也具有协商性司法的性质，属于检察机关与涉案企业通过协商和妥协达成协议的制度，这与刑事和解制度和认罪认罚从宽制度具有本质上的相似性。[2]这种相似性为企业刑事合规制度的引进奠定了观念上的认同基础。甚至有实务人员表示："对于单位犯罪而言，'认罪认罚从宽＝合规从宽'。"[3]实践中，检察机关往往将涉案企业"认罪认罚"作为适用合规不起诉制度的前提条件。

其次，我国政府监管部门正在以行政主导的方式全面推行企业合规管理体系建设，甚至逐步确立强制合规、合规考核、合规认证等制度，而暂缓起诉制度在鼓励企业配合调查的前提下，促使其重建合规计划、接受全流程合规监控，又恰恰是推动企业建立合规计划的有效途径。

最后，我国刑事司法实践表明，对于企业的经济犯罪行为，仅仅依靠"严刑峻罚"是无法解决问题的。无论是政府主管部门还是司法部门，都已经意识到，对于民营企业，动辄采取查封、扣押、冻结等强制性处分措施，或者动辄加以定罪并将涉案财物加以追缴，甚至导致企业破产，这必然会带来不可挽回的社会损失，既损害企业经营者的利益，也侵犯国家利益和社会公共利益。在此背景下，通过推进合规管理体系建设，促使企业依法依规经营，才是治理企业犯罪的有效方式。而暂缓起诉制度所包含的检察机关督促企业重建合规计划等要素，显然符合我国针对民营企业所采取的重保护、轻惩罚的刑事政策。[4]

在检察阶段，企业刑事合规制度可运用于不起诉、撤销起诉、暂缓起诉、

---

[1] 参见童椿楠．企业合规附条件不起诉制度研究［D］．浙江工商大学硕士学位论文，2022．
[2] 参见陈瑞华．企业合规视野下的暂缓起诉协议制度［J］．比较法研究，2020（1）：1-18．
[3] 李勇．检察视角下中国刑事合规之构建［J］．国家检察官学院学报，2020（4）：99-114．
[4] 参见陈瑞华．企业合规视野下的暂缓起诉协议制度［J］．比较法研究，2020（1）：1-18．

认罪认罚等程序中。而在法院的司法审查阶段，企业刑事合规制度主要可以应用于出罪和减免罪责（即将刑事合规运行情况作为单位犯罪的量刑情节）两个方面。[1]另外，企业刑事合规也可在入罪方面发挥作用，比如作为判定网络平台主观罪过的重要根据，判定平台是否具有作为可能性或结果避免可能性等。[2]

（2）障碍。

首先，在当下中国，缺少具体制度安排的企业刑事合规还无法成为检察机关不起诉的依据。因为我国刑事诉讼法为防止检察机关自由裁量权的滥用，对其相对不起诉的决定施加了重重限制。对于那些依据刑法已经构成犯罪的案件，只有在情节显著轻微的情况下，才可以作出酌定不起诉的决定。在自由裁量权十分有限的情况下，检察机关对于起诉的社会效果是难以认真考量的，而注定只能机械地适用法律，规规矩矩地照章办事。其次，按照我国的政权组织形式，检察机关并不是行政机关的组成部分，而是独立行使职权的司法机关。对建立合规计划的企业予以暂缓起诉，固然可能给企业、员工、投资人、社会公众乃至政府经济发展带来显而易见的利益，但在现有制度之下，检察机关是否具有足够的动力与涉案企业达成这种暂缓起诉协议，这是存在疑问的。最后，企业合规计划的制订和完善，取决于检察机关的监督。检察机关的监督方式主要是听取涉案企业的合规报告，派驻合规监察官，对企业合规计划的有效性进行评估。而按照我国的检察体制，检察机关主要从事审查逮捕和公诉工作，具有强大的刑事追诉动力。对企业合规计划推进情况的监督，显然与检察机关固有的追诉犯罪的使命没有必然联系。[3]以上这些问题表明，在引入企业刑事合规制度时，绝不能直接全盘移植而忽略了我国的现实情况。

12.1.2.3 企业刑事合规的适用必要性

（1）经济角度。

随着我国改革开放的深入推进，越来越多的跨国企业进入中国，企业合规制度逐渐被这些企业的中国分支机构所建立。一些律师事务所开始为这些外国企业的中国分支机构提供合规服务。同时随着中国企业前往欧美乃至其他国家和地区进行投资、经营或者上市，如何遵守所在国家和地区的法律法规，规避

---

[1] 参见孙国祥.刑事合规的理念、机能和中国的构建[J].中国刑事法杂志，2019（2）：3-24.

[2] 参见于冲.网络平台刑事合规的基础、功能与路径[J].中国刑事法杂志，2019（6）：94-109.

[3] 参见陈瑞华.论企业合规的中国化问题[J].法律科学（西北政法大学学报），2020（3）：34-48.

现实的法律风险，已经成为中国企业面临的重要挑战。在海外投资、经营或上市的中国企业，一旦走出国门，就面临着越来越严格的合规管理要求，逐步促进了企业合规机制在我国的发展。[1]

（2）行政角度。

目前，我国政府监管部门正通过行政主导的方式全力推进企业的合规管理体系建设，通过强有力的行政立法和执法手段，对中国企业建立有效的合规计划方面施加越来越大的压力。同时，随着企业合规管理体系的引入，一些源自西方的公司治理理念也被随之引入中国，逐渐为监管部门和企业所接受，越来越多的国有企业和民营企业也开始重视合规计划的构建问题。[2]

（3）法律角度。

首先，随着法治社会建设臻于完善，司法的目标不再是追求对涉罪企业的有罪判决和惩罚，而是期待企业改革其内部的规章制度，预防再次犯罪，刚性的法人刑事责任归责原则逐渐轻缓或者变通。[3]企业刑事合规制度恰恰顺应了这种化刚为柔的治理理念。

其次，从现实角度来看，我国企业犯罪的数量增长迅速，而现有的企业犯罪追责体系缺陷明显，"相对不起诉+绝对起诉"的企业犯罪不起诉制度无法起到预防企业犯罪的效果。[4]尽管可以为企业刑事合规找到一些法律依据，但这只是建构刑事合规的逻辑起点，仍需建立一系列配套制度。[5]暂缓起诉制度的出现，就是为检察机关处理企业犯罪问题提供了一条新的道路。这一制度承继了辩诉交易或控辩协商中的协商性司法因素，但同时设置考验期，促使涉案企业承认犯罪事实，配合调查，完善合规计划，并在涉案企业完成合规计划的重建后，放弃对企业的起诉，使其被宣告无罪。可以说，这是一种协商性司法与合规激励机制的有机组合体，对于涉案企业重建合规计划能够产生极大的激励效果，同时又发挥了刑事处罚所固有的报应和威慑的功能，还避免了因对企业定罪而可能"伤及无辜者"的负面后果。[6]

---

[1] 参见陈瑞华. 论企业合规的中国化问题 [J]. 法律科学（西北政法大学学报），2020（3）：34-48.

[2] 参见陈瑞华. 企业合规视野下的暂缓起诉协议制度 [J]. 比较法研究，2020（1）：1-18.

[3] 参见孙国祥. 刑事合规的理念、机能和中国的构建 [J]. 中国刑事法杂志，2019（2）：3-24.

[4] 参见童椿楠. 企业合规附条件不起诉制度研究 [D]. 浙江工商大学硕士学位论文，2022.

[5] 李勇. 检察视角下中国刑事合规之构建 [J]. 国家检察官学院学报，2020（4）：99-114.

[6] 参见陈瑞华. 企业合规视野下的暂缓起诉协议制度 [J]. 比较法研究，2020（1）：1-18.

12.1.3 企业合规不起诉制度在我国的应用与发展

我国自 2020 年 3 月开启涉案企业合规改革试点工作，在上海金山、江苏张家港、广东深圳南山等 6 家基层人民检察院开展第一期企业合规改革试点。2021 年 3 月，最高人民检察院扩大合规试点范围，在北京、浙江、辽宁等 10 个省份的 27 个市级检察院、165 个基层检察院积极推进，截至 2021 年 8 月共办理涉企业合规案件 206 件。[1]

12.1.3.1 应用模式

一些地方检察机关开始尝试在审查起诉程序中引入企业合规机制，推行了一种颇具特色的"企业合规不起诉制度"。[2]我国现行《刑事诉讼法》规定的 5 种不起诉包括证据不足不起诉，法定不起诉，相对不起诉，认罪认罚特殊不起诉，未成年人附条件不起诉。现阶段我国检察机关对涉案企业所适用的合规不起诉，基本上属于相对不起诉。[3]

（1）适用范围。

关于相对不起诉，根据我国《刑事诉讼法》第 177 条第 2 款规定，只有对犯罪情节轻微，依照《刑法》规定不需要判处刑罚或者免除刑罚的企业犯罪，人民检察院才能够作出相对不起诉的决定。而《刑法》第 37 条中的"犯罪情节轻微"，是指"已经构成犯罪，但犯罪的性质、情节及危害后果都很轻"。因此，对于《刑法》中明确规定了"情节严重""后果严重"的企业犯罪，就不能适用相对不起诉。[4]而在改革探索中，检察机关往往将合规不起诉的适用对象确定为直接负责的主管人员和其他责任人员依法应被判处 3 年有期徒刑以下刑罚的案件，招致诸多质疑。其一，检察机关对于侦查机关立案侦查的企业高管涉嫌犯罪案件，也适用合规不起诉制度，使得这一制度的适用范围超出了"企业犯罪案件"的范围。其二，合规不起诉制度只能适用于情节轻微的企业犯罪案件，而对于涉案金额较大的企业犯罪案件，则没有适用这一制度的空间。尽管在少数检察机关的改革方案中，合规不起诉制度也被扩大适用到法定刑在 3 年

---

[1] 参见邱春艳. 以企业合规做实对民营企业的依法"平等"保护——第三届民营经济法治建设峰会上的"检察好声音"[EB/OL]. 中华人民共和国最高人民检察院，2021［2022-06-12］. https://www.spp.gov.cn/tt/202109/t20210903_528485.shtml.

[2] 参见陈瑞华. 企业合规不起诉制度研究[J]. 中国刑事法杂志，2021（01）：78-96.

[3] 参见陈瑞华. 企业合规不起诉制度研究[J]. 中国刑事法杂志，2021（01）：78-96.

[4] 参见童椿楠. 企业合规附条件不起诉制度研究[D]. 浙江工商大学硕士学位论文，2022.

以上10年以下的单位犯罪案件，但被施加了诸多限制性条件。其三，从各地检察机关的改革探索情况来看，适用合规不起诉的企业大都是一些存在经营困难的"中小微企业"，这在很大程度上限制了检察机关推进企业合规建设的力度。[1]

（2）路径模式。

根据企业建立合规体系所依据的程序路径，合规不起诉制度可分为"检察建议模式"和"附条件不起诉模式"两种。检察建议模式是指检察机关在对企业作出相对不起诉决定的同时，向其送达检察建议，要求其在一定期限内建立专项合规体系。[2]这种检察建议对于企业的约束力较为有限，因为无论企业如何推进合规体系建设，检察机关都不会对企业作出相应的奖励或者惩罚。

在附条件不起诉模式下，检察机关对于提交合规计划的企业，作出暂缓起诉、合规考察或者附条件不起诉的决定，设定一定的考验期，责令其聘请合规监管人，后者对企业合规进展情况进行全流程监管，并定期提交合规进展报告，在考验期结束后，检察机关根据企业合规的推进情况，作出是否提起公诉的决定。[3]目前，我国开展企业合规改革探索的检察机关，绝大多数推行的是附条件不起诉模式。[4]

12.1.3.2 具体实践

（1）公开听证+不起诉+检察建议+回访。

检察机关首先通过召开公开听证会的方式对涉案企业能否适用不起诉的问题，征询人民监督员、工商联、企业代表、行政监管部门等与会人员的意见和建议，在综合案件事实、情节、与会建议等因素的基础上，对涉案企业作出是否起诉的决定。对作出不起诉决定的企业，再通过对其发出检察建议或与其签署合规监管协议的方式，要求企业围绕涉嫌罪名及其相关领域的企业内部治理结构、管理模式、人员配置等方面开展合规整改，构建起有效的企业合规机制。最后通过回访、召开座谈会、举办回复会等方式对企业的合规建设情况进行验收，提出进一步整改意见或终止对企业的合规监管。

此种模式的特点在于先行作出不起诉的决定，后通过检察建议、签署协议

---

[1] 参见陈瑞华.企业合规不起诉制度研究［J］.中国刑事法杂志，2021（1）：78-96.

[2] 参见简宁.合规检察建议+相对不起诉，长宁检察护航企业"轻装"再出发［EB/OL］.长宁检察在线，2020［2020-11-06］. https://mp.weixin.qq.com/s/3eLcNuEUkb-NvnQarSNzb. 转引自陈瑞华.企业合规不起诉制度研究［J］.中国刑事法杂志，2021（1）：78-96.

[3] 参见陈瑞华.企业合规不起诉制度研究［J］.中国刑事法杂志，2021（1）：78-96.

[4] 参见陈瑞华.企业合规不起诉制度研究［J］.中国刑事法杂志，2021（1）：78-96.

等方式推动企业开展合规整改。

(2) 第三方机制+公开听证+不起诉。

"第三方机制+公开听证+不起诉"是指在涉企案件中，检察机关首先要求企业进行合规整改，对其作出合规考察的决定，并对其适用第三方监管评估机制，由第三方主体协助涉案企业制订合规计划，并对其合规建设情况进行持续监管和最终评估。其次通过召开公开听证会的方式，取得与会人员的倾向性意见。最后结合第三方主体提交的评估验收报告、听证会倾向性意见、犯罪情节等因素作出不起诉的决定。

此种模式的特点在于先运用第三方监管评估机制对涉案企业的合规整改情况进行合规监管和评估，后结合第三方主体形成的合规评估验收结果作出不起诉的决定，是一种附带合规条件的不起诉决定。

(3) 检察建议+公开听证+不起诉。

"检察建议+公开听证+不起诉"是指在涉企案件中，检察机关首先向涉案企业制发检察建议，要求企业开展合规整改，其次通过公开听证的方式对企业的合规整改情况进行评估验收，或自行进行评估验收，最后综合犯罪的事实、情节、企业合规整改情况、与会人员的意见等，对企业作出不起诉的决定。

该种做法的特点在于先对涉案企业提出合规整改的检察建议，后综合评估结果、各方因素对企业作出不起诉的决定，其实质是一种附条件不起诉。

三种做法各具特色和各有优劣，然此三种做法的内核具有一致性，皆蕴含着合规附条件不起诉的精神内涵。以上三种试点做法中，以"第三方机制/检察建议+公开听证+不起诉"这两种做法的应用最为广泛，"不起诉+检察建议"的做法由于对涉案企业形成的约束力不强，在实践中的适用率在逐渐降低。而无论是"第三方机制+公开听证+不起诉"，还是"检察建议+公开听证+不起诉"，其实质是对企业最终的不起诉决定附加了合规条件，要求企业在规定的合规整改期内建成有效的合规机制，履行各项义务，并且经考察评估主体验收评估合格后，企业才能最终获得不起诉的程序奖励。这与我国现有的附条件不起诉制度的运行模式极为相似。且实践中已经出现了极为相似的企业合规附条件不起诉的实际案例，例如大连瓦房店市人民检察院在某水泥制造公司及犯罪嫌疑人谢某某等人污染环境案中，明确提出了适用合规考察制度，要求设立考察期，由检察机关对涉案企业的合规计划进行监督考察，最终作出是否提起公诉的决定。

"第三方机制/检察建议+公开听证+不起诉"的做法、合规考察制度与附条件不起诉制度的本质内涵几乎一致，但由于法律限制，当前法定的附条件不起诉制度并不能直接适用于涉企案件中，只能以"企业合规+不起诉"的方式呈现。企业合规附条件不起诉制度的建设面临着立法和实践的双重难题，企业合规改革逐渐步入"深水区"，如何实现企业合规附条件不起诉的制度化和规范化是当前亟须解决的问题。[1]

一般认为，《刑法修正案（九）》增设的拒不履行信息网络安全管理义务罪、非法利用信息网络罪和帮助信息网络犯罪活动罪为新型网络犯罪。除具有传统网络犯罪的共性外，新型网络犯罪也具有自己的特性，并不断发展出新的特点和趋势。新型网络犯罪为其他网络犯罪提供支持，加重了网络犯罪的危害。新型网络犯罪具有独立性、黑灰产化、微犯罪化、主体作用化等特性。这类网络犯罪与直接侵犯计算机信息系统安全或其他传统法益的传统网络犯罪不同，其不直接引起前述法益侵害的后果或危险，却为传统网络犯罪提供了关键的环境条件和技术支持，使网络犯罪案件侦诉审难度更大。[2]并且，这类网络犯罪逐步呈现出犯罪行为集体化，单位犯罪逐渐增多以及跨域性明显，犯罪结果危害大的趋势。[3]在这种趋势下，新型网络犯罪的企业合规尤为必要，既能够对企业进行有效的合规治理，实现犯罪预防和风险防范，又能够起到整治网络环境、维护网络安全的治理效果。

12.2 企业刑事合规中的有效性合规管理标准

12.2.1 企业刑事合规中的有效性标准

12.2.1.1 美国司法部《企业合规计划评估指南》有效性评价方案[4]

2020年，美国司法部更新了《企业合规计划评估指南》（原版为2019年4月发布），作为涉罪企业刑事责任确定的重要依据，强调了企业合规管理体系的充分性和有效性。

---

[1] 参见童椿楠.企业合规附条件不起诉制度研究[D].浙江工商大学硕士学位论文，2022.
[2] 皮勇.新型网络犯罪的防范与治理[J].犯罪研究，2021（6）：11-17.
[3] 参见顾晓军，李文强.网络犯罪新趋势：犯罪产业链渐现[N].检察日报，2020-11-03（7）.
[4] 美国司法部（DOJ）.企业合规计划评估指南[S/OL].2020［2022-05-03］.https://www.justice.gov/criminal-fraud/page/file/937501/download.

(1) 主要内容。

①企业合规机制的搭建：企业的合规程序是否设计良好？

风险评估方面，包括是否具备风险管理流程，与风险相适应的资源配置，风险评估的定期审查、更新和修订（是快速的及时性修订，还是根据不同职能部门的运营数据和信息进行持续性修订；是否据此对政策、机制和内控进行相应更新），以及过往的经验教训。

政策和程序方面，涵盖设计与更新，全面性与公开性（是否向员工、子公司及第三方等传达政策、政策是否被公开、是否容易被员工获取、是否持续追踪并了解哪些政策吸引了相关员工更多的注意）的审查，以及是否具备融入日常经营与内控机制，是否向合规内控人员提供指导和培训等。

培训和沟通方面，是否与风险相适应的培训，对培训的形式、内容和有效性（线上、线下培训中员工是否有途径提问，如何处理未能通过全部或部分测试的员工；是否检测培训的效果），针对不当行为对员工传达的态度，员工可获得的指导等。

匿名举报机制和调查流程方面，须核查举报机制的有效性（是否有机制检测员工知晓举报途径、员工对举报途径是否有任何问题），内部调查的开展、调查范围的合理性、调查的独立性和客观性、调查文件留存、调查主体等，对调查结果的响应和追责，对举报和调查机制的资源投入及结果追踪（是否定期检测举报机制的有效性）。

第三方管理方面，须考察与风险相适应的第三方管控流程及与企业采购和管理流程的融合，适当的管控（使用第三方的必要性和合理性、与第三方的合同条款）、第三方的管理与监督（主要针对第三方的奖惩机制、审计权、对第三方的全周期管控），风险点的实时监督和处理等。

并购方面，制度设计是否包含尽调流程（投资前完成尽职调查），并购流程中的合规整改及流程，从投资前尽职调查到投资后实施合规管控措施的流程（投资后对被收购主体实施合规政策和程序、投资后审计的流程）。

②企业合规机制的实施：企业合规程序是否得到了认真且诚实地实施？

第一，中高层领导的合规承诺，包括管理层人员（言行的合规性、向员工传达的合规态度、如何处理业务或收入与合规风险的关系），中高级管理人员的合规行动与承诺，董事会、审计人员的合规监督（具体措施）等。

第二，自治和资源，涉及合规架构（合规组织汇报线、合规官、合规人员、选择当前合规架构的原因），合规组织的权威和地位，合规人员的经验和资历（对合规内控人员的培训和发展），对合规的人员投入和资源支持，数据资源与便利（合规人员在行使职能时利用和获取数据资源的便利性及障碍，如果存在障碍，如何解决），合规职能的独立性（向董事会/审计委员会直接汇报的权力、汇报频率等），合规职能的外包（是否外包；如存在外包，如何进行监管）。

第三，奖惩措施，包含奖惩措施的人事流程，奖惩措施适用的一致性（是否在组织内统一适用、合规职能是否监督内部调查及根据调查结果适用惩处措施的一致性），激励机制（如何奖励合规行为）等。

③企业合规机制的有效性：在实践中，企业的合规程序是否有效？

首先，持续性改善、定期检测和审查，其内容包括内部审计，内控检测，风险评估、政策、机制和程序等的持续性更新（是否基于自身不当行为和/或其他公司面临的类似风险更新企业合规机制），合规文化。

其次，不当行为的调查，既包括内部调查范围合理性、独立性、客观性和文件留存，也包括内部调查结果的跟进、应对（惩处、追责、问题发生的根源分析）。

最后，潜在不当行为的分析和补救，其流程须贯穿始终，包括问题根源分析，此前的合规漏洞，付款流程漏洞与改善，供应商管理，此前不当行为的风险预示，补救措施，追责等。

（2）2020年的主要更新。

与先前的指南相似，更新后的指南依旧强调合规体系的有效性，并且最近数次的更新也为企业的法律与合规部门提供了进一步的澄清与解释，以帮助理解指南的内容。

更为重要的是，最新的指南改变了检察官三个基本问题之一的询问方式，即"合规体系是否得到公司认真且诚实地实施？"而之前的指南要求检察官审查公司的合规体系是否"得到了有效实施"。更新后的指南具体阐明了这一问题的关键是什么，即要求检察官审查公司的合规体系是否"有足够的资源和权力来有效运作"。

除此之外，新的指南作出的显著改变还包括：

第一，合规职能部门能否访问相关数据十分重要：更新后的指南首次谈到合规体系如何能够访问"相关数据源"，是否能够及时访问数据，以及此类访问是否存在障碍。

第二，强调树立能够立即解决不当行为的动态政策：更新后的指南强调公司应当具备追踪其合规体系有效性的能力，并且公司要能够及时更新现有的政策，从而能够从内部和行业的不当行为中吸取教训。

第三，更加注重并购后的尽职调查和合规整合：更新后的指南更深入地阐述了企业如何应对并购后的尽职调查，并将新的收购整合到现有的公司合规框架中。

第四，进一步澄清政策的可及性：更新后的指南进一步澄清了合规政策应便于相关员工访问，并建议公司跟踪其政策的可及性和培训的有效性。

第五，扩展第三方风险评估：更新后的指南扩展了有关第三方管理的一些做法，并且还关注公司在聘用第三方过程中或在整个第三方被聘用期间是否进行了第三方风险管理。

第六，强调公司各级参与合规的重要性：更新后的指南强调公司各级参与合规的必要性，包括在中级管理层实施合规文化。

12.2.1.2 《合规管理体系　要求及使用指南》(ISO 37301) 有效性评价方法

(1) 评价方案的分析前提："新三要素说"。

关于合规管理体系的构成要素，学界和业界既存的观点包括三要素说、六要素说以及九要素说。其中，三要素说是指，有效的合规管理体系一般由3个相互依赖的要素组成：董事会和管理层的监督管理、合规管理计划以及合规管理审计。[1]六要素说从实践出发，指以下六个要素组成的闭环：合规义务、合规目标、合规风险、合规团队、合规措施有效性和持续改进。[2]也有观点认为三要素说实际上包含了六要素说。[3]而所谓九要素说则将流程步骤划分得更加具体。

顾名思义，"合规管理体系"，其建立目的是规范组织行为，使得组织"合规"。因而，为免疏漏且更加灵活地实现"因地制宜"，在此从"合规"的定义出发，尝试探讨合规管理体系的构成包括如下三要素，称为"新三要素"：第一，主体要素，即组织（Organization）本身以及控制管理组织的主体；第二，客体要素，即合规义务（Compliance Obligation），是以明示形式确定下来的强制性合规要求和非强制性合规要求，用以衡量组织最终需实现的合规目标及其程度；第三，行为要素，是指使得主体（组织）能够遵守客体（要求）的一个或

---

[1] 黄毅，张晓朴，李劲松，等. 合规管理原理与实务 [M]. 北京：法律出版社，2009.
[2] 胡国辉. 企业合规概论 [M]. 北京：电子工业出版社，2018.
[3] 郭青红. 企业合规管理体系实务指南 [M]. 北京：人民法院出版社，2019 (3)：33.

一系列活动或过程，如合规管理制度流程、监督核查机制等，这些活动或过程将确保组织"合规"的目的最大程度的达成和实现。

（2）ISO 37301 有效性评价体系的主要内容。

ISO 37301 中所构建的合规管理体系可以分为组织环境、领导作用、策划、支持、运行、绩效评价和持续改进七个主要模块。具体而言，其包括从对环境组织的评估，到目标的设定、原则的确立，再到领导力主导下的计划、执行、检查和改进流程，不仅是对传统管理流程 PDCA 的完善，同时也结合了合规管理的特点与要素，丰富了流程的各个环节。

第一，组织环境方面，包括确定与其目标相关的、影响其实现合规管理体系预期结果能力的外部和内部问题，对相关方的需求和期望的充分考量，确定合规管理体系的范围，确保合规管理体系应反映组织的价值观、目标、战略和合规风险，设立相应的合规义务和风险评估。

第二，领导作用方面，包括领导力与承诺的作用，治理机构和最高管理层的职责，合规文化以及合规治理；合规方针的制定；组织合规的角色、职责和权限。

第三，策划方面，包括合规风险和机遇的应对措施，合规目标和实现计划，以及计划的变更。

第四，合规资源配备和支持方面，包括各类合规资源的整合，合规人员能力的提升，公司员工合规意识的增强，合规沟通，以及文件和信息管理。

第五，运行方面，包括计划和控制的方案和具体程序，确保举报调查机制的畅通和安全等。

第六，绩效评估方面，包括对合规系统的监视、测量、分析和评价，指标的制定，合规报告和记录保存，内部审核以及管理层评审等。

第七，持续改进方面，包括对不合规和不合格行为的纠正，以及对新情况的持续改进等。

（3）ISO 37301 的修订更新。[1]

ISO 37301 从宏观至微观，多维度多方面对于合规管理体系的建设、运行和检测认证提出了更高的要求，其主要变化包括以下方面。

第一，增加了对员工雇用过程的要求。要求组织应建立、实施和维持以下过程：入职条件中要求员工遵守合规义务、方针、程序、流程，为员工提供合

---

〔1〕 国际标准化组织（ISO）．ISO 37301：2021 Compliance management systems — Requirements with guidance for use ［S/OL］．2021［2022-01-05］．https://www.iso.org/standard/75080.html.

规方针手册及与合规方针有关的培训材料或获取途径。同时，考虑可能由人员雇用带来的合规风险，并按要求申请尽职调查程序，对于违反合规义务、方针、程序、流程的员工，采取适当的惩戒措施。此外，定期审查绩效奖金、绩效目标和其他与报酬有关的激励因素。

第二，增加了与提出疑虑的相关内容。组织应鼓励和支持员工报告，秘密处理报告，接受匿名报告，保护报告者不被打击报复，且能收到建议回复。组织应确保所有人都知晓报告程序，他们的权利受到保护并能行使。

第三，增加了调查过程相关内容。包括组织应建立流程对疑似的破坏合规义务的行为进行分析、评估、调查和结束报告；应基于正当程序、公平和公正的决策过程对流程进行治理；调查过程应独立开展且具有冲突利益的人员不能参加；组织应利用调查结果进行合规管理体系改进。

第四，增加了根据变化进行有计划管理的要求。组织应考虑改变的目的和潜在的后果，合规管理体系的完整性，资源是否可获得，职责和权限的分配或再分配。

12.2.1.3 中国证券业协会《证券公司合规管理有效性评估指引》有效性评价方案[1]

（1）主要内容。

首先，合规管理环境方面，规定了合规文化建设和合规经营的基本要求。

其次，合规管理职责的履行情况方面，包括合规审查、合规检查、合规咨询、合规培训、合规监测、合规考核、合规问责、合规报告、监管沟通与配合、信息隔离墙管理、反洗钱等专业方面。

再次，合规管理保障方面，包含领导职责、部门设立和职责、人员配备、子公司合规管理以及履职保障等模块。

最后，经营管理制度与机制运行状况方面，强调了规定的完整性和执行的有效性。

（2）主要更新。

相较于2012年2月的《证券公司合规管理有效性评估指引》，时隔9年后对该指引进行修订，相对上一版评估指引，本次修订的主要更新在于：

第一，修订版指引新增规定，证券公司应当将各类子公司的合规管理统一

---

[1] 中国证券业协会. 证券公司合规管理有效性评估指引 [S/OL]. 2021 [2022-03-02]. https://www.sac.net.cn/flgz/zlgz/202105/t20210531_146622.html.

纳入公司合规管理有效性评估。

第二，两版指引都规定，证券公司应每年至少开展一次合规管理有效性全面评估。修订版补充规定，委托外部专业机构进行全面评估，每3年至少进行一次。

第三，修订版对合规管理评估内容的规定更加全面、细化。比如，修订版指引新增规定，证券公司对合规管理保障的评估应当重点关注合规总监任免及缺位代行、合规部门设立和职责、合规人员配备、子公司合规管理、合规人员履职保障等机制是否健全并实际得到执行。

第四，修订版指引在对券商经营管理制度、机制建设情况的合规评估中明确规定，如果外部法律、法规和准则实施超过半年仍未修订完善的，证券公司应当详细说明理由和修订的进展程度。

第五，修订版指引第31条指出，证券公司聘请符合条件的外部专业机构开展合规管理有效性评估的，应当指定一名高级管理人员配合开展相关工作，评估程序和方法参照本指引相关规定执行。

第六，修订版新增自律管理的相关规定，明确指出，协会可以采取现场、非现场等方式对证券公司合规管理有效性评估情况进行定期或不定期检查，证券公司应当予以配合。

第七，修订版第6条明确指出，证券公司开展合规管理有效性评估，应当由董事会、监事会或董事会授权管理层组织评估小组或委托外部专业机构进行。

12.2.2 企业如何打造有效合规管理

企业开展合规管理，大体可以分为三种：一是依据法律法规规定，在企业内部建立起的贯穿业务经营各个环节的企业日常合规管理机制；二是企业因不合规行为遭受行政机关、司法机关调查、惩处时为满足监管要求针对涉案合规问题进行整改的合规管理方式；三是企业在评估业务风险基础上针对专项领域专门设立合规计划的专项合规管理模式。

12.2.2.1 日常式合规管理

（1）概述。

日常式企业合规管理往往不是由监管事件引发的，而是企业主动的自发行为。日常式企业合规管理虽然不是为预防刑事方面的合规风险所专设，但作为企业全局性、基础性、常态化的合规管理制度，体现了企业合规管理的共性及一般要求，同时具有行政合规、刑事合规和国际组织制裁合规的效用和功能。

日常式企业合规管理由企业根据自身业务、所处行业等综合确定，一般包含规章制度、组织架构、运行机制、教育培训、合规文化等要素。从规章制度入手，根据企业经营各个层面的法律法规变化和监管动态，建立健全并不断更新合规管理制度，阐明合规目的与内涵，明确行为规范及违规后果，将外部有关合规要求转化为内部规章制度。组织架构是落实合规制度、防控合规风险的重要方面。要明确业务部门、职能部门、合规管理部门和监督部门的职责，建立权责清晰、配合有效的三道防线，将合规义务及时准确传达到业务第一线。完善运行机制，建立合规风险识别应对机制，全面梳理经营管理活动中的合规风险，关注高风险领域，注重合规审查，畅通举报渠道，预警规律性、典型性、普遍性风险，提前识别合规风险并有效化解，从而将风险控制在企业内部。定期对从业人员进行教育和培训，是确保合规相关政策和程序在企业内部得到有效传达的保障，也是执法机关评估企业合规管理有效性的考虑因素。通过多种培训方式，在企业内持续树立合规经营的重要理念，不断强化合规政策、合规职责和合规风险。要注重培训实效，加大培训考核力度，保留培训及考核记录。培育合规文化，将合规文化融入企业生产经营活动，形成全员认可的合规文化理念。对内畅通沟通渠道，员工可就合规问题进行咨询或发表意见，并形成反馈机制；对外宣传合规文化，展示企业合规形象，为企业发展营造良好的合规舆论及监管环境，逐步树立起人人合规、主动合规、全流程合规的文化，将合规内化为全员的行为准则和自觉行动。

（2）日常式合规管理的应用与现状。

随着我国政府部门和司法部门推动合规的力度逐步加大，企业也愈发重视日常式合规管理，在规章制度制定、组织架构成立、运行机制完善、教育培训开展、合规文化培育等方面，做了许多有益的尝试，积累了丰富的经验。

①制定规章制度。合规走在前列的企业普遍制定了全面、系统的制度体系，如在数据合规领域，制定信息安全、数据安全和个人信息安全三类四级安全制度，涵盖《信息安全管理手册》《数据生命周期安全管理办法》《信息与隐私安全风险评估程序》等几十余项规章制度、机制指引和相关表单。

②成立组织架构。一些合规意识较高的企业成立了环境、社会及管治委员会，网络安全委员会，隐私保护委员会，数据管理委员会等多个公司层面的协调管理机构，负责决策重要事项，审核日常运营，保障合规管理三道防线相关

部门及人员合规履职的标准化、规范化和专业性。

③完善运行机制。从企业日常合规管理经验看，合规部门通常联动了各业务线及职能部门，通过重大事项决策、重大制度审核、经济合同审核等重要环节，将合规融入日常业务经济活动；持续梳理业务风险点，对潜在风险场景进行合规风险评估，对发现的潜在风险提出合规整改建议并监督落实；若发生了影响较大的合规事件，第一时间汇报公司高层和主管部门。

④开展教育培训。许多企业重视教育培训，不断创新，多措并举，持续提升员工安全意识和合规技能。在培训方式上，借助 AI 技术，以虚拟人讲授方式上线多项合规培训课程；在培训重点上，针对重点业务部门员工和新员工，组织开发有针对性的合规风险教育培训；在培训时间上，借助"3·15"国际消费者权益日、"4·26"世界知识产权日、"5·17"世界电信日、"12·4"国家宪法日等重要时间节点，开展合规知识培训活动。

⑤构建合规文化。企业合规的良好实践表明，从对内和对外两个层面着手是培育合规文化的有效方式。对内，设立"安全社区"，组建专门的合规文化宣传小组，开展"合规文化宣传月"等活动，通过互动体验、现场答题、奖品激励等方式鼓励员工参与。对外，推出小程序、App 等作为开展合规文化宣导的线上阵地；联合各类同业机构，共同加强合规文化的宣导创新。

12.2.2.2 整改式合规管理

（1）概述。

整改式企业合规管理，是指企业在行政机关、司法机关的执法压力下，或在国际组织采取制裁措施的情况下，以减轻处罚或者取消制裁为目标，针对业已暴露的违法、违规或犯罪行为，采取有针对性的合规整改措施的一种被动合规管理方式，也是我国刑事合规制度中的重要手段。[1]

如前所述，整改式企业合规管理的前提，是企业涉嫌实施了违规、违法或者犯罪行为，已经面临监管部门的行政调查、司法机关的刑事追诉或国际组织的制裁。在此情况下，整改实际是一种有效的激励机制，企业通过合规整改可以说服行政机关免除或者减轻行政处罚，说服司法机关作出不起诉决定或者其他宽大刑事处理，或者说服国际组织解除制裁，恢复企业的市场准入资格。为达到上述效果，企业会针对自身存在的合规漏洞和制度隐患，采取有针对性的纠错措施和补救措施，建立或完善在涉案特定领域的合规管理。

---

[1] 陈瑞华. 有效合规管理的两种模式 [J]. 法制与社会发展，2022（1）：5-24.

值得说明的是，与企业日常合规管理不同的是，整改式合规的主要目的并非建立完善的合规管理体系，而是为了实现有效应对由行政或刑事追诉所引发的现实危机。整改式合规管理，在实施过程中，存在着明显的利益考量，即最大限度地迎合行政机关或司法机关的考察标准和整改要求，因此，相较而言该种目的性在给企业带来更大的原动力的同时，也一定程度地弱化了合规管理有效性和完善性的保障，这也是企业在合规整改过程中需要注意的问题。

（2）整改式合规的应用及现状。

国内层面，自2021年起，最高人民检察院启动涉案企业合规不起诉的改革试点，通过指导、鼓励涉案企业开展合规整改的方式，软性解决因不合规导致的诉讼纠纷，以保障企业持续健康发展、创造良好的市场营商环境，取得了良好的成效。此外，我国市场监管部门已对多家网络平台企业展开"反垄断执法行动"，责令这些企业提交反垄断合规整改方案，或要求其作出反垄断合规整改承诺。国际层面，在世界银行以及其他国际金融机构的监督指导下，那些因违反相关规则而接受国际金融机构制裁的企业，一旦承诺根据世界银行的"诚信合规指南"作出合规整改，就可以重建合规管理体系，若通过国际金融机构的合规整改验收，企业就有机会被解除制裁，重新获得参与招投标的资格。据此而言，企业在行政机关、司法机关或国际组织的监督指导下所开展的合规整改活动，最终也促成了合规管理体系的建立。

12.2.2.3 专项型合规管理

我国市场经济已经进入高质量发展阶段，在新的发展环境下，企业合规也同样面临"新"问题，治理需要"新"方式，发展呈现"新"趋势，信息通信及互联网行业的表现更为突出。

专项合规管理，是指企业结合自身所处领域、业务经营发展状况，在充分评估自身合规现状的基础之上，针对高风险、高价值领域设置专项合规管理计划的管理方式。

例如，对大型互联网企业而言，数据合规、个人信息保护合规等专项领域正面临强监管、高自律的发展环境，在充分评估企业自身业务经营风险的基础之上，可参考本书数据合规、个人信息保护合规章节建立并设计完整的数据合规、个人信息保护合规管理体系，这既是我国《数据安全法》《个人信息保护法》的规定与要求，也是大型互联网企业持续、健康发展的必要管理措施。

12.2.3 企业刑事合规监督检查核心要点

在我国，刑事合规，通常是指涉案企业合规不起诉改革，即本章提及的整改式合规管理，是以合规促发展的一项监管制度。换言之，检察机关的监管目的，是通过有效的"企业风险管理"使企业在权衡风险和机遇的同时，提升企业创造、保护和最终实现价值的能力。本部分内容将以企业合规管理有效性为标准，结合企业合规整改实践，剖析企业，对刑事合规监督检查中的重点要素加以概括说明，以为相关企业提供指引。

综合各经典评价方案之所长，本部分将以"三步走"的合规管理有效性评价框架进行阐释。"三步走"是指在合规管理体系的设计、执行和效率三个阶段来充分审视、监察、提高合规管理体系的有效性。

12.2.3.1. 合规管理体系的设计

（1）概述。

企业合规管理体系，是指企业在法律、政策或相关规则的指导和监督下，以预防相关合规风险设计为主要出发点，建立的常态化合规管理体系。就这个层面而言，企业为应对刑事合规风险而设计的合规管理体系，类似前文所述的日常式合规管理。

但是，企业合规管理并不以企业出现不合规行为或发生违规、犯罪为前提，是企业对其自身及员工经营行为进行自我约束和监督的内部管理方式，以发现和防控企业及其员工潜在不合规事件、行为，即以开展合规风险防控为主要目的。尽管此时企业并没有陷入违规、违法的困境，但并不排除由于企业内部决策、财务、人事、外事等管理环节存在制度或操作性漏洞，从而导致企业内部事实上存在发生不合规、不合法的可能，甚至出现刑事犯罪等严重不合规的情况。因此，企业需要对这些潜在的不合规事件或行为加以控制，防止其转化为现实危机，造成更为严重的后果，如被剥夺市场准入资格、丧失商业交易资格，损伤企业商誉等。

企业合规管理的依据较为广泛，包括法律法规、政府监管规定、行业准则和企业章程、规章制度以及国际条约、商业道德规范和社会责任等多层次、多种类的规范规则。自2018年起，国有资产管理部门印发的《中央企业合规管理指引》（中央企业管理办法正在征求意见），发改委与其他监管部门共同发布的《企业境外合规管理指引》等政策性文件，不仅从合规管理体系建设的角度对企业合规管理提出了明确要求，同时也为企业开展合规管理作出了指导。

（2）企业合规管理体系的构建。

企业合规管理，作为一种公司治理方式，应与公司经营管理和业务发展紧密结合，与公司治理体系深度融合，成为公司治理结构的有机组成部分，是企业实行"自我监管"（self-policing）的内部治理体系。企业合规管理的构建要素主要分为组织体系、制度体系、运行保障、绩效评价和持续更新几个部分。

①合规管理组织体系。

企业可根据自身行业性质、经营规模等合理选择和设置合规管理部门或合规人员，组织、协调和监督合规管理工作。合规管理部门或合规人员在直接负责各项合规管理工作的同时为其他部门提供合规管理支持，并确保其对涉及重大合规风险事项的参与决策权。

合规管理部门的具体工作职责主要包括：研究起草合规管理计划、制定合规管理制度，组织制定合规管理战略规划及合规管理年度报告；持续关注法律法规等规则变化，组织开展合规风险识别与预警；参与企业重大决策并提出合规建议和意见，参与企业重大事项合规审查和风险应对；参与业务部门对重要商业伙伴的合规尽调和定期评价；指导各部门合规工作落地，并提供合规咨询，组织合规认证；组织开展合规检查与考核，对制度和流程进行合规性评价，督促违规整改和持续改进；推动合规责任纳入岗位职责和员工绩效管理；建立合规绩效考核指标，监控和衡量合规绩效；建立合规举报管理体系，受理合规管理职责范围内的举报，组织或参与对举报事件的调查，并提出处理建议；组织或协助业务部门、人力资源部门开展合规培训；以及其他适合由合规职能部门承担的合规管理职责。

合规管理负责人，可以由企业相关负责人、总法律顾问或者首席合规官担任，领导合规管理部门的日常工作，向企业最高管理者和决策层负责，其职责具有一定的独立性。

企业的最高管理层或决策机构应当对合规管理组织体系的职责和实施提供有效保障。企业董事会、监事会、高级管理人员应当履行必要的合规管理职责，对企业合规计划的制订与执行给予支持，确保合规部门（人员）行使职权的独立，保障资源充足。

企业除合规管理部门外的其他各部门在职权范围内应配合落实合规管理的日常工作。例如，可以在业务部门设置合规联络员，进行合规风险信息收集和报送，配合合规管理部门就相关问题调查并及时整改等。

②合规管理制度体系。

企业合规管理，应以健全完善的制度体系作为管理基础和准则。企业应建立健全规范化的合规管理制度和决策流程，完善规章制度制定、重大事项决策、重要合同签订、重大项目运营等经营管理必经程序的制度规范，及时对不合规的内容提出修改建议，未经合规审查不得实施。

通常而言，企业合规管理的制度文件，主要包括合规章程、员工合规手册、第三方/供应链合规管理制度、保密管理制度等。下面将对部分合规管理制度文件作一简要说明。

合规章程，是企业合规的纲领文件，是企业对其合规管理体系加以宣示的规范，是具有最高效力的合规文件。合规章程的基本内容包括合规理念、合规基本原则以及合规管理体系的基本框架。合规章程不仅是企业建立合规管理体系的规范依据，同样也可以在企业涉诉处于困境时发挥充分的证明与隔离作用。例如，2015年雀巢公司以合规章程为重要证据，证明了公司合规义务的履行，有效达成了涉罪员工与企业责任之间的刑事责任隔离，成功进行了无罪抗辩。

员工合规手册，是企业合规的操作规范，既包含企业提倡鼓励员工施行的合规行为，同时也应当囊括所有对员工的禁止性规定。在一定程度上，无论是企业员工、管理人员，还是子公司人员，只要遵守了企业发布的员工手册，就等于遵守了企业的合规义务，在遵守员工手册的情况下，若其行为仍违法、违规，由此产生的法律责任一般应归于企业。

第三方/供应链合规管理制度，是企业面向外部的合规具体规则。从功能上看，客户、第三方商业伙伴，抑或被并购的企业，只要遵守了企业的合规政策，由此形成的法律责任也应由企业承担。类似的，其既是对客户、第三方商业伙伴和被并购的企业进行合规管理的依据，也可以成为切割企业责任与客户责任、第三方责任和被并购方责任的重要证据。

企业应建立保密管理制度，其主要内容包括明确涉密人员，设定保密登记和接触权限，对容易造成企业秘密流失的设备，规范其使用流程、目的、方式和流通；明确涉密信息范围，规定保密等级、期限和传递、保存及销毁的要求；明确涉密区域，规定客户及参访人员的活动范围等。

企业应建立对全体员工的分层级合规培训制度，以增强合规意识、培养合规价值观、营造崇尚创新尊重企业合规发展的氛围、重视合规宣传教育等方式进行合规文化的建设；构建有利于调动企业员工合规积极性的激励机制，树立尊重合规、主动合规的企业形象。

③运行保障机制。

企业应当建立合规风险识别预警及应对处置机制，全面系统地梳理经营管理活动中存在的合规风险，建立合规风险库，对风险发生的可能性、影响程度、潜在后果等进行系统分析，对于典型性、普遍性和可能产生较严重后果的风险及时发布预警；完善合规风险应对机制，针对发现的风险制定预案，采取有效措施及时处置，最大限度地化解风险、降低损失。

企业应建立健全合法合规性审查机制，将其作为经营管理行为的必经前置程序。业务部门加强对本领域日常经营管理行为的审核把关，合规管理牵头部门加大对规章制度制定、重大决策事项、重要合同签订、重大项目运营等合法合规性审查力度，必要时可以对业务部门审核结果进行复审，对严重违反法律法规或企业规章制度的实行一票否决。

企业应建立健全合规举报制度，设立违规举报平台，对外公布合规管理部门、合规管理负责人及其职责、举报电话、邮箱和信箱。合规管理部门按照职责受理违规举报，并就举报问题进行调查和处理，涉嫌违纪违法的，及时移交相关纪检监察机关、司法监督机构处理。企业的合规举报制度，应当保证进行调查的部门和相关人员对举报人的身份和举报事项严格保密，任何单位和个人不得采取任何形式对举报人进行打击报复。

此外，企业应当结合实际，积极探索构建法治框架下合规管理与法律、内部控制、风险管理的协同运作机制，加强统筹协调，提高管理效能；应当将合规管理体系建设经费纳入预算，保障相关工作有序开展。

无论是在国际标准还是在国内的政策性文件之中，文件信息化管理制度都是合规管理过程中的一项重要保障制度。企业应建立文件信息化管理制度，确保对企业合规管理的重要过程予以记录、标识、保护、检索、保存和处置；对行政决定、司法判决、律师函等外来文件进行有效管理，确保其来源与取得时间的准确性。外来文件和记录文件应当完整，明确保管方式和保存期限。文件管理体系的载体，不限于纸质文件，也包括电子文件。

④绩效评估与持续更新。

企业决策层、管理层协同合规管理部门参考企业关键绩效指标（KPI）及其他关键信息，定期开展合规管理体系绩效评审，保障合规管理体系有效运行。

一方面，企业应建立合规管理考核评价机制。将企业合规管理完成情况纳入对企业各部门、各单位的定期综合考核计划，细化评价指标，考核结果与各部门、各单位综合绩效相衔接；另一方面，企业应积极提升其合规管理能力，而企业合规管理能力与合规管理体系的有效性程度息息相关。值得注意的是，企业合规管理体系的有效性，也是合规整改管理方式中最重要的评定标准之一。

企业应建立持续更新的有效合规反馈改进制度，其主要体现在两个方面。一方面是对通过合规管理体系发现的不合规事件、行为、制度的纠正，并得以妥善处置；另一方面是将定期或不定期的合规监测发现的问题和不妥之处，或法律法规政策性文件的更新要求，反馈到现有合规管理体系之中，从而有针对性地对整个体系进行优化和更新。

12.2.3.2 合规管理体系的运行

（1）领导层合规意识的建立。该模块包括管理层人员言行的合规性、向员工传达的合规态度、如何处理业务或收入与合规风险的关系，中高级管理人员的合规行动与承诺，董事会、审计人员的合规监督，在监督中审计了哪些信息，等等。

（2）组织和资源保障。内容涉及合规组织架构，合规职能的权威和地位，合规人员的经验和资历，对合规员工绩效的考核，对合规的人员投入和资源支持，数据资源与便利，合规职能的独立性，合规职能的外包监管。

（3）奖惩机制的设立。奖惩措施的人事流程，奖惩措施适用的一致性，与内部监督的一致性，激励机制是否完备，惩戒措施的适当性。

（4）自律监控机制。该机制包括内部审计的程序、频率、方法、结果，内控检测，合规绩效监察、评估程序及持续更新。

（5）文件化信息管理。包括创建和更新相关合规制度、行为，建立相关合规文件的访问、使用、存储、保护制度和流程，文件化信息的数据化。

12.2.3.3 合规管理体系的效果

（1）合规文化的评估，包括对全员合规价值观、利益相关方是否认同的考察。

（2）对不当行为的调查和发生率的监测，包括内部调查范围合理性、独立性、客观性和文件留存，内部调查结果的跟进、应对，包括惩处、追责、问题发生的根源分析等。

（3）潜在不当行为的分析和纠正。涉及问题根源分析，是否存在系统性问题；既存合规漏洞分析；付款流程漏洞与改善；供应商管理的漏洞；既存不当行为的风险预示；补救措施，组织采取了哪些措施来降低风险；追责效果，组织对不当行为采取了哪些惩戒措施，措施是否及时等。

（4）对合规管理制度、程序、保障的更新。例如，合规管理成文制度是否与合规风险同步更新，合规管理程序是否根据已发生和潜在不正当行为的纠正和分析补充更新，合规资源保障是否随着组织职能变化、风险变化等持续更新等。

因此，无论是外部监管或者第三方机构对合规管理体系有效性的检验还是企业自身寻求对合规管理体系有效性的提升，一方面，应当注意到企业合规管理体系建设的完备程度，是否足以涵盖企业所面临的主要风险；另一方面，应注重内部机构之间的相互配合、合规文化的培育、定期自查和持续更新，上述因素缺一不可。

12.3 企业刑事合规实践案例

本部分以重点专项领域中的典型案例为主，从监管与被监管的双向视角，对典型案例展开要点分析，指导企业从框架体系到专项风险领域开展符合监管要求的有效企业合规管理。

12.3.1 传统犯罪

（1）西门子公司贿赂案。

【基本案情】2006年9月初，德国西门子公司被意大利一个地方检察机构调查，理由是西门子公司20世纪90年代为谋求意大利国有电信公司的订单，向意大利邮政部前高官实施了巨额贿赂。随后，希腊、瑞士、奥地利和德国的检察机关也对西门子公司设立境外秘密账户从事腐败交易展开积极调查。同年1月，德国警方突击搜查了包括柯菲德在内的西门子公司30多位高管的办公室和私人住宅，正式揭开了西门子公司腐败案调查的序幕。

调查显示，西门子公司海外贿赂可能还涉及尼日利亚、印度尼西亚、科威特、沙特阿拉伯等多个国家；同时，美国证监会（西门子公司股票上市地点是美国）、美国司法部陆续介入调查。截至2007年9月24日，内部调查已经发现了大约15亿欧元的可疑付款，其中有3亿欧元发生在西门子集团的电厂部门。[1]

---

[1] 张远煌，等. 企业合规全球考察．[M] 北京：北京大学出版社，2021：254-257.

2008年7月29日，据外媒报道，西门子公司宣布将对此前涉嫌13亿欧元行贿的11名前高管提起诉讼并要求赔偿。

【企业合规整改】 2008年12月，德国西门子公司与美国、德国监管机构达成和解协议，并为此支付了16亿美元的罚金，其中向美国、德国当局分别支付8亿美元。[1] 依据和解协议的要求，西门子公司从根本上改进了其合规计划，美国司法部称其为一个"新的最先进的系统"。在慕尼黑检察署和美国司法部的监督下，西门子公司对公司合规管理进行了以下方面改进。[2]

在实施严格的合规增强措施方面。首先，开展广泛的内部调查，聘请独立律师"进行独立和全面的调查"，以确定是否违反了反腐败条例，并对西门子公司的合规和控制系统进行独立和全面的评估，为独立律师配置专门的项目组，并要求项目组全体配合。其次，设计并实施了一项全公司范围的大赦计划，规定除最高级雇员，及所有自愿向独立律师披露有关具有可能性的真实和完整信息的员工外，违反有关反腐败法的行为将得到保护，不受单方面解雇和公司损害赔偿的影响，以便于内部调查。此外，西门子公司强化了内部合规管理的证据保存、收集、检验和分析工作。

在开展补救措施方面。第一，公司更换了几乎所有的最高领导层，包括监事会主席、首席执行官、总法律顾问、内部审计负责人和首席合规官，在领导层的构成上也更加集中于商业合规方面，例如在管理委员会中设立了一个新的具体负责法律合规的职位。第二，公司对其合规组织进行了全面改革，将其人员扩充到500名全职合规人员，并规定所有遵约事项的控制和问责由首席合规官负责，首席合规官直接向总法律顾问和首席执行官报告工作。同时，西门子公司重组了其审计部门，审查了其人员资质，明确了其职责内容。第三，公司颁布了一系列新的反腐败合规政策，包括但不限于新的反腐败手册，完善的基于网络的尽职调查和合规工具；公司向员工提供必要的沟通渠道，以报告不正常的商业行为；设立公司纪律委员会，对已证实的不当行为采取适当的纪律措施。第四，公司成立了一个工作组专项负责全面实施新的合规举措，该工作组由公司财务人员、合规人员及第三方会计师事务所等专业人员共同组成。第五，强化了对业务顾问的审查和批准程序，及对公司资金的公司级控制，并集中和减少了公司银行账户的数量和向第三方支付的款项。最后，在调查期间，公司

---

[1] 尹云霞，李轶群. 从西门子案看美国合规监管. [J] 中国市场监管研究，2021（11）：26-29.
[2] 张远煌，等. 企业合规全球考察. [M] 北京：北京大学出版社，2021：257-259.

暂停签订新的商业咨询协议或根据现有的商业咨询协议付款，完成了对与其签订协议的所有第三方代理的审查。

【启示及意义】 从西门子公司合规事件，可以揭示出企业进行刑事合规整改的几个关键步骤：一是认罪认罚，企业承认其犯罪事实，并及时停止违法犯罪活动，积极配合公权力机关开展相关调查；二是采取必要的、有针对性的制度纠错和补救措施，表明其合规经营的决心和积极整改的态度；三是查处相关的责任人，案发之后，西门子公司几乎更换了整个管理委员会及130名高级管理人员，从领导力和公司承诺的角度彰显了其与腐败决裂的决心；四是评估违法犯罪事实和既往的违规事件，发现制度漏洞和管理隐患，西门子公司在事件的整改过程中进行了大量内部调查，例如，公司对员工进行访谈1750次，审查文件1400万余份；五是形成公司日常、持续的合规管理，例如，通过这次调查和整改事件，企业管理层、员工等各个层级，充分地提升了合规意识，逐渐形成企业特有的、必要的合规文化。

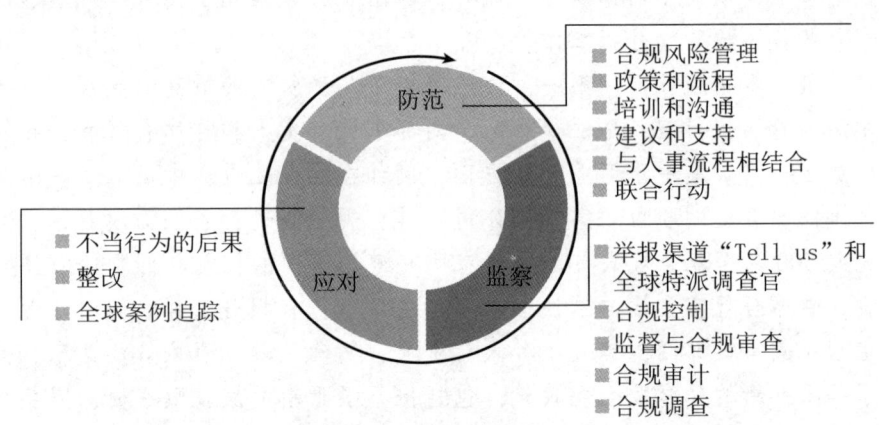

图12-1 西门子公司合规管理体系（来源于西门子官方网站）

（2）海南文昌市S公司、翁某某掩饰、隐瞒犯罪所得案。[1]

【基本案情】 海南省文昌市S公司系当地高新技术民营企业，翁某某系该公司厂长。2015年至2016年，张某某（另案处理）在海南省文昌市翁田镇某处实施非法采矿，经张某某雇请的王某某（另案处理）联系，将采挖的石英

---

[1] 参见最高人民检察院. 企业合规典型案例［EB/OL］. 2021［2021-06-03］. https://www.spp.gov.cn/spp/xwfbh/wsfbh/202106/t20210603_520232.shtml.

砂出售给 S 公司。S 公司厂长翁某某为解决生产原料来源问题，在明知石英砂为非法采挖的情况下，仍予以收购，共计 3.69 万吨。随后，翁某某安排公司财务部门通过公司员工陈某某及翁某某个人账户，将购砂款转账支付给王某某，王某某再将钱取出交给张某某。经审计，S 公司支付石英砂款共计 125 万余元。

2020 年 2 月，文昌市公安局在侦查张某某涉恶犯罪团伙案件时，发现翁某某涉嫌掩饰、隐瞒犯罪所得的犯罪线索。2021 年 1 月，翁某某经公安机关传唤到案后，如实供述犯罪事实，自愿认罪认罚。2021 年 2 月，文昌市公安局以翁某某涉嫌掩饰、隐瞒犯罪所得罪将其移送文昌市人民检察院审查起诉。检察机关经审查，以涉嫌掩饰、隐瞒犯罪所得罪追加 S 公司为被告单位。

【企业合规整改】 检察机关经审查认为，S 公司、翁某某涉嫌掩饰、隐瞒犯罪所得罪，反映出该公司及其管理人员过度关注生产效益，片面追求经济利益，法律意识较为淡薄。S 公司系高新技术民营企业，生产的产品广泛应用于航天、新能源、芯片等领域，曾荣获全国优秀民营科技企业创新奖，现有员工 80 余人，年产值 2000 余万元。2021 年 3 月，经 S 公司申请，检察机关启动合规整改程序，要求该公司对自身存在的管理漏洞进行全面自查并开展合规整改。2021 年 4 月，S 公司提交了合规整改承诺书，由公司董事会审核通过，并经检察机关审查同意，企业按照要求进行合规整改。

2021 年 7 月，由文昌市自然资源和规划局、市场监督管理局、税务局、综合行政执法局、工商联等单位的相关人员以及人大代表、政协委员、律师代表等组成的第三方监督评估组织，对 S 公司合规整改情况进行评估验收。2021 年 8 月，第三方监督评估组织出具评估验收报告，认为 S 公司已经按照要求进行了合规整改，建立了较为完善的内控制度和管理机制，可以对类似的刑事合规风险进行识别并有效预防违法犯罪。检察机关就 S 公司是否符合从宽处理条件及案发后合规整改评估情况举行公开听证会，充分听取人大代表、政协委员、律师代表和相关行政部门负责人的意见，还邀请人民监督员参加，全程接受监督。听证会上，听证员、人民监督员一致同意检察机关对 S 公司和翁某某的从宽处理意见，同时认可该企业的整改结果。

2021 年 9 月，文昌市人民检察院根据案情，结合企业合规整改情况，以 S 公司、翁某某涉嫌掩饰、隐瞒犯罪所得罪依法提起公诉，并提出轻缓量刑建议。2021 年 11 月，文昌市人民法院采纳检察机关全部量刑建议，以掩饰、隐瞒犯罪所得罪分别判处被告单位 S 公司罚金 3 万元；被告人翁某某有期徒刑一年，缓刑一年六个月，并处罚金 1 万元；退缴的赃款 125 万余元予以没收，上缴国库。判决已生效。

【启示及意义】 ①有针对性地专项合规管理。检察机关在审查过程中发现，S 公司在合规经营方面主要存在两个方面的明显漏洞，首先是合同签订履行存在违法风险，其次是财务管理存在违规漏洞。因此，有针对性地指导企业重点围绕建立健全内部监督管理制度进行整改，督促企业在业务审批流程中增加合规性审查环节，建立起业务流程审批—法律事务审核（合规性审查）—资金收支规范—集团公司审计四个方面全流程监管体系，有效防控无书面合同交易、坐支现金等突出问题。本案的合规建设，是一种"有针对性的合规体系建设"，这种体系与日常性合规管理体系不同，合规整改要引入的是"专项合规管理体系"，注重合规体系建设的"针对性"和"专门性"。[1]

②引入第三方监督评估机制。检察机关商请当地自然资源和规划局、市场监督管理局、税务局、综合行政执法局、工商联等单位的业务骨干以及人大代表、律师代表组成第三方监督评估组织对 S 公司合规整改情况进行评估验收，评估方式包括召开座谈会、查阅公司资料和台账、对经营场所检查走访等。各方面专业人员在此基础上结合各自职责范围出具评估验收报告，督促涉案企业履行合规承诺，促进企业合规经营。

12.3.2 传统网络犯罪

（1）大某视界公司、张某等四人侵犯著作权案。[2]

【基本案情】 2017 年 5 月，大某视界公司成立，张某和李某负责公司日常经营管理，刘某、马某绿为该公司内容制作部主管。2018 年 5 月，大某视界公司开发了名为"大某视界"的视频播放 App 上线运行。该程序上线后，大某视界公司未经权利人许可，由刘某、马某绿组织部门人员下载、编辑大量境内外影片，通过 App 提供给用户观看，并以收取会员费的方式牟利。2020 年 1 月 10 日，公安机关将张某等四人抓获。经对后台数据进行提取和鉴定："大某视界" App 编辑、上传的侵权影片中，包括美国电影协会成员公司享有版权的作品 302

---

〔1〕参见陈瑞华．企业有效合规整改的基本思路 [J]．政法论坛，2022（1）：87-103．

〔2〕参见最高人民检察院．检察机关知识产权综合性司法保护典型案例 [EB/OL]．2022 [2022-03-01]．https://www.spp.gov.cn/spp/xwfbh/wsfbh/202203/t20220301_546236.shtml．

部,用户观看42万余次,下载1.9万余次;腾讯公司享有版权的作品70部,用户观看8.1万余次,下载4000余次。"大某视界"App共有注册用户83万余个,充值支付订单9万余个,支付金额140余万元。

【企业合规整改】2020年11月11日,深圳市南山区人民法院以侵犯著作权罪判处被告单位大某视界公司罚金40万元,判处被告人张某等四人有期徒刑一年至三年不等,并处罚金2万元至10万元不等。部分被告人不服一审判决提出上诉。2021年3月11日,深圳市中级人民法院裁定驳回上诉,维持原判。南山区人民检察院积极发挥职能,促使涉案企业剥离违法业务,进行全面合规整改。大某视界公司按照检察建议完善了法律风险防控机制,将App中侵权内容全部删除,并发布公告通报侵权情况,对充值用户进行退费,组织专门团队开展版权购买谈判。

【启示及意义】一是提供知识产权领域"行刑衔接"样本。企业合规改革中,行政与刑事在一定程度上是激励与监管的关系,因此,要建立完善行政与刑事衔接机制,立体监管。本案属于疑难复杂知识产权案件,在有关部门商请检察机关提前介入的情况下,南山区人民检察院积极作为,依法提出法律适用意见;并在受理案件后,及时向行政执法机关通报案件处理进展情况,反馈类案办理中的共性问题。本案中实施的从监管到奖励的双重机制,其做法和经验值得总结和推广。

二是推动行业知识产权合规治理。在网络版权的保护中,单个企业合规效果并不理想,不能从根本上扭转网络上传播侵权作品的现象。就网络版权行业而言,不仅应当规范企业合规,更要规范行业合规。本案中,在大某视界公司进行全面合规整改后,检察机关会同深圳市版权协会,启动行业协会进行行业合规整改,结合案例有针对性开展知识产权刑事合规宣讲,发挥行业自律,引导更多的企业合法合规经营,积极推动行业治理,解决行业共性问题,促使企业合规经营。

(2)"企业刑事合规无罪抗辩第一案"——雀巢公司员工侵犯公民个人信息案。[1]

【基本案情】2011年至2013年9月,被告人郑某、杨某分别在担任雀巢公司西北区婴儿营养部市务经理、兰州分公司婴儿营养部甘肃区域经理期间,为

---

[1] 参见兰州市城关区人民法院(2016)甘102刑初605号刑事判决书、甘肃省兰州市中级人民法院(2017)甘01刑终89号刑事裁定书。

了抢占市场份额，推销雀巢奶粉，授意该公司兰州分公司婴儿营养部员工被告人杨某某等人通过拉关系、支付好处费等手段，多次从多家医院医务人员手中非法获取公民个人信息。其间，上述医院的工作人员被告人王某某等人分别利用在医院任职的便利，将在工作中收集的公民个人信息2074条非法提供给被告人杨某某、孙某并收取好处费。

【企业合规抗辩】根据当庭经过质证的《雀巢指示》（收录于雀巢公司员工培训教材）、雀巢公司情况说明，雀巢公司不允许员工以推销婴儿配方奶粉为目的，直接或间接地与孕妇、哺乳妈妈或公众进行接触，不允许员工未经正当程序或未经公司批准而主动收集公民个人信息。

雀巢公司就DR（0—3个月月龄的婴儿用雀巢奶粉的客户）的概念、目标任务、与DR相关的信息获取方式等所作的情况说明，DR任务目标不是为了收集消费者个人信息，DR工作完成的实际效果由中国健康促进与教育协会承办的营养咨询中心（NCC）通过电话来了解和评估。为完成电访调研，需要用到消费者自愿提供的部分个人信息，雀巢公司不允许为此向医务人员支付任何资金或者其他利益，也从不为此向员工、医务人员提供奖金。

雀巢公司在《雀巢指示》以及《关于与卫生保健系统关系的图文指引》等文件中明确规定，"对医务专业人员不得进行金钱、物质引诱"。对于这些规定，雀巢公司要求所有营养专员都需接受培训，并签署承诺函。经当庭质证的医务渠道WHO在线测试成绩、测试卷、关于在高风险国家与医务专业人员和医疗保健机构交往的指示以及员工奖金表均证明，被告人郑某等均参加过雀巢公司不允许营养专员向医务人员支付费用获取公民个人信息的培训和测试。

雀巢公司的政策与指示、雀巢宪章、关于与卫生保健系统关系的图文指引，均证实雀巢公司遵守WHO《国家母乳代用品销售守则》及卫生部门的规定，禁止员工向母亲发放婴儿配方奶粉免费样品，禁止向医务专业人员提供金钱或物质奖励以引诱其推销婴儿配方奶粉等。

【法院认定】法院认为雀巢公司的行为是个人行为，而非单位行为。

一审法院宣判后，各被告提起上诉。其中，郑某的上诉理由是自己的行为系公司行为；杨某某的辩护人提出的辩护意见是本案属于单位犯罪；李某某上诉的主要理由是自己的行为都是公司下达的任务；杜某某上诉的主要理由是自己的行为是按照公司要求所做的，所获取的信息都是提供给公司的。

兰州市中级人民法院认为，单位犯罪是为本单位谋取非法利益之目的，在客观上实施了由本单位集体决定或者由负责人决定的行为。雀巢公司相关政策、员工行为规范等证据证实，雀巢公司禁止员工从事侵犯公民个人信息的违法犯罪行为，各上诉人违反公司管理规定，为提升个人业绩而实施犯罪系个人行为。

【启示及意义】在该案中，法院开创性地采纳了雀巢公司以建立企业合规管理体系、员工个人违法行为并不代表单位意志的抗辩事由，切割了员工个人责任与单位责任，认定单位不构成犯罪，[1]被称为"企业刑事合规无罪抗辩第一案"。兰州市中级人民法院的裁判逻辑表明，只要企业建立了合规体系，并对员工进行了相应的合规培训，那么员工的违法行为就不应视为企业行为。

本案的争议问题有两个。问题一：被告人的行为是否体现公司的主观意志。雀巢公司已证明，对上述几名员工的行为既没有授权实施，也没有听取汇报，对被告人的行为，雀巢公司并不知情。问题二：雀巢公司对员工的犯罪行为是否存在过失责任。对于大型商业企业而言，假如对于员工疏于管理，缺乏培训，没有可操作的规章制度来规范员工的行为，就可能存在因不作为而承担过失责任或者间接故意责任的问题。本案中，雀巢公司以其公司内部治理结构作为抗辩的依据，证明公司明文禁止员工向母亲发放婴儿配方奶粉免费样品，禁止向医务专业人员提供金钱或物质奖励，以引诱其推销婴儿配方奶粉，禁止未经批准自行收集公民个人信息。这些政策和规范不仅被明文列入包括雀巢公司宪章、公司指示、员工手册等规范性文件之中，而且还被列入员工培训内容之中，并且本案的数名被告人均接受过相关的培训和测试。被告人的行为其实是为追求个人工作业绩而实施，而雀巢公司既尽到了注意义务，也履行了管理、监督、教育、培训的责任，这些员工的行为违背了雀巢公司的管理规定，当然也就意味着违背了雀巢公司的主观意志。既然雀巢公司对这些员工的行为不知情，也尽到了管理、监督、教育、培训的责任，那么对这些员工违背公司规定所实施的犯罪行为，雀巢公司当然就不承担法律责任了。

这一裁决的重大突破在于，法院以企业合规管理体系为依据，认定单位不存在构成犯罪所需要的主观意志因素，从而将单位责任与员工个人责任进行了切割。真正将公司责任与员工责任切割开来的，恰恰是公司是否具有实施犯罪行为的"主观意志"问题。正是雀巢公司内部已经建立的合规管理体系，既排除了公司存在"放任结果发生"的问题，也否定了公司存在"疏忽大意"或"过于自信"的过失问题，因此成为该公司不承担刑事责任的直接依据。

---

[1] 参见刘少军.企业合规不起诉制度本土化的可能及限度[J].法学杂志，2021（1）：51-65。

但这一裁决的逻辑仍然是那种以单位员工行为来推论单位责任的理论延续。在我国行政监管部门大力推进企业合规管理体系建设的背景下，国有企业已经全面启动了建立合规机制的试验，民营企业的合规体系建设也在推进的过程中。纵观西方国家的法治经验，企业全面建立合规计划的最大推动力，可能是合规激励机制的建立。所谓合规激励机制，是指企业因为建立合规计划而在受到行政处罚和承担刑事责任时能够得到宽大的处理。其中，刑法上的合规激励机制，对于那些已经涉嫌犯罪的企业而言，可能具有至关重要的价值。它可以成为企业被作出无罪处理的直接依据，也可以成为法院减轻对企业刑事处罚的依据，还可以成为企业与检察机关达成暂缓起诉协议的前提条件。[1]

12.3.3 新型网络犯罪

浙江杭州 T 公司、陈某某等人帮助信息网络犯罪活动案。[2]

【基本案情】 杭州 T 网络科技有限公司（以下简称 T 公司）成立于 2017 年，系香港上市公司 D 公司的全资子公司，主营第三方互动式广告平台业务。D 公司旗下"线上用户运营 SaaS""银行营销 SaaS""第三方互动式广告平台"三个业务板块均在国内行业领先。T 公司系国家高新技术企业，公司业务发展迅速，有员工 300 余人，累计纳税超亿元，拥有多项国家专利，先后荣获诸多政府和行业荣誉奖项。陈某某等 12 人分别为 T 公司的实际控制人、主管人员、业务员。

2017 年，T 公司发现其互动广告业务中部分代理商可能存在发布彩票广告和疑似涉赌信息的情形，但为提升公司经营业绩，兼任 T 公司、D 公司董事长的犯罪嫌疑人陈某某与时任公司总裁黎某某等人商定，仍由 T 公司销售部人员对接相关代理商，商谈投放费用；运营部人员落实广告投放平台、投放时间、投放区域，采用直推或加粉方式向网络平台推送广告及后续维护；商务部人员在网络平台购买广告位进行发布，处理投诉和相关舆情；风控部人员对已上线广告明显为赌博页面的及时予以下架，规避查处。案发后，T 公司第一时间下架所有该类型广告，并主动上缴 1350 万元非法获利。

2021 年 5 月 13 日，西湖区人民检察院依法受理了犯罪嫌疑单位 T 公司、犯罪嫌疑人陈某某等 12 人帮助信息网络犯罪活动一案。经开展社会调查，检察机

---

[1] 参见陈瑞华. 合规无罪抗辩第一案 [J]. 中国律师，2020 (5)：83-85.
[2] 最高检发布涉案企业合规典型案例（第四批）[EB/OL]. 2023 [2023-02-07]. https：//mp. weixin. qq. com/s/A24Of2uS-5zGSopDNx_3Zg.

关综合考虑各种因素，于2022年2月决定对T公司启动涉案企业合规考察。在T公司完成有效合规整改后，2022年9月，西湖区人民检察院依法对犯罪嫌疑单位T公司、犯罪嫌疑人陈某某等12人作出不起诉决定。

【企业合规整改】 对T公司开展合规考察后，西湖区人民检察院根据企业特点，科学选任第三方组织，邀请省、市两级检察院参与并实际指导企业的合规整改工作，充分研究并提出整改方向和建议。一方面，指导企业深入剖析涉案原因：公司业绩压力使管理层忽视了合规治理的重要性，导致内部风险管理水平与业务体量不匹配；广告审核制度不完善、线上风控技术能力较弱，内部核心岗位人员权责不明，制度建设未落实，人力及预算投入不够造成审核力度不足等。另一方面，指导企业制订合规整改方案：成立合规委员会，制定《T公司合规委员会章程》，避免管理者个人意志左右公司合规决策；创制《合规事项异议处理办法》《员工奖惩制度细则》《合规监察举报办法》，建立四级合规异议制度，初步形成体系性的日常合规事项管理制度；强化广告业务审核，对内全面更新广告业务内容审核，对外创设广告主身份认证规范，充分落实监管责任，避免第三方代理商及广告主违规发布不符合法律规定的广告；落实技术合规目标，加大技术研发投入，创设一系列广告落地页监控手段，针对违法广告开发了系列技术专利；加强内部人员合规意识，通过合规培训、警示教育、合规专项月等形式，强化"人人合规、事事合规"意识。

【启示及意义】 一是建立互联网科创公司网络犯罪专项合规。互联网广告的高频性、易变性和非接触性，导致经营互联网广告业务的企业在实际经营过程中，难以判断广告主的违法性，从而成为网络违法犯罪的"帮凶"。检察机关针对互联网广告行业属性、技术行为合规规则，发挥"行政主管+业务专家"联动监督的叠加优势，以"制度规范+技术合规"综合施策，提升涉案企业合规监督评估的精准性和有效性。

二是强化诉源治理，用合规为数字经济的发展营造良好的营商环境。检察机关以《个人信息保护法》和《数据安全法》为依据，制定出台《西湖区企业数据合规指引》，积极探索建立对科创企业的适度容错机制，引导企业自主构建数据合规管理、运行、保障和处置体系，强化企业数据安全保障意识和犯罪预防意识，实现"惩""防""治"工作的一体化开展，推动末端处理与前端治理的有机融合，有力促进区域数字经济健康发展。